作者简介 ————————————

韦恩·莫里森

英国伦敦大学玛丽女王学院〔Queen Mary University of London〕法学教授。

译者简介 ————————————

李桂林

男，1965年生，华东政法大学法律学院教授。

李清伟

男，1965年生，上海大学法学院教授。

侯健

男，1967年生，复旦大学法学院教授。

郑云瑞

男，1965年生，华东政法大学法律学院教授。

法理学：
从古希腊到后现代

JURISPRUDENCE

FROM
THE GREEKS
TO
POST-MODERNISM

Wayne Morrison

〔英〕韦恩·莫里森——著

李桂林 李清伟 侯健 郑云瑞——译

北京大学出版社
PEKING UNIVERSITY PRESS

著作权合同登记号　图字：01-2022-4210

图书在版编目（CIP）数据

法理学：从古希腊到后现代／（英）韦恩·莫里森著；李桂林等译. —北京：北京大学出版社，2023.12

ISBN 978-7-301-34224-4

Ⅰ.①法…　Ⅱ.①韦…②李…　Ⅲ.①法理学　Ⅳ.①D90

中国国家版本馆 CIP 数据核字（2023）第 130085 号

Jurisprudence: From The Greeks To Post- Modernity, 1st Edition

By Wayne Morrison / 9781859411346

Copyright © 2016 by Routledge

Authorized translation from English language edition published by Routledge, a member of Taylor & Francis Group LLC

All Rights Reserved.

书　　　名	法理学：从古希腊到后现代	
	FALIXUE: CONG GUXILA DAO HOUXIANDAI	
著作责任者	〔英〕韦恩·莫里森（Wayne Morrison）　著　李桂林、李清伟、侯健、郑云瑞　译	
责 任 编 辑	任翔宇　方尔埼	
标 准 书 号	ISBN 978-7-301-34224-4	
出 版 发 行	北京大学出版社	
地　　　址	北京市海淀区成府路 205 号　　100871	
网　　　址	http://www.pup.cn　 http://www.yandayuanzhao.com	
电 子 邮 箱	编辑部 yandayuanzhao@pup.cn　总编室 zpup@pup.cn	
新 浪 微 博	@北京大学出版社　@北大出版社燕大元照法律图书	
电　　　话	邮购部 010-62752015　发行部 010-62750672　编辑部 010-62117788	
印 刷 者	涿州市星河印刷有限公司	
经 销 者	新华书店	
	650 毫米×980 毫米　16 开本　41.5 印张　767 千字	
	2023 年 12 月第 1 版　2025 年 6 月第 3 次印刷	
定　　　价	169.00 元	

再版译者序

韦恩·莫里森(Wayne Morrison)的《法理学：从古希腊到后现代》中译本在2003年出版后，已20年了。现在，它在读者的关爱和朋友的帮助下、在北京大学出版社的鼎力相助下再版了。此时此刻，我们最想做的事情是借此"再版译者序"的机会表达自己的谢意。

一是感谢读者对这本书的厚爱。这本书出版后获得了国内读者的肯定。尽管书中存在不少翻译上的问题，但法学界同行还是以最大的包容接受了它，让它有机会在我国法学教育和学术研究中发挥了一些作用。同时，读者也希望在我们有机会时加以修改和完善。可多年来在学界只闻其名难见其书，许多朋友跟我们一样都希望它能够再版，让它能有新的机会为我国法学研究和法学教育服务。这为我们提供了原动力，让我们多年来都怀揣梦想，努力找机会再版。可以说，没有法学界同行对这本书的厚爱，就没有它的再版面世。

二是感谢武汉大学出版社的支持。武汉大学出版社20年前的译著出版计划促成了韦恩·莫里森《法理学：从古希腊到后现代》中译本的面世。许多年以来，我们一直铭记王军风编辑对本书所作的贡献。没有他对工作极端负责的态度、他的学识、他的专业水平以及他的奉献精神，就难有这本书的问世。感谢武汉大学出版社何皓副社长以及出版社各方面在本书20年前的出版中给予的帮助，以及在此次再版中提供的支持。我们在与武汉大学出版社的合作中体验到了该出版社的职业精神，感受到了出版社对图书出版质量的追求。另外，译者借此机会感谢武汉大学王昌亚教授，20年前他为本书的出版给予了热情的鼓励和无私的帮助。

三是感谢北京大学出版社的帮助。多年来，我们为本书的再版做了多次努力，但最终能够在距它上次出版20周年的前夕，是北京大学出版社实现我们的心愿，不禁心生感慨。在此，要感谢杨玉洁主任和任翔宇编辑在本书再版工作全过程中付出的心血。杨主任和任编辑给我们提供了全面的指导、鼓励和帮助，使再版相关工作得以顺利推进。他们对待出版工作认真负责的精神、待人宽厚和宽容的美德,让我们感念不已。另外,本书能够再版要感谢北京大学法学院江溯教授的引荐,没有江教授的引荐就没有我们这次与北京大学出版社的合作。

对于此次再版工作,我们四人满怀热情,付出了大量心力。我们重新审读了 2003 年版译本,保留精彩之处,发现和修改失误之处,努力使再版本变得更好。再版本翻译工作的分工,与 2003 年版本相同:李清伟负责前言、第 8 章、第 14 章、第 15 章、第 16 章、第 17 章和第 18 章,郑云瑞负责第 1 章、第 2 章、第 7 章,侯健负责第 3 章、第 4 章、第 5 章和第 6 章,李桂林负责第 9 章、第 10 章、第 11 章、第 12 章、第 13 章和索引。再版译稿初步完成之后,我们进行了互校工作。全书的统校由李桂林和侯健负责,李桂林负责全书的统稿工作。译本中肯定还有错误和不当之处,恳请读者批评指正。

译　者
2023 年 10 月于上海

译者序

两年前，当我们四人聚首上海的时候，从北京带来的激情和抱负尚在心中回荡。我们的胸中充满了为中国法学的兴盛做点事的欲望和冲动。现在，摆在读者面前的这本书：《法理学：从古希腊到后现代》，就是这种激情、冲动加上这两年来的心血的结晶。

在将我们的计划付诸实施之时，我们选择了翻译法学著述这种形式。从1980年代起，中国法学界就开始了规模性的引介西方法学著述的工作，到1990年代中期以后，西著中译已经受到了法学界的普遍重视。西方法学经典文献进入了中国学人的阅读范围，年轻的一代人得以享受更丰富的思想资源，有助于他们形成更深刻的洞见，产生更多样化的观点与思想。这正是中国法学走向繁荣的希望之所在，是培养与外部世界对话能力的前提。尽管西著中译已经取得了相当的成就，但与学界的需求还相差甚远。这是一个永无止境的事业，只要有交流与对话的必要，这项工作就不能停止下来。

虽然我们觉得可做、需要做的事情很多，但是，我们最终把翻译由英国学者韦恩·莫里森撰写、英国卡文迪什出版有限公司（Cavendish Publishing Limited）于1997年出版的《法理学：从古希腊到后现代》作为我们工作的第一步。这是因为，我们认为我国法理学以至整个法学界需要一本反映西方法理学发展脉络的"通史性"著述，而且，它应该反映西方法理学界近期的研究领域与理论动态。在过去，我国出版界曾出版过类似性质的经典之作，但在容量方面尚显不足；况且，近十多年来这方面的翻译工作尚付阙如。《法理学：从古希腊到后现代》所涵盖的时间跨度之大、理论派别之广、内容之丰富，为我国类似的译著所仅见。该书作者以其深厚的功底，对曾经出现和正在流行的各种法学理论和思潮进行了系统深入的剖析和解读，画龙点睛之笔随处可见，这对于处在不同文化和理论语境中的中国读者来讲，无疑将有助于我们领悟其精要之处，亦有利于我们理解和把握西方法理学几千年发展的脉络与精髓。相信具有如此特色的经典著作的中译本会为我国法学研究者和读者提供一部重要的专业参考资料。

在此应指出的是,尽管本书不失为法理学和法律思想史方面的一部成功之作,但由于作者的立场与我国法学的基本原则并不相同,他对马克思主义法学理论的观点、对于社会主义前途的论述难免有显露偏见和不当之处。为了忠实于原文,我们将它的有关论述一并译出,这不代表我们赞同这些观点。我们希望,也相信读者会以批判的态度正确地对其加以取舍。

译事不易,两年的工作使我们对此体会更深。所幸的是我们受益于各方面的关心和帮助,使我们最终得以完成该项工作。在此我们要感谢北京大学沈宗灵教授、中央党校石泰峰教授,本书的选题得到了两位教授的首肯;北京大学王哲教授、武汉大学李龙教授也给予了我们关心和鼓励。我们要感谢武汉大学出版社及其相关人士,该出版社致力于学术基础建设,使我们在学术上有了合作的机会;本书责任编辑王军风先生在本书的翻译与出版的全过程中付出了艰苦的劳动,以他的学识使我们避免了一些可能出现的错误,以他的敬业精神感动并鼓舞着我们克服困难,完成工作。

本书翻译的分工如下:郑云瑞负责第 1 章、第 2 章、第 7 章,李清伟负责前言、第 8 章、第 14 章、第 15 章、第 16 章、第 17 章和第 18 章,侯健负责第 3 章、第 4 章、第 5 章和第 6 章,李桂林负责第 9 章、第 10 章、第 11 章、第 12 章、第 13 章和索引。在译稿初步完成之后,我们进行了互校工作。全书的统校由李桂林和侯健负责,李桂林负责全书的统稿工作。本书的中译本是根据原著 2000 年重印本翻译的,译文如有错误、不当之处,诚恳欢迎读者批评指教,以便我们有机会时予以改正。

译　者

2002 年 9 月于上海

目　录

前　言

　　本书反映了我在韦斯特费尔德学院法律系、玛丽皇后学院法律系以及伦敦大学校外项目(英国和马来西亚)的教学经历。本书的写作始于雅典时的一个复活节,当时我正在那里研究约翰·奥斯丁的全部讲义(他从1828年到1832年在伦敦所作的讲座)。由于我先前的观点主要依赖于第二手资料——特别是哈特在《法律的概念》(1961)中的论述,因此,在读到奥斯丁的著作时既是一种震撼,又是一种迷惘。哈特的解释为何如此狭隘呢?在当代法理学的讨论中,这些解释的历史地位是什么?如果展现在学生们面前的是对以前状况的歪曲,而不是丰富的文化遗产,那么,他们如何叙述当代的问题和争论呢?为什么如此多的教科书希望学生接受先前学者所说的具有表面价值的过于简单的断言呢?

　　有鉴于此,我决定尝试编写一本教科书,其既可以作为法理学研究的导读,又可以使法理学课程通常研究的各种人物的成就成为背景知识。三年来,我的不满足和失意感未曾消失。这部分是因为当我逐渐认识到不可能写一本足以完成以上两个目标的书时,我自己的书已成了失意的焦点。当然,本书是一种妥协。一方面,本书试图呈现为一种导论性的教科书,既可以引导那些希望了解法理学本质的读者,又尽力忠实于编年学和学术著述的相互作用说。在这方面,本书的部分目的是注释,即对不同学者在一定的语境中提出的观点和材料进行说明。另一方面,本书也是对资料的发展的一种具体叙事;是一种按照前现代、现代和后现代顺序展开的叙事。

　　本书是个人的成果,它并没有对所有的问题作出断言。对哪些著者应该收入,每个读者可能都有自己的看法,可能会认为我低估或高估了某个学者的著作。我的唯一辩解就是我赞同这样一个观点:这一任务是无穷尽的,本书只是注重实效的一种看法。

　　本书的写作归功于泰雷斯·凯丽,她不仅不辞辛劳地鼓励我,而且费力地阅读了大部分章节的早期文稿,她在把杂乱的、不连贯的文稿变成相对连贯的文稿方面作出了不可估量的贡献。罗杰·科特威尔和皮特·费兹帕特里克两人阅读了后期文稿的有关章节并提出了有解释力的评论。鲁波特·昌德勒阅读了完稿的大部分内容。我还要感谢斯蒂文·格斯特的支持，他在几年前提供了凯尔森未出版的文集的导读。本书得到了伦敦高级法律研究院的外部制度研究基金、韦斯特费尔德学院法律系和玛丽皇后学院法律系的小额资助，后者为我提供了短期研究的机会。卡文迪什出版社为我提供了持续愉快合作的机会，我衷心感谢凯特·尼科尔、乔·雷迪和松尼·利弘。不过，所有的责任皆由本人承担。

本书写作于伦敦、雅典和吉隆坡，每个地方都留下了创作的足迹。叙事来源于数年前玛丽皇后学院法理学课程的修订以及后来几年学生的回应，这些学生开始时对法理学感到畏缩，后来发现法理学很激动人心。在英国保守党政府似乎决定拒绝给予一流大学以适当的资源时，从未有过的负担落在了科研人员和秘书的肩上。玛丽皇后学院法律系氛围仍然非常融洽、十分友好，这的确是个奇迹。全体教职员工的敬业精神，特别是索菲亚·奥利弗和朱利·赫尔德的组织才能和秘书技能，使我受益匪浅。对吉隆坡的学生，我心存这样一种希望，法理学必要的、复杂的材料既是可理解的，也是相关的，如果付诸适当的精力和热情的话。就我个人而言，埃利斯佩斯、斯图亚特·麦克肯齐以及詹姆斯在吉隆坡给予了极大的热情，乔泰·拉姆帮助我完成了讲稿的最初草稿（以《法理学的要素》为书名出版）、参加了在 Bull's Head 旅店召开的数次让人激动的、令人愉快的会议，安纳普·希杜不断地敦促这个项目的实施。正是在雅典，我发现宁静、智慧以及理解确保了这个项目的成果。

最后，我回到开头对哈特著作的抱怨。哈特虽然承认利用了他人的著作，但是宣称他的著作并不是他们观点的再现。他希望"这种安排不会阻碍这样一种信念，即一本法学理论著作应该是人们从中可以了解到其他著作所包含的内容。只要那些著者持有这种信念，那么这个计划就不会有发展；只要这种观点为读者所持有，这个计划的教育价值就微乎其微了"。（《法律的概念》，1961：前言）这是一个有价值的观点，但是它也鼓励一种新的无知。当然，写一本教科书，宣称它不只是一本仅仅重复别人的断言的书非常容易，特别是阻碍读者阅读那些"其他人的书"以检查它实际上论述了什么时更是如此。人们不应忘记"其他人"的著述。这本教科书是一种不同的计划——"我们"有过多层次的、复杂的过去，"我们"是历史的产物，它们是如此的多样以致没有任何一个学派或者计划能够涵盖它们，这就是"我们"的"现实"。人类的命运注定了"我们"的本质将是一个谜团，但这并不意味着我们不应当进行表达、记忆和讨论。本书不是一本揭示法理学真理的教科书——这样的书是不可能存在的。但是,如果它鼓励读者以一种新的兴趣去研究我们过去的许多学者,如果它鼓励读者提出问题并进一步研究这些问题,那么本书在其有限的目标上就取得成功了。

W. 莫里森
1996 年 12 月

第一章　法理学问题或者揭示法律的真理：对反复出现的问题的探究

> 哲学家为什么要探究极为普通的词语的含义？……难道他们忘了吗？(路德维希·维特根斯坦,引自《红色道路》,1990:82)

> 法律是什么？
> 法官带着鄙视的神情,
> 清晰而又庄严地宣布：
> 法律就是我从前告诉你的,
> 正如你所知——法律就是我的理解,
> 法律只不过是我重新的解释而已,
> 法律就是法律。(威斯坦·休·奥登,《诗集》,1976:208)

> 我们时代对"存在"一词的真实含义有答案了吗？根本没有答案,从而我们重新提出存在的含义问题是恰当的。我们现在仍然为自己无法理解"存在"而感到困惑吗？完全不是。我们首先要重新唤醒人们对存在含义的理解。[海德格尔,《存在与时间》,(1929)1962:1]

法理学的范围或者"法律是什么?"问题的意涵①

语言哲学家路德维希·维特根斯坦(1889—1951)认为,我们探究词义是为了我们自己能够更好地适应社会实践。他同时指出,对词语用法的研究立刻就能向我们展示社会生活是何等的复杂。在为貌似简单的问题寻求有意

---

① 1990 年代中期,法理学著作的开篇,均极富争议性。视角的多样性和提问方法的多样性,导致没有一种开篇被认为是正常的或自然的。法理学将分析对象看作一个实体——就如同人们看待法律的传统方式那样——或者将分析对象作为一项活动,两者是有本质区别的。把法律看作一项活动是一种不适当的还原主义,诸如法条主义之类的其他术语,则更能够表明多样性的社会实践和意识形态的观念,是更可取的。

义的答案时，结果通常是不确定的。法理学也是如此。法理学可以被简单地定义为回答"法律是什么"问题的大全吗？这个看似简单的定义——这种回应能够很快得到认同吗？如果法理学仅有这么简单的核心任务，那么，对于至少在2 500年前的古希腊提出的"法律是什么"的问题，为何至今仍然没有达成共识？

2　　　广义的法理学可以被定义为法律的智慧，或者对"法律事业"性质和语境的领悟。① 这种对法理学任务的界定把中心转移到这一方面：我们不只是在探求"法律事业是什么"，以及"人们如何回答法律是什么"，而且我们试图弄清楚这些问题本身的意蕴。首先注意到的问题看似显而易见却又令人困惑，即对法律理解的多样性。法律是一个实体，或者是一个程序，或者是一套程序，或许是一种复杂的社会现象？合法性是一种法律思维方式或者甚至是预测法院判决结果的能力？法律是一种富有争议性的态度吗？法理学包含前述所有的一切事物或者还有其他事物？广义的法理学不应局限于这一种或者那一种法律观念，而是要尽可能地去研究法律多样性是如何形成的。

反思的需要？

换言之，我们不仅需要研究关于"法律是什么"或者对"法律事业的性质是什么"的不同回答所提出的各种问题，而且还要致力于理解这些问题实际上被提出以及促使我们寻求答案的各种条件和激励因素。这种自问的方式通常被称为反思。反思是提问者本身提出质疑的过程，或者试图变得更具自我意识的习惯做法。

但反思是有问题的，反思招致了没完没了的质疑。如果是这样的话，很显然，质疑不能提供令人信服的对这些反思过程的权威性的、整体或者最终的解释，可能总是存在着不同于一种解释的另一种解释，存在着应考虑的另一个因素。所有的论述均强调法律的某些特征，而忽视了法律的另一些特征。

---

① 法理学的词根来源于"juris"，意思为法律或者权利，而"prudence"则意思为智慧。我把法理学理解为寻求法律的智慧，或者寻求对法律审慎的理解。在使用"法律事业"的术语时，我遵循了贝利维尔德（Beyleveld）和布朗斯沃德（Brownsword）（1986）的用法，而他们的用法是建立在富勒（Fuller）诸如"使人类行为服从于规则治理的事业"之类的法律格言基础上的（富勒，1969：96）。

什么资料能够被恰当地称为法理学,哪些研究路径是与之相关的,哪些研究路径是与之不相关的,能够找到确定清晰方针的方法吗？直到最近,西方法理学一直为特定的法哲学所统治——即为法律实证主义所统治。这种法哲学不同于传统的法律现实主义和自然法学。法理学课程或者与法理学有关的资料范围已经被极大地扩展了;此外,这个领域变得如此充满争议和矛盾,以致法理学研究的性质和领域似乎没有形成确定的架构或一致性。这说明什么呢？这是法理学进步的标志,还是法理学在核心领域衰落的迹象？我们怎么才能知道？

研究法理学的目的在于寻求自觉,寻求对法律性质以及它的社会背景的某种程度的透彻理解。在反思意识引导下,我们意识到,为判断我们对事物认识的对错,我们应当考虑作出分析的前提假设;不仅要理解研究法律知识时所使用的不同方法论,而且还要思考这种探究法律是什么之所以重要的不同原因。我们也同样面临语境问题:我们提出"法律是什么"的问题(并提出我们能够进一步探讨的定义或者模型)能够脱离特定社会和历史条件,还是这种问题总是在特定的语境下提出的？而对问题的回答是否也是依赖于特定的语境？在讨论各种各样旨在试图获得法律的智慧的答案时,我们是否需要移情进入法理学事业的语境？是方法论的改进,还是仅仅提供不同的视角？我们似乎在智力迷宫中无休止地游荡,不过很快就被迫回到了基本问题的轨道上。法律是单一的现象,还是松散的以"法律"为标签的一系列不同现象？此外,我们为研究这些问题制定计划是为什么？我们使用什么样合适的方法论来确保法理学研究事业的自我觉醒？

本章开篇第二段和第三段的引文,表达了对社会现象的不同态度。在第二段引文中,诗人奥登通过法律专业人士的形象提出了法律观,即法律就是法律,从而可以一种直截了当的、不言而喻的方式进行描述。法律是自治的,可以被视为按照内在的规律运行,而不管它是如何产生的——我们清楚地知道法律是强权政治的历史创造——法律一旦产生,就具有我们可以描述的基本形态。现代英美法理学在很大程度上试图发展一种法律科学,这种科学是建立在这样一种假设的基础上的,即法律具有某些可识别的共同特征和形式,这显而易见被视为一个事实问题;要么法律存在于特定的领域,要么这个领域不存在法律。法律实证主义采纳了这种观点,认为对于"法律是什么"的问题可以这样回答,即通过对一些相对简单的定义提供一个真实的答案(诸如法律是国家的命令,或者法律是规则体系),从而构建起一些识别有

3

效法律的方法。① 在把法律界定为一个较为简单的问题之后,法律实证主义方法致力于有关描述识别法律的机制。下一个更重要的问题是一个与识别法律不同但又与之有联系的分析法律内容的问题(各种法律关系的原则和体系)。法律应当是什么的问题是另外的一个问题。②我们在讨论本章开篇最后一个引文之前,假设法律实证主义已经是现代法理学占主导地位的传统,当务之急是对法律实证主义的性质有比较清晰的认识。

作为现代法理学之主导传统的法律实证主义

法律实证主义是一个标签,标示着过去150年在西方法理学领域占统治地位的一些相互关联的有关法律研究的方法。法律实证主义标签包括各种各样的"法律是什么"问题的研究和探求,但是法律实证主义包含两个基本要素:(1)法律是人类的创造,法律是由人类以某种方式"安排"的结果,如通过政治统治者——主权的明确意志经过立法程序创造出来。(2)通过运用18、19世纪所谓的"自然的"或者"物理的"科学所发展的方法论,即实证主义方法研究法律和准确理解法律,这种研究方法为实现研究的客观性,试图消除法学家的所有主观因素。当我们收集到适当的数据——通常是法条主义所使用的各种概念———一种纯粹的分析方法似乎很适合将这些对象分解为可处理的形式,而法律科学家应当防止将自己的价值观带到调查研究中。

近年来,法律实证主义已经丧失了往日在法理学中的统治地位,部分原因是概念分析方法是以牺牲法律事业的整体为代价,并缺乏对法律的社会功效的社会意识。此外,批判者认为法律实证主义不是一种没有价值的法律方法,其本身具有某种特殊的价值取向,包含了一些假设,这些假设引导我们以

---

① "should"或者"ought"是有语义上的差异的。法律实证主义有一个"道德"上的论据,即构建起易于识别有效法律的方法不仅是认识论的副产品,而且也是一种期待的结果。哈特的现代经典著作《法律的概念》的开篇,涉及大量的有关法律是什么的讨论。哈特认为,这种讨论有助于我们正确理解各种类型的法律,且通过维持简单的法律识别程序,可以一般的批判性道德观念来评判特定的法律在道德上的好坏。一些学者将此称为实证主义的"批判性的公民意识理论"(critical citizenship thesis),或者认为把法律的存在与法律道德价值的判断区分开来是切实可行的。

② 早期法律实证主义的两个著名人物杰里米·边沁(本书第八章讨论)和约翰·奥斯丁(本书第九章讨论),均将描述性法理学和审查性法理学、法律科学和立法科学区分开来。

特定方式思考法律问题。① 不同的实证主义者的不同做法反映出不同的复杂情况。我们与其把这些做法看作似乎在处理某些共同的、纯粹的基本形式或者某种超历史的实体，不如把它们看作历史建构。一些具有社会学倾向的评论家，如科特威尔(Cotterrell)(1989)强调了法理学和社会法学研究中许多所谓的矛盾现象，根源于这一简单但通常被忽视的事实，即不同的学者从事不同的研究项目，采用了明显不同的理解方法。法律不是某种永恒的或者本质上超历史的现象，而是在不同的社会历史环境下所形成的不同经验现象。不同的提问产生不同的答案，视角的多样性也可能是基本调查材料的内在多样性和差异性的结果。从而"法律是什么"答案的多样性，不足以证明某些学者是对的而另一些学者是错的，但是当我们在复杂的历史环境下考察法律与法制问题时，这些恰恰是可供参考的大量问题和视角的证据。

那些将自己视为法律实证主义者的学者是如何定义这个传统的？1950年代末，哈特(被公认为现代最重要的法律实证主义者)总结了法律实证主义的几个可能的信条：

(1)法律是人类命令；

(2)法律与道德或者法律之间以及应然的法律和实然的法律之间没有必然联系；

(3)对各种法律概念的分析(或者含义的研究)是(a)值得的，而且(b)不同于对法律的起因或者起源的历史研究，不同于对法律与其他社会现象关系的社会学研究，不同于从道德、社会目的、"功能"或者其他方面对法律的批评或者评价；

(4)法律体系是一个"封闭的逻辑系统"，正确的法律判决可以通过逻辑方法从预先确定的法律规则中推导出来，不需要考虑社会目标、政策、道德标准；以及

(5)道德判断不同于事实陈述，不能通过理性争论、证据证明得以确立

---

① 当代有名的批判出现在朱迪丝·施克莱的《法条主义》(1964:3)之中："将法律制度故意孤立开来——将法律视为中立的社会实体——这种做法本身就是一种精致的政治意识形态，是一种偏好的表达……这里的法律制度可以被视为某种在'彼处'的东西，一种仅仅考察其纯粹的形式就可以对实体作出分析，即使它不具备这样一种做法所实际要求的永恒性……形式主义创造了这种'彼在'，这是因为倡导者认为法律制度应当只有存在于'彼处'才能发挥正常的功能。为了存在于'彼处'，法律应当自治，才能免受政治家和道德家不可预知压力的影响，并且由尽可能没有价值倾向的司法机构加以运作。这就是法律被视为具有内在逻辑关系的客观规则体系的缘故。"

或者辩护(伦理学的"非认知主义")。(哈特,1957-58:601-602)

　　法律实证主义的核心要素是这样一种理解,即现代法律——实证法——是人类为自身目的所制定的某种东西。现代法律可以被视作一个重要的工具。法律被视为政府权力的一种工具,或者仅为促进基本社会交往以及为个人缔结合同、设立遗嘱、转让财产、信赖公共机构等创造条件的工具。此外,法律实证主义的基本信条是任何社会的法律都可能反映了道德和政治的选择,法律和道德之间没有必然的或者概念上的联系。法律的效力不以符合道德为标准①,正如实证主义法学创始人约翰·奥斯丁在 1830 年代早期的论著中所述:"法律的存在是一回事,而法律的优点和缺点又是另一回事。"在实证主义的另一个要素中,这种"法律与道德的区分理论"是至关重要的。法律应该通过相对简单(通常是经验主义)的方法来确定。法律的存在是一个可以通过观察来回答的事实问题,而不是一些复杂的道德解读和评价过程。② 例如,对某些制定法的合法性判断,只有遵循事实的来源检验才是必需的。这突出了法律实证主义的一个重要特征:法律实证主义是一种极其强调把法律的运用作为现代国家工具的法理学。正如我们将看到的,托马斯·霍布斯的著作(在本书第四章中讨论)奠定了奥斯丁建立法律实证主义的现代方法的基础,智识探索的核心追溯到超自然的存在——上帝——作为纯粹或者公正的法律理想的最终创造者。而现在关注点又转移到国家权威上。从霍布斯开始,主权一直是一个重要的概念(如在边沁和奥斯丁的著作中)③,然而,随着现代西方社会的发展,主权已经发展成为由官僚机构管理的社会结构,"官员"取代了主权成为权威的中心(例如,在哈特 1961 年的著作中,见本书第十三章;在罗纳德·德沃金 1978年、1986 年的著作中,见本书第十五章)。但是,在将法律视为国家附庸的制度性和工具性角色时,法律实证主义总是冒着成为没有灵魂的方法论的危险。如果法律失去与超验象征(transcendental signifier)的前现代联系,而

---

　　① 这点通常被学者误解。坚持法律实证主义方法的学者们认为,从经验上讲,法律是社会、政治和道德过程的产物,而对法律理念或者概念的分析可以独立于道德。法律可以是不道德的或者道德的,不公正的或者公正的,压制社会进步型的或者促进社会进步型的。

　　② 正如约瑟夫·拉兹(Joseph Raz,1979:37)所言:"就实证主义社会理论的最一般含义来说,实证主义的社会命题是,什么是法律,什么不是法律——这是一个社会事实问题(也就是说,实证主义者支持的各种各样的社会命题是对这个简单陈述的精致和详尽的阐述)。"

　　③ 另一个具有重要影响的人物是法国法学家博丹,见斯金纳(1978 年,第 2 卷:284-301);富兰克林(1963)。

仅仅沦落为一个可变的人类工具，那么法律怎么可能有本质呢？这难道不意味着人类/社会安排的形式和(非)法律的种类一样多吗？法律多元主义通常是指国家法的"另一个方面"。①

虽然法律实证主义主导着现代法理学，但也流行着后实证主义的多元化视角：这就是后现代对法律问题的探讨

实证主义似乎提供了一种相对简单的方法来识别法律。相比之下，在本章开篇第三段引文中，海德格尔提出了这样一个观点：任何社会现象均可能有各种不同的、多元化的解释。② 真实存在的问题——事物的本质是什么——不能被简化为一个视角，如果依靠这种视角或者方法论本身的优势，而不是通过一种控制思想的行为的话，以"法律"这个词替代"存在"，开篇第三段引文便可表述如下：

> 今天我们对"法律"这个词的真正含义有答案吗？我们并未找到答案，我们重新提出"法律"含义这个问题是恰当的。但是，我们现在是否仍然对自己无法理解"法律"这个词感到困惑呢？我们并未感到困惑。因此，首先我们必须重新唤醒对这个问题意义的理解。

正是这种悖论——我们对法律这个词没有确定的含义，然而在大多数时候，我们在日常生活中并不需要这样一个确定的含义——这种需要激发了哈特写作《法律的概念》(1961)的灵感。法律缺乏确定的含义有助于"保持事物的原样"(套用语言哲学家维特根斯坦的话，即哈特所依赖的哲学方法

---

① 事实上，古典法律实证主义者——约翰·奥斯丁(1832—1873)——认识到了这个问题。他注意到法律多元论，他的理论只是一种特别涉及他所谓的"实在法"，或者作为政治统治技术的法律理论。奥斯丁认识到了一系列非国家程序的运作是为了加强国家法律的效力，但其他人并没有这么微妙。在多本教科书中，奥斯丁的理论被解释为，如果那是法律理论，也是所有法律理论。在这种观点的影响下，后来的学者歪曲了奥斯丁的思想，把奥斯丁思想过分简单化了。

② 德国哲学家马丁·海德格尔感受到了一种唤醒我们对人类存在这个事实的好奇心的需要。我们理所当然地认可我们的"在"而不是不"在"。我们必须接受我们的存在是为了活着的事实；然而，反思，或者审视我们的存在，是人类全部生命的本质，是文化的核心问题。海德格尔认为，如果我们生活在这个世界上而不探究生活的意义，我们可以与周围本能动物的生活方式区别开来吗？换句话说，人类智慧的中心任务难道不就是对人类存在的研究，不断地探究存在的本质，不断超越平凡与熟悉的事物去寻找终极答案吗？

论），并使社会公众有可能接受并信赖官方或者官僚将法律定义作为法律的"真理"成为可能。但是，任何关于社会现象的问题——这里指的是法律——也是关于社会现实和我们认识社会现实的能力问题。

法律现实主义

至少从霍姆斯（1897）指出要"叙述事实的真相"，或者要找到法律的"真相"以来，我们应当研究"行动中的法律"，而不是对"书本中的法律"进行教条分析，这样法律现实主义的传统就已经存在了，法律现实主义试图将法律定位为必然纷繁复杂社会世界的一个不可分割的组成部分。在这个传统中，讲述"法律的真理"是讲述"社会现实的真理"的一部分。但是，如果学者们希望通过采用法律现实主义的方法，找到一套关于法律的真实性质的答案，事实上，寻求将法律定位于社会中的做法已经使法律实证主义的各种自圆其说的对立主张复杂化，而不是简单化了。

社会学的视角

一段时间以来，社会学一直在打击法学界讨论法理学"真理"的信心。成熟时期的卡尔·马克思（本文第十章讨论）将法学家的法理学视为意识形态或者肤浅的修辞。当马克思主义传统的社会理论家试图将法理学贬低为资本主义制度的意识形态时，罗斯科·庞德（1943）等较少批判色彩的学者试图在法理学之外，探求法律的"社会利益"；受德国社会学家马克斯·韦伯（韦伯将法律的现代化与现代社会的理性化联系起来，本书第十一章对此进行了讨论）著作影响的学者们区分了不同学科能够提供的不同的知识类型，倾向于将法理学描述为法律专业人士的话语，使"专业人士"能够向自己诠释自我和向社会公众解释自己。科特威尔等受韦伯传统影响的学者，将"规范法学"（或者传统观念上的法理学——即法律哲学——被描述为受制于法律职业的利益）与"经验法学理论"（或许更多基于社会学的描述）区分开来。在后来的著作中（1995），科特威尔暗示，面对相互竞争的社会学主张，传统法理学可能提出的任何包含法律真理的主张均是无关紧要的。

社会学方法的诉求在于与所分析的材料保持一种批评性距离的意象

社会学的叙述相较于那些"进入"法律程序的人的观点的优势在于距离。通过社会学研究，人们可以在更广泛的语境下解释和叙述法律行为者的想法和主观感受。所有社会学理论均为"叙述事物的真实状况"的人类叙事，同时不可避免地陷入人类自身解释学的循环，解释由其他人创造的惯例和制度。社会学解释的立足点在哪里？在哪里可以找到据以"叙述事物的真实状况"的可靠依据？我们可能在社会学中找不到可靠的依据来纠正和（重新）定位传统法学，使我们能够忠实地再现法律的故事；我们不仅要回答"法律是什么"这个问题，还要回答其他有关我们提出这个问题和适用该答案条件的问题。

我们如何描述理论的多样性？或者相反地，我们如何理解主导性法学理论的追求呢？

如何应对法学理论视角的多样性，是当代法律学者面临的一个急迫问题。法理学的方向清晰明了，使我们对法律和法制问题更为清晰，但多样性却造成不连贯和困惑。或者这是解决问题的错误方式？我们是否应该从另一个方向展开法律研究，以鼓励观点和视角的多样性？在这种情况下，问题可能是"我们如何理解主导性法学理论的追求呢"？

纵观整个人类历史，那些著书立说的学者均倾向于写出一种主导性法学理论，以提供法律真理的权威性叙事。一位理论家甚至将他的理论称为"纯粹法学"（凯尔森，1934、1970，本书第十二章讨论）。为什么这种寻求统一性、连贯性和一致性的倾向仍然占主导地位，甚至那些自命为现代科学家的学者也是如此？一些学者（昂格尔，1976，1987）认为答案是恐惧。 9
如果我们正视法律是人类的创造，而现代社会也是人造的事实，就会引起我们对自己承担社会责任的恐惧。对昂格尔（和其他人）来说，如果我们认为自己已经现代化了，那就是自欺欺人。事实上，我们从来没有真正现代化，而是害怕现代化。相反，我们寻找上帝的替代物，这样我们就可以免除自己在创造和维护社会连带和社会关系方面的责任。对某一主导学说的探索——这种主导学说要么展示法律的自足，要么与此相反，以宣告法制的社会地位的真相的名义破坏法制（相对）自治的形象——为那个在现代社会把宗教从与上帝的关系转化为一种单纯的社会文化习俗时被扼杀的超验形象寻找替代物。现代社会已经抛弃了许多替代上帝的候选方案，放弃了许多解读上帝旨意的不同方式。现代社会试图以自然世界的知识来代替上帝的意志（正如约翰·奥斯丁明确指出的，功利主义是提供指引上帝命令的线索）。法律与经济运动是当前非常流行的尝试（波斯纳，《经济分析法学》（第四版），1992）。每个选手均有竞争对手，在许多人称为后现代主义开始的社会变革的语境下，这种多元化的程度加剧了。

直面后现代:从德沃金到《银翼杀手》

法律实证主义方法主张,法律是统治现代社会的关键工具。其他的学说则主张,法律不仅仅是一种工具,法律表达了我们所处的社会生活的真实性和我们所做的公共承诺的真实性。哪种解释是正确的? 或者,两者是否都把握住了法制的某些方面的特征? 在这两种说法中,阐述法律的真理均隐含着回答"我们是谁"和"我们所处时代的性质是什么"这些宏大的、开放式的问题,我们可以把这些问题理解为人类历史旅程的永恒旅伴。在整个人类历史中,关于这些问题,我们经常被拷问,且一直被拷问。尽管它们在被称为法理学的文本中经常是不明确的,但始终隐含其中。

所有的文献都包含着希望和梦想、恐惧和分析;描述我们当代形势的文献承载着悠久的历史。思考一下 1980 年代的两个文本:

一是罗纳德·德沃金(Ronald Dworkin, 1986)所著的经典法学著作的导言。德沃金是一名法学教授,同时在美国纽约大学和英国牛津大学担任法学学术职务。德沃金是本书第十五章的主题;我们在这里的讨论目的是要感受一下德沃金的修辞技巧。

> 我们生活在法律之中,并以法律为准则。法律造就了我们:公民、雇员、医生、配偶和拥有财产的人。法律是剑、盾和威慑力:我们坚持得到我们应得的工资,或者拒绝支付我们的租金,或者被迫接受没收处罚,或者于监狱服刑,所有这一切都是以这个抽象而最高的主权即以法律的名义作出的。我们争论的是法律所包含的内容,即使记载法律的规定和指示的典籍对此保持沉默;我们的行动就好像法律在抱怨自己的厄运,只是声音低得难以听清楚。我们是法律帝国的臣民,是法律秩序和理想的忠实追随者,当我们讨论要做什么时,在精神上受到法律的约束。
>
> 这是什么意思呢? 当法律典籍沉默不语、含糊不清或模棱两可时,法律是如何发挥作用的? 答案是……法律推理是建设性解释的一种运用,我们的法律存在于整个法律实践的合理性中,存在于对这些实践最好的叙述中。从这个观点来看,只有在我们确认并区分了各种各样的且通常具有竞争性的政治价值标准,在复杂的判断中各种不同的思想交织在一起,一种建立在全面考虑所有事物基础上的解释能够更好地体现法律的叙述,法律论证所具有的独特的结构和限制就显现出来了。(罗

10

纳德·德沃金,《法律帝国》,1986:vii)

在德沃金看来,"我们"是法律的产物,我们的领域是法律帝国。我们是一个历史进程的产物,在这一历史进程中,构建法律结构——一个权利和原则构成的摩天大楼——以支撑我们的社会交往是一项杰出成就。法制规划、维持和强化了我们现代的生活和身份。为了给法律帝国注入活力,我们必须为我们的叙事赋予最好的意义,并将有时孤立的片段整合成为一个令人鼓舞的、积极向上的整体。在这个过程中,我们将告知并确保我们的社会认知。我们为隐藏在制度背后的强制性提供一个正当的理由,并要求这种强制性具有道德上的正当性。通过哲学和解释法理学,我们可以回答有关同一性的各种问题,以满足我们识别核心制度的需要,并进一步推动我们社会政治历史的进步。因此,我们就可以知道在这个后现代世界该怎么办了。①

二是雷德利·斯科特于 1982 年摄制的电影《银翼杀手》(Blade Runner),通常被称为后现代电影的顶峰(讨论见布鲁诺,1987;哈维,1990:308-14;瓦蒂莫,1992:83)。《银翼杀手》的故事发生在虚构的 2019 年的洛杉矶。一群经过生物工程改造的"复制人",通常居住在城市外,返回城市来对抗他们的制造者——泰瑞(Tyrell)高科技公司。复制者反对为他们预先设定的短暂的 4 年寿命——消费主义的终极目标——并希望延长到完整的人类寿命。泰瑞公司只能消极地回应:"没有解决问题的办法。你们命中注定要过模拟人的生活,这是由程序决定的,你们的感情完全是假的。"迪卡德——"银翼杀手"——被指派追踪并消灭(或者"撤回")复制人。

复制人不是机器人,而是有血有肉的模拟人,他们过着短暂而疯狂的生活。我们如何确定那些被迪卡德怀疑的对象是不是复制人?其中一个叫瑞秋的复制人,制作了一张她"母亲"的照片,这张照片使她能够产生一种真实过去的感觉,一个生命故事,仿佛是真人一样。这激发了迪卡德对瑞秋的爱慕之情。在消灭了其他复制人之后,迪卡德带着瑞秋一起——至少在最初的

11

---

① 德沃金是本书第十五章的讨论主题;这里只需说一下,该导言并不是不言自明的。导言需要解释:我们如何理解它?它说了很多东西,还以许多东西为前提。"我们"是谁?什么是法律(law)?也许,问题应该是,什么是法律(laws)?或者,法律的本质(各种表象内的实质)有什么特殊性?所有的陈述均需要作出解释,这个事实是显而易见的,由于常常被忽视,仍然需要不断地重申。在文学理论中,斯坦利·费什(Stanley Fish)强调词义始终是一个语境问题和我们的理解问题,即使是在最平常意义中仍然还是个解释的问题。正如费什所说:"一句话永远不会脱离语境。我们从来都不会不处在一种情形之中……看起来不需要解释的某句话,已经是一句话的产物。"(1980:284;引自其《这个班级有课吗?》中的一章)

商业发行版本中——逃进了大自然中；影片以他们奔向深山老林而告终。碰巧，瑞秋是一个例外，程序为她设定的寿命是无限期的；延绵不断的山脉和茂密森林的景色似乎提供了一种可能的生活方式，使他们能够实现一个"真实的"人类存在。

《银翼杀手》的背景设定在城市的废墟之中，曾经富丽堂皇的建筑已是满目疮痍，坐落在拥挤的国际性街道上，连绵无边的购物中心、令人难以置信的高层建筑——富人的豪宅——俯瞰着街区，而亚洲人则在那里骑自行车和摆摊。街道的垃圾杂乱、堆积如山，天不停地下着毛毛细雨。1980 年代末和1990 年代，洛杉矶成为后现代城市的主题，是展示未来的地方；但如果《银翼杀手》是洛杉矶的真实场景，那么这里现在已经变成了一个面积巨大、污染严重、拥挤不堪、以亚洲人为主要人口的数以百万计人口的特大城市。每个街角都充满危险，充斥着朋克—东方—重金属—克里希那*—罪犯（punk-oriental-heavy metal-Krishna-lowlifes）等符号。虽然很多符号观众能够辨认出来，但也有一些则不然——比如一位日本女性在吃药丸的同时，喇叭里播放着她在"海外度假"的乐趣。发生了什么事情？这张照片预示着核灾难的结果，或者试图警示一种还没有为人所注意到的自我毁灭形式？难道这是因为内部多种压力而崩溃的现代社会的遗嘱吗？人类的价值观呢？非常荒谬的是，复制人似乎比人类本身更具有"人类美德"。毫无疑问，就社会机体正在改善的意义而言，"进步"已不再可信，那可以提供什么救赎呢？在《银翼杀手》中，我们生活在各种各样的符号之中，而这些符号在所属的时代可能是有意义的。罗马和希腊圆柱、中国龙和埃及金字塔与可口可乐、雅达利、吉姆·比姆、三叉戟、米开朗基罗和泛美航空公司等巨型霓虹灯广告融合在一起。尽管灯光明亮的运输机在街道上空盘旋，也有豪华套房的瞬间景象，但整体上是一幅令人眼花缭乱的拼贴画。

《银翼杀手》也许是一系列电影中最好识别的早期范例，揭示了后现代现实的陌生感。未来被描绘成令人恐惧的——它不可信，人类也不能信任自己。《银翼杀手》中的复制人代表了机器人、半机械人的概念，以及生物工程的成长，它们代替了人，并成为人类的模拟物。在广播性和无感觉的电子广告牌所形成的虚幻环境中，自恋的克隆人伪造性高潮，"虚拟"现实机器提供的（非）体验比任何真实的"现实"更"真实"和更令人快乐的东西，一个真正的人类的存在如何可能？在这幅图景中，个人、爱情、家庭、工作、宗教均消失

---

　　* 印度教所信奉的神灵。——译者注

了——只有复制技术的辉煌成果主宰一切。对乌托邦还有可能抱有希望吗？

瓦蒂莫（1992）认为，在《银翼杀手》中存在一种次乌托邦；现代社会命中注定的灾难已经发生，从而展示了一种如释重负的感觉。我们可以继续现有的生活方式，而不再需要那种让我们陷入灾难的现代性的无情冲动。但这个乌托邦是现代性的退却；《银翼杀手》将"进步"的世界置于废墟之中，电影的结尾沉溺于一个具有讽刺意味的怀旧倒退之中，倒退到一个更"自然"的存在中去。这个信息表明，我们现代社会的核心要素是建立在误解和误判的基础上的。如果启蒙运动宣称人类生活的目标是自由中的幸福，那么认为抽象的科学分析可以为我们提供人类状况的真相，或者认为技术可以建造宜居的城市这样的想法是错误的；相反，我们需要重建那些早已消失的共同体。存在主义作家如阿尔伯特·加缪（1956）和道德哲学家如约翰·菲尼斯（1980）或者阿拉斯代尔·麦金太尔（1981、1988）或者共产主义者如桑德尔（1982）、泰勒（1985、1990）等认为，只有在自然群体中生活，才有可能实现真正的人类生存。我们需要重新诠释过去的叙事，发现我们应该赖以生存的真正"自然法"。

12

有可能相信法理学能够讲述一个真实的后现代法律帝国的故事吗？或者说，后现代丧失了对融贯的叙述、进步和正义的可能性的信仰

近年来，法理学学者抛弃了分析任务，试图将他们的工作与更广泛的社会发展叙事联系起来。有些人——如激进的女权主义者——挑战了自由主义信赖的社会进步的叙事。自由主义也有捍卫者。面对后现代主义的挑战，德沃金的规范法理学试图恢复自由主义的法制。对许多学者来说，德沃金是一个浪漫主义者，一个"高贵的梦想家"。德沃金编织了一张完整性和原则一致性的网络，而后现代法制背后的现实是不融贯的、不一致的和充满政治斗争的。在《银翼杀手》中能够找到一个适合德沃金的角色吗？与德沃金相反，要识别反对者似乎很容易，这些反对者要么松散地聚集在批判法律研究运动的旗帜下，要么受到曾经刺激该运动兴起的类似关怀的影响。由于以怀疑论和对自由主义的质疑为显著特征，乍一看，似乎没有办法将他们各自的计划与德沃金或者那些拥护法律实证主义者的计划协调起来。事实上，似乎没有什么方法可以提出一种能够包含两种立场的法理学叙述，从而

使他们之间的对话成为可能。①

13 在现代晚期或者后现代的多元主义和多样化条件下建立融贯叙事的问题

　　现代性——从 18 世纪启蒙运动以来的社会历史时期——部分建立在这样一种信念之上,即人类有可能获得关于社会现实的完全自我意识。人类将分析这个世界,获得可靠的知识,并用这些知识来建立一个正义的社会。后现代人类逐渐意识到,这样一种信念是有根本缺陷的。我们获得的知识越多,就越难以叙述一个主导的叙事,呈现一幅具有合理融贯性的社会现实和核心制度的画面。对社会现实真相的叙述已成问题。我们把这个说成是后现代问题。当然,对现实本质和我们自身本质的认识,并不是一个新课题:自从人类开始记录理性思考以来,它一直是一个核心课题。我们需要构思既能界定我们制度本质,又能赋予我们社会同一性的宏大叙事。正如罗森所说:"一种不能自我表现的自由与奴役是没有区别的。"(1969:157)

　　为什么在我们这个时代对社会进步和制度的意义作出融贯的叙述会变得如此困难?很显然,我们所处的语境和我们的历史是不同的。我们作了这么多的探究来肯定我们应该有某种确定性,但每一个新的发现削弱了人们对过去的确定性的信心。我们认识到:(1)科学知识的发展在现代社会的发展中起着至关重要的作用;(2)新的知识形式、新的交流和表达技术的发展并没有使现代社会变得更加透明,而是提供了越来越频繁的冲突视角、图像、传播网络和技术能力;(3)这种图像和知识的爆炸式增长使一切形式的社会同一性复杂化,使人们对存在方面产生疑问,难以采取融贯的行为,对无意义的恐惧悄然出现,对确定性技术的需求加剧;(4)如何应对这种明显的混乱是后现代的难题。

---

　　① 令人奇怪的,是许多支持者似乎不想对话。德沃金很清楚,他不能与那些被他称为"外部怀疑论者"的人进行对话(即那些跳到法制内在视角的范围之外,拒不寻求对自由主义法制传统作出有利的、建设性解释的学者);而其他学者则声称,只有在每个人均承认了他们话语的意识形态本质并解构了他们将要参考的所有文本之后,对话才有可能。

后现代条件下法律分析的特殊问题

我们生活在不确定的时代；许多学者认为，现代性建立一个让人们感到幸福的正义社会的承诺，已被证明是虚妄之言。现代性的两大对立的政治和社会叙事均面临着重重困难：尽管马克思主义和自由主义向我们提供了试图理解我们时代的社会结构的许多批判概念，但马克思主义作为一种政治学说遭到质疑，而自由主义在许多人看来则是不能提供社会意义来源的"空壳"。

当代法律的命运反映了这个社会发展的故事。我们为法律所束缚，法律无所不在。一些学者称为社会领域的法律控制（图依布纳（Teubner），1987）；另一些学者则暗指法律和准法律调整形式的扩张，并对这种结果的合理性持怀疑态度。在这种叙述中，法律丧失了同一性，屈服于新的上帝，即法律成为经济、政策和功利的奴仆，而我们要求它应该是一种道德现象。似乎从来没有人向法律提出过如此多的任务要求，从来没有在这方面赋予过如此少的权威。这是引起关注的原因吗？我们是否需要具有法律的制度构想，为我们提供乐观、积极向上的思想，或者，我们可以满足于将法律视为某种为现在统治着社会秩序的任何政治权力或者意识形态权力服务的工具？[①]对像德沃金这样的学者来说，法理学领域中的争论是我们针对社会同一性问题而展开的争论。我们如何看待法律变成了一种反思，我们如何看待我们制度的宗旨和内容以及如何看待我们对道德决策和政治决策的社会公共约束。对德沃金和批判法律研究运动的成员来说，法律实证主义弱化了法理学的想象力，有必要采用新的解释形式来理解法律在构成我们现状中的作用。这个过程应该在一种什么样的状态下进行呢？对德沃金来说，保持乐观是至关重要的。他认为，在法制和法律文献中——美国宪法就是一个很好的例证——解读出我们社会的道德和政治原理的故事是可能的［德沃金（1996）提供了关于"美国宪法的道德解读"的课程］。另一些学者则要求我们正视我们的幻想世界，避免犯高估法律能力的错误。其他学者则认为，我们应该谨防所有试图

14

---

① 一些学者认为这是正确的解释，只有我们在我们对法律的评价之中趋向彻底的实证主义，我们才能获得道德和法律的统一。被视为最极端的法律实证主义者汉斯·凯尔森要求，我们不仅要摒弃任何包含道德或者意识形态的不纯粹的解释法律方法，而且要认识到——法律本身就是一种强制手段。（凯尔森，1934，1970）

构建融贯叙事本身的尝试；相反，我们应该解构所有的叙事，拒绝讲述任何宏大的法律故事的叙事；自相矛盾的是，这种拒绝本身就是参与讲述某种法律故事。① 我们不能回避解释和重新解释人类社会历史的本质和人类在世界中指引我们自己的机制的本质。这是法理学的任务；法理学为我们提供了一种方法，使我们能够理解和讲述复杂法律现象。也许我们在讲述法律故事时没有任何限制？接受我们的故事不能被归结为一个伟大的故事，对于一些需要生活问题的答案来获得宽慰的人来说，似乎是一种失败。然而，相反地，接受我们注定要提供解释和重新解释，也意味着作为人类不得不应对持续不断的变化，应对各种事件和计划，应对对话和解释。此外，我们还要应对建立导向结构的需要，因此，要应对建立法律的需要。

---

① 各方似乎没有在与对方进行对话。我们如何解决这个问题？其中一个诱惑就是把这种难题作为一种语言问题来重新解释。这种方式有人曾经尝试过，表达事物的方式——语言与语言之间的不断对话——可能模糊了存在的现实，这从未被怀疑过。柏拉图对诡辩家不信任的一种解释是，他意识到实用的语言即名称、概念、思想，可能会维护自身而不是他们原本想要"揭示"的事物。尽管语言为我们提供机会去揭示事物、分析事物、更透彻地认识事物，但是，我们可能会在词语的分类中迷失自我——语言既有助于阐明事物，也会模糊事物。诡辩家们利用了这种语言的含混与模糊的可能性，他们关注的是操纵和情感因素，而不是真相。（参见本书第二章有关洞穴神话的讨论）

第二章 法理学的起源:古希腊和自然法理念

第一部分 法律与关于存在的问题

　　我倾向于认为,法律是满足社会需求的一种社会制度——这些社会需求涉及文明社会的主张、需要和期望——以最少的代价使法律获得应有的效力,只要这种需求能够得到满足,或者通过政治组织的社会强制人民的行动,这种权利主张就得以实现。就目前而言,我很满意地看到,在法律历史中人类的需求、权利主张或者愿望,通过社会控制不断地得到广泛承认和满足;一种更为广泛、更有效地保障社会利益的方法;一种不断完善的、有效的对浪费的消除,预防人类在享受物质存在时所产生的摩擦——简言之,一个宏大的社会工程。(罗斯科·庞德,《法哲学导论》,1954:47)

　　　夏天赋予我强大的力量
　　　秋天为大丰收而放声歌唱
　　　与我心上人相依而坐
　　　在嬉戏中,我的心愿意这样安息。

　　　活着的灵魂并未得到神的慰藉
　　　在阴间不能授予权利。
　　　我的诗——圣堂,已经完成……
　　　欢迎来到平静的阴间世界!

　　　我很满意但里尔琴却不以为然
　　　陪伴我下地狱。一旦我
　　　像上帝一样生活,身外之物就多余了。

　　(德国诗人荷尔德林,《只有一个夏天》,译自考夫曼的论文集《存在主义与死亡》,1965:59)

探究基本问题或者认识法律的存在基础

罗斯科·庞德(1870—1964)通常被称为美国社会学法学的创始人。庞德(1954)基于作为法哲学基础研究对象的社会现象，将法律定义为能够满足人类需要的社会制度。庞德学术著作(1921、1943)的重要部分包括对各种主张、要求和愿望作个人的、公共的或者社会的分类。庞德把法律框架视为现代自由社会的基本构架，对人类的欲望、要求和需求没有作出定性的评价；相反，庞德提供了一个法律发展的叙述性历史，其中，现代法律越来越承认个人的(特别是从18世纪以来)"权利"，并承认人类的需求、权利主张、要求和社会利益的多样性。法律是一种社会工程技术，晚近的历史表明法律事业获得较大的成功，更大的需求、要求、权利主张和期望本身就预示着社会进步。

相较而言，德国诗人荷尔德林表达了一系列截然不同的观点，其中，人类生活的目的不仅仅是享受现存的物质，而是存在需要表达意义。在荷尔德林看来，人类仅仅活着是不够的：正是通过对意义的要求和对生活的定性概念标准的追求，人类超越了动物。我们必须以一种从容面对死亡的方式生活——至少在某一段时间里，我们寻求像上帝一样生活。

归根结底，每一个人类社会都是人们联合起来共同面对死亡。这是对自由主义的政治哲学、法理学和宗教社会学的核心理解[①]。死亡是人类本体论不充分的基本证据，死亡是人类生存无法克服的限度。在前现代神话和现代哲学神话中——例如，在社会契约叙事的变体中——在死亡前，男人和女人为维持生命在孤独中联合起来，并由此组成了社会。在由托马斯·霍布斯(1651)创立并由哈特(1961)于近几十年里发展起来的自由主义法理学传统中，法制的基本目标是生存。自由主义者虽然发现难以清楚表述社会目的是什么，但他肯定清楚社会目的不是什么：社会不是一个自杀俱乐部(哈特，1961：188)。但这个"社会"的限度是什么？又赋予"社会"的意义是什么？

---

① 这句话摘自彼得·伯格(1967：52)，是在这样的上下文中出现的："每个人类社会，人们最后的解救办法是大家团结起来共同面对死亡。作为最后手段，宗教的力量取决于人们面对死亡时，或更准确地说，当人们不可避免地走向死亡时，人们对他们手中的旗帜的信赖程度。"

社会生活的物理方面和存在方面

社会生活至少包括两个方面:物质的肉体和存在。为了与肉体的或者生物意义上的死亡作斗争,人类需要从自然环境中寻找栖身场所,吃、喝以及从事生殖繁衍活动等以维持人类的生存。但是,生物学意义上的存在并非存在的全部:人类还共同面临生存的存在和生存的死亡问题。性对于生物学意义上的生存是不可或缺的,但爱情不是。爱是以一种不同的方式生存,而不仅仅是为生存而生存,爱可能意味着死亡变得不那么重要。正如加布里埃尔·马塞尔(1964:241)曾经写道:"只要死亡仅为人们提供逃避它的动机,人就仅仅像生物一样行动,而不是像人一样行动。"人类的存在超越了生物体自身,这是社会性的悖论;它为恐惧和博爱两个孪生的极端提供了理由,这两种极端代表了真正人类的本性。

人身安全和生存安全是人类的两大需求,同时也招致两类天敌。一类天敌是周期性地围绕着饥饿、疾病、杀戮、人身暴力和物质资源匮乏的一极展开的;另一类天敌是围绕着一个不太明显的极点展开的,包括对未知的恐惧、对知识和尊重的渴望、对创造的期待、发现美以及富有个性。法律、效用、契约、经济学——存在距离和计算的标志——为现代晚期提供了相关的工具。相比之下,博爱而不是法律,遭遇而不是效用,接触而不是契约,表示着对一种不同存在关系的关怀。如何调和它们呢?何处是契合点?

起初,世界空无一物,没有言语,没有憧憬,只有空虚。你可以随意地称呼它——"黑洞"是现在流行的概念——但是我们现在知道从来就没有上帝为我们创立基础,为我们指定宇宙的万物,并安排我们的命运。现在我们知道社会是社会历史的建构;他们,还有我们,本可以变成另外一种样子。我们是偶然的产物,我们如何面对这一事实?这种社会结构的实现是一种具体的现代意识——正如我们倾向于认为的那样——还是某些人总是明白人性自身就足以解释和说明宇宙的意义呢?这种实现隐含着什么?我们需要理解存在的整体来回答社会生活意义的问题;或者说,人类历史是实用主义事业和整个神秘问题争论不间断的运动?

17

在神话中肇端的智识思想和神灵的神秘主义

我们不可能了解整个存在。时髦的知识分子宣称这是后现代信息,在前现代时期,这种基本的神秘就以神灵的名义传播开来了。神灵拒绝同意为我们的利益对其进行细致分析的任何尝试。例如,在印度教的虔诚中,神灵有时代表神,但此时,出现了创世者和毁灭者(辩证地)的统一。以克里希那(Krishna)为例,这个在印度教中最受爱戴的神,在《福者之歌》中,他被描述为"世界毁灭日",但是,他告诉阿诸那(Arjuna),"我是万物的创造者,万物皆生于我"。他结合并包含了那些明显不和谐的特征:"我既是创造者,也是毁灭者……我既是永恒的,也是有生命的;我既是人,也是神……我死了,万物终将毁灭。"(以上和下面的引文,参见金斯利,1975,标题为《剑和长笛:卡莉和克里希那,在印度神秘主义中的充满恐怖和极端的隐秘梦幻》)

在印度教的发展过程中,神既吸引人又令人厌恶。年轻的克里希那是前者的缩影,而女神卡莉则是后者的化身。《梵歌》是主要文本,但除此之外,那些认同克里希那的人尊重孩子的形象——爱的对象以及溺爱和拥抱的肉体关系——随着时间的推移,孩子会成长为一个年轻人,他们性狂欢,特别是与年轻和美丽的女放牧人拉达的轻浮行为,仅被描述为一个"欢乐的狂欢节"。克里希那带给世界自由和自然、美丽与优雅、芬芳与和谐、野性与嬉戏、温暖与亲密;他是一个能够使听众入迷的人,和蔼可亲,令人不可抗拒,令人陶醉并迷惑人。心醉神迷的爱情为他提供了通往天堂的道路。

强制和同意——毁灭的力量和授予权利、创造的力量——交织在一起。长笛是永远年轻的克里希那令人陶醉的美丽象征,而剑是卡莉的象征,卡莉代表所有毁灭势力的令人恐怖的方面。她被描述为嗜血成性、冷酷无情、粗暴残忍的形象。

18

> 可怕的卡莉有着恐怖的面孔和狰狞的面容:四只手、戴着头骨的花环、头发蓬乱。卡莉左手拿着一个刚割下来的人头和一把血迹斑斑的半月形弯刀……脖子上戴着一个花环,花环上是滴血的人头,耳环是两个悬挂着的被割断的人头,腰带是一连串颤动的人手,浑身皮肤黝黑,一丝不挂。卡莉有可怕的、犬牙状的牙齿,丰满、突出的双乳房,沾满鲜血的嘴唇上闪烁着微笑,笑声令人胆战心寒……她住在坟场,周围都是尖叫的豺狼。她站在湿婆身上,湿婆僵尸般地躺在下面……她左手拿着一个盛满酒和肉的

杯子，右手拿着一个刚砍下的人头。她面带微笑，吃着腐肉。

这些读物不是两个教派或者邪教和神话的作品；相反，当克里希那和卡莉的形象表示不同的现象时，彼此的身份依赖于对方的存在，你中有我，我中有你。克里希那与放牧女们寻欢作乐，但也使阿诸那感到恐惧，他既是万物的创造者，又是万物的毁灭者。卡莉的情况也是如此，忠实的信徒对她呼喊："你是万物之源，创造者、保护者、毁灭者。"①

最后，哲学起源于神话。哲学的目的总是保持人与宇宙之间微妙的平衡，哲学以这种方式诠释了人类的智识创造、思维模式，把哲学从神秘主义中剥离出来，并把哲学转化为我们可以描述的存在。例如，在古希腊神话中，宙斯（众神之王）就是城邦和法律的守护神。宙斯能够非常严厉地惩罚那些以狡诈战胜理性的人、偏爱专横胜过正义的人（如普罗米修斯）。宙斯有能力改变人们的情绪，特别是在性诱惑和女人诱惑的作用下。宙斯的第一个配偶——梅蒂斯，是纷争的根源，宙斯消灭了她，但他的第二个配偶——忒弥斯，成为掌握社会秩序和"集体良知"或者社会制裁的女神。通过我们不断扩展诠释的范围，神话成为哲学。好战的宙斯和爱好和平的忒弥斯的结合，可能既体现了积极主动地执行命令（法律）和社会稳定、安全的理想之间的区别，也体现了它们之间的平衡，同时也表明国内安全至少需要诉诸武力加以保护。虽然我们可以对其进行性别意识的解读，其中，公共与战争领域是男性占主导地位，而国内和平领域则是女性占主导地位，但另一种解读是武力有必要与智慧的社会效果相结合。宙斯如果没有受到忒弥斯的影响，可能成为一个可怕的、野蛮的暴君，法律也是如此，如果我们无视法律所产生的社会效力和社会效果，法律则是一种野蛮的武器。宙斯和忒弥斯的几个孩子成了法律和社会稳定的保证人：最有名的是戴克、尤诺米娅和埃雷内。戴克是正义理想的化身，正义使人类超越了动物世界。随着时间的推移，戴克将成为法律案例的标准用语。作为一位女神，戴克使法官努力根据良知审理案

19

---

① 在 19 世纪印度教圣人罗摩克里希那（1974：11，17）的著作中，圣母是卡莉的忠实信徒，是同时包含着相反性格的女神。在寺庙里，她的肖像是一尊黑色的瓷器，点缀着引人注目的金子和项链，大理石塑像俯卧在其上方："她有四只手。左下手拿着一个被砍断的人头，左上手拿着一把血迹斑斑的刀。一只右手给她的孩子们施恩；另一只右手给他们减少恐惧。她的威严姿态难以形容，是毁灭的恐惧和母亲般的温柔的结合。因为她是宇宙的力量，是宇宙的整体，是对立面辉煌的和谐。她掌管人们的生与死。在罗摩克里希那的早期幻象中，卡莉从恒河中出现，来到陆地，不久就生了一个孩子，开始温柔地哺育这个孩子。过了一会儿，卡莉露出一副可怕的样子，用那冷酷的下巴压住孩子，把孩子压碎了。在吞下孩子后，卡莉又回到恒河的水里。"

件，而不是武断地对案件作出判决。尤诺米娅代表着建立在这种理性基础上的社会和法律的和谐，而艾琳则是和平的化身。她们共同构成了同质性的社会理念，或者是一个和谐城邦共同体的理想。后来，柏拉图和亚里士多德的哲学承担了阐述这些理念的任务[①]。

希腊文学和哲学所反映的存在问题：以安提戈涅为例

在我们看来，在荷马时代，"社会的基本价值是预先设定的，一个人在社会中的地位以及因社会地位所产生的特权和义务也是如此"。（米芬利，1954：134）但这是一个时代的判断，一个根据 2000 年历史文献作出的判断——对当时的参与者来说可能并非如此。对涉及道德或者正义概念的任何讨论均发生在一种生活模式中，这种生活模式不仅为写作和思考提供了资源，也为写作和思考提供了语境。我们把西方哲学和社会理论传统的起源归功于希腊人。这个传统的一个目的一直是超越对惯常生活不加批判的接受——为了鉴别一种理性的、富有意义的生活条件。但是，理解和批评古希腊生活语境的工具是如何建立起来的呢？希腊文学及从其发展出来的哲学似乎反映了人类精神的基本划分：接受现状与拒绝现状之间的划分，渴望秩序与渴望放纵之间的划分，内在与超越之间的划分；维护习惯标准与对这些标准的怀疑主义之间的划分，接受自己在生活中的命运/角色与渴望其他事物之间的划分。

以著名的悲剧《安提戈涅》为例，这部悲剧是在公元前 5 世纪由索福克勒斯创作的底比斯剧本的第三部。（文本摘自企鹅经典，1947）安提戈涅是俄狄浦斯的女儿，俄狄浦斯是一个男性权力的悲剧人物，他因误杀了父亲（底比斯国王）并随后娶母为妻、登上底比斯王位而受到众神的诅咒。[②] 在俄狄浦斯

20

---

① 哲学起源于神秘主义，但也许从来没有完全摆脱神秘主义的影响。西方哲学在柏拉图和亚里士多德的诞生中蕴涵着众神的恩典。在《普罗泰戈拉》中，柏拉图对社会作了一个基本的自然解释，在原始社会中，为了生存共同抵御猛兽，人类便生活在一起。然而，人类缺乏社会生活技能，或者在社区与其他人一起生活的能力，那么，社会生活根本是不可能的。由于人们自己的不良生活方式，进入城邦生活的人们处于危险状态，但宙斯赐予人类社会生活所必备的相互尊重的品质和正义感。然后，柏拉图哲学的任务就是寻找合理、具体的方法来构建理想的城邦。在当代法理学中关于神话学作用的争论要点，参见菲茨帕特里克：《现代法律的神话学》（1992）。

② 安提戈涅的出生注定了其悲惨的人生。在《俄狄浦斯王》中，俄狄浦斯意识到乔卡斯塔（生母）孩子的身份的可怕情况，安提戈涅既是妹妹，也是女儿，这违反了亲属关系和身份归属的不成文规则。

死后,内战爆发,底比斯第七扇大门关闭之前爆发了一场鏖战——俄狄浦斯的两个儿子率领着敌对的双方,在战斗最激烈的时候互相杀死了对方。俄狄浦斯的弟弟——克瑞翁,安提戈涅的叔叔,现在是无可争议的城邦统治者。克瑞翁决定以安提戈涅的哥哥波吕涅刻斯曾经与他对抗为由,拒绝为其进行荣誉葬礼,以儆效尤。凡公然违抗这个命令的人,都要被判死刑,而这命令被认为是全体城邦统治者的合法命令。这出戏以安提戈涅与妹妹伊斯梅妮的冲突为序幕。

当安提戈涅看到弟弟厄忒俄克勒斯"以城邦的荣誉被厚葬,而波吕涅刻斯则被暴尸荒野,无人哀悼,成为目光敏锐的食腐鸟的大餐"时,她发疯了。安提戈涅问伊斯梅妮,是否曾听到过那个她认为是亲自传达给她们的命令:

> 他发布了对你和我不利的命令。是的,命令是针对我的。他很快就会亲自来到这里,向那些没有听过命令的人传达并强制执行这个命令。

这不是无用的威胁,对反对者的惩罚是死刑。对安提戈涅来说,这个两难的选择是尖锐的,也是对她王室血统的挑战:"现在是证明你是否具有高贵血统的时候了……不管你喜不喜欢,他不是我的哥哥吗,不是你的哥哥吗?不管你是否喜欢他,我永远不会抛弃他——永远不会!"但伊斯梅妮回答说:"你怎么敢——在克瑞翁明令禁止之后?"

安提戈涅感受到一种规范性义务的约束,这种义务超越了她作为克瑞翁臣民的地位。然而,伊斯梅妮回忆起他们家人所经历事件的恐怖,提醒安提戈涅还是现实些:

> ……现在仅剩下我们两个了,如果我们践踏法律,公然藐视国王,那我们的结局将会怎样?哦,想想吧,安提戈涅,我们是女人,我们不应该和男人斗争①。我们的统治者远比我们强大,我们必须遵守这个命令;否则,我们的处境会比现在更糟。愿死神宽恕我,除了接受命令,我没有其他选择,做更多的事情是不理智的。

安提戈涅饱受痛苦的煎熬,她虽然免除妹妹帮助她的义务,但争辩她不能摆脱这个责任:

---

① 这句话经常被翻译成"我们生来就是女人,这表明我们不应该与男人作斗争";在希腊语中,伊斯梅妮使用了动词 phyo,表明女性不与男性作斗争是出于天性(physis)而不是社会习俗。

> 如果我为幸福而死！
>
> 如果我被宣告触犯了尊严——躺在我所爱戴的哥哥身边我就心满意足了
>
> 如果你能够活着；那么，你就活着，蔑视天堂最神圣的法律。

安提戈涅受到两种并列义务和法律的约束。她感受到按照上帝的法律她应当埋葬她的哥哥，而按照底比斯的法律她又不应埋葬她的哥哥。她的妹妹的回应表明其也意识到了冲突："我不公然藐视他们；但我不能对抗城邦，因为我不够强大。"对安提戈涅来说，这只是一个借口而已①。她离开了妹妹，埋葬了哥哥，并接受了惩罚。她以一种"令人敬重的"方式死去；如果她没有埋葬弟弟而是选择活着，那样活着等于否认了她生命的意义，使生命变成一种不存在。② 戏剧的场景转换到底比斯的集会，克瑞翁在那里向顾问们发表演说。在克瑞翁解释了发布命令的必要性后，顾问们表达了他们的共识：

> 你已经对朋友和敌人作出了判断。为了那些死去的人，也为了那些活着的人，你的意志就是律法。

安提戈涅为哥哥举行了一个象征性的葬礼。当卫兵发现了这个葬礼并向克瑞翁报告后，他立即怀疑这是男人干的。然而，卫兵最终逮捕了安提戈涅，并把她带到克瑞翁面前。鉴于克瑞翁现在是她的正式监护人，而且她已经和克瑞翁的儿子订婚。克瑞翁要给安提戈涅一个机会，让她否认知道这个命令，或者她误解了克瑞翁的意思。然而，安提戈涅并没有利用这个机会：

> 当然，我知道这个命令。命令清楚明了。

---

① 一些学者把安提戈涅描绘成一个男性化的女人。安提戈涅和父亲一起被流放，而伊斯梅妮则仍留在底比斯。伊斯梅妮一直被灌输家长制的社会观念——男人生来就是统治者，女人生来就是被统治者，而安提戈涅则一直非常自负。在戏剧后来的场景中，安提戈涅通常以男性代词来称呼自己，克瑞翁在决定惩罚她时说："如果她这次能够成功逃脱任何处罚的话，我不是男人，她才是男人。"在后期的剧情中，安提戈涅声称自己是俄狄浦斯家族的唯一幸存者——从而将她的妹妹塑造成活死人的角色。在选择肉体生存时，伊斯梅妮已经失去了生存的地位，她的生命在姐姐眼里毫无意义。

② 对那些可以被宽泛地描述为存在主义的学者如马塞尔、雅斯贝尔斯、尼采、海德格尔来说，个体人类生活带来这样的负担，即个人需要赋予生活一定意义。死亡的观念是终极的检验场。生命是对生活的挑战，在意识到人的死亡的同时检验生活的意义。然而，纯粹的存在是一个生物和社会功能问题，存在主义表明生活的一个主观的、自我决定的方面——精明地、慈爱地、真诚地利用生活的任务。

> 克瑞翁：你知道命令仍然敢公然违抗？
>
> 安提戈涅：是的，那个命令不是来自上帝。与众神同在的正义并不知道有这样的法律。我认为你的命令不足以推翻上帝和天堂不成文的、永恒的法律，你只不过是一个普通人而已。它们既不是昨天的，也不是今天的，乃是永远的法律，尽管没有人知道它们从哪里来。我不能在上帝面前犯罪，所有的世人都不可以。当然，我知道不管有或者没有你的命令，我都会死的。如果死亡来得快些，那就更好了。像我这样活着天天备受折磨，还不如死去呢！

当即将执行死刑的时候，克瑞翁感到沉重的负担，为执行死刑的必要性提供了正当理由：

> 国家制定的法令应当得到遵守，而不管事情的大小、命令的对错。毫无疑问，统治者将成为最明智的国王，或者，也是最坚定的臣民。在战争时期，他将是你可以信赖的人……没有比不服从命令更危险的事情：城邦将被毁灭，家园将变成废墟，军队溃不成军，胜利化成泡影。简单的服从可以拯救成千上万善良民众的生命。因此，我坚守法律，永不背叛。

克瑞翁另外增加了父权制的注解：

> 至少对所有女人来说，如果需要的话，最好被男人击败，而不是让女人过得比男人好。①

22

剧中的话语存在许多显而易见的张力，诸如爱情与权力之间、家庭与城邦之间，我们可以称为公众与私人之间的张力。但是，压倒一切的张力是服从克瑞翁的合法统治的义务——作为底比斯的正当法律——与服从天国法律的义务之间的张力。索福克勒斯并没给出解决问题的办法。安提戈涅注定要死亡，克瑞翁的儿子也确实对她的命运感到绝望。②

---

① 克瑞翁不断表现出家长制的偏见。他不理解儿子哈蒙对安提戈涅的爱情，把自己的妻子称为待耕的土地（第569行。这种观点反映了男性的精液产生小孩的信念，女性仅仅为精液提供肥沃的土地，并认为雌性仅为种子提供了肥沃的土壤。在《第二性》中，西蒙娜·德·波伏娃认为，阴茎/犁—阴道/土地，这些符号是加强家长制权威和征服妇女的常见策略。克瑞翁害怕被妇女所征服，告诫儿子谨防发生这种事情（第484、525、740、746、756行）。

② 最终安提戈涅又回到了女性角色：她起初哀叹自己死时仍然是处女、未婚和无子女，在得知克瑞翁要活埋她的命令之后，她在洞穴中自杀。自杀被认为是女性的一种死亡方式——然而，克瑞翁的儿子哈蒙也自杀了，克瑞翁的妻子尤丽迪丝也自杀了。

《安提戈涅》中法律张力的解读

虽然主要的困境集中在安提戈涅和克瑞翁之间的冲突,该剧提供了许多层次可能的解读,包括爱情与责任之间的冲突①、男女之间的冲突、自然与文化之间的冲突、不同的法律概念之间以及这些法律概念与自然秩序的"契合"之间的冲突。这些冲突在不同时期表现的"法律"的张力如下:

(1)自然法的要求与法律实证主义相对立。19世纪的德国哲学家黑格尔(见本书第七章)在他的《精神现象学》一书中,将这部戏剧解读为希腊社会潜在的张力。希腊文化的运作是基于完全统一的信念,是以一种基于公共的、"自然"的生活方式。然而,安提戈涅拒绝步伊斯梅妮对自然法服从的后尘,自然法要求女人服从男人,并强调了克瑞翁命令的制定法属性,而安提戈涅却遵循了神法,该法则规定家庭成员应当由亲属埋葬;否则,灵魂将不会得到安息。每个人都会被迫遵守一种法律而违反另一种法律。此外,克瑞翁的裁决只有按照他自己的术语才有意义。然而,克瑞翁的命令与神法相抵触,神法是一种不同的法律,但具有绝对的权威,要求埋葬波吕涅刻斯,并由家庭成员承担这项特殊任务的责任。黑格尔认为,这两种要求是不相容的。安提戈涅没有能力选择做一件事而放弃另一件事;更确切地说,她是一个绝对权威的神圣禁令的承受者。这两种要求之间存在着张力:公共的要求是遵守共同体法律,把它视为一种严格的禁令,并接受它们古老的地位作为真相的基础;超公共的要求是遵从埋葬哥哥的法律并承认家庭关系的神圣性。克瑞翁肩负着制定共同体法律的责任,作为男性和统治者同样也受到这些法律的约束,他应当遵守城邦的敌人不得接受荣誉葬礼并惩罚违反他的命令的妇女的规则。共同体没有解决这个内部冲突的智力资源。②

23

---

① 在听了克瑞翁儿子哈蒙的命运之后,合唱队宣布了爱情的毁灭性力量:"爱情,不可征服的爱情,是年轻姑娘细嫩面颊的守护神,你在大海以及荒野的避难所徜徉,没有人能遗忘你,无论是人类还是上帝;没有遗忘你的人已经疯狂。你使正义屈服于不公,你挑起了父子之间的争吵。点燃新娘眼中火花的爱情是征服者。"

② 黑格尔(《精神现象学》,A. V. 米勒,译1977:第466段):"既然意识能够且仅能看到正确的一面和错误的另一方面,那么,这种意识则属于神法,仅从人类反复无常的暴力方面才能看到。从另一个方面来看,人类法固执己见,个人不服从并坚持自己的权威。因为政府的命令有一个普遍的、公开的意义,是向社会公众公开;然而,其他法律的意志却被看作下层社会的无知。在外部存在证明了一个孤立的个人的意志,起初自相矛盾,是一种肆意的暴行。"

（2）法律命令学说的一个例子。

（3）非暴力不服从的一个早期的、蒙昧的场所；这是一个不可能成功概念化的行动，因为社会秩序没有提供智力资源来支撑非暴力不服从的概念。从启蒙运动时代开始产生的非暴力不服从概念，允许个人"有权"以法律秩序的真正精神的名义，反对一部分法律秩序。这种权利在古希腊是不存在的，我们却拥有相反的"义务"体系。[①]

（4）家庭义务与国家义务的相对立，这是两种相互冲突且不可调和的义务形式，表现了市民社会与政治国家关系对立的纽带。[②]

（5）女性任意的、主观性的非理性与男性冷静的理性相对立，对形式法律的抽象责任的表达。[③]

（6）面对直接两难选择的实践理性的需求与着眼于国家利益分类的理论理性（克瑞翁的功利主义）的需求的相对立。

24

---

① 再次，根据黑格尔的解读，悲剧突出了社会生活中的内在矛盾，而这个社会没有个性概念的理性办法。法律的本性意味着臣民可以不遵守，通常是一个主体与另一个主体的关系，个人或者法人与国家的关系。法律要求人们遵从，但社会生活的现实创造了各种各样的环境，在这种环境中服从也产生了不服从。没有发展了的个性概念——没有法律空间创造的公民不服从观念——希腊文化关注功能性，全体个人没有留下一点空间——全体关系在没有矛盾的情况下进行调停。戏剧表明了在希腊传统中实际的以及潜在的冲突；在一个需要统一的世界中缺乏统一性。安提戈涅展示了希腊精神中的矛盾。在黑格尔的著作中，诡辩者表现出了对主观性原则的需求以及没有能力对主观性原则进行吸收。一旦个性哲学大众化，希腊生活就无法再继续下去了。

② 继续黑格尔的解读，克瑞翁和安提戈涅从不可能逃脱有罪的指控。这种结构代表了多种义务：每个人遵守一种法律而以违反另一种法律为代价。在希腊生活中的罪恶并没有代理人邪恶的意图严重，因为根据后来的标准，代理机构是不发达的或者至少是不发达的——命运的结构性意象在它面前承载着一切。违反法律的行为是有罪的，即使他们本意并非如此，也不能具有不同的行动方式。这是一个悲剧性的：安提戈涅和克瑞翁都违反了一种法律，遵守了另一种法律，从而被认定为有罪。

③ 黑格尔对《安提戈涅》的解读再次体现了这一点。在于1821年出版的《法哲学原理》中，黑格尔关注世界上的理性类型，认为世界历史是理性发展和理想模式冲突的问题。在黑格尔看来，人类通过概念化的思想和自愿的客观性来寻求普遍适用的知识。妇女通过认知具体的个性和感觉，感知真实的事物。男人观察外部世界，因此："男人在国家、在学习等方面注重实际真实的生活，以及在劳动和与外部世界的斗争中……女性在家庭中有着独立存在的命运，在她的思想伦理结构中浸透着家庭的孝行。索福克勒斯的《安提戈涅》中阐述了家庭孝行……主要是作为女人的法律，作为一个实体的法律取决于个人及其感知的程度，作为一个内在生活的法律，这种生活并未获得完全的实现；作为古代神的法律，'地狱之神'；'作为一个永恒的法律，没有人知道法律是在什么时候产生的'。这个法律是作为公共法律和国家法律的对立面而存在的。这是伦理中最高对立，由此导致悲剧的产生；在反对男人和女人的本性中，在同样的戏剧中已经被个体化了。"

（7）个人理性的早期开端——主观性与遵循社会团体客观规则的正义观的相对立。

在1990年代早期的著作中，杜兹纳（Douzinas）和沃林顿（Warrington）（1994）提出了另一种解释，也许是"后现代主义"的解释。在他们看来，安提戈涅的困境之所以成为众多分析的主题，部分原因是在我们著述传统的开端出现的存在困惑，这些困惑需要在著述中加以捕捉以便于我们理解。安提戈涅承认（个人）正义的渴望——安提戈涅的《堤坝》——这是现代伦理学的先驱，是在理性思想的方法论和著述分野之前的一种原始状态。安提戈涅的《堤坝》正是个人的生存危机——没有规则可以成功地解决这个问题。后来的智识思想体系将生存难题界定为无序状态，并将存在的无经验变成可分析的东西——换言之，将生存难题转化为概念讨论——从而道德体系结构的"应然"出现，并将自己与"自然存在"中的"实然"区分开来。因此，我们把道德难题交给资深的专家政治论者，人类生活在官僚机构管理的社会中。①

《安提戈涅》讲述了人类存在的悲剧和矛盾的方面，也许根本没有解决办法，没有高明的解释。安提戈涅一直不断寻求哲学解释，这构成法理学的开端，因为哲学的任务是为现实生活提供理性的指引，使我们能够叙述我们的制度，并解释和评判我们的实践。当制度没有一个确定的辩论智识传统——正义与批评——它们的形式和功能仍然非常模糊，并容易被滥用（如果我们能区分滥用和使用）。② 文学的使命是表现（再现）生活；解释和批判

---

① 杜兹纳和沃林顿基于特定目的进行了分析：即现代法制和伦理已经失去了与道德之间的任何真实联系，而仅仅成为一种技术。他们解读《安提戈涅》的目的是唤起一个时代和一个地方，在那里正义是一个更迫切的问题，更具人性化，在其他人（波利尼西亚）真实出现（我兄弟心爱的头和脸）的情况下变得更为"真实"，而不是某种抽象形式的论证，或者受到道德观念的束缚。在他们的论证中，现代性所构建的知识分类和界限，降低了我们对人类关系和交往的真实鉴赏力。杜兹纳和沃林顿的后现代要求，是在我们的道德讨论中应当将另一个世界的表象作为一个真实的现象来重新叙述。

② 对列奥·施特劳斯（1953：101）来说，法律分析无法摆脱模棱两可的局面：

"法律是一种自相矛盾的东西。一方面，法律声称其本质上是非常好的或者高尚的东西；法律拯救了城邦和世间的万物。另一方面，法律自身表明是城邦的共同意见或者决定哪些是公民中的多数，从而它绝不是本质上非常好的或者高贵的东西。这很可能是愚蠢和卑贱的工作。当然，我们没有理由认为，法律的制定者通常比'你和我'更聪明。那么，为什么'你和我'要服从他们的决定呢？法律由城邦庄严地颁布，而这法律又被同一城邦以同样庄严的方式废止，这一事实似乎表明了那些参与制定这些法律的人多疑的性格。"那么，问题就在于，法律是好的或者高尚的东西，是否可以被简单地视为无稽之谈予以取消，或者它是否包含真理。

"法律声称它拯救了城邦和世间的万物，也保护了普遍的善。但普遍的善正是我（转下页）

生活中的合法精神是法理学的使命之一。或许我们可以传递这样一个信息：法理学"应当"记住它的基础是生活，而不是沉迷于对生活条件中产生的"观念"的分析。一个具有卓越传统的理念是希腊人创造的自然法。

第二部分　古希腊自然法的语境

26

古希腊哲学起源的存在定位：人类早期对自然的依赖

如果你控制孩子们的游戏方式，相同的孩子总是在同样的规则、同样的条件下玩同样的游戏，从同样的玩具中获得乐趣，你会发现成人生活习俗一成不变……我们会发现，变革是极其危险的，除非变革某些邪恶的东西。（柏拉图，《法律篇》企鹅出版社，1970：797）

在没有正确法律的引导下，一个人很难从青少年时代起获得正确的美德教育。因为大多数人，特别是年轻人均不喜欢有节制的、艰苦的生活，从而年轻人的天性和行为应该由法律来规范……我们也需要法律来规范成年人的行为，事实上，人的一生均离不开法律；因为许多人更容易屈服于强制和惩罚，而不是理性和道德观念。有人认为立法者应当以道德的理由鼓励和劝告人们积德行善，期望那些受过良好道德教育的人作出回应，但必须对那些不服从和行为不检点的人进行惩罚或处罚，并在城邦最终消灭各种坏习惯。（亚里士多德，《尼各马可伦理学》，10.9.8-9）

被誉为西方哲学奠基人的两位希腊思想家——柏拉图和亚里士多德，他们的著述提出了使社会秩序稳定并营造社会存在机制的这个任务不同的解决方法。他们虽然采用不同的方法论，但都寻求自然中的"真理"的保障。虽然这个世界似乎充满了差异、混乱、多样性和无秩序，但他们均断言有一种自然秩序隐藏在世界背后，一旦发现这个秩序的基本原理，这个秩序就可以找到人类的社会秩序。

（接上页）们所说的'正义'。法律就是有益于普遍的善的意义上的正义。"

我们可以认同施特劳斯对问题的精彩论述，而不必认同施特劳斯对正义的具体定义。

虽然"纯粹的真理"是不受特定社会关系约束的，但人类所有的知识都是务实的、可以洞察到并通过一定方法可以掌握的。古希腊社会思想发展的故事超出了本书的范围，但总而言之，它是随着众多城邦的发展而产生的，并受到解决知识和贸易发展所引发的诸多新问题需要的激励。从"原始的"神话（我们现在赋予它们的地位）到令人尊敬的"人类理性的古典之花"，古希腊社会思想至少跨越了8个世纪。虽然现代人类学试图摆脱非理性的原始社会欧洲中心论的观点，后来成为现代理性社会的观点，但我们仍然坚持这种理念，即"原始的"社会在某种程度上依赖于自然界的力量，这点在今天是很难理解的。在这些早期社会中，社会力量和技术的水平使与自然力的保持联系成为极为重要的问题。

27 　　的确，曾经有过这样一个时期（也许我们断言我们现在已经逾越了这个时期是冒险的），自然界非常强烈地影响着人类，几乎完全控制着人类。所谓的分享大自然生活的原始人类，开始把宗教仪式和典礼转化为惯例，以便参与这种生活的结构——从而享受大自然的恩泽。大自然——被认为是超自然的和神圣的——备受人类的尊重，并成为人类行为规范的来源。生活涉及有关耕种、捕鱼、狩猎、婚嫁、生育、从童年到成年的转换、与疾病的抗争、死亡和埋葬的规范和惯例、仪式和典礼。那些被认为在自然界运作中起作用的自然法则——气候、地形（山脉、河流、海洋、沙漠、森林）、太阳和月亮——束缚着人类。但是，尽管原始人类可能觉得在自然面前是无能为力的，或者其是众多力量中的一种次要力量，他们却觉得自己根植于大自然之中；相比之下，现代人将大自然理解为人类活动的场所——自然界是人类可以通过技术强加自己意志的竞技场。① 对于现代人来说，自然法已经不在原来的地

---

① 在安东尼·吉登斯（1990）看来，近代文化与现代文化相比，面临着多样的信任和风险。近代社会的大背景是过分强调局部职责的重要性。提供信任的机制是：
a.亲属关系作为确立跨时空的社会关系联系的一种组织方式；
b.社区作为一个提供熟悉环境的地方；
c.宗教宇宙论作为信仰方式和仪式惯例，提供了对人类生活和本质的一种符合天意的解释；
d.传统作为联系现在和未来的方式，文化代表过去的发展方向。
风险环境包括：
a.自然所带来的威胁和危险，如传染病的流行、气候的不可预测性、洪水或者其他自然灾害；
b.武装抢劫、地方军阀、土匪或者强盗所产生的暴力对人类的威胁；
c.失去宗教宽容或者恶意巫术的影响所带来的风险。

方,因为自然界已经不是原来的自然界。① 现代人认为,把自然法看作人服从自然法则的观点,淡化了人类集体意志和个人意志;现代人想要维护个人"权利",将世界视为一个娱乐、构建、发展个人的生活计划的场所。相反,古典自然法并不包含自然权利,而是包含自然功能、目的和义务。古典自然法构建了一个关系网,定位并赋予了自我意义,在这个关系网之外是存在的死亡。

古希腊哲学的语境是城邦的发展

　　公元前12世纪,在入侵希腊大陆的多利安部落的压力下,迈锡尼政权垮台,一种以国王为中心的整个王权类型和社会生活的形式被永远摧毁了。虽然古希腊(公元前4世纪)的宗教和神话植根于迈锡尼的过去,但社会和文化结构截然不同。这位神圣国王从希腊社会和文化世界中消失了。这个中心的消失带来的心理上的变迁为两种孪生的创新发展铺平了道路,这两种创新是古希腊遗产的基础:城邦制度和抽象的、理性的或者概念化的思想发展。(参见维那特,1982)

　　这个城邦国家既是人类组织权力的产物,又是不完美的制度。这是一个活生生的现实,它需要不断改进。为了问题的解决和改进,需要进行理性的分析:

> 世界的起源与秩序第一次以明确提出问题的形式出现,对此问题的回答不能带有任何神秘色彩,这是对人类智力的考验,能够像日常生活中的任何问题一样在公众面前进行公开的辩论。(维那特:1982:107)

①　比较而言,现代人过着远离自然的生活,而生活在抽象的社会制度之中。吉登斯试图通过摆脱社会制度的束缚,从局部关系的相互影响中产生特殊的社会关系,以及通过不确定的时空跨度所进行的重构。抽象制度依赖于符号象征(交换媒介,可以在任何特定时刻不考虑处理它们的个人或者群体的特定特征而传递),如货币和专家系统的建立。技术成就或者职业专家系统极大地扩展了我们今天生活所依赖的物质和社会环境,如律师和法律知识体系,小汽车设计师和工厂生产。日常生活需要"信赖"这些事实,即我们每天要面对无数的事物——炊具、洗衣机、汽车、公共交通、建筑物、道路交通系统、银行账户、信用卡、保险等——它们均在"各司其职"。在日常生活实践中会产生的这类信念,它们可以通过诉诸法律而得到强制执行。(监管机构而不是专业机构对这些实体的活动和运作条件进行监管,其职能是监督和保护专业系统的消费者,以及发放机器生产许可证、监督飞机制造商的标准等。)

城邦政府与一种空间新观念有密切关系。维那特认为，城邦制度的设计，包含了被称为政治空间的东西。最早的城邦制度的设计者如米勒图斯的希波达马斯是政治理论家，城市空间的组织不过是人类世界秩序化和合理化的总的尝试的一个方面。①

在这个组织过程中，希腊人倾向于用对立的两极来描述世界，这对他们来说是种类的区别，如理性/非理性、有教养/野蛮、动态/静态、深/浅、干/湿、快/慢、强/弱、黑/亮、大/小、远/近、重/轻、多/少、热/冷、男/女、地/天。

法律知道自己的对立面：合法与非法。正如希腊人所理解的那样，事物具有其特定的品质模式，这些品质模式使事物成为该事物而不是其他事物。例如，热是一种不同于冷的事物。希腊人似乎相信，这些性质都是它们自身存在的品质。热可以独立于冷、合法可以独立于非法、男性可以独立于女性而存在。

这种作出明确区分的进程使柏拉图认识到数学和几何学的结构是可靠的知识基础。② "存在"就是以一种可计算且易于想象的形式存在。③ 这种知识的结构是彼此相互联系的，尽管在各自的领域内保持独立，天堂与尘世，既集中体现了正义的秩序，也提供了陷入绝境时保护自我利益的方法。（参见

① 维那特（1982:126-7）指出，新的社会空间是围绕地理中心组织起来的，这就使地理中心变得更有价值。城邦福利依赖于那些被称为海梅塞伊（hoi mesoi）的人，因为他们处在与两极距离相等的地方，构成了一个中心点，城市在这个中心点上保持平衡。个人和群体占据着与这个中心相关的对称位置。广场代表了地面上的这种空间安排，形成了公共空间的中心。所有进入的人都被认为是平等的。他们在那个公共场所出现，彼此建立了完美的互惠关系。在古典雅典时期，妇女活动的空间是有限的。盖姆（1987:84-5）指出，尽管可以列出妇女可以出现在公共场所的时间和地点，甚至可以预期女性会出现在公共场合，但有很多证据表明，她们通常被限制在家里的内部区域，而且家里越富有，仆人越多，女主人就越不需要出现在公共场所。女人甚至不陪丈夫去参加别人的家庭宴会，也不陪丈夫出席在自己家里举办的家庭宴会。

② 《开放社会及其敌人：柏拉图的符咒》（第一卷）一书中，波普尔（1945:31）认为，柏拉图举例说明了"方法论的实在论"。纯粹知识或者科学任务是发现和描述事物的本质，这就是隐藏的真实，而不是我们所见到的表面现象。

③ 相比而言，如果一切事物均是相互联系的，我们怎么才能确定某件东西是热的还是冷的呢？合法还是非法？坏的还是好的？相反的观点认为，除了对立的两极之外，我们可以有同样质量（例如，黑暗是零光线，静止是动的停止）的连续的刻度，这需要一种全新的数学计算形式，而这难以通过视觉看到。一个例证是难以对第二次世界大战的战争审判中受审的日本领导人定罪。他们的辩解是，因为他们的社会秩序结构以及他们的职责和责任观念，意味着有罪和无罪的因素完全交织在一起，难以分开。

《高尔吉亚篇》中苏格拉底对卡利克利斯的讲话，508a）①

希腊哲学的实践性：柏拉图的著述意在寻找批评社会秩序的平台

关于永恒善的理念的讨论总是以人的问题为出发点：对我们来说善是什么？② 否则，这似乎是不真实的。柏拉图在最典型的"理想者"著作中，《理想国》——为"理想"国家的创建设计了一个模板，正当的政体构建美好的生活——这个基础是对实践本质和现实生活的理解。正如绝大多数人似乎相信或者思考的那样，《理想国》以讨论善是否是快乐开篇。它在于人的直接动力的满足，或者在于善的洞察力吗？使权力合法的实践理性的安排是危险的。公共生活的张力通过指引性的权力得以平衡，这种权力是公平、善和正义等（先验）知识所提供的。我们相信，公平、正义和善的概念最终指向的是超越现实生活混乱的现象，是使智者能够在本质上指引人类现实生活的运作。但我们如何才能认识公平、善、正义的本体呢？我们能相信周围人的意见吗？我们能够通过讨论或者辩论发现真理吗？不，柏拉图认为，我们的环境欺骗了我们；我们需要超越我们的主张和习

30

---

① 柏拉图（公元前 427—公元前 347）与"老师"苏格拉底和弟子亚里士多德被认为在哲学和社会思想领域中是西方传统的重要奠基人。柏拉图出生于雅典一个重要政治家的家庭，按理说，他应该会遵循这个家族的传统。然而，他对政治腐败的本质痛心疾首，公元前 399 年，其师友苏格拉底被处死刑，使他彻底厌恶政治。在柏拉图年轻的时候，民主运动是由平民组成的，平民掌握政权后就通过花言巧语来获得公民大会的信任；一旦掌权，政策倾向于民粹主义，取悦人民，而不是理性分析形势的需要。在公元前 386 年，柏拉图创办了学园，这是一所培养政治家的学校。这反映了柏拉图对当时的政治形势感到无能为力，最大的愿望是培养下一代人理性地追求真正的知识，并将这些运用到实际的政治理想中去。他的理想是由哲学王统治国家。他的对手是诡辩论者，他们也有自己的学校，传授在日常生活中获得成功所必须具备的品质；重要的东西是诡辩，或者说是自我表达和说服的艺术。柏拉图意识到诡辩训练是有害的，赋予了一个人表达自己的想法并说服他人的能力，而没有引导诡辩论的正确使用或者防止其滥用的措施。《理想国》（写于公元前 375 年，企鹅出版社 1974，D. 李翻译）是柏拉图最著名的论著，是一组关于理想国家的对话；《法律篇》（另一部对话体的论著；是对公元前 4 世纪的克里特岛上建立的理想国家的描述）是柏拉图晚年的著作（文本使用企鹅埃德恩，1970 年，特雷弗·桑德斯翻译）。

② 在《斐多篇》（Phaedo）中苏格拉底的自我描述，在《斐利布斯篇》（Philebus）中对我们的发展动力和我们生活中意识的平衡达到一个和谐程度的讨论。

俗,去观察或者把握完美的本体。① 柏拉图对自己的认识论的方法论确信无疑。在"太阳的比喻"(《理想国》)中,柏拉图将与事物表象相对的事物抽象的本体("理念")和独立的自我相结合,其中,世界万物与知晓本质的灵魂相比均显得渺小了。当灵魂停止在身体的狭窄空间内徘徊,从感官的知觉中分离出来,并释放出一种关注事物不变方面的智慧(eidos)时,真正的知识才会产生。真正的知识需要一种不依附于感官感知的智慧,它需要一种与物质世界相区别的精神世界。"心灵之窗"和"思想"是知识的前提。灵魂必须把自己从身体和多变的感官中解放出来,才能使智力有效地发挥作用。灵魂必须将注意力转移到放射光芒的目标上,并沐浴在这些目标放出的光芒中,看到基本的真理、美丽和永恒。

为了发现真理,探究什么是真正自然的并有益于人类的东西,我们需要超越自身所处的经验主义处境。当然,我们的深思和选择定位于某种公共意识上,通过参与制度的语言、习俗和惯例(它们界定了"我们"是什么),我们才是民族的。正如一个孩子长大成人,并从依赖自然到具有独立人格一样,他/她会发现——在这个地方的语言、习俗和制度中——一种必须了解并使之成为主观或者适当预先设定的社会事物模式,以便他/她能够创造自己的空间;"我"和"我们"是相互依存的。成功的人士拥有这些资源并生活在其中。正如柏拉图在"洞穴的比喻"中清楚表达的那样,危险存在于一种习俗的窒息。(《理想国》,514a-521c)②

---

① 柏拉图通常被认为是苏格拉底的学生。苏格拉底不满足于接受常规性的解释,而是不断地对表达的意思产生质疑,由此使辩论者对自己的意见丧失自信。虽然这个辩论过程是寻求真理或者事物的基本特征的过程,苏格拉底似乎并不相信这个过程能得出一个肯定的答案。现代自由主义者如卡尔·波普尔诉诸苏格拉底,认为尽管真理是科学和哲学研究的对象,但是我们永远不会掌握绝对真理。相比之下,柏拉图似乎认为,人类无法理解这种立场的微妙之处,绝对必须相信有些事情是纯粹的真实。不是说我们的方法和调查得出的最好的结果是正确的,或者说一致的,就是正确的;超历史,是绝对真实的。

② 这段论述的要点是切合实际的。正如柏拉图所言,如果这些人不懂得好政府的原则,且并不对不会使他们腐化的生活方式感兴趣,谁才是城邦护卫者的最理想角色? 从柏拉图的信中可以看出雅典政治现实的强烈反差。在第七封信中,在讨论了他对苏格拉底不公正审判和处死的反应后,柏拉图谈到了他对政治的兴趣和对现实的厌恶,由此产生了《理想国》的构想。"……我越深入研究当时的政治人物、法律和风俗习惯,年纪越大,我就越觉得难以正确地把握。没有值得信赖的朋友和支持者,将一事无成。在一个抛弃了传统道德准则,却又难以创造一个新法典的时代,这些并不容易。与此同时,法律和道德正在以惊人的速度腐化,尽管我一度迷恋政治生涯,但这种混乱的局面使我感到头昏眼花,尽管我从未停(转下页)

柏拉图通过真理获得解放的神话：洞穴的比喻

柏拉图通过一个故事说明启蒙人类的必要性。在故事中，一群人一直生活在一个大洞穴里，他们从童年时起一直生活在洞穴中，从未见光，而他们一直按照自己认为是"真实的"形状和阴影来生活。他们创造了一种基于幻想和实践的社会存在，这种幻想和实践与"真实"的现实毫无关系；然而，他们相信这些幻觉并安于现状。

柏拉图问，如果这些囚犯中的一个被强制释放，也就是说，如果他被强行带出洞穴，并在阳光下释放，将会发生什么？起初，他几乎什么也看不见，他看不见别人告诉他的任何真实的东西，但他会渐渐地看到真实事物的本身。在阳光的照耀下，他会逐渐意识到洞穴生活的虚假性。

如果让他再回到原来洞穴的位置，一开始他会遇到很大的困难，他无法与其他进行有效的竞争，从而他们得出这样的结论，设法走出洞穴是不值得的。事实上，柏拉图的结论是，他们会杀死设法释放他们的人。"纠正"洞穴的习惯是极其困难的。任何个人均难以摆脱洞穴生活，他们沉溺于自己的习惯中，因为逃离洞穴的生活需要巨大的努力和决心。

这个故事的一个主题很明显是柏拉图要为哲学辩护，以对抗那种认为哲学使人们不适合日常政治生活的粗浅和混乱的说法。在认识论上，柏拉图认为，一个人只有通过对"另一个"世界的认识，才能在实际生活中具有理性——纯真理领域——真正的知识仅在一个人回归实际生活并将其应用于实际生活时，才是有用的知识。那些拥有真正知识的人应当为接受而努力奋斗，并确保他们的社会按照这种知识的规则来治理。

这是一个启蒙的神话。人类过着洞穴的生活，只有通过对纯粹真理的追求和获得，才能为社会的存在创建正当的结构。我们需要一种新的教育、新的启蒙，来改变我们的生活方式。真理是存在的，如果我们把注意力从事物的表象转移到事物的理念（"真正的本体"的领域），我们就能发现

32

（接上页）止思考如何改进这种情况以及进行宪法改革，但我推迟了行动，等待有利的机会。最后的结论是，所有城邦都存在治理不善的问题，城邦的宪法不经过彻底的修订，局面就无法得到改善。事实上，我被迫承认只有在真正的哲学中才能有希望为社会和个人找到正义。人类一直处于动乱之中，除非要么真正的哲学家掌握政权，要么政治家奇迹般地成为真正的哲学家。"（引自《理想国》译者序言，企鹅出版社，1970:16）

真理。这个启蒙如何才能实现？如果人们不想被启蒙呢？我们的目光必须转向"应该的方向"，而不是朝着错误的方向。即使是"最高贵的人"也不总是想朝着正确的方向，统治者应当"强制"他们从黑暗走向光明。同样，当那些从洞穴中解放出来的人获得最高知识时，不应允许他们滞留在更高的思想世界，而必须让他们回到洞穴中，参与囚犯的生活和劳动。这种对两个世界的叙述——洞穴的黑暗世界和阳光的明亮世界——是柏拉图反对诡辩论者的怀疑论和相对主义的方式，诡辩论者认为没有任何完美的知识方式可以告诉我们社会应当如何组织。与之相反，柏拉图认为，真正的知识不仅是可能的，而且是确实可靠的。真正的知识之所以确实可靠，是因为它是建立在真实的基础上的。对柏拉图来说，对于人类可能被启蒙的程度，洞穴中生命的影子和想象与实际物体之间的强烈对比是一个决定性的线索。柏拉图看到了人类生活和话语的所有复本。例如，人们对正义的含义的不同理解，是每个人观察正义本体的不同方面的结果。基于正义与统治者制定的行为准则的相关假定，一个人可能会认为正义是指统治者实际命令人民所做的事情。正如影子与产生影子的物体之间有关系一样，正义的概念蕴涵着真理。然而，不同统治者有着不同的行为方式，如果人们对正义的认识仅仅来自于各种各样的正义实例，那么，就不可能有单一的、融贯的正义概念。

诡辩论者对真正知识的可能性表示怀疑。由于受到事物的多样性和不断的变化的影响，他们认为，由于知识来源于个人经验，知识反映了这种差异，因而是相对的。柏拉图同意把知识建立在我们感官上的后果是差异，但主张真正的知识具有本质性、思想性。这不是一个相信什么的问题，而是一个什么是真正的正确的问题。在洞穴的比喻中，追求真正的知识可以矫正那些现实生活中被扭曲的生活方式。柏拉图经常被指责为危险的精英主义，声称那些懂得善的人优于那些仍然受到现有道德或者政治惯例约束的人，但这是错过了真正的人文关怀，牺牲了那些获得了正义感和善的人。在他们对正义、善的真正本质的经验引导下，他们可以超越传统的"正义与善"，充满活力地进行论战。然而，他们将不得不与那些接受实际运作的社会惯例作为衡量善与正义的唯一标准的人进行斗争；他们将不得不与洞穴的阴影和意象作斗争。也就是说，与人作斗争，这是人们所关注的。懂得正义或者善的人未必会赢。在斗争中，那些熟悉洞穴的路线、贿赂、谎言、影子的使用、"信息的完全不对称"、对证人恶毒盘问的人，是非常适合的人。但谁是现实主义者呢？为了超越狭隘主义，那些希望做更多事情而不仅仅是玩恐惧或者生存游戏的人一定要相信公共生活之外的其他事物吗？①

　　真正的知识不仅仅是关于本质的各种知识，也不仅仅是关于隐藏在不同表象后面的事物真实形式的各种知识，而是智慧。② 我们需要专业知识，但知识应当传播开来并得到应用（参见柏拉图，《理想国》第四卷）；城邦将由它来指导。

第三部分　柏拉图的法理学

34

《理想国》所展示的柏拉图的正义观

　　理想的国家有两个重要特征：（1）城邦建立在正义基础之上；（2）城邦里所有的公民都过着幸福生活。为实现这个理想，柏拉图试图建立一个小规模的城邦，仿效前古典克里特岛和斯巴达的部落主义和封闭社会。柏拉图的自然主义并不是对当时的雅典现实的科学分析——他似乎觉得当时的雅典是令人厌恶的——而是对假定的神话般的黄金时代的智识的怀旧情结，那个时

---

　　① 我们必须面对这个问题，真理与善的知识的实际基础是什么？在柏拉图的论述中，特别是在他的自传体（即《书信》）的论述中，似乎是一种神秘的或者宗教的体验，在这种体验中自我意识突然开启："连续适用主体本身以及随后交流的结果，这导致灵魂的突然降生，就像跳跃的火花点燃了灯火，然后又滋润了自己。"（《书信》第七卷，341）但这意味着什么？这是否意味着，对柏拉图来说，事实的全部——纯粹理念的领域，在这个领域内存在真理与善——实际上是一个神秘的事物？是否只有通过精神上或者神秘的经历，我们才能确信我们会得到"真正"的真理？如果是这样的话，那么正义的秘密就永远无法通过推理的过程来得到——所有的"法律和法理学的正义"是具有人性的，或者是被贬低并容易出错的。柏拉图是否认识到纯粹的正义永远是个谜？

　　② 以规则约束模式的法律制度为例，达到一个目的时所运用的原则和方法的理论是学习适用一般规则的方法论，但是理论和实践之间的差距是显而易见的，公共机构的实际运作、法院的日常安排、地方官员、律师、证人、原告与被告，都可能需要一种来源于一般经验领域的方法论，这种经验与在实际或者虚假政治行为中的目的和手段有关。规则的知识本身，并不包含任何确保人们正确适用的方法。在《形而上学》中，亚里士多德认为，实务者，如开业医生可能比专家（在这种情况下指受过科学训练的医生）更成功。虽然柏拉图强调实践经验在他的教育计划中的重要性，但是他进一步指出，所有的规则均应进行诠释以便于适用。但在这里如同在所有活动中一样，实践是一种活的理论形式，而创造理论是一种实践形式。人们可以从事诠释的理论检验工作，但从事诠释工作就是进行实践。

代的万物都属于"自然状态"。为避免理想社会的意象被视为历史的回归，柏拉图呈现了一个城邦生活发展的叙述。第一个城邦的产生纯粹是物质的、自我利益的结果，但很快就开始追求共同善的理念。什么是共同善？它是如何被发现的？柏拉图似乎很自信，一些人能够理解共同善的真正内涵，并倾向通过强制和操纵来实现这些目标。那么，正义就意味着某种类似于"共同善的功能发挥"所必备的东西。民主要求思想自由，但这也是民主自我毁灭的原因。民主拥护"自由"，即"每个人均可自由地做自己喜欢做的事"。（《理想国》：375）尽管今天许多人发现多元化、差异性和多样性很吸引人，但柏拉图强调了它的破坏性的后果。权威被剥夺了根基，年轻人不尊敬他们的长辈，"公民的思想变得如此敏感，即使任何限制也会引起公民的强烈不满情绪"。（同上引：384）柏拉图警告说，由于缺乏社会凝聚力，分歧会扩大，阶级斗争就会进一步加剧。我们需要一个全面的社会观，使我们确保社会结构是正当的。这与自由主义者的自由意象背道而驰，柏拉图问道，在一个不平等的社会里，自由的代价是什么？这样的社会将不可避免地引起对立阶层——富人和穷人——为重要的社会资源而斗争。在实践性和多样性被视为价值观时，社会的道德状况如何？在第八卷中，柏拉图在描述极端自由社会时提出了警告，李（Lee）（1974：30）认为，"他在雅典和锡拉丘兹看到的不统一、无能和暴力，是柏拉图认为针对社会必须保护的价值的主要危险"。

　　法律的作用是什么？法律确保集体行动。柏拉图再次提到洞穴的叙事，在对话中有一个主要角色，他认为：

> 　　立法者的任务是使最优秀的人获得我们所称的知识的最高形态，并提升到善的境界……当我们取得这些成就时，并且看得足够清楚了，阻止他们……滞留在上流社会，拒绝再次回到洞穴底下的囚徒中分享他们的荣誉和奖赏……

> 　　我们立法不是为了我们社会中任何特定阶层的特殊福利，而是为了社会的整个福利；法律运用说服或者强制团结全体公民，并使他们共同分享每个个人为共同体提供的利益；培养这种态度的目的不是让每个人均自我满足，而是让每个人都成为城邦统一的纽带。（《理想国》：519e—520）

　　20世纪自由主义哲学家卡尔·波普尔（Karl Popper）在分析"自然法"时进行了抨击，将其视为重建一种"自然的"，即部落和集体主义的社会生活方式的尝试。(波普尔,1945 年,第一卷:80)法律渗透了所有人的思想方式,维持着集体压倒个体的社会存在。

构建理想国的法律观念与强调宽容和多元化的自由主义法律观大相径庭。首先,我们必须理解,我们即使把柏拉图所使用的概念翻译为"理想国",意味着不同于它的现代用法。在他那个时代,希腊语中的"宪法""国家""社会"是相互联系的。法律不被视为独立于社会自治的产物;现代宪法学理念融入了法治和三权分立意识形态(巴米特,1995;罗夫兰,1996),几乎没有共同之处。这在一定程度上反映了希腊城邦在小范围内的运作例如,法院通常不是由法律专家组成,而是非常普通的机构;也反映了美德和法律是相互渗透的信念。良法产生美德,美德产生良法。道德、政治、教育、法律、哲学,构成了一个真实的、不可分割的整体。

教育在探求"真理"中的作用

统治阶级的品格和教育,或者一种专门化的"护卫者",是支撑理想国的主要力量。所有个体都要接受智力的训练以控制情绪,这种训练反映了教育体系或者年轻人与统治者的品质一致的广泛传播的教养和教导。然而,教育并不是把知识灌输到灵魂中去,就像把光注入失明的眼睛一样,教育更像是让失明者重见光明。(《理想国》:518b—c)教育者要提供条件,使最适当的智力能够发展其能力。这个制度是专制主义的,因为这是提供的唯一教育,没有提供其他可供选择的制度,也没有提供其他可供选择的期待的价值观。对普通公民来说,并不鼓励他们质疑社会信仰;免费教育是精英阶层保有的权利,他们经历了一种长期的第二阶段教育。这种教育制度以这种方式向年轻人灌输一套单一的价值观,使他们在以后生活中不会对这些价值观产生怀疑。柏拉图并不是简单地认为道德真理是可以被认知的,而且可以确信我们会逐渐认知道德真理,但是,他不希望教育人们要成为自主的人。柏拉图不可能看不到主观主义的重要性;相反,他认为确立权威是至关重要的。由于只有精英群体才拥有教育资源、时间和精力来进行持续的智识质疑,普通民众不可能指望通过这种质疑获得任何结果,而鼓励普通民众广泛质疑支撑秩序的社会惯例可能是危险的事情。一个人在个人的抗争和思辨中挣扎而找不到正确的答案,或者只是部分地找到了答案,这有什么价值呢?那些知道答案的人应该直接把答案告诉其他人。

36 　对现代自由主义者来说，柏拉图不仅错误地相信实际发现了绝对的真理，而且对精英们感知绝对真理的能力和诚实行为，以及他们根据这种知识的要求行使自己权力表现出天真的信任。当代知识和科学的哲学家对"真理"的断言不是很乐观，柏拉图只是过于信赖精英们行使权力。此外，正如亚里士多德所指出的，柏拉图似乎无法区分统一性和一致性。由于柏拉图把人划分为不同的社会角色，社会的统一性来自于角色的一致性表现。此外，柏拉图几乎没有时间讨论那些不能取得适当成就的人。从他的讨论中可以清楚地看出，他认为患有慢性病、身体衰弱的人不可能拥有值得一过的生活（《理想国》:407a—407b），除了已经被认同的生活之外，他不承认人可以在他们的生活中找到价值来源。思考一下经常被讨论的木匠患慢性病的例子。柏拉图认为，用药物来支撑他剩下的生命是没有意义的，如果他不能工作，生命对他来说毫无意义，最好让他去死，一了百了。（《理想国》:406d—407a）如果一个人不能履行构成他生命的社会角色的义务，他的生命就无意义。这种关于人的观点是无关紧要的，它仅仅是与客观现实不一致的主观看法而已。

　　在理想国中，每个人都属于三种社会次序或者三种社会阶层中的一种，这三种社会次序或者社会阶层是由教育和培养制度确立的。其最根本的基础是对人的自然状态和人的角色的基本真理的接受。那些成功完成"护卫者"教育的人将成为统治者（phylakes）或者勇士（称为辅助者，epikouroi）。柏拉图进一步强调了始终保持统一的必要性，这种必要性是柏拉图提出一个基本神话的条件；它是一个整个社会信服并为社会等级的划分和各种制度提供合法性的重大叙事。（同上引:414—415d）①首先，统治者和勇士们相信，他们所受的培养和教育是在梦中发生的，事实上，他们是在地球的深处被塑造出来的，他们的母亲，即地球，在他们长大成人后把他们带到阳光下。他们应该把养育自己的土地视为自己的母亲，在受到攻击时他们应当保护她，而他们的同胞一定被视为同一个地球上的兄弟。然后，护卫者告诉其他公民另一个"高贵的谎言"，大意是所有公民（社区的成员）均为兄弟姐妹，由同一个

---

　　①　柏拉图认识到这个制度需要合法性依据，而合法性比制度本身更为重要。在学术传统上，学者们总是强调通过其他来源证明合法性，而不是通过行为本身。所有的制度都需要一个程序来保证他们的权力被统治者视为权威，即看作某种"自然的"事物。我们所指的合法化、程序是作为权威性权力的固定的价值，是一个复杂的、循环的过程。权威的来源总是稳定的，而且通常是前置的，早于产生的程序。合法性回溯到从前的事情，如创建过程、原始状态——无论多么遥远——它们决定了现行状态的事实。

母亲——大地孕育而生，他们在组成上是不同的，有些是金，有些是银，有些是铁或者青铜。[1] 此外，最为重要的是区分阶级的金属，既不能混淆也不能混合。因此，一个家长意识到自己孩子有黄金成分时，应该确保孩子进入潜在护卫者的行列，并加强对孩子的教育，但那些有铁或者青铜成分的孩子的父母应当硬下心来，把孩子降格到务工或者务农的行列。

强调社会目的的统一性

支撑柏拉图理想国的有三点：(1)国家的统一是至高无上的；(2)国家的统一不是由法律和规则维持的，而是依赖护卫者及培养护卫者及其他人的教育制度；(3)护卫者为追求国家利益，果断发布命令，任意使用各种资源，包括话语权和霸权。统一是至关重要的。有一些实际因素在起作用：为了统一，国家不能太大，也不能太小，且国家也不能太富裕；一个真正的城邦是一个统一体，而不是分裂的现象。(同上引：422e)一个城邦需要统一的目的——这才是真正的构成性机制。[2]

柏拉图无疑既是一位精英主义者，同样也是一位集权主义者；权力是由一群经过系统培养和教育的专家掌握。这个制度将培养出品行良好的公民，而这些公民又会培养出比自己优秀的孩子等。法律的功能是有限的，且法律不应束缚统治者："优秀的人不需要命令……他们很容易发现什么样的立法通常是必须的。"(同上引：425e)对护卫者的教育，而不是政体或者法律，为理想国提供了结构上的力量，在护卫者与作为他们统治对象的其他阶层的关系中，护卫者不受政体或者法律的约束，其他阶层是他们统治的对象。

---

① 伟大的理论家马克斯·韦伯(本书第十一章讨论；他的主要著作《经济与社会》，1978)强调幸运的阶级或者个人希望证明自己地位的正当性，通常是诉诸传统。韦伯谈到了"血统的优越论"的普通神话，皇帝试图通过血统论来证明自己统治的正当性。传统主义与"魅力型"和"法理型"模式是三种主要的合法化方式。但传统主义模式是最广泛的，即使是"现代"法理型权威模式也需要长期形成的固定的普遍价值标准，在现代法律体系中，法律理性主义的统治方式——习惯、先例和对过去案例的尊重是主要的。

② 真实存在的实体，如城邦，并非柏拉图所指的真正的城邦，因为它们没有目的意义，没有一个真正的城邦(国家)应有的团结。护卫者有权采取措施确保城邦的团结，消除各种冲突和不稳定的根源。财产实行公有制，消灭小家庭，取而代之的是国家幼儿园以及国家控制的培养计划。这两项措施都是为了建立一个更加团结的城邦。利益冲突不受法律框架调整，只能被消灭。在柏拉图看来，多元化的社会是一种失败，在一个多元化的社会中，社会成员属于许多较小的群体，而这些小团体之间存在冲突。

对现代合理性而言,社会秩序与反映假定的自然秩序的意识形态等级有关;

38 最终,甚至统治者也开始相信他们的起源和优越品质的神话。因此,这种"理想国"的安全实际上是建立在民众愿意相信神话的基础上的。①

《法律篇》更为实际的路径

> 如果我们迎来一位年轻、克制、聪明好学、博闻强记、勇敢而勇于进取的独裁者……在这一点上,也很幸运:他应该是一位杰出立法者的同龄人,并有幸与他接触。如果这个条件得到满足,当神要眷顾一个国家时,会尽其所能。(柏拉图,《法律篇》中的对话精粹:710)

由于柏拉图的《理想国》代表了柏拉图最完美的主张,从而经常被描述为人们了解柏拉图的必要材料;有学者认为,这实际上是一个旨在让读者思考如何变更当代社会秩序的极端方案(柏拉图深知这个方案难以付诸实践)。相比之下,柏拉图的最后一部作品《法律篇》似乎为纯粹的理想主义的智识提供了一种妥协,这可能被视为一个实际社会如何成功构建的切实可行的建议。正如桑德斯(1970:29)所说,这个新乌托邦的指导原则是:

(1)存在某些绝对道德准则;

(2)这些道德准则,无论多么不完善,均可体现在法典中;

----

① 在《自由的条件:市民社会及其竞争者》中,恩内斯特·盖尔纳(Ernest Gellner)(1994:31-32)认为,一般来说,人类社会通过强迫和迷信来维持秩序。启蒙运动思想家试图以社会是建立在事实和同意的基础上来代替这个基础。盖尔纳认为,"有相当充分的理由说明只有强制才能构成任何社会秩序的基础。任何现行的制度应当是选择性的,包括机构和在这个稳定机构中位置的分配。对绝大部分公民来说,这些可选择的制度显得更为优越,但不能认为这些人都是傻瓜。这预示着他们会努力产生对他们而言更受欢迎的可供选择的制度,除非受到恐怖的限制。这个论点是有说服力的:相当特殊的条件可能诱导人们自愿接受社会秩序而没有任何恐惧,这实际上是市民社会出现的前提条件,但它们的出现既不容易,也不经常。只有在条件全面成熟、社会生活是加和而非零和对局的情况下,绝大多数人才有兴趣遵守法律而不须任何胁迫。社会应当建立在谎言基础上的原因,是显而易见的。真理独立于社会秩序,不受制于任何人,如果不受到妨碍,将以削弱既定权力结构而告终。只有作为事先选定或者事先创造的思想,被吸收在惯例和礼仪中,神圣化的东西才能维持一个特定的结构。自由探索将使它遭到破坏。此外,正如哲学家们喜欢提醒我们的那样,理论是由事实决定。换言之,理性本身不会也不能造就作为社会秩序基础的共识。案件的事实即使是明确的(很少是这样),也无法形成一个共同情况,更不用说共同的目标了。"

（3）城邦的大多数居民，由于对哲学无知，不应当允许他们主动修改道德理念或者反映道德理念的法典；相反，他们必须完全和无条件地遵守立法者为他们制定的不能变更的规章制度。

柏拉图的理念是建立一个拥有充足物质资源的小国，一个没有巨大财富或者地位差异的国家。国家建立之初，法律可能需要根据经验加以修改，但之后，法律就会固化为一种几乎不可修改的形式。柏拉图指示督察委员会承担监督法律制度运行并提出改革建议的任务。对法律理性的服从而不是出于对制裁的恐惧，是实现法律服从最有效的方法，从而法律的每一部分的序言都要解释法律的合理性，并希望使实在法的强制要素变得多余。最好避免犯罪或者进行诉讼的理由，是人们相信诉讼的正当性，而不只是畏惧诉讼的法律结果而行为。

对柏拉图概念主义的结论性反思：他提供了真实的理想还是虚构的创造？

对卡尔·波普尔来说，柏拉图是危险的，因为他呈现给人们的宇宙，似乎是一个精英们逐渐认识纯粹本质或者本体论的王国。自然法就是人对根据这种知识所制定的法律的服从。正义的社会应当是由这种知识所统治的社会，从而城邦应当是理性的和冷静的。在组织得当的城邦中，每个人都会在完成自己职责中感到幸福。统治者从发现真理到克服城邦的政治混乱的过程中，创造了正义的国家。保证统治者合法地行使他的权力，不是通过政治上的合法性如民主的同意，而是通过他对宇宙本体论的精准把握以及对这种本体论的构想。波普尔认为柏拉图是一个天才，他的政治和法理学构想是出于对社会混乱的担心和对确保社会控制"真理"意识形态的需求。但在某些情形下，我们也可以将柏拉图的思想理论解读为是政治上的需要，而不是认识论上的需要。① 在关键的段落中，柏拉图让苏格拉底做完了他关于正义城邦可能性的演讲，在演讲中，他暗指一个正义的城邦的不可能性：

> 也许这是一个在天堂建立的城邦典范，为那些愿意看见的人，看到自己在那里定居下来。城邦是否存在，或是否会存在，并没有什么关系。

---

① 这样的论述使我们认为柏拉图的正义构想，基本上是政治的而不是形而上学的。这就与把柏拉图的概念看作存在论的占主导的传统观点形成对比；该传统观点认为柏拉图的概念依赖于这种主张：有一个构成存在终极"真理"的、永恒的理念和本质的世界。

他只能在这个城邦里才能参加政治,而不能在别的任何国家参加。(柏拉图,《理想国》:592b2 ff)

苏格拉底似乎认为,绝对正义的"真正的"城邦永远不会出现在历史中,人也不可能真正发现纯粹的"真理";理性人不会断言完全掌握真理,而只能声称了解了一个"理想"或者观念。寻求正义的理性人一定会求助于理想主义,不是因为他希望摆脱政治承诺,而是因为他需要理想——或者数学模型,以便将自己定位于其他截然不同的经验的偶然性中。他的自然法真理的主张是对组织和表达人生意义的某种理性上可认知的方式的一种政治承诺。

第四部分　亚里士多德法理学

亚里士多德与伦理学的一般目的

亚里士多德(公元前 384—公元前 322)尽管通常被描述为与柏拉图的唯心主义相反的更为经验主义方法的创始者,但仍然相信人性和宇宙有某种本体论结构。亚里士多德的著作具有严密的逻辑性,但均是建立在多种多样材料的基础上,这些材料是通过类似生物学研究的技术获得的。亚里士多德要求我们探究事物的本质,但我们在假定所有事物均为某种纯粹理念或者本质的反映时,并不是这么做的,当事物在世界自然过程中运作时,我们更愿意设法认识事物的基本性质。我们对事物本质的探索就是对事物性质的探索:事物是什么? 事物是如何适应这个世界运行的更广阔的状况? 柏拉图关于纯粹本质的永恒的另一个世界的理论,似乎假定事物的实际"本体"以某种方式存在于时间和空间结构之外,这些时间和空间结构是我们叙述这些事物时,认为是理所当然的。但是,对亚里士多德来说,我们要把注意力转向我们周围世界的事物的运作方式,我们需要使用什么准则呢? 我们必须寻找我们看到的处于运动与变化中的基本类似的事物。我们的基本假设是这种变化不是随意的,事物是按照可预见的方式发展的,我们区分自然的变化和人为的变化。自然变化是对自然实体内在的行为方式的反应。例如,植物以不同的"存在"方式成长为特定的形状。自然事物朝着它们的终极"目标"变迁，正是通过理解这个过程，事物和行为的"善"才变得可见："每一个行为所达到的目的都是善，善存在于每一个特定的情形中，一般来说，最高的善存在于自然中。"（亚里士多德，《形而上学》:982b）生命中最主要的过程是变化、发展，而不是某种静止的存在状态。因此，亚里士多德关于人类生活的所有著述均是基于目的论或者对人性有目的的描述：自然界中的万物均有要达成的各自独特的"目的"或者需要完成的某种功能。宇宙在结构上是目的论的。①

既然社会存在是自然的，而不是强制的妥协，从而人的本性是在社会中生活。亚里士多德认为，希腊社会是一个逐步进化的结果，在这个过程中人性得以实现。亚里士多德认为，历史上，城邦是几个村落联合起来形成"自给自足"状态的建制结果。城邦的存在不仅仅是为满足物质需要；城邦是满足了人类对一种令人满意的存在生活的需要，我们需要努力使这种生活方式符合人的本性。

> （城邦）是为人类生活而诞生的，城邦的存在是为了人类的优良生活。每个城邦均为自然的产物……（它）是其他社会团体发展的终点，而自然是一个事物发展过程的终点，因为每一个自然事物生长的目的就是显示其本性，例如一个人、一匹马、一个家庭。同样地，事物的存在目的是它的至善；自给自足是目的，也是至善。因此，从这些事情可以清楚地看出，城邦处于自然的演化之中，而人类本质上是一种倾向于城邦生活的动物（一个政治动物）。（亚里士多德，《政治学》:1.1）

发展来源于可能性和现实性之间的辩证关系。宇宙中的万物均有能力成为本身确定的终极形态。例如，橡树籽的终极形态就是变成橡树，其目前的现实性是一颗橡树籽，而其可能性是一棵橡树。从可能性到现实性的转变是自然界的基本规律。橡树籽要变成橡树，必须有适当的环境；同样，一个小男孩成为一个男人，必须有适当的环境。这个过程是发展的，并以实体的基本自然材料为基础；男孩必定存在并具有成为一个男人的某些属性。每一种

---

① 在亚里士多德看来，变化似乎包括运动、成长、腐烂、生育和腐败，但他比柏拉图乐观。在波普尔（1945，vol II:5）看来，亚里士多德仍然在柏拉图的本质理念中摇摆不定，但现在事物的本质在于它的最终发展阶段，而不是最初的发展阶段。目的论主张："任何事物的发展形式和本质与发展的目的或者目标或者其发展的最终状态是相同的……形式或者理念，在柏拉图看来，仍然是善，它是在终点，而不是在起点。这就是亚里士多德用乐观主义代替悲观主义的特点。"

生物都有不同的活动和组织能力,其机体的构成和组织有不同的要素:亚里士多德把一个机体的组织的这些不同方式称为灵魂,并赋予其目的的等级。有生长力的灵魂只有存在的状态;敏感的灵魂既有存在又有感知;理性的灵魂结合了存在、感知和思考的能力。理性的灵魂具有深思熟虑的能力——寻求事物本质的真相,发现人类行为的基本原则。

《尼各马科伦理学》是以这种前提开篇的,所有艺术、所有探索,同样地,所有行动和追求均是以某种善为目的的。伦理学的问题是,“人类行为所追求的善是什么?”柏拉图似乎认为,人的目标是对善的理念的知识(善的最高原则是与经验世界和个人世界相分离的,是通过人们从可见世界上升到可知世界才能实现的)。对亚里士多德来说,善与正当原则根植于每个人的内心:“善不是一个与单一理念相对应的普通术语。”(亚里士多德,《尼各马科伦理学》:1096b)亚里士多德认为,即使柏拉图是正确的,这对我们的实际生活几乎没有什么影响,至善会在神秘中消失:“如果预言的不同事物的共同的善实际上是一种联合,或者是某种分别存在和绝对的事物,那么显然是不可行的,也不是人所能认识的……但我们现在所追求的善是人类所能及的善。”(亚里士多德,《尼各马科伦理学》:1096b—1097a)我们必须寻求善和正当的概念,为我们过上优良生活提供实际指导。虽然伦理原则可以通过研究人类的基本特性发现,并通过人类日常的实际行动获得,但是亚里士多德告诫人们,精确的标准是不存在的。但是,伦理中内在的变化和错误,不应该意味着是非观念纯粹是约定俗成的,亚里士多德确信它们存在于“事物的本质中”。

我们如何认识人类的目的?我们需要反思人类的生活方式,并逐步理解我们所需要的生活方式,以实现我们的人类目的。我们可以区分工具性目的(作为其他目的的工具的行为)和内在目的(自身目的的行为)。以发动战争为例,在一个包罗万象的项目中,涉及各种行动的共同参与。木匠建造兵营,在木匠建造的营房完工后,木匠完成了作为木匠的职责。兵营在为士兵提供安全庇护所的同时,兵营也实现了其自身的功能。木匠和建筑物(兵营营房)在这里所达到的目的本身并不是终极目的,而只是为士兵提供居住的工具性条件,直到他们进入下一个行动地点。同样,在船舶建造完毕并成功下水时,船舶的建造者完成其职责,而这个目的又反过来是运送士兵到战场的手段。医生尽其所能使士兵保持健康,就完成了自己的职责。这种情况下,健康的“目的”成为有效战斗的“手段”。军官的目标是在战斗中取胜,但胜利是和平的手段。和平尽管本身有时被错误地视为战争的最终目的,但也是为人类创造条件的手段。在这些条件下,人类才能完成人之所以作为人的

43

功能。当我们发现人的目的不是作为木匠、医生或者将军,而是作为人——人类——而发现人类的目的时,我们就达到了自为的行动,而所有其他的行动仅为一种手段。亚里士多德说,这一定是人类的善。人的善有别于人们所从事的各种事业。一个不善的人,可以擅长自己的专业,反之亦然。不同层次的存在和功能显现出来。为发现人们应该追求的善,我们必须发现人性的优异功能——优先的人是履行他作为人的职责的人。

由于人体的所有部分均有各自的功能,我们寻求的人作为一种物种的所有功能——"人类的功能是什么?"人类的独特活动方式是什么? 答案应当来自对人性和社会生活需要的经验分析,而不可能只是生命。因为很明显生命是所有的生命的存在共有的,甚至蔬菜也是如此。它也不能是生命的感知,因为这只是动物性的;相反,人类的目的在于包括理性的反思和行动的积极生活。人类的善是"与美德相一致的人的行动"。

人最重要的方面是人的灵魂,而灵魂由非理性和理性两个部分构成。进而,非理性部分又分为两个子部分,有生长力的部分和愿望的或者"爱欲的"部分。愿望和爱欲的行为通常与"理性原则相对,抵制和反对理性原则"。道德的任务是调和人的理性与非理性因素之间的冲突。

理解和指导行为是道德的中心任务。任何事物均不能称为善,除非它能发挥正常作用;一个人必须是游戏的参与者才能领奖。道德力争合理地控制和引导灵魂中非理性的部分;善良的人过着美德的生活。

幸福是人类生活的终极目的   44

人生不是静态的现象,而是一种活跃的现象——从出生之时起,人就努力长大成人——过着圆满的生活。我们怎样才能过上优越的生活? 所有人类的行动应致力于适当的目的。但我们能否通过经验观察来确定这意味着什么吗? 我们随处可见人们在追求快乐、财富和荣誉,这就是人类生活的全部吗? 亚里士多德的回答是否定的。虽然这些目标都有价值,但它们不具备自足和最终的品质——"那些总是因其自身而不是其他物而成为可欲的东西"——这些品质可以通过理性获得,这将使它成为人类行动的真正目的。幸福是人类的目的,只有幸福符合人类行为终极目的的所有条件[1]。事实

---

① "在这个意义上,幸福是绝对的终极目标,因为我们总是为幸福而幸福,而从不把幸福作为其他事物的手段。"(《尼各马科伦理学》:1097b)

上,我们选择快乐、财富和荣誉,只是因为我们认为"通过它们的手段,我们将获得幸福"。幸福是人类善的另一个词或者名称,因为与善一样,幸福也是我们特有功能的实现。事实上,亚里士多德认为,当我们的行为合乎道德标准时,我们会体验到幸福:"幸福是以卓越或者美德方式发挥作用的灵魂活动。"

但是这立刻显得很怪异。在现实世界中,到处充斥着行为不符合道德却看上去很幸福的人,如没有被抓到的罪犯,为获得或者掌握权力而撒谎和欺骗的政客。相反,有德行的人却通常显得很不幸福,我们怎样才能获得对美德生活设想的信心呢?

亚里士多德区分了真正的幸福和单纯的快乐。世上的诱惑以对快乐的承诺打动我们,但这些只是欺骗——如果我们追求美德,就有可能获得真正的幸福。我们不能忘记我们两个不同的自我——我们既有理性,又都有对肉体和精神快乐的经验主义的欲望。虽然我们应该遵循道德的一般规则,即"按照正当的理性行为"——使灵魂的理性部分控制着非理性部分,但我们生理和心理上的欲望是由外在的大量事物(如物质和人)刺激和激发的①。我们的激情、爱与恨、吸引与排斥、创造与毁灭的能力,可以很快就控制我们,并使我们误入歧途。它们本身不能提供任何可选择的主要原则或者标准。一个人的欲望是什么?有多少欲望?在什么情况下产生欲望?人类应该如何与物质、财富、荣誉和其他人相处?在这些事情上,我们没有以正当方式行动的自动倾向,"美德不是天生的,因为任何天生的事物都不能形成违背本性的习惯。"美德伦理学要求人类养成良好的习惯:养成正确的思维、正确的选择和正确的行为习惯。通过美德的灌输,我们受训或者被培养以服务于社会。

由于我们的激情使我们有能力从事许多活动,从节制到无度,我们必须 **45** 发现无度或者缺乏的确切含义,从而发现适当的中庸。亚里士多德运用了二元论的"两极"体系,通过这个二元论体系,我们可以通过经验的感知工作。我们知道,我们有时会感受到极端的恐惧、自信、欲望、愤怒、同情、快乐和痛苦的情绪,这种感觉不是太强烈,就是很微弱,在每一种情况下,我们都知道我们的感觉是错误的。在适当的场合、以适当的程度、对适当的对象体

---

① 爱与恨,或者贪欲与暴躁的"情绪",是两种基本的方式。这是灵魂的欲望部分对这些外部因素的反应。贪欲使人对物质和人充满欲望,由欲望引起的情绪使人想到事物和人,而暴躁引起的情绪使人避免或者毁灭他们。

验这些情绪。也就是说,以我们应当的方式感受它们,就是体验中庸。这种平衡状态的实现即为体验美德。同样,邪恶不是极端,就是过度,或者有缺点,而美德即为中庸。正是通过灵魂的理性力量,情感得以控制,行动得以指引。例如,勇气的美德是两个极端之间的中庸,即懦弱(太少或者缺乏)和鲁莽或者过度自信(太多或者过度)。从而美德是一种存在状态,但这并不存在我们一贯遵从的某些简单的公式;相反,我们应当遵守行为的“正确方针”:“这是应当受到赞扬的行为的中间安排,但人们对其的认识有时会偏向于无度,有时偏向于不足,因为这是找到中庸和正确方针的最简单方法。”(同上引:1109b)

我们的行动应该是“有意识的选择,处于相对中庸的状态,是理性决定的结果,是由具有实践理性所确定的”。(同上引:1107a)美德是按中庸之道行事,是“一种固定思维安排”,但中庸不是对每个人都一样,也没有对所有行为都适用的中庸。中庸对每个人都是相对的,随环境的变化而变化。以食量为例,成年运动员和小女孩的平均值明显不同。但对每个人来说,都有一个成比例的或者相对的中庸、节制,清楚地表明什么样的是极端——即暴食(过量)和饥饿(缺乏)——会构成他们的罪恶。此外,对于某些行为,根本不存在中庸;它们的本性已经意味着邪恶,如怨恨、嫉妒、通奸、偷窃和谋杀。这些行为本身是邪恶的,而并非本身的过度或者不足。只要有这些行为,行为人总是错的。

现代自由主义者(波普尔,1945,第二卷;凯尔森,1957,第 4 章)问道,我们应当如何摆脱社会习俗来识别什么是过量和缺乏? 整体制度仅仅是通过社会习俗运作吗?[①] 在很大程度上,这种批评是不可避免的,然而,亚里士多德关注的是情境中的伦理问题,或者说,就是所谓的“实践理性”。所有的选择都存在于某种已经确定的社会秩序中:虽然亚里士多德的情境是一种比自由主义者所希望的更为紧密型的秩序,但他重视真正的选择。从这个意义上说,亚里士多德的著述是永恒的,我们总是生活在特定社会情境中,不可避免地承受着真正选择的重压。

---

① 对汉斯·凯尔森(1957:125)来说,亚里士多德的伦理学“自称以一种权威的方式确立道德价值,把这个问题的解决留给另一个权威:决定什么是邪恶或者不道德的行为。决定什么是善或者德行。它是实证道德和实证法的权威——它是已确立起来的社会秩序。通过预先假设……既定的社会秩序,亚里士多德的伦理学正当化……既定的社会秩序。”

46　　人类选择的条件

　　我们有两种类型的理性,即理论理性(提供确定原则的知识或者哲学智慧)和实践理性(为一个人在特定情况下的行为提供理性指引)或者实践智慧。理性因素使人能够发展道德能力,因为虽然他天生就有正当行为的能力,但他并不是天生就能正当行事:理性需要与生活中无数不确定的可能性相适应。我们并非命中注定要向善;善内在地存在于人的内心,但如果我们不刻意去追求并选择按照善的要求行为,善就不会出现。柏拉图和苏格拉底似乎暗示,一旦人类知道了善,就会永远选择按照善的要求行事。与之相反,亚里士多德并不相信这种知识会使有意识的选择变得多余。我们只能为有道德的行为,因为我们有选择的能力——例如,对于我们仅出于本能所做的事情,我们就不会称为道德行为——道德选择将做正当的事情的愿望与有关这个目的的推理结合在一起,道德选择需要理性。

　　人类的道德性主要与道德选择的结构有关,而这反过来又意味着人类的责任。如果我们应受到赞扬或者遭到谴责,受到赞扬是美德而遭到谴责是邪恶,一个人必须真正有能力做出选择。亚里士多德认为,一个人承担责任的行为应当是自愿行为。真正的选择包括自愿行为,但并非所有的行为均为自愿行为。非自愿行为是指一个人无须承担责任的行为,因为(1)对特定情况的无知,或者(2)外部胁迫的结果,或者(3)紧急避险或正当防卫。自愿行为是指前述三种免责情形不存在而应该承担责任的行为。

　　总的来说,善德是人类的优异功能的实现,是人类对自己的感知和情感作为两个极端之间的中庸体验。每一种善德都是理性控制激情的产物。过有德性的生活不是否定或者反对人的本性,而是控制人的本性。有德行的人充分发挥自己所有的潜能,包括身体和精神上的能力来生活。人可以通过教和学来获得智性善德,如哲学智慧和理解,而德性善德则是习惯的结果,从而得名“伦理”(ethike),“是由‘风气’(习惯)一词的细微变化演变而来的”。所有的德性善德都必须学习和实践,只有通过行动才能成为善德,因为“通过做正当的行为,我们才能成为正义的人;通过做有节制的行为,我们成为有节制的人;通过做勇敢的行为,我们成为勇敢的人。”“重要的”道德上的善德是勇气、节制、正义和智慧。

正义旨在使社会机体处于合适状态

> "不正义"一词既适用于违反法律的人，也适用于索取多于应得人，即不公正的人。遵纪守法的人和公正的人，是符合正义的要求的。"正义"意味着合法、平等或者公正，而"不正义"意味着非法的、不平等的或不公正的。（亚里士多德，《尼各马科伦理学》：1129a）

正义是"首要的善德"，但正义分为一般正义和特殊正义两种。47

对于在一般意义上的正义，一个人违反法律时，他的行为不再有正义了。难道这是法律实证主义违法的含义：当一个人违反每一条有效通过的法律时，是否总是不正义？情况部分如此，有些法律是恶法，违反这些法律并不会产生不正义。尽管亚里士多德认为法律是一种工具，通过法律这种工具城邦可以通向普遍的善，或者一个优秀的统治者可以通过法律来引导城邦的发展，但是，有可能通过法律并不能实现他们的目的。

特殊正义分为分配正义和交换正义两种。交换正义是"在私人交易中提供交换原则"，（同上引：1131a）由法官在解决纠纷和惩罚罪犯时适用（亚里士多德指出，这是一个复杂的问题。例如，他区分了形式正义和实体正义。对轻罪处以一定数额的罚款，在平等适用于所有罪犯时，似乎体现了正义。然而，罚款对富人和穷人的效果是不一样的）。在社会机体中，分配正义是根据每个人的作用分享社会福利的权利。学者把这称为比例平等原则（反之，称为比例不平等）；这不是一个主观上喜欢一个人而不喜欢另一个人，从而给予他更多回报的问题，而是通过可确认的、公认的标准使这种优先正当化。在社会机构中，人们的作用各不相同，这是一种自然的不平等——回应了事物的本性。分配正义的结构是根据人们的技能，如优秀教师应该得到更多的奖励，技能较差的人得到较少的报酬。这在大多数情况下似乎没有问题因为人生而平等，但每个人具有不同的技能、履行不同的职责，因而又是不平等的。正是这些不同的技能和职责决定了不同的分配。如果人们是平等的，他们应当获得同等的报酬；如果人们是不平等的，他们应当获得不同等的报酬。违反这一原则就等于不公正，但是平等与差异的决定标准和准则是什么呢？

然而，通过比较获得一个一致的判断标准，是一个有疑义的问题。即使这个标准"为（真正的）社会福利作贡献"，社会真正利益的性质和贡献的本质是一个极具争议的问题。亚里士多德建议,我们实际上可以通过交易过程和社会规则来解决这个难题,在这些范围内我们进行公平和平等交易(在《尼各马科伦理学》第五卷中,亚里士多德进入了交易经济学的讨论,考虑到了货币和需求的机制),法律制度可以为这个过程创建规范的结构。

一旦我们对一个运行良好、公开的市场过程充满信心,人们在交易和协商过程中会获得什么?个人在社会作用中应该得到什么报酬?亚里士多德建议,奖惩标准与社会或者希腊城邦的目的的总概念密切相关。亚里士多德批评柏拉图的主张,即每一个国家的形成都是为了满足人类生活的需要,相比之下,亚里士多德主张城邦的首要目标是"实现善"。(亚里士多德,《政治学》第四卷,第四章,ss 11 ff)亚里士多德根据人们对这个目标的贡献程度大小,划分行业的重要性和工人的分类。这个程序隐含社会正义,这是对性质上的差异和城邦各部分价值演变的正确描述,即使这个城邦是一个由共同目标和共同行动联合起来的共同体(或者团体),但它是由不同的成员、独特的功能和政策以及多样化的生活方式和美德所组成。

然而,仅在城邦规模不太大的情况下,才有可能制定出内在一致的社会奖惩标准。此外,只有在一个相对稳定的社会中,自治或者自治的方式才能实现。自由就是"轮流统治和被统治……就是不会基于任何理由不接受任何人的任何命令,人们轮流成为统治者和被统治者"。(亚里士多德,《政治学》:1317b)自由人参与法律的政治创造,他是城邦现行宪法的一部分。法律是一种命令的工具,但法律不受命令的约束,它天生就是命令。我们可以说,法律最终是政治的一个分支,法理学最终是政治哲学的一个分支。在《政治学》中,亚里士多德明确指出,由于法律是政治共同体的命令,正义是城邦的一项功能,法律的任务是确定什么是正义,从而正义应当是政治学功能的一部分。正义问题调和了法律与政治;但不是简单地表达了对两个不同领域的关注,而是相关社会现象的结合。政治联盟的目标是什么?创造和平的条件,使人类繁荣昌盛。如果有其他方法来实现这个目的,那么正义——在有效的法律和分配结构意义上的——就变得多余了。①

---

① 许多学者(如波普尔,1945)在柏拉图和亚里士多德的著作中发现了这种思想的根源(在马克思主义的著作中给予了充分的叙述),即一个真正的社会秩序是"超越正义"的,在这种秩序中,在合理安排的人际交往所自发形成的社会性中,不需要法律。"友爱似乎是国家的纽带;立法者似乎对友爱珍视超过了正义。因为他们的主要目的一方面是促进社会的和谐,这似乎类似于友爱;另一方面则是消除仇恨的对立。如果人类充满友爱,那么,人类就不需要正义;然而仅仅正义是不够的,友爱的情感也是不可或缺的。"(亚里士多德,《尼各马科伦理学》:1155a)

认识自然法的经验模式

亚里士多德似乎相信,自然法是调整道德和政治生活的。城邦的(实证)法律显然是一个惯例问题——各种风俗习惯的创制和执行——而且在不断变化,而自然存在的法律并非源于人类行为,而且是永恒的,并具有同样的效力。他用火的比喻来表达这个观点,火在希腊和波斯均以同样的方式燃烧,而人们的正义观念和其他习俗则因地而异。在火均匀燃烧的背后,我们到处都可以找到与燃烧过程有关的规律性陈述,这是我们根据观察到的事物进行推理而理解到的。亚里士多德似乎认为,道德法则在本质上应当与科学规律一样具有理性,我们均可通过推理和观察的过程来揭示;这个基本思想可以通过各种方式加以解释,将对后世的所有思想产生深远的影响。但是,即使对这种早期经验主义方法论的追随者来说,他们虽然同意世界应该是理性分析的对象,但是也同意这个被意指的世界则是一个完全不同的问题。

49

第三章 自然法、人的权力与上帝：
中世纪基督教世界的综合

我看见一个新天新地：因为先前的天地已经过去了，海也不再有了。我——约翰看见圣城耶路撒冷由上帝那里从天而降，预备好了，就如新妇装饰整齐，等候丈夫。我听见有大声音传自天上说，看哪，上帝的帐幕在人间。他要与人同住，他们要作他的子民。上帝要亲自与他们同在，作他们的上帝。上帝要擦去他们一切的眼泪，不再有死亡，也不再有悲伤、哭号、疼痛，因为过去的事都过去了。坐宝座的说，看哪，我将一切都更新了。又说，你要写上，因这些话是可信的，真实的。他又对我说，都成了，我是阿拉法，我是俄梅嘎，我是初，我是终。我要将生命泉的水白白赐给那口渴的人喝。得胜的，必将承受这些为业：我要作他的上帝，他要作我的儿子。(《启示录》，21:1-7(一个垂暮的老人写于帕特莫司岛)

只要教士被认为是一种高尚的人——这种职业的否定者、诽谤者和生命戕害者——就没有办法回答这一问题：什么是真理？因为当蓄意鼓吹虚空和否定的人被看作真理的代言人时，真理就被倒置了。(弗里德里希·尼采，《反基督》，《尼采便览》:575)

人只是因果关系的产物，并无能力预见未来；他的起源、发展，他的希望和恐惧，他的爱和信，都只是原子偶然结合的结果；无论是热情、英雄气概，还是强烈的思想情感，都不能使个体生命永生；数个时代的劳作，所有的奉献和灵感妙思，人类精英的一切杰作，注定要销毁在太阳系的巨大死寂之中。人类文明的整个大厦将不可避免地被埋没在宇宙的废墟下面——这一切，如果不是毫无疑问，也是相当肯定地要发生的，不接受这一点，没有什么哲学能站得住脚。只有借助于这些真理，只有根基于不可避免的绝望，灵魂的寓所才得以稳固地建立。(伯特兰·罗素，《神秘主义和逻辑》，1929:47)

普遍性观念的兴起和希腊城邦的衰落

苏格拉底、柏拉图和亚里士多德生活在一个特定的城邦社会之中。这一世界消逝了，这一终结一度标志着成功。但是，亚历山大大帝的征服不仅造就了一个希腊帝国，而且扩散了希腊理性的光芒。[①] 希腊城邦只为西方文明的诞生提供了一个暂时的条件；它的消失导致了中断，也创造了机会。简言之，古典希腊哲学只可能是哲学史的一个片段，有着将被跨出的界限和将被超越的视界，后来的哲学必须面对普遍性的问题。亚历山大之后，说人是政治动物，不再意味着人与城邦的关系仅仅意味着一个个体；反之，谈到一个个体，又意味着人也是普遍的。无论个体有什么特征，都肯定地属于作为一个一般物种的人类。古希腊人的权利义务与他们作为那种社会即城邦的成员相关联，而一个新的社会就要建立了，在这个新的社会中，人就是人。

52

斯多葛学派的哲学

斯多葛学派作为最后的希腊学派，其哲学促进了这样一种转变。斯多葛学派的哲学思想和亚里士多德之后的其他哲学思潮一样，有一个志向，即追求个人自足和幸福。斯多葛学派认为幸福在于通过智慧来确定人类力量可以控制的范围，并有尊严地接受在人类控制范围之外的命运给予。苏格拉底之死，特别是他面对死亡之时的勇气与安详，为人类在面临绝望时控制感情提供了很好的范例。罗马人爱比克泰德（公元 60 年—117 年）认为，一个人不可能战胜死亡，但是可以战胜对死亡的恐惧。人不要要求事事皆遂人愿，否则，就会有大沮丧，对于命运的一切安排，应坦然受之。而且人要积极地希望诸物按其自然进程运转，并把自身融入其中，这样才能够获得心灵的和谐和平静的幸福。

---

① 坦（Tan）甚至将这一转变与一个特定的事件相联系："人作为一个政治动物，一个自治城邦的组成部分——这种观念结束于亚里士多德时代；作为一个个体的人的观念则是从亚历山大开始的。个人不仅要考虑他自身生活的关系，还要考虑与其他个人的关系，因为他们与他共同居住在这个世界上。考虑前一种关系产生了有关行为的诸哲学理论，考虑后一种关系产生了有关四海之内皆兄弟的新观念。这些理论和观念发端于一个具有重大历史意义的时刻——那一天，在欧皮斯的宴会上，亚历山大祈求一统天下，祈求建立一个由马其顿人和波斯人组成的共同国家。"［W. W. 坦，《希腊化文明》（1955：79），转引自萨拜因和索尔森，1973：141］

斯多葛主义是一种人生态度。控制感情,接受命运的力量和结果,否则,一切将陷入混乱,万事失去条理。这并不是非理性的接受。斯多葛学派认为,尽管生命的表象是杂乱无章的,但是,如果人类和宇宙都按照各自的目的和原则行动,一切都将有条不紊。理性和法则通过自然或本性而起作用。斯多葛学派重新解释了那种认为有多种神灵在背后影响万事万物(庄稼灾害、天气、计划的落空)的异教多神观,以一种包容万物、遍及宇宙的理性取而代之。上帝这一术语用来表示这种统一的理性形式:它控制和支配着自然的结构,决定着世界的进程。

53　人是宇宙之剧的演员

存在于宇宙所有实体之中的理性也存在于人类之中:人具有"内在的神圣灵光",人的灵魂不仅是肉体的(以心脏为核心,通过血脉遍及全身),而且是理性的(这标志着人的独特性)。人类凭借理性本质参与到蕴涵宇宙巨大力量的理性结构中。通过理性的适当使用,人类理解了万事万物的实际秩序以及他在这一秩序中的位置;他逐渐意识到万事万物都遵循着存在法则。因此,人的行为必须符合"自然"法的秩序。但是,我们怎么才能够感知这一整体秩序,我们如何才能够代表整个宇宙——它的活动,贯穿其中的力量以及它的过去、现在和未来(它的历史)?爱比克泰德说得很简洁:我们是一场巨大的宇宙之剧的演员。我们不能选择所担当的角色,而必须在戏剧的导演或制作人的指导之下行动。情节和角色已由作者和导演确定;制作人已经选择不同的人去扮演不同的角色。这出戏的情节就是由遍及万事万物的智慧或理性创作的,舞台就是宇宙。在认识到我们被要求扮演的角色,并尽最大努力扮演好这一角色的过程中,我们获得了智慧。我们中一些人是小角色,另一些是大角色,但是,我们都扮演着一定的角色。我们无法控制与我们的角色没有关系的事物,也不能够改变他人的角色。对于那些我们无力影响的事物,我们应当培养一种积极的漠然或超脱品格,并专注于我们自己的表演和我们可以做或影响的事情。① 我们可以乐观一些:毕竟,我们可以控制自己

---

① 这种智慧的麻烦在于自由和决定论的问题。如果本性固定于其结构之中,如果有一出正在上演的巨大戏剧,那么,各角色不是固定的吗?为什么还要改变?结局不是预定的吗?如果一个人不能自由地选择,或者至少自由地发展他所扮演的角色,为什么要说一个人可以自由地决定演出的水平?当然,选择表演类型的自由并不是完全不同于要求影响结局的自由。如何才算是改变一个人所扮演的角色?斯多葛学派认为,尽管我们不能影响其他任何事物,但是仍然可以自由地决定我们的态度和演出水平。这种观点是站不住脚的。

的情绪，可以探索宇宙的性质，尽管我们不能改变它。

怀疑论者：真的能够发现指导人类事务的真理吗？

怀疑论者（The Sceptics，源自希腊语 Skeptikoi，意为追寻者或探索者）怀疑人类知识能够提供有关整个宇宙的"真理"。柏拉图和亚里士多德并没有发现有关世界的真理，只是提出有关真理的一些不同的观念。怀疑论者认为，大多数真理探索者不久就变成了教条主义者，要么宣称他们已经发现了真理，因而停止了探索；要么宣称真理不可能被发现，因而探索毫无意义。总之都否认进一步探索的必要。相反，怀疑论者认为，探索是无止境的，真理是存在的，但是是人类智力所不及的。①

54

罗马政治家西塞罗（阿尔皮努姆的西塞罗，公元前 106—公元前 43）的路径

罗马演说家和政治家西塞罗试图把斯多葛学派有关指导人类事务的普遍性自然法观念和怀疑论者的怀疑心态结合起来。在被迫脱离公共生活（这种事情并不少）的那些期间，西塞罗写了很多哲学著作。他患有慢性失眠症，经常通宵达旦地写作，致力于把斯多葛哲学和其他希腊学派的思想结合起来。西塞罗认为，斯多葛学派已经确定了知识的基本结构，他努力把他们的思想明确有条理地表达出来，并参照其他学派的观点作出修正——西塞罗的历史影响就在于他的这两项工作。他尤其认为哲学和修辞学是不可分离的，批评苏格拉底把它们分割开来。西塞罗认为人类的最高成就莫过于有效地运用知识去指导自身事务。哲学和其他具体学科提供知识，而修辞学使这些知识起作用。一个自由社会是一个宪政共和国，说服而不是强制，是政治权力的手段。然而这并不容易做到，国家需要大人物去做这项伟大的工作。为达此目的，最优秀者必须把知识和雄辩结合起来，通识教育就是一个关键的前提条件。西塞罗对自然法基本观念所做的斯多葛式的阐述鲜明地体现

---

① 当然，怀疑论者考虑到了不同的结果。一些人认为，并没有终极的判断，一个人必须避免否认或肯定任何事情。然而，总有另一种视角。对此的反应可能是，人们必须非常小心所做断言的类型和断言所覆盖的区域。这种怀疑主义区分了：（1）对自然的分析；（2）人类情感领域；（3）法律和习惯的传统；（4）艺术。在每一领域，都存在着某些类似基本公理的东西。

了雄辩艺术和目的的确定性。

> 真正的法律乃是正确的规则，它与自然相吻合，适用于所有的人，是稳定的、恒久的，以命令的方式召唤履行责任，以禁止的方式阻止犯罪，但它绝不会只命令或禁止正直之人，却放任、纵容邪恶之徒。要求修改或取消这样的法律是亵渎，限制它的某个方面发生作用是不允许的，完全取消它是不可能的。我们无论以元老院的法令或是以人民的决议都不可能免于遵守这样的法律；我们也不需要寻找任何人来澄清或解释它；不可能在罗马是一种法律，在雅典是另一种法律；现在是一种法律，将来是另一种法律。一种永恒、不变的法律将适用于所有的民族，适用于各个时代；而上帝，作为它的设计者、阐释者和创造者，是唯一的、普遍的统治者和万事万物的管理者。谁不服从它，谁便会背离自我，违背人性，会受到严厉的惩罚，即使他避免了其他被认为适合他的行为的惩罚。(《国家篇》,3:22,23;转引自凯利,1992:58—59)

在这种永恒的法律面前，所有的人都是平等的，这并不体现在我们身外的财产或社会地位上，而是体现在我们都拥有理性上。"我们为正义而生，只有不良习俗和虚假的信仰才会妨碍我们把人类理解为平等的和相似的。"(《法律篇》,1,10,28—29)亚里士多德所说有误，自然并没有给我们安排不同的任务和要求我们担当不同的职能；社会秩序是不平等的根源——而不是自然。在自然看来，我们同胞，彼此之间应当予以平等的尊重，享有平等的尊严。因此国家必须是(或应成为)一个伦理共同体，意识到相互的责任和相互的权利，依赖对法律和权利的合意以及共同促进互利关系的意愿而联结在一起。(《国家篇》,1,25)

在《法律篇》中，西塞罗把罗马法看作斯多葛理论的近乎完美的实现。自然是法律的渊源，任何人皆可通过理性而获致之。最博学者同意：

> 法律乃是自然中固有的最高理性，它允许做应该做的事情，禁止相反的行为。这种理性确立于人的心智并得到实现，便是法律。他们认为，法律即智慧，其自然功能是要求人们正确地行为，禁止错误的行为……正义之源在于法律，因为法律是一种自然的力量；它是智慧之士的心智和理性，依此甄别义与不义……在确定何为正义的过程中，我们可以从那种最高的法律开始，这种法律比任何存在过的成文法或任何出现过的国家，都有更悠久的根源。(《法律篇》,1,6,18—19)

有一种自然的法律；不管人类创造的（或实在的）法律是否存在，它都会存在。因此，即使在塔克文（罗马的最后一位国王）的统治之下，没有任何禁止强奸的成文法，塔克文之子对卢克瑞提娅的施暴行为仍然违反了"永恒法"：

> 因为理性的确存在，它源于宇宙的本性，要求人们做正确的事情，禁止他们做错误的事情；理性成为法律，并不始自它成文之时，而是始自它产生之时；它是同神圣的灵智一起产生的。因此，旨在命令和禁止的真正的和原初的法律，就是最高神的正确理性。（《法律篇》,2,4,10)

《法律篇》的其余部分发挥了斯多葛学派世界共和国的思想。

> 把所有基于国家的法律或习惯的东西看作正当的那种想法是最愚蠢的观念。如果这些法律是由僭主制定的……（或者如果一部法律规定）统治者有权任意处死一个公民，甚至不必经过审判，也是正确的吗？正义只有一个，它约束所有的人类行为，它建基于一个法律，那就是用来命令和禁止的理性。（《法律篇》,1,15,42)

> 如果正义原则是建立在人民的决议、君主的命令或法官的判决上，那么正义就可以正当化抢劫、通奸、伪造遗嘱等行为，只要这些行为是人民的投票或决议批准的。（《论法律》,1,16,43—44)

> 如果人们约定，法律的制定是为了保障公民的安全、国家的存续、人们的安宁和生活的幸福，以及那些首先通过这类法规的人曾向人们宣布，他们将提议和制定这样的法规，只要赞成和接受，人们便可生活在荣耀和幸福之中，那么这样制定和通过的规定方可称作法律。由此可以看出，当那些违背自己的诺言和声明，给人们制定有害的、不公正的法规的人立法时，他们什么都可以制定，只不过不是法律。（《法律篇》,2,5,11)

天人之际的模糊以及战胜自然的雄心壮志　　　56

我们是谁？人类的能力和限度是什么？尽管希腊人的理性最终倾向于实践理性而非纯粹理性，但人类将世界置于透彻考察之下的愿望更加强烈。在哪一点上，自然失去主宰我们的力量，成为我们各种技术的用武之地；又在哪一点上，我们开始（共同）重新安排山河？

在那些有影响的历史进程中，这一问题作为一种潜在的可能性而存在着。人类可以凭借探索自然界的成果来改变人与宇宙的关系吗？凭借一种新的知识——技术力量,可以在一定程度上变革社会关系(甚或等级制度)吗?

让我们读一读普卢塔克(凯罗涅亚的普卢塔克,公元46—120年,一位希腊传记作家和道德家,在德尔斐任教职人员达二十年之久,或更长),在《马塞卢斯传》中,普卢塔克讲述了一个(不可能的)实验,这个实验推翻了一个特定社会中的权力关系。

> 阿基米德是国王希罗(Hiero)的亲戚和朋友,写信给国王说,只要给予一点力,就可以移动任何物体。据说,由于受到实验效果的鼓舞,他宣称,如果有另一个地球,且他可以到那里去,就能够移动这个地球。希罗很是惊讶,请他演示用微小的力量就可以推动很重的物体。于是,阿基米德选定了国王船队的一艘三桅帆的商船,这船已先由很多人费力地拖至岸边。阿基米德让船上载着许多旅客和通常货物,自己离开一定距离坐定,没有怎么用劲,只是用手轻轻地启动一套滑轮组,船就朝他平稳地滑行,好像在水中一样。国王非常惊讶,体会到了阿基米德妙术的用处,请阿基米德为他制作进攻性和防御性的机器,以用于围城战争。(普卢塔克:《马塞卢斯传》,XIV,7—9,伯纳多特·佩林译,转引自拉图尔,1993:109)

阿基米德滑轮组的发明,改变自然力下所形成的观念和现状。他的发明给国王提供了一种真正的可以使一个人比众人更强大的机制,由此改变了政治关系。那时,国王的统治是不稳固的——有时要依靠高贵出身的神话,有时要依靠某些精英人物——缺乏获致可靠权力的手段。阿基米德的技术创新改变了政治关系的构造,这种构造现在依然可以被看作技术力量的问题。若没有几何学和统计学,希罗则必须依靠社会力量。而社会力量在本质上永远强于他的力量,因此,他的地位总是不稳固的,他经常要维护一种平衡关系。但是,当今在政治权术之上再使用技术的杠杆(力量),似乎是可能的了,统治者变得比民众更有力量。技术使建造新的战争和防御机制成为可能——普卢塔克记载,希罗在这种力量的帮助下不但使王国可以御敌于外,并因此扩张了疆土和增长了财富。人的智识与自然之间关系的变化后果可以说是戏剧性的——它是现代性发展的一个必要前提①——的确,正如普

---

① 在《自然权利与历史》中,列奥·施特劳斯(1953:23)认为,亚里士多德"不可能想象到一个世界国家。但是原因何在?世界国家是以这样的一个技术进步为前提,这一技术进步是亚里士多德做梦也不会想到的。技术进步反过来要求科学应被视为'征服自然'的主要力量,要求技术应从道德和政治的居高临下的控制中解放出来。亚里士多德没有想象到世界国家,是因为他坚信科学主要是理论的,技术若脱离道德和政治的控制将造成毁灭性的灾难"。(转下页)

卢塔克所记载(在亚里士多德之后 200 余年)的那样,希罗不得不惊讶于技术的力量。①

然而普卢塔克并不赞成技术强国这条道路。尽管他说明阿基米德成功地使(物质)力量成为与(政治)力量相当的要素——并因此成为后者的仆人——这是由大与小之间、缩小的模型和真实的应用之间的比例关系所决定的,但是,他还是害怕这种力量会毁坏人类的品质：

> 然而,阿基米德(在给锡拉丘兹制造了武器之后)具有高尚的精神和品德、丰富的科学理论知识,所以,虽然他的发明给他赢得了上流精英人物那样的声誉,但是他还是不愿意留下有关的科学资料。他认为一个工程师或工匠的那种满足生活需要的工作是鄙俗的,他把他最宝贵的精力仅仅投入到了那些与现世需要无关的奥妙而迷人的研究上。(普卢塔克,《马塞卢斯传》,XVIII,4—5,转引自拉图尔,1993:110)

不愿意在技术运用方面做出知识上的思考和探索,就会滑向那些从事低级手工行业或从事低俗政治的人的地位。阿基米德拒绝了这种诱惑,继续追求纯粹的知识,逃到了洞穴之外的一个柏拉图式的世界中,抛却人间烦恼事。但是如果无法逃出洞穴怎么办？如果我们的智力只局限于洞穴之中,人类将世界看作一批仅仅由彼此之间偶然或必然联系着的实体的集合,怎么办？如果人类仅仅把自然看作运用智力的一个场所,去发现建构新的自然——社会的控制技术的手段,怎么办？自然不会失去它的"独立性",人不会变成上帝吗？

奥古斯丁的反诘和神学自然法的发展② 58

　　有这样的一些人,他们抛弃了美德,不了解上帝,也不知道他的永恒

(接上页)施特劳斯无疑想到了纳粹和斯大林主义的历史,他说："科学和艺术与不受限制或不加控制的技术进步结合在一起,极有可能导致出现普遍的、永恒的专制政体。只有轻率的人才会说,亚里士多德的观点已经被抛弃。"

①　力学也依赖于一个支点,发现阿基米德基点一直是一个关键因素。它对于政治的意义就是,它是真实的正义呈现出来的一个位置。探索虽然是必须要做的,但是这不可能成功。

②　圣奥古斯丁被普遍认为是古典时期向中世纪的转变过程中一个关键的思想家。他出生于非洲的努米底亚省,父亲信仰异教,母亲是一位虔诚的基督教徒。他在 16 岁时开始在迦太基学习修辞学,当时迦太基城以风纪废弛、荒淫无度而闻名。他抛弃了基督教信仰和道德,和一个女人同居了 10 年,并生了一个男孩。之后他移居意大利,又与另一个女人同居。他对哲学的兴趣是由于读了西塞罗的《霍塔卢斯》(Hortensius)产生的,这本书劝告人们要探求哲学(转下页)

不变性质，带着强烈和激动的好奇心情，终日忙碌于探索我们称为俗世的那些万事万物，自以为他们在从事一项伟大的事业。他们如此自傲，以致他们自以为是居于他们经常谈到的天国之中。（奥古斯丁，《天主教徒和俗人的生活方式》，1966：32—33）

经过漫长的个人思考，圣奥古斯丁逐渐相信，真知——真正的哲学——爱智慧，源于中庸心态，它可以使我们不会拥有极端的好奇心情。真知之途并不在于探索宇宙——好像我们是它的主人，而是谦卑地探究自己，把自己视为有限的和不自立的存在物，借此达到一定高度去获得最真最纯的知识：亦即，上帝。

奥古斯丁通过区分地国臣民的双重身份和分析怀疑论者的主张，而将柏拉图的知识体系基督教化。所谓地国，就是充满着善良与邪恶、光明与黑暗两股力量且二者之间持续不断地冲突的场所。怀疑论者认为人们不可能获得终极真理。而奥古斯丁认为他解决了对信仰的怀疑问题。如果那些基础性的实体不可能为人的智力考察所发现，它们也应基于信仰而被接受。理性的作用就在于在信仰（和通过启示向我们展示的事物）和理性的汇合基础上建构知识体系。① 上帝最终建立了宇宙，因此是任何探求存在之逻辑证据的最后结论。② 因此，要真正的智慧就是基督徒的智慧。理性必须和启示相联系，必

59

（接上页）智慧。他一直想弄清邪恶如何可能以及人类经验中邪恶和爱的角色等问题。结果，他诉诸摩尼教教义，摩尼教鼓吹一种二元论，认为宇宙中存在着两个基本原则：（1）光明和善良原则；（2）黑暗和邪恶原则。它们同样永恒地存在着，并处于冲突之中。这种冲突的一个体现就是人的肉体与灵魂之间的搏斗，灵魂代表光明，趋向善良；肉体代表黑暗，易于堕入邪恶。这种二元论解决了一些问题，又引起了其他问题。例如，自然中为什么会有这两个冲突着的原则？如果自然总是处在两种对立的力量的冲突之中，我们又如何能够相信或者有把握地希望发现自然的真理？最后，奥古斯丁求助于新柏拉图主义，在那里，探求知识意味着要认识终极之物；在他这里，就意味着要逐渐认识上帝，寻求他的旨意。于是，他实际上并行扩展了柏拉图主义和基督教思想。公元386年真正皈依了基督教后，他辞去了修辞学教师的职位，于396年被任命为希波主教。希波是一个邻近他的出生地的海港。他的一生目睹了罗马异教向基督教的转变过程，也目睹了罗马帝国崩溃时期的社会动荡和战争灾难。

① 例如，理性证明矛盾律。我们知道一个事物不可能同时既是 A 又是非 A。我们可以运用理性工具检查和审视各种命题，揭示其中的矛盾和背谬之处。这样人的思维就不会陷入不确定之中；如果我们可以发现某些前提或基础性的实体，我们就可以建构起可靠的理性结构。但是，我们需要信仰提供这样的一个前提："只有信仰，才有理解；没有信仰，就没有理解。"

② 这个结论是如何得出的？以数学的真理性知识为例说明之。奥古斯丁区别了我们可以感觉到的事物和独立于感觉的事物，如数字及其相互关系。这些知识不可能来自我们的感觉，也不依靠我们的思维状态，因为它们同我们的思维一样稳定。但是，我们能够理（转下页）

须在启示所展现的实体的可靠性的基础上合乎逻辑地建立论点。哲学就是神学。

忽视神学的哲学注定要导向虚假的知识，而且遗忘人神关系或者忽视善良与邪恶双重性的哲学观，也只能导致一种危险的谬误，即，人注定仅为了利益而将权力凌驾于理性之上。奥古斯丁认为，原罪观点表明人性中善恶并存，表明持有以下观念是错误的：人仅为利而生，探索世俗知识（并在此基础上建构神学）是实现人（世俗的和精神的）得救的方式。

奥古斯丁的自然秩序：试炼之途的叙事和柏拉图式的苦行主义

奥古斯丁承认他信仰上帝，这一表述尽管使用着地道的圣经语言，但是，充满着痛苦、强烈的渴望，以及为狂躁的灵魂觅得一个安憩场所的喜悦。《忏悔录》就是以这种喜悦开篇的，主要篇章都是叙述在获得这一场所的过程中所经受的试炼和恐惧，最后以祈祷安憩、平静和圆满而收尾。在奥古斯丁看来，自我的这种旅途就是通向完美人性之途。尽管奥古斯丁曾经承认"离开女性的怀抱，我就没有一点快乐"（《忏悔录》，Bk Ⅵ，Ⅺ20），"肉身的负累"导致他远离上帝，但是，他最终发现了真理之途，所有那些通向人的新生与使命的途径也必定都是这样被发现的。[①] 对这一个世界的最好理解，就是它是一个基督国，人的精神在此超升并圆满——在这一过程中，我们可以见证"人间的神迹"。我们应对包含在他的叙事中的"知识"作何理解？奥古斯丁与他的肉体和心灵搏斗，挣扎于妓院、美酒和情妇。他的著述尽管是在平静中写就，仍充满着渴望、梦想和快乐的主题，对上帝的爱，是这些主题的结

60

（接上页）解，"7 加 3 的和，不仅现在而且永远都等于 10；不会有一段时间不等于 10，也不会将来有一天不等于十"。（《论自由意志》，2，12ff）既然指责 7 加 3 等于 10 是不可能的，我们像发现者一样感到高兴就行了。

是什么使"7 加 3 等于 10"成为真理？只有最高级的存在者。奥古斯丁追随柏拉图，认为数学真理是人们发现的，而不是头脑创造出来的。他接受柏拉图的理念论或本质论，说："理念是主要形式，是真实事物的永恒不变的理性，它们不是自身形成的。因此，它们作为一种结果，是永恒的、不变的，它们包含在神圣的智慧中。"（《八十三个问题》，46，1-2）奥古斯丁把柏拉图的纯粹理念或本质置入上帝的心灵中；它们正是在上帝的心灵中，所以是永恒的和不变的。在上帝之外，没有任何东西可以决定宇宙的存在方式；上帝创世时唯一地参诸己身。

① 在奥古斯丁身上，我们看到了一种强烈的冲动：一种创造历史哲学的愿望。有关人的来源、过去和现在，以及未来之征兆的宏大叙事；在叙事中，困扰人的谜团被一扫而清，人类的本质和命运一目了然。

论。但是,对于心灵而言,它有什么样的记忆?它必须以这种柏拉图式的成功来结束回忆吗?希腊诗人卡瓦菲(Cavafy),于20世纪时在北非写道,肉身也会记忆着。

> 肉身,记忆着被爱之深,
> 记忆着卧过的床榻,
> 记忆着在众目之下公开呼唤的欲望,
> 那些为你在声音中颤栗的欲望……
> (卡瓦菲,《肉体,记忆着……》,1—5,1984:59)

诗人能传达知识吗?在柏拉图式的建国方案中,诗人是一种颇受非议的人物。尽管在《国家篇》中,柏拉图禁止他们进入理想国,理由是他们的作品相对于真正的知识而言是非理性的和虚假的,然而,诗人毕竟表达了那些通过别的方式不可表达的真理的影像。罗森(1985:43)认为:"诗歌具有一种透视力,它能将真相与影像联结起来。"柏拉图强调视觉的作用(如在有关太阳和洞穴的叙述中),排斥其他感觉的作用(如触觉,这种感觉是亚里士多德经验主义传统的基础)。这种强调使他对超越我们经验的本体论主张做出一种富有诗意的表述。但是柏拉图不相信诗人,因为就像把单纯的理性带入我们的意识一样,诗人也把其他经验带入我们的意识。卡瓦菲在《当它们降临时》中写道:

> 试着抓住它们,诗人
> 你的那些情爱幻觉
> 哪怕只能留住一点点。
> 留住它们,半藏于文字之间。
> 努力把握它们吧,诗人
> 在夜晚,在午后
> 在它们降临于脑际的任一时刻。(1984:48)

奥古斯丁为人类设下的道路是一条禁欲主义和敌视生命的道路。我们必须斩绝一切邪念,努力克服通往更高的、更真实生活的道路上的一切障碍。① 我们是否能够达到目的,取决于我们执着追求和排除干扰的能力。禁

---

① 奥古斯丁在写作《上帝之城》时,多处讨论都明显地表现了他的新柏拉图主义。例如,我们会带着肉体复活,但是"肉体的一切缺点皆被清除,只有本质的东西被保留下来"。(《上帝之城》,Bk XXII, Ch. 17)这样,一个妇人的肉体尽管保留了性别,但是已不会使她产生任何欲望,它将成为一种超越肉体而存在的崭新和纯洁的美的组成部分。

欲主义意味着洞穴生活的解脱，从肉身的陈腐、束缚和拖累中的解脱。它要求我们抑制在追求真正目的的过程中的多种多样的欲望。它实质上是一种方法，将我们的努力凝聚起来，战胜安逸和享乐——这些东西会瓦解我们从事最高事业的决心。在奥古斯丁的故事中，信仰是一种支撑。信仰使我们相信伟大的故事。信仰启示着我们，帮助我们在不同的目标中做正确的选择，用崇高神圣的目标取代世俗的目标。认识上帝就是参与有关创世、存在和归宿——我们末世论的宏大叙事。①

而且，相信存在着一个伟大的故事，就等于相信那些最终可理解的、有意义和可接受的真实之事的可能性，也就是上帝在一个终极结构中调和了善与恶的对立。这是一个美好的故事。奥古斯丁的个人叙事——他的早年、中年、晚年，他对他的生活世界的解释和改造，不过是要告诉一个更宏大的故事，一个有关上帝旨意的故事，这旨意最终只有上帝才知道，尽管他可能向我们作一些启示。

爱与恩典

人，上帝的造物，最终是要仰仗上帝的恩典的。人能够选择好的道路，但是他没有走下去的力量，他需要上帝的帮助。邪恶是由自由意志引起的，美德不是人的意志的产物，而是上帝恩典的产物。道德律可能告诉人们必须做什么，但是实际结果告诉他的是做什么是错误的。在道德律的要求之下，人的弱点暴露无遗："寻求恩典须践行律法，得到恩典须实现律法。"原罪要毁掉我们，上帝之爱把我们拯救。此爱乃上帝的礼物。耶稣基督就是爱的最伟大体现，他是上帝派往人间的使者。耶稣是上帝使其不朽的唯一生命，而我们则不同。

---

① 《忏悔录》是一本传记，自认为真实地记载了一个人的人生经历，一个探求真理的故事。奥古斯丁讲述了他的一生的事件和斗争，但是这是一个细小处不甚连贯，然而整个看来浑然一体的真实故事。这不是一个脱离生活去追求真理——上帝的问题，因为奥古斯丁就是生活在上帝所确定的模式或结构之中。因此，奥古斯丁的人生经历不是有关一个人追求上帝，如逐渐认识上帝的经历，而是和上帝同在的经历，即使他开始时并没有认识到上帝的存在。同样，心理学（对自我的理论解释）和社会学（以社会现象的术语所作的理论解释）之间的关系，也不是不同实体相互靠近的关系，而是彼此同在的关系。

正义和自然法

我们已经看到,在奥古斯丁的叙事中,个人生活故事成为整个社会秩序的宏大故事——上帝故事的背景。因此,一个国家的公共或政治生活同个人生活一样处在同样的道德律的支配之下。这两种生活最终都遵循着同一个真理,这种真理完整一致、永恒不变地体现在人类生活的每一处。在万事万物的秩序背后是它的创造者和最终的统治者,即上帝。万物皆由其所造,由其赋予意义,由神迹所示。每一个人都能够认识这一真理,亦即自然法或自然正义的构造。自然法是人对上帝的真理或上帝的永恒法的智性参与。奥古斯丁利用了斯多葛学派的普遍理性原理。这种原理认为,理性遍及所有的自然之物,主宰和统治着它们的恰当运作。对斯多葛学派而言,理性原则亦即自然法则。但是,斯多葛学派的自然法是宇宙中理性原则的非人格力量的活动规律,而奥古斯丁将永恒法视为人格化的基督教上帝的理性和意志。永恒法变为神圣的理性、上帝的意志,调整着万事万物的自然秩序,防止其混乱。永恒法是规定着万物秩序的上帝的理性,而人对永恒法的领悟就是自然法。因为这些法是完全正确的,所以,奥古斯丁认为政治国家的世俗法必须符合自然法,而自然法又从永恒法中取得效力。

如此看来,政治国家就与古希腊的城邦有了显著的差别。奥古斯丁并没有把国家看作一个自足的单位,而是看作一个更大的整体的组成部分。因此,国家不仅仅通过立法行使权力;相反,还必须遵循一种更广博的正义。正义是一个永恒的标准,先于国家而存在。奥古斯丁借用柏拉图的先在观念去论证正义先于现实的社会秩序。古希腊法理学主张解决实际问题,致力于建构一个知识体系,以理性地处理社会成员参与城邦生活的问题。这种法理学将正义看作按照对城邦生活的不同参与来合理地分配好处,而奥古斯丁将正义看作超越任何特定社会人群、普适于宇宙万物(宇宙是作为一个整体被创造出来的)的一种标准。先前古希腊学术讨论使用的那些术语提供了一种表达方式和一套概念工具,它们成了构筑一种不同的政治制度的思想材料——如奥古斯丁就接受了人人各得其所的正义观念。这种构筑出来的东西,在独立的阅读者看来,现在产生了一些新问题,其中最值得注意的是,如果我们脱离一个特定的共同体,怎么确定什么是一个人应得的份额?正义仅仅是惯例性质的吗?因为我们是一个特定社会的成员,就应当满足于那些分配模式吗？如果是这样，不同的社会有不同的正义，那么就不会只有一个正义，而是有很多的"正义"。如果我们接受这一点，那是不是意味着我们接受了这种观念：在一个社会正当的东西，在另一个社会则不正当？矛盾律表明，一个东西不可能在同一时刻又对又错。更准确地说，在奥古斯丁看来，只存在一个正义。现实社会可能有关于正义的很多观念，但是，只存在一个超越这些观念的真实的正义。

奥古斯丁认为正义的实体可以发现于人性之中与上帝相联系的那部分结构。正义是"心灵的一种倾向，它给予每个人应有的尊严……它源自本性……正义不是一个人的正义观，而是某种内在力量给予的东西"。要求国家遵循正义就是明确地将严格的道德界限施加于政治权力之上。实际上，奥古斯丁认为，国家法律如果不符合自然法和正义，便不具有真正法律的特征，国家也不是真正的国家。既然他把国家界定为人民的联合，那么"如果没有形成对法律的一致同意，便没有人民；如果法律不是建立在正义的基础之上，便没有法律。由此可知，没有正义，便没有国家"。奥古斯丁就是这样发现检验现实法律秩序之正当性的批判性标准的。现实的法律秩序必须具有一个基础，这一基础不可能是法律自身，不能仅仅因为国家机关制定了它，就可以把法律的标签贴在上面。这一基础必须是其他事物；这里，它就是真理的终极源泉——上帝的意志。

因为奥古斯丁把正义和道德律联系起来，他认为，正义的主要关系不是人与人之间的关系，而是人与神之间的关系："如果人不侍奉上帝，怎么可能体现正义？既然他不侍奉上帝，灵魂便没有合法地支配肉体，理性也没有合法地支配感情，没有支配便是错误。"没有人神关系的个人正义，也没有集体正义，因为"如果个人没有正义，这样的个人组成的整体也没有正义。因此，在这些人当中，并没有那种使许多人一致同意的东西"。又说，"一个人脱离上帝，侍奉魔鬼，难道不是非正义的吗？"侍奉上帝就是爱上帝，然而这也意味着爱同胞。还有，"如果正义使人脱离上帝，那还是正义吗？"侍奉上帝和爱同胞，最关键的含义就是承认所有的人都有一种不可剥夺的敬爱和侍奉上帝的权利和机会。那么所有的伦理要求都是建立在爱上帝和爱同胞的基础之上。爱先于正义。

奥古斯丁将教会和宗教置于世俗国家之上，在此前提下，他也赋予了国家行使强制性权力的权利。国家是人类原罪的产物，因此也可以行使必要的控制力。但是，奥古斯丁反对将强力置于爱之上。对于奥古斯丁而言，理想社会是建立在信仰与"和谐一体"的基础上的，只有当人们将最深沉最真实的爱献给上帝，并由于完全信仰上帝而彼此相爱的时候，才会形成"和谐一体"。这种社会之爱的基础就是"爱上帝，每个人不可抑制的对上帝的爱"。（尽管世俗国家的强制不能与爱的强大创造力相提并论）但它仍然有一个功能，它的行动至少可以减少某些邪恶："邪恶之人被剥夺作恶的权力，他们就会老实一些……国家并非徒然无用。"但是，一个国家脱离正义行使法律之强制力的事情，在经验上经常发生，国家是不完善的。

64　奥古斯丁的"双城"之分与他的历史哲学

奥古斯丁在他的重要著作《上帝之城》中，奥古斯丁反驳了这样一种对基督教的指责，即在基督教成为主要宗教时，教会拒绝信奉罗马的异教诸神，导致了罗马帝国的崩溃和罗马城的被劫掠。如果基督教是真正的宗教，为什么（新的）上帝没有保护罗马抵御哥特人的进攻？奥古斯丁的回答是，人是由两部分组成的，有两种志趣和能力，有两种爱，分居于两个城池之中。

> 一个城池是按照自身意志行事的人居住的，另一个是按照上帝意志行事的人居住的……"双城"意味着人分两部分，一部分永远由上帝统治，另一部分注定要经受魔鬼的永恒惩罚。（Bk XV,1）

人类有两种爱：爱上帝，爱自己和俗世。罗马因为臣民的邪恶而陷落。这个老朽的国家缺少真正的正义，所以不稳固；只有团结在上帝之爱下，才可能长治久安。这是奥古斯丁的一段名言：

> 没有正义，谈何国家，除了是一伙强盗，它还能是什么？如果不是小型的国家，一伙强盗是什么样的人？他们是在一个头领的指挥之下，由一个协定相联系，按照协定分配劫掠的东西而已。

> 如果这伙恶棍成功了，就会吸引无耻之徒加入，他们就需要抢占地盘，建立根据地，攻占城市和役使人们。然后，他们公开宣称建立国家——这就是世人眼中的国家，他们建立国家并不是为了放弃劫掠，而是为了避免惩罚。

> 亚历山大大帝抓获过一个海盗，这个海盗的机智、真实的辩解可以说明这个道理。大帝问道："你在海上劫掠，意欲为何？"海盗回答得很傲慢："和你在陆上劫掠的想法是一样的。只是因为我驾驶小船劫掠，所

以我被称为海盗；你拥有一支强大的海军，就被称为皇帝。"（BkIV，4）

一个真正的社会是一群理性的人的联合，他们就所爱的事物具有一致的意见。世界的命运就在于两种爱、两座城的冲突之下。最终的结果是，在上帝的恩典之下，真正的爱将取得胜利。如果奥古斯丁的表述含有一种雄辩的模糊性，就会更有力量。① 因为一个人如果相信他的本质性存在的真理，放弃那种"自然"存在就是一种背离行为。② 上帝之爱与上帝之权力的关系，人类与它们的关系，从没有完全确定下来。奥古斯丁不断地谈到因为"灵魂的堕落"而违背上帝，由于"意志的不自足"而"违抗上帝的旨意"，谈到"自身意志的紧紧束缚……使我迅速地陷入糟糕的奴役状态"。在以下方面，奥古斯丁可能是正确的：比如谈到尘世欲求的诱惑，抱怨许多人会发现"这个世界是快乐之乡，如梦似幻"。因为在他等待用柏拉图的方式去启蒙大众的时候，作为他的期望之根据的那些信念不久就被痛苦地验证了。罗马帝国在公元476年灭亡后，"黑暗的年代"来临了，古人的智慧学问几乎丧失殆尽，只有基督教学者们在探究着他们的"真理"。法律学者被允许在意大利中北部的教皇领地进行世俗研究，形成波仑亚法学派的前身（大约始于 1100 年）。对《查士丁尼法典》《学说汇纂》《法学阶梯》和《新律》（后期罗马帝国法律的学生教科书和汇编）——统称为《民法大全》的研究，奠定了至今仍然存在的罗马法学术传统。罗马法作为法律和政治理性的体现，对它的研究为俗世国家提供了基础。然而，大多数法律理论的提出者是教会人士，而非法学家。前者的目的在于保护人与神之间的关系，这一工作的最高形式的体现就是圣托马斯·阿奎那的著作。

65

---

① 对自由主义观念而言，这种对唯一真理的信仰可能被证明是专制的。与奥古斯丁有关的两个事件可以作为例子。一是关于他作为教会管理者的角色，二是关于当制度结构将文本视为神圣真理时赋予文本的力量。有关前者，在权威机构与北非清洁教运动（the Donatist movement）——一个抗议性运动进行斗争并逐渐对其加以镇压的过程中，奥古斯丁渐渐地，尽管开始不同意，最终还是同意了对这一运动进行镇压。他对这些镇压措施的支持似乎构成了一种政治行动，与他的思想的基本方向背道而驰，但是考虑到团结所受到的威胁以及在奥古斯丁体系中爱的愿景的必要性，这些措施又是有意义的。后者意味着，后来的基督教会的教职人员便可以使用他的观点，"强迫他们信教"（Coge intrare，Luke，19-23），意味着使用惩罚、镇压和强迫改宗是正当的，宗教法庭所造成的悲剧是人所共知的。

② "……它不是一种原质，而是背离你——上帝，最高的原质，万物之上的原质——的意志。"（《忏悔录》，Ⅶ，5）

圣托马斯·阿奎那的托马斯主义:中世纪哲学学院派的理论顶峰①

阿奎那主要是一个神学家,他"基督教化了"亚里士多德。阿奎那对神学哲学着墨不多,但是,他以多种形式表达了上帝创世的伟大,阐发了他的哲学和神学主张。阿奎那同意奥古斯丁的观点,即真正的幸福存在于我们对上帝的领会之中。但是他强调,我们的基本出发点的错误将深刻影响我们的生活,并因此导致对人神关系的虚假认识。神学的出发点是上帝意志的真理性质,这些真理通过启示展现出来。哲学的出发点是我们所感觉和分析并发现其规律的世界。哲学从感觉、经验、理性的直接事物开始,到一些更一般的观点,最终得出对万物存在的最初原因的第一原理,达到对上帝的存在的证明;相反,神学从信仰上帝开始,用这种信仰去解释万物之所以存在是由于上帝的创造。哲学家通过对事物的理性分析得出结论——他的真理,神学家借助启示的知识从绝对信仰中得出结论。哲学家可以以五种方式证明上帝的存在:运动、有效的原因、必然之存在而非可能之存在、完善的程度、宇宙秩序。(《神学大全》,q II, a. 1,2,3)

宇宙是不同事物排成的序列,它们结合在一个巨大的存在之链中。万物都属于一个或某些种类,其间的差异表明上帝赋予其完善性的差异,如从天使到水、火、土和气这些元素。每一等级的生物都有一个特定的构成性质;对于人而言,灵魂是形式,肉体是质料。

阿奎那论人的目的和自然法

阿奎那的自然法概念预设了人性的目的论观点。人自然要追求某些目的,幸福存在于目的或目标的实现之中;相反,堕落就是没有正确的行为。堕落的趋势就是一种没有按照我们本性所设定的目的去行事的可能性。这些目的有层次之分,就如同人有多种不同的追求一样。在亚里士多德看来,自

---

① 圣托马斯·阿奎那(1225—1274),公认为中世纪最伟大的天主教思想家,他将古典希腊特别是亚里士多德的学说和基督教观念结合起来。一些阿拉伯和犹太学者对他也有影响。奥古斯丁信徒和托马斯信徒的争论主导了中世纪的基督教哲学,这两派的区别在于一派信仰新柏拉图主义,另一派信仰新亚里士多德主义;一派认为信仰,另一派认为经验推理是知识的基础,一派主张通过控制肉体学习知识,另一派主张通过肉体去掌握知识。

然道德要求人以实现他的自然能力或目的的方式去获得善德和幸福,而阿奎那添加了人的超自然目的这种基督教观念。奥古斯丁认为,人存在的原因和最终的目的都与上帝有关。人性在自身的圆满标准上是不自足的,人必须把自然的目的和超自然的目的结合起来。不同的是,阿奎那强调肉体是不能抛弃的。[①] 肉体操纵着某些行动、欲望和激情。感官使人们对可感知的物体有一定程度的了解,人们会被一些令人愉悦的、美好的物体所吸引(贪婪的欲望),而拒绝那些令人讨厌、痛苦的或糟糕的物体(厌恶的欲望)。这种吸引和拒绝是人类爱与乐、恨与惧的基本能力。

动物受制于那些天生的欲望,而人具有独立性,借助意志和理性的力量而自由。智力可以对存在的各种善进行排序,财富、快乐、权力和知识都是善——是正当的欲求目的——但是,它们不能带来最深沉的幸福。它们没有人类灵魂所追求的普遍之善的特征。阿奎那相信幸福并不存在于创造物中,而存在于创造者——上帝之中。这是最高的善。

人是感觉、欲望、意志和理性的结合体,这使他能够在人生历程中作出道德选择。人的自由行动创造了人生。如果生物结构支配了人,人便可能没有行动的自由,也因此没有道德选择的能力。对于可做道德评价的任何行动而言,自由是一个绝对的前提条件。阿奎那认为,只有自由的行动,才是人的行动。自由意味着对各种选择的了解以及在它们之间做出选择的能力。美德,或善良,在于做出正确的选择,即极端之间的中庸之道。美德来源于意志和理性对欲望的控制。人确有一些自然美德——勇敢、坚毅、正直和审慎,但是,它们须借助对自然法或道德律的认识才能完善。

道德义务根植于人的本性。人的本性中有各种各样的需求,比如保护生命和繁衍物种的需求,同时由于人是理性的,这一需求直接指向寻求真理。基本的道德真理很简单,就是"行善避恶"。因此,对我们状况的分析表明下列要求是合理的:

(1)人有自然义务去保护他的生命和健康,因此自杀和疏于关心自己是错误的。

---

① 在形成人性观方面,我们不能忽视这一事实,即人是一个物质性的实体。柏拉图说人的灵魂是囚禁在肉体之中的,奥古斯丁认为灵魂是独立于肉体的精神实体,他们都忽视了人的灵魂和肉体是相互依存的。在阿奎那看来,人是灵魂和肉体的统一。没有肉体,灵魂就没有为获取知识所必需的感官。作为一个物质实体,人是灵魂和肉体的结合;作为一个理性的动物,只有当肉体和灵魂相协调时,人才能作为人而存在和活动。

（2）繁殖后代的自然需求使男女结合（丈夫和妻子）成为一种根本性的要求。

（3）人在追求真理，他与也有此种追求的同胞和平共处，是获得真理的最佳途径。为了建设一个有序和谐的社会，人法应当支配共同体的行为。

保全生命、繁殖后代、形成人法之下的有序社会、追求真理，所有这些因素都与人的自然状态有关。道德律建基于人性之发现正确行为的理性能力。也就是说，要考虑到人类对某些特定的行为模式的自然倾向。① 因为人性有一些确定不变的品质，符合这些品质的行为规则就是自然法。

那么，什么是正义？"正义就是使每人各得其所的持续不变的意志。"（《神学大全》，q 58 a 1）一个人的应得是按照他的自然倾向，使他朝着目的实现的方向努力而分配给他的东西。一个人的应得并不是根据实在法，而是根据人性的自然倾向赋予的。由此可知，如果实在法侵犯一个人的自然应得之份额，可以根据自然法判断这样的（实在）法律是不公正的。

这种自然法理论的大部分渊源是亚里士多德的思想。他在《尼各马科伦理学》中将自然正义与约定正义区别开来。在他看来，前者是永恒不变的，后者是变动不居的。他说，一些行为仅仅因为制定了调整这种行为的法律，并仅仅在这之后，才是错误的。举一个现代的例子，超速驾车是错误的，仅仅因为法律规定了时速，而原本并没有什么东西要求车辆以一定速度行驶。这样的法律就是约定的而不是自然的，因为在法律制定之前，以任何速度行驶都没有错误。阿奎那认为，一些法律的效力来源于自然，因此，受其调整的行为从来都是错误的，如谋杀。但是，阿奎那并没有把自然法局限于人在某些方面凭其理性从行为的自然基础中发现的法律；相反，他推论到，如果人只有认识到自身与上帝的关系，才能够认识人的存在和性质，那么，自然法必然具有形而上学和神学的特征，就像斯多葛学派和圣奥古斯丁所认为的那样。

阿奎那认为，法主要包括最终由理性施加的义务。

> 法是命令和禁止……法是人们赖以导致某些行动和不做其他一些行动的行动准则或尺度。"法"（lex）这个名词由"拘束"一词而来，因为它约束着人们的行动。但是，人类行动的准则和尺度是理性……所以法属于指导人们的活动达到目的的理性。（《神学大全》，q 90 a 1）

---

① "善德源自理性，然而它的重要性却体现在激情或行动之中……它使激情服从理性的统治。"（《神学大全》，q 64 a 1）

法包含着强制力，它施与义务。但是，在法的强制力的背后乃是理性。不能简单地说，"君主好恶，便是法律"，因为法应当使受制者自觉地正当行动。君主可以通过实在法调整那些不合理的事物，命令那些不正当行动的人，但这并不是与自然相一致的法。自然法受理性的支配。[①] 既然上帝创造了万物，人性和自然法最好被理解为上帝智慧或理性的产物。那么，什么是法的简明定义？

> 法不过是与理性有关的共同善的命令，由某一负有管理社会之责的人予以公布。(《神学大全》，q 90 a 4)

在理想层面，法源自安排共同善的权力，这一权力"或者属于人民，或者属于人民的优秀代表。法律之创制或者属于全体人民，或者属于代表全体人民利益的公职人员"，而且法永存于人民之中。"法不仅存在于统治者，而且通过参与的方式存在于被统治者之中。"真正的法律是铭刻在人们的心灵和意愿之中的，因为人的本性最终是理性的。基于这种立场，阿奎那区分了 4 种法。(参见《神学大全》，第 90—95 个问题)

永恒法、自然法、人法和神法的内在联系

永恒法

> 法不过是源于治理着一个完善共同体的统治者的实践理性的某项命令……整个宇宙是由神的理性所统治的。因此，宇宙的统治者即上帝管理万物的观念便具有法的性质。既然神圣理性对于万物的支配的观念并不随时间变化，它是永恒的。因此，我们把它叫做永恒法。(《神学大全》，q 91 a 1)

在上帝的心灵中，存在着一个按其目的安排万物秩序的计划，这一计划即是永恒法。所有的生物都体现着永恒法的存在，但是，人类因有理性而有特殊的体现。

---

① "因此，自然法的律令与自然倾向的律令相一致。"(《神学大全》，q 94 a 2)

自然法

自然法是永恒法中特别涉及人的那一部分。虽然人不能认识上帝的全部计划,但是,人的理性使他能够分享永恒理性,因此,他能够认识到正当行为和目的的(规范性的)自然倾向。① 自然法不外乎是理性生物对永恒法的参与。(《神学大全》,q 91 a 2)

自然法的基本律令就是保全生命、繁殖抚养后代、追求真理和建设一个和平社会。因此,自然法是由反映上帝造人意图的广泛的一般原则组成的。

人法

国家的制定法或人法,应当源自自然法的一般律令。法是实践理性的命令,而关于法的推理过程却很像"思辨理性"(科学)。正如我们从"已知的公理""推导出各种科学的结论"一样,"从自然法的律令中……人类的理性需要对某些事物进行更具体的决定""这些由人类理性设计出来的特殊决定称为人法……"。人有追求美德的自然倾向,但是,这种美德必须经过一些训练才能获得。不能仅仅因为一项法律是统治者制定的,就以为它是公正的。阿奎那认为,赋予一项法律以法的资格,是它的道德维度,是它对自然法的遵循,是它和道德律的一致。用圣奥古斯丁的公式来说,就是"非正义的法律根本不是法"。阿奎那持相同的理解,"每一项人法在它源自自然法时,是与自然法相一致的",但是"如果它在某一方面背离了自然法,它就不再是法,毋宁是非法。"这样的法律没有约束良知的力量,有时候遵守它只是为了避免更大的邪恶。阿奎那不止是否认违背自然道德律令的政府法规具有法的资格,他还认为不应当遵守如此法规。一些法律不利于神圣的善,是不公正的。例如专制者颁布的导致偶像崇拜的法令,和任何其他违背神法的法律。这种法律"不应被遵守……因为我们应当顺从上帝而不是人。"人的理性是不可靠的,容易犯错误;人类法律"不可能具有科学证明的结论所具有的无误性"。

神法

法的作用就是指导人们实现正当的目的。既然人有义务在俗世幸福之

---

① "因此我们必须认为永恒法本身是只有上帝和有幸看见上帝真身的人才理解的法。但是,任何理性动物都可以或多或少地知道一些。"(《神学大全》,q 93 a 2)

外追求永恒幸福，那么，必须有一种法指导他去实现超自然的目的。阿奎那在这里超越了亚里士多德。他说，亚里士多德仅仅认识到人的目的，并认为人类理性所发现的自然法能够充分指导人们实现这些目的。但是，阿奎那认为，由于人有义务追求永恒幸福，所以在自然法和人法之外，人还有必要遵守上帝制定的法。神法体现在启示和圣经之中。它不是人的理性的产物，而是上帝恩典与人的，以使他知道他必须实现的自然的、特别是超自然的目的。自然法与神法的区别在于，自然法代表着人对善的理性认识，理性依此指导意志控制欲望和激情，引导人通过发挥正直、坚毅、勇敢和审慎等主要美德去实现他的自然目的；然而神法，直接来自上帝的启示，是上帝恩典的礼物，人类依此指导去实现他的超自然目的，并获得信、望、爱等更高的或神圣的美德，这些美德在上帝的恩典之下"植入"人的心灵。阿奎那就是这样基督教化了和超越了亚里士多德的自然伦理学，他表明了人如何保有认识上帝的自然愿望，指出了启示如何成为理性的指导，阐述了人类通过上帝恩典达到完善圆满的方式。

阿奎那论国家

亚里士多德认为，人本质上是政治动物。基于此论，阿奎那同意国家是源自人性的自然机构，但是，他认为国家有义务帮助人们实现他们的超自然目的。既然国家不具备引导人类达致这一更高目的的能力，它就必须承认其职能受到限制。指导人们实现这种目的，是教会的责任。阿奎那没有简单地把权威分为人们所关心的两个领域，某些方面的权威赋予国家，另一些方面的权威赋予教会。他更关注国家，并从上帝创造的视角解释它的起源。

依此视角，国家是受上帝意志支配的，并具有上帝赋予的功能来迎合人的社会本性。阿奎那与奥古斯丁不同。他并不把国家看作人们罪孽的结果，即使"在无罪的状态下，人类也会生活在社会中"。但即使在那个时候，"如果没有人进行管理，没有人为共同善而努力，便不可能存在共同生活"。国家的功能就在于维持和平、调整人们行为使之彼此和谐、提供生活手段、尽可能排除不利于优良生活的障碍，以这些方式来保障共同善。最后一种方式不仅赋予国家关乎人的最终目的的一种功能，而且赋予它在与教会的关系中一定的地位。

国家从属于教会。这并非因为教会是一种超国家，仅仅因为国家同教会一样有它的正当活动的范围。在范围之内,国家是自治的。但是,就人类生活中的超自然目的方面而言,国家不能给人类的精神生活制造专断的障碍。在这一范围内的国家才是阿奎那所说的完善社会,有着自身的目的和实现目的的手段。无论是国家还是人,都不局限于自然的目的。人的精神目的不是"通过人的力量,而是通过神的力量"来实现。还有,因为人的命运在于获得神的欢喜,国家必须承认这一点。统治者在促进共同善的过程中,在追求共同体目的的过程中,必须意识到人的精神目的。在这些条件下,国家不会变成教会,但是,它的确意味着"统治者应保证事物朝神圣方向发展,并尽可能地阻止它们朝相反的方向发展。"阿奎那就是这样确认了国家的正当性和它在自身范围内的自治性,使国家从属于教会仅仅是为了保证在国家的治理过程中要考虑到人的最终的超自然目的。

国家以法律规制臣民的行为,而国家又受到正义法律的约束。当阿奎那阐述人法或实在法的创制原则时,他再清楚不过地表明了国家的非绝对自治性质。我们已经分析了四种法的类型:永恒法、自然法、人法和神法。国家只是人法的制定者。每一个政府都面临着制定特定法律以调整特定时空条件下人们行为的任务。然而制定法律,并不是可以专断的行为,而应当接受自然法——人对上帝永恒法的参与而成的法——的指导。实在法的内容应当符合自然法的一般原则。任何实在法若违背了自然法,便失去了法律资格,乃"非法",不具有约束人们良知的效力。立法者的权威源自上帝,上帝是一切权威的源泉。立法者对上帝负责:"……在人类事务中,统治者凭借他们从神那里获得的权威使被统治者服从。"(《神学大全》,q 104 a 1)

政治权威的目的是促进共同善,权威本身决不可作为目的,也决不可用于自私的目的。共同善也不能被解释成在整体中忽视个人。共同善必须是具体的人的善。这样,阿奎那认为:"法律的适当作用就是引导臣民追求善德……使那些得到它的人得善。"立法者唯一"正确的动机"就是按照神圣正义保障共同善,因此,"法律的作用就是造就善人。"这就是说,在阿奎那看来,共同善如果不能促进个人善,就毫无意义。同时,阿奎那认为,"考虑个人善时要与共同善相比较……既然每个人都是国家的成员,一个人如果不同共同善相联系,也就不能成为善人"。社会及其法律的整个体系的特征是由其中的理性因素赋予的。因此,尽管统治者拥有权威和权力,法律也不应当纯粹反映他的权力,而应当反映理性,并能够促进共同善。所有的理性、所有的规则,都必须从整体出发。平衡与和谐按照正当理性支配一切,理性又最终建基于上帝存在的保证之上。但是,如果这一保证不复存在,会怎么样呢?

如果人间与天堂的紧密联系被切断，人被独自地留在尘世，会怎么样呢？如果哲学拒绝与神学合作，并要求审查一切知识的权利，会怎么样呢？[①] 神学能够经受住如此严苛的质疑吗？它会因此而消解吗？又是什么东西为法律的强制性权力提供根据？

对自然法的神秘性及其与永恒保障之关系的一个评注 73

托马斯主义的自然法存在一个严格的边界。它使统治者难以诉诸上帝以求得绝对的权力，因为他仅仅拥有由自然法赋予和界定的权威。如果统治者超越他的权能而施暴政于民，他就不再具有正当的权威。因为统治者也必须臣服于自然法，臣民们可以拒绝服从他，甚至可以正当地加以反抗（《神学大全》I—II，q 96 a 4）。

但是，如果我们不再相信启示，怀疑人类凭借自然理性认识上帝关于宇宙，并通过宇宙向我们真实启示整个计划的能力，那么，怎么能够准确地认识自然法？对自然相关联系的认识结果经得起质疑吗？它们仅仅是一些意识形态的主张吗？这里有几个例子：

（1）阿奎那明确地认可奴隶制，认为它不过反映了某些事物的自然秩序和自然目的并为之辩护：

> 奴隶并不是一个国家或人民的组成部分。（《神学大全》I—II，q 98 a 6）
> 奴隶属于他的主人，是他的工具。（《神学大全》I，q 97 a 4）

因此，他证明，按照自然，一些人是奴隶。

> 国家要维持这种自然秩序，使每个人各得其所。一件物品是某个人的，就应当属于他，就如同奴隶属于他的主人一样。

---

① 正如同列奥·施特劳斯（1953：74）所言，中世纪将信仰和理性结合在一起是不牢固的："人离开光明、指导和知识，便不能存在；只有获得有关善的知识，他才能获得善。因此，根本问题是人类是否能够不凭借神圣启示而凭借自身的自然力量就获得有关善的知识，以个别地或集体地指导他们的生活。没有比这一选择更根本的了：人的指导还是神的指导。哲学或科学（在其原本意义上的哲学或科学）的特征是承认第一种可能性。而圣经表达了第二种可能性。这一困境不可能通过任何的调和或综合加以规避。因为哲学和圣经都把某种东西看作唯一需要的东西，唯一具有终极意义的东西。圣经所宣称的与哲学相反：侍奉与爱上帝的生活方式对抗着自由观察与判断的生活方式。"

（2）政治精英主义是自然合理的。"智力高的人自然是其他人的统治者和主人。"（载《亚里士多德〈形而上学〉评注》序言）

（3）妇女自然劣于男人，"根据自然，男性更优秀，女性则相反，因此男人是统治者，女人是被统治者"。［载《政治评论》第四卷（IV libros politiconum commentaria），Lib I，Lect3，Parma edn vol IV：377］

在现代经验主义看来，阿奎那给事物的经验秩序赋予了一种形而上学的确定性和一个神圣的根源，而这种秩序并没有这些东西。一旦我们看到这一点，这些自然法理论的特定内容就不再是永恒智慧的启示并规定着万事万物的存在和秩序的了，而是一种偶然秩序被通常接受的理性化结果，与服从它的人之间有一定的距离。以这种方式把它说成一种上帝创造的秩序，是为了消除对这一个巨大的偶然世界的困惑，同时可以平息继续探索知识的哲学愿望。在许多现代人看来，本章开篇的第二段引述（尼采的话）很好地说明了，神学自然法理论有助于使人们摆脱对宇宙的恐惧，同时又使他们臣服于未知秩序的威力。自然法和自然秩序理论精巧地表达了具有魔力的神秘世界，为人们提供了一种存在的确定性；现代性不久就要求人性踏上另一种征途——将人与自然分离开74来，并改变人对自然和法律关系的认识。法律并不是将人的自立和自决能力与自然过程和自然秩序衔接起来的机制。现代法学——实证主义法学——给人们提供了一种基于他们的现代意识，也就是他们的非自然性调整社会关系的机制。这一过程构成本书的大部分内容。但是，这里只消说现代自由是有代价的，那就是不断增强的对偶然性的除魅和现实化。

的确，说我们在宇宙中的地位是偶然的，这种方式表达了一种现代话语，表明了一个明显的转变。本章以三段引述开篇：第一段出自《启示录》，它是一个人在临终前写下的，召唤我们要相信信仰和希望的和谐统一。第二段出自现代反基督人士尼采，他谴责宗教将人们探求真理的欲望囚禁在宗教意识形态的牢笼之中。第三段出自罗素，他阐述了偶然性。在中世纪神学中存在着上帝是历史的主人和个人具有参与创造的自由这两种观念之间的紧张关系。在现代，这种紧张关系非但没有缓解，反而随着上帝"该死一千次"［弗卢（Flew），1971：147］而更加尖锐，尖锐到宣布人成为历史的动力这一步。罗素要求我们承担一个新的责任，而当代科学家，诸如分子生物学家雅克·莫诺（Jacques Monod，《或然性和必然性》一书的作者），却要求我们要意识到失去上帝之爱的存在之代价。

人类终将从千年的梦想中完全清醒；当他醒来时，他会意识到他完全的孤独、他根本的孤独。现在他终于意识到，他像一个吉普赛人一样

生活在一个陌生世界的边缘。这个世界听不懂他的音乐，不关心他的希望，一如不关心他的苦难或罪恶。(1972:172-3)

但是，当人类走出中世纪，法理学消解了上帝的爱与上帝权力之间的紧张关系，把爱归于形而上学，把权力世俗化。这一转变过程中的关键人物是一个英国人，托马斯·霍布斯。

第四章 托马斯·霍布斯与法律强制理论的起源：从上帝权威向世俗权威的转变

从和谐的氛围中，
从天堂般的和谐氛围中，
这一世界的图景开始了：
当自然在麇集着的不协调的原子下匍匐着，
当它无力抬起它的头颅，
一个悦耳的声音从高处飘临：
起来吧，你是一个生命。
于是，寒冷、温热、潮湿、干旱
催促着生命按照音乐的节律
向前地发展。
从和谐的氛围中，
从天堂般的和谐氛围中，
这一世界的图景开始了：
从和谐到和谐，
它踏着每一个音符，
走完了通向人类的美满历程。

[德莱顿*(1687)]

人类是一件多么了不得的杰作！多么高贵的理性！多么伟大的力量！多么优美的仪表！多么文雅的举动！在行为上多么像一个天使！在智慧上多么像一个天神！宇宙的精华！万物的灵长！

[莎士比亚，《哈姆莱特》(1604)]

---

* 德莱顿(1631—1700)，英国诗人、剧作家和批评家。——译者注

中世纪传统中人的两种分裂的关怀:人应当寻求控制世界进程还是寻求在上帝之爱的"另一世界"中的得救?

　　莎士比亚的文笔虽然带有中世纪的传统风格,但是已经处在不断发展地注重自我表现的人文主义伦理观的影响之下。他给我们描绘了人的双重形象。一方面,人是由上帝按照自己的形象创造出来的,具有不同于其他事物的杰出的自然品性和良好本质。人类的成就值得欣慰,而周遭的诱致堕落的环境又令人绝望。另一方面,人在根本上是没有选择的能力的,常常为此付出代价。如果要求人——要求他仅靠自身的能力去恢复宇宙的平衡,哈姆莱特如何能够成功?尽管中世纪欧洲存在着各种不同的势力,但是,它们共享一种有关宇宙的神学观念,认为宇宙是紧密相连的,俗世和天国是由因果关系链条联系在一起的。但是,就在德莱顿于 1687 年描绘一个音乐般和谐的宇宙时,俗世的事件不断地打破这种和谐。源自柏拉图和基督教化了的亚里士多德的知识体系使人们的关怀发生分裂;是投向这个现实世界还是另一个世界;尽管人被告知可在洞穴之外得救,可是他还是希望改变现在的生活境况,使之具有"人"的意味。这两个世界的冲突是知识上的、实践中的和至关重要的,甚至当《一报还一报》中的公爵向克劳狄奥悲叹在面临诱惑时要想到末日的存在——"死亡是必然的"的时候,死亡依然是一个非常明显的特征。尼科洛·马基雅维里,这位意大利政治思想家可能是第一个抛弃末日论和赎罪论的精神世界、主张我们应当关心如何在现实世界中避免死亡的思想家。

强权鼓吹者马基雅维里:突破神学自然法观念的一次早期尝试

　　马基雅维里(1469—1527)的两部有些对立的著作使他闻名于世:一部是《对话篇》(The Discourses),另一部是《君主论》。在《对话篇》(当代几位评论者认为它最早表达了现代"世俗人文主义"和"世俗共和主义"观念)中,马基雅维里以赞许的口吻和理想化的笔触将古代罗马描写成一个自治和自由的圣地。《对话篇》推崇一种自由的共和体制,这种体制包含了一种明显的统一的精神目的,这种精神能够造就一种新的个体人格——

76

美德(virtù)*——一种摆脱传统道德观束缚的新伦理。与此相反,《君主论》却鼓吹建立一种绝对君主制,君主为了控制权力和实现个人愿望可以欺瞒天下;《君主论》强调社会冲突是不可避免的,敌我之间的对立是不可调和的。政府的软弱一定程度上是依靠道德约束、规范性想象和官方宗教造成的。基督教认为最高的幸福存在于谦卑、自抑和对世俗目的的鄙视之中。而古代宗教(马基雅维里的主张大概如此)则强调灵魂的崇高、肉体的强健和使人坚强勇敢的各种品质。基督教使人软弱,使他们易于成为邪恶者的猎物:“我们意大利人变得不信教和堕落,都归因于罗马教会及其教士……”虽然宗教是将普通民众团结在一起的必要条件,通过让他们害怕不服从权威的后果来确保和平与秩序,但统治者不应该被宗教神话所迷惑。宗教实际上是一种“世俗”现象,对其应当与神学分开来认识。统治者必须掩盖自己的真正信仰和意图,“去做一个大骗子和伪君子。”君主不应考虑自己的行为在世人眼中是善的还是恶的,而应当去做那些在当时境况下必须做或适合做的任何事情,并以最迅速、最有效的方式取得成功。马基雅维里对人的描绘是尖刻的,是有个人的痛苦经历作为基础的。①

　　发生这样一个争论:究竟是被人爱戴比被人畏惧好一些呢,抑或是被人畏惧比被人爱戴好一些呢? 我并不怀疑每一位君主都希望两者兼备,但是,两者合在一起是难乎其难的。所以,如果一个人对两者必须有所取舍,那么,被人畏惧比受人爱戴是安全得多的。因为关于人类,一般可以这样说:他们是忘恩负义、容易变心的,是伪装者、冒牌货,是逃避危难、追逐利益的。当你对他们有好处的时候,他们是整个属于你的,愿意为你流血,奉献自己的财产、性命和自己的子女……只要危险还很遥远。可是当危险即将来临的时候,他们就背弃你了。因此,君主如果完全信赖人们说的话而缺乏其他准备的话,他就要遭遇麻烦。因为这是用金钱而不是依靠伟大与崇高的精神取得的友谊,是买来的,但不是牢靠的。在需要的时刻,它是不能够依靠的。而且人们冒犯一个自己爱戴的人比冒犯一个自己畏惧的人较少顾忌,因为爱戴是靠恩义这条纽带维系的;

---

　　* virtù 是马基雅维里政治法律思想的核心概念。virtù 通常容易被误以为 virtue,实际上两者的含义有很大程度的不同。本译本把 virtù 译作美德,把 virtue 译作善德。——译者注

　　① 马基雅维里写作《君主论》的时间是 1513 年。1512 年,梅迪奇家族攫取了佛罗伦萨的统治权,结束了佛罗伦萨共和国的短暂命运。在此之前,马基雅维里一直是共和国的主要官员之一,负责内政外交等事务。

然而由于人性是恶劣的，在任何时候，只要对自己有利，人们便把这条纽带一刀两断了。可是畏惧意味着对惩罚的恐惧，这种恐惧则是他们逃脱不掉的。（1977：47—48）

残忍、仁慈和忠诚，都有一定的作用，都是有效的策略，但是，同样可以被轻易地抛弃。选择还是抛弃，端赖具体情况。法律并不超越于人的本性，它只是统治的手段。社会关系在本质上就是为权力而进行的争斗。

> 有两种斗争方式：一种用法律，另一种用武力。第一种可以恰当地称为人的方式，第二种则属于野兽……一个君主必须懂得如何运用这两种手段，懂得它们的相辅相成。（同上引：49—50）

马基雅维里抛弃神学和亚里士多德哲学作为政治学的指导，有他的根据。他认为，人类活动是受制于自然法则的自然现象。我们应当按照法则的本来情况去探寻它们，而不是通过宗教约束下的神学观去观察它们。[①] 世界的运作法则是诞生、发展、变化和死亡。万事万物——植物、动物、人和政治国家——都有死亡之日。组织良好的团体要比组织不好的团体维持长久，但是都免不了覆灭的命运。然而，政治组织如果建立在有关联系、发展、变化和衰亡的自然法则的知识基础之上，就得以维持，比较坚固，那种不稳定性和不恒久性等生命的本质就可以部分地被抑制。尽管可以从这些法则中获得一些指导，并因此可以培养一些统治技术，但是，或然性、偶然事件和命运仍在社会关系中发挥着一定的作用。君主应当具有为成功所需要的一种坚韧的统治素质，或曰美德（virtù）。在这里，"美德"之意涵不同于基督徒的善德（virtue），它意指自立自强、意志坚定，它能够使君主在最不利的环境中抓住机会，化险为夷，它是一种使命运屈服的能力。[②]

[①] 马基雅维里另一个相关的根据是，男男女女都是极端自私自利者，惯于说谎和耍弄诡计。他对人性持有极悲观的看法，对政府持有极现实的认识。

[②] 马基雅维里的极端之处在于，他把上帝降低为命运（或者或然性），而命运似乎是一个有待征服的敌人，这是颇具象征意义的。正如同列奥·施特劳斯在其论著（《论马基雅维里》，1958：218-223）中指出的那样，自然基本上等同于一种神秘秩序，仅仅与命运有联系。一个人永远征服不了她，但是，聪明的人欣赏她的性格。施特劳斯认为，马基雅维里"以一种不同的理解取代了对自然和必然的目的论理解。他常常谈到'偶然事件'（accidents），而从不谈及'实质事物'（substances）"。马基雅维里警告说，尽管近代人渴望控制宇宙，但是宇宙的性质是不可预测的；我们必须学会接受"或然性，把它作为一种非目的论的必然来理解，它为选择和审慎，并因此为作为不可预测的偶然事件之原因的机会，提供了条件"。

命运是一个妇人。如果你要做她的主人，就必须对她施以暴力。你会看到，她更愿意服从粗野和横暴的男人，而不是较为优柔和冷静的男人。（同上引：114）

78　伊丽莎白时代的宇宙观念：一条确定的存在之链

当时大多数人（以及实际上后几个世纪的大多数著名人物），都为马基雅维里的著述感到震惊。这些著述要求他们去拥护一种邪恶的政治学：枢机主教雷金纳德·波尔（Reginald Pole）说马基雅维里是用魔鬼的手指写作的。[1] 马基雅维里动摇了有关宇宙的确定的（官方的）图景。这个有关自然秩序的宇宙图景是按照一个固定的等级体制展开的，其中，人类原罪的观念和关于救赎的希望充当了界分黑暗和光明的支柱。马基雅维里所带来的真正的挑战可能是使人们必须面对政治活动中武力和强制的作用。如果世界并不存在自然的和谐，那么，良善如何能够战胜邪恶？政治伦理学如何能够正确？说实在的，一个人又如何区别良善和邪恶？但是，在许多人看来，质疑构成宇宙基础的和谐、平衡和统一，就等于制造混乱。[2] 伊丽莎白时代的文

---

[1]　马基雅维里后来的著作虽然没有引起注意，但是，在很大程度上是他的这一观念的展开，即政治关系也就是卑鄙龌龊的人们同流合污，结成各种不稳定的、实际上每人都各怀异心的团体。恩斯特·坎托洛维奇（Ernst Kantorowicz）认为中世纪存在这样的一个过程，即宗教的团体神秘性的概念由教会转移到帝国，再普遍地转移到"政治共同体"。（1957：193—272）这一进程是由大学中的职业法学家在他们解读和评论查士丁尼《学说汇纂》的著述中完成的。政治团体需要一种存在的神秘性；对于相信超自然之物的要求正是神秘团体的概念的组成部分。宗教团体所需要的超自然和神秘的特征转移给了有关政治共同体的观念。这一过程的著名人物就是那些法学和理学的专家，正是他们"将奉献给另一世界的一缕敬香供给了世俗政体"。（坎托洛维奇，1957：210）

[2]　选择哪一个，是接受关于善的统一性与伦理学和政治学的不可分离性的亚里士多德理论，还是遵从马基雅维里，截然分开这些领域，强调处理和调控社会秩序中的冲突的核心作用？实际上，这两种观念并不是完全没有关系的。波科克（Pocock）（1973年，1975年，1985年）认为，现代政治思想包含了这两种政治传统，这两种传统都经历了时间的考验。善德（virtue）的言语方式被权利的言语方式所取代，发展出了自然权利的范式，并在一种正在形成的法理学中得到体现。自由和自由权表达在 liberta 这一术语中，但是，在法学家们的新语言中，liberta，意指一种最高权利，即实施自身的法则的自由。因此，公民的自由权就存在于在法律的保护之下管理自己事务的自由之中；相反，在共和主义者的语言中，自由意味着对国家的政治生活的参与，这里的自由意涵是与作为政治动物的人的概念相联系的。这种概念认为，人只有通过他在政治领域内的活动才能尽性显形。历史学家斯金纳（Quentin Skinner）阐述了法学家的（转下页）

学,如莎士比亚借《特洛伊罗斯与克瑞西达》中的俄底修斯(Ulysses)之口所表达的"等级"论调,描绘了那种伟大的存在之链的画面,也就是阿奎那所熟悉的那种等级秩序。宇宙的所有实体——太阳、国王、家庭、作物、长嗣,都是相互联系的。依靠一种高级权力的运作可以控制混乱,宗教主宰心灵。对宇宙神秘的敬畏和困惑,以及我们在宇宙中的地位,都表达在组织化的宗教所提供的体制化话语中。这些话语将敬畏和恐惧与一种支撑秩序结构的法则联系在一起。①

79

中世纪观念动摇之际恐惧和权力的辩证关系

伊丽莎白时代包含多种因素的世俗秩序是不稳定的。1588 年 4 月 5 日,一条消息传来,西班牙的无敌舰队起航了。这一令人震惊的消息使一位快要临产的孕妇产下了一个男孩。这就是托马斯·霍布斯(1588—1679),韦斯特波特(Westport)的一位嗜酒如命的牧师老托马斯·霍布斯的儿子。霍布斯后来说:"母亲当时的确生下了一对双胞胎,一个是我,另一个是恐惧。"真正意义上的自由主义哲学就是建基于这种情感,建基于霍布斯的那种保护

(接上页)理论和共和主义者的理论是如何并存于意大利共和国的发展历程之中的,但是,自然权利理论逐渐取代了善德理论而成为自由主义的传统,自然权利理论是伴随着结合权利和个人主义的主观性的法的观念,而不是伴随着有善德的公民观念,生根并萌芽的。

① 胡克(Hooker),一位清教的法律著作家,就是这种思想的主要代表。理查德·胡克(1553—1600)是一位英国神学家,一位社会和政治哲学家。他的《论教会体制的法则》是托马斯·阿奎那的亚里士多德主义在伊丽莎白时代的社会的直接运用。尽管他在行文中使用生动的转折手法,流露出强烈的情感,使他的文章动人可读,但是,他坚信亚里士多德主义是基督教人道主义的唯一道路。与此不同的,是 17 世纪的新自然法理论(如格劳秀斯的理论)却建立个人利益的基础之上。自然法在结构上相互关联,自成一体,因此,逐渐脱离了神学的影响。但是,胡克认为,当我们看这个世界的时候,我们所看到的所有事物都是我们在存在之链中的位置的标志。这个世界是一个基本秩序的映射,我们不应当破坏这一秩序,因为秩序的和谐一旦遭到破坏,混乱和灾难就会降临。"因为当我们看到整个世界及其每一部分都组织得如此紧密,所以,只要一个事物履行了自然赋予它的职能,它就既保全了自身,也保全了其他事物;反之,任何一个主要的事物,如太阳、月亮、天空或基本元素中的任一组成部分,一旦停息、毁坏或偏离方向,谁不能够轻易地想象到,因此而来的后果对于它自身以及依赖它存在的事物都是一场灾难呢? 人,不仅是万物中最高贵者,而且具有一个内在的世界,他要是违反了他的自然法则难道不会带来一点害处吗?"

自己的世俗生活、防备死亡的愿望之上的。① 霍布斯在早期著作中发展了一种不为当时学界所注意的视角——例如将法律看作惯例,将社会看作人造物,并赋予这种视角新的富有表现力的意义。在面临英国内战的混乱的一种社会秩序中,霍布斯写下了英国政治哲学的奠基之作——《利维坦》(1651),不仅建立了一种有关现代性和政治自由主义的主流政治哲学,而且建立了一种新的社会伦理——一种自我主张的伦理观。世界成为一个个人可以追逐自己的愿望、规划自身和社会目标、发挥自己的能力的舞台。霍布斯说,不论宇宙的最终权力是什么,我们都能够管理市民社会,建设某种政治工具以便我们可以追求我们的目的和利益。前进和进步是可能的,但前提是80 我们必须首先建立一个稳定的社会秩序框架。他的秘密是计算,一种基于人类境况的经验事物、对于个体的人进行的、理性的、缜密的计算。霍布斯同意马基雅维里的观点,认为存在着一些自然法则,形成一个成功的政治社会——或者联邦(commonwealth),就如霍布斯所称的那样——必须遵从这些法则。正是通过遵从这些如同几何学定律的法则,而不是仅仅依靠如同网球技术的那些实践技能,才取得成功。但是,迄今为止,尚没有人有足够强烈的好奇心和足够好的方法去探知这些法则。② 但是,如果掌握这些法则,一个人就能够控制社会组织,并按照自己的意愿去塑造它们。③

----

① 霍布斯成年后,大部分时间都是在卡文迪什家族(德文郡伯爵)担任家庭教师和秘书。学者们注意到,这样的人生幸经历(洛克也是如此)没有通常的家庭关系,霍布斯过着一种更多的是契约式的而非情感式的生活。他尽管在阐述一些不合时宜的思想方面有些勇气,但是,他还是很庆幸自己逃脱了任何形式的外在危险。因英国内战而在法国避难期间,他有规律地大量饮酒并呕吐出来,以此清洁肠胃(尽管他厌恶醉酒),打网球、高声唱歌以锻炼肺部和驱除邪魔,甚至有规律地洗浴。中年时他不再吃红色肉类的食物……他比当时一般人活得时间长,活到了91岁。

② "形成和维持国家的技术存在于某些规则之中,就如同代数和几何学那样,并不仅仅依赖实践。对于这些规则,穷人没有时间,有时间的人没有兴趣或方法,去发现它们。"(《利维坦》,塔克(Tuck)版,1991,21:145;以后再引该书,只标出书名、章的序号和页码。)

③ "寿数有限的人所创造的东西虽然没有可以永生的,但如果人们果真能运用其自认为具有的理性的话,那么,他们的国家便至少也可以免于因内发疾病而死亡。因为国家根据其建立的性质说来,原来是打算与人类、自然法或使自然法具有生命力的正义之道共久长的。所以,当国家不是由于外界的暴力而是由于内部失调以致解体时,毛病便不在于作为质料(matter)的人身上,而在于作为建造者(maker)与安排者的人身上。"(《利维坦》,29:221)

自然主义宗教中内在的权力关系:与知识的权力相对比

马基雅维里使许多人感到不安,他认为宗教发挥着一系列的自然功能。换言之,宗教是一种意识形态,一种具有积极和消极的结果、积极和消极的作用的思想方式。这种不断发展的自然主义逐渐适时地成为社会学(孔德)的基础,但是,在霍布斯时代,我们看到了自然主义观点在知识结构中的渗透。自然主义承认宗教经验具有一定的意义,但是,否认有什么东西超越并高于自然,因此认为超自然的信仰是没有基础的。这种信仰实际上是一种精神条件,起着维护社会中的权力的功能。传统基督教认为,上帝是最终能够用理性来证明的。上帝是我们不能够认识、只能够理解为权力的一切事物的根源和基础:是第一设计师,其存在必定可以通过宇宙被有条理地安排着这一事实推论出来;是最终原因,既然我们认识到每一个存在着的事物都是有原因的;是第一推动力;是善之渊源——绝对价值的根基;是全知全能者;是创造的源泉或权力;是比我们所能想象得到的任何事物都要伟大的存在(圣安塞姆称之为本体论证明);是被创造的秩序的目的或目标(埃里金纳的证明);等等。然而从自然主义的视角来看,人类关于这些神秘事物的沉思——或者人类知识的有限性——是种种有组织的宗教形式的产生原因,它们每一种都具有特定信条和"真理发布者",这一切都只是一种历史的偶然。

自然主义把宗教倾向作为人类心理活动的一部分来接受它:霍布斯认为宗教的基础在于对终极原因的存在的承认,在于一种对于这一原因产生宇宙的能力的敬畏和困惑的情感。在《利维坦》中,霍布斯使他的读者大吃一惊,他似乎认为,在自然的宗教倾向——在面对绝对存在物时由知识和能力的有限性所造成的敬畏和恐惧的情感——和通常的有神论之间并不存在必然的或逻辑的联系。我们无法认识终极原因的性质。当我们观察不同的社会时,我们注意到关涉表达敬畏和困惑的各种惯例。换言之,我们注意到不同的体制化的结构以规制我们的自然宗教情感被赋予的意义。我们看到多种神学体系,然而这些神学体系除了表达一种意识之外并不是正确的:这些著述在本质上只不过是情感的流露,除了反映著述者的立场之外并没有什么真理性的价值(参见《利维坦》,第31章)。这种自然主义对于法律和政治组织的定位产生了巨大的影响,这种影响可以通过了解表达在宗教经验中的现象学意义上的实在看出来。

81

先看看奥古斯丁关于上帝即真理的发现的论述:

> 永恒的真理,真正的爱,可爱的永恒——我的天主,你是所有这一切……我凝视着你,昏沉的双眼无法抗拒你的灿烂光辉,你用强烈的光芒照亮我,我既爱又惧,不停地颤栗。①

上帝是唯一真实的存在,其他的一切都是可疑的:

> 远远地,我听到你的声音说:"我是天主,乃是"……我疑虑顿消。我比相信自己的存在,更相信真理的存在。(《圣奥古斯丁的忏悔录:一次灵魂的长征》,1969:1—3)

然而,两种方法论的发展为霍布斯提供了对抗这种经验的材料:一种是弗朗西斯·培根的经验主义,另一种是勒内·笛卡尔的理性主义。

弗朗西斯·培根②论权力和知识的作用:知识即权力,但是真正的知识唯一地源于经验

弗朗西斯·培根是英国经验主义传统的先驱。培根坚决区分来自神圣启示的知识和来自感觉的知识;他认为只有后者才是改善世界的可靠基础。超然的、思辨的获取知识的方式被贬低,而通过有条理的、系统的观察收集事实并从中得出结论的方式被推崇。培根对经院主义的反对使他抛弃了传统的三段论作为经验发现的手段。尽管培根继承了柏拉图和亚里士多德的这种观点,即主观意识充满了错误和虚假的信念,但是,他认为真知的源泉在于自然本身,自然是不会撒谎的。因此人们必须从主观意识中清除掉各种臆断、想象和猜测,它们是滋生错误和虚假东西的土壤。科学家必须观察自然,以便让他的主观意识为无偏见地解释自然做好准备。在培根看来,自然"是上帝留下的痕迹。自然哲学的目标是事物的真实的样子,而不是人的意

---

① 又,"那光明是什么? 她温柔的光线不断地直射进我的心灵,使我在敬畏中颤栗,又以其温暖使我燃烧。恐惧,因为我和她有不同之处;热爱,因为她的火光照亮了我。这是智慧之火。"(《忏悔录》,第11章,第9节)

② 培根生于1561年,是国玺大臣尼可拉斯·培根的儿子。培根于12岁时入学剑桥,于16岁时成为格雷律师学院(Gray's Inn)的成员。他先是下议院议员,后来是上议院的议员,在此期间,他做过检察总长,最终成为大法官。他在担任全职的法律和政治职务期间,写下了题材广泛的哲学著作。

识施加给事物的虚假的形象"。(赫西(Hesse)，1964：143)这样，培根要求全面改造各种科学、艺术和所有的人类知识，用感觉的权威代替宗教的或哲学的信念的权威，这种信念建立在对柏拉图和亚里士多德的著作和圣经文本进行研究的基础之上，或者赋予启示以外在的权威，或者赋予理性以内在的权威。我们必须摈弃所有的前见——洞穴的、种族的、市场的和剧场的假相①——我们应关注，并仅仅关注事实。事实可以通过"实验"来获得，知识可以通过单纯地观察特定事实及其相互关系来归纳得出。然而，培根没有认识到假设的作用，本能地相信"事实"，把事实作为不可置疑的基础。但是，他破坏了经院主义在科学方法论上的支配地位，他认为改善人类生存境况的唯一途径是获得经验的自然过程的真实知识。

笛卡尔②的不同方法：怀疑主义的检验和将理性主义结构建基于不可置疑的真理之上的任务

笛卡尔是一个新的开始，他提出了一种获得可靠知识的新的方法论；我们要把知识结构建立在这样的一些实体的基础上，这些实体可以经受住彻底的怀疑主义的检验。笛卡尔的怀疑主义是不妥协的。其既怀疑所谓的神秘经验，又怀疑对另一世界(the "other")的理解的可能性。在笛卡尔的理论中，当我们怀疑周围的事物时，我们就踏上了一条反思性的道路，以寻求那不可置疑的存在物——阿基米德的绝对支点，我们确定性的源泉。这样，我们最终达到自我意识的根部："我思，故我在。"其他任何事物都是可质疑的，唯　83

---

① 洞穴假相意指人们未经过训练的意识囿于它自身的惯习和臆见所形成的"洞穴"而受到的种种限制；种族假相意指一个人先行被其他人的臆见所支配；市场假相意指人们往往赋予日常生活的话语以不适当的意义；剧场假相意指诸多的哲学著作所形成的规模巨大的系统的教条，我们研究的概念是哲学学说而不是现实世界创造的。我们必须毁掉这些假相，在世界并仅仅在世界的事实的可靠基础上重建我们的知识体系。

② 勒内·笛卡尔通常被认为是现代哲学之父。1596年他出生于都仑省。在一所耶稣会公学接受教育期间，他对数学不同于哲学模糊性的确定和精确感受非常强烈。笛卡尔和培根一样，都认为有必要抛弃很多既有的观念，然后重新开始。但是，笛卡尔认为感觉是不可信的，决心将知识的确定性建立在他自身理性的基本真理之上。

一确定的是我对自身存在的意识。纯粹的认知——自我。① 就是在这种基础之上,理性主义确定性的结构得以建立。②

两种截然不同的事物:这些方法赋予人类代理人的权力与内在于神圣的神秘经验的依从性

相反,宗教经验是建在这样的基础之上:某种事物比我自身和我直接经验的世界更真实。因此,我变成了相关的了。上帝是存在的核心,其他一切事物都只具有相关性。这对我们人类的目标,或生命的终点,我们的终极目标有什么影响?在神的意识中,目的是由另一世界确定的,是真实的存在。而对于世俗意识来说,自我就是真实的目的,自我就是它自身的目的。世界是有意义的,这并不是因为它能够向我们展示上帝的计划,而是因为它为我们提供自我实现的各种机会。世俗意识将自身视为存在的核心和真理的焦点;恰恰相反,宗教意识并不如此认为。

民族国家是一种特殊的现代现象。它是人类创造的社会组织形式,它负责处理特定地域内的事务,在经过自己理性选择的基础上建立各种制度。因为民族国家是从基督教世界的意识中脱离出来的,是古希腊城邦国家不可比拟的,所以,那种认为人在上帝面前、在神圣事物面前毫无价值的观点必须被摈弃。《以赛亚书》是这样表达那种观点的:

---

① 笛卡尔试图为理性提供一个不同于传统、习惯和模糊经验的坚实基础。这一新的基础就是人的自身理性,只有人通过自己的能力加以了解的东西才是真理。知识结构是这样一种思想体系:它的各个原则是真实的和相互联系的,可以很容易地从一个原则推论到另一个原则。数学、直觉能力和演绎法,组成了方法论。数学是理性能够清楚明白地理解其基本真理的,如2+2=4。直觉是一种洞察疑点的澄清能力,演绎是从一些确定的公认的事实合理推论的过程。基点就是怀疑一切之后不可怀疑的支点:我思,故我在。根据这一支点,我们可以说,我们能够清晰确凿地推论其他观点也是真实的。但是,什么能够保证这些观点实际上是真实的?笛卡尔最终抬出了上帝作为最后的保证者。这是一个理性的、防御性的信念。这种信念是必要的,因为需要阻止要求一个确实的保证者所造成的无限破坏,否则,推论就没有基础,没法开始。

② 也应该注意笛卡尔方法论的另一个后果:它是反历史的。对绝对确定性的探求不是通过对思维形式和实体信念的兴衰的历史分析来进行的,而是通过对抽象的主体与理性的自我主张模式的分析来进行的。这是一种特定的现代意识和一种抽象的分析方法的开端。理性思维可以满足于分析的方法,而不是历史的方法。本书不同于流行的现代哲学和法理学,本书认为所有的分析都是发生在一个先前的综合之中,而且只有把分析看作源于综合才能充分理解它。所有的思想都是语境的。

> 看哪，对他来说，万民不过是水桶的一滴水，
> 或者秤上的湿气；
> 海岸和岛屿轻如尘埃………
> 万民在他面前好像虚无，
> 甚至不及虚无，乃为虚空。
> （《圣经》：Isa 40：15—17）

84

古以色列人曾经希望建立一个国家，以创造一个伟大的前程。但是，他们也被提醒他们的依从性，被提醒这样一个事实，一个不可置疑的事实：他们在君临万物、创造万物的那一权力面前无足轻重……

> 我是耶和华——你们的圣者，
> 是创造以色列的，是你们的君王……
> 唯有我为自己的缘故涂抹你的过犯；
> 我也不纪念你的罪恶……
> 约伯①，以色列啊，
> 你是我的仆人，要纪念这些事。
> 以色列啊，你是我的仆人，
> 我造就你必不忘记你。
> 我涂抹了你的过犯，像厚云消散；
> 我涂抹了你的罪恶，如薄雪灭没。
> 你当归向我，因我救赎了你。
> （Isa 43：15，25，44：21—22）

人是如何面对上帝的？只消提到亚伯拉罕的话就足够了，他在请求允许为邪恶之城所多玛祈祷时说："我这一粒尘埃和灰土，可以冒昧地和主说话吗？"还有约伯，他如此狂妄自大，竟敢质疑上帝的理性和权力吗？② 约伯是一个好人，追随上帝，但是竟然被上帝无端地惩罚和伤害。当然，上帝惩恶扬善，然而为什么无视约伯的善行而不断地、残酷地折磨他？约伯看到恶人走运，好人遭殃，便开始怀疑上帝的用心，勇敢地质问："为什么？"最终，上帝打

---

① 希伯莱人名约伯（Job）有两种不同的含义："受憎恶和受惩罚的人"和"神圣的父亲在哪里？"
② 约伯在霍布斯思想中具有重要地位，这可以通过他的两部著作的名称看出：它们都以怪物来命名。利维坦是海洋的威力巨大的统治者，狌希莫司（Behemoth）是陆地上的巨兽。

破他那神圣的沉默，以一种嘲弄的然而愤怒的方式回绝了约伯对他如何行使权力的质疑，约伯没有这种权利。霍布斯以新的眼光阅读了这一片段，意识到这里面传达出了一个重要的意味。

> 约伯多么痛苦地向上帝陈情，他是正直的，却遭受那么多的灾难！上帝自己公开地解决了这个难题；他重申了他的权力，其根据并不是约伯有罪过，而是他自己有权力。（《论公民》，Ch15:293）

上帝可以命令人们服从他，并惩罚错误的行为，这是因为他有这样的权力，并不是因为之前发生了错误的行为；如此权力的"根据并不是约伯有罪过，而是他自己有权力。"我们不可能通过理智的讨论或揭示世界的自然结构的方式来解决诸如什么罪过，什么是合法与非法、善良与邪恶、正常与异常等问题。同样，我们也不能按照本体论来决定自己的命运，因为我们的认识论不能揭示有关我们终极目标的本体论。我们的语言只是人类的创造物，因此我们甄别是非的程序也是如此。我们是否注定要走向认识论的无政府主义？霍布斯诉诸一个神秘的全能的上帝，解决了有关存在之性质的争议；不用说，上帝的权力和目的是超越我们的理解力的极限的。上帝最终这样质问约伯："当我创世的时候，你在哪里？"约伯只好置身于一种可怜的依从地位：

> 我从娘胎出生时赤条条
>
> 我将赤条条地回到那里。
>
> 主给予了，又收回了。
>
> 一切以主的名义。

霍布斯认识到，服从的根据就是上帝，因为他"拥有一种独享的、不可违抗的权力，有权利统治和惩罚一切背离他的律法的人。"

教训是什么？上帝作为万物的神秘的缔造者，也是万物的主人。当他创世纪的时候，我们在哪里？我们中有谁能够完成那样伟大的工程？相比之下，我们真的微不足道。上帝的权力是不可违抗的，因此，（1）我们有理由惧怕超越我们之上的权力，它创造了整个世界（而且如果愿意的话，它可以按照完全不同的方式重新创造这个世界）；（2）尽管我们不可能理解上帝的每一造物的意义，他所颁布每一道律令的意义——这些律令用以处理日常生活中所遭遇到的俗事和圣事之间的紧张和冲突，我们也必须相信，这样的一个全权者所制定的律法是有意义的；（3）既然他的意志最终主宰一切事物，我们不妨从一开始就遵从他；（4）我们自然要敬畏这样的神秘存在者，并推想他仁慈的品质以减轻我们的恐惧。

但是,如果权力超越一切品质,既非道德也非不道德,既非仁慈也非残忍……如果……它仅仅是什么?

因此,从约伯的经历中得出的教训就是这样简单:纯粹的权力。上帝的权力决定着宇宙的存在方式,决定着真理。但是,如果上帝的权力只是自然的运作,那么会怎么样呢?再者,如果上帝有权力(实在、光明、真理)不过是因为我们缺乏权力(空虚、黑暗、无知),那又会怎么样呢?①

胆怯的霍布斯突然无所畏惧了……他将他的杰作命名为《利维坦》……霍布斯理解了约伯的立场,他这样回敬上帝:我们可以大有作为。

霍布斯构想了一个与上帝的交易:宇宙被分成世俗主权领域和神圣主权领域

霍布斯认识到,人与宗教关系的核心是法力(mana)或对权力的恐惧②。未可知事物的权力、神秘者的权力、权力……使所有其他事物无足轻重的纯粹的不可知的权力,出于对这些权力的恐惧,对存在之神秘的恐惧,我们建立了各种官方宗教,这些宗教具有精致的权威理论和一套权威的等级体制,它们还有权力赋予世俗世界的特殊人物和特殊机构以权威。我们要变得现代化,就必须抓住那令人敬畏的力量,把它变成我们自己的力量。

---

① 正如尼采笔下的苏鲁支所吐露的那样:"但是让我把心扉全部向你敞开,我的朋友。如果有神的话,我怎么可能忍受不去做一个神?因此没有神。"(1954:198)

② 马克斯·米勒在欧洲学术界最先使用法力(mana)一词,指的是美拉尼西亚人和波利尼西亚人生活中的一个概念。穆勒(Muller)引自传教士科德林顿(RH Codrington)的一封信件:"美拉尼西亚人的宗教在观念上就是使人相信存在着一种肉眼看不见的超自然的力量,在实践上就是使这种力量为他们的利益服务。一个至上的存在物的观念——或者在他们世界上的一个很高的地方居住的一个神,对他们来说是完全陌生的。这就是一种对完全不同于物质力量的力量的信仰。它可以各种方式为好人或坏人服务,拥有它或控制它是有极大好处的。这就是法力……它是一种力量或影响力,但不是物质力量,而在某种意义上是超自然的力量,它通过物理强制力或者人所拥有的任何一种权力或优势来表现自己。这种法力不固定于任何事物中,而能通过几乎所有事物体现出来。但是,精灵——不论是无形的灵魂还是超自然的存在物,都可以拥有它和吸纳它。尽管它可能通过水、石头或骨头而起作用,它实质上属于生成它的个人。事实上,所有美拉尼西亚人的宗教活动都在为自己获得这种法力,或为自己的利益而使用这种法力——所有宗教活动,就宗教实践而言,即祈祷和祭祀。(科德林顿,《美拉尼西亚人:有关人类学和种族学的研究》,OXFORD,1891:118-19)

谁能够在世俗社会中组织这一法力？不是我们大家，因为我们只会互相反对而陷入混乱。我们需要一个决策者代表我们。主权者是决定如何表达这种敬畏的关键人物，因此，所有的宗教在本质上都是"世俗的"。构造自然的宗教经验的基础是神秘物的存在，它需要我们的理解力。为了创立为理解所要求的知识，我们需要认识上的想象，这种认识论的方法论的结果就包括了社会秩序。霍布斯在《利维坦》中充分地表达了这种认识论①，而在《论公民》(De Cive)中，他强调信仰的制度性作用，他认为一个人如果信仰基督教，那么就会接受通过传教士和教会传达的来自基督的讯息的特殊特征。即使主权者也必须"通过被正式任命的教职人员解释圣经"。(XIII 28)但是，人在这个世界上是有权力的。中世纪基督教世界的和谐既存在于一个体制化的结构之中——这种结构是由有组织的教职人员的解释性权力造成的，也存在于一种被赋予的意义之中。也就是说，世界是上帝书写成的一个文本。霍布斯追随培根②，将真理之光从启示转移到自然状况的经验调查上。然而，指导的观念和方法论的保障是不可抛弃的。霍布斯发现，巴门尼德和柏拉图有关真理带来光明和行动的信心的比喻在圣经的一些段落被重述。③ 在将光明的源地从上帝启示转移到理性和自然的过程中，霍布斯试图保留这一个唯一源地的权威性质。我们再不必离开洞穴了，因为我们现在有能力探究阴影和形式，探究人生形态的假相和过程。这个世界的形态和形象主要蕴涵在语言中。

霍布斯是一个唯名论者。④ 词语并没有一个纯粹的实质，或者说，与世界中的某些实体之间并不存在自然的一致性；相反，语言是一个工具，它的形

----

① 塔克[TUCK(1991:XVII)]认为霍布斯关心的主要问题并不在自然状态中，我们的需要和愿望必然会发生冲突，"在同时代的理论家中，几乎只有霍布斯在考虑这一问题，即，即使人们本质上是自保的并因此一般是相互寻求和平的，但是，他们对世界相互独立的判断也会导致纷争。因此，霍布斯提出的解决途径是，减少在大多数事项上的独立判断的机会。自然人会认识到每一个人让渡在不确定情况下的判断权力的必要性。把这种权力让渡给一个代表大家的裁判者，他的裁判意见是终局性的……因此，霍布斯的主权权力首先是一种认识论意义上的权力，旨在决定公共舆论中词语的含义，引导臣民就什么是'好'和'坏'的意义达成一致意见"。

② 霍布斯在青年时期曾做过培根的秘书。对于培根而言，通过他的观察方法得出的结果之所以可以被接受为真正的"事实"，原因在于上帝已经将他的意志写入了世界的自然进程之中，上帝是不会欺骗我们的。现代后期的科学，甚至是经验科学，也不是那么值得信赖的。

③ 霍布斯引述了以下段落："主的诫令是纯净的，给每一双眼睛带来光明""他的话是我的道路上的明灯"；他认为耶稣是"真正的光明，照亮了世界上每一个人。"（《论公民》，第四章）

④ "事物的名称是人类的发明"（霍布斯，《论人》，1991:38）。

成和意义结构都是人为的结果。霍布斯很清楚：道德世界也是人造物或人为的结果。语言可以造就一个复杂的文化体系。但是，如何避免出现符号和含义混乱矛盾，交谈和意义殆不可能的情况，避免一场真正的国内战争？语言本身表明其是一种进步的工具，它使我们能够创造各种定义和社会造物——因此，主权者可以自由地界定一般规则，即实在法①——但是也可能招致相反的观点，比如说，既然所有的含义是人造的，所以，它们实际上是"没有意义的"。理解了语言的性质，它的形成——例如文本的产生，我们就可以有进步的希望。也就是说，我们可以重塑文本，使之成为建构新秩序的基础。然而，这种基础容易自我破坏和自动解构；文本并不是有固定含义的稳定实体，毋宁说是可做多种不同解释的现象。另外，怎样才能防止一些不满的臣民越过主权者去诉诸一种更高级的权力，以保证"权利"或"正义"等词语的真正或适当含义不致被歪曲呢？霍布斯在走钢索：为了保持平衡，他需要克服唯名论和新教理论中的混乱趋向，而又不会陷入亚里士多德主义、经院主义或教皇理论的窠臼。如果词语的含义是人造的，是通过定义来固定的，那么，我们的知识本身就会受语言的束缚而没有触及世界的本质；它是人们创造的，存在于不同的理论之中，这些理论满足了逻辑的或严格的界定的要求。道德准则的知识就像数字知识一样，是先前约定的结果。

88

> 5 是诸多单位的名称，是 2 和 3 相加的结果……这一约定被称为知识……依此类推，如果我们记得什么被称为盗窃，什么是危害，就可以理解词语本身，而不管盗窃是否真的是一种危害。(《论公民》，1991：373—4)

不论理性的权威有多大，它也不可能解开上帝的神秘：

> 所有形体都不应当用来指称上帝，因为形体都是有限的；也不应当说上帝是可以凭借想象力或心灵的其他能力想象得到，或理解得了的，因为我们的心智总是有限的。因为当我们说某物是无限的时候，实际上是无所指的，只是指出了我们心智的局限。(同上引：298—9)

但是，这种论调可能有点极端。因为如果我们不了解上帝，如果所有关于上帝的讨论都是毫无经验意义的，我们可能就没有办法创造一个可靠的基

---

① "我们自己制定原则——这成为正义(亦即法律和契约)之所由来——由此，我们可以知道什么是正义和非正义，什么是平等和不平等。因为在契约和法律之前，在人们中，无所谓正义或不正义，也不存在公共利益或天下之大不韪。"(霍布斯，《论人》，1991：42-3)

础、一个合法化的基础,来划分公民社会所需要的领域。实在法就纯粹是专断的了。那么,它怎么能够获致尊重? 根据定义,命令必须来自授权发布它的来源,否则它就不是命令,而仅仅是要求。我们需要宗教,关键是要给它定位,而不是完全毁掉它。宗教提供了一种保证形式。我们可以通过记载在经书中的上帝言论,通过自然理性,获得一些对上帝的认识。

> 可以进一步地质问:人如何认识上帝的诫令。可以这样回答:因为上帝使人具有理性,上帝亲自颁布了有关人的下列法则,并铭刻在所有的心灵中:己所不欲,勿施于人。(《论人》,1991:73)

什么是自然的? 人如何去认识? 霍布斯继而认为,

> 自然的就是上帝以其金口玉言赋予所有人的天生品质,赋予他们的心智以自然理性。(同上引)

人可以运用理性去控制人类生活的境况。人必须关怀两个世界:一个是洞穴生活世界;另一个是超验生活世界。后者是上帝的世界,是存在的"另一"面。而洞穴中的生活世界,我们的实在,现在是可以被理解的、可以在其中建设可靠的社会秩序的我们的世界。信仰是不可能客观地加以分析的,因此,就不必分析,而社会安排却是可以的。好了,将社会秩序建基于自然理性之上。

在《利维坦》中,霍布斯认为权力创造知识,社会秩序的秘密在于控制社会的解释活动

在《利维坦》中,霍布斯在很多方面背弃了他在《法的因素》和《论公民》中细致论证的观点。以前的著作认为信仰有一些作用,教职人员在决定自然宗教冲动如何被解释和组织方面有一些作用。而在《利维坦》中,主权者有权力决定社会中自然信仰的性质,最重要的不同之处就是,新著作清楚地表示权力是自然宗教的对象。①

---

① 在 1658 年的《论人》(《利维坦》出版的 7 年后)中,这一点甚至更明显。《论人》主张,如果我们仍然保留一个统一的信仰,并因此在宇宙中有所凭依,那么是法律保障着宗教,而不是相反。霍布斯清楚地认识到,如果宗教纯粹是私人的事务,认识论上的混乱将随之而至。因此,"如果宗教……并不取决于私人,它必定取决于国家的法律。宗教不是哲学,必须在国家的法律管辖之下。因为它不是可以争论的,而是必须遵守的"。如果我们通过科学知识寻求争论的答案,争论是可以解决的。"当我们把不属于科学的东西当作科学知识来对待,就会破坏我们所奉行的对上帝的信仰。"(《论人》,1991:72-3)

《利维坦》开篇即叙述了自然宗教的基础。首先，霍布斯有关人的品质的叙述是一种世俗化的表达方式。第一章讨论了感觉，然后是想象——就这样确立了经验主义的基调，但是，这种做法有更高的风险。霍布斯的目标是分析有关神圣事物的经验：这种认识方式在分析有关神秘事物所引起的敬畏和困惑的体验时，使人意识到人类，意识到本体论的缺陷。神圣事物是一种神秘存在；它并不是一个有待揭开的谜，而是一种存在着的对另一世界的体悟，是一种远远超出寻常的东西，它只能是另一个不可触摸的世界存在的标志。① 有组织宗教的信条解开这些谜，告诉我们所谓的"真理"。而霍布斯却很恼人，那种经验并不是超越感觉的和正常的世俗世界的真实经验，只是忘记了醒着和梦着间的区别的后果而已。

> 以往崇拜林神、牧神、女妖等的异端邪教，绝大部分就是由于不知道怎样把梦境以及其他强烈的幻觉跟视觉和感觉区别开来而产生的。现在一般无知愚民对于神仙、鬼怪、妖魔和女巫的魔力的迷信也是这样产生的。谈到女巫，我认为她们那种巫术根本没有什么真正的魔力，但我以为由于她们自欺欺人地自以为能作这种魔法，再加上她们能蓄意为恶的思想，她们所受到的惩罚是公正的。她们那一行近乎一种新的宗教，而不成其为一种技能或知识。我认为人们是有意灌输或不驳斥有关神仙鬼怪的看法，其目的是让别人相信符咒、十字架、圣水以及那些阴险邪恶的人搞出的这类名堂有用。然而毫无疑问，只有上帝才能显示异象。但基督教信仰并没有让人相信上帝经常会这样做，以致使人们对这种事情的恐惧比对上帝停止和改变自然规律（这也是上帝能做到的）的恐惧更大。（《利维坦》，2:18）②

90

《利维坦》通过解剖和批判以前的权威性信念，提出了理解政治生活的真正和最终的途径。在这本著作中，霍布斯揭示了一个关键性的现代真理：没有什么实质性的秩序可以永远地约束人们。他认为，这一真理的证据就是

---

① 相反，在宗教问题上，霍布斯认为（《利维坦》，第十二章），"由于除开人类以外便没有任何宗教的迹象或其成果，所以我们就没有理由怀疑宗教的种子也只存在于人类身上"。也就是说，"对于事件原因的好奇心"；有关事物的起始必有一些原因的想法，以及想象的能力，这三种因素使人们创造了一些他们不能用感官来理解的观念和实体。人们如果不知道事物的原因，就会感觉"焦虑"和"永恒的恐惧"；他感到"黑暗"，就会构想一些带来光明的东西，创造一些没有根据的"物体"。

② 本章《利维坦》引文的翻译大多参考了霍布斯：《利维坦》，黎思复、黎廷弼译，商务印书馆 1985 年版；但是作了不少的改动。——译者注

发展本身:

> 时间和劳动每一天都在产生新知识。良好建筑的艺术是从理性的原理中得来的,而这些原理是勤勉的人们在人类开始(尽管笨拙地)进行建筑以后很久,才从长期研究材料的性质以及形状与比例的各种效果的过程中观察到的。同样的情形,在人类开始建立各种不完善和容易陷入混乱状况的国家以后很久,人们才可能通过勤勉的思考发现使国家的结构(除开受外在暴力的作用以外)永远存在的理性原理。这就是我在本书中所提出的那些理性原理。(《利维坦》,30:232)

霍布斯一步一步地创立他的世界观。《利维坦》第四章对语言的分析告诫我们不要陷入涉及语言形式的虚假讨论中;我们的关心对象应当是现实世界,而不是表达它的符号。"世界上除了名词以外,没有什么东西是普遍的。"(《利维坦》,4:26)我们需要约定词语的精确含义,在此基础之上建构事物。最重要的是,我们需要理解的是我们自己。① 我们将一些行为界定为好或坏时,应注意到这样做是人为的活动过程,是一个社会性的问题,而不是实现宇宙的自然规律的运动。

> 人所欲望或愿望的任何对象,就他本人说来,都称为善,而憎恶或嫌恶的对象则称为恶,轻视的对象则称为无价值或无足轻重。因为善、恶和可轻视的等词语的用法从来就是和使用者相关的,任何事物都不可能从其本身的性质之中得出该事物单纯地、绝对地是这样,也不可能从中得出任何善恶的共同原则。(《利维坦》,6:39)

我们怎样去认识我们在宇宙中的位置?历史意味着什么?霍布斯要求我们抛弃所有形式的传统自然法观念。我们要用自己的主张和创造力取代传统的至善论和目的论:"旧道德哲学家所说的那种终极目的和最高的善根本不存在。"(《利维坦》,11:70)运动,过程而不是本质,是自然的基础,如人类的激情是自发的运动。激情有两种:欲望或愿望(爱),以及相对立的嫌恶(憎)。意向通过提醒我们行动的好或坏的结果,来控制我们的自然欲望和

---

① 在讨论"智慧的品质与缺陷"时,霍布斯意识到,一些理论和观点并不表示任何真实的实体,而只是文本的构造。这可能出于无知,或者有意的欺骗。这些就导致权力凌驾于其他事物之上。例如,经院主义传统就是如此,它的理论,如变体说,只有教会权威人物才有资格解释。"人们写下了卷帙浩繁的著作,不是他们疯了,就是他们企图使其他人变疯。"(《利维坦》,8:591)

嫌恶。我们有一个自然的幸福标准——快乐。

> 一个人对于时常想望的事物能不断地实现，或者说，处于经常的得意之中，就是人们所说的快乐。

霍布斯告诉我们，欲望注定是无限的。

> 心灵永恒的宁静在今世是不存在的，原因是生活本身就是一种运动，不可能没有欲望。（《利维坦》，6：46）

然而，成功就是获取"权力""成功是权力……使人们不是惧怕就是依赖它。"（《利维坦》，10：63）所有的人都有一种对权力的无止境的渴望："一种对权力的无休止的渴望，只有在死亡时才会停止。"这个过程没有终点；世俗的财富并不能满足我们，因为它们是权力的工具。获取一定的权力会要求获得更大更多的权力。这部分是一种保护措施，人们要求掌握更大的权力来保护他享用先前的权力带来的好处。因此，国王们要求在国内建立法律以保护他们的权力，在国外发动战争以保障和扩展他们的权力。（第11章）有权力的人利用宗教去创造有关"律法"（Lawes）的观念，他们加入了有关世界未来和个人命运的谎言，因为"他们以为他们应当最有能力统治其他人，最充分地行使权力。"（第12章）为了推翻这种历史，我们需要新的开始；一个建立在"人类自然状态"的基础上的新开始。

霍布斯的世俗自然法或者"有关人类状态的自然法则"①

自然使（1）人们在"身心的能力"方面大致平等；人们之间的差别不会大到一个人可以主张一种自然的好处："最弱的人具有足够的力量以杀死最强的人。"（2）人们在"实现目的的愿望"方面是平等的。人们要求拥有相同的事物，但是（3）物品是相对稀缺的。因此（4）人们能力和愿望的平等产生了差别，也就是产生了竞争、内战和对名誉的追逐。人们借助暴力和诡计，狡诈和欺骗，以实现他们的愿望。霍布斯描绘了一幅触目惊心的自然状态画面：

> 因此很显然，在没有一种共同权力使大家慑服的时候，人们便处在

---

① 霍布斯对"自然"人的形象的分析性建构通过洛克和奥斯丁为自由主义思想提供了基础。奥斯丁区别了人的"自然关系"和"政治关系"。他的现代版本就是哈特的最低限度的自然法。（《法律的概念》，1961；本书第十三章）

> 所谓的战争状态之下。这种战争是每一个人对每一个人的战争……战争的性质也不在于实际的战斗,而在于整个没有和平保障的时期中,人所共知的战争倾向。所有其他时期则是和平时期。(《利维坦》,13:88)

在自然状态中,人与人之间大致平等的事实,与世界资源的有限性,导致了无休止的争夺,一场所有人对所有人的战争——这种状况必定是反自然的。因为:

> 在这种状态下,产业是无法存在的,因为其成果不稳定。这样一来,举凡土地的栽培、航海、外洋进口商品的运用、舒适的建筑、移动与卸除须费巨大力量的物体的工具、地貌的知识、时间的记载、文艺、文字、社会等都将不存在。最糟糕的是人们不断处于暴力死亡的恐惧和危险中,人的生活孤独、贫困、卑污、残忍而短寿。(《利维坦》,13:39)

霍布斯认为,美洲印第安人的现状就是我们经历过的自然状态的例证。创立的政府引导我们走出自然状态,产生了文明,将我们从混乱中拯救出来。① 并不是我们天生就要犯罪,由于不存在定义犯罪的一个主权者,一个神,我们自然不知道什么是犯罪:

> 人类的欲望和其他激情本身并没有罪。在人们不知道有法律禁止之前,从这些激情中产生的行为也同样是无辜的;对于法律的禁止,在法律没有制定以前他们是无法知道的,在他们同意某人制定它以前他们也是不可能知道的。(《利维坦》,13:39)

这个观点是很极端的:在统治权力产生之前,并不存在正义,以及判别正确与错误、良善与邪恶的方法。在自然状态中:

---

① 试比较英国作者洛克的观点。在他的《政府论》(1690)和《论文和书简》(1667-1692)中,人被看作居住在这样一种状态中,他拥有某些完整的基本自然权利(例如,他拥有他捡到的落在地面的果实的自然权利),按约建立的政府必须保障这些权利。因此,政府之约自然要承认既有的财产权利和保障"生命、自由和财产"的权利。政府必须防止我们陷入混乱。因为"人类的妒忌本性使他们宁愿不劳而获他人的劳动成果,而不愿自力更生。"出于对这种本性的考虑,政府必须制定法律以保护财产和鼓励劳动。"有必要保护通过诚实劳动获得的成果,以及保护他们借以获得更多成果的自由和能力——这种必要性使人们结成社会。他们依赖相互帮助和共同的力量,来保护他们的财产;财产是幸福生活的基础。"因此,政府的主要目的就是保障我们现在所谓的市民社会的运转。市民社会是社会领域内那一小规模的互动关系。政府制定法律旨在"保护尘世的利益",保护人们"免于同胞的抢夺和欺诈,免于外族的侵犯"。(《第一封信》,《约翰·洛克著作》10卷本,1823:45)

没有什么事情可能是不公正的。是和非以及公正和不公正的观念在那儿都不可能存在。没有公共权力的地方就没有法律,而没有法律的地方就无所谓不公正。暴力与欺诈在战争中是两种主要的美德。公正与背义既不是心理官能,也不是体质官能。果然是这种官能的话,那么当一个人独处在世界上的时候,这些官能便也会像感觉和激情一样存在于他的身上。它们是属于群居的人的性质,而不是属于独处者的性质。(《利维坦》,13:90)

这一段极其重要。它容易被误解。曾经有人以为它的含义是,只要是正当权威所制定的法律,只要是有效的法律,就是正义的;在法律实证主义之外并不存在一个可质疑法律之正义性质的标准。这是毫无根据的。霍布斯解构了那种认为存在着某种独立于人的社会思想的标准的观念,这种观念认为存在着一个自然的标准,以保证判别我们要求的正义或非正义性质。① 没有这样的标准。或者更确切地说,自然状态并不提供一个标准,但是我们对那一事实的理解本身是这样的一个指导性标准。我们对人类状况的推理——一个在宗教的虚假观念和空洞许诺被解构之后做出的推理,给予了我们判别正义与非正义的标准。但是还可能存在着其他的标准……尽管霍布斯怀疑所有不符合培根路线的观点,但这并不意味着人类思想的深度和广度并不随着社会的发展而发展。其实,这是霍布斯理论的一个后果。所有的法律观念和正义观念,都是人的、社会的;为了组织社会,我们要假定,在洞穴社会之外,并不存在其他的世界。洞穴社会中的正义基础是权力的最初行动,是起到以暴制暴效果的暴力。暴力产生于更大暴力不存在的真空中。② 文明化的世俗社会的和平依赖于我们对世俗社会一直潜在的暴力的认识。

93

使人们倾向于和平的激情是对死亡的恐惧,对舒适生活所必须的事物的欲望,以及通过自己的勤奋取得这一切的希望。于是,理性便提示出可以使人同意的方便易行的和平条款。这种条款在其他场合也可以

---

① 我所使用的"解构"一词是准确的。本书后面将会讨论到,霍布斯和休谟在这方面的著述是德里达的彻底解构性力量的先驱。

② 霍布斯将法律的制定和实施密切联系在一起。既然法律秩序开始于主权者,那么正义就是法律秩序的运作。正义不可能存在于法律秩序之前而还具有经验的性质。换言之,诉诸洞穴外的正义就是诉诸形而上学——而现在形而上学已经被驱逐出理性的领域。尽管超越性地诉诸这样一种非经验性的正义已不再可能,但是法律有好坏之分,因为法律的目的是保护社会和确定追求幸福的条件。[德里达(1992)对正义的解读完全追随霍布斯;参见《法律的力量:权威的神秘基础》]

称为自然法。(《利维坦》,13:90)

自然法实际上包含着一种在自然状态中发挥基本能力与保有生命和自由的自然权利。自然权利就是"每一个人按照自己所愿意的方式运用自己的力量保全自己的天性的自由……"自由是"外界障碍不存在的状态",这种障碍妨碍一个人"按照他的判断和理性所告诉的方式"运用他的力量。(《利维坦》,14,91)但是人意识到,需要放弃部分的自然自由,以避免自然状态的战争。理性告诉我们第一条自然法则:"寻求和平,信守和平。"然后我们发现第二条法则:己所不欲,勿施于人:"放弃这种对一切事物的权利;而在对他人的自由权方面满足于相当于自己让他人对自己所具有的自由权利。"(《利维坦》,14,91)

霍布斯的第三条自然法是有关契约的。他似乎认为,缔结契约的原始愿望存在于自然状态的个人心中。这成为保障和平的方式,也就是第三条自然法:"所订信约必须履行,否则信约就会无用,徒具虚文……"(《利维坦》,15:100)但是,这条法则既是自然的,又是非自然的。自然提供了建立社会联系的方式——"将人们联结在一起并加以约束的契约"。但是这些契约需要某种外部强制力,或是制裁的威胁,以保证它们被遵守。① 人们通过契约相互让渡权利;契约提供了一种获得利益、建立权力的方法。但是契约的实施需要统治权力。契约需要法律的力量,法律需要权力的力量。这种法律旨在规定,正义就是信守契约,不正义就是背弃它。② 这就是巫婆的逻辑;基础——合法性——宪法。虽则人们具有履行契约的自然倾向,但是若没有权力去实施它们,去惩罚违背契约的行为,契约将是一纸空文。当然,权力本身是由契约创造的。

> 在正义和不正义名称出现以前,就必须先有某种强制性的权力存在,以使人们所受惩罚的恐惧比破坏信约所能期望的利益更大,从而强制人们对等地履行其信约,并强制人们以对等的方式来维持通过相互协定、作为放弃旁边权利之补偿而获得的所有权。这种共同权力在国家成

---

① "契约之所以有约束力,并不是由于其本质(因为没有比食言更容易的事情了),而不过是由于畏惧毁约后所产生的某种有害后果。"(《利维坦》,14:93)

② 霍布斯认为有关信守契约之义务的自然法是"正义的泉源。因为事先没有信约出现的地方就没有权利的转让,每一个人也就对一切事物都具有权利,于是也就没有任何行为是不义的。在订立信约之后,失约就成为不义,而非正义的定义就是不履行信约。任何事物不是不义的,就是正义的"。(《利维坦》,15:100)

立以前是不存在的。(《利维坦》,15:100—101)

这也是所有权产生的根源;所有权纯粹是法律的创造物。因为所有权是法制的一个功能,所以并不存在自然的所有权。这样,所有权就不是对抗国家的权利;相反,是由国家创造的(换言之,税收就不是抢劫!)。① 所有权是一种人为的设置,以禁止干涉他人享用所有物的行为。世俗社会惯常的规制都是法律及其运作的创造物。②

霍布斯阐述了 19 条自然法则,更准确地说,这些自然法则是在社会中怎样恰当地保全和保护个人这一问题的结论③,其中包括个人不能裁判与己有关的纠纷。人们必须建立起裁判纠纷的机制:一种判别"过错与无辜"的科学和权力。

霍布斯解决自然状态问题的路径：主权者的诞生：一个人造物,一个人间 95 的神

人们能够结成一个具有判断能力的团体———一个制度。

> 一群人经本群中每一个人个别地同意、由一个人代表时,就成了单一人格;这一人格之所以成为单一,是由于代表者的统一性而不是被代表者的统一性。承当这一人格而且是唯一人格的是代表者,在一群人中,统一性没法作其他理解。(《利维坦》,16:114)

---

① 新自然权利理论家,如法国政治理论家博丹(1530—1597,在霍布斯和洛克之前),喜欢使用的一个策略是,自然的财产权利是存在的,保护它是国家产生的目的。霍布斯认为这种权利与我们将权利让渡给主权者以建立稳定社会秩序的目的是不相符合的:"第五种趋向于使国家解体的说法是:每一个平民对其财物都只有可以排斥主权者权利的绝对所有权。诚然,每一个人都具有可以排斥所有其他臣民权利的所有权。他的这种所有权只是从主权者方面得来的;没有主权者的保障,每一个其他人便都会对这些财物具有同等的权利。但如果主权者的权利也被排斥的话,他就不能执行他们赋予他的安内攘外的职责了;这样一来,国家也就不再存在了。"(《利维坦》,29:224-5)

② "由此看来,正义的性质在于遵守有效的信约,而信约的有效性则要在足以强制人们守约的社会权力建立以后才会开始,所有权也就是在这个时候开始。"(《利维坦》,15:101)

③ "对于这些理性的规定,人们一向称之为法,这却是不恰当的,因为它们只不过是有关哪些事物有助于人们的自我保全和自卫的结论或法则而已。正式说来,所谓法律,是有权管辖他人的人所说的话。但我们如果认为这些法则是以有权支配万事万物的上帝的话宣布的,那么它们也就可以恰当地被称为法。"(《利维坦》,15:111)

主权者就是一种制度、一个团体。但是这个唯一物是人为的——一个人造物——实际上,主权是由社会的个体成员所放弃的权力组合而成的制度化权力,被允许在所放弃的权力范围内行动。① 主权者是由社会契约这一事实创造的。社会契约是一种建立统治社会的一般性权力的方法,因此

> 通过多数的意见把大家的意志化为一个意志。这就等于指定一个人或一个由多人组成的集体来代表他们的人格……

> 这就不仅是同意或协调,而是全体真正统一于唯一的人格之中;这一人格是大家人人相互订立信约而形成的,其方式就好像是人人都向每一个其他人说:我承认这个人或这个集体,并放弃我管理自己的权利,把它授予这个人或这个集体,但条件是你也把自己的权利拿出来授予他,并以同样的方式承认他的一切行为。这一点办到之后,像这样统一在一个人格之中的一群人就称为国家,在拉丁文中称为城邦。这就是伟大的利维坦(Leviathan)的诞生——用更尊敬的方式来说,这就是活的上帝的诞生;我们在永生不朽的上帝之下所获得的和平和安全保障就是从它那里得来的。(《利维坦》,17:120)

国家的本质在于:

> 一大群人相互订立信约,每人都对它的行为授权,以便使它能按其认为有利于大家的和平与共同防卫的方式,运用全体的力量和手段的一个人格。(《利维坦》,18*:121)

就这样,主权者和臣民之间的关系就建立起来了。因为权力是核心,主权者不可能通过法律自行约束,只能通过别的方法约束他。霍布斯的观点很特别:

> 国家的主权者不论是个人还是会议,都不服从民约法。因为主权者既有权立法废法,便可以在高兴时废除妨碍自己的法律并制定新法,使

---

① "因为一群人天然地不是一个人而是许多人。对于他们的代表者以他们的名义所说的每一句话或所做的每一件事都不能理解为一个授权人,而只能理解为许多授权人。每一个人都以个人的身份对共同的代表者授权。当授予代表者的权无限制时,他们便要承认他一切的行为。如果不是这样,而限制他在什么问题上和在什么程度内可以代表自己时,他们之中就没有任何一个人承认了代表者超出委托代行范围以外的事情。"如果代表者是由许多人组成的,那就必须把多数人的意见当作全体的意见。"(《利维坦》,16:114)

* 应为第 17 章。——译者注

自己不受那种服从关系的约束；这样说来，他原先就是不受约束的。因为愿意不受约束就可以不受约束的人便是不受约束的。而且任何人都不可能对自己负有义务，因为系铃者也可以解铃，所以，只对自己负有义务的人便根本没有负担义务。(《利维坦》，26：184)

主权者是权力的社会寓所——权力不可能自行约束。如果存在一种更高的权力，主权者就不是主权者了。主权者是绝对的。 96

法律是主权者以权力实施的命令

遵守法律的自然道德意识并不存在。自然法并不能保证民约法的实施，因为自然法不过是一种一般倾向："使人们安分守己的品质"。人们处在自己创设的制度之下，在寻求平等或正义这些重要的品质方面是有差别的。人们的道德意识是不同的、个人主义的，然而，人们已经约定要服从主权者的权力，这种权力施与服从的义务。霍布斯区别了"命令"和"建议"。当一个人说"得如何如何"或"不得如何如何"时，如果除了说话者的意志之外别无其他理由，这便是命令。当一个人说"得如何如何"或"不得如何如何"时，如果其理由是从说话的对象因此而得到的利益上推论出来的，这便是建议。(《利维坦》，25：176)一个人有义务去做命令他做的事情，却不能被强制去做建议他做的事情(除非通过约定，这就转入了命令的范围)，因为坏处和好处都归于他自己。归根结底，"法律是一种命令"，主权者有权单独决定什么对社会是有利的。[①] 法律是命令者意志的宣示或表达。

霍布斯(第 26 章)接着作了一个分析，这个分析可以被看作 20 世纪美国法律现实主义的先驱。首先，他承认法律官员们在决定法律的经验性质方面的权力。例如，"所有的法律，成文和不成文的，都需要解释。"(《利维坦》，26：190)解释不是一个取决于道德哲学家们著作的过程，归根结底取决于特定案件中的法官。其次，霍布斯区别了"人的实在法律"、分配法律(即那些分配臣民权利的法律)和刑事法律。刑法规定刑罚，这里，霍布斯预示了 3 个世纪后凯尔森提出的论点，亦即法律的主要角色是法律官员，他们必须决定是否存在违法行为以及是否施以制裁措施。

---

① 对于认为主权者的命令违背上帝之法的基督徒来说，霍布斯是不能令人满意的，他建议说："像耶稣一样地殉道吧。"

刑律则是宣布对违法者应施加什么惩罚的法律，其内容是对被任命去执行的大臣和官员提出的。虽然每一个人都应当知道关于其违法行为事先已经规定了一些什么样的惩罚，但这种法令不是向犯罪者提出的，我们不能认为罪犯会忠实地惩罚自己。这是对被派监督执行惩罚的政务大臣提出的。(《利维坦》,26:197)

最后，国家的命令必须符合某些准则，否则就会违背自然法(例如，民约法必须明确表述、予以公开——秘密法是不正当的)。①

97　　法律必须成文、公布，并明确地表示它来自主权者的意志；必须存在着某种程序以确认有效的法律，区别法律与未经授权的命令。法律的形成有两种：主权者默认当地的习惯规则是法律，或者主权者通过立法和司法方式明确地创制法律(第27章)。民约法是规则的一种。规则保证预期的可靠性，保证承诺的可靠性。规则创造社会现象，创造人与物之间的我们称为财产权的稳定关系。主权是"创造规则的整个权力"。

主权还包括以下的全部权力，即订立规章，使每一个人都知道哪些财物是他所能享有的，哪些行为是他所能做的，其他臣民任何人不得妨害。这种规章就是人们所谓的法度。因为……在建立主权以前，所有的人对所有的东西都具有权利，这样就必然会引起战争。由此看来，法度既为和平所必需，又取决于主权，所以它便是主权为了保持公共和平应做的事情。这些有关财产权(或我的、你的)以及臣民行为中的善与恶、合法与非法的规章便是市民法，也就是每一个国家各自具有的法律。(《利维坦》,18:125)

因此，主权意志在某种意义上是普遍的、形式的——非实质的。法律的约束性质意味着它们并不仅仅是一个人格化的主权者的某种特定意图的表达(尽管可以制定具有非常特殊作用的规则)；相反，法律为个人活动创造了一个社会空间。法律规则使个人可以缔结合同，实现改善生活、获取权力、博得奖励、得到好处等各种愿望——只要他按照法律去行事。主权提供了一个基础，一个阿基米德的支点。它使社会权力的新形式可以被不断地创制出来。由此，在一个新的、现代的社会中，对于不再是社会契约缔结者的人来说，新形式也具有可预见性。但是，主权者权力的基础是什么？

---

　　① "在一个行为之前创制的法律不能使之成为犯罪……一部实在法在制定之前不可能被注意到，因此不能施加义务。"(《利维坦》,27:203)

霍布斯的回答有两点：（1）它有赖于有关制度的顺利运作，这些制度一旦建立，就需要顺利地运作。正义的顺利运作保证人们不会抛弃市民社会，回归到自然状态，因为这样做是不符合他们的个人利益的。（2）它依靠民众对于主权者的存在和权利的理性基础的理解。"的确需要勤勉地、实事求是地教导人们领会这些权利的基础，因为它们不能依靠任何世俗法或法律制裁的威胁来维持。"（《利维坦》，30：232）现代社会就像一座房屋，材料的寿命也就是它的寿命，强制是必要的，但是它需要支持，需要"理性原则"的保障。① 现代主权的基础是知识分子的下列能力：发现和阐述理性原则和政治哲学的结构，创立现代法理学，指导民众使用上述知识，培养他们的理解能力。为建立一个稳定的社会所进行的伟大斗争涉及社会舆论。霍布斯认为，既然教导国民接受基督教那些超乎理性之上的伟大奥理是可能的，因此（当主权者享有完整的权力时）没有理由认为这样的教育不会取得成功。（《利维坦》，30：233）但是主权者必须信守诺言：不仅惩罚无辜者是违背自然法的，而且"最下级的士兵都可以把自己作战的薪饷当成债务来讨还"。（《利维坦》，28：220）如果臣民应当守法和以被期望的方式行事，主权者也应当这样看待自己。

为了建立现代性，人类的关怀应当集中在世界的进步和恐惧上，或者控制世界末日的必要性上

《利维坦》自然地分为两部分：前半部分讨论了世俗世界；后半部分讨论了一个基督教国家的性质。前半部分的整个基础，即主权者和臣民关系的建立，"唯一地根据自然法则"。但是在霍布斯转而讨论基督教时，他觉得有必要以一种末日论的自然惩罚观来结束世俗部分。有关过去的世俗观点（即使我们将他的自然状态解释为一种"假设"的叙事方式）得到加强，必须正视和恰当理解有关末日的叙事——这是宗教讨论中常见的叙事。

---

① 因此，《利维坦》的历史意义是双重的：主权者有权决定相互对立的知识何为真理，而已接受的知识又决定着主权以及作为主权基础的真理。因此，我们看到一个知识—权力，权力—知识的循环的开始。哲学、法学和"社会学"所提供的有关社会的认识和社会的自我认识，都是有助于社会控制的因素。这些认识不仅向社会灌输有关目的的观念，而且确定什么是正常的行为，什么是不正常的行为。自霍布斯之后，这构成一条贯穿边沁、奥斯丁、韦伯、凯尔森、哈特著述的潜在脉络，并在福柯的著作中得到重新解释。它就是葛兰西后来称为话语霸权的基础，是批判法律运动所分析的西方社会控制的秘密所在。

末日论是一种关于生与死的最后结局的理论;霍布斯清楚地知道,既然主权权利的有效性要求主权者掌握生杀的大权,那么,如果反对主权者的人拥有一个关于永恒生命的期望或回报,世俗权力将受到损害。[①] 因此,对一个建立在自然理性之上的社会的许诺和希望,必须与经书中的许诺和希望明确区分开来。霍布斯进行了细致的论证,意在表明在经书的解释与世俗义务的必要性之间并不存在对立。宗教信仰最终变成了个人事务,只要它不会影响到国家。霍布斯举出了一个历史事实,英国革命虽然很可怕,但是具有一个积极作用,它打破了主流宗教原则和教会权力的垄断地位。因此,道德变成了一个可以推论和讨论的问题,信仰变成了内在的事务。这样,《利维坦》就是一部充满新黎明希望的文本:一种建立在对理性力量的信心和个人信仰自由的基础之上的现代性。

99 结论:理解霍布斯留给我们的困境和遗产

培根的观点很简单:知识创造权力——若具备有关自然规律的经验条件的真正知识,人就能够有效地参与和创造一个新的社会秩序。但是,如果知识是受方法论决定的,会怎么样呢? 不同的科学方法不会导致不同的结果吗? 新教主张个体可以越过罗马教会建立与上帝之间的个人联系,不就是例证吗? 尽管一些有名的法律学者(例如胡克)和其他作者仍然继承了中世纪的基督教传统,但是新教伦理破坏了那一确定的存在之链的链条:公民遭受这一世界的权威迫害时,拥有求助上帝的个体权利。中世纪社会对领主、国王和上帝的忠诚观念嵌合成一条由报答与赐予相连接的存在之链,但是,如果人们可以直接与上帝建立联系,或指定他们自己的国王,这种观念就会动摇。霍布斯限制了新教徒对主观知识的渴望——他反驳说,权力创造了知识。

法理学的任务就是,使自然法现代化,维持社会秩序,以缓解中世纪传统的衰落所造成的紧张关系。霍布斯导入了现代的臣民—主权者的关系,为统治权力提供了新的认识论和合法性基础。作为自然化过程的一个结果,实在法或人法代替了神法。自然主义视角瓦解了上帝的本体论,使它成为为人服

---

① "世俗社会的维持在于司法,司法的维持则在于国家的主权者所操的生杀大权以及程度较轻的赏罚。如果在主权者以外还有人能颁赐比生命更高的奖赏、施加比死亡更重的惩罚,那个国家就不可能立足。"(《利维坦》,38:306—7)

务的一种观念,使对上帝的恐惧转变成为一种自然的功能,这一转变反映了权威的转移。作为现代人的我们看待宇宙,已经不再包含着和谐和秩序的自然讯息,不过是一堆物质而已。那么,我们是谁? 我们是有理性、有意志的公民(某国家的公民);是社会的基本构造单位;是将世界看作施展才能的舞台的一群人。但是,如果我们打破教会的束缚,打破将上帝作为核心来信仰的束缚,我们就会看到各种观点的纷杂的多元局面。将世界视为一个开放的、可从内部加以改造的世界,也表明世界也不再受制于任何自然地具有权威的视角或排他性的观点。霍布斯通过一种世俗权力的建构维持了这种多元局面——这种世俗权力就是主权者,他作为这种世界观的保护人,具有类似超越性存在物的权威和作用。一种新的理论和观点的三角关系代替那种认为须在洞穴之外的一个可靠位置上寻求真理的观念;现在,这些理论和观点提供了在生活中改造生活的方法论。这一三角关系是指:(1)宇宙现在是由各种呈现出的物体组成的世界;(2)真理是起到组织作用的支点;但是真理之所以是真理不可能因为它建基于洞穴之外的某个位置上,也不可能因为它是一种虚无缥缈的超越性的符号,相反,真理的性质可以根据以下标准来制定:(3)它在现实运用中满足主体需要的程度(在霍布斯看来,就是满足主权者维持社会秩序的能力)。① 霍布斯将自然法而不是自然权利,将法律而不是意志,作为政治哲学和现代法理学的起点。

　　这解决了那些老问题,引起一些新问题。什么能保证现代性取得成功;如果“我们”不再是一个自然的整体(上帝的造物),“我们”如何能够认识成功与失败之间的区别? 霍布斯也许这样回答:成功是成功自身的成功;国家一旦建立,它的继续存在就是它自身有效性的说明。实际的经验或历史意义上的国家进程并不重要,重要的是关于我们为何需要建立国家和接受这种统治形式的理性说明。主权者的权威根据存在于那些孤立的、利己的个人结成的契约中,是他们创设了利维坦、一个人间的神、一个人工造物。利维坦或主权者的力量源于民众的同意,这种同意一旦做出,便不得撤回——现代性是开弓之箭。法律关系代替了各种前法律的社会规范(实际上这些规范本身是相互联系的,共同维持社会等级关系)。我们已经看到一个社会的和伦理的

100

---

① 如果文本易于受到解释的影响,以致决定必然是专断的,那么制定法怎么样? 制定法是意志的形式,是主权机构的明确意志和意图的一种表达方式。但是这种意志的根据是什么,是纯粹的权力,或仅仅是程序本身? 如果这是 20 世纪的结果,即民主进程已经将制定法权力合法化,那么,这绝不是不言而喻的。

改造过程:一个自由社会的诞生,伦理向法治的转变。那么,当主权者颁布命令的时候,谁是颁布命令的人?谁是接受命令的人?我们都是。因为我们都把权力让渡于他了。主权者以谁的名义发布命令?以臣民——我们的名义,还是他的名义?① 现代法理学的相当一部分努力即旨在发现和理解主权。通过哲学,我们看到了它,但是未及建立一个模型,分析性考察就摧毁了它。因为尽管有一些学者(霍布斯、约翰·洛克)将主权界定为一些社会事实和实际的成功,而后来的法理学学者(例如哈特)则认为,他们或者在哲学上不够纯粹,或者与社会学有染。然而,那些在社会学中寻找主权的人,或者批评先前一些作者将主权作为纯粹的意识形态来看待,而可能不得不对即使以人民名义行事的主权者感到绝望(例如思想成熟时期的马克思),或者被迫认为主权者只是上帝的形象在人们心理上的残留记忆(例如法国社会学家涂尔干)。

霍布斯为法律成为规范,为法律关系纳入国家机构开辟了空间。这样,国家将会承担管理、强制、领导和调整社会的任务。许多人在质疑它的行动范围,一些人对它的规训感到绝望②。在后现代状态下,我们想知道,法律的扩张是否使社会的伦理结构已经脆弱到无力给我们提供不同于法治社会的任何东西了。③ 如果我们为了寻求指导在当前的——后现代的——时

① 正如一位当代作者表达的那样,这些问题是没有答案的:"共和国是一个人为的、自相矛盾的造物,组成它的公民仅仅依靠通过将权威授予其中一人作为全体代表的方式结合在一起。主权者以自己的名义行事还是以授权者的名义行事?这是一个现代政治哲学争论不休、不可回答的问题。的确是主权者在行使权力,但是,是公民们授予他权力。他是他们的代言人,他代表他们的意志。他可以解释他们的意志,因此,他可以背叛他们。他们授权给他,因此可以罢免他。利维坦仅仅是由公民、算计、协议和争论组成的。简言之,仅仅是由社会关系组成的。可以说,通过霍布斯及其后继者,我们认识了什么是社会关系、权力、强制和社会。"(拉图尔 LATOUR,1993:28)

② 例如,法国当代理论家福柯的一部著作通篇都在讨论法律和规训的作用。对于霍布斯来说,人是被规训的,而不是被自然社会化的。

③ 这一问题也可以这样问:西方在追求着什么自由?"现代"的自由——自从霍布斯以来——被认为是追求个人的物质目标和成果,避免他人干涉,在法律(商法、民法、刑法)规制下的自由。代价就是取消了古人的自由观念,在古人那里,自由意味着对公共权力的积极参与(不管事实上精英的作用有多大),因此,进一步的含义是人只是集体的一个因素(而不是一个自足的个人)。自由主义学者柏林(1909)区别了消极的自由概念(仅仅是免于外部强制的状态)和积极的自由概念(一种旨在使真正的人性得以实现和圆满的观念)。在柏林看来,第二种概念因为要求人们接受存在一种客观的优良生活的假定,所以是反现代的、潜在集权主义的、不可为一个真正的自由主义者接受的。因此,将自由解释为参与到共同政治生活的一个实体中(转下页)

代,回溯到霍布斯的话,这可能是霍布斯以其认识论实现的进步的一个直接结果,然而,他只是现代性的开始。霍布斯无法公开表明,宇宙只有孤零零的人类,他仍然不得不表示对上帝的信仰。如果将信仰因素从霍布斯的学说中完全剔除,那么秩序就建立在命令——主权者意志的基础上了。但是,霍布斯式的主权者不同于为自己打算的臣民,没有理性能力去赋予这些命令或法律以内在的、义务性质的地位——而霍布斯认为赋予这种地位是必要的。① 命令或法律仅依靠强制力或权力来保证实施。霍布斯没有完全解决这种紧张关系,因为他仍然要服从上帝存在的理论。② 但是,如果我们完全丧失对上帝的信仰,那么权力将不会被剥去所有的道德价值吗? 它不会单单地变成机械的原则,世界因此不可能是自然的伦理或精神世界吗? 霍布斯把存在之链折成数段,他攫取了另一世界的法力——如果随着时间的流逝,现时代发现自己被解咒——部分原因可能是启蒙攫取了法力,然而没有理解赋予法力意义的那(不可理解的)神秘存在者,那么这一涅槃的结果会是什么?③

102

(接上页)去的古典共和主义观念是不可取的。历史学家斯金纳(1978)反对这种论调,他认为建构一个包含着参与和公民美德的自由观念——但仍然是消极的(抛弃了有关幸福的实质性定义)——是可能的。他重新解释了马基雅维里的《对话篇》,认为他提出了一种自由观念:人们有自由去追求他们的适当目的,同时为了获得免于强制和奴役(这使人不可能行使自由)的适当条件,发扬个人的公民美德和服务于公共利益是有必要的。我们需要发扬个人的公民美德和服务于公共利益,以便提高使我们可以追求个人目的的(我们的个人生活目标)的自由程度,而不让两种自由相互冲突。斯金纳指出,它们是相互依存的。没有公共利益和公民参与的观念作为支持,我们将不幸地看到法律失去实在的意义,它将我们区分成互不相同的个人,既把我们分离开来,又把我们一个一个地囚禁起来。我们的物质成功——我们的幸福——的代价是那些不可能成功的、不可能打破法律以求(非法的)幸福的人的被囚禁状态。

① 准确地说,这是哈特对法律强制模式的批评,在《法律的概念》第一章,他把这一模式主要归于奥斯丁的创造。我们在本书后面将看到,哈特的批评是错误的,因为他忽略了政治学中的这一个不可避免的因素,它构成了霍布斯、边沁、奥斯丁著述的一条潜在脉络。然而,问题仍在——什么可以构成权威的基础,并可以经得起反思性分析?

② 古典的、神学的、传统的存在之链与纯粹的个人主义的存在之链的差别是很大的。奥克肖特(OAKESHOTT,1975年)认为,自然法传统并没有完全消失,霍布斯从来没有一个令人满意的或连贯的意志理论。在波尔卡哲学中,妥协的解决方案是将重建的自然法理论与霍布斯的"意志"思想结合起来,这种结合在卢梭的"公意"、黑格尔的"理性意志"和鲍桑葵的"真实意志"等说法中都有体现。这是一种渗合意志理论的斯多葛学派自然法理论的复兴。

③ 尽管霍布斯使用自然主义的科学叙述方式,坚决捍卫实在法的地位(以普通法为代价),确立了法律实证主义的基础。但是,称他是一个法律实证主义者,还为时过早。他没有受到孔德的影响——孔德对通过实在的或科学的知识建构未来人间天堂的途径和条件的可能性深信不疑。霍布斯也没有创造一种有关人类的宗教。

第五章　大卫·休谟——捍卫经验与传统,反对以理性指导现代性

　　让我们变得彻底地感觉人类理性的脆弱、盲目和狭隘,让我们正确地考虑它所表现的不确定性和不必要性的矛盾,即使在日常生活和实践的题材上也是如此。让我们看清我们感觉本身的虚妄和错误;看清一切哲学系统中的基本原理所连带着的那些不可克服的困难……当我们把这些题材充分明白地剖示出来……谁能对这理性的脆弱能力保持那样大的信心,以致在如此崇高、如此深奥、如此远离日常生活及经验之点,对理性的决定也给予任何尊重呢? (休谟,《自然宗教对话录》,1957:6)

　　任何事物的存在,只能以其原因或结果为论证,来加以证明,这些论证是完全建立在经验上的……只有经验可以把因果的本性和范围教给我们,使我们可以根据一件事物的存在,来推测另一件事物的存在……我们如果相信这些原则,那我们在巡行各个图书馆时,将有如何大的破坏呢? 我们如果在手里拿起一本书来,例如神学书或经院哲学书,那我们就可以问,其中包含着数和量方面的任何抽象推论么? 没有。其中包含着关于实在事实和存在的任何经验的推论么? 没有。那么我们就可以把它投在烈火里,因为它所包含的没有别的,只有诡辩和幻想。[休谟,《人类理解研究》,(1777)1975:164-5]

理解休谟:对学术界的一个评述

　　苏格兰哲学家、历史学家和作家大卫·休谟①一直被尊敬地认为可能是

---

　　① 大卫·休谟于1711年出生于爱丁堡。他早年爱好文学,向家人表明他不会遵从他们的愿望而成为一名律师。他进入爱丁堡大学,但是没有毕业就离开了,他更喜欢做多学科的研究。他对文学、哲学和一般历史学习始终保持着强烈的兴趣。1734-1737年,他在法国过着"极端节俭"的生活,撰写《人性论》。这部文稿发表于1739年,结果令休谟很失望。他后来评(转下页)

英语学界最雄辩的哲学家,一个揭示了理性作为新社会建设的基础和指导的
虚妄(因此摧毁了自然法的本体论①),却没有提出积极的现代性方案的人②。
休谟在哲学上是一个彻底的怀疑论者,在政治和社会问题上是一个保守主义
者,因此,他与启蒙时代的乐观氛围颇不协调。③ 休谟拒绝构建未来乌托邦
的玄理妙论,而是历史性地描述我们是什么,我们是如何发展到现在的(在休
谟一生中,他首先被认为是一个历史学家,其次才是一个哲学家)。在肯普·
史密斯(Kemp Smith)(1941)所谓的休谟学派的传统中,休谟以彻底经验的眼
光看待人,他认为我们关于事物的知识(以及因此对行动有指导能力的知
识)的范围应当局限于对人的感觉和情感的理解,应当怀疑以理性名义所主
张的东西。肯普·史密斯总结了一些重要的论述,如"理性是,并应当是激情
的奴隶",他将休谟描绘成持有这种观点的人:我们仅仅在"自然指导"的范
围内通过感觉而不是理性所获得的知识才是真确的。休谟被认为表达了
一种彻底的自然主义,将人看作仅仅由一系列的原因和结果构成,剔除出任
何有关道德或灵魂的超验性观念。在斯特劳德(Barry Stroud)看来,休谟的核

(接上页)论说:"没有一部作品比这更不幸的了",因为这部书"从印刷机下来就是'死胎'"。他
的第二本著作,《道德和政治论文集》(1741–1742)一经发表就获得了成功。

　　然后休谟修订了《人性论》,面向一般公众,简化或通俗化了论点,重新命名为《人类理解研
究》加以出版。除了他的有关英国史的大部头著作外,休谟还写了给他带来声望的两部著作:
《道德原理》和《政治论》。休谟的《自然宗教对话录》在他的朋友建议下生前没有发表,在他死
后由亚当·斯密发表。亚当·斯密发表这部著作所招致的批评比他自己的著作招致的批评还
要多。

1763 年,休谟作为英国大使的秘书去了法国。他的著作在欧洲大陆给他带来很大的名声。
休谟与卢梭有着复杂的关系。当卢梭在法国被恶毒的批评攻击时,休谟邀他到英国居住。卢梭
在英国居住并不很愉快,因为他怀疑休谟为他做的每一项安排的好意。在 1767 年到 1769 年的
两年期间,休谟担任了副国务大臣。1769 年,他返回爱丁堡,他的家成为文学和哲学爱好者聚会
的中心。1776 年,他逝世于爱丁堡。

　　① 休谟认为,我们不可能从有关事物实际如何的知识中直接推论出有关事物应当如何的
问题的答案。

　　② 正如戴维·诺顿所言:"大卫·休谟的哲学 250 年以来一直引起巨大的回响。绝大部分
回响都是持消极观点的,因为它们认为休谟哲学本身就是消极的,对人类有关真理和价值的知
识持坚决的怀疑和否认态度的。"

　　③ 休谟最近成为批判法学运动中的一个作者的批判对象。马修·克雷默(Matthew
Kramer)在《法律理论,政治理论和解构》中认为(1991:145–6):"保守主义逐渐成为一种强调特
殊和具体事物的意识形态。保守主义思想家愤怒地、常常振振有词地嘲讽空想家的宏大计
划,空想家试图将政治学拖入不同实验计划的竞技场……休谟就是特殊主义哲学家的杰出
代表。"

心观点是"传统意义上的理性在人的生活中没有任何作用"，(1978:4)他将休谟归入强调常识的哲学家的保守主义谱系之中①。

　　随着休谟学派的兴起，这些观点变得复杂起来。最近出现的许多解释不是对休谟文本进行的分析——正如同分析哲学传统在历史上所做的那样——而是语境化地解读休谟著作的内涵。② 休谟对法学思想的贡献就是，他给我们暗示了对这一问题的理解方式：普通法的两个主要因素——经验和理性——为什么能够在法律实证主义的不断增长的势头下保存下来。法律实证主义是一种正在发展着的法律观念，它认为法律是理性的命令或者是通过一部理性和逻辑的法典构建社会秩序的工具。在削弱理性的权威之时，休谟使经验和传统的权威得到维系和"理性地辩护"。

休谟的法学意义部分在于他为传统和经验所作的辩护，这种辩护是霍布斯主义传统潜在的攻击对象

　　霍布斯用理性计算的人的概念取代了上帝，以作为社会秩序的自然基础。现代社会秩序是一种可以由法律——由主权者的命令来构建的结构。这种法律或命令的权威基础是，个人理性地认识到，在人类的自然状态中，由于主观的不确定性，所以需要建立一种世俗权力。在这个世俗世界中，基本单位是理性计算的个人，他成为自身存在以及所有物的主人。法律是人类能力的工具，是作为主体的人的工具，人类通过这一工具征服世界，将世界置于理性的分析之下，对自身的理性能力充满信心，能够综合运用各种内在联系

---

　　① 这是一个后来受到黑格尔批评的观点："既然常识的人诉诸感觉，诉诸心中的启示，他与那些意见不一致的人们就没有什么关系了。他唯一需要解释的就是，除了心中的感觉和启示外，他与那些没有在自身有同样发现和感觉的人们之间没有任何共同语言。换言之，他泯灭人性。因为努力与别人达到意见一致是人性的要求，人性仅真实地存在于一个既定的思想共同体中。反人类或纯粹的兽性就是停留在感觉的范围内，只能在这种层次上相互交往。"(《精神现象学》，第69段)

　　② 除了肯普·史密斯以及其他一些仅仅关注古典怀疑主义的人之外，最近还有福布斯（Duncan Forbes）(1975)、利文斯顿（Donald Livingston）(1984)、诺顿（David Norton）(1982)、韦蓝（Frederick Whelan）(1985)、麦金太尔（Alisdair MacIntyre）(1988)等。结果是众说纷纭、莫衷一是，这丰富了对休谟的理解，但同时也使人们更难以理解他了。休谟一直是一个兼容并蓄的人，不论是在哲学著作中，还是在别的类型的著作中，例如《人性论》[1978(1739-1740)]（下文简称为"《人性论》"）、《人类理解研究》[1975(1777)]（下文简称为"《人类理解研究》"）以及其他著作《英国史》《对话篇》和《论文集》。

的法律——私法与公法、民法和刑法——去创设一种社会结构,一个社会。世界成为一个充满无穷机会的场所,一个法律主治——特别是以合同、财产、个体性、通过刑事制裁维护法律关系为主要因素——的领域。

现代性将由构成社会主体的个人的欲望、理性和幸福来承载。法律旨在维护国内和平,旨在构建一系列地区——所出现的民族国家的秩序,手段是提供一个宪法基础、一个社会契约。通过如此创设的主权者——立宪国家,法律为在此平台上的社会互动设定条件。

然而,休谟对这种新兴的现代性观念中的信心和乐观主义提出了质疑,这种现代性不仅是自我欲望的可能性领域,又是可以被自由理性的自我支配的领域。尽管休谟进一步瓦解了人类理性和信仰上帝之间的残存联系——并因此加快了现代化的进程,但是,他也在打破可以在笛卡尔式理性的结构的基础上建设一个可靠家园的希望。休谟提出的问题是,什么样的基础支撑着一个自由的、理性的自我,一个认识到道德和伦理中理性真理的人,以及一个将创造新的社会秩序的人。

这一章将追随休谟在《人性论》中的推理过程,并特别提供一个纲要:

(1)休谟试图严格遵循培根和笛卡尔的理论,以怀疑主义的方式揭示所有的宗教或形而上学的假相,代之以某些真理。

106

(2)但是,他继而质问:这些真理从何而来？休谟无法相信纯粹理性;他认为纯粹理性不可能告诉我们有关世界的任何正确的东西。那么,我们用以作为有关世界的知识的基础的东西是什么？仅仅是那个经验自我通过观察和经历得来的事实？但是,我们能相信这一作为基础的"自我"的可靠性吗？

(3)休谟寻找一个既是个别的又是整体的"自我",但是,只找到了一些混乱的印象和情感。所谓"自我"仅仅是有关身份(identity)的想象性知觉,这种知觉是在与社会中各种实体的象征性互动中建构的。既然"自我"不能提供可靠性,我们只能相信世界中的事实。

(4)但是:如果自我不可相信,我们也不能相信通过知觉收集来的事实,因为是自我指挥着这种知觉。这意味着我们没有办法获得确定性——每一种事物都是可解构的,没有什么东西是确定的。如何处理这种知性？

(5)休谟建议我们可以有一个选择:(a)退回到虚无主义的消极状态中、精神和社会的分解状态中,或者(b)接受"日常生活"中的常识叙述和分类。休谟主张选择第二个。但是,我们应当以什么样的心态置身于"日常生活"之中？休谟建议以一种温和的怀疑论的心态。

(6)因此,我们必须在传统的范围内行事。所有的人类成就、所有知识都来自社会传统。然而，我们也必须认识到，传统不可能给我们带来"真理"——这里"真理"意味着一些绝对的、不容置疑的实体，具有我们所要求的纯粹性和确定性。我们注定只能生活在幻想和猜测之中，只能接受把传统作为工具和方法的生活方式。而且，只有通过受传统制约的记忆和思考，我们才能够获得有关我们身份(例如人民、个人、律师、法官等)的观念。

(7)因此，休谟主张，正义准则、法律秩序的准则都是历史过程的产物，传统和经验的产物。我们不应匆忙地做出巨大的变革，不能仅仅因为提出了某个惊人的合乎逻辑的主张(例如有关"平等"的主张)，就这样做。我们有必要认清包含在理性主张中的种种知识以及这些主张的局限。

(8)相反，如果我们探索有关世界实际运作的知识，我们可以收集经验事实，并运用它们来指导我们的社会建设。

关于如何理解人类社会性的方法论：个体主义还是整体主义？

作为这一方案的一个结果，休谟设想和重构了现代主体，这一主体实际上兼有方法论个体主义和社会整体主义的特征。

107　　　**方法论上的个体主义**

霍布斯主义传统提出了建立在方法论个体主义之上的社会理论，或者说，这种理论的基石是个人，而不是某种集体——例如，城邦，或全体——例如将宇宙看作上帝意志的产物。那么问题在于，如何将个人意志融合成为一个社会整体？霍布斯在理论上是这样解决问题的：原始的社会契约。理性的个人通过原始契约创设一个主权作为合法权力的核心。但是，如果宗教传统、神话和习俗被削弱，把一种新的科学方法作为社会秩序的基础，那么，可以发展理性来维持权威吗？还是必须以赤裸裸的权力为基础？霍布斯提出，社会秩序的基础是个人同意，或者至少是每一个个体都已经同意了的理性认识(因为否则要陷入一场所有人对所有人的战争①)。社会契约将自然的自由(自由权)与合法性联系在一起，给我们提供一种方法论个体主义的叙事：现代社会创自于一群个人及其意志。

---

① 复言之，霍布斯的社会契约包括了这种合法化策略："臣民对于主权者的承认包含在这样一句话中：我授权于他的一切行为或对之负责。"(《利维坦》，Ch21：265，269)

我们与这个人造物有何关系?[①] 这种社会—法律的构造仅仅是本身并无价值的社会秩序安排的一种工具性形式,仅仅体现了我们对没有秩序的生活的恐惧吗? 还是这种现代的社会—法律构造表达了社会的道德性?

首先来看工具性质的解释。在这种解释中,法律在构造社会方面的作用体现在规则的制定和实施上(任何规则;规则的道德内容相比它们的效果是不重要的);规则是社会主体和社会混乱(它源于个人的主观性)之间的屏障。既然规则体系的目标就是维持秩序,就如同现代性呈现组织化的形式一样,那么一些批评者就担心受制于规则的人们会失去个人创造性而成为"纯粹的管理对象"。(阿多诺和霍克海默,1972:32;韦伯提供了更一般的讨论,1984)

这种工具性解释尽管希望成为一种符合实情的解释方式,但是无力解决传统问题。它忽略了宗教经验一个根本的方面:意义。这种解释没有提供每个人借以认同社会的意义。赤裸裸的利己打算能够有利于证明认同的意义吗? 一个人认同社会,仅仅因为社会满足他的需要吗? 所有的那些人,即现代早期的大多数人,例如妇女、穷人、奴隶等,当时被排除在社会缔约过程之外,他们有什么地位? 为什么他们要接受更幸运者的安排?

意义性质的解释传统的开始　　　　　　　　　　108

因此,另一种不同的传统就开始了——在它的发展历程中,有卢梭的浪漫主义、黑格尔(两位将在本书第七章讨论)和马克思(将在本书第 10 章讨论)。在这一传统中,人们发现自己被轻视;他们渴望不再像他们的行动所表现出来的那样是可怜的生物。这一传统复活了有关超验的观念;以我们"人类"的名义,我们要求,我们的"本质"注定要使我们超越有局限生活的经验境况。

换言之,当社会作为我们的创造物因而是我们的社会,意即当我们把社会看作我们自身的与精神本质相联系的高昂的愿望和感觉的产物时,我们可以找到理由来认同自己与社会的一体关系并效忠于它。正如查理·泰勒(1979:113)所言:"只有自由道德意志的社会才能与传统社会相比,对我们的忠诚享有更高的权利。因为社会再一次地反映或体现某种绝对价值……

---

① 换言之,如果现代社会是由法律构造的(通过某种基础性文件,这种文件或者体现为一个政治意志的行动,例如独立宣言或成文宪法,或者体现为缓慢形成的不成文宪法,例如英国宪法),那么我们与这一宪法的关系是什么?

只有这样的社会才不再是一种宇宙秩序。"

休谟认为我们不可能仅通过理性认识整体的存在，并暗示一种有关社会机体的结构—功能解释范式，其中，传统和经验是社会进步的因素

休谟采取了三个重要的步骤：

（1）区别有关事实的知识和有关观念及其相互关系的知识；

（2）解构"理性"，表明我们所可能获得的有关人类境况的唯一真正的知识是通过观察和经验获得的；

（3）进而解构自我的观念，以此表明我们必须依靠的是"社会"的经验和传统而不是方法论上的个体主义。

第一步：区别事实的知识和观念的知识

休谟意识到，《人性论》没有把一个主要的观点表达得像他希望的那样清楚；于是，他在《人类理解研究》中表达得更清楚：

> 人类理性（或研究）的一切对象可以自然分为两种，就是观念的关系（Relations of Ideas）和实际的事情（Matters of Fact）。属于第一种的，有几何、代数、三角诸科学。总而言之，任何断言，凡有直觉的确定性或解证的确定性的，属于前一种。"直角三角形弦之方等于两边之方"这个命题，乃是表示这些形象间关系的一种命题。又如"三乘五等于三十之一半"，也是表示这些数目间的一种关系。对于这类命题，我们只凭思想作用，就可以把它们发现出来，并不必依据于在宇宙中任何地方存在的任何东西。……至于人类理性的第二种对象——实际的事情，就不能在同一方式下来考究；而且我们关于它们的真实性不论如何明确，那种明确也和前一种不一样。各种事实的反面总是可能的，因为它从不曾含着任何矛盾，而且人心在构想它时也很轻便、很清晰，正如那种反面的事实是很契合于实在情形那样。"太阳明天不出来"的这个命题，和"太阳明天要出来"的这个断言，是一样可以理解、一样不矛盾的。（休谟，《人类理解研究》：25—26）

后来，评论者把这部分内容称为"休谟的区分"（Hume's fork）。休谟认为，所有的知识必定属于这相互排斥和独立的两类中的一类。而且，我们应当时刻清醒地认识到我们主张的知识属于哪一类。

其一,有关观念及其相互关系的知识涉及的是概念及其相互间的逻辑关系的建构,观念关系的知识建立在一些必定是真正的或表达了必然真理的命题(例如,一个单身汉是一个未婚男子)的基础之上。我们可以通过以下方式来检验这样一个知识结构的正确性:从那一陈述中推出或没有推出什么结论,是否具有逻辑的兼容性。基本的逻辑规则是矛盾律,一个事物不可能既是 A 又是非 A。一个人不可能既主张 B,然后又得出了一个导致非 B 主张的逻辑论点。显然,这就发生了内在矛盾。如果这样,这一论点是明显有缺陷的。休谟看到,这种知识的问题在于,它告诉我们世界新事物的能力非常有限。因为这一结构是通过逻辑演绎和避免自我矛盾建立起来的,有效的演绎论断不可能告诉我们比已经包含在前提中的事物更多的任何东西。我们可以通过严密的逻辑论证和建立逻辑模型来主张和提出这样的命题,但是这样做难以清楚地表述周围世界的任何实质性事物。然而,有关这种知识的能力的各种主张,实际上或者是"理性逾越界限"的例证,或者只是同义反复。

其二,有关事实的知识涉及的是关于世界上实际存在的事物的陈述,因此是可以通过检查它们是如何符合旨在表示的事物状况来检验其真伪的性质。这类知识向我们揭示世界上的事物实际如何,但是,证实这些事物是困难的。休谟认为,主要问题存在于,我们不可能基于对重复出现的事物的观察得出某种必然性的"法则"(例如,我们不可能仅仅因为从来没有看到过黑天鹅,就断言明天不会出现黑天鹅;我们不可能合乎逻辑地宣称一条自然规律:"所有的天鹅都是白的";我们所能说的只是"在我们的经验中,或者说,作为我们观察的结果,天鹅是白色的。"太阳每天都在早晨升起的事实,并不能合乎逻辑地得出明晨太阳照样升起的结论)。休谟依靠这两种知识的区分,以怀疑主义的方式瓦解了他所看到的其他学者提出的许多有关知识的主张。

第二步:解构"抽象理性"或纯粹哲学,建设新社会　　110

休谟在《人性论》的三分之一篇幅的地方开始运用怀疑主义作为检验标准。在介绍"怀疑主义哲学和其他哲学体系"时,休谟认为,尽管"理性"自视为一个新的主要的真理体系,我们可以深入它的内部结构,表明其内在矛盾之处,以及它在多大程度上建立在非理性的基础之上的。

> 　　理性在一开始占着宝座,以绝对的威势和权力颁布规律,确定原理。
> 因此,她的敌人就被迫藏匿于她的保护之下,借着应用理性的论证来说

明理性的错误和愚蠢，因而可以说是在理性的签字和盖章之下做出了一个特许照。这个特许照在一开始依据了它赖以产生的理性的先前直接权能，而也具有一种权能。但是它既然被假设为与理性相矛盾，它就逐渐减弱了那个统治权的力量，同时也减弱了它自己的力量，直到最后，两者都因循序递减而完全消失殆尽。（《人性论》：186—187）*

这就是最近被时髦地称为解构主义的东西。休谟的策略是渗透并从内部瓦解那个赋予理性主义力量的结构。① 休谟早就警告过，有许多作者诉诸理性获得知识和真理，声称以理性代替无知和神话，因此：

> 争辩层出不穷，就像一切都是不确定的一样，而当人们以极大的热情进行争辩时，又好像一切都是确定的一样。

知识并没有什么真正的进步，修辞术是实际上的胜利者：

> 在这一切吵闹中间，获得胜利者不是理性，而是辩才。任何人只要具有辩才，把他的荒诞不经的假设，说得天花乱坠，就用不着怕得不到新的信徒。获得胜利者不是持矛执剑的武士，而是军中的号手、鼓手和乐队。（《人性论》：XI—XIV）

相反，休谟要求我们：

> 直捣这些科学的首都或心脏，即人性本身；一旦掌握了人性以后，我们在其他方面就有希望轻而易举地取得胜利了……通过人性原理的说明，我们实际上就是在提出一个建立在几乎是全新的基础上的完整的科学体系，而这个基础也正是一切科学唯一稳固的基础。"

111　　这里，休谟似乎遵从启蒙时代主观主义的所有规则，将认识论的基础移

---

　　* 本章中《人性论》和《人类理解研究》的大部分译文来自我国商务印书馆的中译本，个别词句有所改动。

　　① 该书引论（《人性论》，XIII）是这样开始的："凡自命在哲学和科学方面为世人发现任何新事物的人们，总喜欢贬抑前人所提出的体系，借以间接夸耀自己的体系，这对他们来说是最通常和最自然的事情。诚然，对于那些可以提交人类理性法庭的最重要的问题，我们现在仍然愚昧无知，那么，一切熟悉科学现状的人们很少会对他们不欣然同意的。一个具有判断力和学识的人很容易看到这样一个事实，即那些最为人称道，而且自命为绝对达到精确和深刻推理地步的各家体系，它们的基础也是很脆弱的。盲目接受的原理、由此而推出来的残缺的理论、各个部分之间的不相调和、整个体系的缺乏证据，这种情形在著名哲学家们的体系中到处可以遇到，而且为哲学本身带来耻辱。"

到主体——人(被看作自制的实体)的肩上。而且:

> 关于人的科学是其他科学的唯一牢固的基础,而我们对这个科学本身所能给予的唯一牢固的基础,又必须建立在经验和观察之上。(《人性论》:ⅩⅥ)①

第三步:解构自我

如果我们能够相信的唯一真实的基础是观察和经验,我们能相信自我提供了一种可靠的基点并因此保证观察和经验的真实性吗?为弄清休谟的回答,我们要关注《人性论》中的一小段落,也就是卷一的第四章第七节;《论知性》的那一卷的结论。

休谟写这一段,似乎要在一项伟大的事业当中停息片刻;它是一个反思的时刻,一个将批判性的检验从被观察的世界转移到进行观察的主体上的时刻。②

> 但是,在我进入我前面的哲学的深海中之前,我很想在现在这一站上稍停片刻,思考一下我所已经走过的,并需要极大的技术和勤劳才能圆满结束的那段航程。(《人性论》:263)

休谟像通常一样,从对理性自我观念分析开始,但是,这一次他举出我们依靠那个内在一致的"自我"的观念的事实,使我们完全意识到,休谟不是一个"超出了理证的证信程度那样地确信它的定义的同一性和单纯性"的人。(《人性论》:251)

休谟使自我概念受制于经验和观察的检验;他试图通过他的观察能力抓住他自己的自我,但是发现他不可能——没有碰到任何符合"心灵"或"自我"概念的直接印象。相反,休谟告诉我们:"当我亲切地体会我所谓的我自己时……除了当时的一系列知觉之外,我不能体会到我自己。"(《人性论》:252)因此

---

① 而且,对于从事这种"经验和观察"的自由而言,存在着一些先决条件或者制度环境。例如休谟认为,苏格兰和英格兰的作者在当时关于人性的科学研究的发展中居于优势地位,原因在于那是"一块宽容和自由的土地"。这意味着不仅在主张绝对确定性的形而上学理论和不宽容政体之间可能存在着直接联系,而且政治社会可能会严格地限制内部的研究和交流活动。

② 在考察完毕"理智世界和自然世界的各派哲学体系之后""现在就应该返回来更仔细地考察我们的研究对象,并且在对我们的判断和知性的本性进行详细说明之后,再精确地剖析人性"。

> 心灵是一个舞台：各种知觉接连不断地相继登场，这些知觉来回穿过，悠然逝去，混杂于无数种的状态和情况之中。恰当地说，在同一时间内，心灵是没有单纯性的；而在不同时间内，它也没有同一性。不论我有多大的喜爱想象那种单纯性和同一性的自然倾向。(《人性论》:253)

112   自我不是某种可靠的统一的实体；相反，它是一个各种信息和刺激的通道，它不可能被作为一个可靠的基础。

探求现代个人主体的根据所得的结果是不确定和混乱的，不是一个可靠的基础

一个和谐自治的自我并没有一个可靠的根基，这引起了政治、个人和认识论上的诸多问题。

在政治上，如果自由主义被看作开始于洛克和霍布斯这两个大致可以被认为经验论者的著述的话，那么它一开始就把基础建立在一个有关个人的私人意识的观念（有关自我的观念）之上；在此基础之上，形成作为政治实体的自治个体。①

如果这一基础是不可靠的，个人如何获得意见和愿望的真实性？休谟这样解释他自己的经历：

> 我首先对我在我的哲学中所处的孤独寂寞的境地，感到惊恐和迷

---

① 这里，关于休谟的"自我"理论的解释削弱了洛克的传统自由主义，将这种解释的后果和麦克弗森(MacPherson)的经典总结作一比较，便可以看出削弱的程度(1962:3)："17世纪个人主义所具有的特征体现在个人这一观念中，个人在本质上是他的人身和财产的拥有者，个人对它们的拥有与社会没有任何关系。个人既不被视为一个道德整体，也不被视为一个更大的社会整体的组成部分，而是他自身的拥有者。对于越来越多的人来说，所有权成为决定他们实际自由的极其重要的关系，这时被认为原本是人性的一部分。人们认为，人在多大程度上是他的人身和能力的主人，就在多大程度上是自由的。人的本质是不依靠其他任何意志的自由，而自由是财产的一个功能。"我们记得，约翰·洛克认为，对于组成社会的人们来说，理性是他们财产的保护者。然而，私人财产的基础是一种自闭的"自我"与世界的各事物之间的相互作用关系："土地和一切低等动物为一切人所共有，但是，每人对他自己的人身享有一种所有权，除他以外任何人都没有这种权利。他的身体所从事的劳动和他的双手所进行的工作，我们可以说，是正当地属于他的。所以，只要他使任何东西脱离自然所提供的和那个东西所处的状态，他就已经掺进他的劳动，在这上面参加他自己所有的某种东西，因而使它成为他的财产。"(《政府论》下篇:19)。

茫，设想自己是一个奇形怪状的妖物，不能融合于社会中间，断绝了一切人间的来往，成为一个彻底被遗弃了的、衷心忧郁的人。……当我四面展望时，我就预见到争论、反驳、愤怒、诟骂和毁谤。而当我反观内视时，我也只能发现怀疑与无知。……虽然我自己就已经是那样脆弱，以致我觉得，我的全部意见如果不经他人的赞同、予以支持，都将自行瓦解和崩溃。每走一步，我都感到踌躇，每重新反省一次，都使我恐怕在我的推理中发生错误的谬误。（《人性论》：264）

就如同使用柏拉图的洞穴比喻描写境况一样，休谟感到他只能够通过设问的方式来表达这个问题。

在抛弃一切已经确立的意见的同时，我难道能够自信自己是在追随真理吗？即使命运指导我跟踪真理的足迹前进，我又凭什么标准来判别真理呢？

休谟没有描绘这样一个过程，即我们在一个解放者——太阳女神或打破洞穴之链的解放者的指引下去探求真理；休谟仅仅指出怀疑会随之而来。结果：

在作了最精确的、最确切的推理之后，我并不能拿出同意它的理由来。我只是感到一种强烈的倾向，不得不在那些对象出现在我面前的那个观点下来强烈地考虑它们。（《人性论》：266）

唯一的指引是经验和习惯。但是，这种指引使我们不安，使我们认识到自己发现"最初和最终的原则"的愿望是可笑的。这种原则一直是我们所有的研究和思考的目的：

当我们知道了这种联系、锁链或功能只是存在于我们自身，只是因习惯而得来的那种心理的倾向……我们该是多么的失望。（《人性论》：266）

我们愿意相信，在我们之外的某个地方，存在着一些终极原则，但是当我们分析这一信念时，"我们不是自相矛盾，就是在空谈"。我们在这个世界所发现的意义，并非来自某种纯粹的柏拉图式的本质，也非来自上帝的心灵，而是来自我们自己的主观意识。

这是一个令人震惊的观点。它可以颠覆整个传统，摧毁其基础。休谟说，在日常生活中，我们感受不到这个难题，然而当"知性在依照它的最一般的一些原则单独活动时"，我们就发现了难题。当我们追求绝对理性的时

候,理性就"完全推翻了自己,不论在哲学或日常生活的任何命题中都不留下任何最低的证信程度"。最终:

> 因此,我们就只剩下一个虚伪的理性,否则便是毫无理性,再无其他选择余地。……我不知如何是好。……我只能遵照平常人的所为,那就是这种困难很少或从来不被想到。(《人性论》:268)

主观主义,对我们信仰之理性基础的刨根问底,这一对因素现在已经报复我们了。结果就是知识的混乱,没有任何一致性的各种印象的芜杂纷繁。

> 我准备抛弃一切信仰和推理,甚至无法把任何意见看作比其他意见更为可靠或更为可能一些。我在什么地方? 我是什么样的人? 我由什么原因获得我的存在,我将来会返回到什么状态? 我应该追求谁的恩惠,惧怕谁的愤怒? 四周有什么存在物环绕着我? 我对谁有何影响,或者说,谁对我有何影响? 我被所有这类问题迷惑了,开始想象自己处于最可怜的情况中,四周漆黑一团,我完全被剥夺了每一个肢体和每一种官能的运用能力。(《人性论》:269)

走出现代性新起点的了无根基的虚空状态

这样,休谟描绘了基础或本质主义的危机。我们探寻一个绝对的立场,以保证那些将构成真正现代制度的知识基础的理论具有一种确定性,但是,我们找不到这种确定性。我们注定要失败吗? 休谟只是这样总结说:

114

> 自然之能够及时摧毁一切怀疑主义论证的力量,使其不至于对那日的知性发生重大影响,这是一件幸事。(《人性论》:186—187)

"自然"在这种形而上学的极困惑时刻介入了,它用降低困难的程度或将注意力转到实际问题上的方法消解了这种紧张关系。休谟回到宴饮、游戏、交游的生活中。他发现他自己有一种"绝对的和必然的倾向,去像日常生活中的其他人一样活着、说着和行动着"。

对日常生活的回归及其心理上的根据,造成了人们对休谟认识的分歧。许多人认为,休谟对理性感到绝望,把对一个新的社会秩序的希望降低为对"自然进程"或人们互动的无意识自然趋势的希望。休谟似乎在说,如果我们试图理性地控制这个世界,筹划未来的乌托邦或公正的社会,我们注定要走向知识上的一致状态;相反,我们的方案应当受制于和建基于经验和观察,而经验和观察又有必要对世界的自然运作有一定的(非理性的)信任。

这就建立了保守主义的传统,它似乎要使人们相信自然功能主义,用对制度和进步互动的自然运作的信仰取代对上帝的形而上学的信仰。在政治学和经济学上,把世界留给自发的秩序,或者留给在市场中决定价值分量的看不见的手去安排,不是将我们的理性结构强加于人。在哲学中,认识论的后续发展在很大程度上是对休谟的回应。后人试图批驳那种认为我们为现代性寻找一个可靠的知识基础是徒劳一场的观点。在那些相信纯粹理性的人当中,代表人物有康德①(参见本书第六章)和黑格尔(参见本书第七章),然而尼采②(参见第十一章)却在他的著作中,把这个危机当作核心问题来处理。 115

这个问题是后现代所谓的社会科学危机性问题的核心。在休谟时代,这个问题引出这个观点:没有上帝,就没有办法保证我们能够区别良善与邪

---

① 对于康德来说,休谟的失误在于没有怀疑一种纯粹的理性科学的存在:"他为了安全起见,将船靠岸,停留在怀疑主义的沙滩上,让它躺在那里腐烂。而我的目标是给它配备一个驾驶员,这个驾驶员根据从地球的知识里得来的航海术的可靠原理,并且备有一张详细的航海图和一个罗盘针,就可以安全地驾驶这只船随心所欲地到任何地方去。"(1902:9)康德的叙述遵循了休谟的术语,然而把怀疑主义的贫瘠岩石转变成"一个被自然本身包围在不可改变的界限内的岛屿。它是真理这一令人着迷的事物的存身之所,周边包围着宽阔、汹涌的大海,无边的幻想。充满迷雾的堤岸和许多迅速融化的冰山给人一种遥远海岸的假象,以空洞的希望迷惑着冒险的航海家,使他们投身于永不放弃却又无法完成的事业"。(1965:257)康德自己的体系也必然会遇到危机,这是"我们不能置身事外,也不能忍受"的境况。在这里,所有的支持都失效了。对于纯粹理性而言,"任何意义上的完善都是不真实的和毫无根据的。这使我们不费力地提出一个完善方案,但是,失去这一方案也不会有什么损失"。(1965:513)最后:"事物本身确实是被给予的,但我们不能洞察其本质。"(1965:514)

② 尼采含蓄地批评了休谟。他认为逃离危机返回日常生活的愿望只不过是人类弱点的诸多病症之一,是我们无力自立而作出反应,是对于我们是孤独的个人因此必须背负着我们的孤独的使命的拒绝,是一个没有将我们的个人意志作为万物之最终基础,没有意识到我们是自立的而不受制于事物的外在秩序的失败。尼采将休谟的自然进程转变为"内在的意志"——他称为"权力意志"。尼采批评康德,"康德的批判哲学的可悲之处越来越明显,即使是昏沉的眼睛也能看到:康德已没有权利区别'现象'和'自在之物'"。(1967:300)其实,尼采认为各种知识仅仅在它们是我们的生活条件的意义上才是"真理",就同如欧几里德空间是一个有条件的真理一样。(1967:278)尼采也曾面临着虚空的问题,不过,生命必须勇往直前的意念却激励着他笔下的苏鲁支。尼采之所以不断打破基础缺失的僵局,原因在于他认为,真理的标准存在于权力感的增长之中。(1967:290)

恶，并最终也没有什么东西能够赋予人生可靠的意义；虚无主义就会乘虚而入。① 虚无主义仍在流行着，如何反击它呢？休谟似乎主张一种斯多葛学派的态度，认为在生活的最神秘的地方存在着某些自然的活动规律。尼采持一种相反的观点，他认为我们应当鼓起勇气去创造我们自己的"真理"。这种观点一直被认为将导致非理性的人生。另一个现实的解决办法是由后来的维特根斯坦提出的，他认为我们永远不会达到绝对真理的基础，因此，我们只应该在一个或另一个体系的基础上活动而已。在《论确定性》中，维特根斯坦认为：

> 对一个假说所作的所有的检验活动，包括所有证明和反驳活动都是在一个系统内部中发生的。这个系统并不是我们所有论点由此发生分歧的一个有点专断和可疑的地方：不，它属于我们称之为论点的实质。这个系统与其说是出发点，不如说是给予论点生命力的因素。(1969：16)

休谟返回日常生活的实用主义

休谟有句格言，即哲学必须具备日常生活的"柴米油盐酱醋茶"，似乎很能表达休谟返回日常生活的态度。然而，这句格言并不意味着我们所能做的事就是如维特根斯坦所建议的那样，分析规则和依赖规则生活(也不意味着我们必须认为，休谟所说的"正义"存在于保守主义政治中)。因为尽管思想、哲学必须从日常生活内部开始，但是回归日常生活之后，我们必须承认：

> "对于我们最一般、最精致的原理，除了我们凭经验知其为实在以外，再也举不出其他的理由。这种原理也就是最通常的理由，无须经过研究也可以发现。"(《人性论》：XVIII)

116　　但是，我们对世界的自然方式的接受是温和的。戴维·诺顿(David Faith Norton)认为，这种温和的自然主义是与休谟的温和怀疑主义相适应的。怀疑主义是一个道德的决定。我们需要与权力的主张之间保持一个批判性的距离。正如休谟在《人性论》引论中所说的那样，这个决定不是由那些坚

---

① 休谟在因肠癌临危之际，散文家博斯韦尔(Boswell)造访他，希望看到他最终愿意接受上帝存在。休谟在面临死亡的情况下仍然冷静和以斯多葛学派的坚韧精神拒绝作出妥协。这使博斯韦尔极其沮丧，甚至喝了几瓶高浓度的波尔图红葡萄酒和做了一回嫖客仍然打不起精神。

持"现代的哲学学说"的人做出的,因为他们反倒要"把他们有关最确定的原则的猜测和假说施加给世界"。对这些主张的恰当态度是怀疑——但是怀疑态度自身必须认识到它的社会作用,并以此为指导。也就是说,认识论的怀疑主义必须对社会负责。它必须和社会属性共存。① 对日常生活的回归并不是非理性的,而是非常理性的。在社会世界的叙事范围内建立自己的生活和知识体系的基础,例如休谟说依靠道德属性建设基础,这是理性的。但是日常生活参与者的主张本身可以接受与这种生活相适宜的怀疑主义的指导。

因此,我们必须做的是有关社会世界的叙事,因为这种叙事既可以作为我们表达愿望的框架,也可以作为我们活动的对话者的框架。我的社会存在不仅使我在地理—经济领域内与当代人的共存之间进行社会互动,而且也使我与现世持续性的一种特殊形式、与一种在时空二维坐标中的存在联系在一起,以对过去的回忆(休谟坚持认为过去体现在习惯中)为中介,从过去走向未来。它是一个接续,超越我的生命,向两端延伸到我生前的过去和我死后的未来。

记忆和有关社会生活的叙事的作用

休谟提出记忆的积极作用,解决了自我的这种不稳性问题。记忆使想象可以将一系列相关的知觉连接成一个单一体,去创造一个拟制的自我;通过这个拟制,原来混乱的表象有了秩序。拟制的自我是记忆的产物,记忆通过对我们过去知觉的回想和反省的能力创造了自我,它把知觉看成是在一个关系网络中相互联结的。记忆通过这种回想和拟制的活动,将"一束或一组不同的知觉"转变为一种虚构物,这种虚构物为我们提供了一个概念、一个观念。就这样,记忆把不同知觉形成一个模式化了的实体,这个实体就是所谓的身份(或同一性)持续存在的唯一可能性。那么,自我有何种表象?休谟坚称,对自我存在的信念是一个"自然的信念",由于它是一种自然在起作用的结果,因此,声称它就是一个真实的个人身份乃是一种混乱和错误。(《人性论》:254)而且,对自我的拟制还有另一个功能。因为当我们不能利用这种拟制时,"我们就容易想象某些未知的和神秘的东西"。换言之,对自我拟制的利用,并反思性地承认它是一个拟制,可以将我们从形而上学的陷阱中

---

① 这里,休谟相当保守地将个人的思想进程看作对传统进程的保护,他的非怀疑主义道德立场体现在有关知识进步的恰当叙事中。

117　　拯救出来,也就是从那种在似是而非的基础上建立知识体系和社会秩序的热情中拯救出来。

　　休谟有时被认为将记忆看作一个被动的过程——不过是一系列的模糊了的事物的印象。但是,休谟广泛利用了叙事的积极过程,记忆被当作一种内在的积极的能力。叙事就是通过赋予事件以意义去感觉生命中的实体,例如在对一个故事的表述中可能施加了过去的事件所没有的形式。叙事实质上是一个主动的过程。休谟以两种方式使用叙事。

　　首先,他把叙事作为小规模社会互动的实质因素。在互动之中,印象被赋予了意义,否则它们只是数量关系而已。实际上,他把叙事作为有关这些数量性描述的大部分因果关系的前提条件。这样,个人对社会环境的接受能力取决于他关于自己的"自我"和"他人"的概念,这些概念是他的社会的和其他的记忆的产物,取决于他关于一系列的有意义的行为模式的概念,这些模式是他从与他人交往过程中获得的。这些包括一个人所接受的有关其他人对他和他行为的评价等观念。休谟将这种评价视为名誉的核心要素。在休谟看来,名誉是骄傲和谦卑等情感的一个原因,名誉是次生的原因,但是在实际中,它是最重要的。① (《人性论》:316-7) 在社会之外,在远离人间烟火的形而上学的玄思的语境中,主体客体化的科学方法论使自我失去了意义。然而,处在社会之中,即意味着易于感受其他事因(影响因素),这些事因在一种远离人间烟火的主客体关系的思维中是不易被发现的。而且,这些有助于而非不利于去探知人性。因为,既然没有明确的人类自我即不可能有前社会的人性——既然没有明确的个人意识而只有以不同模式相联系的知觉,个人身份就是某种牢固地决定于社会经验的东西,包括经由社会熏染而成的思维习惯和解释行为的习惯,亦即对社会领域之关系的叙事性解读的形式。②

---

　　① 名誉、人格、名声等都是休谟在他的道德心理学语境中所使用的概念,它们意味着一个强烈的自我身份(self-identity)。但是,这些概念的语境是社会生活,不同于卷一前几篇章的解构分析语境。

　　② 身份的社会实在是包含在人格和名声、品德、骄傲和谦卑的社会存在之中的。身份的现实存在取决于对生活中的人际关系和互动关系的理解。个人的惯常行为,维持了他的人格和名声。他的习惯性活动、他的受制约的感情、他对刺激的反应、他的社会名誉体现为持续存在的身份。有关他的活动的"斑驳"印象就这样被构筑成为一个完整的人格,或者这些印象由于社会的记忆行为而被言说、知觉、习惯性理解以及社会交往的其他形式所接受和建构。其他人的言论和意见,是一般性的"系列知觉"的一部分,但是,它们也有助于将这些知觉建构成和谐一致的存在。通过同情——表意性的理解的同情,个人经常处于人际关系之中,这使他可以将自己看作这些关系的参与者;对于这种"参与者"的实质意义,我们既不能固定地从外部视角也(转下页)

　　其次，休谟著述的结构通常是叙事形式。核心的隐喻是航海。休谟一贯
提供的不仅仅是编年史，他还提出了一种积极的叙事。这暗示着所有的"事
件"，甚至被认为是过去的真实事件，也不能自己阐释自己。我们不能直接触
及事件本身，而只能触及被叙事的事件，而描述是事件所构成的叙事的一个
功能。毕竟，休谟用有意义的描述开始了他的各种例证，这些描述通过对日
常现实的叙述来建立自我同一性，例如"一个人在他的旅途中突然遇到一条
河流挡住了他的路"，这是一个至关重要的例子的主题。休谟的真正权威就
存在于他发展了、提升了叙事，使叙事呈现了哲学研究的过程，以及分析理解
在人类事务中作用的过程。②

区别事实和价值，将有关道德关系的观念建立在自然历史的真实事实和世界运转的知识基础之上

　　　　在我所遇到的每一个道德学体系中，我一向注意到，作者在一个时
期中照平常的推理方式进行，确定了上帝的存在，或是对人事作了一番
议论。可是突然之间，我却大吃一惊地发现，我所遇到的不再是命题中
通常的"是"与"不是"等，而是没有一个命题不是由一个"应该"或一个
"不应该"联系起来的。这个变化虽是不知不觉的，却是有极其重大的
关系的。这个"应该"或"不应该"既然表示一种新的关系或肯定，就必
须加以论述或说明；同时，对于这种似乎完全不可思议的事情，即这个新
关系如何能由完全不同的另外一些关系推出来，也应当举出理由加以说
明。不过作者们通常既然不是谨慎从事，所以，我倒想向读者们建议要
留神提防；而且我相信，这样一点点的注意就会推翻一切通俗的道德学
体系，并使我们看到，恶和德的区别不是单单建立在对象的关系上，也不

（接上页）不能以某种绝对的观点来看待。这种意义建立在相互关系的运作的基础上。休谟始
终认为，绝对新生的观念是脱离实际的社会关系，是荒唐的。思想只会拒绝它们。因为人格属
性依赖于、决定于已经存在的社会理解因素。我们把这个称为社会生活的叙事——这些词语和
表述告诉我们什么活动适合于什么场合，给我们提供了对于特定环境下行为的想象和期望，意
味着当遵循叙事时心灵只有愉快的印象，当叙事中断或我们的行为与叙事期望不合时有不愉快
的印象。

　　② 在《追寻美德》中，麦金太尔认为人既是自身故事的演员又是作者。他在阐述这个观点
之后立即表明这种现象的实质社会性：我们从不会多于（有时少于）我们自己叙事的合作者。
（1982：199）

是被理性所察知的。(《人性论》:509-10)

就这样,休谟瓦解了传统自然法的本体论。休谟的观点是简单的:事实问题和价值问题是两种不同的问题。一个人不能从"是"中推论出"应当"。有关事物实际如何的知识并不能告诉我们它应当如何。然而,休谟认为,这一区别往往被忽略。

119　　休谟认为,用一个"自然基础",或者有关情感的自然运作的知识,来取代现在的超越性和宗教性的义务基础是可能的。① 这样,有关道德情感的科学知识,亦即有关心理学和有关人及其环境的自然构成的知识,可以使宗教权力理性化,并取代它来支配公共舆论。人不应当寻求抽象理性,而是应当承认来自于他的激情和自然欲望的指导。毕竟,这些激情和自然欲望造就了市民社会,我们需要恰当地理解它们,并运用这种恰当的理解去指导市民和政治社会的建设。②

这样,经验分析应当规制想象领域:而且,人不应当试图去获得"整体"的知识,而应当集中分析日常生活的现状并从中获得指导。"真正的"哲学并不企图提出包容一切的理论;相反,它仅关注经验表象,不做宏大叙事,声称世界最终是一个谜。正如同休谟在《宗教的自然史》的结论中所说的那样,

> 整体是一个谜,一个未知物,一种无法揭开的神秘。我们对它做最准确的探寻,也只能换来怀疑、不确定和没有定论的结果。

然而在某种意义上,这并不是一种"神秘"——因为休谟用一个概念填充了这个虚空:它就是"自然"本身,在接近理性极限时挣脱思辨之束缚的"自然"本身——那么,什么是自然,它为何有如此大的威力?

---

① 休谟清楚地认识到,这项工作是与某些权威特别是宗教权威有潜在冲突的。在《自然宗教对话录》中,他认为宗教的真正用途就是利用那种心理倾向:道德和正义的动机需要合理性的支持,但是,自然强迫人们将宗教看作一种"独立的原则",这使它不可避免地变成了宗派和野心的遮盖物。(《自然宗教对话录》,114-5)

② 按照休谟的朋友,亚当·斯密的说法,我们对幸福的享有和追求并不是"依靠理性的缓慢和不确定的倾向……(而是)依靠原始的和即刻反应的本能"。道德科学可以把义务问题放置在严格"经验的"基础上,即如亚当·斯密所言,现在的问题"可以说不是正当问题,而是事实问题"。(1976:114-5)

对一个以累积方式而趋向进步的自然的假设

有关社会生活的"神秘的运动和机制"观念意味着,我们有可能揭示起决定作用的运动形式。① 这一观念引发我们对世界态度的变化——我们先前对事物的自然秩序所怀有的迷信的"崇敬",被一种更世俗的关系所取代。这种关系将所有事物仅仅看成是由因果关系所支配着的。由于神秘而产生的尊敬或宗教恐惧,已被战胜。它只是我们的概念或调查工具无能为力的表现,概念或调查工具的局限使我们无法揭示自然的运作机制。②

120

那么,人是什么,人是受自然决定的实体吗? 什么是自由意志? 自由和必然是一枚硬币的两面:意志由动机决定。动机就其本身而言被看作在事物的实在范围内运作的原因体。动机是经验因果关系模式中的因素。人是世界进程的组成部分,世界应以自然的方式来看待。③ 简单地说,在世界之外

---

① "物体的运动被看作必然运动的例子,而且在这一方面不论是什么事物在与它相同的状况上,这种运动都必须被认为是必然的。"(《人性论》:410),而且:"外界物体的各种活动都是必然的,在它们运动的传达、互相之间的吸引,以及互相凝集这些作用中间,并没有丝毫中立或自由的痕迹。每一个对象都被一种绝对的命运所决定了要发生某种程度和某种方向的运动,并且不能离开它运动所循的那条精确的路线,正像它不能将自己转变为一个天使或精神,或任何较高的实体一样。"(《人性论》:400)

② 适用这种观点来看待人性时,休谟表现得完全有把握:"已经证明,意志的所有活动都有特定的原因。"(《人性论》:412)这种对人性的理解被认为应用了培根所提出的物理学原则。这样,因果关系法则就成为核心原则。如果因果关系法则有问题的话,我们就不可能获得可靠的知识;但是如果因果关系法则是独立于主体愿望的,我们就可以期望扩展知识的范围并对人间秩序作合理的改进。休谟先是将因果关系法则置于怀疑主义的怀疑之下,但是最后声称因果关系法则经受住了怀疑主义的考验,因为它不是建基于理性而是建基于"自然"之上的。世界的结构不是建基于理性的真理之上的;相反,它是一系列相互作用的、变化无穷的实体,最终遵循着因果关系法则。

③ 唐纳德·利文斯顿认为:"休谟正式采取的最终学说是纯粹的有神论。"然而,他指出,这不是传统的宗教有神论。[《宗教的自然史》, H. E. 鲁特(H. E. Root) 编, Adam and Charles Black, London, 1956——在利文斯顿那里被引述为自然史,没有页码——对人的宗教信念给出了一种自然主义的解释,把这种信念看作心理需求的结果。]对世界复杂性的观察引导我们设想存在着种种目的或设计,这又引导我们认为存在着一个单一的、不可分的智慧。因此,"甚至是到处可见的有关自然的争论,也成为了存在某种一致计划的证据,确立了一个单一目的或意图,不论这些东西是多么不可解释和不可理解。"[《宗教的自然史》:74,转引自利文斯顿(1988)]。利文斯顿把这个看作一种新的特别是休谟的见解,他争辩说:"没有这个见解,进步的科学知识就不可能。"然而"牛顿、博伊尔(Boyle)和其他人认为,科学推理可以为认为(转下页)

并不存在稳定的、因此可以构成理解和区别各种事物的最终指导根据的东西;相反,诸如因果关系原则等科学原则在发挥着这种功能。坚持这一原则,就可以通过观察世界的方式获得对它的感知。这个对于现代性的根基问题的结论——科学自然主义——应当引导人们去重视知识的局限,使他们降低热情和期望的高度;否则,幻想就会导致期望的膨胀。

正如利文斯顿(1988)总结的那样,休谟描绘了这样一种画面:权威和社会秩序由个体的社会意识和社会整体的叙事结构的许多不同表现形式维系在一起。这样,社会和政治标准作为未来与过去的经验和期望的时间汇流而存在。对过去的叙事性回忆定位了观念和主题。与当时流行的永恒不变的自然法观念和社会契约论不同,休谟将构成现存政治和社会秩序的叙事标准看作传统和偶然的混合物,它们不是"自主的"理性的对象。

121 　　对于叙事技巧的这种依赖意味着,休谟经常把这种描述性的法则和一种神秘的法则混合在一起。[2] 个人的政治兴趣范围是有限的,古代城邦的模式不是我们所能企及的。休谟对重建城邦的争论的批判从根本上说是认识论的:那些主张者依靠理性的抽象运动创造了这种理想蓝图:

> 每一个人构造了一种共和国模式,无论它是多么新颖或不切实际,他都急于把它推荐给他的同胞公民,或者甚至用强力迫使他们接受。(《英国史》,Oxford,1826,Vol. VII:136)[3]

因此,休谟在《人类理解研究》中认为,平等派都是"一群政治狂热分子,具有宗教派别的特征"。我们需要一种建基于对自然史进行适当研究的政治意识。不是所有人都能够亲自参与政治过程;相反,我们应当关注宪政代表制;我们需要建设确立适当权威的正义(法律)准则。人类的激情可以煽动起多种冲突的情感,它们需要受到秩序和法律的规制;反之,当法律随着风俗习惯的结构而生长时,它是最公正的——它在日常生活中的

(接上页)存在着一个至高的智慧创造者的信念提供独立的根据,而休谟不同,他认为,相信一个至上的智慧创造者的存在是科学思维的基础"。(同上引:179)

　　② 政治中庸方针,即一种依赖习惯、风俗而对推理保持谨慎和不信任态度,对所有缺乏证据证明的纷争采取暧昧态度的方针,来源于休谟对世界现状的分析。这个事例,或者说休谟的规范性立场,只是朝向现代性的一个传统开端,是审慎的哲学选择的最终基础。注意到休谟没有陷入他的"是"—"应当"圈套的逻辑前提中。他没有把规范性立场建立在他拥有某些建构性的绝对真理之上。其实,他的立场源于取消这种真理的怀疑主义,但是他从中提出了一个解决途径,这一途径自身必须具备休谟式的后叙事经验主义的真理。

　　③ 波普尔(1945)在他的《开放社会及其敌人》一书中又提出了这种论点。

主要作用是保护财产权和促进相互尊重和互利的关系。当人脱离风俗习惯的约束时,法律的约束就是至关重要的。正如休谟在《人类理解研究》中所言:

> 若礼仪和风俗没有给人的性情带来多少人性和正义,好的法律倒可以形成统治活动中的秩序和中庸。

一个有秩序的国家是可以通过正义的法律形成的,正义的法律维持政府的权威,维系人们的自然忠诚。只有在这样的国家内,自由、商业和社会的闲适活动如艺术和科学的进步,才可能存在。而且,通过私人品德的培养而获得的私人幸福,也只有建立在这样的世俗基础之上,才有可能维持。然而,在休谟看来,政治活动如果受到形而上学的社会思潮影响,其稳定就有动摇的危险;这种社会思潮与维持政治稳定和正义准则是相冲突的。①

我们的正义观应当建基于适用人的自然状况并为社会发展所需要的条件上 122

人类应当梦想一个完善的社会吗? 休谟再次要求谦逊。运动和渐进的改良是可以的,通过革命或其他方式达到完善是不可能的:"因此,人应当努力克制他们力不能及的痛苦。"由于人类状况的某些经验特征,必须建立当前的社会秩序,或者相当严格的正义准则。然而,值得注意的是,自然资源相对于人类需要的稀缺性、人是一个有限利他主义者的事实、社会生活的艰难,都可以由于人的同情倾向而变得不那么可怕。

> 如果每一个人对其他人都有一种慈爱的关怀,或者如果自然大量供应我们的一切需要和欲望,那么作为正义的前提的利益计较,便不能存在了,……把人类的慈善或自然的恩赐增加到足够的程度,你就可以用更高尚的德和更有价值的幸福来代替正义,因而使正义归于无用。(《人性论》:494)

---

① 厘清公域和私人得以存在的私域之间的关系,可以使个人自由得到最有力的保障。我们不应当对公域有太多的奢望,因为我们如果对外在的政治活动的公域错误地寄托了我们的希望和恐惧,就要冒着失去对我们的生命和幸福的道德控制的危险。指导什么是社会的适当伦理基础,不是政府的作用;相反,国家的适当作用应当是回应和促进自然的社会领域的功能性需求——遵循经验运作和自然的律令。

如果物质资源是富足的，

> 或者如果每个人对于每个人都有像对自己的那种慈爱的感情和关怀，那么人类对于正义或非正义也就不会知道了。(《人性论》:485)

正义问题的理性主义解决途径，就是简单地从"想象的幻想"中提出一些不切实际的办法。但是，人们既不能因此有所保障，也不能因此得到实惠。我们应当摆脱理性主义的建构模式，要考察社会世界，将政治和社会愿望建立在真实的、具有经验的可操作性的权威基础之上。权威不可能因为理性界定了其本质就获得正当性，而是依靠在社会的自然运动中可观察到的行动。我们应当获得有关功能性聚合的知识，即：

> 人类的幸福和繁荣的大厦是依赖许多双手建设的，通过添砖加瓦使它持续在升高。……(社会就是一个幸福的大厦)，是依赖社会正义品德建设的……在这一座大厦的建筑过程中，如果没有彼此的支持和结合，任何一块砖头都不能发挥作用。(《人类理解研究》:304—5)

这一个缓慢建设的大厦——人的适宜的社会寓所，是脆弱的，是经年累月才能建成的。其中的生活，也就是渐进的现代社会生活，与其说是一个共同的、全面的社会身份体系的"伦理"参与问题，不如说是一个刻意的个人冷漠的过程，它避免了宏大的普遍主张和类似的政治论调。平等派要求国家干预财产分配，提出一种以参与重构的城邦共和国为模式的政治学。像这样的社会运动所表现的彻底民主制的乌托邦观点是休谟所深恶痛绝的。休谟认为，首先，他们的认识论是错误的，不仅是错误的，还是不必要的。我们应当抛弃任何合法性策略中的理性主义成分。其次，我们要对进步和乌托邦的说法表示谨慎。即使人们在持乐观主义的时刻可以共享对"进步"的信仰，但是在变化中仍存在着很大的危险：我们需要传统和权威。

123　　相对于乐观和激昂地呼唤参与和自由，休谟的反应可以用一个词来概括：制度主义。制度主义代表着渐进发展的政治中庸主张，代表着对党派政治狂热病的拒绝，代表着一种保留旧时的权威合法化策略的机制的过程，这种过程仅以维护正义准则——特别是以维护财产权和法定的公民权利准则为名，施加公民的主要义务。

社会制度对人类的规训：牢固的行为习惯

人类行动、信念和政治权力都需要调整、规制和纳入秩序之中，需要遵从规则和符合常规的期望。在一种广泛的意义上，只有在一个有秩序的社会中，可接受的（有道德的）行为才有可能存在，并和休谟所说的"节俭原则"（the principle of parsimony）一起通过社会生活的系统结构保证着社会的稳定。休谟所说的"节俭原则"，是指我们具有一种遵从既定的权威、易于接受政治现实的自然倾向。

休谟在《人性论》第三卷中总结说，历史表明，自由、商业、科学和艺术的提高与进步，只有在那些法纪良好的国家中才可能得到实现；因此，在这两者之间存在着得到历史证明的联系。① 自由社会是法纪良好的社会，是一个由懂得控制自己激情和愿望的有纪律的公民组成的社会。

18 世纪的一个潮流是运用历史学来造成社会变革，造成社会动荡，其中，法国大革命可谓极端之例。休谟把这种对历史学的运用等同于美化政治冲突的诡辩术，编织乌托邦迷梦的幻想史学。历史学应当是"科学的"、真实的历史分析，是研究成长和进展的学问，因此能够成为一种反革命的力量，一种服务中庸政治学的历史哲学。如同福布斯所言，休谟在这方面不同于苏格兰启蒙运动的其他主要人物，他似乎缺少一些"社会学的深度"。休谟认为，是机遇因素、偶然因素、政治活动中主要人物的意图，而不是结构主义的社会学，起着更大的作用。结构主义社会学意味着一种全面而彻底的决定论的视角。② 124

---

① 邓肯·福布斯认为休谟比较了"现代的法治政府和中世纪的无法治的政府：在后者中，国王的意志是至高无上的，而对法律规则的尊重是很少的，或不存在的。在这种情况下，一个现代君主国的优秀国王在那时就是一个坏国王。"福布斯（1979：94—109）认为："在一种广泛的意义上，休谟可以说是马克斯·韦伯以官僚制为特征的现代国家的最早主张者。"

② 这一差别是模糊的，因为在一方面，休谟似乎表示厌恶这一观念：人类能够掌握有关决定论的"实在"的充分知识，这些知识可以使他们作出像马克思后来所作的那样的历史结构分析；然而在另一方面，休谟感到有必要表明，必定存在着自然进程的某些计划，尽管我们从未参与其中。前一个方面给予我们这种历史观，历史是由个人或暂时结成的集体所实施的决定形成的，这些决定是必须由人实施和不折不扣地完成的。这种历史观并不认为决定是由人依靠偶然冲动的意图——这些意图在本质上是潜在的和可以理解的——作出的。然而休谟不应被看作人类命运是无限开放的这种观点的拥护者，不能被看作对人类事务的偶发性采取实用主义态度的早期支持者——给予经验主义以适当的基础这种要求变得太强烈了。

人的选择，就其"自然"的结果即社会而言，是可以从经验上加以解释的。而且，尽管正义准则是"人为的"，但是，这是一种"自然的"产生的人为，其必要性归因于自然过程。正义准则的必要性不是一种理性的结果主义的论调。也就是说，正义准则不是人类在一个契约中从群体意志出发选择的结果，而是人类对社会变迁的机制参与的结果。然而，这种对自然参与的理解本身可能是保守的。如果建构正义准则的过程是一个效用化的过程，那么人就可以自由地改变正义准则，如同他的抽象的效用观念在指挥着他一样，但是，休谟认为正义具有几乎不变的特征。虚无主义被拒绝了，代价是求助于一种假定对人类有些作用的意识形态。既然社会的形成是自然结果，它的结构也就在本质上优越于任何理性主义方法给我们提出的那些有关社会组织的观念①。

那么我们依据什么作为指导？自然的社会约束来自于日常生活中的互动关系；在同情的自然性质没有被理性主义玄想歪曲的时候，这种约束就会发挥得最好。政府并不是纯粹理性的竞技场，依赖"通常的感觉和一点经验就可以了"。(《人类理解研究》:195) 社会正义不是以第一原则为基础的东西。相反它要在根本上坚持社会生活演化来的规则，特别是"尊重他人财

①　一个主要例子是按照需要原则分配财产的观点，这观点是与休谟对财产现状合法拥有的辩护相反对的。在《人性论》中，休谟示意，同情的情感引导人们作出了倾向平等的考虑(他自己的说法是，每人得其应得的一份)，然而这似乎可以看作是一般严格规则的例外。在《人类理解研究》中，休谟考察理性主义的构想，这种构想通过引导人们追求一个抽象的理想——还是按需分配的理想——去实现社会变革。"一个有理性而无人性的生物会思考何种公道和财产准则最能促进公共利益，最能在人间建立和平和安全；他的最明确的想法就是，给予最有德者最多的好处，给予每一个人与他们的倾向相当的行善的能力。在一个由一个拥有无限智慧的存在者统治着的完善的神国，这种准则确实存在，并被用于最明智的目的；但是如果由人来执行这条法律：由于人的美德不论在其本来的模糊性质上还是在人类的自我评价上都是靠不住的，所以从中得不到任何确定的行为规则；而直接的后果必然是社会的彻底解体。"(《人类理解研究》:192-3)因此休谟有点承认需要论，但这与他的建立在人性和历史进程的"经验"知识的基础之上的论点相违背——他推翻了《人性论》的立场。在《人性论》中，当同情与正义发生冲突时，正义占上风。这种立场的变化反映了他逐渐倾向于历史分析。这也可以表明，理性必然运用到这一个不完善的世界中，并和经验调查共同起作用。

产"的规则。(《人性论》:489)①解决正义问题要关注社会行为的现实问题。尽管正义问题的解决办法并不(直接)来自自然,而是来自人为,其实:

> 自然提供判断力和知性作为补救措施以纠正自然情感中的不规则和不协调现象。(《人性论》:489)

与社会契约论者的主张不同,"作为惯例的正义并不具有一个承诺的性质",而是来源于"一般的共同利益感觉":这感觉在社会成员间通过实际的行为互相表示出来的,并可能引导他们达成具有承诺性质的决议,但是人们由于缔约而走出"自然状态"的观念应当被看作一种纯粹的虚构,类似诗人们所臆造的黄金时代。在休谟看来,原始状态或自然状态的观念只是"黄金时代"的异曲同工的说法。②

我们已经看到,在那些通常被认为是休谟的先行者的 17 世纪"自由主义"作家看来,"市民社会"——与现代性的有关一个自我理解概念的早期表

---

① 正义,即"普遍的和平和秩序",或"普遍的互不侵犯状态",反映了每一个希望得到人身和财产安全的个人的自我利益。这种安全和幸福只能在社会中通过正义的安排来获得;在某种程度上,正义是自我利益的反映。正义的有用性就是它可以满足自我利益。因此,休谟主张,公共利益是正义的唯一源泉。但是尽管社会利益或自我利益使人们结成社会或达成正义准则,却是自我利益之外的某种东西为正义提供了道德基础。正义的道德性质并不是建立在自我利益而是建立在同情的情感上的。不仅在非正义行为关涉到我们的利益的时候而且在它给我们所同情的其他人带来痛苦和烦恼的时候,我们都会谴责它。"因此,自利建立正义的最初动机;但是与公共利益有关的同情却是维护正义的道德基础"。

② 休谟通过巧妙地利用社会的经济原则,竭力使我们怀疑理性主义的正义观念——他说,如果正义"准则"是"深奥和难以发明的,那么社会就必须被看作偶然的,是许多世代的产物。"休谟的观点是,应该只需要较低的理性思辨就可以理解正义概念,因为正义准则只是保证财产的稳定占有的准则,简单明了,以致"每一对父母,为了在子女间维持和平,必须确立这个准则;正义的这些最初萌芽随着社会的扩大,必然日益改善"。(《人性论》:489)人类的自然状况需要这样的正义准则,因为"可以认为确定的是,正义只是起源于人的自私和有限的慷慨,以及自然为满足人类需要所准备的稀少的供应"。(《人性论》:491)尽管正义的实施要求阐明这些一般的和普遍的准则,这些准则对于继续维持正义制度变得非常重要,但是它们对于正义的起源和它的实际约束力来说不能被认为是重要的:因为"确实,想象比较容易被特殊的事物所影响,而比较不容易被一般的事物所影响;而且当情绪的对象在任何程度上都是模糊和不确定时,情绪就总是难以被刺激起来"。(《人性论》:580)维护正义制度是重要的,这优越于特殊情况下可能导致的不公,"至于单独一个的正义行为,如果就其本身来考虑,则往往可以是违反公益的;只有人们在一个总的行为体系或制度中的协作才是有利的"。因此"在正义的法庭前""违反正义法则而作判决,可能是合乎人道的……然而,法律和正义的这个制度是有利于社会的"。(《人性论》:589)而且,正义准则一旦确立,"就有一种强烈的道德感自然地随之发生;这种道德感只能由我们对社会利益的同情而发生"。(《人性论》:579-80,着重号为原文所有)

126 达——就像一个追求个人目的的个人举动那样突然形成了。但是休谟认为它没有什么突然之处，与自然的缓慢和渐进过程并没有断裂；相反，正义品德的实践，或者正义准则的遵从，最好被看作发生在自然的渐进过程之中，这种渐进过程是由无数的个别人类行动推动的。自然极精巧地履行着这一任务，因为据以确定财产、权利和义务的规则本身并无自然起源的痕迹，却有许多的人为痕迹。它们"数量太多，不可能起源于自然""是人类法律可以改变的"，然而"它们都直接和明显地倾向于对公共利益和社会的维护"。休谟说"由于两个原因，这最后一种情况值得注意"，还是直接引用他的话有助于说明问题：

> 第一，因为这些法则成立的原因虽然是对于公益的尊重，而公益是这些法则的自然趋向。可是这些法则仍然是人为的，因为它们是被有目的地设计出来、并指向于某种目的的。第二，因为如果人们赋有对公益的那样一种强烈的尊重心，他们就决不会用这些法则来约束自己。由此可见，正义法则乃是在一种较为间接而人为的方式下由自然原则发生的。利己心才是正义法则的真正根源。而一个人的利己心和其他人的利己心既是自然相反的，所以这些各自的计较利害的情感就不得不调整得符合于某种行为体系。因此，这个包含着各个人利益的体系，对公众自然是有利的，虽然原来的发明人并不是为了这个目的。（《人性论》：528-9）

因此，"发明者们"——法官、立法者、"利益集团"等的意图并不足以作为原因以真正解释正义制度的演进和运作。甚至当我们看到，立法者出于自身利益、自身的"利欲心"去立法，他们也是处在自然进程之中的，结果是他们"自行调整"以符合"一种行动和行为制度"。这从整体上是有利于社会的，"这益处是发明者所没有意料到的"。正义准则即使不具有抽象理性的正当根据，也可以有约束力；对"自然历史"适当的考察就可以表明它们约束力的根据。[①]

这种有关自然历史和情感活动的知识，可以被用来对抗激进革命的观念和法律实证主义的简单"命令模式"的独断性质。相对照的是，我们有

---

① 在《国富论》中，斯密提出增长所有公民的一般富足水平——同时尽量减少政治的作用的一些论点。中产阶级的成长和增多对社会秩序来说至关重要，因为如果绝大多数成员是贫穷和悲惨的，没有哪一个社会可以真正繁荣和幸福。斯密将个人的状况归因于他们在劳动分工中的地位和所经历的社会环境。

一部伟大的"经验的自然的法律发展"演进史,这使法律获得了抵御轻率变革的力量,使它可以抵御那些武断和片面的批评。没有必要以内在理念或诸如上帝存在等外在标准这样的根据,给人的道德意识奠定一个基础。自然正义的发展和运行可以被用人性的品质(自爱,有点仁慈)、人类行为的能力(基于同情的交流,尊重他人财产)和社会互动关系的整体性(相互的承认)来解释。

127

对知识的追求受到这种信念的支配,即知识有助于促进自然的社会变化。尽管休谟的意思很明显——我们需要从经验层面来分析法律制度,真正理解它们的运行机制——但是休谟似乎相信这样的分析可以促进已经发生的文化变迁。例如,拿刑法来说,休谟注意到,宗教的平等观念的"非自然性"正在转变为一种自然反应制度。所谓自然反应就是对犯罪行为的感性反应。随着宗教影响力的减弱,对罪犯的反应就变得"更自然"。应当对法律作一个结构性的调整,以保证社会的正常运行;现代创造的"市民法"就是自然进程中出现的、正在进步的一个成果,它将"工业、知识和人道"紧紧地结合在一起。(1966:278)社会控制是与社会关系、人际的互动关系结合在一起的,中产阶级人数的增多可以抑制社会变革中的风险,因为"中产阶级……是公民自由最好、最坚实的基础"。(1966:284)他们对工业活动的投入以及随之而来的优裕生活,可以使人们朝着和平共处的社会化方向发展,甚至可以应对不断增长的劳动分工所带来的更大压力和更多机会的挑战。

政府权力只能为社会控制提供一种粗糙的工具。赤裸裸的暴力,或政府所掌握的可见的强制力工具,其作用范围是有限的,而风俗习惯是约束人们那些有点反社会的倾向的真正力量。这些针对人们行为的不同规范都是通过调整具体情况下的人们的相互关系而起作用,个人感到有必要保护他的名誉,适应别人对他的行为的反应。有效的控制在于影响"舆论"。亚当·斯密说得甚至更明确,他认识到"正义的自然情操"(亦即心理冲动),不仅可以取代赤裸裸的强制力,而且可以取代宗教信念以及与之相关的超验性理想主义的控制力。因为斯密和休谟都认为,社会进步的关键之处即是影响社会的"集体判断"。的确,两人都看到了,社会"舆论"——或按斯密的说法,社会的"道德情操",有了更多的自然性质,宗教的威力就衰落了。① 休谟认为,道

---

① 斯密的法学计划是创立一种不以神学模式为根据的道德情操论(并以此为一部主要法学著作的名称,1976),道德情操不同于宗教情操之处在于前者是直接地表现情感,而后者是前者的次生结果。

德情操对所有的人来说都是共通的，"在任何一个时代和国家都是绝对普遍的"经验本能。大多数人并不进行反思。他们是受那些未检视的情感支配的。而那些情感又在很大程度上受到未检视的宗教意识影响。道德情操是我们积极参与社会和物质世界实际活动的结果，所以它们是真实的。这种参与使我们几乎没有空闲和心境去探索未知的不可见的领域。①

128 **道德哲学是世俗的吗？正当与邪恶的哲学探讨应当让位于自然功利的经验分析吗？**

休谟的分析使整个"道德理论"面临这样一个问题：在休谟经验论之下，有关道德特征的哲学探讨还有什么意义？②

这个问题的意味深长之处在于：我们如何能够建设一种基于感觉、情感或同情的能力的伦理学体系，而不会使伦理学庸俗化为口味的选择问题，使道德判断成为主观的和相对的？休谟认为，道德情感是人人皆有的，人们赞扬或谴责同一个行为，这种赞扬或谴责都不是源于一种狭隘的自爱；相反，我们有同情的自然倾向。再者，休谟讨论道德性旨在批评一种纯粹的理性主义模式。这种模式认为，单纯依靠理性就可以发现道德性，并可以分辨出道德上善与恶之间的所有差别；相反，休谟的主要论点是，因为道德准则关系着实际生活，作为它的一个结果的"道德哲学"必须能够：

> 影响我们的情感和行为，而超出知性的平静、懒散的判断以外。……既然道德准则对行为和情感有一种影响，所以当然的结果就是，这些准则不能由理性得来；这是因为理性绝不能有任何那类的影响，关于这一点我们前面已经证明过了。道德准则刺激情感，产生或制止行为。理性自身在这一点上是完全无力的，因此，道德准则并不是我们理性的结论。（《人性论》:457）

---

① 《自然史》:21,31。

② 在《人类理解研究》（第170页）中，这个问题是这样被提出的：道德是来源于理性，还是来源于情感；我们是通过论证和归纳的方法，还是通过直接感觉和更细致的内在体验的方式获得有关的道德知识；它们是否像所有有关真理和谬误的判断一样，对每一个理性的智能存在物都是相同的；或它们是否像对美和丑的知觉一样，完全建立在人类的特定的组织和结构上。休谟的目的是实现"道德研究的全部领域内的转变，抛弃任何一种不论如何精致和具有创造性、但不是建立在事实和观察基础上的伦理学说"。

对于世界依靠经验的运作机制来说,理性的作用是次要的——理性必须仅仅用于阐明自然规定着什么。①

接着,休谟进一步认为,善与恶的差别不仅不是理性可以分辨得了的,甚至也不是依靠一种简单的实证调查就可以发现的事实问题:

> 就以公认为罪恶的谋杀为例。你可以在一切观点下考虑它,看看能否发现你所谓恶的任何事实或实际存在来。不论你在哪个观点下观察它,你只发现一些情感、动机、意志和思想,这里再没有其他事实。如果你只是继续考究对象,你就完全看不到恶。除非等到你反省自己内心,感到自己心中对那种行为产生一种谴责的情绪,你永远也不能发现恶。这是一个事实,不过这个事实是情感的对象,不是理性的对象。它就在你心中,而不在对象之内。因此,当你断言任何行为或品格是恶的时候,你的意思只是说,由于你的天性的结构,你在思考那种行为或品格的时候就产生一种责备的感觉或情绪。(《人性论》:468-9)

道德理论不过是说辞而已,它的"理性"因素是一种凌驾于激情、动机、意志和思想等一些真实的、主观的心理系统之上的上层建筑,正是激情、动机意志和思想这些东西构成和调整着"自我"的反应的全部过程。实际上:

> 德就是内心的活动或品质给予观察者愉快的赞许感觉的那种东西,恶则相反。(同上引)

同情或类似的情感,是"人性中一个最一般的原则"。因此,我们"赞扬极遥远的年代或国家发生的善行。对于那样遥远的年代和国家,最丰富的想象力也不会发现于我们有利的什么东西,或发现我们目前的幸福和安全与离我们如此遥远的事件有什么联系。"同样,"敌手所作出的一个慷慨、勇敢或高贵的善举,会得到我们的赞许;然而在其结果上,它可能被认为对于我们的特定利益是不利的"。休谟关于道德情感和同情的观点与传统的伦理学相对立。后者认为,德行存在于行为与一个正当准则的关系中。一个行为是善的,还是恶的,取决于它是否符合那个准则。休谟反对存在道德准则的假

---

① 例如,休谟因此宣称,乱伦行为在动物界是被允许的而在人类中却被禁止的理由,似乎是,人类运用理性发现这是"罪恶",制定法律加以禁止。但是,这种道德阐释并不是我们的理性可以做出的,因为那样做是循环论证:"因为在理性能够察觉罪恶之前,罪恶必然先已存在。因此,罪恶是独立于我们理性的判断之外的,它是这些判断的对象,而不是它们的结果。"(《人性论》:467)

说，认为这种假说是费解的、不可理喻的。那些给予观察者愉快的赞许情感的品质有：灵活、谨慎、上进、勤奋、节俭、敏锐、慎重、仔细。人们——即使是最愤世嫉俗者，也普遍同意以下是优点：坚韧、冷静、耐心、恒心、审慎、警惕、机敏、辩才。那么，如何评价这些使我们持赞许态度的品质呢？那就是，这些品质是有用的和宜人的。对什么有用呢？休谟回答说：

> 当然，对某人的利益有用。谁的利益，不仅是我们的利益，因为我们的赞许常常广泛施与。因此，它肯定是被赞许的品质或行为所服务的人的利益。

有用性是朝向自然目的的一种倾向。因此，道德的主要特征实际在于有用与有害之间。

> 如果有用性……是道德情感的一个源泉，如果这种有用性并不总是根据自我来确定，那么，可促进社会幸福的每一事物，本身就可以直接引起我们的赞许和好评。这一条原则可以在很大程度上解释道德的发生：当这一切发生得如此明显和自然，我们去探求费解的不切实际的学说又有什么用？

因此，我们回到本章开始，需要考虑到现代自我的根基，以及社会理论、自我观念和社会关系相互依存的结构之间的相互作用。休谟警告我们，就如同对自我的探求会使我们在脱离日常生活的领域时产生混乱一样，对社会正义的探求也会如此，因此，需要尊重社会的固有规则以避免混乱。有关自我的规则和有关社会的规则反映了那种认识论的律令。现代性的基础是现代性以它的理性遗弃的传统（事物）。如果法律是主权者意志的工具，他最好留心传统，以免工具被解构。因为，如果不在传统中确定立场，就无所谓有或者无、特定性或多样性、正义或不公，也将丧失有意义表达的根基。

130

第六章　伊曼纽尔·康德与批判理性之现代性

> 自然迫使人类去加以解决的最大问题,就是建立起一个普遍法治的公民社会。(康德,《世界公民观点之下的普遍历史观念》,1963:16)

> 如果人的自由不遵守客观的法则,结果将是无法无天。(康德,《对自己的义务》,载《伦理学讲座》)

> 人的权利应当被看作神圣不可侵犯的,不论统治权力必须因此作出多大的牺牲。这里不能打半点折扣,设想一些妥协途径,例如在权利与功利之间构想一种实际上受到限制的权利,也是枉然。政治必须服从权利,纵然政治可能期望借此达到——然而是缓慢地达到——一种持久辉煌的水平。(康德,转引自威廉姆斯,1983:42)

作为现代法则的纯粹与自主

作为一对简朴而极虔诚的苏格兰裔夫妇的儿子,德国哲学家伊曼纽尔·康德(1724—1804)建立了后来被称为道义论的(或绝对主义的)自由主义基本框架。[1]

---

[1]　康德在东普鲁士的一个偏远小城柯尼斯堡度过他的一生。自律的理念支配着他的思想和生活。他开始求学时就读于当地的腓德烈公学,校长也是一个虔诚派信徒。1740 年,他进入柯尼斯堡大学学习。康德的大学学习很重视人类理性在形而上学领域得出确定结果的能力的训练。他对牛顿物理学产生了兴趣,这一兴趣在他的原创性批判哲学的发展中起着很大的作用。大学毕业后,康德当了大约 8 年时间的家庭教师,1755 年成为柯尼斯堡大学的讲师,1770 年被任命为哲学教授。康德的个人生活平淡无奇——他没有离开过柯尼斯堡,也没有什么可被注意的政治或社会关系,然而他是一个相当成功的教师,一个有趣的保守主义者。人们经常把他描绘成一个老光棍,生活极有规律,他每天 4 点半踱出家门,在一条小道上来回走上 8 趟,邻居可以根据他的散步时间来对表。他可以被称为一个探究理性之普遍性的智者,晚年写下了一系列的著作,为现代自由主义的发展奠定了智识的基础。这些著作从《纯粹理性批判》(1781) 开始,包括《未来形而上学导论》(1783),《道德形而上学探本》(1785),《自然科学的形而上学首要原理》(1786),《纯粹理性批判》第 2 版 (1787),《实践理性批判》(1788),《判断力批判》(1790),《纯粹理性范围内的宗教》(1793),和一本短著《永久和平》(1795)等。

他的哲学将正当(right)与善(good)区别开来,并强调正当对于善的优先性。"正当"意指一个人可以声称某事是对的,并明显地不涉及对它的社会效果或其他价值的考虑;"善"意指某物的价值要联系对其他事物的有益后果来确定。康德的道义论自由主义要求我们将人类看作由独立的道德个体组成的,能够在各自的人生实验中理性地指导自己。

132   在《未来形而上学导论》中,康德承认休谟的著作"打破了(他的)独断论的迷梦",并给他的思想指出了一个新的方向。他认为,休谟宣布了唯一可能的知识或者是有关观念关系的,或者是有关经验观察的。哲学就是前一种知识。按照休谟的观点,对于这种知识,众说纷纭,有陷入同义反复的循环圈套的危险;相反,不断发展的经验科学似乎可以提供真实的知识,然而,它们是建立在非理性的基础上的。康德的学术训练使他相信理性,使他希望人们通过理性的运用就会知道人生的义务和正当观念。而休谟质疑和瓦解这些信念,这样,一系列问题就出现了。人与"自然"、与市场的日常生活、与他的感官需要和心理愿望之间是一种什么样的关系? 如果只有经验科学可以提供有关世界的知识,那么我们的道德意识和上帝观念会怎么样? 它们注定要被转移到非理性的领域中去吗? 道德真的是由情感、动机和自然反应构成的吗? 人是不得不遵从自然,还是可以进行理性地把握以建设一个新的社会和世界秩序,如果是后者,人可以依赖什么样的理性原则?

回答休谟

休谟的怀疑主义挑战是可以用理性来回答的吗? 康德的回答包括认识论(与真理性知识有关)和社会计划两个部分。认识论部分追随休谟以探求知识的基础,但是康德没有像休谟那样瓦解纯粹理性和经验性自我的观念,然后转向日常生活的叙事。康德首先分析了经验之外的纯粹形式的理性科学以寻找一种先天的理解条件①,然后用相同的方法论来分析我们日常的道德情感以寻找基础性的理性前提。目的就是保持理性而不是习惯或经验分析在哲学和伦理学中的统治地位。与休谟相反,康德认为,纯粹理性是有

---

①   康德区别了理论理性——我们通常称为科学的理性和实践理性——有关道德和美学判断或者有关美和艺术解释的理性。康德的主要方法论原则就是区分纯粹形式或逻辑的事物和感觉的事物。他认为前者在原理上是普遍的和必要的,而后者是偶然的、具体的和特殊的。

可能传达出有关世界的真实知识的①,我们日常的道德观念合乎理性地提示了这样一个前提:一些事情本身是绝对正确的,而另一些事情是错误的。② 这与我们的心理愿望或者对社会用处的考虑无关。

康德理论的社会计划贯穿了这种认识论;他特别要求现代人:(1)采取批判理性而不是怀疑主义的态度;(2)对不同的知识类型作严格的区分;(3)询问使这些知识成为可能的基本前提是什么,探求这些命题内在的理性原则;(4)把这些分析融合成哲学史,它为人类活动提供着一个目标,在此过程中我们又受到批判理性的指导。

理性自主原则成为现代性的指导

现代人自行确定事物的含义,而不是去领会经验事物在宇宙秩序中的固有含义。康德可能是第一个做出这种界定的作者。现代人能够摆脱历史的束缚,能够实施自行确立的而不是自然固有的目的和活动,以便发现自己真正的"人性"。现代人不应当:

> 受本能的指挥,受现成知识的培养和引导。③ 他应当从自身中创造一切事物来,寻求自身的安全、食物和保护……所有可以使生活快乐的娱乐、思想和知识,最后甚至还有心灵的善——所有这一切都应当全部是他自身的工作。(1983:14)

---

① 康德称这些命题为"先天综合判断",它们是适用于、但不是源自于世界的知识。

② 在这些区分的背后,康德又作了一个理性主义的区分,即区分了"物自体"或"本体"意义上的世界和"现象"世界。我们的经验知识是有关现象世界的,而纯粹理性寻求着有关事物"本体"的知识。

③ 运用理性指导你的意志可以被看作康德的主要意旨。康德步霍布斯(参见本书第四章)的后尘,用约伯的故事来解释宗教真理。约伯在经历了极大的不幸之后,向朋友们寻求建议。他们根据圣经解释说,约伯的不幸必定是上帝对约伯过去罪过的惩罚,而约伯本人并没有意识到这些罪过。他们建议约伯向上帝请求宽恕。约伯拒绝这样做,他认为自己的良心是清白的,不需要忏悔。最后,他站在上帝面前,上帝对他施展法力。我们如何理解这个结果? 康德认为,约伯有理由忽视朋友的教义解释,既然上帝所展示的"整体秩序表明了一个智慧创造者的存在,而上帝怎样安排这个秩序对于我们来说却是不可知的"。我们不可能知道整体,因为那种教义解释是不准确的。我们如何指导自己? 我们仅仅需要"心灵的正直,并不需要洞察力、真诚坦然地承认自己的怀疑以及避免假装有什么信仰"。(《论一切哲学神正论之失误》,1973:292-3)我们需要一般性地理解整体的基调或外貌,但不可能理解整体自身。我们与上帝之间的道德联系并不取决于经验的准确性,而取决于心灵的正直和真诚的道德意识。

所有的人作为理性存在者都享有这种能力。① 这种能力使人们可以突破他们一隅的或本土的社会信念模式的樊篱。理性自身必须是理性分析的对象。② 依赖我们的道德直觉是毫无意义的,就好像我们诉诸直觉以回应我们的对手诉诸情感一样③,必须对直觉加以理性地分析。

> 理性不会自行运转而是需要锻炼和指导,以便获得一个又一个的思想进步。(1983:13)

休谟在获得可靠知识的希望落空之后,就去寻找社会互动和人类经验能力的命题。而康德则主张"纯粹理性的存在……这是一个独立而自足的领域。"理性不屈从于主观的影响或者独断的愿望,但是我们必须理解它的内在关系的性质:

> 牵一发而动全身。如果不首先确定每一部分的位置、它们之间的相互关系,我们就一事无成。因为正如任何外部的东西都无法纠正我们的内部判断一样,在理性的领域内每一部分的性质和用途都取决于它与所有其他部分之间的关系。……在此领域内,你或者可以规定一切事物或者什么都不能规定。(1902:9)

人类就处在发现的旅途中,现代人的境况就如同一只航行于未知之海的船。康德说,休谟不得不随波逐流而他自己的分析可以给我们提供:

> 一个驾驶员,这个驾驶员根据从地球的知识里得来的航海术的可靠原理,并且备有一张详细的航海图和一个罗盘针,就可以安全地驾驶这只船随心所欲地到任何地方去。(1902:9)

---

① 休谟和康德都希望摆脱生活空间的局限、柏拉图式洞穴的俗规以及建基于共同体的道德体系这些束缚。休谟的摆脱方式是提出人性的一个普遍经验基础。有关历史典籍——特别是古典希腊和罗马人史料的阅读使他认识到人性是恒定不变的。休谟不同意启蒙时代的浪漫主张。这种主张认为,教育具有改变人性的潜在力量(洛克把人的心灵看作天生的一块白板,经验和教育因此可以书写其上)。休谟认为,古典希腊和罗马人为对于性、权力和自尊的渴望所驱使,与周围的现代人极相同。制度的作用就在于约束这些普遍的欲望,而社会改革也只有理解了这些普遍的人性才能达成。康德寻求的是超越我们日常信念和直觉的理性前提。

② 正如康德在对宗教实践的分析中所建议的那样:"跪拜或者俯身在地,这样做即使是为了表达你对神圣事物的尊敬,也是与人性相违背的。这样做也正如乞求图画中的神圣事物一样。因为那样不是在你的理性所检验的理念面前降低自己,而是在你自己制造的木偶面前降低自己。"(《道德形而上学原理》,1964:99)

③ 仅有道德直觉是不够的。康德的意思是说,纯粹的道德直觉等于由阅读和讨论的对象和材料所引起的纯粹内在情感。(参见《纯粹理性范围内的宗教》,1960:100ff)

关键是要发展建立在理性基础上的批判理性以指导日常生活事务,如信仰上帝,以及我们作为自由个体对待彼此的方式。《纯粹理性批判》第一版的序言清楚地阐述了这一点:

> 我们的时代本质上是一个批判的时代,每一个事物都必须接受批判。由于宗教要保护它的圣洁,立法要保护它的崇高,都竭力避免被批判。但是,这样直接引起了怀疑,而不能要求得到理性的尊敬。这种尊敬是理性给予能够经受它的自由和公开审视的人们的。

批判知性也提出了在经验之外知性和理性怎样和如何知道的问题。[1] 135 这样,批判知性并没有摧毁形而上学,但是它掀起了一场"独一无二和突然而降的革命",为真正的形而上学扫清道路。(1065:21—22)

确认知识类型,每一类型都有一些不同的基本前提

第一步就是挽救哲学的命运,使它可以声称能告诉我们有关世界的真正重要的东西。康德继承休谟的有关观念关系和事实关系的区分的主张,认为:

> 所有的理性知识或者是质料的,并与对象有关,或者是形式的,并仅仅与知性和理性本身的形式有关——与思维的普遍法则有关。(《道德形而上学探本》,1964:53)

康德区分了"先天的"知性形式与"后天的"经验感性内容。每一种都具有一些特征,都限定和支持了我们人类的理解能力。所有的知识都是人类知识,它是我们可能知道什么和可能如何知道的功能。人类主观上不可能看到一个纯粹的世界,而是通过某些形式的感觉和某些前提与一个(实质上神秘的)世界进行相互作用。只有通过这些形式和前提,我们才可能获得知识。知识是我们所拥有的官能的功能。正如康德在一个有趣的例子中所说的那样,我们经常凭借这些官能获得某种类型的知识:

---

[1] 哲学被要求将批判矛头指向人类理性自身的组成、能力和结构——去实行一场"哥白尼式的"革命。(《纯粹理性批判》,1949:2nd 序言)《纯粹理性批判》旨在检验科学,即检验我们有关这个世界性质的知识,而《实践理性批判》和《道德形而上学探本》旨在检验人的道德责任和社会义务,这些东西构成有别于世界的"人性"。

这就好像一个实验。一个人闭着眼睛站在镜子前,旁人问他在干什么,他说:"我正想知道,我睡着时是什么样子。"(1983:153)

通过感觉和假设方式获得知识的必要性

我们承认,我们在认识过程中会不由自主地使用一些基本官能。关键在于弄清我们到底是如何使用它们,以及它们是如何构造我们的知识的。只有在弄清这些问题之后,我们才可能恰当地进行批判。首先,我们要问,纯粹数学如何可能? 纯粹的自然科学如何可能?① 然后,我们运用这个知性去分析在一个"纯粹的"推理体系中的可能答案。《实践理性批判》重复了这一探究过程,批判性地分析了我们的道德信念体系中的理性。我们从道德的实际运用出发,并不希望得出"道德"的概念作为最终结果。但是,道德的真实性是被认可的或者"假定的"——因为我们承认道德责任和义务。然后假设我们具有自由意志,我们就可以转而考虑道德实践的条件。②

我们的理性行为并不是被动地发生的,而是我们的心智按照康德所谓的"调节性理念"(regulative ideas)积极参与的结果。我们的道德活动是受"实践理性"支配的。在实践理性中,"意志"与"理性"之间的关联是这样的:意志是按照一种被称为"法则"或"律"的调节性理念行动的能力。这就把人类意志与按照欲望行动的本能区别开来,而人类的本能在康德看来却是消极、被动的活动。意志按照"法则"的运动就是对具有调节性理念的理性事业的积极参与。

科学的基本范畴和理智、经验两世界的划分

在分析科学是如何可能的过程中,对于我们赖以作为科学知识的基础的那些观念(一些"先天的"概念)的论证在于我们承认它们是思想的基本条件——"它们"是思想的"范畴"。

---

① 参见《未来形而上学导论》[Paul Carus trans., Open Court, La Salle(Illinos)]标明这一题目的一节。

② 康德把确定这些"条件"的方法称为"先验分析"——在这个阐明过程中,我们可以解释来自感官的所有经验,其余部分就是可以用心智结构,或者他称为"知性范畴"的东西加以解释。经验的内容或"质料"是后天的、来自感官的东西;经验的"形式"来自心智,它使理解成为可能。经验的形式就是构成知识条件的形式性的东西,它是普遍的、概念性的和"先天的"。参见《纯粹理性批判》。

那么我认为,这些范畴……不过是某种经验中的思想条件,正如同空间和时间是这种经验中的直观条件一样。借助这些概念,我们可以思考一般性的事物,并且可以获得"先天的"客观有效性。(1965:138;后面的话是"这就是我们所期望证明的东西")

基本范畴的功能是双重的:既支持又限定。希望获得一些不为知性范畴所支持的知识——传统形而上学就是如此——应当被看作独断论和自相矛盾的东西而被抛弃。脱离了思想范畴,我们就不能了解纯粹的世界,不能了解事物的本质。然而,我们能够意识到这些范畴的限制性质,并因此能够有意义地构想超越人类理解范围的真实事物和知识。一方面是一个可以通过范畴理解的世界——康德称为"现象"世界;另一方面是一个他称为"本体"世界的世界。这样,休谟的经验主义结论——提供认识可靠性的概念最终来源于不断重复的经验习惯——被改造成为可以提供正当基础的坚实的客观性。这样做的后果是,世界被分成两部分:我们可以认识的和不可认识的。

法则中的预设:道德的合理性*与对人作为自由个体的观点的辩护

137

我们如何表述我们的道德?我们关于道德或法律义务或者上帝的观念的基础是什么?这可以被降低为纯粹有关情感的问题吗?可以被降低为心理的需要吗?康德要求我们将日常社会生活言述作为出发点,去寻求我们言述运用的理性基础。

一个个体的人是什么?一种实体。但是,我们说人是实体,是从什么角度做出的界定?而且人的实体性有没有一个界限?在不断发展的经验科学的话语中,我们用因果关系来描述人。也就是说,人的每一个行动都是时空世界中一个已被决定的实体的行动。但是,我们并不像方才所说的那样行动;在日常的道德生活中,我们把人视为能够许诺、选择并能自负其责的主体。我们在实际生活中所使用的许多概念都意味着,人是被看作一个不断支配自身的、自主的存在者。这样说就否认了人与物理实体之间的关系,并因此实际上主张了我们没有权利主张的"先天性质"吗?或者我们阐明了"另一种实体"?

---

* "合理性"的原文为"rationality",意即合乎理性,而非指合乎情理。——译者注

经验科学的片面性质

康德认为休谟式的经验主义有许多正确的地方。因此,把人看作有限、复杂和偶然存在的,处在一个物质世界中的,实际由物质组成的身心复合体,这种观点是正确、合适的。关于人,我们可以知道什么? 我们可以观察到他与其他的特定客体相互作用。这种作用发生在一个可以被观察到的"实在"世界中,在那里,事物按照因果关系法则并因此按照必然性法则而行动。根据这些调整性观念(regulatory ideas),我们只能以经验科学的语言来描述人性。然而对于康德来说,在某种意义上,这是一种关于个人的抽象观点:

> 有两种观点:依据第一种,人可以认识自己;依据第二种,人可以知道支配他使用权力并因此支配他的所有行动的法则。他首先认为他自己——就他属于一个可感知的世界而言——处于自然律的支配之下(他主);其次——就他属于一个理智世界而言,他处于这样的法则支配之下:这一法则不同于自然法则,不是经验性的,而以且仅以理性为基础。(引自 Williams 1964:120)

当人的行动和选择被认为是一个时空世界中的事件时,人必定受到经验必然律的支配。以刑法为例,当我们作为一个旁观者来解释人的行动时,我们可能会将犯罪原因归结为诸如遗传、教育和环境等因素。我们建立了一个有效的解释框架。这一框架之所以有效,是因为乍看起来,似乎一个人不可能不以这种方式行动,这就是施加给我们行动的一种必然性。那么我们的有关自由意志的通常观念有什么作用? 答案似乎是,我们仅仅在缺乏有关信息时才会诉诸这种观念。这些信息是指所有有关影响行动的境况、条件、因素和程度。缺乏对这些信息的全面掌握,我们就不可能全面认识一个人的行动,也因此不可能准确地预测一个人的行动。这意味着,随着科学的进步,我们对道德实在性的信心将会降低。例如,刑法就会变得多余,会被一些社会保障措施所取代。这些措施从一种决定论的观点出发旨在阻止不可欲的行动。

人超越他的经验性质,能够遵循实践理性而行动

然而,康德注意到,即使有这种可能性,我们还是会认为人可以为他的行为负责,我们共同参与了给予适当褒扬或谴责的普遍社会实践。当我们运用理论理性时,我们采取的视角已经发展成犯罪学家、社会学家、心理学家等各

138

种角色,然而,以市民社会中的日常角色来看,我们给予表扬或谴责时,我们运用的是实践理性。正是根据实践理性,我们表达道德情感,制定法律,而法律存在的前提性事实就是,人们不必违背它们。实际上,我们是在说,人不应当做某事;如果他不应当做某事而他实际上做了,那么我们是在说,他必定是有可能不这样做。但是,我们作为心理学家等,有可能以这种方式提出一个充分的解释:很简单,我们没有看到有什么东西可以阻止他做这种行为。正是在这种困境中,康德引入了一个人类行为所特有的奇怪概念,他名之为"另一种因果律",即自由。

这就是康德所谓的"超验客体"(transcendental objects)的一个例证。这些客体超越以经验和感官为基础的描述体系。以经验主义为方法论基础的刑法学家决不会考虑到这种"因果律"的运作。然而,借助超验客体,我们就可以将冒犯行为(他以说谎为例)看作与一个人的以前经历和境况完全不相干。"似乎是冒犯者完全依靠自己做出这一系列的行为。"康德继而认为,当我们面对理论理性所谓的决定一个人行动的经验境况时,我们仍然可以合理地使一个人为其行为负责,并予以谴责。因此,我们有理由使一个人为他的行动负责,即使我们作为(未来的刑法学家)也可能说"在它们发生之前,它们都是预先确定的、经验性的"。我们有什么理由?康德说:

> 谴责建基于理性法则之上。根据这种法则,我们把理性看作独立于所有上述经验条件的原因;以另一种方式,它能够也应当决定一个人的行动。的确,我们并不把理性因果律视为行动的纯粹伴随物,而是视为自足的事物,即使感性动机并不支持,甚至反对这种行动。行动归因于这个人的理性,他在说谎的那一时刻是完全有罪的。因此,尽管存在着有关行为的所有经验性条件,理性是完全自由的。说谎的行为完全归因于理性的误用。(《纯粹理性批判》,A555,转引自和被评论于阿克顿,1970:45—46)

经验主义观察者所希望的是对行动有一个完全的、决定性的把握,同时又总是存在着"另一种因果律"支配不同的行为,对于这"另一种"在性质上不能用时空概念来确定。人既可以活动在经验性的领域,又可以活动在道德性的领域中。参与这另一种因果律的领域是人的一个方面。这个方面使他适合于成为接受道德褒扬和谴责的主体。道德的褒扬和谴责是参与到我们这个世界的语言性和实践性安排中去的产物。而且正是基于有关人的"意志"活动的假定以及与此相关的概念,实践的、自由的、理性的生活才有可能。

这种理性的、自由的生活源于意志与对于道德活动而言至关重要的"先天"法则之间的相互作用。康德认为:

> 这些自由范畴——这样称谓是因为我们希望把它们与作为自然范畴的理论概念相比较——对于后者来说有一个明显的优越性。后者仅仅是思想的形式,这些形式通过普遍性的概念,以一种不确定的方式,为我们的每一个可能出现的直觉指示着客体。然而,自由范畴是基本的实践性概念,这些概念决定着自由的选择能力。尽管我们没有获得与这一决定过程确切相关的直觉,但是,自由的选择有先天的纯粹的实践法则作为它的基础,而且这不可能被说成是为了有关对我们认识能力的理论运用的概念的。(《纯粹理性批判》,转引自贝克,1960:139)

然而,被康德视为实践生活之基础的这些概念却不是那么容易理解的,因为它们超越科学理性的限度。① 因此我们可以认识到,道德律就是纯粹理性的法则。

实验科学知识无法企及的边界已经划定,我们可以自由地争辩说,自然法则不是因果关系的唯一公式;还有另一种理解人类意义的方法,就是基于这种"理性信仰"。这种"信仰"保护道德不受科学知识的支配。尽管我们不可能知道有关这另一种因果律的知识,但是我们可以知道,与这些方面相关的一般概念是有意义的。的确,理论理性需要这另一领域的存在才能达到圆

---

① 在康德的体系中,这些概念构成康德的"第三对二律背反"。第一对二律背反就是两个相矛盾着的表述,它们都可以得到证明,都代表理性的重要、实质的一面。它们是由于先天综合判断而成为可能的(先天综合判断就是谓项在逻辑上并不包含在主项中,例如某人是一个盗贼——这个断言的真实性只有通过经验才可以确立——就是一个综合判断的例子。康德认为有一些综合判断符合逻辑,一个重要的例子就是"凡事都有原因")。在第三对二律背反中,矛盾就源于因果律。凡事必有原因这句表述就包含着时间上的和自然律下的因果关系因素,但是,如果凡事必有原因,那么根据自然律,必定有一个原因在时间上不是"事"。这两种考虑对于赋予因果关系原则来说都是必要的,但是看来两者不可能都是正确的。这对二律背反的解决取决于——借用斯特劳逊关于康德的一本书的名称——"感觉的界限"的划分(1966:12)。正题主张原因的真实性并不包含在自然律的限度内,反题主张所有的因果关系都包含在现在已知或将来可知的自然律之中。如果把它们各自的领域区分开来,它们都可以是正确的。每一领域都有一个特定的范围,逾越这个范围,理论就失去了它的有效性。这样,正题就适于表达"物自体"与现象之间的关系,而反题则适于表达现象之间的关系。就这样,两个独立、不同的人类理性运用可以并存,并得到证明,事物状态的正当性质就可以用此岸世界与彼岸世界的区分来证。这种二元论限制了科学的范围,并重新确立了神学的地位。但是,这不是迷信的或独断论的神学而是建立在理性基础上的神学。

满,但是这种理性不可能确立它的性质。① 然而,如果没有它,理论理性的存在就岌岌可危,我们就会滑入怀疑主义的泥沼中。

绝对命令

就人类自由而言,它的行使要受制于理智规则。② 我们可以创设何为正当的规则,我们可以规定行动所需要的理由。道德的主要法则是包含在理性本身的结构中的,因此,道德律必须先天地被所有的理性存在者承认有约束力。道德哲学家的作用就在于寻求符合道德原则的正当法则和行动原则。康德最著名的法则就是绝对命令:

> 唯依据如此准则行动,使你的意志所遵守的这个准则永远同时成为一条普遍的法则。
>
> 如此行动,以使你的行动准则通过你的意志成为一条普遍的自然法则。(《道德形而上学探本》,1981:421;30)

康德认为,唯一可接受的道德法则是那些所有人都会采纳的法则。道德施加给我们行动的原则和条件。这些原则和条件一旦得到理解,就会得到任何社会的理性同意。而且,康德认为,在我们道德立场的基础部分,最终只有一套原则和条件可以通过批判理性的检验。道德哲学的任务就是努力发现这样的原则。

我们是默认实践理性和自由意志在我们日常道德评判中的基础地位的

在康德所调和的世界中,如果发生一件冒犯行为,对这种行为所实际给予的语言谴责活动并不具有内在的现象特征,而具有理智特征。一个人犯了罪,就有了罪过,此前的历史并不能改变他的罪过。现象世界的生活方式构 `141`

---

① "这样,对于绝对命令如何可能的问题可以这样来回答:存在着唯一使它成立的前提——自由。这个前提的必要性是可以认识到的,这足以说明理性的实际运用,或者这一命令的有效性质,因此也可以说明道德律的有效性质。但是,这一前提本身如何可能的问题永远不可能被人类理性所认识。"(康德,《道德形而上学探本》, 1981:461;60)

② 应注意,康德认为:"形而上学的真正方法在根本上与牛顿引入自然科学并产生丰富成果的方法是相同的。""心理的因果律将人们置于自然必然性之下,一如机械的因果律"这句表述反映出康德认为理智领域的运转是有法则可循的。有趣的是,在康德的著述中,较早发表的《纯粹理性批判》经常被认为说明了康德把这一领域看作绝对自由的,而在《实践理性批判》中,这一领域却被看作要受制于它自己特定的因果律。这一领域的运作是超越时空的,是外在于时间的,这意味着道德在根本上是永恒的。因此我们看到,在康德的全部调和论中,偶在与恒在是并存的。

成一个人的社会地位或心理角色(从行为主义者看来就是如此,这与较弱意义上的康德立场相反对)。然而不论如何,这些都不能影响到行为的邪恶性质。行为人通过自由的行使将邪恶行为带到世界上。一个错误行为不会因为先前的活动变为正确行为,也不会因为后来的活动改变性质。①

在康德看来,实践理性,亦即道德律的运行,提供了一个制约时空世界中诸种冲突的愿望和经验力量的机制,道德律就是大写的"我"(真正的我自己)的运行。然而,这是一个艰巨的任务。康德认为"意志"是解决问题的关键。康德的"意志"概念区别于动物性的、休谟意义上的使理性服从情感的愿望,是一种更高级的愿望。这种更高级的愿望不仅使情感服从理性,而且使自己也服从理性的力量。理性人是理性宇宙的组成部分。但是,这里我们有一个根本性的问题,就是意志与表象世界的关系问题。道德决定、意志活动、道德思考如何与现象世界相互作用? 它实际上是如何控制,甚或影响现象世界的? 康德认为:

> 为这个完善而努力是人的义务,但是(在一生中)是不能达到完善的。因此人们对义务的履行仅仅体现为不断的进步。(同上引,VI:446;241)

道德法则只能作为现实中人的意志和自觉努力的行为,存在于现象领域中。我们可以反思性地评价可能的行为。康德对于"愿望"的两分非常不同于对休谟的经验主义解读。这种两分使我们可以评价我们的愿望:一些在质上是可取的,另一些在质上是不可取的;一些是可接受的,另一些则相反。这等于承认,人与感性动物的根本区别在于人有内在的道德法则。

道德律之下的行为与我们的自我评判能力相联系。康德理论和休谟理论的区别并不在于我们意识到我们就所欲求的行动进行决断的能力,而在于两种不同的评判意识。休谟主义认为,评判是、不可能不是量的分析。个人倾向于一组感觉或持久满意事物中的最可欲情感。在两个行动方案中做出抉择时,休谟主义倾向于根据工具性、功能性和有用性等这些标准形成不同的愿望;相反,康德主义要求超越量的考虑,进行质的评判。道德律关涉对不同欲望的质进行排序、甄别和归类的能力。也就是说,这些欲望受到道德原

142

---

① 康德认为,我们会忏悔这一事实表明我们是承认这一点的。他说,忏悔在其本质上只能有一个真正的原因,即使它将一件事情说成是意外或错误。忏悔不同于后悔,它是对将邪恶带入世界的反思,而后悔只是对结果表示反思。忏悔也不是赎罪,它不能将功补过,它只是痛苦地承认我们做错事时是自由的。

则的评判。

经验主义知识建设的宏伟目标就是将实践理性尽可能地转变为计算的能力,这一点在功利主义理论中得到了集中的体现。康德反对这种做法。他声称,对我们的愿望进行质的评判就是过一种具有质的不同的生活方式——他称之为真正自由的生活方式。这种生活方式表达了人的独特价值。评判的领域或应当的领域不可能以纯粹的物的性质存在,它依赖于超脱物的性质的存在者。①

在康德理论中,对于洞穴生活的超越,对于真正人性的把握,源于人自身的能力——源于给予了他人性理想的理性。道德律并不适用于任何特定的道德领域,在这些领域中,道德对人的统治尽管是被人习惯性地接受的,但却是不正当的和专制的。道德律是用来对道德自身进行规制的,它基于人性,根植于人的心灵。它不是纯粹的私利算计,而存在于人之为人的义务中。它并不存在于外在的强制力中。② 作为主体的人从自身意志而不是从任何外在的经验中抽出行动律令。经验生活中的人可能会感到激情和欲望诱使他采取某种行动,但是,他的意志有能力将这些欲望转变为其他活动。根据反思:

> 他必须毫不犹豫地承认,这对于他来说是能够做到的。因此他判断他能够做某件事,因为他意识到应当做这件事。他认识到自身的自由,而对于自由,如果不是道德律的话,他是不知道的。(1949:30)

正如阿克顿所总结的那样:

> 一个人试图借口遗传因素和外部环境来为他的错误行为辩解,可以

① 功利主义一直倾向于拒绝考虑价值在质上的不同,理由是这些考虑误解了我们偏好的真正基础,我们偏好是作为感觉和量的形式而存在的。功利主义认为,一旦我们放弃强烈的道德评判,就可以进行计算。但是,这种边沁式计算的基础是痛苦和快乐这些功利因素的总量的可度量性。功利主义者把他们的对手看作主张强烈的质的评判的机械论者,这是正确的,因为康德的实践理性的机械论不能简单地还原为纯粹的计算问题。而且,它不仅仅主张量的和质的评判之间的区别,或者存在着根本性的、更高级的愿望,它还是一种按照价值鉴别愿望的能力——因此它是价值排序的理念。康德理论中的个人不会说谎,并非因为说谎有这种或那种后果,而只是因为说谎本身就是卑鄙的。

② 康德认为:"人是一个具有实践理性能力的存在者,一个意识到他的选择是自由(他是一个人)的存在者。在他的自由意识中,在他的情感(康德称为道德情感)中,他是理解所受到的公正或不公正,以及他给予别人的公正或不公正。因此,他认为自己是应当服从义务法则的,不管他对义务法则的了解是否清晰。"(《人类学》,1974:185)。

说是理性地抛弃了他的合理性……辩说身不由己地做某事,就等于说他
在相当的程度上是为外界刺激物主宰的奴隶,但是,这样说又意味着这
个人不是奴隶……如果我们承认道德赋予我们的义务,我们就会因此获
得自由。因为我们接受道德律意味着我们具有实践理性,我们有能力实
现它。(1970:51—52)

143 界定理性主体的本体

人是这样构成的:他既存在于现象学领域,又超越这一领域而存在于本
体领域。因此,有关人的绝对真理——人的"本质"——是超越于经验界的
偶然性,超越于时间,超越于会朽的文字的。人双栖于并在本质上是超然于
自然的、经验的表象世界或者关涉人之物欲的政治世界的。他是活在两个世
界——经验的和道德或伦理的世界中的。①

人对于他所行使的力量的反思把他置于"头顶的星空"和"心中的道德
律"之下。人在实践活动中不断地将"先天的"、普遍性的道德律与他对社会
性存在的积极解释结合起来。适用这些先验原则就是道德人生的积极
任务。②

---

① 有一种比较突出的反对意见,说康德给我们描绘了一种理论世界,其中居住着非常抽象
或在经验上"毫不关联"的"个人"。这些个人有尊严而孤立,他们是自主的,代价就是他们失去
了作为实际的、经验的个人的真实性(也就是他们的真正"个人性")。这一点早就有人指出:黑
格尔认为,康德的唯心主义的错误就在于脱离了世界。他认为,康德的批判哲学陷入了一个困
境:它试图通过科学理性来证明上帝(人世间善的绝对基础)的存在,但是,由于这样做没有成
功,它继而又在《实践理性批判》中将上帝看作实践性的迷信对象来信仰。在黑格尔看来,康德
不得不认识到批判哲学的失败,失败的主要原因就是康德认为不可能认识到"物自体"。(黑格
尔,《历史哲学》,第三卷:428-30)
② 如果人是宇宙舞台的演员的话,在康德看来,这个演员并不是根据宇宙的固有台词,而
是根据自己的理解来演绎剧情的,这就是在超验法则之下的道德自由。演员面对的是一个非人
性的自然世界,但是他要在超验的"另一世界"中的法则的指导之下演绎出一个非自然的社会—
道德世界。人生的社会演绎首先受到实践理性的指导,其次才是理论理性。实践理性的指导有
双重意义:既针对公共创设的、公开的政治社会中的活动,又针对私人性的然而普遍性的市民社
会中的活动。

甄别正当与善

康德后期著作《道德的形而上学》(包括《正义的形而上学原理》)的主旨似乎要使道德主张普遍化,使之摆脱任何特定共同体的地方性;似乎要表达可以普遍地适用于所有人(理性存在者)的道德原理。在这部《道德的形而上学》之前,康德还写了一部名为《道德形而上学探本》的著作(有 1959 年、1964 年和 1981 年的各种译本)。《道德形而上学探本》的一般读者对象是拥有"理性的道德常识"的人,它旨在阐述有关人类共同理性的道德知识,揭示特定时期内被普遍奉行的信念的主要条件,亦即共同意识的理性构成。主要的前提条件是,人们通过实践可以充分地认识到正确与错误、善良与邪恶、义务与反应的区别。我们的工作就是揭示这些认识的理性基础。

康德努力将现代性根植于普遍性之中,因为他要用人的普遍理性的修辞力量来摧毁那些有限的质料性质的概念。这些概念旨在描述由于在一种共同意识下的社会化而形成的先定的道德反应。康德不是要揭示任何一个特定的地域或共同体的信念,而是要为所有的和任何的"人"立法:形而上学是科学,它旨在以系统的逻辑关系展示源于纯粹理性的哲学知识的全体(这一全体可能是真实的也可能是虚幻的)。(《纯粹理性批评》,A841—B869,转引自阿克顿,1970)人类共有一个理性的本质,并且能够自我指导:"理性本质有别于其他事物之处在于它以自身为目的。"(1056:56)人或社会人的核心特征就是他把自己置于一个"目的王国"中。"一切事物或者有价格或者有尊严。任何有价格的东西都可以被其他等价物所代替,然而无法以价格来计算的并因此没有等价物的东西就有尊严"。

凡是与人类一般倾向和需求有关的东西——我们可以称之为商品——都有市场价格。那些不需要任何先决条件而又符合某种趣味的东西(即在我们毫无目的的娱乐中使我们获得乐趣的东西)是有实际价值的。但是,那种构成一种条件,在这种条件下某物单独地就可以其自身为目的的东西就不仅仅有相对的价值,即价格,而且有一种内在的价值,即尊严。我们可以把它称为正当(权利)。

> 道德是一种条件,在这种条件下,唯有理性的存在者自身就可以是目的。因为只有通过这个条件,他才有可能成为目的王国的立法成员。这样,道德性和人性(就其符合道德性而言)单独地就有尊严。工作技

144

术和勤劳有一个市场价格。……但是忠于诺言和恪守原则(不是由于本能)就有内在的价值。

道德行为并不源于任何主观的倾向和偏好,并不希冀从中获得立即的支持与满足。道德行为也不需要任何的习性或情感作为动力。它们存在于将它们作为不借助其他事物就值得尊敬的对象来对待的意志中,既然只需要理性将它们施加给意志。

社会决不应沦入由于害怕惩罚而产生的"市场"思维中——尊严反对"价格"的计算和技术性的思维,而要求渊源于道义论的绝对义务。①

甄别正当和善:对功利主义的批评

康德的道义论传统与功利主义针锋相对,并为其批评后者奠定了基础。边沁(参见本书第八章的讨论)认为功利是一个可以部分代替道德直觉主义者关于道德上正当与善的主观陈述的主要原则。而道德直觉主义者可以这样回击边沁:功利原则之所以流行,是因为人类天生想要的是幸福,而不是痛苦——而且,我们直觉地相信,我们应该在这个世界上拥有更多的快乐,更少的不快乐和痛苦。以此看来,边沁不过是把直觉认识发展为一般理论而已。功利主义说,我们要重视行为的结果——一个行为并没有内在的善或正当;一个善的行为就是能够产生最大的幸福和快乐的结果或者可以满足人们偏好的行为。

然而,功利主义常常与我们称为"道德悖谬"(moral monstrosity)的反对意见相矛盾,一个产生最大善的结果常常与我们的直觉推论和正当观念相违背。我们可以通过不同的思想实验来分析这种情况。②

一组通常的例子被称为医生的困境。第一个例子发生在战争时期。一个医生正在照顾一个重伤的男子,而医生的生命实际上也处在危险之中。

---

① 实际上,康德将"市场思维"看作一种完全不同的社会秩序安排形式——一种建基于感官满足和报酬的形式(商品拜物主义)。它的结构是与一个真正理性的和普遍性的共同意识的结构相反对的。这样,它也就失去了要求理性服从的理由。

② 进行反功利主义的实验是一个通常的策略。一些作者对此反驳说,功利主义分为行动功利主义(仅仅考虑行动)和规则功利主义(将行动作为一般规则来考虑以及考虑一般情况下遵守和不遵守规则的结果)。一个通常采取的辩护意见是,如果我们以功利原则所建议的非人性方式来行动,人们就会普遍地丧失对我们社会制度的信心,一般的社会幸福就会减少。例如信任水平就会降低。至少在理论上,这种论点是容易反驳的——仅仅考虑那些并没有公开、因此也没有降低人们的信心的行动就可以了。

为了救这个人,医生需要投入全部的时间和注意力,他必须心无旁骛。如果他顾及其他事务,而不照顾这个伤员,这个伤员就会死去。我们的医生处在极大的危险中,但是他将这一切置之度外。最终,医生幸存下来,伤员也得救了。我们可以说,这位医生不仅非常勇敢,而且是个英雄。他冒着生命的危险,践行他的善。他应当得到奖励。但是,假如当时有几位伤员而不是一位,这可能会让人烦恼。想象一下,还有五位伤员:他们实际上不如第一位伤得那样严重,但是如果不予照顾的话,就会死去。如果医生专心照顾伤得最重的那一位,其他人就会死去。想象一下,他这样做了而其他五位死去,他还是英雄吗?我们是颁奖给他,还是认为他做了一个错误的决定?如果他离开第一个伤员去照顾其他人,第一个死了怎么办?我们已经承认,如果医生心无旁骛地照顾他,就是做了一件道德上值得赞扬的行为——他还有理由让这一个人死去而照顾其他人吗?如果伤员中有些是军官,有些是普通士兵,他应该对军官再多努力一些吗?如果伤者中还有一些实际上是俘获的敌人,而这些人就在刚才还在奋力枪杀医生所在连队的人员,那又该怎么办?

第二个例子也关乎医生的困境,我们称为"306房间的病人"。在我们的医生工作的医院里,有六个病人等待器官移植。一个人要换肝脏,另一个要换心脏,还有人要换肾脏等。若不实施器官移植,这些病人就会死去,而现在并无器官可供移植。一个病人住在306房间,他已经预约了一次通常的手术,他的器官都是健康的。如果医生实际上利用306房间的病人作为器官的提供者,我们如何评价呢?一个病人死去了,而他的死换来其他病人的健康生命——医生所做的不是一件高尚的事情吗?他创造了人类生命得以繁荣的条件……

第三个也是更流行的例子就是,为了创造出更大的整体的善而惩罚一个无辜者。功利主义把惩罚的正当性仅仅建立在惩罚产生了最优结果这一点上。根据这种有关惩罚的阻遏理论,之所以施加惩罚,并不是因为惩罚某人是对的、正当的,而是因为,作为惩罚行为的结果,犯罪得到阻遏而社会痛苦得以减轻。但是,下面有一个通常被称为"治安官的困境"的例子。假设我们现在是在美国南部某州的一个小镇上,一名黑人强奸了白人妇女。治安官基本上是个好人。他得知一伙全副武装的私刑暴徒正准备前往黑人居住区,将引发一场大规模的殴打和施刑行为。治安官意识到很多人将受到伤害,就赶在私刑暴徒之前到黑人居住区抓住一个非常单纯、守法、文雅而完全无辜的黑人。治安官把他带回监狱,煞有介事地匆匆审判一下就对他施以了绞刑。然后,治安官告诉暴徒说:"好了,我们已经抓住了强奸犯;他承认了罪

146

行,我已经把他吊死了——你们可以去看一看。"这样,暴徒们就不再有理由去黑人区实施私刑了。结果,许多生命得到了保护。治安官这样做是正当的吗?我们大多数人会说:"不,他惩罚了无辜的人。"但是治安官可以回答说,这个无辜者死得很迅速,几乎是没有痛苦的。尽管作为一个无辜者,他是不幸的,但是,相比暴徒们攻击了无辜的人们所造成的不幸,他的不幸算不了什么。

大多数人都相信在这些情况下功利主义是错误的,认为它与我们的强烈直觉相违背:我们直觉地认识到权利优先于结果主义。

第四个例子更微妙(它与医生的困境有类似之处)。这个例子是伯纳德·威廉姆斯(Bernard Williams)(1973)提出的。威廉姆斯要求我们设想有一个英国探险者来到一个南美乡镇,他发现一班民兵正要枪毙二十个印第安人,以惩罚他们反抗政府的行为。民兵队长给予他这个来访者一个"客人的特权",就是如果他射杀一个印第安人,其他的印第安人将被释放,如果他不这样做,二十个印第安人都将死去。他是没有机会强行违抗命令的,他应该怎么做?功利主义回答说他应当杀死一个印第安人;威廉姆斯认为,功利主义不仅会给予这种回答而且会把这种回答看作明确的答案。威廉姆斯认为这并不是一个明确的答案,理由包括杀人是错误的以及功利主义的这种理论似乎要给来访者施加一种杀人的责任。功利主义并不认为使一个人做违背他的价值观的事情是错误的。在这里,来访者要做一件他的整个生命和人格都反对的事情。功利主义理由不能解释尊严的存在,不能解释为什么一个人会有超验的道德人格。

甄别正当与善:以判决和惩罚为例

惩罚就是有意施加痛苦,我们通常有意识地给做了在道德上错误的事情的人施加痛苦、损失、不幸和剥夺利益,那么,如何证明这种有意的行为是正当的?功利主义认为,惩罚的唯一可成立的理由是这样可以带来好的结果;而报应主义认为,惩罚的唯一正当理由就在于它给予犯规者以应得的痛苦。这两种理论立场是相互矛盾的,一个面向未来,另一个回顾过去。

古典功利主义立场,亦即贝卡利亚、边沁和佩利(Williams Paley,1743—1805)传统中哲学家和法律改革家的立场,可以总结为如下命题:

(1)惩罚某人的唯一可接受的理由就是,惩罚将有助于预防或减少犯罪。

(2)以某种方式或在某种程度上惩罚某人的唯一可接受理由就是,这种方式或程度最有可能减少或预防犯罪。

（3）只有当惩罚是预防或减少犯罪的最好办法时，才可以施加惩罚。

一个功利主义法官做判决时面向未来。他关心的是，对于所涉及的每一个人的利益而言，什么样的惩罚能够促进这种利益。全部目的就是最大化全体的幸福。而犯罪减少了幸福，功利主义法官和立法者认为惩罚是唯一一种可以用来对付犯罪的措施，惩罚的主要价值就在于它阻遏或预防了犯罪。如果惩罚阻遏了其他潜在的犯罪者进行犯罪——因为他们害怕遭受被判刑的人所受到的刑罚，那么惩罚就是一般意义上的阻遏措施。如果它降低了犯罪者本人再次犯罪的可能性，就是特定意义上的阻遏措施。

惩罚的本质在于要给犯罪者带来痛苦。因此，一个站得住脚的功利主义者必须表明惩罚是优于那些带来较少痛苦或不带来痛苦的减少犯罪的措施。在其他预防或减少犯罪的措施中，古典（以及现代）功利主义者考虑到减少诱发犯罪的因素的措施。例如，制定旨在控制爆炸物或便于隐藏的武器的法律，警告人们看管好随身携带的财产，或者印制难以被伪造的货币等。在起草一部刑法典时，功利主义者会考虑采取一些措施，以使图谋犯罪的人实施一些伤害较小的犯罪。例如，如果强奸犯和谋杀者都被处以死刑，就刑法典所涉及的范围而言，强奸犯就没有动力不去杀害被害人了。

根据功利主义观点，不应当制定一部无效的，或者说不能够预防犯罪的法律。这就排除了溯及既往的法律、没有充分公布的法律，排除了那些对于未成年人、精神病人和被迫犯罪的人的惩罚措施。刑事立法也不应当是无益或多余的。如果法律对于普遍幸福所产生的不良后果甚于它所要防止的犯罪行为所产生的不良后果，那它就是无益的，例如 18 世纪对从漂白工厂偷窃漂白用品的行为处以死刑的法律就是无益的。如果以一些比惩罚成本低的方式——例如对少年儿童进行早期教育，就可以防止犯罪，那么法律就是多余的。

从古典功利主义的立场看来，按照犯罪者应得的惩罚予以惩罚这种做法是不明智的和错误的。佩利把这种观点表达得非常清楚：

> 犯罪必须以某种手段加以防止，那么，只要是有助于达到这个目的的手段，不论它是否与犯罪者的罪过相称，都是恰当的，因为这种做法是建立在唯一可以证明惩罚正当性的原则的基础上的。……政府正是为了这个目的而建立起来的，这个目的要求政府的行为必须有助于压制犯罪。这个目的无论在一些充满无限智慧的方案中可能有什么意义，但是

148

在世俗刑法的规定中并不总是与对罪过的恰当惩罚相一致的。(佩利,VolⅡ,BookⅥ,Ch9)

针对古典功利主义的每一个命题,古典报应主义都有一个对立的命题:

(1)惩罚某人的唯一可接受的理由就是,他犯下了一桩罪行。

(2)以某种方式或在某种程度上惩罚某人的唯一可接受的理由就是,这种惩罚是他所应得的。

(3)无论谁犯了罪,都必须受到他应得的惩罚。

报应主义要求法官向后看,去看犯罪者所犯的罪行。犯罪者应得的惩罚是与他所犯的罪行、与罪行的严重性相联系的。惩罚犯罪所可能或很可能产生的结果是不相关的因素。康德的惩罚理论是一种理性主义论,后来被称为一种自然权利理论。在《正义的形而上学》(1965)中,康德反驳了贝卡利亚的功利主义理论,同时又把他的"权利"论建立在道义论的绝对义务基础上。他认为,我们不能计算惩罚或不惩罚对于世界上善的总量的影响结果(无论我们是把善界定为快乐、欲望的满足还是其他什么事物),而应当把惩罚与这样的标准联系起来,即惩罚是否满足一个人的自主能力。在康德那里,个人被假定有能力作为一个自由的、理性的生物来决定他自身的目的,并以相互承认对方也有这种能力的方式处理彼此之间的关系。因此,对一个人的惩罚是因为他破坏了他人的自主;惩罚是与这种不敬和破坏的程度和性质相联系的。那么,惩罚的种类和严酷程度就应当被严格限制在犯罪行为的道德严重性之内。然而,这种联系是纯粹的,它不仅在范围和程度上受到限制(过度惩罚是错误的),而且必须在应当惩罚的时候施加惩罚(所以不惩罚是错误的,因为这不尊重犯罪者的自主性)。康德建立了古典报应主义的理论框架:

> 司法惩罚绝对不能仅仅作为促进另一种善的手段,不论是对犯罪者本人或者公民社会。惩罚在任何情况下,必须只是由于一个人已经犯了一种罪行才施加于他。因为一个人绝对不应该仅仅被作为一种手段去达到他人的目的……惩罚之法是一种绝对命令。不能根据法利赛人的格言:"一个人的死总比整个民族被毁灭来得好。"于是就要求犯罪者爬过功利主义的曲径去发现有什么是有利于他的事,可以使他免受公正的惩罚,甚至免受应得的处分。如果公正和正义沉沦,那么人类就再也不值得在这个世界上生活了。(康德,1797:331—332)

在决定如何以及在何种程度上惩罚犯罪者的问题上,康德坚持认为,唯一应该考虑的因素是犯罪者的罪行。惩罚制度应当严格、唯一地建立在罪行

149

性质的基础之上。惩罚的严酷性应当与罪行的严重性相适应。根据这个平等原则：

> 如果你诽谤别人，你就是诽谤自己；如果你偷了别人的东西，就是偷了自己的东西；如果你打了别人，就是打了自己；如果你杀了别人，就是杀了自己。只有报应的法则才能准确地决定惩罚的种类和程度。……所有的其他标准都摇摆不定。因为它们都渗有对于外来因素的考虑，所以不可能与纯粹而严格的正义原则相一致。（康德，同上引：332）

康德告诉我们惩罚的种类和程度。但是，必须使罪行得到应得的惩罚，这并不是一个轻松的事情。我们负有绝对的义务以使罪行得到应得的惩罚：

> 即使有一个公民社会，经过它所有成员的同意，决定解散这个社会（例如，住在一个海岛上的人民，决定彼此分开散居到世界各地），监狱里最后一个谋杀犯也应当先被处死，再执行他们解散的决定。应该这样做的原因是让每一个人接受自己言行应得的报应，以及这样的血债不会由于没有实施惩罚而留给人民。如果不这样做，他们将被认为是参与了这次谋杀，是对法律正义的公开违犯。（康德，同上引：333）

在功利主义者看来，这是纯粹的道德机械论。古典报应主义和古典功利主义是对立的两极。

康德论人类前途

康德的道德和政治哲学带来了他对进步性质和人的角色的独特看法。人类前途是朝向最高善的运动。从现象的角度来考虑，社会中的人是受制于自然规律的；就其作为社会共同体中的理性存在者来说，人是受制于永恒的和内在的法则的（人既是现象的又是本体的）。自由国家的法律是：

> 就其仅指向外部行为而言，这些法律被称为司法的，但是当它们也要求本身就成为行为的决定性基础时，它们是伦理的。

人可以利用人的认知结构，即人性与理性联系的结构，去履行社会生活理性化的任务。人类：

> 如果不和平相处就一事无成，然而又难免互相冲突。因此，他们感

到本性要求他们自行立法，规定彼此的义务，并据此创造一个联合体。这些法则源于自身，而这一联合体虽然受到冲突的不断威胁，但是总体上趋于进步。（《人类学》，1974：191）

康德说，如果人们出于恐惧和强制而遵守法律，那仅仅是一个假设的动机，但是，如果人们出于对法律本身的接受而遵守法律，这就是一种符合绝对命令的行为。自由仅仅存在于第二种情况，它源于"意志的自主"。这与"他主"是相反对的，一个"他主"的人不是根据理性的思考而是出于激情、患得患失的考虑而行动。"他主"的人真正地处于奴隶状态。尽管由于缺乏力量他执行了可观察到的道德行为，而他不过是在对"自然"和/或"更高级力量"的遵从中寻求庇护。他可能以巧言掩盖他的奴隶思维和反道德性，但是服从批判性的审视和批判性的指导是获得自主的必要条件。自主使他能够理性地自主行动，并在如此行为中获得其他理性存在者的尊重。

在《思维的方向》（What is Orientation in Thinking, 1949）一文中，康德似乎认为，进步的保证在于理性正确指导自身的能力，以及自主决定如何正确使用超验程序的能力。这就是对于理性主义想象的充分信心———一种真正的形而上学信仰。以此观之，人的进步实际上是理性之旅的组成部分，这也是与人的存在的不同方向联系在一起的历史进程。作为现象而存在的人的背景是实践理性的形而上学方面。实践理性体现在对上帝、不朽、自由以及对它们相互作用的信仰中，而这种相互作用是发生在理性人的理性共存和合作的生活范围内的。首先，就其属于一个感性世界而言，人认为他处于自然律的统治之下（他主）。其次，就其属于一个理智世界而言，人认为处于独立于自然的法则的统治之下，这些法则是非经验性的，且仅以理性为根据。就在这两种统治之间，社会生活的指导性结构形成并发展。因此，感性的洞穴生活或者如柏拉图所说的猪栏生活才可能被超越，被超验程序所指导。有鉴于此，除非根据自由的理念，"作为理性存在者的人"不可能存在于一个由他的意志支配的系统。自由联系着"自主"，它是"普遍的道德原则"和"绝对命令"的源泉。

这种自由是由什么构成的？自由并不是缺乏约束的状态，而是一种特殊的约束形式。人的自由的真正状态存在于他对自己所制定的道德律的服从中，而当人承认这种律法的必要性以及它对身心行动的绝对权威时，自由就达到了最高状态。社会进步表现为社会人的目的的实现，这种进步有赖于判断的中介作用；判断使人由前理性状态向理性状态转变。人是社会和自身进步的创造者,因为"人能够按照自身设定的目的完善自己"。社会的建设是一个明显的道德—伦理问题,因此是"人"的事业的真正活动。

社会的进步唯有在接受调节性的伦理规范的指导时才有可能——对作为社会成员的人的理性指导就形成于这些规范的接受和共同承诺中,这些活动表达和实现了人的尊严。人在社会生活中所形成的法则:

> 源于自身,而这一联合体虽然受到冲突的不断威胁,但是总体上趋于进步。(1974:191)

现代国家的政治—伦理生活是立宪的,受到公法约束,而指导公法创制的是:

> 理性。然而理性有着毋庸置疑的实际价值,因为它可以约束每一个立法者制定法律,以使法律好像是出于全体国民的联合意志一样:约束立法者尊重法律的臣民(就他是公民而言),仿佛他已经被代表在公意之中。这就是公法的正当性的检验标准。(《理论和实践》:74)

全体的前途

> 个别的人,甚至于整个的民族,很少想得到,当每个人都根据自己的心意并且往往是彼此相互冲突地在追求着自己的目标时,他们却不知不觉地是朝着他们他们自己所不认识的自然目标作为一个引导而在前进着,是为了推进它而在努力着,而且这个自然的目标即使是为他们所认识,对他们也会是无足轻重的。(《世界公民观点之下的普遍历史观念》,1983:29)

康德提出,社会正朝着建立一个世界性的伦理共同体的方向发展,而创造一个政治共同体的过程是第一步。进步必然发生在这两个方面:(1)政治以及世界范围的法律体系的发展;(2)伦理以及内在的(伦理的)立法与外在立法的一致。这两个方面是相互联系的。

> 一个司法—公民的(政治的)状态就是人们之间的这种关系:他们彼此平等;作为社会成员,受制于公共的司法法律(这些法律在整体上是强制的)。一个伦理—公民的状态就是,他们团结在非强制的法律,即只与善德有关的法律之下。(1960:87)

司法—公民状态呈现一个外在的制度,通过国家的正式强制工具以保证公民守法。然而康德把这种社会看作一个相当脆弱的结构，一个依靠"人定的"法律将不同的冲动、欲望和不满聚合在一起，并且不如此就会解体的结构。在这一阶段，法律的作用在于通过制约和控制个人愿望而将社会中不同的团体结合在一起。人的偶然的和历史的趋向具有很大的主观性，必须受制于国家的法律。这些强制性法律就建基于人际关系的严格互惠原则之上，因为没有人愿意给予别人更多的自由。这并不是社会的和平状态。我们现在的政治状态本质上是一种自然状态，因为没有人愿意让公共的和一般的权威机构有权力判断每一个人在每一种境况下的行动。国家不能告诉人们他们应当怎样生活，只能告诉他们是怎样和必须怎样生活。公民社会就是人的"政治"向度的产物，公民社会被分成两个领域：公域和私域。这一界分被认为是自由主义的基础。自由之德存在于私域，而政治或合法的"权利"存在于公域。内心活动的不容干预直接维持了宗教的传统，而外部行动成为一种制度化的秩序，这种秩序由政治宪法和国家的正式法律赋予其合法性。康德期望伦理共同体会在某一天取代政治共同体。而伦理共同体是不可能建立像在政治状态下那样的强制性法律之上的，因为伦理共同体的"核心概念是免于强制的自由"。(1960:91)人类离开伦理的自然状态而进步，并因此由于为了实现最高的社会善所采取的道德动机和所实施的行为，把这种状态从强制性法律下解放出来。这就是最终的社会目标。①

> 这里我们有一个义务，这一义务本质上不是人与人之间的，而是人类对自己的义务。因为理性生物客观地存在于理性之中，注定为社会善或者说促进作为社会目标的最高善而存在。(1960:89)

因此，我们可以为历史设定一个目标："崇高的，但从未完全实现的"伦理共和国的理念。(1960:91)我们可以信任理性："对于理性的普遍信仰"(1960:113)能够把我们引导到"人间的(神圣的)伦理国家"。理性的道德律"为自己创设……一种权力和王国，以保证战胜邪恶，并以它自身的力量，保证世界的永久和平"。(1960:114)我们对于理性的义务可以克服政治国家的非人性化趋势，可以开辟新纪元，可以用伦理共同体代替政治共同体。现

---

① 这尽管是核心概念，却是模棱含混的。正如贝克(Beck，1960)所分析的那样，最高善这个概念歧义甚多，它被用来描述上帝王国、理智世界、道德律之下的道德世界、人的道德责任、支配性的"理性理想"(意即一个完全决定于纯粹理念的个体的概念)等不同的事物，还被用来指德行圆满时的极乐状态，以及《道德形而上学探本》所说的"两种事物——人的心与身的圆满合一"情形。

代性的精神和结构将被改造并包容在普遍的伦理精神的"和平"中。在那里,一套普遍的和可强制执行的法律制度并不是人间秩序安排的目标,也不是一个美好社会的充分条件,而只是一个必要条件。归根结底,康德的意思很简单:在我们成为和平的生物之前,我们必须做法律的臣民。

第七章 从卢梭到黑格尔:法律表现主义传统的诞生与法律伦理生活的梦想

第一部分 卢梭的暧昧浪漫主义和富有表现力的社会契约思想

由自然状态到文明状态的转变,使人类的行为发生了非常显著的变化,正义代替了本能,人类的行为具有了以前所缺乏的道德性。只有当义务的呼声取代了生理冲动,权利代替了嗜欲的时候,那些迄今只考虑自己的人类,才会发现自己不得不按照另外的原则行事,在听取自己的意愿之前,必须遵从自己的理性……在社会契约中,人类失去的是他的天然自由和对他试图获得和所能获得的一切东西的那种无限权利,他所获得的是社会自由和他所拥有的一切东西的所有权。为了权衡得失不至于发生错误,我们必须清楚地区分仅仅以个人力量限制的自然自由和受共同意志限制的社会自由……最重要的是,我们还应当在社会状态的收益栏内再加上道德自由,只有道德自由才能使人类真正成为自己的主人。因为仅仅是嗜欲的冲动就是奴隶状态,而服从我们为自己制定的法律就是自由。(卢梭:《社会契约》,1973:195—6)

尽管金钱可以买到其他任何东西,但是买不到道德和公民身份。(卢梭:《论艺术和科学》)

现代性:社会制度合法化的不确定语境

卢梭(1712—1778)①是一位观点暧昧的作家,他将乐观主义和悲观主义

---

① 卢梭生于 1712 年的日内瓦。母亲在他出生之后不久就去世了,父亲是一个钟表匠,在他 10 岁时就把他送给了他的姑姑抚养。卢梭在寄宿学校有过短暂的经历,学会了“一(转下页)

这两种存在于启蒙运动中相互冲突的趋向内化为一体。他意识到现代化的过程为人类创造了一种极为不同的环境。现代社会违背——或者超越任何自然状态,一个基本的问题就变成了正当性问题。在现代社会结构中,是什么使权力和回报方面的差异可以被接受?①

卢梭原本不是社会圈内人,他的文学生涯始于题为《论艺术与科学》(1750)的获奖论文。这是一部极具修辞能力的作品,作品认为道德已经被败坏,具体表现为科学代替了宗教、艺术中充满了肉欲、文学中充满了放荡、强调逻辑而牺牲了情感。这部作品使卢梭一举成名,他后来的作品也获得到了广泛的认可。

现代主体的背景——新的组织、程序和新的权力——有妨碍自由或者自治之虞。无力、异化和纯粹性等主题构成了卢梭的关注点。现代社会迫使主体思考着"我是谁?"和"我在哪?"等问题。但是,主体在相冲突的情感、希望和恐惧的干扰下,难以理解他/她的个人处境,那么,怎样才能评判社会呢?理解这种弱点本身就是一个开端,因为这向人们展示了一个首要原则,即个人与社会是交织在一起的。我们的个性——我们的人格——是我们自己所在的社会和历史背景的结果。那么,启蒙运动所倡导的新社会又是怎样的呢?怎样理解这种背景,正在出现的现代社会对人类处境的影响是什么?卢梭确信人类已经创造出了一种新的生存方式。与休谟相反,卢梭认为,人性不是恒定不变的,可通过参与社会生活而改变。因而,自我批评成了社会批

（接上页）些无关紧要的东西,徒有教育之名"(正如他在《忏悔录》所言),12 岁时,他就结束了正规教育。然而,卢梭是一个求知若渴的人。在成为一个表壳雕刻师的学徒之后,卢梭离开了日内瓦,四处游荡,遇到了许多肯帮助他的人,帮助他维持温饱的生活,或者把他介绍给其他可能帮助他的人,最后定居法国。卢梭始终如一的工作就是抄写乐谱,也一度当了里昂大教务长 M. 德·马伯雷的孩子们的家庭教师,后来又当过法国驻威尼斯大使的秘书。对他最显著的影响是他对柏拉图、维吉尔、贺拉斯、蒙田、帕斯卡和伏尔泰的"经典作品"富有想象力的解读。卢梭活跃于巴黎的文坛,但他受到两个极端的冲击:财富和社会、大教堂的富丽堂皇和贫民窟的极度贫困、沙龙的欢乐气氛和拉辛戏剧中的悲剧主题。尽管他不断跻身于上流社会的圈子,但在这些圈子里他感到不自在。1746 年,卢梭与一个没有受过教育的年轻女仆德瑞丝·勒娃瑟尔建定了终身,并最终于 1768 年与之成婚。

① 在 1755 年,卢梭用自相矛盾的语言描述了社会秩序问题:"人是生而自由的,却无处不在枷锁之中……这种变化是如何发生的? 我不知道。什么能使这种变化合法化? 我自信能回答这个问题……社会秩序是一种神圣的权利,是一切其他权利的基础。这种权利并非来源于自然,而是建立在约定基础上的。问题是要知道这些惯例是什么。"(《社会契约论》第一卷开篇的句子)。人类渴望自由却把自己送进枷锁之中,送进了被社会秩序的约定合法化了的约束之中。然而,社会秩序不是自然状态的纯粹反映,而是人类创造的人为之物。

评的一种形式,社会批评就是自我批评。新的"现代"自我是一种社会的自我,一种新的社会秩序使之成为可能,但这种新的社会秩序需要自我再创造自己;现代社会要求(前现代)的社会主体把自己转变成一种新的社会自我。① 但是,在使人类进行社会化以适应这种新秩序的过程中,人类得到了什么,又失去了什么? 文明化的进程是完全现代的个体得到发展的不可逆转的、进步的过程,还是在适当社会化的名义下通过非人性的约束来升华人性的某些方面?

新兴的现代制度以什么方式表达了人类自然状况的真理? 为了现代性而摆脱宗教、传统、习俗和"自然秩序"的支配,使人类更加自由,还是仅仅成为新主宰的奴仆? 自由能使我们成为完善的人类吗? 因为我们发展了与自然强加给我们目标相反的自己的目标和愿望。如果我们遵循我们"自我主张"的计划,那么,我们就是在从事一种与对我们本性冲动的顺从完全相反的、更加完善的"人类"行为,无论遵从我们本性的冲动是如何令人满意。

社会条件与自然条件之间的基本划分这个思想,是卢梭的全部作品的基础,成为其在法律和政治方面的著作(其中的经典文本是《社会契约论》)的背景。通过社会化,人类发生了变化,"从愚昧的、有限的动物到智慧的存在,而人……只(服从)嗜欲的冲动就是奴隶"。政治的和法律的构造产生的结果是创造性地使人完成"自然性的蜕变"。现代性可能会提供空间使新的人性得到极大的发展;相反,它也可能把我们置于约束性习惯之下,进而把我们变成纯粹的统治对象。我们需要道德观念来评判现代社会的转变。卢梭认为,如果社会制度没有以某种方式体现我们确定自己目的的自由,那么这些制度就剥夺了我们的人性。再者,如果我们的制度不承认、不体现我们的人性,那么就是对自由的障碍。人类具有许多相矛盾的冲动,我们的制度应当允许复杂性,但目标是要克服矛盾:"所有把人置于与他自己的矛盾之中的所有制度均毫无价值。"(卢梭,《社会契约论》第3卷,载《卢梭全集》:464,128)社会制度应当表达并协调人类自身的各种真理;否则,我们就注定要陷入非人的矛盾与混乱之中。不满的根源存在于社会秩序和人类自我的构成之中。我们不能退到一种没有个性的社会性或者没有社会性的个性的分析之中。个性是由社会性创造的,而社会性则是个性从中获得生命的领域。

新兴的关于法律和社会的话语均倾向于否认这种相互关系。"现代"话

---

① 这种社会秩序的语境是城市,城市既代表了一种在无名状态下的新的自由,也代表着不可控制的社会中的恐惧下的自由。

语把两个分析领域分离开来，划分了人类处境。例如，在讨论政治时，他们强调的是功效而不是情感①。当时的自由主义最初的形态强调，法律结构将仅设计非人格的社会交往工具——抽象公民缔结社会契约的领域，从而生活的（社会）"意义"将变成私人的追求。卢梭认为，过去的年代具有更大的社会属性和纯洁性，正如他在《论艺术和科学》所言："古代政治家不断谈论道德和善德，我们的政治家只谈论商业和金钱。"（1973：19）雅典和斯巴达克这些古代异教共和国似乎是社会属性的榜样，是一种生活方式和政治话语。其中，社会构造为社会成员提供了家园，而不是以现代自由的名义日益拥护空洞的个人主义。古典共和国居住着充满荣誉感的壮汉，他们的戏剧反映了悲剧和喜剧水平的高度。看看他周围的同胞，卢梭看到的只是霍布斯式的对快乐的追求：

> 你既不是罗马人，也不是斯巴达人；你也不是雅典人。把这些伟大的名字放起来吧，它们不适于你。你是商人、工匠、中产阶级，私利、工作、生意和收益总是占据着你的心灵。对于你们这些人，自由本身只是一种没有障碍地获得和没有担保地占有的手段。（《山中书简》，3：881）

在现代早期的条件下，人怎样才能像古代的人一样出色呢？卢梭的回答是，在一个公正的社会秩序中可以做到这一点。这怎样才能成为可能呢？只有当建立新社会的社会契约表达公意时才有可能。②

社会契约

卢梭并不是要用社会契约的概念来描述从自然状态到市民社会的转变，而是用社会契约来回答"人们为什么应该遵守现代社会的法律？"。《社会契约论》是一篇意义广泛的论文，论述现代社会的正统性，是一种把工具性

---

① 新的现代性的话语强调距离和控制。人类以自由的名义从"自然"状态中被解救出来，为了创造一种能够主张（新）个体的忠诚的新秩序，更需要一种话语和技术。传统形式（即"自然法"）合法化和忠诚被打破了："我注意到，在现代社会除了武力或者私力之外，人们彼此之间不再互相控制；相比之下，古代人更多的是通过说服和心灵的情感来行动的，因为他们没有忽视语言的符号……《地球的表面》是一本保存了他们档案的书。"（卢梭，《爱弥儿》，1979：321）

② 这个答案有不同的解释。每一种思想能够依据不同的图式进行分析、解构和重新定位。卢梭被视为法国大革命的理论策划者、马克思主义的修辞之父、法治的捍卫者以及导致极权主义的后果。

概念转化成表现主义现象的尝试。

请注意，表现主义的传统也是规范性的。卢梭的论文不是描述性的，不是对现代性的历史发展枯燥乏味的描述，而是在现代早期对确定合法性条件的审美式解读。例如，卢梭创作了他关于正义的论文，使我们能够以"临时的"观点来批评社会。我们需要到达一个与我们语境保持一定距离的所在，从那里我们可以更好地理解我们的状况，并加以批判性的评判。但是，我们永远无法超越我们的环境，柏拉图式的洞穴比喻不能在现实生活中体验，那么，我们如何才能摆脱沉溺在习惯之中的状态？要做到这一点，我们就要"抛开所有的事实"、创造假设的模型和意象，在与它们的比较之中我们能够更好地理解我们当下的状况："关于（人类不平等的起源和基础）的研究不能被认为是为了获得历史真相，而只是为了进行假设的和有条件的推理，更多的是为了用以阐明事物的本质而不是揭示它们的真正起源。"（《论人类不平等的起源和基础》，196：103）

《社会契约论》把历史的方法、理论的方法、虚构的方法和假设的方法融合在一起；尽管我们可能对这种方法论的不纯粹感到不满，但是这也许反映出卢梭已经认识到，揭示人类状况的"真相"内在地讲是不可能的。卢梭所谈及的话语呈现了现代个体的谱系，同时也提供了有关人类的思辨性的话语。我们不能提出一个完整的或者绝对的有关现代主体的科学，因为现代主体不再是自然的主体，而是社会的——文化的主体："从自然状态到社会状态的过渡，人类发生了革命性的变化；在人类行为中，正义代替了本能，并给人类行为赋予了前所未有的道德性。"（《社会契约论》，ⅰ，ⅷ，1973：177）

社会契约是如何构建正义的？人们在自然状态下过着幸福的生活，是因为他们享有绝对的独立，只遵守他们为自己制定的法律。尽管人们的主要动机是自我保护的愿望，这种愿望促使人们认识到善德和普遍人性的需要。人类自然的质朴逐渐被腐蚀了；通过社会交往，人类养成了许多恶习，这些恶习促使人类把自己凌驾于同类之上。争取成功并统治他人的竞争是人们加于他人身上的犯罪与罪恶的根源。怎样才能创建一种社会联合体，一种能把人们自然享有的独立性与社会生活的必要性有机调和起来的社会联合体？任务就是要创建一种"以整体的共同力量保卫和保护个人和每个伙伴的利益的联合体，在这个联合体中，每个人在联合自己与所有人的同时，仍然可以仅服从自己"。为解决个人与社会之间的张力问题，社会必须成为个人的体现；法律将命令人们服从，因为法律是我们对自己的命令，表达了我们的共同意志。

社会契约不是过去的事，而是一个活生生的现实。任何有合法政府（legitimate government)的地方,社会契约就会出现。这种有生命的契约是支撑政治联盟的根本原则,因为契约提供了一种机制,借助这种机制,每个人都能调整个人的行为以便与其他人的合法自由相协调。人类以"自然的自由"换得"社会的自由"和财产"权利"的行使。① 在一段著名的论述中,卢梭这样定义社会契约:每个人都把他的人身和权利投入到受公意的最高指导的公共掌握之中,由此我们作为"不可分割的整体"的构成部分而彼此联系在一起。② 根据社会契约,任何人拒不服从公意的,全体可以强制他服从公意;人们能够被迫获得自由。社会契约是解决现代社会建构问题的机制,即法律的效力。③

社会契约赋予"政治体以存在和生命",但是,立法赋予它以"运动和意志"。公意的概念解决了一个紧迫的问题。也就是说,卢梭想使法律摆脱少数精英团体的支配,以表达人民整体的意志——借助于此,公民能够被强迫服从法律,服从并不是一种特殊统治的工具,而是具有一般价值的工具。

> 所有人都应该服从然而没有人命令他,所有人都应该效劳但是不存在主人?……这些奇迹就是法律的杰作。人们只把正义和自由归于法律。正是这个有益的公意机构在公民权中确立了人们之间的自然平等……所有法律中的第一条就是要尊重法律。(卢梭:《政治经济学》,1973:124)

---

① 这种公民自由是由什么构成? 根据我们前面从霍布斯那里推导出来的讨论来看,它似乎是一种消极自由(霍布斯在谈到"自然自由"时对"消极自由"进行了界定,继承了自由主义关于摆脱束缚的自由的思想,"自由(liberty)或者自由(freedom)表示对立物的缺乏;我所说的对立物是指运动的外部障碍")(《利维坦》,第二十一章),或者不受约束等。卢梭似乎在寻求一种新的公民自由形式,或者作为一个比过去更充分的人类生活的自由,而不被个人和社会冲突所破坏的自由。

② "要找到一种新的联合形式,这种形式能够以全部的共同力量来保卫和保护每一个人的人身和财产,在这种联合形式中,每一个人在团结自己和所有人的同时,仍然可以单独服从自己,像以前一样自由……本契约条款……在任何地方都是相同的,在任何地方都是默许或者公开的……这些条款可以被归结为一句话——每个成员及其自身的一切权利全部让渡给整个共同体……因为如果个人保留某些权利,那么,个人和公众之间就没有共同的上级来裁决,每个人都有自己的判断,都会要求这样,自然的状态就会继续下去。"(《社会契约论》,1973:174)

③ 对卢梭来说,政治的核心问题是如何"把法律置于人之上",他把这点比作"几何学里求与圆面积相等的正方形"。现代自由与服从法律而不是服从人这一事业紧紧联系在一起。

公意的思想

如何将不同的群体和人们的众多主观意志结合在一起形成一个合理的体系？① 只有当法律是公意的产物而这个公意是"主权"者的意志的时候，法律才会体现整个社会体的合理性。主权者意志不是某个人或者某些个人团体的专断意志，君主或者组成君主的精英群体，是与法理型主权实体截然不同的群体。主权是权力与公意的核心，公意则通过法律指导权力。② 理想的形式是主权者由社会全体公民组成；公意是全体公民的单一意志。众多的、多样的民众意志可以被视为一个单一的意愿，因为每个人均为社会契约的一方当事人，在这个契约中，他们同意将自己的行动导向实现公共利益。每一个公民均明白，他应该避免任何会引起其他人攻击他的行为，这样，每个人都意识到自己利益和公共利益融为一体。③ 最终，通过社会契约，每一个人的意志与其他人的意志结合起来，因为所有人都指向同一目的，即公共利益。

159　　　公意是一个特殊的概念，不是"所有人的意志"简单的数学累加，如在一些简单的投票制度中选票的纯粹经验性展示。全体的意志只有符合公共利益的宗旨时，才成为公意，但情况往往是，它只不过是多数的意志或者具有选举权的少数的意志。一个社会不可能只有一个公意；相反，它的"公意"可能是政治派别的意志，它的目的仅为由占统治地位的利益集团表达

---

① "一个盲目的群体通常不知道自己的意志是什么，因为他们不知道什么对自己是有利的，怎么能为自己建立一个立法体系这样既伟大又艰难的事业呢？"（《社会契约论》,1973:193）

② 在《社会契约论日内瓦手稿》原来的一节中(1973:281)，卢梭是这样来定义主权的："……在国家中，存在一种维持国家共同力量和指挥这种力量的公意，一方对另一方的适用就构成了主权。我们可以清楚地看到，主权在本质上只是一个法人实体，它只是一个抽象的、集体的存在，而附加在这个词上的思想不是与孤立的个人的思想联系在一起的。"这就意味着行使主权权力的实际团体是能够用法理构想加以约束。"……君主的支配意志只不过是或者应该是公意或者法律。君主的权力仅为集中在他手中的公共权力而已，一旦君主试图以自己的权威为任何绝对的、独立的行动的基础，把全体联系在一起的纽带就开始松动。如果国王最终拥有一种比君主意志更为积极的意志，并按照这种意志运用手中的公共权力，也就会有两个君主，一个是正统的，另一个是实际的，社会联盟会立即消失，政治体就会解体。"（《社会契约论》,1973:211-212）

③ "任何人拒不服从公意，全体就要迫使他服从公意。这意味着他将被迫获得自由，因为这就是……保证他免于人身依附的条件。"(1973:107)

出来的。① 卢梭似乎相信，关于特殊社会问题的充分知识的传播，会有助于公民的意见形成公意。② 有关社会问题的知识达成共识，所有人的意志均共同指向公共利益。因此，公意指引我们走向社会正义。

有什么理由能够强迫服从呢？只有当法律是在为公共利益或者社会正义而制定的理念下运作时，在这种情况下，法律表达的是公意，而不是作为特殊利益的工具性结果。③ 在这种情况下，违反法律的人就是在违反他自己的最大利益。他陷入错误之中，因为他错误地把自己的主观愿望与正义的国家对立起来。然而客观地讲，他的意志应该是该正义国家意志的一部分。在政治上，选举制度和法律的通过应以公共利益或者社会正义的最高目的为指导，只有当整个制度的目标是实现社会正义，法律和制度表达这种志向的时候，我们才能肯定：通过的法律实际与公意保持一致。

我们能不能肯定公意的理念具有实际用处？如何才能确立一个实际的公意、一个公正的政治制度？是什么为这种纯粹现代性的媒介提供了立足点？卢梭在"论立法者"这一章里给出的答案（《社会契约论》，1973：194—197）表明现代性不可能自证其成。

> 为了使一个新生的民族能够理解健康的政治准则并遵循国家利益 160
> 的基本规律，便颠倒了因果关系，使本来应该是制度产物的社会精神，转
> 而凌驾于制度本身的创建之上，并使人类在法律出现之前，便可以成为

---

① 对卢梭来说，有限主权在用语上是一个矛盾。主权有权执行共同利益所要求的任何事情。那么，怎样确立"主权权力的边界"呢？（《社会契约论》，第二卷，第四章）非常简单，这种边界就是正义。当国家需要为整体的公共利益进行干预时，有无限的干预权力，但当这一条件没有得到满足时，则没有权力进行干预。"主权不能对臣民施加任何对社会没有用处的束缚，甚至不能希望这么做。"当然从经验上看，国家确实是这样做了：通常发生在那些把革命狂热的历史以及强制推行共同利益的思想追溯至卢梭的国家中。

② 这个要求可能限制了卢梭所想象的理性国家所从事的立法范围。他明确地说："任何具有特定对象的职能均不属于立法权。"（《社会契约论》，1973：192）卢梭对"行政官员"和"主权"的标志作了区分。做出个别决定、颁布仅影响"特定事项"的具体命令都属于第一个范畴，而不是适当的法律活动。卢梭把古代雅典城邦中的民主的衰亡归咎于希腊人通过法律以满足个人奇思妙想，并创设了特殊的偏好（参见《论人类不平等的起源和基础》中的讨论；同时参见，《社会契约论》，1973：87，还有第三卷第十一章中论述不理解法律的作用而导致社会的衰亡的部分）。

③ 让我们记住，对卢梭来说这些法律只是少量的（"治理这种国家（依据卢梭的原则）需要很少的法律。"《社会契约论》，1973：274）政治过程应接受审查以确保特殊法律的必要性能够很容易得到确认。

本来应当是由于法律才能形成的样子。

我们发现自己陷入了一个恶性循环理论的怪圈之中：结果必须先于原因！作为现代制度产物的社会意识，先于现代制度存在。只有公民是自由人，自由制度才能奏效；然而，只有自由人类才能（自由地）创造自由制度。我们必须有某种形式的创立时刻和创立机制，为一种自由制度的诞生创造条件。自由国家需要一个"解围之神"、一个"立法者"来建立制度：

> 为了找到适合各个民族的最好的社会规则，就需要一种能够洞察人类的全部感情而又不受到任何感情所支配的最高智慧；它与我们人性没有任何关系，但又能够认识人性的深处。

没有人具有这种不偏不倚的先见之明，但是精英必须在一个实质上腐朽的社会中努力确认通往公正社会秩序的道路，以辩论的方式提出法律并以特定的形式向人民公布，使这些法律可为那些还没有准备遵从纯粹自由律令的人民所接受。卢梭指出，历史上的惯用策略一直是"寻求上天的干预，并将自己的智慧归于神明"，并且由此"以神的权威说服那些不为人类的审慎所感动的人们"。（《卢梭全集》之《社会契约论》，第3卷：381,383-4,67-68,69-70）理性的话语是建立在非理性基础上的；现代真理是建立在谎言基础上的。现代性是建立在它是现代性的谎言基础上的；现代需要前现代的策略才能奏效。①

卢梭思想的解读

我们怎样理解卢梭的直率？卢梭是在告诉统治者只有靠欺骗和诡计才能成功地进行统治，还是在告诫人们，要当心统治者强加给他们的允诺和幻想？公意又怎样呢？因为公意很容易被误解，仿佛卢梭是在描述现实一样，公意这个规范性概念是否也很容易成为一个全体性的借口？虽然卢梭希望确保社会制度不丧失它的表现主义的性质，这是否意味着他使个人成了整体的祭品？在卢梭的制度中，现代公民应当是完全社会化的人，一个非常清

161

---

① 卢梭似乎没有认识到，他所亲历的现代性诞生阶段的过程将会随时间的推移加速发展，而不是长期保持稳定。卢梭的全部著作是这样一种事业，即设立一个框架，让现代性确立成为一种连贯的形式并稳定下来。他依赖于习惯权力确立实践上的忠诚。在理性讨论、社会公正和透明度基础上的新社会将能够保持稳定性。

楚地意识到自己是社会关系中相互依赖的人,不会因为退缩到他的主观武断中从而冒着破坏社会纽带的风险。① 但是,在论述我们的统治者需要如何使我们相信,我们的新法律不是他们创造的,而是来自某种形式的上帝意志或者功能的必然性时,卢梭既拥护臣服我们的武器,也提出了消除这种统治神秘性的可能性。了解建立正统性的策略,这会让我们困惑不已,还是会为我们提供有关社会存在方面更大的透明度,这可能取决于我们的社会构想以及创造和捍卫我们自由的意愿。

　　卢梭谈到了现代性所凸显的社会生活的内在张力,法律同社会制度和文化理解是相互联结在一起的。没有表达民族文化的法律是恶法。② 我们彼此需要正如我们彼此害怕一样。这是把个人让渡给共同体(在理论上个人融入公意)的后果。卢梭试图使我们在市民社会中所承受的连带关系合法化,并使其可以被忍受。只有创设一种在其中我们使自己比自然状态下的我们更伟大的政治自由,并创造一种值得尊重的个性,才能论证我们在自足与自尊的幸福方面的损失是值得的。对某些评论者来说,这就是卢梭立场中的核心政治张力:他要求个人为了个人利益而完全服从于社会,并为创造一个比非社会化的个人更完全人性化的个人。政治制度不仅确保个人寻求满足的条件,而且应该使其人格高尚,调和相互冲突的社会要求。正统的国家既要培养人格健全的个人,又要保障财产安全。③ 在一个"法律与秩序"的社会中,人们自由地积累财产,缔结可以强制执行的合同。如果人类的人性在斗争中被贬低了、因内部的斗争和矛盾而分裂了,那么,有什么理由生活在这样一个社会中?这个问题在我们这个时代以新的力量突显出来。我们开始逐渐欣赏卢梭的主张,即法律秩序的文化基础在决定我们所拥有的"法律类型"方面至关重要。但事实上,内在矛盾决定了(自由主义的)现代社会中的

---

　　① "立法者必须夺走人类本身所固有的力量,才能赋予他们身体之外且没有别人帮助便无法运用的力量。这些天然的力量消灭的越多,国家所获得的力量就越大、越持久,制度就越巩固、越完善。如果每个公民不依靠其他所有的人,就等同于无物、一事无成;如果全体公民所获得的力量等于或者优于所有个人天然力量的总和,那么可以说,立法已经达到了它可能达到的最高的完美程度了。"(卢梭,《社会契约论》,1973:194)

　　② 在《社会契约论》第二卷第十二章(1973:206-207)中,卢梭强调"国家真正的宪法""不是铭刻在大理石上,也不是铭刻在铜表上,而是铭刻在公民的内心里"。也就是说,道德、习惯以及公众舆论形成了社会力量,而这些社会力量"并不为我们的政治家所知道,但是其他一切方面的成功取决于此"。

　　③ 新兴的现代性并没有使人们成为更好的个体,这一事实是卢梭拒绝现代性所采取形式的主要根据。现代制度扭曲了人类,使人类变成了软弱而可怜的动物。

162　人类状况的思想，是批判法学运动的核心（参见本书第十六章），这仅为卢梭的困境仍然没有解决的当代表现之一。卢梭给我们的寓意很可能就是这么简单：谨防所有声称使现代性显得合乎自然的社会理论！①

第二部分　弗里德里西·黑格尔：整体调和
163　　　哲学与对法律伦理生活的探索

> 对实在事物的默许、绝望，对无所不在且征服一切的命运的耐心忍受，变成了对某种不同之物的希望、期待和意向。一个更好、更公正时代的图景鲜活地进入了人们的灵魂，对更纯粹且更自由的状况的愿望与渴望感动了每一个心灵，使心灵疏离了现存的事物状态……如果你愿意，可以称之为热病发作，但是，它不是因死亡而结束，就是因消除病因而告终……

> 那些人是多么盲目！他们竟然能够想象，当制度、宪法和法律不再符合人类的道德、需求和目的之后，在它们已经不再有任何意义之后，它们能够长久存留。他们竟然能够想象，不再具有理解和感觉的形式能够保持约束一个民族的力量。（黑格尔，《黑格尔全集》，1789:150—151;引自萨拜因和索尔森，1973:574—575）

黑格尔：把人类状况的二元论再结合成现世的全体性

卢梭认为只有达到完善社会正义的国家才能解决人类状况的矛盾；康德则似乎使我们陷入两个分裂的世界；而黑格尔则认为，调和至少在理论上是可能的。② 然而，他的思想却是深深充满矛盾的。黑格尔似乎展示了完善社
164

---

① 但与此同时，我们迫切地需要感觉这个世界是有意义的。从卢梭时代以来，这种张力有增无减。

② 康德的理论含义是，形而上学是超越科学的，人类的大脑不可能获得关于所有现实的理论知识。但是，黑格尔的前提假设是"合理的就是现实的，现实的就是合理的"，因而一切存在之物都是可知的并进而有一个合理的结构。这是一个全体性概念，这个概念为思考现实的结构及其在道德、法律、宗教、艺术以及最重要的思想本身中的展示提供了一个全新的基础。黑格尔的思想产生了重大影响，20世纪的许多哲学都是对他的绝对唯心主义某些方面的修正或者否定。（转下页）

会正义的哲学——伦理共同体的社会全体性,他是在一种可作多种解释的历史和社会发展哲学中完成这一工作的。黑格尔给了我们一个社会发展的意向,即社会发展是由辩证法(矛盾双方的对立)推动的,对立倾向之间的冲突推动了历史。任何静止的事态都包含着相冲突——明显的矛盾——的倾向,如果表面的矛盾发生冲突并使它们自己变成一种新的事态(两个对立事态的最好要素的暂时综合),那么,新的冲突与表面的矛盾就会显现出来。我们能够消除社会冲突与矛盾吗? 或者,难道说,人类历史是一个无可避免的连续运动过程:冲突与对立进行磋商,达成妥协,这些反过来又立即变成了新冲突的主题?

自由是现代性的关键标准

在康德、卢梭和其他人的影响下,黑格尔认为自主原则以及实现自由的社会事业是现代性的核心。但他提出,当我们将我们经验地观察到的周围的一切置于哲学历史的整体性中时,一种新的幸福与自由的关系就显现出来了。传统观点认为,幸福是这个世界之中人类存在的目的,暗示着人类只有在自由的时候才能幸福。虽然自由应当是指导人类历史命运的规范性原则,但是,黑格尔认为我们应该在最广泛、最富有表现力的意义上来解读自由。自由应当是实现自由的过程;人类应该发展一种自我意识:即把自己看

(接上页)黑格尔于1770年出生在斯图加特,青年黑格尔既受到诗歌中浪漫主义运动的影响,也受到柏拉图和亚里士多德著作的影响。黑格尔进入图宾根大学神学院,热衷于法国大革命问题的讨论,兴趣逐步转向了哲学与神学的关系。在某种意义上,黑格尔发展了基督教的末世论。末世论认为,人以末日审判到达了他的终极命运以及来世的生活。黑格尔把基督教末世论发展成一种历史哲学。在历史哲学看来,人类知识的整体发展实质上就是历史的理性秩序,从而它就代替了我们因上帝而具有的终极命运。

1801年,黑格尔就职于耶拿大学。黑格尔的第一部重要著作《精神现象学》是在1807年耶拿战役前的子夜完成的。这场战役导致耶拿大学被迫关闭。黑格尔成为纽伦堡中学的校长,以养家糊口(他于1811年结婚)。在纽伦堡,黑格尔一直居住到1816年。在这里,黑格尔写成了颇有影响力的《逻辑学》,为此,几所大学邀请他前往任教。1816年,黑格尔到海德堡大学任教,次年出版了《哲学大全》。在该著作中,黑格尔从逻辑、自然哲学、精神哲学三个方面展示其哲学的宏伟结构。两年后,黑格尔被任命为柏林大学哲学系教授,直到1831年死于霍乱,享年61岁。在柏林,黑格尔著作颇丰,但大多数是在他死后出版的。这个时期的著作包括《法哲学原理》以及其死后出版的讲义《哲学史讲演录》《美学》《宗教哲学》《哲学史》。

作走向绝对自由这一目标的社会历史进程的一部分。我们不能把对社会的分析建立在静态观念的基础上，也不能把社会存在的真理从社会哲学语境中分离出来。实际上，社会—哲学语境是一种极为重要的历史语境。① 自由是一个历史过程，人类在现代性之中所寻求的自由，是要通过规范的社会来实现的。一个社会承认个体自主性和特殊性，而这个社会结构将个体调和成为一个伦理构成的整体。在国内主权的客观形式范围内，公正社会结合了个人的特殊性和实体的统一性。

国家必须反映我们对道德社会秩序的要求

如果幸福是有关过上真正自由的生活的问题，那么，人们所受到的社会约束在道德上是合理的。法律作为一种具有强制力的制度，必须体现社会的道德要求。在追求这一目标的过程中，黑格尔似乎排除了权利与道德之间——制定法与道德之间——的一切区分，而是把它们置于一个伦理构成的社会秩序背景之中。在《法哲学原理》中，黑格尔明确拒绝以社会契约理论为解释政治义务性质的基础。与霍布斯和洛克认为政府的合法性根植于国民的同意不同，黑格尔认为国家的政府机构所具有的合法性根植于前法律的规范、习惯、惯例之中的政治道德原则，而前法律的规范、习惯、惯例构成了他所称的市民社会。启蒙思想中占主导地位的功利主义倾向在市民社会中构成了一种联合的基础，在这种社会联合中，契约性联合——本质上分离的、原子主义的个人为共同利益和安全而聚在一起——占主导地位。黑格尔的共

① 黑格尔的要旨是：(1)现实是一个历史过程。(2)历史进程决定了其中的因素，如人类的行为方式。人性不是永恒不变的，而是根植于生活方式和社会之中的。(3)在历史上有一种可识别的发展；历史是朝前"进步"，这种发展是辩证的。(4)人类的目标是幸福，而幸福要在自由中去寻找；历史是实现人类自由的运动；这个过程是具有反思性，即涉及到我们对自由的认识和对自己不断增长的认识。(5)对自由的威胁是异化；异化是指我们的一部分与我们的真实自我格格不入——在这种情况下，人性与自我发生了冲突。当社会理性和个人理性统一，且这个理性是真正的理性时，异化就会被克服。(6)知识带来自由。在世界历史的前几个阶段，我们一直无法控制，因为虽然事情发生在我们身上，但我们既不知道它们为何发生，也不能完全理解它们是什么。然而，因为我们现在认识到社会世界是我们的创造物，所以我们自己的理性能够创制它的法则。(7)我们在一个合理有序的社会中寻求生活。为了实现这个社会，我们不应该把某种合理性的模板强加给它，而应该在历史上构成了合理性的过程中来展示合理性，并在这些过程上面建立合理性。这个技巧就是在现实中找到合理的东西，巩固它以便于允许它完善自己。

同体思想要伟大得多：

> 如果把国家同市民社会混淆起来，而把国家的具体目标定为保证和保障所有权和个人自由，那么，单个个人本身的利益就成为这些人结社的最后目标。从而，加入国家成为其成员是任意的事情。但是，国家与个人的关系与此截然不同。既然国家是客观精神，那么，个人只有成为国家的成员，个人才具有客观性、真理性，才有伦理生活……个人是必定要过共同生活的，他进一步的特殊满足、活动和行动方式，都是以这个实体性和普遍有效的东西为其出发点和结果的。（黑格尔：《法哲学原理》：第258节）

所谓的市民社会的现代"自由"公民已经摆脱了传统的和习惯的束缚，但还是不够自由。他受到经济力量摆弄，他在其偶然性愿望满足的驱使下寻觅快乐，而且市场中的其他人决定了他的命运。由此，要有一种新形式的客观性为现代人提供一种在理性上有效的而又自由的生活方式。"经济人"漫无目的的奋斗应当被引导到为共同利益而奋斗。

> 国家是具体自由的现实。但具体自由在于个人的单一性及其特殊的利益不但获得自身的完全发展，而且他们的权利获得明确的承认……但是，一方面通过自身主动过渡到普遍利益，另一方面他们认识并希求普遍性……他们把普遍性作为其最终的目的而进行活动。结果是普遍性不能取得支配地位或者获得完成，除非通过特殊利益，进行认知和意愿的个人合作。同样，个人不能作为仅追求自己目的的私人而生活，除非在意愿那些目的时，他们意愿着普遍性本身，他们活动的目标有意地趋向于普遍的目的。（黑格尔：《法哲学原理》：第260节）

然而，对黑格尔来说，市民社会是由多种形式的人类联合构成的，如家庭和家族。它们在本质上是非契约性的，从而产生了具有约束力的正统性原则和义务原则，不论其成员是否同意还是自愿协议。黑格尔坚持认为，这些联合形式形而上学地讲是先于个人的，从这个意义上说，将家庭、家族和构成市民社会的其他组织理解为工具性联合是不恰当的。也就是说，认为这些联合的存在仅仅是为了促进其成员的私人目的和目标的实现，是不恰当的。因此，黑格尔把真正的国家描述成一种伦理共同体，或者更准确地讲是一种善德形式，表现了内在于它的规则、法律和制度性程序的道德上的善与价值。①

166

---

① 黑格尔著作的影响远超人们所确认的程度，超过人们对马克思主义的认同。在英国传统中，黑格尔的社团主义政治联合观点为颇有影响的哲学家所采纳和重述，如在格（转下页）

宪政国家是一种历史发展，对其理解和建构应运用历史分析的概念工具，把它视为伦理社会生活的展开

> 国家是伦理理念的现实。这是一种伦理精神，作为实质性意志向自身显化和启示，认识和思考自身，完成它所知道的和它所知道的一切。（黑格尔，《法哲学原理》：第 257 节）

真正的或者理想的政治构造、理想的社会、公正的国家，要体现有关对社会地位与个人人格尊严价值的承认方面的辩证进步的观点。当国家根据有关人类状况的知识整体来组织自己，并发展出反映这种知识的实质性安排，国家就是完全合乎理性的。国家不能放弃正义问题、权利问题，把它们交给某种看不见的市场之手或者其他潜在的市民社会的"自然"机制来摆布；公意的概念应当被赋予实质性内容。黑格尔主张，社会契约论者的自然自由思想忽略了人类自由依赖于社会归属感这个历史事实。黑格尔发现，甚至卢梭的社会契约思想也是不能被接受的，因为他相信：

167

> 把国家与个人的结合归结为一种契约，从而也归结于那种基于他们专断的意志、意见和随心表达的同意的东西；抽象推理进而得出的逻辑推论，破坏了国家的绝对神圣原则以及国家的威严和绝对权威。当这些抽象的结论开始发挥作用时，人类历史上第一次出现了一个惊人的场面：一个伟大的现实国家的宪法被推翻，在一切现存的和已知的东西被毁灭之后，仅在纯粹思想的基础上，创建者从头开始建立国家制度。创建者的意愿是赋予国家所谓的纯粹理性的基础，但他们所使用的只是抽

（接上页）林死后出版的《伦理学绪论》（1883）和《政治义务原理讲义》（1886）以及布雷德莱的《伦理学研究》（1876）。当代保守派学者米歇尔·奥克肖特遵循了格林和布雷德莱的观点，承认国家的法律和宪法的安排与构成市民社会领域的文化、经济和宗教习惯，二者之间不存在绝对区别。他竭力主张，把国家看成以法律、经济或者政治目标结合起来的"人的集合"，或者把国家仅视为受到特定法律制度和行政管理管辖的物理上的领土，都是错误的。他坚持认为，国家政府的正式机构所行使的权利，通常是以社会整体所规定的背景为前提条件的——所谓的社会整体，就是"一个满足其成员个人精神需要的实际共同体的整体"。（《国家的权威》：10）国家的权威不是来自自愿的同意或者有约束力的协议，而是完全取决于国家本身满足个人的需要的具体完全性。

象概念，缺乏思想，这场尝试以极度的恐怖和恐怖而告终。（黑格尔，
《法哲学原理》：第258节）

　　行动者们希望把他们认为构成法国革命之基础的自由加以普遍化，然而
他们在这一愿望之中忽视了社会智慧；雅各宾党人的恐怖源自于肆无忌惮的
自由。众多个体行动者和团体拥护主观合理性，但没有把个人自治原则融入
并限制在历史意识的客观性内，相反，完全现代的国家必须注意历史的辩
证法。

　　国家应当成为最广泛意义上的合法的立宪国家。它必须具有法律支配
的最高统治权。但是，这种权力必须合乎伦理；法律的最高统治权是要建立
法律的伦理生活。① 法国大革命证明，社会阶级之间、农村与城市之间、各种
团体之间、派别与个人之间的分裂是如此之深，以致需要某种高级方式来实
现统一。黑格尔拒绝退回到家长专制主义的传统，也拒绝转向求助某种纯粹
的日耳曼精神、有机民族精神的模糊意象；相反，人类的目标是获得一个关于
整个存在的完善的自我意识；在知识本身的社会力量和创造一个服从知识支
配的理性国家的社会承诺中，现代社会被赋予了统一性。"理性状态"是理
性的活生生的实体化，提供统一的机制，提供适合完善的人类的现代生活的
场所。但统一性不能破坏个性，国家必须在弥合市民社会分裂时不放弃自由
原则。通过将个人权利（财产权、契约权、生存权）的法理学发展成为一个客
观给予的国家历史现实，来决定个性的位置，从而个体得以保存。只有当个
体被认为依赖于围绕着特殊与普遍、个体与社会的辩证发展而组织起来的社
会整体时，个体作为一种真正的有活力的生命力量才被保存下来。

　　个性与社会性并不是相互抵消的两极，而是我们认识历史运动不同场合
的两个概念性工具。当我们承认个性只能作为整体的一部分而存在的时
候，我们明白了，渴望普遍性既是一种"克服与保存"个体（特殊）以有利于普
遍性的活动，也是抵御非伦理的整体性危险而保护个性的活动。法律的发 168
展、理性立宪国家的发展是黑格尔社会理论的核心，这些理论描述了初级社
会制度是怎样通过社会辩证法建立起来的：对立双方的合理观点发生碰
撞，双方最好的方面被融入一个新的事态之中。

---

　　①　这是黑格尔《法哲学原理》第3部分标题。

黑格尔图景的矛盾性：浪漫主义与警告

　　黑格尔对左、右两个政治思潮都给予了灵感。在某种程度上，他读起来有点像历史浪漫主义提供了令人振奋的图景，然而，尽管只有通过历史我们才能理解我们的身份，欣赏过去的辉煌，但我们既不应贬低也不该高估社会发展的进步和累积效应。我们需要一种激发性精神来指导社会发展，这是一种能够激发我们并融入我们所有社会制度之中的精神。但是，什么能够提供这种精神？我们怎样能够肯定这种哲学具有真实历史的基础？

　　黑格尔从个人主观性与意识形态整体性之间的张力来解读世界历史。古希腊城邦提供了力量与目的的图景，但不能抵御个性的挑战。在《精神现象学》中，黑格尔放弃了把城邦的精神作为衡量现代社会生活的标准，尽管希腊文化可以为我们提供一种美丽的统一性，尽管与这种美丽的统一性相比，我们常常为我们的分裂而羞愧难当，现代自由超过了我们所失去的自由。黑格尔把早期希腊文化描述成为一种基本矛盾，即早期希腊生活不具备维持主体性的智识资源，但它不能阻止主体性发挥作用。只有通过揭示主体性的作用，社会才能进步，但是，主体性一旦起作用就会破坏希腊合理性的均衡。它破坏了它的模式，只有在自我成为自由独立的主体这一自我原则的基础上，才有可能重新建立起来一种新的均衡。然而，个性化必须是合理的，且应当存在于一种生活方式之内，这种生活方式对主体性设立了正当的限制，并在一个更大的制度化的伦理生活中相协调。① 对黑格尔而言，这是社会存在的根本问题。他所担心的似乎是：世界要求主体性，但没有什么生活方式能够有效地适应这种主体性。尽管如此，他的正式立场是，现代国家通过对独立机构、家庭、市场社会机制、国内事物的普遍导向、君主的意志进行复杂分层结构以及这个整体内部理性认识的统一力量，能够把所有这些因素都纳入一个使他们协调起来的共同生活之中。现代社会将超越希腊生活的悲剧品格，这是很有希望的……然而，法律秩序面临着一种危险，那就是认识不到富有表现力的统一的必要性：

---

　　① 黑格尔认为，前苏格拉底的希腊社会展现了理性、欲望和行动之间的和谐。苏格拉底的问题破坏了这种简单的和谐："什么是正义？为什么要服从法律？生命的意义是什么？"苏格拉底通过鼓励个人思考扰乱了社会秩序。主体性一旦活跃起来，只能在一个包容个人意识的社会环境中找到归宿。

雕像现在仅仅是逸出了活的灵魂的躯壳，正如赞美诗是失去信仰的
词语。神龛没有提供精神上的食粮和饮品，在神的仪式与节日中，人们　169
不再获得与神统一的愉悦。缪斯的作品现在缺乏精神的力量，因为精神
已经从神和人的挤压中获得了自己的确定性。它们已经变成了我们现
在的样子——从树上摘下来的美味的果子，友好的命运把它赐予我
们，正如一位少女把果子摆放在我们面前一样……但是，那位是为我们
摆放采摘下来的果子的少女而不是直接提供这些果子的大自然——大
自然被分成各种环境和要素，树、空气、阳光等——因为她以更高的形
式，在她自信明亮的眼神中，在她呈现果实时的姿势中把所有的一切都
集中在一起。同样，这些艺术作品所呈现给我们的命运精神，也不只是
那个民族的伦理生活与现实世界，因为它是精神在我们身上的内化，而
这些作品中的精神仍然外在地表现出来。

主旨很简单——我们现代人正面临着的智识构想迷失在枯燥的功利主
义著作之中的危险——但回应很困难。部分地讲，黑格尔把功利与浪漫激情
进行对比①，创造了一种对世界的哲学解读，这种哲学解读为国家提供了
一种抽象目的，即赋予社会生活以表现主义的意义。这是因为如果没有富有
表现力的统一，我们就会立即沉迷于霍布斯式的快乐之中；通过资本主义的
竞争来追求个人的快乐，我们的日常生活更多的是资本的反映。现代性要么
把人类变成没有任何个人使命感的卑微的墨守成规者②，要么变成无法找到
生活意义的被异化的个体。③

---

①　"我们可以绝对地断言，世界上任何伟大的成就均离不开激情。"（《历史哲学》：163）

②　黑格尔的现代社会主体的意向是资产阶级的意向："主体播种野燕麦，用自己的愿望和
意见为自己构造成具有生存关系和理性的和谐体，进入与世界的沟通，并获得对世界的恰当态
度。不管他与这个世界发生多少争吵，或者被推得满世界乱转，在大多数情况下，他最终得到了
他的姑娘和某种地位，娶了她，成为与其他人一样的世俗好人。妇女主管家政，孩子降生了，受
人敬重的妻子很独特，像一位天使，她的举止像别人的妻子那样甚为可爱；男人的职业带来了劳
动和烦恼，婚姻带来了家庭的烦恼。"（《美学》：593）

③　对于黑格尔来说，古希腊人对什么是美好生活有着实质性的认识。日常惯例是根据社
会角色和这些角色在整体中的位置来认识和认可这个人。但是，尽管每个角色的意义均来自其
在整体上的位置和运作上获得的意义，但是由于其他角色的影响，也有可能出现不和的可能性。
随着社会的成熟，将会产生角色和社会承认方面的更大差别。这种分化可以被解释为解体和社
会对立，但对于发展更高层次的社会知识和视角是至关重要的。简言之，分化对精神发展是不
可缺少的，但个人可能发现差别的发展会大得无法理解。虽然现代社会的复杂性允许个人提
出自己的主张，并开始为自己选择身份（相对于一种依附的身份），但这可能导致自由的失败以
及个人的无意义：唯一的希望就是让个人明白，只有通过参与更大的共同体才能获得对个体的
认可。（参见泰勒的讨论，1975：433-36，487-88；科尔伯，1986：第二章）

主权意志或者主权意志的性质

170　　黑格尔认为,理性国家的法律秩序包含三个要素:(1)主权的宪政性质;(2)法律的基本性质是追求普遍性原则——在任何一个时代,每一精神"理念"都没有充分展开,应当不断地改进;(3)需要将法律原则与经验现实相对比——法律理念的纯粹性必须面对在具体条件下的现实性的知识。

宪政

　　主权是所有特殊权能的理想,这个事实引起了一种容易的、也是非常普遍的误解,即这种理想仅为权力和纯粹的任意性,而"主权"是"专制"的同义词。但是专制主义是指法律已经消失的任何状态,在这种状态下特定的意志,无论是君主的还是暴民的,均被视为法律或者代替法律;相反地,正是在立宪的情况下,即在法制的统治下,主权才是理想时刻。(黑格尔,《法哲学原理》:第278节)

　　宪政国家——法制——是对"一个理性的现代社会是如何组织的?"问题的回答。现代早期的哲学上的自由需要找到经验的认同,需要找到一种实现它的媒介。法律成为这种媒介,确认并回应了人类精神的理性必然性。但黑格尔进一步指出,因为他认为法律已经做到了这一点,他可以把法律作为一种媒介来阐释和具体化这种理性必然性。当我们寻求对法律运作的一般性理解的时候,我们就会看到这点。我们对法律的分析必须具有社会意识和历史眼光,充分认识到法律调整主体之间关系的方式是对角色作出不平等的划分。我们必须把法制与专制区分开来,必须在现代精神的进步展开这一历史发展过程中认识到,驾驭权力的关键是宪政。在某种意义上,我们是以霍布斯遗留下的尚不成熟的合理性为基础的。霍布斯的图景是把超然力量纳入处于国家核心意志范围的权力的现实之中。霍布斯将自然混乱的主体性所具有的多样意志集中起来——对于社会和平,在某些关键的方面,只有主权者的意志才是最重要的,他的权力使该意志成为社会进步的组织要点。正是因为缺乏一个有效的一般的社会意志——一个全体意志——应产生并以强力来支持一个单一的意志;相反,对黑格尔来说,社会是理性的表达与现实化的根据,只有当社会成员与理性的社会结构相结合并认同理性的社会结构时,才能发生。他们被迫违背理性行事,是不会成功的,主仆关系的历史就是一个例证。

现代人的合法身份与偶然性:以主仆关系为例

历史是建立在人对人的统治之上的。法律体现了这一点。主人与奴隶的关系展现了历史上公认的角色划分,什么意识使这成为可能? 思考一下亚里士多德所言:

> 没有人天生就是奴隶,这样的条件对他们来说是权宜之计,或者相反,并非所有的奴隶制度都违反自然?
>
> 从理性和事实两个方面回答这个问题并不困难。世上有统治与被统治的区分,这不仅事属必需,实际上也是有利的。有些人在出生时就注定将是被统治者,而另外一些人则注定是统治者。(亚里士多德,《政治学》:1;4—5)

亚里士多德"信任"自然。亚里士多德深深陷入他所生活的社会关系之网中。他不能——像现代人一样——以偶然性或者社会建构的观点认识社会关系,而是把它们看成是"自然的"。① 然而,一旦个人从构成社会公认的生活方式的意识形态的整体中脱离出来,那么"存在的信任"就消失了。② 因为无论主流世界的意象多么强大,社会中的"角色"看起来多么自然,冲突的社会认知和利益矛盾都是存在的。主仆关系就是一种统治关系,不管这种统治看起来是多么"自然",主人和仆人毕竟占据着不同的社会地位,不同的社会地位包含着——至少潜在地包含着——冲突。(参见泰勒的讨论,1975:153—157)不论使主仆关系合法化的主流社会意识是什么,另一种概念——如"自然平等"的观点——都会受到质疑。

171

---

① 可以说亚里士多德准备了一份有关希腊世界的伦理学、义务以及认知模式的清单。亚里士多德与柏拉图不同,原先是一个奴隶——"基于"他的经验世界。亚里士多德的"主体"不是一个偶然。"希腊主人"与"野蛮的奴隶"的关系在历史创造的意义上并不是一个"偶然事件"——从而很可能是别的什么东西;相反,它似乎是"自然的",即仅仅是每个人各自的角色和目的的表现。

② "单一的个体意识存在于真实的伦理秩序或者国家中,是一种稳固的、不可动摇的信任,在这种信任中,精神没有把个人分解成抽象的瞬间,个人没有意识到他自己就是纯粹的个体。但是,一旦他有这个想法,正如他必然如此那样,那么这种立即与精神的直接统一,他的信任就丧失了,从而就这样确立自己……个人就已经把自己置于法律和习惯的对立面。它们被当作没有绝对本质的纯粹理念,当作没有实在性的抽象理论,而他作为这个特殊的'我'是他自己的活的真理。"(《精神现象学》,1977:259)

正如黑格尔所言，主人这个"高等"的主体，通过将"另一方"列入"低等"的地位，并利用"低级"的主体作为获取成就的手段，来排除令人不安的平等观念。奴隶被强迫劳动，以便促成主人的"高等"主体自由。但在这种劳动中，低等人把他自己的主体性引入现实世界中，并发展出一种独立于主人的主体性，尽管与主人的主体性有关。统治招致身体上和精神上的抵抗；冲突导致了新行为规范的发展和表达，并导致出现对前述关系的新的认知方式。奴隶否定了主人的统治，这种行为显示了自我创造的能力，表达了对自由的追求，自由则把自然转化为文化。我们"现代人"懂得，不能在自然层面上发现奴隶与主人之间的差别，它存在于社会关系制度化的历史之中。在这种历史中，统治与征服的具体历史被法典化在正统的社会范畴——社会的法律之中。追求自由涉及与这些"正当性"形式的斗争——反对赋予这些社会制度以智识重要性的法理。随着法理学变成"现代"法理学，它使包含于前现代社会制度之中的理由归于无效——这一斗争是自由的构成性力量。

172　　但是，如果这种自由成为放浪不羁的主体性——换句话说，如果现代社会变成具有不同视角的个人的集合，那么，就没有真正的自由可言。在这种情况下没有任何真正的自由是可能的，这是因为人们没有办法对什么是合乎道德的现代事实问题达成一致意见，也没有绝对可靠的方法区分好与坏、道德与不道德。在那种情况下，法律既不能保障自由，也不能成为自由的现代社会的促进机制。

　　法理学也必须具备一种历史意识，在这一历史意识中，我们告诉自己在不断进步；否则，法理学就不能作为进步的制度构想的记录。因此，黑格尔使我们相信，我们应当把历史看作趋于自觉的理性的进步。

　　有鉴于此，我们将主仆冲突形式的变化解读成自由意识的发展，通过这种自由意识，人类被确立为自己的对象这一思想确立下来。在解释这种具体情况时，我们不仅见证了理性的历史发展，而且在统治和征服、血腥和绝望的世界现实中，我们还见证了理性在规范性制度化中的真实含义。

　　黑格尔使我们相信，理性在世界上有三个场所：语言（表达）、战斗（为确认的规范而斗争，这属于政治的范畴）以及工作（劳动属于经济的范畴）。在主人—奴隶冲突开始时，两种对立的主观立场处于矛盾关系之中；在冲突过程中，每个对立的主体性均代替了它们的特殊性，奴隶和主人的身份都发生了转变，各自成为一个现代自由人。现在每个人必须相互承认（或自我承认）对方是一个真正的人。这一切只有通过（现代）法律的调整才有可能，法律构成了自由国家、赋予（过去）奴隶以现代权利。被赋予权利之后，奴隶被带出了自然状态变成了现代人;同样,主人也被人性化了。

人类历史是一种通过个人无意识的社会工程起作用的理性过程

在任何一个时代,个人和团体,他们的著述和思想均处于推动历史发展的冲突之中,尽管个人不是在有意识地努力创造进步的历史。然而,通过他们的互动和社会的知识交流,经过他们各种各样、多层次的斗争,现代社会的理性产生了,并制度化在政治—法律的构造之中。①

法律是一种媒介,既记录了合乎伦理的具体人性的进步,又为下一阶段 173
的发展创造了条件。国家官员的活动、宪法的现实、法律制度的运作,是集体身份与个人身份的认同和意志形成的制度参照点。法律制度的发展必须服务于人性的表达的发展。

法律发展的特殊性

原则——存在的计划——法律——是隐藏的、没有充分发展的本质;这样的原则不管它自身多么正确,都不是完全真实的(《法哲学原理》)。

在任何一个时代,法律既是一种存在现象,也是一种隐藏现象。法律总是通过人类的努力才能展现出来可能性、潜在性。法律是体现人类的意志,通过人类的激情使原则得以揭示。② 法律实践者的个人感情必须融入责任中,融入到对他的工作的伦理评价之中。实践者——法官和律师——不能摆脱个人的欲望和目标,但是个人欲望和目标需要融入正义和责任的理念之中以便超越恣意的愿望。③ 最重要的,是我们有必要把法律看成一个"整

---

① 在某种意义上,黑格尔采纳了休谟和斯密提出的世界自然运行的思想,并把这看成是理性的逐步展开。然而斯密创建了一个政策传统,这种传统中的理性必须——绝对必须,由看不见的自然之手来发展(这一思想的主要表达就是看不见的市场之手);但是,黑格尔的答复是,我们担负着管理这个过程的责任,保障人们的交往,确认重要的行为;相反,自由主义怀疑任何压倒一切的历史解释图式;这种解释图式借助于一个整体性图景,主张为人类共同体发现真正重要的基础。

② 黑格尔的语言与罗纳德·德沃金在近两个世纪后引用的关于法律完整性的论述非常相似(详见本书第十五章),他认为"个人存在的绝对权利——在其活动和劳动中发现自己得到满足。如果人们想让自己对什么事物产生兴趣,他们就必须让自己存在的某些部分与该事物有关,通过发现该事物满足了自己的个性。"(《历史哲学》:163)

③ "代理人给他们设定的目标是有限的、特别的……(但是在他们的理性中)他们的欲望的主旨与正义、善、责任等一般的、实质的要素交织在一起,仅仅为了欲望,粗糙和野蛮形式的意志并不属于普遍历史的视野和范围。"(《历史哲学》:166)

体"——任何法律和任何决定的特殊性,均为法律的一种表达,因为特殊性在人类本性的合理性的(历史的)辩证进步中使自己变得纯粹起来。

法律的方向?

法律的发展在总体上是一种追求人类普遍利益的过程,而这些普遍利益逐渐被人们所了解。国家制度的运作"构建了坚实的国家基础以及公民对国家的信任和忠诚的基础。它们是公共自由的支柱,这是因为在这些制度中的特殊自由是现实的和合乎理性的"。(《法哲学原理》:第 265 节)从社会冲突的特殊性中可以收到诸多教益。通过这种社会冲突的历史,通过特殊与一般、个人与社会的相互依赖关系,国家"开化"起来,发展出"现实"理性的制度。通过对法律、法律的发展以及法律的社会效果的严格分析,国家逐步认识到自己的运作方式,并避免仅为特定的或者既定的利益服务。

174

> 国家的抽象现实性或者国家的实体性包含在这一事实之中,即国家的目的就是普遍利益本身,而这种利益又包含着特殊利益,是特殊利益的实体……(国家)依照那些已经被意识到的目的和认识了的基本原理,并且是根据那不只是自在的而且是被意识到的法则而行动;又因为国家活动的对象是现存的环境和关系,所以,国家是根据对它们的准确认识而行动的。(《法哲学原理》:第 270 节)

法律的理想

推动法律发展是一种理想,即发展"理性的存在与认识的原则,即法与法律的理性"的理想。(《法哲学原理》:第 360 节)法律是表达人类意志的工具——一种社会意志,但法律为理性的法律,不能仅为一个单纯意义上的浅显的事实问题,也不能仅为一个权力混乱或者武断意志的空洞工具。黑格尔(浪漫地)告诉我们,法律确实已经摆脱了任性的实证性,拒绝了野蛮性并开始为真理服务,知识不再与对超验世界的关怀连在一起,而是逐渐开始关注世界现实性。[①] 法律制度已经开始表达社会理性的发展——这是理想世界借以变成现实世界的必由之路。因而黑格尔号召法律实践者向往完善的启

---

① "事实的王国抛弃了野蛮性和不法的任性,真理的王国则蜕去了彼岸性色彩和专断的权力,真实的调和就成为客观了,这种调和把国家展示为理性的形象和现实"。(《法哲学原理》:第 360 节)

蒙之梦:世界变得可知,它通过法律的"伦理生命"的平台,追求普通利益与特殊利益的理性调和。

现代知识的社会作用及其局限性

在现代性中,人类毫不犹豫地朝着知识所指引的方向发展。然而,知识既使善成为可能,也使恶成为可能。在人类有认识之前——圣经中伊甸园堕落的故事就是一个缩影,人性既不善也不恶。

> (这种堕落)的意义在于,人类把自己抬高到了善与恶的认识水平;这种认知、这种区别是恶本身的渊源;为恶存在于认知行为之中,存在于意识之中。(《宗教哲学讲演录》,III:301)

我们只有通过知识才能认识罪,我们只有通过知识才能知道真正的救赎。这不是要成为否定性的知识,不是我们所不知道的东西的实现,也不是无法逾越的神秘现实的实现,而是对绝对精神的实现信心百倍,或者进入一个我们具有完全的自觉和反思的阶段。

与此相反,霍布斯的社会契约与对主权的辩护的理由是通过有关我们人性弱点的知识构造起来的。主权使某些环境成为可能:在这些环境中,我们对快乐的追求与对"幸福"的追求是等同的。最终,我们通过受民法和刑法保护的市场追求我们的幸福。法律背后隐藏着绝对的权力,绝对的权力把我们从软弱与死亡之中拯救出来,是必不可少的。但是我们的生活怎样才能合法化呢?

黑格尔明确指出,我们必须构建一种能够认识我们的社会全体性的知识。

175

但这种全体的表达怎么是可能的?黑格尔求助于宗教为基础愿望,问我们的科学——实际上是我们科学的全体性——看起来像什么?如果我们把宗教精神——上帝——转变成为一种遍布于这个世界的某种精神,我们不是做宗教之梦,幻想在末日审判时,一个完全知晓我们人类弱点和事业的全能监督者——上帝凌驾于这个世界之上——我们把对与错、正义与非正义、现在与未来以及内在的和先验的等诸如此类的思想变成了有关人类存在的全体知识的子概念。但是,即使我们要创立一种以这种方式运行的哲学认识,什么又能保证事件、历史、人类知识的总体与我们获得"真正的"现实的幸福的实际相符合?

也许,别无其他,只有这样一种愿望,即相信现代性的事业。在某种意义上,黑格尔所说的是,中世纪传统的所有努力都是正确的,但目标错了。基督教神学是对的,假如它被解读为不是应用于先验的、想象的上帝,而是应用于生活在真实世界的人类本身。基本的问题在于人类不能为他在世界上找到一个自己的家园,在于人类偏离存在的异化。哲学的目标不应该是特殊知识,而应该是全体性的知识,简言之,就是完全智慧的状态。①

现代性的辩证法：行动、希望和毁灭

知识的进步是社会进步的模式。黑格尔使我们相信,我们能够把科学当作我们的模式。中世纪传统的错误——宗教定义什么是理性、真实和真理的传统——已经被转变为今天的真理。同样地,我们只能在历史的尽头用伦理来判断真正的正义。② 恶能够转变成善,罪恶能够得到宽恕。如果成功了,它就成为新秩序,成为真实的、合理性的和善的结构。未来之善总是要超越当下的善的结构。革命总是令人害怕,但它也是(未来之)善的信使。

批评家指出,黑格尔不鼓励通过广泛的公共讨论来影响国家的运行。因为要求国家遵循理性,纯粹的舆论会分散注意力。尽管言论自由得到保

---

① 我们无须深究黑格尔试图把这些思想贯彻到底的、往往复杂而晦涩难懂的著述。我只想说,黑格尔把我们注意力吸引到对全体知识具有推动力的各种特征上,它们纷繁复杂,也许还自相矛盾。这些特征具体表现为:(1)理性的非理性起源,或者说公正的非公正起源;(2)解构与构建的辩证法:所有时代都是对自由的渴望与对现在的(解构)建构的恐惧的辩证法;(3)人类事务中朋友关系——其他关系不可避免性。其他——敌人、错误、未预见到的、将要发生的——对立于同一——朋友、构象、重复、重现、相似;(4)持续性问题:我们如何认识存在的全体性? 终极是上帝的展现,因为上帝在创造自然之前处于永恒的存在之中;终极也是有限的思想的展现。然而,如果对知识探求的根据是神话的、非理性的,转变成对上帝的信仰,那么现代知识的事业就是对达到人类知识总的信心。这很危险。这是因为如果我们失去了这种信心——就像很多人把后现代条件作为证明那样。然后,虚无主义就会有到来之虞。如果我们对人类获得完全永恒的知识失去信心,那么为什么还要相信任何事情呢? 然后,社会构建主义的计划又是什么呢? 因为正如黑格尔所定义的那样,政治、著作、斗争等的目标是创造和再生产有利于社会个体性稳定的规范秩序——这种社会个体性是一种伦理的个人主义,(合法)存在的真理应归于某个社会整体的不可分割的特殊性。这是一种正当性建立在对全体知识的基础之上的社会全体。换言之,能够替黑格尔阻止的虚无主义的东西,并非因为上帝还活着这一事实,而是人类不受上帝死亡的影响,这是因为人类总希望成为上帝。现代法律将成为法律(人类)帝国中上帝的创造物的工具。但是,必须——绝对必须——从纯粹实证主义的制度想象中拯救出来;我们必须相信伦理全体性的梦想——相信法律使自己本身纯粹化,法律和伦理问题有"正确答案"。

② 由于凡是现实的就是合理的,凡是存在的就是自然的。凡是存在的所有事物都是善的。所有的行动本质必然破坏现存的一切东西;因而它必须与现在的善相矛盾。那么,在这种意义上讲,所有的行为都是恶或者(以基督教的措辞来讲)是有罪的。

障,宪法之合理、政府之稳定、议会辩论的公开,这些事实足以保障国家追求公共利益,从而使公民的言论并不重要。(参见《法哲学原理》:第319节)

　　普通公民如何才能确保国家确实是合理的,当他赞成法律秩序时,是"以普遍的观点影响着普遍的事物",而不是被欺骗去同意那些纯粹增进私利的法律? 虽然他听得懂政治辩论,但他对整个制度的合理性的信心是建立在非理性的基础上的。宗教和爱国主义是真正的基础。

　　　　宪法的保障……在于整个民族的精神,即在于它是一种(差别化的和结构化的)确定方式,在这种方式下他具有对它的理性自觉。宗教就是这种相信它的绝对真实性的意识。(《哲学大全》:第540节)

　　　　政治情绪、纯粹而简单的爱国主义,是从真理中获得的信念……和已经成为习惯的意向……一般说来,是一种信任……是这样一种意识:我的利益包含和保存在国家的利益和目的之中。(《法哲学原理》:第268节)

　　但是我们如何能够肯定,这种更深层的意识——这种抵御纯粹流行意见的盾甲——是普遍的、合理的,且能够提供一个真正的基础? 是什么防止它伪装成普遍利益的另一种特殊利益? 是什么阻止了民众效忠于从非理性的、纯粹习惯性的(无)意识状态中形成的法律? 黑格尔的计划并不能保证不存在虚假意识。公民不能知道国家实际上是合理的,他只能相信国家是合理的。①

――――――――――

　　① 自由主义者声称,黑格尔哲学构建了一个单一的、有机整体的国家,旨在理性地行动、理性地安排一切,但是不能允许个人的事业、主动性、偏心性或者异常性的运作,这是因为这些会不断地违反理性规划。它变得不能容忍个人的主动性,从而在品格上会演变成为极权主义——与(个人)自由的对立。黑格尔不反对个人自由,但是,他的自由观与自由主义的自由观不同。以经济领域、市场领域的自由思想为例,自由主义的观点坚持认为,自由就是人们做他们喜欢做的事情,顺从各自的喜好。观看淫秽影像节目的选择或者淫秽影像的各种概念的选择是偏好问题。当个人不被阻止观看他们喜好的影像时,这个个人是自由的。这就是自由主义经济学家判断一个人是否自由所需要了解的原理。但是,对于黑格尔理论的追随者来说,这是一种过于简单化的自由观,他们想知道我为什么喜欢看 x 而不喜欢看 y,我为什么喜欢购买某些物品而不喜欢购买另一些物品。在他们看来,我被操纵了,我的喜好是广告宣传的结果,而不是"我自己的"喜好,是替我形成我的意见的其他人的结果。我成了时尚的奴隶。如果我已经被操纵了,那么我就不是自由的。从这个视角来看,要了解我是自由的,人们不仅需要知道我能够做我喜欢的事,而且还需要知道为什么是我喜欢的事。我的爱好合乎理性吗? 对黑格尔来说,自由不只是遵从自己的愿望、任性的能力,而不是遵从他人为了卖给我某件东西而在我身上诱发的愿望。自由体现在满足作为理性的个体的自我。但是,谁能够知道自己真正的需要是什么,什么时候能够真正知道愿望? 理性与欲望之间、道德性与自私性之间的鸿沟真正能够被消除吗? 我们能否建立一个社会综合体来创造一个和谐的社会,从而使人性的分歧得以调和? 自由主义者倾向于说不能,这种全体意象是不可信的。

177　**结论:黑格尔与完美现代社会之梦**

　　黑格尔提供了一个哲学的梦想,现代自由的目标是要达到一种全体知识的状态,人类张力和谐的状态。法律既是社会建构的媒介——建构冲突的解决方案,也是具有现代理性的人性在其中得以表达的人为之物。黑格尔含蓄地警告说,如果法律失去了表现力,仅仅被看成是一种空洞的工具,那么现代社会将会丧失它的精神。现代社会不仅需要考虑目标,而且需要考虑手段。如果法律如霍布斯的遗产所言是权力的工具,那么,权力意志是什么?契约的目的是什么?仅仅生存是不够的,我们需要有超越无羁无束的个性的可能性。

　　在这种叙事中,历史就是斗争,是人类主体间的合理性、人的意志行为为了创造一个社会全体——精神的全体而进行的斗争。历史是人类意识在时间的辩证斗争中的进步。现代宪政既具有法律性也具有非法律性。现代社会实体的构造是依赖于法律框架,但是,法律是一种媒介,是对具体人的主体性关系的调整。随着现代性的发展,它丧失了一切先验的保证人——上帝消失了,人类的欲望取而代之。除了人类理性之外,没有任何东西能够绝对地建立"自然法"。结果颇有戏剧性——例如,什么能够保证一个公正的国家建立起来?我们怎么能够肯定我们有能力确认它?现代人寻找他希望通过借以清除不公正的法律之纯粹的纯粹性或者自然的"正义"的纯粹性,丧失了超越内在于世界之物的能力。法律实证主义从 19 世纪中叶开始主导法理学的构想,这一点并不令人惊讶,因为随着现代性的发展,所有作为法律而被制定出来的法律均成为真正的、适当的法律。既然法律意识——在对自然法的批判之中,成为早期的法律实证主义形式,那么,区分正义与不正义法律的能力与确认法律能力就不是同一回事了,而是变成了说明"法律应当是(成

178　为)什么"的能力。但是这可能意味着,在现代社会中,法律仅为一种权力工具而已,或者如尼采后来所说的,因为上帝死了,随之我们失去了所有目的论构想,正义问题演变成了不同的权力意志之间的战争。知识分子——那些创造并控制法理学构想的人——展示给我们的各种"应当"铭刻进法律实在性之中的意志。那么难道说,法律成为梦想的工具了?在哲学预言家的梦想中,我们——现代社会知识分子的主体——是否呈现出潜能的意象并被要求去创造这些意象?

随着自然法的消亡,法律不能再被解读成自然发布的有关"应然"的宣示,它只能安排自然应该是什么。法律可以塑造人类本性、我们的社会、我们这些社会构造出来的存在,但是,现代变成了一种偶然。

经典问题是"我是谁?""我是什么?"。但是,如果自然没有用它的法则限制我们,那么这些问题就转化为"我应该成为谁?""我将把自己变成什么?"。在柏拉图和亚里士多德的古典观念中,法律帮助我们保持自然角色和目的,并最终体面地死去;反过来,霍布斯把法律与恐惧——对毁灭的恐惧联系在一起。现在,黑格尔要我们抛弃对自由主义理论依据的恐惧,融入世界历史的精神运动之中。我们应该梦想自己理性的伟大,并通过实践使自己伟大。或者用黑格尔的话说,我们必须以全体统一性的梦想辩证地反对个人主义的梦魇。我们必须坚信,对社会混乱的恐惧存在于我们心中的唯一理由是,我们可以梦想着一个有表现力的现代社会的全体。在这个现代性中,我们会成为梦想中的自己,然后才知道我们已经成为什么样的人。然后,我们在"法律的伦理生活"成为可能的理想城市中过上一种表达我们本性之真理的生活。我们的本性是自由的,同时也是社会的。

第八章　斯密、边沁和密尔：法律的功利主义基础的早期发展

第一部分　工业、资本主义以及看不见的市场之手的正义：亚当·斯密的贡献

人类的聚合由以形成的粗糙粘合不可能臻于……完善。但是，通过纪律、教育和榜样，一个人极少不会在一般规则方面产生如此深的印象，以致他在几乎所有情形下都会庄重得体地行为，在他的一生中都避免受到任何显著程度的指责。（斯密，《道德情操论》，1976，III 5.1）

每个人……都尽自己最大的努力使用他的资本来支持国内工业，而且是如此直接，以致它所产生的工业可能具有最大的价值；每个人都必然会努力从事劳动以使社会的年度收入尽可能最大。的确，一般地讲，他既不是有意要增进社会的公共利益，也不知道他会增进多少社会利益……他只关注自己的收益，在这种情况下以及其他许多情况下，他都在一只看不见的手的指引下增进着一个并非其意图的组成部分的目的。（斯密，《国富论》，1970：456）

斯密看不见的市场之手的道德基础解读

苏格兰人亚当·斯密①通常被誉为自由放任资本主义的鼻祖。因为斯

---

① 亚当·斯密（Adam Smith，1723—1790）一直被赞誉为西方社会最具影响力的政治经济学家之一，而他的正式地位却是道德哲学家和法理学教师。他出生在苏格兰的寇克卡迪（Kirk-caldy），1737 年进入格拉斯哥大学，在那里他听了弗朗西斯·哈奇森（Hutcheson）的讲座。从1740 年开始的七年里，他在牛津大学贝利奥尔（Balliol）学院学习和工作，然后回到寇克卡迪。1748 年，他迁居爱丁堡，在那里他成了大卫·休谟（David Hume）和凯姆斯（Kames）勋爵（转下页）

密坚持自利是指引的人类行为动机的观点，所以人们认为他主张社会关系应该在很大程度上留给看不见的自由市场之手来调整，留给利己主义的、自利的个人之间的无数交往行为来调整——个人是真正本体论意义上的（非）社会的实体。这种看法把斯密的观点过于简单化了。尽管斯密远不是一位社会至善主义者，但是他努力提出一种基于他对人类条件的经验理解的理论，以把个人利益与社会利益以某种方式联系起来以便一种以政策为导向的进步前景得到发展。

　　斯密因《道德情操论》（1759,1976）和《国富论》（1776,1970）这两部著作而闻名于世。《道德情操论》是建立在作为人类的普遍能力的同情心（sympathy）这一概念基础上的，其中，"公正旁观者"的概念提供了评判交换正义的机制。《道德情操论》似乎说明了使社会约束成为可能的根据，而《国富论》则把劳动分工和人的利己本性作为它的关键思想，似乎强调一种相反的关切：一个社会何以在消费品意义上变得富足。①

　　只有当社会中一些人占有的原材料或产品的供应量大于满足他们自己的直接需求量时，经济增长才有可能，这种剩余为具有不同需求的人提供了交易机会。一个人开始专门生产某种物品的条件，是对某种物品的需求大到足以使一位生产者相信，他的其他要求可以在为生产该物品而进行的交换中得到满足。劳动分工产生了，在有些劳动者只生产非常小量的产品之前，劳动分工会继续发展。如此精细的专业化提高了生产力，使大规模生产开始出现。

　　利己是经济活动背后的主要动机，"每个人都不断地尽力为他能支配的全部资本寻找最有利的利用方式"。在生产和销售满足人们最大需要的产品时，资本就得到最大限度的利用。资本家被不自觉地引导着为满足社会需要而工作，尽管

　　（接上页）的好朋友。1751年他被遴选为爱丁堡大学逻辑学教授，但是次年他从逻辑学转向道德哲学，在主讲职位上连续工作了10年。斯密被指望研究自然神学、伦理学、法律和政府。《道德情操论》是从他的讲义中发展起来的，出版于1759年，到1790年出了6版。这部著作在英国很受欢迎（参见大卫·休谟在写给斯密的信中所作的评论；引自拉菲尔，1985:16-17），致使巴克卢（Buccleuch）的年轻公爵的继父邀请斯密当公爵的家庭教师，承诺给予生活津贴。斯密辞去他在格拉斯哥大学的教授职位，就任这一职位，其间他在欧洲大陆游历了两年。在家庭教师责任完成以后，他重返寇克卡迪，在那里他花了接下来的10年退休时间写作《国富论》，该书于1776年出版，为他持久不衰的声誉奠定了基础。

　　①　《国富论》把对斯密自己时代的实际的制造和贸易环境的描述、欧洲经济史与政策建议结合起来。斯密尖锐地批判重商主义，确信金钱是财富，一个国家最好的经济政策是在国内尽可能多地保留金银。他用可消费的物品来定义财富，最富裕的国家要么是为自己生产最大量的消费品的国家，要么是能够从其他国家输入最大限度的消费品的国家。

他只是在追求他自己的收益。但是，他仍然为公共福利做出了贡献，"在看不见的手的引导下促进一个并非其意图的目的"。公共福利——以消费品的增加和使用作为快乐来衡量，将更好地服务于允许每个人追逐自己的利益。

斯密提出的看不见的市场之手这种意象，并不是某种利己现象。斯密假设了一种人类交往理论，假设了法律的作用。正是法律的作用为《国富论》的经济学发挥作用设定了条件。这些因素已经在他先前的《道德情操论》中得到了说明。对利己（或实际上就是斯密所称的自爱）的不懈追求受到那些使我们处于社会连带之中的同样因素的制约，为此，斯密特别提炼了"同情心"这一概念。休谟曾经说过，同情构成了道德心理学的基础。① 我们共享着一种"普遍的同类感情，我们之所以对每个人都持这种感情，仅仅因为他是我们的同类"。（1976:90）自私的欲望不是行为的主导动机，我们所称的自私，实际上被斯密界定为导致伤害或者忽视他人的自爱形式。人类是自爱的动物。斯密在《道德情操论》中清楚地表明，一切美德都涉及对我们"自己私人幸福和利益"的关怀，这种关怀是值得称道的，然而，这种自爱都是同情心诱发的。② 这对斯密来说是一个关键的概念，然而，它是如何起作用的呢？

同情心概念的发展

同情心既不是对正义（好像是由上帝关于人性的本质的视角提出来的）的绝对的直觉把握，也不是主观的情感主义；倒不如说，这一概念所指的是斯密为了理解我们从事社会交往时所经历的各种感情而对我们理智的反思性关怀所作的理性重构。同情心是一个人（在他的想象中）参与另一个人

---

① 许多评论者都曾宣称这两本书把我们引向了不同的方向：《道德情操论》的法理学强调同情心的作用，好像同情心是社会连带的约束力；而《国富论》似乎在强调利己的个人主义行为是社会交往和社会进步的发动机。一些批评者（如19世纪的 H. T. 巴克尔）把二者调和起来，他们宣称，斯密在处理人性的两个方面：同情的一面和自私的一面。其他评论家则说，《道德情操论》的斯密是一位理想主义者，而《国富论》则展示了一种较为现实主义的倾向。评论家们夸大了两部著作之间的差异。二者对斯密感到构成人类条件的诸特征提供了一种社会学的或经验主义的说明。在《道德情操论》中，我们的想象力和同情心是社会化的运作机制；而在《国富论》中，发展中的劳动分工导致相互依存。

② 《道德情操论》大部分是道德心理学的阐述。斯密把他的道德哲学的阐述放在人性或经验心理学的基础之上。斯密的道德心理学的关键概念是同情心。同情心是我们对另一个人的感情或爱好的同类感情："不管凭何种事物而在主要当事人产生的感情是什么，想到他的处境，一种类似的情绪都会在每个关心他的观察者心中油然而生。"

的情感的自然能力。例如,我们通常在体育成绩中分享竞技者的快乐或悲哀,或者由于另一个人的痛苦而感到不安,在这时,我们经历了与实际当事者相似的痛苦或欢乐。作为旁观者,虽然我们所感知的情绪反应与直接当事者的原始感情并不一样,但是我们旁观者可以把自己的同情反应与主要当事者的情感的既定情景进行比较。我们会发现,在我们的同情反应与主要当事者的原始感受之间,存在着"完全耦合";然后,斯密提出,如果这样,我们认同了当事者的感情。① 我们认为当事者的感情是正确而恰当的:

> 在这种认可情绪中,有两件事应当注意:第一,旁观者的同情感。第二,当旁观者观察到他自己身上的这种同情感与主要当事者的原始感情之间存在耦合时所产生的情绪反应。后面那种情绪反应恰当地体现了认可的情绪,它总是惬意的、令人愉快的。前一种情感则可能是令人愉快的,也可能是令人不快的,这要依原始感情的性质而定。

这并非简单的感情主义。当然,在并不太了解的情形下,我们偶尔也会为某个(或某些)陌路人的巨大快乐或悲哀所动。但是,斯密实际上所指的是在日常经验的解释领域里情绪反应的激发。同情的感情并不源于对另一个人某种情绪的简单观察,而是由于我们亲历过的悲伤或快乐唤起了我们心里的类似感情,因为这些感情让我们想起了有关降临到我们所观察的人身上的福祸的通常想法。我们为奥林匹克运动会 100 米比赛的获胜者欢呼,分享他们的快乐,我们也会为我们的选手摔倒在场上的痛苦而感到失望。这是因为,在努力达到的佳绩的性质方面以及在所经历的情感方面,我们具有共同的知识。另外,我们在理解某些感情的原因和背景之前可能误解并厌恶这些原因。但是,只要我们弄清其原因和背景,我们就可能彻底改变自己的态度。斯密认为,与其说同情心产生于我们观察了这些感情或情绪,还不如说它产生于我们对激起我们同情心的情景的已经成熟的观点。他再进一步论证说,有时候,我们同情他人而他人似乎根本不能体验这种感情,正如尽管某个人丝毫没有感到其行为的不合宜但我们也会为其粗鲁行为感到难堪一样。因此,尽管斯密断言同情心是我们对他人感情的合宜与德性以及由这些感情引起的行为进行评价的基础,但是这仍是一个复杂的过程。只有当事人的原始感情与旁观者的同情

182

---

① "如果一个人的同情心关注我的悲哀,那么他就不得不承认我的悲哀的合理性。如果一个人赞赏我所赞赏的同一首诗、同一幅画,而且像我那样赞赏它们,那么他必然承认我的赞赏是正当的。因同一个笑话而笑并与我一起开怀大笑的人,必定不能否认我的笑声是合宜的……如果令你信服的同一观点同样也令我信服,我必然赞同你的信念。"(《道德情操论》,1976:16—17)

情绪完全吻合时,主要当事者的感情对旁观者来讲才显得是正当的、适当的。

像休谟一样,斯密相信人们应当不断反思他们的生活和行为的性质。我们如何才能得到自己行为的公正印象呢? 斯密认为,如果我们把自己的行为看成好像是他人的行为,我们就是公正的。因此,我们可以用评判他人观点的标准来评判我们自己,我们赞成或者不赞成自己的行为,这将取决于我们是否同情地对待引起我们行为的情感。良心,"我们内心的法官",使我们能够在自己的利益和他人的利益之间作出适当的比较。由于它的帮助,我们可以接近具有完善美德的人的理想标准:他既享有对自己的感情的支配能力,也易于感知他人的感情。

评判人类行为何谓恰当的一般规则为我们提供了指南。如果这些规则建立在适当的基础上,也就是其运作是以自然法学为基础的,那么,这些规则就是以某些种类的行为所引起的情感为基础的,我们对这些规则的尊重也会随着它们与我们观察他人的行为时所具有的感情之间的一致而产生出来。斯密强调,规则就是一般化,这些一般化来自其中的行为激起了人类的合宜与美德意识的许多个别情形。接下来,我们接受了一种义务感,即对这些一般规则的正当评价。义务感给我们提供了行为动机,即使当我们在某种给定场合下缺乏自然地遵守这些规则的适当情绪时也是如此。在正义规则已经以最大的精确性确立下来的社会中,有许多不同的规则都在发挥作用。这些植根于法律秩序中的规则要求产生一种严格的正义意识,因为在许多时候我们不能显而易见地看到这些规则的功用。

斯密的同情心与公正旁观者概念有绝对保障吗?①

如果把同情心这一概念和公正旁观者的调整性概念结合起来,它们就为我们提供了社会连带基础的思想,也提供了评价我们行为正确或错误的常识的操作机制。公正旁观者的概念使我们得以具有理性的公正性,它不是一个完美的观察点,它是一种理性的调节机制而不是一种形而上学的保证。用我们在前面有关休谟的讨论中所用的话来说,当我们深受日常生活的叙事和传

---

① 论述斯密的公正旁观者理论的文献,一般可参见麦克菲(A. L. Macfie),《社会中的个人》,1967,第 5 章;坎贝尔(TD Campell),《亚当·斯密的道德科学》(伦敦,1971),第 6 章;拉菲尔(DD Raphael),《公正旁观者》,载于《论亚当·斯密》,斯金纳和威尔逊(A S Skinner and T Wilson)编(牛津,1975)第 4 篇。

统的影响时,它就开始起作用了;用后来的自由主义者约翰·罗尔斯(John Rauls)的语言来说(见本书第 14 章的讨论),我们根据这一想法寻求达成一种"反思的均衡"。这种实用主义的结果,对于那些希望(或者需要)形而上学保障的人来说是没有吸引力的。大卫·休谟因支持皮尔里格的詹姆斯·贝尔福(James Balfour of Pilrig)而被拒绝授予爱丁堡大学的道德哲学教授的职位。贝尔福的道德哲学包含了一位完美的法官的概念:他是一位"理想的旁观者",或者"来自上苍的天使",他能够统观"人类事务",只要是"弱化一般束缚、扰乱公共和平和安宁"的一切事件,他都能发现。(1753:73—74)斯密的公正旁观者并不具备这种超人品质:

> 当下的探讨并不关心正义问题,如果我可以这样说的话,而是关心事实问题。当前我们不是在考察一个完美的人依据哪些原则可能会赞成对错误行为的处罚,而是如人这般软弱而不完美的创造物依据何种原则实际上且事实上赞成对错误行为的处罚。(1976:77)

人应当如何被指引呢? 斯密延续了休谟曾经提出的观点:

> 尽管人类……自然地具有对福利和社会保存的愿望,但是,造物主并没有把发现对惩罚的某种适用是实现这一目的的恰当方式寄托于人的理性,但是,造物主让他直接地、本能地赞许最适合于实现这一目的的惩罚适用。(1976:77)

如果有一种形而上学的保证,那么这种保证就是支撑着人类互动的某种自然秩序的理念。斯密的理论基础在于"不变的人性原则",这是经验主义构想能够观察到的,它还在于我们承认一个"全能的造物主"。同情心是全能的造物主的礼物。[①]　184

末世论又怎样呢? 是什么取代了末日审判? 公正旁观者的概念保证:尽管同情心起的作用确保了同类感情、我们对称赞的渴望和对责难的逃避,但它不是一个简单的机制。斯密区分了两类人:一类是局外人,他的行为的推动力是未加反思的愿望——避免谴责、追求称赞;另一类是局内人,他在一个更深层的品质模式下发挥作用:"追求值得赞扬的,厌恶应受谴责的"。公正旁观者,即局

---

① "全能的造物主用这种方式教导人们尊重他的同道的情感和判断:当他们赞同他的行为时,或多或少感到愉悦,当他们不赞成他的行为时,或多或少感到伤心。造物主使人……成为人类的直接裁判者,在这方面与在其他方面一样,他依据自己的意象创造了人类,并任命人为他自己在地球上的副手,监督同道的行为。自然教导他们承认这种权力和管辖。"(1976:128-130)

内人,可能对局外人言行的暴力与暴虐困惑不解,存在危机在于由此而带来的断裂和冲突。在斯密看来,只有求助于我们对人类条件的潜在普遍性的信仰,才能解除存在的张力。但是,如果我们把这归结为对调整万物的上帝的虔信,相信上帝能够为我们提供来世的绝对正义,那么,我们就把一种强有力的意识形态武器拱手交给了那些宣称了解上帝意志的人。我们应当关注的是我们对人类经验条件的理解,而不是对一个终极裁判权力的诉求,也不是一种超出对我们应该关心的经验行为和人类命运的解释范围的有关正确和错误的体系。①

实在法与惩罚在现代"商业"社会中的保障作用

在《道德情操论》中,斯密使用了游戏或比赛的思想作为他的社会生活的隐喻。生活是一种竞争游戏。游戏的参加者在游戏中力求成功,但对那些为了追求收益而违背规则的人则憎恨万分。

> 在追逐财富、荣誉和晋升的比赛中,他可能会竭尽全力向前冲,绷紧每根神经和每一块肌腱,旨在胜过其他竞争者。但是,如果他撞倒或推倒其他竞争者,旁观者就再也不能容忍了。这种对公平竞争的侵犯是他们不能容许的。(1976:83)

民众"很容易同情……受伤者自然而然的憎恨,侵害者成了他们憎恨和愤怒的对象"。因而,观察者的批判性反应就是一种检验,它是一种使每个人对那些违反规则、攫取不正当利益的人的自然经验的反应得以理性化的装置。不过,这种对他人批判反应的知识和恐惧,本身不能约束行为。要强化这一过程,就需要强制。

185　　存在着四种类型的强制:

(1)不正当行为通常会引起冒犯者的自责:这种"最可怕"情绪的构成是"对过去行为的不合宜的羞耻,对其后果的悲哀,对受害者的怜悯,以及对于被恰当激起的一切理性动物的愤恨意识所产生的惩罚的恐惧和担心"。(1976:85)

(2)斯密相信,一切人都具有一种自然趋向,"痛恨欺诈、不诚实和不正义,因看到它们受惩罚而感到高兴"。

---

① 在很长的一段中(1976:131-132),斯密详细地讲述公正的上帝的意象:他将在来世补救此世的痛苦。尽管密尔激对这一上帝形象的修辞性求助,但他还是感谢它经常"受到的嘲弄者的讥讽",因为它常常与我们的自然情操所接受的奖赏模式相左。

（3）违法者担心将在死后来临的审判。他知道他将面对末日审判,缺德者必将受罚,正义者必会得到报偿。(1976:91)

（4）惩罚是由有效运作的实在法体系规定的,它的代理人(即政府和官员)将强制执行惩罚。最终,不管我们在社会连带的来源和人的同类感情方面的话语是什么,在"商业"社会条件下,我们不可能逃脱霍布斯的律令:

> 因为人们永远不会屈服于来自他人的对正义的违反,所以,公共官员必须行使共同体的权力,推行这种美德的实践。如果没有这种防备,市民社会将成为血腥和失序的所在,每个人在他认为自己受到侵害的任何时候都会自力复仇。(1976:340)

但斯密并不相信国家仅仅应该设定一套游戏规则,并把正义看成公正执行的问题,他敏锐地意识到社会组织的不公正性质。尽管必须保护财产——这是安全的基础,但是,社会管理的现实通常是社会不正义。

> 国家的政府,对于其设立旨在保护财产安全而言,实际上,它的设立却成了富人防御穷人或者有产者防御无产者的工具。(《国富论》:715)

实在法制度——其实施自身就由其他规则调整——应当尽力与"自然正义的规则"保持一致。实在法能轻而易举地变成"特定等级的人们的利益,他们使统治专制化,歪曲国家的实在法使其偏离自然正义的规定"。但是,我们如何确信——特别是,如果我们放弃表达传统的各种观念(例如,卢梭和黑格尔的观念),实在法能够反映"自然正义"?

第二部分　边沁（1748—1832）与现代功利主义法学的渊源

功利作为新道德科学的根本原则

边沁①认为,通过建立一种严格经验的思想模式(与假设的和表达的思

---

① 作为一个相当富有的律师和商人的长子,边沁于1748年生于伦敦,经历了他的五个兄妹的先后夭亡和母亲的逝世,11岁时离开伦敦。作为一个天才少年,边沁在12岁时(转下页)

想模式相对），我们就可以取得开明的进步。休谟和斯密提出了自利、同情心和自然历史等核心概念。这种探索是为了寻找自然过程的关键，要它能说明法律、道德观点和政府变迁，不管这种说明是描述性的还是规定性的都行。人们必须解读存在于充满历史特殊性的各种动机和交往、充满各种人类联合的约束方式的表面现象背后的东西，才能发现利益、工业和个人主义的律令之真实情况。社会进步的指向是追求正义，但是，在哪里可以找到正义赖以存在的标准呢？边沁找到的解决办法是功利。

边沁的功利主义试图建立一种有关社会和政治的客观科学，正如他希望我们的命运不再受宗教和历史事件的偶然性的支配一样，这种科学也要避免人的主观性的影响。① 功利原则是大自然的礼物，自然本身就提供了

（接上页）进入牛津大学王后学院（Queen´s College），1763 年获得学士学位。他的父亲希望他成为一名律师，于是边沁进入林肯律师学院，但是他后来回到牛津大学听布莱克斯通的法律讲座。边沁说他一边听，"一边发现了布莱克斯通自然权利的谬误"。边沁确信，"自然权利"理论是没有任何根据的，实际上，自然权利只是"华丽的胡言和夸张的废话"。1766 年，他获得硕士学位后又回到了伦敦。但是，被大多数法律职业的非职业化所震惊，他决定不当律师。他毕生致力于写作并主张按照功利主义哲学进行社会变革。

尽管边沁主要是一个社会和政治改革家，但他也关注使英国社会不受席卷法国的革命热情的破坏。边沁属于约翰·洛克（John Locke）、大卫·休谟（边沁从他的《人性论》受益颇多，以致他说"好像道德哲学的天平从自己的眼前跌落一样"）的经验主义传统。他的第一部著作《政府片论》(1776) 是对布莱克斯通的攻击，提出了与同样也是那年出现的美国《独立宣言》相反的观点。边沁认为这一文献是混乱而荒谬的文字组合，在这些文字中作者假定了人的"自然权利"，而这也是他们想要证明的东西。《政府片论》颇受欢迎，当时被认为是一个著名法学家所著，但是，当人们知道该书的作者是一位没有什么显赫经历的年轻人时，它就遭到了冷落。理性意识被英国的体制所忽略，但它却是边沁一生不变的特征（还有他对猫的宠爱！有一次，当他把英国政治家比作猫时，他向猫们道歉，因为他觉得贬低了它们）。他一生的实践计划是想建立一系列以革命性的设计为基础的监狱（圆形监狱），他认为圆形监狱既可以使他富有，也可以为新社会提供制度支持。他后来的著作是《为高利贷辩护》(1787)，著名的《道德与立法原理导论》(1789)、《宪法的诉求》(1803) 和《议会改革的基本精神》(1809)。边沁成为一位有影响的公众人物，他的团体创建了伦敦大学。逝于 1832 年，享年 84 岁。

① 何种程度上功利主义从 18 世纪中期在资本主义处于上升阶段的中产阶级中吸取了其生命力。对后来的马克思主义作家托洛斯基来说，功利主义是当社会冲突已经成为现实的时候作为提出社会凝聚力意象的意识形态因素的组成部分而兴起的。"资产阶级改良主义软弱无力地徘徊在历史社会的门槛前，因为它并不希望承认社会形式演变的推动力量——阶级斗争，道德是这种斗争的意识形态功能之一。统治阶级把它的目的强加在社会之上，并习惯于把一切与这些目的相冲突的目的都看成是不道德的。这是官方道德的主要功能。它追求'最大可能的幸福'的思想不是为了大多数人，而是为了很少的、正在消失的少数人。这样一种体制仅仅依靠强力可能持续不了一个周期，它需要道德的粘合剂。这种粘合剂的产物就成了卑贱的资（转下页）

一个把利益和理性结合在一起的阿基米德支点。在他1789年自费印刷的《道德与立法原理导论》中，边沁按照法国哲学家爱尔维修提出的古典思路把心理、伦理和法理学结合在一起①，这一思路就是人类快乐与痛苦的律令的统治。尽管其他学者要争论说，这一思路把人类的复杂性简约成一种"不近人情的"行为综合体②，但是，边沁认为这两个特征不仅提供了"爱吹毛求疵的"（例如，批判的）法理学所必需的标准，而且也提供了一种有关人类行为的原因模式，老到的立法者能够控制这种原因，用它来指导社会行为。③

> 自然把人类置于两种主宰即痛苦和快乐的统治之下。只有它们能够指出我们应当做什么，而且决定我们应该做什么。一方面是是非标准，另一方面是因果关系链，这两者都被系在痛苦与快乐的宝座上。（边沁，《道德和立法原则导论》，第1章，第1部分；企鹅经典文库，1987：65）

功利攻破了各种自然权利假设与学说，以及布莱克斯通的主张，边沁认　188

（接上页）产阶级理论家和道德主义者的职业。他们发射出彩虹的各种颜色，但最终仍然是奴隶制度和征服的倡导者。"[托洛茨基：《他们和我们的道德：反对马克思主义的道德主义者和阿谀奉承者》，联合图书出版公司：(1939)1994,8]

① 人们普遍相信爱尔维修提出了边沁后来在《论精神》(1758)中发展的心理学。爱尔维修的救赎完全世俗化了。他以一种消除基本道德本体论的人类学为基础，建立了一种完善主义的社会意象：人类既不善也不恶，人类只是驱动、本能和动机的集合。最有力的驱动力是对权力的欲望，爱尔维修把它理解成对快乐的更为基本愿望的产物。做了这种揭示之后，人性为科学家提供了构建秩序良好的社会的材料。通过影响欲望和嗜好，立法者可以创造和谐、秩序、幸福以及良好平衡的社会关系。法学家变成了一种"分析的立法者"。因为人类没有本体意义上的"文雅"或自然道德这种自然状态，所以，社会秩序或个人秩序、社会幸福和个人幸福就变成了以正确的或社会有效的方式理性地安排各种片段、驱动力和影响因素的问题。

② 用犹太社会理论家沃格林（Voegelin）(1975:69-70)的话来讲，现在秩序被认为是"与人类的工具化……紧密联系在一起的"。"人不再是一种具有存在核心的实体，人已经成为一个被他人（'立法者'）为其自己的目的而利用的快乐、痛苦和各种情感的机器……只有当人类借此通向超验现实的精神核心被摧毁时，感情的杂乱集合才能被立法者当成工具来使用。"

③ 边沁没有发现功利原则，尽管我们不必像马克思的评价那样走得那么远（对马克思而言，边沁"洋洋自得地昂首阔步"但说的尽是"陈辞滥调"，马克思总结说"功利原则不是边沁的发现。他只是以自己晦涩的方式复制了18世纪的爱尔维修和其他法国人所说的精神"），部分英国人关于他的重要性的看法可能言过其实了"。

为它们是"踩在高跷上的废话"。① 如果理解恰当的话,那么,休谟的《人性论》使我们能够在法律的自然过程中解读到一种叙事,这种叙事说明了大自然在计算道德义务与法律义务的成本和收益中使用的方法。道德不是一种抽象的绝对律令,其真正的基础是自然必然性。不过,我们不能断言我们社会的制度结构实际上符合这些基本原则。事实上,很多都不相符。

功利主义原则能够得到证明吗? 其效力是边沁假定的吗?

这种自然必然性的地位是什么,它是如何给予我们道德性的呢? 在短短的几句话中,边沁没有说明他是怎样证明的,他从我们希望快乐这一事实转移到我们应当追求快乐这一判断上来,或者说,从一个心理学事实转移到功利的道德原则上来了。功利,或者"根据任何一个行为增加或者减少利益相关者的幸福的倾向来赞成或反对它这样一种原则",(同上引:65)为我们提供了一种以个人自利为基础的主要标准。边沁没有解释,如何跨过存在于"人们希望快乐"这一说法与"他们应当"或者"它是正确的,所以他应该"这种主张之间的鸿沟。不过,他自信已经找到了一条能够判断行为适当性的主要原则:"(当一个行为)与功利原则一致时,人们总是要么说这是应当做的行为……要么说它是一个正当的行为。"(同上引:67)把应当与快乐连接起来是唯一正确的方法,只有这样才能使"应当的、正确的、错误的和其他同类的说法具有意义;否则,它们就毫无意义"。边沁认识到他不曾证明幸福是"好的"和"正确的"的基础,他说功利原则的性质恰恰在于人们不能证明它的效力:

> 它能容许证明吗? 似乎不能。因为一种事物,被用来证明其他别的

① 最大多数人的最大幸福原则被认为是私人道德或公共政策的唯一合理的指南。从方法论上讲,边沁使用了大量的篇幅讨论作为推动力量的快乐和痛苦,并努力证明快乐和痛苦的数量和影响的计算是如何可能的。他假定快乐和痛苦是相称的,二者是互为补充的,它们可以相加因而快乐的总量是可以计算的。这种计算将定义一个人或一个群体的最大幸福。有时候,他承认把幸福与特别是他人的快乐相加这种基本结构是虚拟的,但是他认为这种虚拟是"一个假设,如果不承认这一假设,一切政治推理都会停止"。边沁渴望成为"道德科学领域的牛顿",认为他的心理学上的假定不会比那些在蓬勃发展的力学领域被证明是如此有效的假定更奇怪。而且,边沁相信,通过使用他的理论,他能够消除其在当代法理学和政治推理中看到的危险的假设。因而,权利、财产、王权、共同福利等诸如此类的术语都可能遭到虚拟的使用,以捍卫某种特殊利益;相反,边沁所使用的假定是"消除"有害的虚拟的理想。

事物,它自己却无法得到证明:证据链必定有一个开端。给出这样一个证明是不可能的,也是没有必要的。(同上引:67)

尽管功利原则的有效性不能证明,但边沁认为他能够说明所谓的"更高的"道德学说,要么可以归结约为功利原则,要么比功利原则差。因为它们没有明确的意义,或者它们不能被一贯地遵从。把社会契约论看成是对我们遵守法律义务的解释,除了很难确定是否曾经存在过这样一种契约或者协议之外,边沁还认为,即使在社会契约论中,服从的义务也是以功利原则为基础的。因为它真实地说明:只有服从法律,我们才能实现最大多数人的最大幸福。他进一步推演说,如果真是如此,宣称遵守法律比不遵从法律更好,因为后者将导致侵害而不是幸福。如果这样就可以更快地解决整个问题,为什么还要提出一个在科学意义上受到怀疑的复杂理论呢?同样的,某一行为的善与正确之相竞争的命题取决于我们的道德感,或共识,或正当理由,或者上帝意志的神学原则,这些命题都可以归结为功利原则。因为我们不可能知道上帝的快乐,所以,我们必须考察"什么是我们自己的快乐并宣称这种快乐也是上帝的快乐"。因而,只有痛苦和快乐给予我们以真正的行动价值,而且,在最终的分析中我们都关心幸福的最大化,无论是在私人生活领域还是公共生活领域都是如此。

法律作为功利主义改革的工具

因此"古典法律实证主义"的乐观主义结构是显而易见的。它的核心信条非常简单:一种新的法律科学和改革将为现代的有序社会创造条件。边沁在法律方面的兴趣早于他后来对政治与宪政改革的关注,他的功利理论为指导改革提供了方法论,也为改革提供了支持和正当理由。尽管改革在哲学上看起来激进,实际上它也是保守的,其目的在于使英国制度避免可能出现的更糟糕的后果——边沁对他所亲历的席卷欧洲大陆和美洲的革命毕生都深怀恐惧。良好秩序和安全是压倒一切的关怀,实现交往的可预测性和结果的确定性至关重要。良好的交往需要履行承诺、保证合法预期的法律制度。①

———————

① "为了理清安全原则应当被给予的整个范围,有必要认为,无论是享受还是痛苦,人都与牲畜不同,不会局限于当前。但是,他通过预期怀疑快乐和痛苦,保护他免受实际损失还不够,还要尽可能地防止其财产的未来损失。"

边沁的法律概念

我们关注的是实在法，即立法者意志的产物。

> 法律是宣示一国主权者所表达或者所采纳的意志的符号的集合，涉及某一类人要遵守的行为，这些人在存有疑问的场合下要或者被假定要受制于主权者的权力；这种意志把它的实现寄托于对某些事件的预期之中，在一些情况下，这种宣示能够成为实现这些预期的手段，这种预期的前景应该成为那些行为举棋不定的人的动机。(1970:1)

190　　法律是一国主权者表达的或者采纳的意志的符号集合，其中包含四个要素：(1)法律是主权者意志的产物；(2)要让法律为一国公民和官员所知晓；(3)法律规定某些行为过程，也就是命令要克制某些行为；(4)法律以制裁的使用为后盾。

看起来边沁拒绝了"命令"这一概念。他的概念是一种复杂的命令理论，他宁可使用"诫令"这一概念。受法律诫令的行为过程采用以下四种形式之一，具体是：(1)命令——"系上安全带"；(2)禁止——"不要系安全带"；(3)克制的许可——"你可以克制自己不要系安全带"；(4)许可行为——"你可以系安全带"。不过，在这些模式背后的是两个共生的特征，即主权者和由制裁构成的强制。

法律不必直接来自主权者，因为法律被认为是主权者的创造物，可以通过设计或采纳，也就是说，

> 当正是他(主权者)用它借以被表达出来的词语或其他符号的形式发布了它并且首先发布了它的时候；当直接发布它的人并不是主权者本人的时候，可以说它被主权者采纳而属于主权者的法律……这种法律应该得到遵守，并被视为他的法律。(1970:21)

主权者

最高立法机关是全能的。尽管可能存在"监督"和指引，但不可能存在对这种权力的符合逻辑的法律限制。① 不过，功利本身为立法提出了一个指

----

① "这个最高团体的权威，除非受到明确协定的限制，不能认为具有任何可指定的和肯定的约束：说有他们不能做的行为，或者说他们做的某件事情是不合法的、无效的，以及说他们超越了他们的职权(或者说越出了他们的权力、权利)的范围等，诸如此类的说法不论怎样流行都是语言的滥用。"(边沁，1977:485-6)

导原则：

> 作为一种构成性权威，这一不变的意志（为此它只能被假定为一种永恒意志）——国家的福祉和最大多数人的幸福——得到最大化；根据这一意志，最高立法者的责任是在任何情况下都依其权力执行这一意志并使之有效。［帕雷克（Parekh），1973:218］

不过，如果立法机关通过的法律违背功利原则，那么"任何法官都不应以此理由而把它们看成是或者说成是无效的"。（同上引:218）

主权者如何使自己的意志准确地为人所知并有效呢？实际上存在两种法律模式：一种被称为主要的法律，它是面向公民的；另一种被称为次要的法律，它首先是面向官员的。① 如果官员未能遵守主要的法律，那么他们自己就要受到奉次要法律之命的其他官员的审查。尽管有些法律可能让公民按他们自己的愿望行为（例如立遗嘱等），但边沁强调说，惩罚和制裁是法律制度必不可少的特征。（1970:134）

191

制裁的功能

制裁的首要地位源于边沁一个观点，即功利支撑着社会交往。正如快乐和痛苦赋予行为以真正价值一样，它们也构成了行为有效的理由。在《道德原理和立法导论》（第 3 章）中，边沁把痛苦和快乐描述成行为的原因，进而区分了痛苦和快乐的四种渊源，称之为制裁。制裁赋予行为规则或法律以约束力，这四种制裁被称为身体制裁、政治制裁、道德制裁和宗教制裁。② 在所有这些领域，制裁或行为有效的原因就是以痛苦相威胁。在公共生活中，立法者知道，只有在某些行为与制裁连在一起时，人们才感到它的约束。如果

---

① "立法者关于讨论问题的意志的确已被宣布了，不服从这一意志的情形已经以惩罚相威胁了，但是执行这种威胁的方法还没有出现。那么，立法者选择哪条道路呢？他只有一条路可走，即像他之前一样发布命令……他所能做的……就是发布一条次要的法律，规定某人证明与主要的法律相伴随的预测。"（边沁，1970:137-139）

② 例如，如果"一个人的财物或者其人身遭受火灾。如果火灾是由意外事件引起的，那么火灾就是一个不幸事件；如果火灾是由于他自己的轻率所致（例如，由于疏忽而没有灭蜡烛），那么火灾就是一个典型的身体制裁的惩罚；如果火灾的发生是由于政府官员的裁决，则惩罚属于政治制裁，也就是通常所说的惩罚；如果由于缺少邻居的帮助而且邻居是因为不喜欢他的道德品质才没有帮助他，那么火灾就是道德制裁的惩罚；如果火灾的发生完全出于由于他所犯的罪过而招致的上帝的不快……惩罚就是宗教的制裁"。（1987:85）

立法者规定的行为模式被公民侵犯,这种制裁就是由某种痛苦形式构成的。因而,立法者的主要关怀是要决定何种形式的行为将会增进社会的幸福,何种制裁最有可能带来幸福的增长。义务被边沁的制裁概念赋予了具体意义,这是因为,现在如果人们不服从道德或法律规则,义务不再意味着某种不确定的责任而是痛苦的预期。康德认为行为的道德性依赖于正确的动机而不依赖于行为的结果。与康德不同,功利主义导向了相反的立场——道德性直接依赖于行为结果,尽管边沁承认某些动机比其他动机更能导致更有用的行为,也就是说,增加幸福的行为,但仍然是快乐而不是动机赋予行为以道德性的品质。特别是在法律起作用的社会领域,边沁的立场是,法律只能惩罚实际上使他人遭受痛苦的那些人而不管其动机如何,尽管他承认存在一些例外。①

快乐—痛苦的计算方法

192　　　每个人和每个立法者都关注避苦趋乐。但是,快乐和痛苦因人而异,因而具有不同的价值。为了达到数学上的精确性,边沁讨论了痛苦和快乐的"单元"或他所称的"块"。他提出,在行动之前,我们应当并实际地计算这些单元的价值(第4章)。边沁认为,它们的价值的大小依赖于:(1)一个快乐的强度;(2)持续性;(3)确定性;和(4)远近性;当我们不仅考虑快乐自身而且还考虑它所导致的结果时,还必须计算其他条件,如(5)一个快乐的繁殖性,或带来更多相同感觉(即更多的快乐)的机会;(6)纯粹性,或快乐之后,是痛苦而不是快乐跟随而来的可能性;(7)快乐的广延性,即快乐所牵涉到的人或受快乐影响的人的数目。

正如这一计算方法所表明的那样,边沁主要感兴趣的是快乐的量,所以,一切行为只要它们产生的快乐数量相同,就会同等地好。因而,我们"在一边把所有快乐的值相加,另一边把所有痛苦的值相加。如果天平向快乐这边倾斜,那么权衡的结果将给该行为以好的意向……如果向痛苦的这边倾斜,权衡的结果将给该行为以坏的意向"。(1987:88)

因为立法者的功能是阻止某些行为并鼓励其他行为,立法者怎样把应该

---

① 尽管立法者不能总是考虑动机这个说法是对的,但是动机问题在道德中是至关重要的。然而,边沁似乎认为道德义务和法律义务是相似的,这是因为,在这两种情形中,行为的外在后果被认为比行为背后的动机更重要。

阻止的行为与应该鼓励的行为区分开来呢？

法律的目标或目的

边沁的立法方法首先是衡量"行为的危害"，这种危害体现在结果、行为造成的痛苦或恶之中；恶的行为是一定要阻止的。边沁说，存在着第一性的恶和第二性的恶，立法者对二者都关切。一个强盗使受害者遭受恶，受害人失去钱财，这是第一性的恶的例证。但是，抢劫也造成了第二性的恶，因为抢劫成功表明盗窃是一件容易的事，因而它弱化了对财产神圣的尊重，结果财产就变得不安全了。这些第二性的恶通常比第一性的恶更为重要，因为——以抢劫为例——受害人的实际损失远远低于弱化共同体整体的稳定和安全所产生的侵害（例如，担心犯罪）。

法律旨在通过阻止引起恶这一后果的那些行为来增进社会的总体幸福。从定义上看，犯罪行为或犯罪明显是有害社会幸福的行为；只有以某种特定方式实际上造成某种痛苦——由此而减少某特定个人或群体的快乐——的行为才是法律应当关注的。在很大程度上，通过惩罚那些做了功利原则衡量为恶的违法行为的人们，政府就完成了增进社会幸福这一事业。边沁确信，如果立法者仅仅使用功利原则决定哪些行为应当被认定为"侵害"，那么他那个时候法律所控制的许多行为就不得不被认为是私人的道德问题，只应受到观念的制裁。因此，功利主义的结果是，要求对行为进行重新分类，以确定什么行为或活动适合于政府调整。功利原则提供了一种新的、简单的惩罚理论。边沁认为，这种理论不仅比旧理论更容易得到论证，而且在实现惩罚的目的方面也更有效。

193

惩罚的核心

假定"一切惩罚本身都是恶"（因为它造成了苦难和痛苦），随之而来的是，"功利原则，如果应全盘承认它，那么，只有在它承诺排除某种更大的恶的范围内才应当得到承认"。（1987：97）同时，"全部法律共有的目的是增加共同体的总体幸福"。因而，惩罚在实现更大的快乐和幸福总量方面必定是有用的，但是，如果惩罚的结果只是增加共同体的痛苦，那么，惩罚就没有正当性。报应论认为，某人不得不承受痛苦，因为他的行为引起了受害人的痛苦。

功利原则明确地要求我们消除纯粹的"报应",因为在社会遭受的痛苦总量上再加上更多的痛苦,无助于任何有益的目的。这并不是说要拒绝惩罚制度,而是接受功利原则表明要重新审视社会为什么要惩罚侵害者,对"适宜"或"不适宜"惩罚的情况进行重新分类。在以下情形,不应施加惩罚:(1)没有根据的情形。例如,过错可以简单地得到补偿,可以实际地确定赔偿很快就会到来。(2)无效的情形。因为它不能证明一种有危害的行为,例如一部立法晚于行为,或者法律已经存在,但是,还没有公布。在涉及婴儿、精神病患者或酗酒的人情况下,惩罚也是无效的,尽管边沁承认婴儿和酗酒者都不是"绝对免责"的充分理由。在以下两种情况下,也不应该施加惩罚:(3)没有任何利益或成本太大的情形。即"惩罚所产生的伤害比它所避免的伤害还大的场合"。(4)惩罚为不必需时,即"在没有惩罚的情况下危害也可以避免或者自行中止的场合:这样代价更小",特别是"在责任问题上散布有害的思想"这类案件中更是如此,因为在这些案件中说服比强力更有效(引自,1978:97—102)。

　　某一给定类型的行为是否应当留给私人伦理处理而不是变成立法的对象,边沁只是简单地适用功利原则加以回答。如果让整个立法过程和惩罚设施涉入进来弊大于利,那么,此问题应当留给私人伦理。他相信,试图用法律去调整两性间的不道德行为尤其得不偿失,因为这需要复杂的监督,"像忘恩负义或粗鲁这样的过错,其定义非常模糊,在这个问题上我们不能放心地把惩罚的权力托付给法官"。我们对自己的义务不能成为法律和惩罚关注的内容,我们也没有必要被"强迫"变得"仁慈"起来,尽管我们可能会因为未能帮助他人而应负责任。但是,法律的主要关切一定是鼓励那些会导致共同体更大幸福的行为。因而,惩罚的正当理由,在于通过惩罚可以最有效地确保最大多数人的最大幸福。

194

　　除了为惩罚提供合理基础之外,功利原则也提出了有关适当惩罚的性质的思想。通过思考"惩罚与侵害的比例关系"(第14章的标题),边沁描述了惩罚的每一个"单元",或每一"块"值得向往的特征,并得出如下规则:惩罚必须大到足以超过侵害人从侵害行为中获得的收益;侵害越大,惩罚越重;如果存在这种情况,即一个潜在的罪犯决意要犯罪,但是可以在几种犯罪中作出选择,对比较重的犯罪的处罚必须足以诱使他选择不太严重的犯罪;尽管相同的犯罪应当同等处罚,但是,惩罚应当根据具体情况作出变化,加以调整;惩罚的总量不能大于足以使其有效所要求的最低量;犯罪被抓住的不确定性越大,可能的处罚就应当越重;如果罪犯属于惯犯,惩罚不仅要超过直接侵害获得的收益,而且要超过未发现的侵害的收益。这种思维导致边沁主张设定规则时要确保惩罚具有可变性以适合于个别案件;惩罚应当公平,同等侵害同等痛苦;惩罚应当相称,对不同等级的犯罪给予成比例的惩罚;惩罚应当有特点,使规则给潜在的罪犯留下深刻印象;惩罚应当有节制,不至于过度;惩罚应当具有感化性,以纠正过错行为;惩罚应当使犯罪者丧失犯罪能力,以阻止未来的罪犯;惩罚应对受害者具有补偿性;并且,为了预防新问题,惩罚应当得到普遍承认,并能够因充分的理由而减缓。

在对法律和惩罚的基础作了广泛(冗长的)的列举后,边沁在结束他的分析时,注意到了一些反对意见,即有些罪犯完全不是理性的计算者。他的回应是断然的:

> 或许存在着某些人,他们……把这些规则的调整中所具有的精细,看成是劳民伤财。他们会说,由于明显的无知,他们绝不会自找麻烦关注法律,而且激情是不会计算的。但是,无知之恶也需要救治,而且……当快乐和痛苦这等重要的问题迫在眉睫时,这些问题也处在最高地位……谁还会在那里不计算呢?人们计算着,只是有些人准确度小一些,而有些人准确度高些罢了,但所有的人都会计算。(1987:111)

善良秩序和财产权保护的变革理念与边沁的有限激进主义

边沁很清楚,英格兰的法律和一般社会结构中的许多因素,与功利原则的要求并不相适应。无论在什么地方,只要他发现实际的法律和社会秩序不符合功利原则,他都希望改革。他把法律制度的绝大多数弊端都归咎于法官,他指责说,法官们"创制了普通法。你知道法官如何创制普通法吗?正像一个人为自己的狗制定法律一样。当你的狗做你希望它放弃的事情时,你一直等到它做了之后,然后再打它……这是法官为你和我创制法律的方式"。

边沁发现了贵族社会结构中对改革的主要障碍。甚至在他已经说明了不同的行为模式将产生"最大多数人的最大幸福"之后,社会弊端或者法律制度的弊端为什么还继续存在呢?他认为,答案在于那些当权者不希望"最大多数人的最大幸福",统治者更关注他们自己的幸福。边沁敏锐地意识到人们都寻求他们自己的幸福,不过,政府的目标是帮助达成最大多数人的最大幸福。无论何时,只要那些当权者只代表一个阶层或小集团的利益,他们的自我利益与政府的适当目的就会发生冲突。克服这种冲突或者矛盾的方

195

式就是把统治者和被统治者结合起来，或者把政府交给人民。如果统治者和被统治者成为同一体，那么，他们的利益就是一样的了，最大多数人的最大幸福就获得了保障。从定义上看，这种利益的一致不可能在君主政体中实现，因为君主为自己的利益而行动，或者为他周围的特定阶层的幸福而行动。在大多数时间里，边沁对开明精英充满信任，但是，当他认识到改革可能不会被接受时，他改变了他的观点转而主张激进民主。在那里，他相信他的思想得到了承认，因为统治者是人民，人民的代表之所以被选举出来，就是因为他们承诺为最大的福利服务。正如边沁认识到的那样，功利原则的应用明显要求反对君主政体及其附随物，因而他要废除国王、贵族院，并废除已建立的教会。

圆形监狱的陷阱

边沁的法律概念存在着二元性。初看起来，民法和刑法似乎是两个独立的王国。民法保护通过契约获取财物，似乎是依照商业活动的玩家所理解的自然功利观念而运作。克制自己不侵犯他人的财物这一义务的痛苦，不可比拟地小于在财产中取得的权利所赋予的利益。与此同时，刑法要惩罚对社会生活不同类型的攻击。不过，民法不是自足的，它需要刑法赋予它最终制裁。因而，刑法保护民法所使用的社会设施：财产权、契约、义务和物。

也许，边沁推动了自然历史、工业、财产保护、遵守商业游戏规则的收益以及刑法尽可能地为民法提供的强制保护之间的联系。在人们所渴望的正常的公民社会状态背后、在安全和社会和平背后，潜伏着强制的不可避免性。对功利的绝对信心证明了这种强制的正当性。另外，尽管边沁关于用惩罚的使用代替死刑的不同著作经常接近于暗示——甚至有时候直接坚持——刑讯和恐惧，但圆形监狱(一种监狱或看守所)集中体现了功利主义国家和丛猴社会之间的紧密关联。在20多年里，边沁沉迷于建立并富有成效地管理一套理想的监狱机构这一事业之中，它的宗旨在于提供多重目的的统治技术。

196

> 道德得到革新，健康得到维持，工业增添活力，教育得到传播，公共负担得到减轻，经济基础愈加坚固，济贫法的戈尔迪难题不是被切断而是被解开——所有这一切都是通过这种简单的建筑理念实现的。(《圆形监狱还是监视所》，1838—43，《边沁选集》第4卷，爱丁堡)

这是一个整体而持续的看守与控制的严格制度，甚至锻炼也要像"行军队伍"一样。其结果如何呢？

> 自由主义精神和自由公民的活力不会因为士兵的纪律，或修道士般的苛刻而被改变吗？这种高度紧张的设计的结果难道不是在建造一套类似于人的机器吗？称他们为士兵、修道士还是机器？只要他们这样能够幸福，我就不在乎。（同上引）

有一句话没有引起人们的重视：圆形监狱——边沁晚年总结为"一个华丽的工具，我梦想用这个工具革新世界"[引自，森普尔（Semple），1993：288]——一直被法理学忽视了[1]，这是一个严重的不足。[2] 对一些人来说，这是一个证据，表明边沁的功利主义导向极权主义；对另一些人来说，它证明了社会进步观念的弱点：在这种社会进步之中，我们都被现代性正在产生的新知识统治着，对圆形监狱的力量和知识正当化下的权力行使两者的监督都是可视性的。然而，如果观察者畏惧这种知识的要求，那么，可视性又怎样起到制约的作用呢？对另一些人来讲，它代表了功利主义固有的自然还原主义的最终结果——人类只是被简约为快乐—痛苦的综合体，那么，"以权利为导向"的康德哲学传统认为尊严是人性的根本，而在这里人的尊严到哪去了呢？

---

[1] 正如森普尔（1993）在她对圆形监狱的新近研究的开头所言："边沁的圆形监狱是一个充满矛盾和歧义的计划。一个作为哲学专题探究核心的监狱，管理监狱的看守者被描述为既是一位无情的企业者，也是功利主义国家化身。它是一种个人主义的事业，却又预兆着极权主义的来临。学者们没有给予它任何兴趣或尊重，尽管在20多年的时间里它使我们最伟大的哲学家们感到困扰；它是一个人生命中的悲剧，但这个人在其朋友看来既幸福又成功。"

[2] 不过，圆形监狱在犯罪学中没有被忽略，现代法国学者米歇尔·福柯（Michel Foucanlt）（1977）在犯罪学中捡起了它，福柯认为圆形监狱是"刑事理由的失误"。尽管实际上几乎没有建圆形监狱，但是福柯解释说，圆形监狱是在构成和产生现代主体性之中呈现的趋势的重要例证。它是一种"全面纪律化的"的制度，除了产生严厉的纪律和服从行动之外没有其他特殊的兴趣。尽管圆形监狱没有得到广泛使用，但是监狱已经在现代社会看不见的结构中打下了深深的印记。有趣的是，边沁希望圆形监狱向公众开放，让公众进进出出亲眼看一看这一奇观并使这一机构处于控制之下，与此同时监狱却是一个封闭的机构。监狱是刑法的失灵，而且这种失灵正在扩展——这些失灵如何如此成功呢？福柯认为监狱通过失灵而不是在失灵之外发挥作用——监狱产生了一种特殊的不良行为，产生了犯罪病理学。对被关押的囚徒而言，监禁的经历带来一系列社会问题，这些问题将使他们在释放后继续犯罪。但是，这没有说明废除监狱的必要性，反而说明罪犯重返监狱成为必要，因而更高的关押率也就成为必然。这关系到权力关系：权力容许知识的产生，知识是权力的一种形式，这种具体化的权力承认更多的知识形式。社会变迁成为一个权力和知识持续的螺旋。作为感化所的监狱思想要求一种新的社会知识：它把犯罪者以某种特定的方式形象化，使人们认为它需要改革。由此，就可以确保一种新的统治形式。

197　内在于功利主义的可见性与控制之双重意象

圆形监狱是边沁功利主义中固有的还原主义、计算以及控制的愿望这几种不同过程所达到的终点。功利主义与控制思想紧密联系在一起。它旨在向我们提供借以能够评估优越的政策或分配结果的计算模式。它为我们提供了一种机制：通过该机制我们能够观察具体环境和计算结果，我们借助它能够实现控制。美国哲学家约翰·罗尔斯（1971）在论述正义的近期著作中提醒我们：以整体图景和整体理解为前提的假设的决策模式（独立观察者）对功利主义思想何等重要。

独立观察者的意象使用了亚当·斯密创造的"公正旁观者"中所使用的概念，尤其是道德情感的概念，这是人类交往的自然运行的组成部分。但是，这种意象以此为基础，给我们提供了判断社会幸福总量的机制。① 大体上，一个完美的独立观察者的理念可表述如下：个人的道德能力被包含于同情心的概念中。不过，人们能够体验的同情心或神会的程度因人而异。某些人颇有能力体验同情心，其他人则不能。现在设想某个人，他/她有完美的体验同情心的能力，差不多就是一位圣人。这个人能够完全地反映和接受你的痛苦和快乐，可能存在着一种完全对称的同情心。设想一下，如果我们增加第二个条件，即增加一个事实：这个观察者也是无所不知的，任何人的痛苦都逃不过他/她的眼睛。他/她知道一切快乐和痛苦，并用他/她的经验重构它们。由于这个人体验了世界上现有的一切痛苦和快乐，这个人必定会以一种使他/她体验的幸福总量最大化的方式从事其行为。并且，由于所有事情都被集合起来了，所以，快乐和痛苦的分配无关紧要，分配模式的总量才能说明问题。不管是什么模式，这个人总是偏爱导致更大快乐总量的分配模式。换句话说，这个理想的人更偏爱符合功利原则的世界。组织良好的功利主义世界一定是公正而完美的观察者所期待的理想状态。②

---

① 约翰·斯图亚特·密尔（John Stuart Mill），这位 19 世纪后期最主要的功利主义的自由主义哲学家说，功利主义关注一般的社会幸福，关注掌权者。主权者或统治者如果以功利主义方式来起作用的话，那么功利要求他是一个公正无私的观察者，即独立旁观者。但是，功利主义似乎是以完整的洞察力和权力为前提条件的。

② 当然这一理想的人物是上帝替代品，因为在基督教传统中上帝被人格化为一个全知全能的形象，他高高地存在于人类世界之上。毫不奇怪，一个坚定的功利主义者（如边沁）仍然会信奉上帝，把功利看作是"上帝命令的指南"。

这一模式似乎(科学地)决定了权力的行使,提供了一个评价人类关系与行为、决定具体行为过程的恰当平衡点(也就是假设的决策模式)。这一观点看起来具有说服力,但事情要复杂得多。这一模式无异于对一个整体意象的不正当主张,但事实上,任何机构都没有权利说自己能够把握这种整体的意象。① 亚当·斯密要温和得多。整体概念被看不见的手代替了,任何人类制度和统治团体都不能假定他们能够完成这一任务。两种不同的宪政构想和改革主义愿望都起了作用。功利主义仰仗控制和改革的各种理想,而看不见的手的概念有力地限制了我们自己强大无比这种想法。密尔则试图把它们调和起来。

198

第三部分　密尔:功利主义的改革与自由原则的发展 199

> 在进步过程中很大程度上已完成的最大变化,是人类事务中最伟大的纪录……无论是哪一个人,能够思考它,却看不到一场如此伟大的革命将摧毁一切现存的政府规则和政策,并导致仅仅建立在先前经验基础上的所有实践和预测没有任何价值,这样的人缺乏这个时代的政治家最基本的和首要的素质。(约翰·斯图亚特·密尔,《论文明》)

> 如果认识到个性的自由发展是幸福的首要的基本要素之一,它不仅是文明、教导、教育、文化等词汇指向的全部含义的合作要素,而且它自身也是所有这些事物的组成部分和条件,则将不存在自由可能被低估的危险。(约翰·斯图亚特·密尔,《论自由》:1859)

密尔使边沁古典功利主义人性化的语境解读

或许并不像传说的那样严重,约翰·斯图亚特·密尔的童年是功利主义社会化的实验品。其父詹姆斯·密尔是杰里米·边沁的密友,密尔谈到他父

---

① 如果人体验不到某个群体特有的问题,例如,他不能同情按性别或宗族划分的某些人群,那情况将会怎样呢? 这个人的同情能力是有缺陷的。相对地,如果我们理想的旁观者不那么全知,也会存在同样的问题,因为知识的缺陷使他的同情能力因此而存在缺陷。这个理想的旁观者是不可能存在的。确定完全的知识或完全对等理解其他人的立场,几乎也是不可能的。

亲时说,正是他的观点"赋予边沁或者功利主义事业以显著的特征",他还谈到他父亲的功利主义影响英国改革的各种渠道,"一个是通过我,唯一在他的教诲下直接培养起来的人,他的教诲对许多青年人产生了巨大影响"①。在《自传》一书中,密尔叙说了阅读边沁有关惩罚和监狱的著作对他产生的影响(由于在那时这些著作不是用英文出版的,密尔读的是埃蒂安纳出版公司出版的法文本):"在我读完《叛国者》的最后一卷时,我已经成了另一个人……它统一了我对事物的观念,现在我有主意了;有了信条、学说和哲学;用这个意义上最恰当的字眼来说,就是宗教。"(1966:256)但是,他也描述了他在20多岁的早期阶段遭受的一种强烈的"精神危机",并谴责他早期教育的不完整。他的老师对功利主义原则如此充满信心,以致他们忽略了生活的感情方面,因而,他发现把他的个人情感与这一社会原则结合起来是不可能的。特别是由于强调学习分析技术,没能把握社会生活的总体图景。功利主义教育"没能创造……具有足够力量的感情来抵制这种分析的消解性影响"。另外,尽管功利主义似乎是一种卓越的决策技术,但它没有提供一种能够激发人们想象力的社会进步意象。"原来熟悉的工具,赞扬和谴责、奖励和惩罚"使人们"人为地、因果式地"坚持功利主义,而没有创造深层的自然感情纽带。因而,一种二元论被建立起来了,它以不同形式成为密尔全部著作的核心:个人和社会之间的差别,以及它们之间的相互关联性。这种关系采用了几种形式:科学地创造新社会的基础之不可能性,因为在最终的分析中,人类社会的基础超出了科学的范围②;一种有关法律和社会整合的科学方法不能为服从创造条件;个人需要发现自己的信仰和感情领域,尽管与此同时,他也承认法律秩序在创造一个空间并使个人追求能够在这个空间里得到实现这一过程中发挥的作用。在个人危机之后,密尔发展了功利主义思想——这个工作几乎使他彻底精神崩溃,他所采用的方法最终摧毁了功利主

① 当然,我们是在历史秩序之外讨论密尔的。在法理学上,他或许是奥斯丁最得意的学生:在整理奥斯丁全部讲义的过程中,正是密尔听奥斯丁讲课所记的笔记被萨拉·奥斯丁用来补充她丈夫遗留下来的手稿。

② 密尔说他早期对实在知识力量的信仰很天真:"我们并不指望从无私仁慈和对正义的热爱的行为中获得人类的再生……我们指望有良好教育的智识来开导自私的情感。"但是,这失败了。现在,密尔的精英主义观念使他主张,只有"那些他们自己受高尚的行动原则驱动的人们"才会受影响,多数人都不会受影响。

义概念的力量和范围的纯粹性。①

密尔在他的著名论文《功利主义》中试图为功利原则辩护，并以功利的定义为起点。他的功利定义与边沁是一致的："把功利主义即最大幸福原则当作道德基础的信条坚持主张，行为的正确性与它促进幸福的程度成比例，它的错误性与它产生的幸福的负面成比例。'幸福'指的是快乐，即痛苦的缺席；'不幸福'指的是痛苦，即快乐的剥夺。"（1987：278）但是，在拓展这一理论的过程中，密尔在快乐问题上主张质的方法反对量的方法。边沁的理论研究只是在数量上有所不同的各种快乐形式。也就是说，不同的行为方式产生不同数量的幸福。边沁充满信心地说："图钉与诗一样好"，意思是说衡量好的唯一标准是行为能够带来的幸福数量。边沁甚至提出要制造一种道德温度计来测量幸福或者不幸福的不同度数——对边沁来说，幸福与行为的特定种类是没有关系的。密尔对此不予苟同："做一个没有得到满足的人好过做一头心满意足的猪"，密尔反复说他"宁愿做没有得到满足的苏格拉底，也不愿做一个心满意足的傻瓜"。一切快乐都可以度量的假设是错误的："人类具有比动物的欲望更高尚的天赋，一旦意识到这些天赋，人们就不会认为那些不能满足这些天赋的事情是幸福。"（1987：279）把幸福看成快乐数量的单变量函数，这是很荒唐的。

功利主义的智识大厦由此而倒塌了。如果快乐必须按照质量而不是数量分级，那么，不仅数学计算不可能，而且快乐也不再是评价道德性的一贯标准，因为道德性更多地与（亚里士多德主义的）古典问题连在一起了：我们要创造能够实现使人成为真正的人的可能性之各种条件。不过，密尔是一位现代人。不管现代人的"自然"生活模式是什么，它都是由人类构建社会秩序的技术力量创造出来的。② 这把密尔引到了另一不同的探讨之中，他要探讨

201

———————————

① 密尔的教育使他注意到了他永远都不可能调和的分裂，他对现代性的遗产就是要创造一种社会机制，这种社会机制实际上存留下来，这是因为他并没有企图去调和它们。当密尔尽力调和时，他似乎是朝社会主义的方向发展；当他克制自己不去调和时，他是一位我们时代赞成开放社会、妇女权利和宽容的古典自由主义者。密尔有时候被描述为"两个密尔"［参见里斯（John Rees），1977］，而另一位作家则声称：在密尔的著述中，人们可以找到"19世纪早期存在的每一种思想的痕迹"。［安舒茨（Anschutz），1953：5］

② "另一方面，如果像我所信仰的那样，道德感情不是天生的而是后天获得的，那么由于这个理由他们就不那么自然了。人们说话、推理、建设城市、耕种田地都是自然的，尽管这些都是获得的能力。道德感情确实并不是我们本性的组成部分，在我们所有人中存在的任何可感知程度的意义上讲都是这样；但是遗憾的是，这是那些最相信的人都承认的一个事实。"（1987：303）

借以治理现代社会并由此而创造出能容许人类繁荣和人类的真正幸福的条件的那些首要原则。

《论自由》以及寻求指引政策的本原

密尔最著名的著作是他的论文《论自由》，出版于 1859 年。当时，他已53 岁，此时的他，已是逻辑学和政治经济学领域的领先作者，颇受尊敬。密尔大胆地说，他的主题不是哲学话题，而是"关于社会所能正当地对个人行使权力的性质和限度"。（使用的版本是企鹅经典文库，1974:59，上面所引为该文开头）不过，至少在表面上，在其指导原则的建构中存在某些模糊不清之处，这引发了"两个密尔"的说法；该文看起来有两个核心原则，每一个都宣称是最高原则。

密尔首先宣称，他将提出一个原则，该原则是自由（自治）和权威关系的基石：

> 本文的目的是要主张一条极简单的原则，使凡属社会以强制和控制方法对付个人的事，不论是以法律惩罚方式下的身体强制还是公共意见下的道德强制，都要以它为准绳。

他的实际原则以伤害原则（或自由原则）而著称。

> 这条原则就是：人类之所以有理有权可以个别地或者集体地对其中任何分子的行动自由进行干涉，唯一的目的就是自我保护。权力能够违背文明共同体成员的意志而对他进行正当干预的唯一目的，在于防止他对他人的伤害。若说为了他自己的好处，不论是物质上的还是道德的好处，都不成为充分的理由。（同上引:68）

坚持这一原则使那种能使自由得到最大化的社会生活形式成为可能；相反，如果个人或者集体（政府）不断地干预他人，那么，自由的社会生活形式是不可能的。个人被给予一个私人的"社会"空间，在这个空间内，个人可以按照他/她喜欢的方式行动，只要个人在有待界定的相关意义上没有伤害其他人，那么，个人的所作所为就与政府或他人不相干。随着时间的推移，这已经逐渐意味着只要个人不干预他人的权利。

密尔在伤害和犯罪之间作了严格的区分。对一个人行动的干预不能由不喜欢他的所作所为的另一个人来论证。在他们的身体受到干预或者他们

202

的财产权利或者其他权利受到干预的意义上，伤害是实际存在的。除了这些例子之外，个人行动与任何他人都不相干。

这一至关重要的原则已经成为现代自由主义国家的根本原则之一。① 为了论证国家对个人行为的管理和强制的正当性，我们要求努力加以阻止的行为一定是给其他公民产生伤害的行为。社会只调整个人行为中会影响他人的那部分行为。仅仅关系到他自己和他的放纵的部分，是该个人对自己、对他自己的身体和思想的支配领域——个人是自己的私域的主宰者。密尔接着界定了由这一原则标注的整个行动范围。这一原则容许一个反思性的或者自治的活动领域，社会已经为个人划定了这一领域，国家对此领域只有间接利益。这种自治领域包括：

第一，意识的内向领域，要求最广义的良心自由，要求思想和感情自由，要求着在不论是实践的或者是思辨的、科学的、道德的或神学的等一切主题上的意见和情操的绝对自由。

初看起来，密尔宣称："表达和发表意见的自由都可以被认为从属于一个不同的原则，因为它属于一个人行为涉及他人的那部分。"然而，出版自由与良心自由，两者同样重要或者几乎同样重要。实践中，同样的推理是不可避免的。

第二，这条原则还要求趣味和追求的自由，要求享有构建我们的生活以顺应我们性格的自由，要求享有按照自己喜欢方式行动的自由，当然也应承受随之而来的后果。这种自由，只要我们所作所为不害及我们

---

① 该原则得到了赞誉，因为它适合西方现代社会中正在产生社会差别的社会进步——这是第一位"官方"社会学家法国人埃米尔·涂尔干（Émile Durkheim）所持的社会发展意象——这是发展中的劳动分工和社会存在分裂成多元社会领域的结果。不断增长的差异需要一种道德能包容具有相当不同职业和不同的道德的人们所导致的多样性。不同的道德产生的原因要么是因为他们具有职业道德性，要么因为他们发展了与其社会角色或生活领域相关的道德观点，并不存在某种单一的或简单的压倒一切的道德信仰模式，它构成一种为全体人民提供广泛指引的简单的或统一的"集体良心"。相反，关于人们在道德上应当做的事情的实体道德是模糊不清的。密尔的原则符合涂尔干所称的"集体良心"的意象，（参见科特维尔：1995：第9章）后者预见到，集体良心是在发达的现代社会（有机连带）条件下将成为受到更多质疑的实体。在人们应当做什么事情的问题上，需要指引也需要限制。但是，人们生活在不同的条件下形成了不同的生活方式，来自于不同的社会背景，他们追求不同的行动（不同的计划），只要他们不以任何相关的方式伤害他人，他们的追求就应该得到允许；只要不造成这种伤害，国家就不应当干预他们，否则国家将决定他们的生活方式。

的同胞,就不应受他们的妨碍,即使他们认为我们的行为是愚蠢的、不正当的或者错误的。

203 　我们必须自由地把我们的生活视为计划,我们每个人都"应当"享有一定的社会空间,发展并追求我们个人不受干预的生活计划,只要我们不伤害其他人。

第三,随着每个人的这种自由而来的,是在同样的限度内,还有个人之间相互联合的自由。这就是说,人们有自由地为着任何无害于他人的目的而彼此联合,只要参加联合的人是成年人,且不是出于被迫或受骗。

因而,个人也应当享有交往的自由,人民结合在一起采取一致行动的自由,只要他们不伤害其他人。密尔将其学说归结为:

唯一应得"自由"这一名称的自由,乃是按照我们自己的方式追求我们的幸福的自由,只要我们没有试图剥夺他人的幸福或妨碍他人获得幸福的努力。每个人都是其自身健康的最适当的监护人,无论是身体的健康、心理的健康或精神的健康。如果人类容忍彼此按照他们自己认为善的样子去生活,而不是强迫每个人都按照其他人所认为善的方式去生活,那么,人类就是更大的赢家。(以上皆引自 1974:71—72)

密尔确信,他的"理论直接站在现有观点与实践的一般倾向的对立面",它也反对边沁功利主义中的"纪律"倾向。密尔承认,古代共和国在"对每个公民的整个身心进行约束"上的兴趣在被敌人包围的小城邦里可能是可以接受的;不过,现代世界的发展,尤其是更大的规模以及世俗权威与精神权威的分离(个人良心的兴起),提供了新的自由的潜在可能,同时也提供了可能会泯灭个性的手段与欲望。①

那么,功利原则的支配力怎么样呢? 边沁本来想用这一原则为现代性提供指导标准,密尔是不是已经毁掉了它? 在这方面,《论自由》开篇看起来像是一个谜。密尔首先宣称,一定有一种指引现代社会交往的至上原则,他提出自由原则或者伤害原则为终极原则——而且他提出这一原则并没有任何限制或妥协,但紧接着在下一页,他提出了另一个候选原则,他说:

---

① 在同一部分密尔竭力批判了奥古斯特·孔德(Auguate Comte)(1973;1974)提出的新的"人性宗教",实际上,孔德的著作一直是密尔在他的早期个人危机中求助的对象之一。尽管密尔明显地倾向于孔德的认识,即我们需要一种新的社会连带基础,但他后来逐渐把孔德提出的道德压力看成是一种极权主义。

我认为，在一切道德问题上，功利是最终的诉求，但是，这里的功利必须是最广义的，必须是把人当作进步性存在而以其永久利益为根据的。（同上引：70）

初看起来，密尔给我们提供了两个可能的终极原则，它们为什么大不相同呢？这是"两个密尔"理论的证据吗？

自由原则和一般功利主义之间的复杂关系

在《论自由》中，自由原则和功利原则之间存在着各种显而易见的冲突。密尔自己描述了一些潜在情景，在那里大多数人都被看到在干涉其他人，有一些貌似微不足道，有一些则引人注目。他描述的例子有，有的穆斯林国家禁止偶然居住在那里的基督教徒吃猪肉，或天主教国家反对牧师结婚。吃猪肉、牧师结婚是密尔视为自我关怀的两个领域。也就是说，假定吃的东西没有伤害他人，即使他们被冒犯了，只要没有伤害发生，他人也无权干预。侵害，而不是冒犯，才使干预正当化。

仅仅在《论自由》出版两年后，1861 年出版的《功利主义》极大地促进了人们对功利主义的认同。《论自由》的许多最重要和最富戏剧性的应用强调了个人主义和功利主义之间的冲突，也就是伤害原则和功利原则之间的冲突。在关于某些行为的刑事化或非刑事化的争论中，密尔的原则经常被人们引用。例如，在沃尔芬登报告［即《同性恋侵害和卖淫委员会的报告》（1957）］出版后引发了哈特与德富林之间关于吸毒或同性恋的刑事化或非刑事化问题的著名争论，在这场争论中，哈特明显地采用了密尔的观点①，而德富林认为我们必须准备使用法律制度保护核心道德：

> 社会意味着一个理念的共同体。如果没有政治、道德和伦理上的共同

204

---

① 在哈特（《法律、自由和道德性》，1963：这一对法理学的自由主义的彻底辩护和对"司法道德主义"的批评也许是哈特的最精致的著述，当然比《法律的概念》要好）与德富林之间就同性恋的非刑事化问题进行的论战中，德富林依据"什么将极大地冒犯理性的人"提出了关于什么应该被非刑事化和什么不应该被非刑事化的标准。这在精神上部分地接近涂尔干的分析：那些冲击集体良心的事情就是犯罪。德富林使用了功利主义论点，引证判例（例如，*Bowman v The Secular Society*；（1917）AC，406）来说明先前的司法观点：法律必须干预并强制执行道德，以保护"对其存在来讲至关重要的"领域。因而德富林乐意为国家干预辩护，希望国家将某些行为犯罪化而与实际造成的伤害无关。按德富林的论点，阻止某些习惯做法更有利于共同利益。尽管这一论战由同性恋引起，德富林似乎认为同性恋严重地冒犯了公众，但德富林实际上压抑了对同性恋的明显厌恶之情，认为法律应当放宽。

理念,那么,任何社会都不能存在……它们不能被认为是私人事务而与我们生活于其中的社会无关。(德富林,《道德的强制推行》,1965:10)

德富林是一位精练的道德存在主义者,他似乎认为道德原则是永远不变的,变化的只是公众对违背道德的容忍。① 对于这种道德标准是否有永恒基础或者是否存在,密尔的自由主义可能更倾向于怀疑态度。这种"认识论的"差异有助于我们理解自由和功利之间的许多其他冲突,在后现代中,这是显见的。例如,有关国家的家长式统治或者健康与安全立法方面的争论就是如此。伤害原则好像是在说明,统治者不能因为某个人自己的利益而强制干预他;不过,至少从某些政治观点来看,很多现代福利国家的行政都干预了人们对自己利益的选择。② 这些法律类型在何种程度上是对人们生活方式选择的侵犯,其限度是什么? 这种思路应该走多远? 例如,是否应该禁止油脂类食物? 是否应该禁烟?

在《论自由》中,存在着两种相竞争的原则这一事实,到底是一个真正的冲突,还是揭示了一个复杂整体的不同侧面呢? 为了回答这一问题,应该把自由原则和功利各自的作用置于密尔关于现代性发展的概念中加以考虑。密尔提出了一种对自由的说明,由伤害原则界定意义上的自由以及自治领域的产生将导致生活方式、观点和知识等方面日益增长的多样性。这不是一个中立的理论观念。这种类型的自由为什么值得拥有? 多样性有什么好处? 这两者之间存在着某种特殊联系。

论证首先表现在思想和观念的自由层面上,然后再转到密尔所说的生活实验的层面上来。在思想和观念的自由层面上,密尔主张,为什么一个人应该容忍其他观点而不是自己赞成的观点,实际上有四种理由:

---

① 德富林最主要的关注实际上是虚无主义,也就是在社会生活的偶然性和潜在的武断被揭示出来之后可能引起的未来后果。虚无主义的体验是与以下认识相伴的:不存在任何认识事物的强制方式。一个人先前的信仰、目标、目的似乎被贬低了,社会生活的目的统一性也消解了。德富林的看法似乎是:如果一个社会的基本道德原则被证明是一些偶然的因素,那么社会也就崩溃了。他提出了三条原则,以此来在密尔式的冲动和他自己的稳定愿望之间进行某种平衡:(1)与社会整合相容的最大自由;(2)法律应当放慢改变其道德,因为它必须维持合乎道德的社会基础;(3)隐私应当在最大程度上受到尊重。

② 例如,与系安全带相关的法律。我们可能认为这是对我们不系安全带驾车的自由的干预。当然,存在着一种功利主义的正当理由,即如果人们不系安全带,将有更多的人死于车祸,在处理更多的事故时国民保健服务制度的成本将会大大地增加。对摩托车戴头盔也有类似的论点。戴头盔或者系安全带所挽救的生命的功利主义计算,被认为证明了创制和实施这种立法是正当的。

第一,如果有某个观点被迫缄默下去,就我们所能确知的范围而言,该观点可能是正确的。否认这一点,就是假设我们自己不会犯错。

第二,即使被迫沉寂的观点是错误的,它也可能,而且通常总是包含部分真理;而在另一方面,由于在任何主题上普遍的或流行的观点难得是或者从来都不全是真理,因而,只有通过相反观点的碰撞才能使所遗真理有机会得到补足。

第三,即使公认的观点不仅是正确的而且全部都是真理,如果不容它经受而且实际经受猛烈而认真的争论,那么,多数接受者只能以坚持偏见的方式来坚持这个意见,很少理解或感知它的理性根据。

第四,教义的意义本身也会有丧失或减弱并且失去对品性行为的重大作用的危险,这是因为教条已变成一种纯形式的断言,对致善是无效的,它妨碍着去寻找根据,并且还阻挡着从理性或亲身经验之中产生真正的、由衷的信念。(1974:115—116)

一个容许意见多样性的社会与一个封闭社会相比,其生活是完全不同的存在现象。密尔所关心的是创造条件,使自由思考的人民能够出现,使思想得以摆脱习惯的专制主义的支配。

在人的工作当中,在人类正当地使用其生命以求其完善化和美化的工作当中,居于第一重要地位的无疑是人本身。(同上引:123)

一个经过适当研究和准备独立思考的人,与那些因为不想让自己受思考之苦而固执己见的人相比,真理从前者的错误中获得的益处要比从后者的正确意见中获益更大。(同上引:95)

人们应当通过独立思考、质疑各种选择而形成自己的观点。一些有价值的观点就是在这样的多样化之中显露出来的,即使许多观点是错误的。如果一个人以自己的思想和观点进行论证,那么,他就摆脱了习惯的专制统治,实现了理性的独立存在。① 只有我们不程序化进入某种机械模式而是允许以多样化的方式发展,我们才能在将来变得更具有人性。人应当有不同的观点、不同的生活模式、不同的生活计划以及相竞争的生活意义理念。多样

---

① 密尔(同上引:123)含蓄地反对边沁把功利和纪律结合起来。他推论说,如果我们实现了技术的优势,但是产生的人民却是"人形的机器",那还有什么价值呢?"人不是机器,按照某种模子制造出来,被设定去精确地完成为它规定的工作。人是一棵树,需要按照使它成为活生生的一棵树的内在力量的趋向来生长并全面发展。"

性,思想的多样性和生活方式的多样性,将产生独立的个性。反思至关重要。

> 如果说理解力的培养更多地在于此而不在于彼,那么,它无疑体现在探知一个人自己观点的基础之上。(同上引:97)

我们不能仅仅因为信仰是长期固定的就认为它们是明智的:

> 人类一见事物不再有疑问就放弃思考,这个致命的倾向是他们所犯错误之半数的原因。(同上引:105)

这两个原则联合起来,为社会进步共同发挥作用。密尔通过提出我们要区分功利的质和量,把自己的观点与边沁的观点区分开来。在此之后,他进一步主张有高级和低级形式的功利。高级形式的功利通过自我质疑,对各种供选择的意见与生活方式进行辩论和审慎的思考而获得。这种功利产生于对多样性与复杂性的经验。密尔明确提出,为了人们从长远来讲可以产生高级意义上的功利,某些社会条件必不可少。在这个长期过程中,自由是高级意义功利的工具。自由产生的各种类型的多样性,把我们解放出来以创造多样的生活形式和新的技术。

自由和功利交互作用的最终产物是社会进步

自由和反思把社会提升到一个更高水平。因而,个人的生活经历应该是一个审慎的可取之道的问题。[①] 密尔的生活意象是:生活应该在全部可取之道的相冲突的命令中自我创造,自我选择。在注意到这些可取之道之后,我们选择我们的生活道路,发展我们的计划。而且,在思想自由之中我们从他人的错误中学习;同样,在经历了多样性的过程中,我们把我们的思想和经历与其他人的相对照从而有所收获。我们见证他人的错误,并从他人的生活之中获得教益,正像我们向其他人的错误观点和正确观点学习一样。遵从这种苏格拉底式的自我选择、自我质疑、自我指引的道路,个性就会发展起来。而且,从长远来讲,高级意义上的功利也会得到发展。

这要求审慎界定人们所面对的多样性的范围。密尔的伤害原则努力以

---

① 因而,该立场是:自由产生多样性,多样性产生现代个性,现代个性产生更高意义上的功利。这一论点是以这样一个社会内部为基础的,在这个社会中,人们不断询问和争论:"我们为什么在这里?""我们为什么以这种方式生活?""为什么我们法学院的学生拼命要当律师?""我的生活中发生了什么事情?""我是哪种类型的人?""我代表什么?"

某种方式塑造法律，以便法律能够划定一种社会空间：在那里，个人可以按他们的自由选择来发展，自由选择的限度是避免对他人的伤害性干预。密尔为法律提供的法理学构想，使法律能够形成一种个性空间；但是我们也应当注意到，成文法或国家法在社会调整中所起的作用是何等有限。密尔敏锐地注意了他所称的不成文法——社会习惯，如果我们忘记了社会观念的作用或大众传媒的影响，那么，我们将忽视一个极其重要的社会进步之源。

成文法或国家法与不成文法的作用以及宽容的必要性

　　制裁的使用是为了实施官方法或者国家法，但是，社会制裁——例如，排斥——则遵从不成文法。密尔认为，人们受不成文法、社会制裁的压制甚至比受官方法的压制还要多。很明显，密尔对维多利亚社会的狭隘抱有深深的抵触情绪，他主张彼此宽容。因为他感到自由、个性和多样性比一致性和标准化具有更高的伦理价值，它们使人"更高贵地思考"。

詹姆斯·斯蒂芬对不宽容的辩护

　　密尔的《论自由》受到了维多利亚时代的法官斯蒂芬（《自由、平等和博爱》，1861）的全面攻击。斯蒂芬为不宽容辩护，认为不容宽使社会免受违法之害。或许，斯蒂芬选择不宽容这一标签是一个错误，他经常被当成反动分子而遭到摒弃（后来的追随者们宁愿使用社会秩序、纪律、权威或社会控制的需要等词语来攻击密尔的自由原则）。不过，斯蒂芬突出了一种关键性的社会学观点：国家法或官方法的运作有赖于它们对社会中起作用的不成文法或非官方法的适应。对斯蒂芬来说，维克多利亚时代的自由主义国家之所以唯一的可能，是因为社会纪律、不成文法的施行。斯蒂芬认为，不同时代的智慧融入这些法律中，因而，社会的不宽容是一种自然的保护机制。加之，斯蒂芬不赞成密尔的主张：自私行为应该得到宽容，因为这些行为没有伤害其他人。斯蒂芬认为这种观念显得过于原子主义了，一个人做的几乎每件事实际上都会影响他人。自杀、放荡、吸毒本身不仅仅伤害行为者，因而，社会有权干预以保护其他人，也保护它自身。另外，密尔在有关普通人的观点上显得太过乐观了。斯蒂芬认为，很多人都没有接受良好的教育，以致不能发现他们自己的道德法典，也不具备遵守他们这样创造出来的道德法典的品德能力。因而，需要外在的社会制裁来支持道德。最后，斯蒂芬拒绝密尔的这一观点：多元化和多样性本身就是好的。善有多种形式这一事实不意味着多样性就是善。一个充满反常者的国家将会展现出更多的多样性?但是,它同时也可能有更多的犯罪,可能并不是一个更好的国家。因而,斯蒂芬将异议和多样性本身视为无价值和懦弱的表现。

伤害和冒犯之间的界限能够轻易划定吗?

我们能够轻易地把伤害和犯罪区分开来吗?美国教授乔尔·范伯格(Joel Feinberg)在其著作《伤害他人》(1984)中,列举了我们遇到的冒犯变成伤害的许多例子。例如,他叙述了公共汽车上发生的许多令人厌恶的事情:朗读观点不被其他乘客赞同的报纸,播放嘈杂的音乐,手淫和性交,与动物性交等。这些例子旨在探讨简单地受到冒犯与经历伤害之间的差别。这是密尔的伤害原则或自由原则的要点,只是以一种不同的方式表达出来而已。不过,公共汽车上所发生的这些令人厌恶的事情的转喻,在某种程度上,冲击并挑战现代社会中那些倡导个人主义的人。因为人们想知道:如果对令人讨厌的公共行为不加控制,社会还能够真正地聚合在一起吗?诸如舞台剧运动这样的制度经历,要求并且通过逾矩演示了传统作用的力量,以及对日常生活行为的预期。

问题复杂而难以把握:伤害和冒犯之间的分界线是一条斜线,关键的区别点显然很微妙。现在,很多人担心这个过程已经走得太远了——在整个西方世界,有一些保守观点认为,西方国家已经失去了权威意识,结果,西方已经失去了社会凝聚力。另一方面,人们质问:是否在事实上存在这么一个有凝聚力的社会,它已经实现了多样性,人们从事着生活实验,这些人认为,我们还不够宽容。①

密尔关于现代性的乐观主义

密尔是一位乐观主义者。他确信,一个富有活力的社会可以使真正的生

---

① 现在,很多人都夸张地谈起所谓的"纵容的60年代"。有人认为,那是一个试验和社会多样化的时期——但是,"60年代"也引起了道德多数派的反应,他们要求一种压制的、强制的一致,怨恨那些被贴上离经叛道的标签的人,这种人我们现在也看得到。

活实验具有综合能力，这种社会既能感受广泛的多样性，同时也聚合在一起，而这将会产生高级的功利。但是，如果想要自由与功利不相冲突，就需要宽容，需要社会进步的叙事观念。问题是，多样性和自由引起的是宽容还是憎恨？如果它们引起的是憎恨，那么，憎恨导致社会控制的强制模式；源自多样性的社会动态模式可能是不可预测的。因而，很多人都力图拒斥多样性和自由的试验。密尔推测，从长远来讲，相互理解和宽容将会完成，人们将学习彼此的生活经验。从允许不同的生活方式开始，不管你最初怎样不赞成这些不同的生活方式，经过较长时期，社会的道德和政治观点的品质将会得到提高。经由思想自由和表达自由，我们向"他人"学习，通过宽容他人、承认差异和多样性，我们建立起一个营造社会连带形式的基本网络。

如何思考正义问题呢？或许，我们所说的是，解决正义问题是人性与社会存在的功能。密尔看起来很乐观，如果真正存在自由与多样性、允许生活试验与个性的社会，那么，人们将会以最低程度的憎恨彼此相处。然而，可怕的一幕可能是社会的分裂，它可能无助于高级意义的功利，而是会产生自由与功利的急剧分离。简单的答案是不存在的。在这个问题上，人们倾向哪一种方式是一个人对现代社会发展是持乐观主义还是悲观主义的态度问题。

社会科学的理念是什么？自由原则意味着可能没有可靠的科学？寻求真理为开放社会提供模式

> 如果全体人类除一人之外都持一个观点，这时，人类要使那一人闭口不言并不比那一人（如果他有权力的话）要使人类闭口不言更为正当……
>
> 迫使一个意见不能表达的特殊罪恶在于它是对整个人类的掠夺，对后代和现存的一代都是一样，对不同意该意见的人甚于坚持该意见的人。假如该意见是正确的，那么，他们被剥夺了以错误换真理的机会；假如是该意见是错的，那么，他们失去了一个差不多同样大的利益，那就是从真理与错误冲突中产生出来的对于真理更加清楚的认识和更加生动的印象。[同上引：(1859)1974:76]
>
> 对于一个意见，因其在各种机会的竞争中未被驳倒而假定其为真

理，这是一回事；为了不许对它辩驳而假定其为真理，这是另一回事。两者之间是有绝对区别的。我们之所以可以为行动之故而假定一个意见为真理，正是以有反对它的完全自由为条件；而且也别无其他条件能使一个像具有人类精神能力的东西享有令它成为正确的理性保证。（同上引:79）

圆形监狱之所以对边沁的功利主义保有如此大的诱惑力，是因为边沁似乎对他的立场的"真理性"没有丝毫怀疑。① 半个世纪后，密尔的社会哲学是对一种更为"自由主义的"认识论的思考，人类不可能认识绝对真理。他对伤害原则与功利主义的调和使生活实践的多样性得到发展。人们希望，有效的、有价值的社会生活形式逐渐繁荣起来。关键是：谁能说出社会生活的"真理"是什么？什么是真理？人类存在的未来可能性所必需的社会结构条件是什么？休谟的格言——制度决定了人的好坏——抓住了要害，一个进步的社会需要法律秩序，需要一套承认宽容、多样性和多元主义发展的社会制度和政治制度——无论何时，那些以某种优越知识的名义、为了纯粹性和确定性的理由而力图关闭多元主义大门的人，都是自由主义的敌人。但是，什么铸就了自由主义呢？自由主义必须建立在怀疑主义基础上吗？当然，这并没有给那些指向决策多元主义弱点的人提供辩护的理由。

当密尔经历了他的个人危机并质疑他的功利主义之后，他转向孔德和科尔里奇以及其他人的著作。从他们那里，他得出了几个结论：

> 人的思想具有一种可能进步的次序，按此次序，某些事物一定先于其他事物，政府和公众指引者可以在某种程度上、但不能无限地改变这种次序；一切政治制度问题都是相对的，而不是绝对的，人类进步的不同阶段不仅要有而且应该有不同的制度；政府总是要么处于、要么正在转入社会最强大的力量的掌握之中。这种力量是什么，这一问题并不依赖于制度，而是制度依赖于它。政治的一般理论或政治哲学假设了一种先在的社会进步理论，历史哲学也是如此。（《自传》，1873：162，引自萨拜因和索尔森，1973：649）

我们回到休谟那去：哲学认知要想具有现实性，既需要有关人类状况的历史认知，也需要通过有关人类状况的经验知识（即社会学）来补充。19 世纪后期的自由主义主要依赖的个人主义心理学，需要与有关社会制度发展的

---

① 这同样也符合约翰·奥斯丁的法理学，参见本书第 9 章。

历史分析联姻,需要与对这些制度固有的合理性的历史分析联姻。①

自由主义哲学需要用历史认知和社会学认知加以补充 211

进化观念已经弥漫在维克多利亚时代中期的社会之中,许多人把他们的进步观念变成了有关人类发展的几个不可避免的发展阶段这种残酷的进化思想,但是,尽管密尔确信英国的制度应该向全世界传播,残酷的进化决定论与密尔的观点还是完全不同的。"密尔抓住了两个既合理又重要的思想:一是政治制度依赖于社会制度,二是社会的心理本质"。(萨拜因和索尔森,1973:650)当一个人理解这一点时,奥斯丁提出的"服从习惯"这一用来描述主权的某一方面特征的思想(参见本书第 9 章),就成为一种由社会制度引发的行为模式。同样,奥斯丁和密尔的父亲提出的有关对待工作和消费的心理态度的观点,既不是自然的,也不是一成不变的,它们只不过是资本主义秩序的结果。另外,《论自由》提出了一个论点,即自由主义政府依赖于对个性与自由的社会尊重和道德尊重。

让我们确定这种个性和自由的结合将会产生什么后果。它不是在备足油料的边沁功利主义机器中发挥人的作用这一意义上的自由,不是《优台谟伦理学》这一亚里士多德古典传统意义上的自由,也不是卢梭和黑格尔的表达性社群主义意义上的自由;相反,这种"自由主义的"自由是这样一种实践可能性:每个人按他/她认为适当的方式追求幸福,把自己的生活变成一系列个人工程并努力实现它们。因而,自由主义的多元主义似乎抛弃以下论点:存在着一种有关共同福利的实质性、独特的观念,社会必须表达这种观念并实现它。这也完全可以用否定的方式加以表达:它是在掠夺性商业游戏的法

---

① 对密尔持同情态度的批评者认为,密尔从其危机期间进行的阅读中吸取了三条教训:(1)仅仅批判制度、法律和政治政策是不够的,在批评的同时应当提出更好的建议;(2)边沁在为既定的利益辩护时指责那些捍卫过时的制度的人是在撒谎,这种策略是错误的,因为现在过时的东西曾经服务于一种社会目的,那些捍卫它的人仍然看到了这些习惯或制度的好处,因而改革者必须完成他们观点中好的东西,并证明改革将怎样带来更好的事;(3)改革者的策略必须适应他/她所处的时间、地点,英国人不相信思辨的或系统的思维,因此,如果改革者通过集中论述具体问题,慢慢迁回到更一般的原则上来,那么他将会有更大的成功机会。这些可能是密尔自己的策略,他可能有意地克制自己不去论述他的政治的和社会的一般原则而是喜欢就个别的问题写一些论文,这一事实可能既有助于它在英国受到欢迎,也导致了一种印象:他可能持有矛盾的观点。

律规则(一个原子主义的、自我中心主义的单体社会)之中"拥有"的一种空洞且无根基的自由形式。但是,它可以用一种肯定的方式来表达;自由社会的确代表某些价值:它不是中立的。这是因为,为避免建立有关人类完美的观点,实质上就是在信奉另一种有关人类社会发展的意象。这可能变成自由主义法学——尤其在法律实证主义传统下的自由主义法学——的错误,它忽视了肯定表达(把它留给了神话的、未确定的假设领域,参见费兹帕特里克,1992)。当代法理学著作,如罗纳德·德沃金(Ronald Duorkn)的著作,明确提出法律实证主义在这方面失败了①,但是,当德沃金以明确的规范取向论证这一点时,他没有把以下意思贯彻到底:如果社会制度的出现旨在使它规范化,规范化才能宣称是合法的(正如本书随后将要讨论的那样,参见第十五章,历史的和社会学的理由的缺位,或者甚至对这样一种补充理由以及与规范化的批判的相互作用的需要,都是他的计划的基本弱点)。但是,存在这样一种信息:从宗教和道德的规则来看,一种自由主义民主政体在构成自由主义的政治价值方面不可能是不可知的。因为从定义上看,它提出了构建政治联合所应遵循的专门原则,即多元性、自由以及获得平等对待的需要这样一些政治原则。尽管20世纪自由主义可能在功利主义淡出中找到了它的信念,但是,自由主义需要在政治原则问题上展开一场有力的论战。如果不具备对它的制度的信任,健康的"温和的怀疑主义"可能面临滑向虚无主义的危险。②

---

① 罗纳德·德沃金是本书单独一章的主体,这里提一下就行了;德沃金以为自由主义必须用肯定的方法表述它自己。因此,他这样描述密尔的立场:"由于一个社会的公民在观念上有差异,如果政府喜欢一个观念而不喜欢另一个观念,那么政府就不能同等地对待他们,这要么是因为官员确信一种观点具有内在的优越性,要么是因为一种观点为更多数量的人或更强势的团体所持有。"(1978:127)但是,这不会使自由主义成为一种只有在真理缺位的时候才得到同意的折中立场;相反,德沃金(求助于一种康德主义立场)说:"自由主义不能建立在怀疑主义基础上。它的构成性道德规定:人们必须得到政府的平等对待,这并不是因为在政治道德问题上没有对错之分,而是因为这就是正确的东西。"(同上引:142)

② 敌人可能有所不同:纳粹埋伏在魏玛共和国的多元民主中,而不关心、冷漠和民粹主义(populism)在20世纪末可能是自由主义的敌人。

第九章　约翰·奥斯丁和有关
法理学诞生的误解

　　不要接受任何作者的批评,除非你感到它很中肯……"重建这个问题",或者"永远不要以为你理解了一位哲学家的话,除非你已经以最大可能的精确性确定了它想回答的问题到底是什么"。[R.C. 柯林伍德(RC Colingwood),《自传》,1939:33.]

　　(在讨论)主权者的职位或者责任的时候,霍布斯坚持下述命题:良好而稳定的政府实在或几乎是不可能的,除非政治科学的基本原理已为大多数人所知晓:大多数人民都能接受这种科学,同那些在地位、财富和学识上优于他们的最高贵和最高傲的人一样。在人民大众中传播这一科学,可以被列为造物主加在主权者身上的最重大的责任。他一定要倾听他们的抱怨,甚至要寻求他们的忠告,以便他可以更好地了解他们的需要,更好地调适他的制度以增进共同福利。他一定要使他的法律尽可能简明、清楚,一定要通过一切可能的渠道宣传他们更重要的法规的知识。如果他的大多数人民之所以不完全知晓他们的义务,是因为缺乏他能够而且应该给予的指引,那么,他在哪里让他们陷入无知,他就要在哪里对他们违反义务的全部行为负责。(奥斯丁,1973:289)

　　与警察队伍相比,开明的人民是法官更好的帮手。(奥斯丁,1873:134)

导言:约翰·奥斯丁法理学的现代性

　　约翰·奥斯丁(John Austin,1790—1859)在伦敦开创了他的职业法理学教育事业①;反过来,他的法理学是从霍布斯和边沁的工作中获得其

---

　　①　伦敦大学是一个与边沁有松散联系的团体在1826年创立的,其明确目的是改革英国大学教育的范围和内容。约翰·奥斯丁满腔热忱地接受了法理学主讲这一职位的邀请,为了做准备,他与妻子萨拉(Sarah)一起迁到波恩,在那里自学德语,研究德国学者在罗马法方面(转下页)

214　基础。① 尽管边沁对他产生了直接影响,但奥斯丁承认,从霍布斯在阐述强势且理性的政府之必要性时所展示的清晰性之中,他受益颇多;这类政府把实在法(主权者的命令)当作工具,形塑和改革责任与义务体系,为公民社会的进步提供框架。② 然而,如果只注重权力和命令,就要遗漏奥斯丁认识霍布斯遗产的第二个要领:有关人类状况与政府条件的知识之必要性,以及建立现代社会秩序的必然性。③

青年奥斯丁"执着地……相信,贵族利用议会以及法院、教会和军队等其他机构来促进其自身利益,这些利益只属于一个阶级,是邪恶的。结果,在贵族追求其自身利益时,全体的利益沦为牺牲品,人民成为被剥削者"。[L and J 汉博格(L and J Hamburger),1985:31]政治制度和法律制度两者都亟待重大变革。他设想,民族国家在改革以后,选举权要扩大,变成开明和理性的政

(接上页)的历史著作,阅读了胡果(Hugo)、蒂堡(Thibaut)和萨维尼(Savigmy)的最近著作。1828 年和 1829 年,他回校授课,在听他课的人当中,有约翰·斯图亚特·密尔、乔治·科恩威尔·刘易斯(George Cornwell Lewis)(他后来与奥斯丁一起成为驻马耳他大使)、约翰·罗米利爵士(Sir John Romilly)和威廉·埃勒爵士(Sir William Erle)。所有这些人后来都成了杰出的改革家。奥斯丁不是从他的教职中领取工资,而是从学生支付的认捐款中赚取酬金。尽管校方在 19 世纪 30 年代初付给他一些职务津贴,但他在 1832 年由于经济原因放弃了教席职位,同年出版了《法理学范围之确立》,这是他的讲义第一部分的扩有本。据萨拉讲,约翰·奥斯丁对他在法理学教席职位上的失败感到极度沮丧。她把这事说成"他一生中无法挽救的真正不幸——他不曾从中恢复过来的沉重打击"。《法理学范围之确定》第 2 版在 1861 年出版。他死后第 2 年,《法理学讲义》或《实在法哲学讲义》的首个全本经萨拉从他的笔记中重新整理,在 1863 年出版了。

① 奥斯丁与边沁的关系比奥斯丁只是单纯地应用了边沁的思想这一评价要更加复杂。尽管青年奥斯丁曾经向边沁宣布"我是你真正的信徒",但是,他早期对边沁宪法激进主义的支持到他开始准备讲义时似乎已经减退了。接下来的保守立场使他进一步疏远边沁,后者至死都保持宪法激进主义立场。

② 在宣讲本章开头部分引用的那段话,具体地讲就是"良好而稳定的政府实在是或几乎是不可能的,除非政治科学的基本原理已为大多数人所知晓"这段话的时候,奥斯丁相信霍布斯的著作有两个"致命错误:(1)他过于绝对地包括了宗教上的服从义务(而且没有考虑那些功利要求不服从的情况)……(2)他将主权和独立政治社会的起源归于虚构的协议或合约"。(1873:278)

③ 在《立法者和解释者》中,鲍曼要求我们把教育思想从后来的学校教育思想中解放出来,努力再造激情,以赞成教育所支持的启蒙志向。鲍曼(1987:69)提出,确切地讲,教育是这样一种理念,也就是把整个社会、人类环境"以这样一种方式进行塑造,即使人们学习、拥有和实践理性社会生活的艺术。教育决不能被认为是社会劳动分工中的孤立领域;正好相反,它是一切社会机构的职能,是日常生活的一个方面,是设计符合理性声音的社会这一工作的总体结果……'教育'代表一个社会工程,使人类的组成完全而独立地担负起社会总体的责任,特别是担负起立法者的责任"。鲍曼将教育看成国家在培养它的公民、指导他们的行为等方面正在增长的权利的组成部分,是一个有条理社会的做法。

治联合:它在日新月异的实证知识指导下,毫不迟疑地使用获授权的强制力量,即以惩罚权力和监狱为后盾的命令。再者,奥斯丁的法理学揭示了一种新政体的结构:这种政体是一种社会和政治的构造,由知识、权力、命令和服从等基本要素而构成,受一种全新的社会信念(即功利主义)的整合与指导。这一政体,这一新社会秩序,其基础既不是组成主权的精英之主观意志或主观愿望,也不是纯粹的权力关系。奥斯丁持一种客观信念,他在第三讲说得很清楚:他相信实证知识有能力揭示该社会政治结构的潜在真理①,教育的作用至少是要在全社会传播这些知识的基本原理。理性的政府和受过教育的民众两者的结合,构成了社会进步的关键。社会进步的目标是现代性,现代性将成为受知识约束、具有自我意识的社会空间;只有完全理性、现实主义地把握现代性的构成,自我意识才能形成。

215

奥斯丁发表的第一篇作品刊登在边沁 1824 年创办的《威斯敏斯特评论》上,是对长子继承权法和贵族在社会管理中的作用的批判性分析。奥斯丁甚至对法国大革命作了赞赏性的评论,称它是一次"伟大而必要的变革",不幸的是"没有以更大的辨别力与克制达成其目标"。② 奥斯丁对贵族在社会制度中反动作用的批判是当时普遍智识运动的组成部分。换言之,人们普遍意识到,一种新式的社会行政管理势在必行。在封建主义时代,贵族或土地贵族的统治要借助与地域和意识形态的紧密关联才能运行;借助这种关联,贵族推行他们的命令,看护他们全体的利益。贵族生而具有特权和某种职能角色。然而,贵族统治要确保社会秩序、监护传统和特权的延续,只能凭借两种并联性因素,即传统(包括宗教,它顾及了基督教徒的管理)和政治地理(由各地方松散结盟所形成的社会碎裂化)。到 18 世纪后期,面对新社会秩序的要求,土地贵族的法规显得功能紊乱。鲍曼(1987:29)提出,土地贵族的统治

---

① 这并不是说自然界有这种客观性。然而,奥斯丁似乎曾经这样想过(尽管我不像莫里森(1982)走得那样远,他试图把奥斯丁和詹姆士·密尔联在一起,后者的《政治经济学的要素》是"政治经济科学"发现的"自然法"特别严格的概念化)。奥斯丁是正在出现的人文和经济科学的狂热信奉者。他相信,人们正在揭示人类状况的真理。

② 引自洛特和约瑟夫·汉博格[Lottet and Joseph Hamburger(1985:32)],他们总结奥斯丁的论文说:"奥斯丁起初以经济为根据批评长子继承权,但最后受到责难的是'贵族统治和贵族恶政'。长子继承权不仅导致土地财富集中在少数阶级手中,而且还导致对人民的剥削,因为被排除在父辈不动产之外的幼子们和其他亲戚将不得不以公共开支来供给其收入:'为了在统治阶级中维持长子继承权,对人民的税收和掠夺得不到丝毫缓和……有些机构在创立它们的目的已经丧失之后仍然保留下来,将依靠公共负担来维持生存,因为这些无用职位的薪俸成了年轻贵族子女们的方便供应来源'。"(1985:31-2)

眼界和管理热情与他们的财产权交织在一起,受到后者边界的限制,"他们没有自己的基础,缺乏足够的灵活性,以致不容易重新部署,服务于中央集权政府和中央集权法律体系,超越贵族地产的边界范围"。奥斯丁发表这篇论文以后,接着在 1826 年被委任为新创办的伦敦大学的"法理学和国际法"教授。奥斯丁和他的妻子萨拉搬到波恩住了一段时间,准备讲义。在此期间,给他留下深刻印象的不只是罗马法的合理结构,还有普鲁士统治精英的明智以及民众对他们的遵从。这一时期也许是奥斯丁一生最快乐的时期,也被证明在他转变政治观点、开始赞赏开明精英统治方面是一个重要时期。贵族意志的统治一旦破产,必将为遵从实证知识律令的理性政府所取代;这一方案也被用来压制民众多数统治的思想,而这种思想,边沁圈子的人士在对改变统治精英的观念之前景感到绝望之后,却是持赞赏态度。

法理学在社会教育中具有独特的用武之地,它能够提供对现代性的关键工具(即实在法)的分析,也能够突出责任。责任与权力相伴,权力与该工具相随。政治权力的行使是奥斯丁法理学构想的首要因素,正如他在开篇定义中所说(下述引文引自第一讲):"法理学的主题(matter)是实在法:简单或严格的如此称谓的法律,或由政治优势者对政治劣势者设定的法律。"法律是"为了指引一个理智人而由一个对他有权力的理智人设定"的规则;它们是"由政治优势者确立的规则集合体"。法理学这门科学应该识别实在法,即由政治"意志"创造的规则,或者是被奥斯丁确认为"理由"(reason)的东西。奥斯丁把认识实在法这一特殊类型"命令"的性质看成这门科学的关键。命令是意志的表达,是愿望的表示,其特征在于"当该愿望被忽视时指挥施加不利或痛苦的那一方所拥有的权力和决心"。由于应承担不利,被命令的那一方就受到那一命令的"约束或强迫",被置于"服从它的义务下"。

奥斯丁指出,"法律是强迫一个人或一些人从事某种行为的命令",凭借"优势"关系而得以实施。奥斯丁否认对优势这一术语的任何传统证成。尽管该术语一直以来经常"与优先或优秀同义",但奥斯丁诉诸霍布斯对权力的清晰确认,把权力当成命令的关键。① 然而,虽然上帝的权力是绝对的、不折不扣的,但人类的权力植根于相互关系中;从某个视角看处于优势的一方,从另一视角看则处于劣势;政府也会被人民的抵抗所推翻。这种比喻——政治权力与弱点——的双重性在奥斯丁著作中贯穿始终,他对教育所

---

① "优势这一术语表示力量(might):以灾祸或痛苦影响他人的权力,通过对灾祸的恐惧使他们的行为适合自己的意愿……上帝的优势或力量是无条件的和绝对的……"

抱有的信心,对知识进步为理性政府提供样板之作用所抱有的信心,是其理论的主调。

　　然而,虽然奥斯丁相信可靠知识将被产出充当新社会秩序的基础和结构,但钻研这样的知识不是法学家的专门职责,法学家的任务是专心阐明实在法这一关键方法或指引技术的性质。必须创立新的法理学以揭示法律的范围,而其他正在蓬勃发展的实证知识,具体地说,如伦理科学(它在很大程度上可归结为功利),要为当权者发布命令提供指导和社会正义。现代政府科学将是法律和知识的治理术,而不是专横愿望的治理术;社会是由支配其他男人和女人的男人们关联构成的,但构成现代社会的支配必须依法进行,受知识指导,对其正义(功利)抱有信心。① 　　217

第一部分　从评论家那里营救奥斯丁　　218

法理学教材中约翰·奥斯丁的面貌

　　约翰·奥斯丁享有"现代英国法理学之父"这一有争议的殊荣,特别是,他被认为是法律实证主义②的首创者,提出了法律命令理论或法律强制

---

　　①　把边沁、奥斯丁和约翰·斯图亚特·密尔连在一起的基本问题,可以表述为"如何使更多才智加进政府中去"。边沁喜欢使统治者和被统治者的利益成为一体即激进民主,但是,只有在人们相信功利主义是现实主义的政治学说,人民能够接受它时,它才可行。如果人民未受教育,他们就不会遵循最大多数人的最大利益这一原则;如果开明精英有把他们的幸福与社会利益联系在一起的理由,他们将会更好。约翰·斯图亚特·密尔赞成复数投票(plural voting)的代议制民主——受过教育且负责任的人将比未受教育的人有更大的影响力,被给予几个投票权——受过教育的民众不仅会选择最好的人代表他们,而且理解所提出的政策的合理性。

　　②　法律实证主义的核心要求是法律与道德的分析性分离。具体地讲就是,虽然一个社会的经验性法律秩序可能建立在道德论据基础上,但在法律与道德之间没有必然的或概念上的联系。换句话说,尽管自然法或表现主义立场可能主张法律是"道德上正当的权力",或者"人类关怀的真正表达",但是,法律实证主义主张,法律能够具有任何类型的内容。实证主义的两个核心思想是:(1)我们不进行任何道德判断就能确定现有的法律是什么。某一规则是不是法律规则,依赖于它是不是在某种渊源(如制定法或判例法)之中设定的,如果在某个有效渊源中找到了它,它就是一条有效力的法律规则,不管它是好是坏、是正义的或非正义的。同样地,(转下页)

理论(霍布斯作为法理学人物在某种程度上被忽视了)。① 但是,对许多评论者来说,奥斯丁是一位比边沁逊色的法理学人物,他的历史地位在一定程度上出于偶然:奥斯丁的几部主要著作在 19 世纪 60 年代全部出版了,但边沁的著作直到很晚还搁着没有面世。② 奥斯丁显得容易理解,也容易遭到不屑一顾。另外,法律实证主义近年来饱受攻击,奥斯丁也受到指责:他为我们提供了一个狭隘的概念性法律定义,还有把道德和政治关切与法律研究分离开来的方法论,不适当地缩小了法理学的研究领域。③ 这样,奥斯丁被认为是产生以下结果的原因:使法律实证主义的潜在传统变得专业化和理性化,把

219

(接上页)一个规则是正义的、合理的这单一事实不能使之成为法律的一部分。(2)如果不能在任何可确认的渊源中找到它,我们用以陈述法律权利与义务存在的那些法律命题,不是道德判断。

① "在他死后的几年内,人们开始明白,他的著作建立了英国的法理学这门学科。而现在也很清楚,奥斯丁对该学科在英国的发展的影响比其他任何其他学者都大。"(HLA 哈特,《法理学范围之确定》引言:1954)

② 然而,正如科特维尔(1989:53)解释的,奥斯丁的工作对法律职业具有独特的吸引力,它使出版物的观点只是一种偏袒的解释。"奥斯丁法律理论的形式以及其关怀的安排,使他能够提供一种对那个时代政治职业和法律职业的关怀特别适合的规范性法律理论。进而,他以非常简洁而直截了当的方式举例说明了法律的一般概念。事实上,奥斯丁在这么多世俗事物上的'失败',可能是他在这上面所取得的成功的条件。他显然完全一心一意地追求一种独特的意象,即法律'科学'如何是可能的。由于缺乏边沁那样永不停止的智识好奇心——这把一位更伟大的思想家转向大量而多样的事业中——奥斯丁一丝不苟地继续从事法律理论,而这只是边沁关心的一部分。在他的思想区别于边沁思想的地方,经常是因为他更喜欢一种顽固的逻辑(例如在主权的性质上)或者一种固执的现实主义(例如在讨论司法创法时),而在这些地方,边沁语焉不详,或者在法律或政治改革事业中努力发展更激进的分析。"

③ 对法律实证主义的批评一直不乏争论者。同情的说明见格斯特(1992),而西蒙(Simmonds)(1986)通过考虑与实证主义理论相关的错误观念,为实证主义者辩护。第一,实证主义者不必然否定道德的重要性。他们不需要是任何类型的道德怀疑论者,但着眼于法律的变革,对法律的道德批评极感兴趣。第二,实证主义者不否认道德影响了法律的内容。显然,立法者经常因为他们的道德信念而制定特殊的法律,法律在内容上受社会上一般流行的道德观念的影响。但是,一条规则,在它被一部制定法或一个已决案件等渊源设定之前,没有成为法律。实证主义法学家也不否定,法官有时候引用道德价值和社会政策的考虑来判决案件。他们所否认的是,法官在决定现有法律是什么的时候必须进行道德或社会判断。然而,在确定相关规则是什么之后,法官可能发现,那些相关的法律规则没有给出他正在处理的案件的答案。既然事先存在的法律没有给出答案,法官必须根据法律外的基础来判决案件。在这样做的时候,他将确立一条新规则,但这一规则之所以成为法律规则,是因为它是法官设定下来的,而不是因为它是以道德考虑为基础的。第三,实证主义者不否认存在服从法律的道德义务。他们只是主张,法律是什么,与它是不是应当被服从是两个不同的问题。

它变成一种特殊的形式以适合在其中建立法律科学。按这种解释,奥斯丁以分析和概念的严谨性之名,把法律研究与对社会现实中法律的社会语境、法律对社会现实的构成效果这两项识别任务分离开来。然而,这种印象是平常教学材料中过度简化所导致的结果。简单地讲,《法理学讲义》涉及复杂的论点,是以现代政府的设计为中心构建出来的综合体。然而,法理学学者从中抽取了分析法学的梗概,却忽略了赋予它以生命的政治与伦理结构。奥斯丁已成为特殊形式分析哲学的牺牲品,他自己通常就被认为是这种分析进路的代表①,但它却被给予一种印象:奥斯丁可以在不丧失智识完整性的情况下被简约为几个基本命题,它们易于理解,展现为简化的面貌,因片面性而被摒弃。然而,这种结果更多的是主导性解释传统的影响,而不是原始材料的效应。②

评判奥斯丁的通常方法

评判奥斯丁的通常方法有三个显而易见的特征。第一,奥斯丁被认为是在努力创造一种研究法律的方法论,虽然这种方法论不恰当地把法律概念局限在由命令、习惯性服从和制裁构成的结构中,但它在主张法律研究必须成为科学这一点上是有价值的。③ 第二,奥斯丁的遗产被认为是他设定了分析 220

---

① 哈特在上面所引述的那一节中继续说:"因为英国法理学一直并且仍然具有以分析为主导的特点。"(1954:xvi)

② 莫里森的著作(1982)第一个提出了一种适当的、背景式的和整体性的进路。兰布尔(Rumble)和两位汉博格(Hamburgers)(1985)的详细论述整体介绍了奥斯丁的生平和观点,但这些论述在许多法理学著作中都被忽视了。有一个例外,那就是科特维尔(1989)的韦伯式著作《法理学的政治分析》(The Politics of Jurisprudence)。

③ 因此,戴维斯(Davies)和霍尔德克罗夫特(Holdcroft)(1991:16)在论述奥斯丁的那章是这样开始的:"约翰·奥斯丁(1790—1859)也许是最有影响力的英国法律实证主义者……他的目的是把法律与其他社会现象,特别是与道德规则区分开来。对他来讲,有关法律性质的思想的明晰性,要求对法理学的主题进行严格且无懈可击的界定。"相似地,劳埃德(Lloyd)也说:"作为一名实证主义者,奥斯丁试图表明法律到底是什么,与它应当是什么的道德法或自然法观念相对立……对边沁主义者来讲,实证主义似乎要求对法律作完全经验主义的解释,其中不能有形而上学或神秘论……被合理需要的只是某种先前的命令,因此,法律确切地讲只不过是向人们发布的、对不服从施加刑罚或制裁的命令系列。这是否过于简单化,或者'命令'这个词是在何种意义上使用的等问题,在那些认为这一进路如此明显是关于法律本质的解释的人那里,还都没有得到充分的探究;对奥斯丁来讲,这个问题只不过是把这与受到普遍承认和尊重的法律主权理论逻辑地联系起来。"[劳埃德的《法理学导论》(Lloyd's Introduction to Jurisprudence),第5版,1985:255-6]

形式法理学的基础规则,它们描述了法律实证主义的特征(即对"概念"清楚而精确的讨论,对基本法律材料的教义分析)。由此,奥斯丁赋予法理学的这种方法论似乎表明,好像用不着考虑语境就能够理解法律。① 第三,按照哈特的批评来解释奥斯丁(1961),认为哈特的论述揭示了奥斯丁的缺陷。② 结果,人们认为奥斯丁比不上哈特,而且,虽然奥斯丁是一位显赫人物,要弄清现代法律实证主义的诞生就必须提到他,但他被认为过于简单粗糙,难以切合我们的当代关怀。

这三个特征可以被重新定位为有自觉意识的法理学的问题。第一,我们可以提出这样的议题:奥斯丁有何用处,分析法学作为一种认识方法论有何价值。第二,把奥斯丁的著作置于现代性发展的语境中,我们可以看到在建构性社会构想中法理学所提供的重要篇章。第三,通过提出哈特在利用奥斯丁时存在的问题,我们可以解决一些疑问,它们既关涉解读其他作者的恰当方式或政治策略,也涉及理论的建构(解构)。这最后一个议题将留待后面讨论哈特著作时研究。奥斯丁将法律科学与更广泛的社会关怀分离开来的程度、分析法学的价值以及奥斯丁提出的制度构想,这些将作为本章的指导线索,为的是把奥斯丁法律理论含义的展示补充完整。

大多数评论者一直都没有把奥斯丁的工作语境化。他们提出了屈指可数的几种用处,用于研究奥斯丁的基本图式。第一,据称,研究奥斯丁的理论有一种经验性辩护理由,如亨利·梅因爵士(Sir Henry Maine)声称,目的是"清理头脑"。有人提出,在阅读奥斯丁时,我们遇到了"精确思维的困难艺术",如兰布尔(Rumble)所说:"特别是仔细研究其著作将鼓励学习者澄清(如果不是发展)他们在法理学若干最基本问题上的想法。无论这些想法与奥斯丁自己的观点多么不同,这一研读经历都是有益的。"(1985:2)第二,一直有人说,研究奥斯丁,我们可以发现在界定法理学之关键中的错误。这一定义研究,虽然激发了智识发展,但我们现在发现只不过是一些错误的法律观念。正如哈特在他1954年编辑的《法理学范围之确定》前言中所说:"精确地展现他错在哪里、他为什么是错的,这被证明是给我们启发的不竭源泉。"(1954:xviii)奥斯丁工作的第二个用处与第三个用处结合在一起:明确

221

---

① "尽管如此,奥斯丁的思想仍然值得研究,这不仅是因为他的广泛影响,特别是在普通法国家的影响,而且还因为他将分析应用到法理学之中所具有的穿透力"。(劳埃德,第5版,1985:255)

② 例如,戴维斯和霍尔德克罗夫特(1991)把论述奥斯丁的篇幅有18页的一章中近8页用于"哈特论奥斯丁"。另外,哈特的批判没有收到任何回应。

地说,就是理解和讲授英国法理学主导传统的含义,即法律实证主义与分析法学的结合。奥斯丁被看作是一位分析哲学家,被认为对实际社会的经验探究不感兴趣,关心概念的阐释而不关心历史或社会学问题的探究。① 确实,奥斯丁的许多著作都专注于法律概念之间关系的阐释和说明。另外,奥斯丁真诚地希望提供"一般法理学"的框架或理论,它使我们能够在确定任何法律体系的本质特征时不需要描述任何特定体系的细节,这一任务应留给"特殊法理学"去完成。奥斯丁似乎在其讲义中开宗明义地为"法律是什么?"这一问题提供了一个清晰的答案,这一答案看起来是还原论的,而且简单明了——标准的批评是,他把法律的概念还原为主权、命令、习惯性服从和制裁,忽视了使人类行为服从规则治理这一法律事业可能包含的多种含义。奥斯丁使用了规则和原则这样的术语,但是,有人说他对于它们对法律研究的微妙意义视而不见。在主导性解读中,奥斯丁被看作是一位方法论学者,他的实质贡献就是他犯的错误。因而,研究其理论的价值在于我们能够读到过去的错误,因为我们通过确定谬误能够像通过接受正确立场一样,取得同样大的进步。

另外,奥斯丁被说成是法律实证主义传统发展中的关键人物,是分析法学技术强有力的激励者。从概念上讲,法律实证主义者并不必然同时也是分析法学家,但奥斯丁是集两者于一身的典范。因此,其《法理学讲义》是"19

---

① 这就是郝伯特·莫里森(Herbert Morrison)出版于 1967 年的《哲学大百科全书》中的观点,它是有关奥斯丁的正当观点的主要例子[特别是哈特的《法律的概念》(1961)出版之后]。莫里森提出,"奥斯丁所认为的法理学科学的关键"可以在严格概念分析中找到,他使用了一些关键的、明确界定的术语,即制裁、优势、义务和主权者。"奥斯丁理论的缺陷主要源于他选择命令和习惯性服从的概念作为基本分析工具……(莫里森概述了几种通常的批评)。在这些批评之外,奥斯丁还被指责缺乏原创性,甚至他的基本错误中也是如此,因为同样的观点在霍布斯和边沁那里也可以找到……我们对奥斯丁所享有的巨大影响力、作为伟大的法哲学家的声望感到奇怪,这是可以理解的。首先,奥斯丁的实证主义、他对事实与价值相分离的坚持,使法哲学家们敏感地注意到:这些问题是多么容易被混淆,以及结果是我们如何迷惑自己,使自己认为已经回答了这些问题中的一个,但事实上我们回答的是另一个问题。更重要的,是奥斯丁的一切失败都以某种方式与他的法律强制论相联系,而这些失败是有帮助的。在坚持法律只不过是强加于弱者的强者意志这一思想方面,他并不独特。奥斯丁的主要优点在于他系统地发展、捍卫、提炼了这种思想,在将法律与强制联系起来的法律的特征问题方面,他以更大的精确性剥离了多余的关注。不只如此,他把法律视为强制的模式遮蔽了它在我们生活中的复杂作用。在奥斯丁以后,我们对法律里面有什么比法律里面没有什么有了更好的理解,这就是他的主要遗产。我们从虚假的陈述中能够得到我们从正确的陈述中得不到的东西,在这一哲学上,奥斯丁提供了更多的例证。"

世纪英美法理学思想中对这些思潮唯一的最佳表达……（此外）各种当代形式的法律实证主义都可以被解释为奥斯丁传统的延续"。（兰布尔，1985：3）

222 把奥斯丁理解成分析实证主义者：我们要辨别他的分析特征就必须考虑他的整体事业？

在法律理论中，所谓的"批判"作家与实证主义者对法律实证主义的结果存有争议。不过，分析法学严格限定了可能提出的关于法律的理论问题之范围，把法理学学科的边界封闭在密封的圈子里。在此传统下，法理学把那些要求揭示特殊管辖范围之实际内容的问题、法律或智识历史的问题（特殊问题和一般问题），以及需要对特殊法律的内容或实效作伦理评判的问题，都排除在其兴趣范围之外。据称，奥斯丁把这些问题都委托给了"立法科学"。① 分析法学关注的问题是四个主要领域的法律分析：（1）对法律的概念本身的分析；（2）基本术语的定义；（3）基本法律术语的相互关系，即所谓的法律关系（jural relations）；（4）对其他非法律的概念的分析以及这些概念与法律概念的区别。

在第二讲中，奥斯丁说："人应该思想清晰，说话有意义。这的确重要。"后来的分析法学一直都珍视智识的严谨、写作的清晰，其代价是放弃对社会和政治现实的更广泛关注。结果在最近几个年代，法律实证主义由于成为自足的、非语境的事业而受到攻击。在那些更有社会学见识的批评者看来，分析法学完全脱离了在法律中发现社会合理性之必要，在法律的现实方面只能是一种偏颇的视角，除此以外它失去了任何主张资格。②

---

① 有趣的是，科特维尔（1989：81）提出，把形式合理性这一事实引入奥斯丁新生的法律科学（与特殊法的内容的实质讨论相对），而正是形式合理性使他的法理学在 19 世纪的法律职业者中大受欢迎。"（奥斯丁）主要关心法律的形式和法律权威的结构。也许，我们可以认为，在一个法律不断变化的时代，关于由国家的指引性、立法活动制定的法律的知识，只能在法律的形式和结构的思想下才能统一起来，在关于法律的实体内容的思想下不可能做到这一点。法律的内容不仅潜在地处于流变之中，而且也超出了法学家的控制范围（这不像某些时代，法官既解释法律的发展也控制法律的发展）。它是政治考虑的结果，而政治考虑是不能轻易地置于法学家的专业知识范围之内的。"

② 对科特维尔（1989：227）来讲，"实质性、体系性的法律合理性可以归结为在某种明确的、不含糊和公认的政府渊源中确认每一条规则或法规的能力。就法律教义的实质内容而论，法律的合理性似乎纯粹是'零碎的或地方化的'。这种法律实证化的后果是，法律实践的'明显功用'倾向于像是非理论的技术的功用，而不是理论上正当的理性"。

在此背景下,实际阅读奥斯丁的讲义是一种新的经历,在评论者的意象以外会有意想不到的收获。(奥斯丁的《法理学》,其讲义全本教材首版于1863年;本章所用版本是1873年第4版)奥斯丁的作品是由枯燥、抽象思考、对政治和伦理真理的知识主张以及热诚的修辞所构成的奇特混合物。例如,在上面所引用的要求思想与言论清晰性的格言后,奥斯丁紧接着又提出,专注于概念将使我们忽视社会与政治现实。(他对休谟的批评概括了他自己的潜在事业:他批评休谟,"在处理相分离的主题时尚有单一灵巧,但在整体地把握他的主题上却表现得完全无能"。(1873:153)奥斯丁清楚,同美洲殖民地的战争,以及美国与英国之间仍然存在的紧张关系,悍然不顾理智的功利主义计算,纯粹是由"主权"和"权利"之类无政治意义的主张引起的:"那些仓促从事那场可恶战争的稀里糊涂、激愤不已的多数,能感知和讲述的东西,除了祖国的主权以及她向她的殖民地臣民征税的权利以外,空无一物。"正好相反,要讨论的主要问题应该是:怎样做才符合英国的最大利益。政府都有"计划",并且,如果英国政府的计划是变化的,那么,权利话题的重要性就降低了。主权这一术语指称着一种活生生的、变化着的社会现象,我们不是在讨论某种抽象的语言概念。类似地,有些人,那些在谈及权利时好像权利存在于创制它们、赋予它们以意义的过程之外的人们,头脑迷惑不清:"好像一个权利因其自身,或者因与它所带来的好处无关的某种东西而值得钟爱和主张。"(1873:123—4)对奥斯丁来讲,概念嵌于社会过程之中。就好像权利以它们自己为基础一样去谈论权利,这样毫无意义;权利不能自我支撑,它要从对应的义务之现实中获得其基础。这些义务必须可实施,权利才能在现实之中存在。[①]

223

奥斯丁的概念是综合体的组成部分

奥斯丁在构思其讲义时,把分析和社会进步的智识性综合置于首要地

[①] 奥斯丁对此是如此肯定,以致他主张义务先于权利,权利派生于一套义务。密尔在评论奥斯丁的《法理学讲义》时,以监狱中的看守与囚犯各自的角色为例,怀疑这种依赖关系。"(看守的)义务是让(囚犯)服监,也许让他处于身体上的束缚中",但我们怎么能说囚犯的权利就产生了? 相似地,"绞刑手的义务是执行死刑,处死所有为该目的而合法地移交给他的人。但可以说罪犯本人有被绞死的权利吗?"(《奥斯丁论法理学》,载《论文与讨论》,第四卷,波斯顿,1868,4:236,234)

位；他展示了一种人类状况的见解，其中描述了可充当社会正义指示器的主导原则，即功利主义。奥斯丁在第三讲对功利原则的讨论、在第四讲对共同善的讨论，显示了这种潜在的复合体，其中设定了其讲义之分析目标的意义，即"推断并阐述法律理念所涉及的原则和特质"。第三讲提供了奥斯丁分析进路的语境。它首先是一种表示，展示了他对构建现代性这一社会—法律事业的综合理解。但是，要考虑第三讲在理解奥斯丁法理学中的重要性，我们有必要考虑奥斯丁"实证"法理学思想本身的性质与意义。

224　奥斯丁的分析之认识论基础是什么：他是单纯的概念实证主义者、经验论者或社会学家？

哈特对奥斯丁的著名批评是，奥斯丁着手理论化的方式是提出法律的概念性定义，而不是在观察法律现象的性质以后达成对法律的理解。奥斯丁用命令、习惯性服从和制裁等术语定义法律，所以，哈特能够指责他没有看到法制的丰富性（1961：第2、3和4章）。具体地说，包括法律在现代国家政治构成中的作用、法律规则的规范要素、许多法律规则承担的授权功能。哈特赞成法律实证主义是正确的方法论，但他感到自己能够找到一个新的起点，这一起点的基础是，梳理各种语言陷阱，并让我们的关注点回到（据说至少是）法律的日常运作之现实。以哈特之见，奥斯丁从定义开始然后在此基础上建立理论框架，而不是观察法律效果与作用方面的变化。哈特的观点（尽管他对奥斯丁的批评由于各种原因而张冠李戴）早已被尼采在19世纪作了更好的论述。尼采曾经抱怨说，哲学的实证主义进路使概念脱离生活：它把概念从属于概念分析，不关心环境，而正是环境给予概念以生命，为概念设定它们由以取得真正含义的语境。① 奥斯丁在某种程度上是一位概念主义者。他从法律的定义开始，但是，对这一定义有一个很重要的论点。奥斯丁的定义符合其改革主义的议题它清楚地指明：法律是政府的工具。但是，奥斯丁的定义通常没有被放进语境之中；相反，人们说到奥斯丁，占主导地位的都是把实证主义认识论和分析方法论归因于他。哈特声称，奥斯丁的永久遗产是

---

① "被简约为'知识理论'的哲学，事实上不过（是）一种胆怯的时代论和禁欲教义。这种哲学永远不能超过限度，竭力否认它自己进入的权利——那是他最高地位的哲学，是目的，是痛苦，是激起同情的事物。这样的哲学怎么能——支配！"（《善与恶的彼岸》：A 204）

把法律与道德分离开来。① 这样,奥斯丁的力量是从概念的社会根植性(embeddedness)中抽取出概念的中心意义,给予它们独立和自治的生命。② 在将这种自治结构、独立性付诸实施过程中,"是奥斯丁首先以英国律师们自己的习惯用语展示,对尚未系统化、充满森林般细节的英国法律,如何能够借助理论结构和精确分析,增进其理解,改善其阐述"。(哈特,1954:xvii)

但是,奥斯丁法律分析的地位是什么? 换句话说,奥斯丁"认识"法律之主张,其本质是什么? 在教科书中,这一议题通常并不被认为是一个问题:人们给奥斯丁贴的标签要么是极端实证主义(arch-positivist),要么是幼稚的经验主义(naive empiricist)。还有批评者声称,奥斯丁拿了以强制为其核心的刑法这一法律类型,不加质疑地扩展出去。的确,奥斯丁分析关怀有很多努力都被用于阐释他所理解的法律。他毫不犹豫地指出:

> 法律的存在是一回事,其优点和缺点是另一回事。它存在或不存在是一种探究;它符合或不符合某个假定的标准则是另一种探究。(1873:220)

因此,奥斯丁把法律改革的问题、法律应该怎样的问题归入立法学领域,把法律分析限制在对国家中央集权下所制定的法律的实证主义研究。③ 他给法律实证主义传统留下了方法论遗产:用寻找资格根源(root-of-title)的方法来回答"法律是什么?"这一问题,因为只要我们能够证明这些法律已被有效通过,就中止我们对法律的性质的分析,转向单纯的法律阐释。然而,奥斯丁的定义实际上更加广泛,它是政治的法律观念。对科特维尔(1989:61)来讲,这种"政府的法律观"包含的意思是,"在某种意义上,法律对他来说是有效的政府"。如果确实如此,认识法律的含义就是了解政府的含义。换言之,法律不能存在于政府的程序之外。

对奥斯丁而言,法律实质上是程序问题:法律/规则是政治社会内部政治优势者对政治劣势者发布的命令。这里,政治优势者在命令被忽视的情况

---

① "《法理学范围之确定》的主要学说在奥斯丁的前辈们那里可以很容易地确认出来……奥斯丁的成就是把这些学说从包含它们的各种政治和哲学讨论中分离出来,以新的坚定性、对细节的把握和精确性加以重述,使法学家和政治思想家不仅能理解而且可以利用它们驱散迷雾……"(哈特,1954:xvi)

② 1881 年,阿莫斯(Amos)声称,奥斯丁"把法律从仍然攀附在它上面的道德'僵尸'中解救出来"。(阿莫斯,《法律科学》,第 5 版,1881:4)

③ 尽管某些作家,例如在劳埃德的第 5 版中,声称"奥斯丁避免使用'国家'这一词语",但是奥斯丁声称,虽然"国家"有许多含义,但"'国家'通常是与'主权者'同义的。它表示在独立政治社会中具有最高权力的个人或个人团体,这就是我赋予这个词语的含义。"[1873:249,note(p)]

下,只要他愿意,有权力施加某种不利或痛苦。如果一系列命令都没有被遵守,也没有施加任何不利,因而没有出现任何随之而来的服从,那么,说一个法律体系正在运行就没有道理。

　　奥斯丁使用主权者、命令、制裁、习惯性服从等术语来解决复杂社会现象。① 因此,亨利·梅因在 19 世纪后期的作品中评论说:奥斯丁是对社会转型的回应。② 德国社会学家马克斯·韦伯(1878)在 19 世纪末的作品中把奥斯丁引述为(在英国法律研究中)完成必要的理性化过程的作家,这一过程是英美法律体系发展新的政府管理形式所必不可少。科特维尔在 1989 年的作品中刻画的奥斯丁是:他提供了适合于集权国家兴起的法律概念和描述。韦伯如何定义理性化过程,这是本书第 11 章的主题,但禁不住要指出:奥斯丁与哈特之间的距离是,奥斯丁亲历了理性化过程的发展(并且是热心的投入者),而哈特(1961)则生活在其结果之中。③

　　除了说奥斯丁敏锐地注意了社会学现实之外,争论的问题还很多,这是一个容易确立的论点。④ 奥斯丁的概念讨论,全部都经受了社会现实的检

----

①　对科特维尔(1989:79)来讲,"它们是特殊时间和特殊地方的概念反思,它们被转变的方式给它们与处于不同条件下的其他代际的人们进行对话具有潜在可能。然而,就奥斯丁而言,在构想这些概念时清楚地注意到了它们包含的社会学问题"。其思想的一个维度"几乎完全被规范法思想领域的批判者们忽视了"。

②　"但是,如果说分析法学家们没有看到那些只能借助历史加以解释的东西,那么可以说,他们所看到的很多东西,在我们的时代,那些在历史中随波逐流的人们看到的也不完全。被认为是事实的主权者和法律,只是逐渐地呈现出这样一种形态,在那里,它们符合霍布斯、边沁和奥斯丁就它们所形成的观念,但是,这种符合到他们那个时候确实存在,并且正倾向于变得更加完善。"(亨利·梅因,《主权者与帝国》,《早期制度史讲义》,396-7)

③　确实,哈特(1966)的法律理论把法律作为一种自我调整的规则体系,这一体系规定了法律官员和政治官员的职责。这一理论不过是教科书式地复述了韦伯的法律调整体系学说,只是以分析法学的术语表达出来了而已。这一理论是完整的,正如我们将会看到,它就像是对近现代主体进行的前规则性的规范性训诫一样。

④　奥斯丁对社会现实的眼光总是很敏锐的。对那些认为国家通过行使实在权力发布的不道德法律就是无效的人来说,他的观点在社会学上讲是现实主义的。正如他讲实在法可以具有任何内容的时候时所说的那样:"一个实际存在的法律,尽管我们碰巧讨厌它,或者尽管它与我们据以调整赞同或不赞同的文本不同,也是一条法律……说与神法冲突的人类法不具有约束力,即不是法律,这完全是胡说八道。最有害的法律,因而那些与上帝的意志相抵触的法律,一直并正在司法审判推行着。假设被主权者以死刑禁止的……行为,如果我从事了这一行为,我将受到审判并被判刑;如果我反对该刑罚,说它与上帝的法律格格不入……大法官法院将以送我上绞刑架、执行其效力受到我指责的法律,证明我的推理没有决定性意义……"(1873:220-223)奥斯丁没有深入讨论公民不服从的诉求,他是一名忠实的功利主义者。

验,不管人们如何看待它们的实际有效性。我们在此列举三个例子:(1)奥斯丁在自然社会与政治社会之间做了区分,该检验是社会学性质的检验:"主权者和独立政治社会的实在标记,是对特定或特别情形的可错性检验。"(1873:233)(2)在革命情形下,新统治者的命令随时间推移而被接受,是对一套新法律是否有实效的检验。(3)奥斯丁清楚,一个社会的所有个体在理论上可能是主权者的组成部分(或者,更准确地说"行使主权权力"),但社会现实的事实是,没有哪个社会允许少数人以外的其他人接近政治权力。

　　毫无疑问,奥斯丁敏锐地注意到了社会与政治世界的复杂性和模糊性。另外,奥斯丁看起来意识到了人类事务始终存在偶然性。尽管理想地讲,功利若是被置于无组织状态(就是说,没有意志力或政治工具被用于理性地组织人类社会)①,它"应该"胜出;但是,人类事务在任何时候都可能陷入狂热和混乱。现代人类社会是在逝去时代(奥斯丁经常谈论过去野蛮时代的遗迹)基础上的进步,而过去也有不知什么原因已不为人知的伟大之处(例如,奥斯丁非常崇敬繁荣于罗马时代的思想结构之明晰性和逻辑性,尽管这些思想结构也不算完美)②。简言之,人类生活是不确定的。在非常真实的意义上讲,社会中人类生活的质量依赖政治优势者推行和实施理性秩序的意志。这依赖于他们成为现代人之意志。

227

　　这里,法理学大有用武之地。如果概念的意义被理解为更大综合体的组成部分,前现代的法理学就讲得通。与此相反,奥斯丁的"抽象的法律科学"之创造既有解构作用也有建构作用。它打破了过去观点的控制,使新的合理性得以可能。他的知识主张是他整体工程的组成部分,而不是其先行词。③ 奥斯丁的知识主张不是纯粹的实证主义,亦即,他的知识主张并不自命是"自在之物"(thing-in-itself)之外的任何事物,这是因为他的实在法意象是整体框架的一个元素。实证信息的根本在于弄清人们能在何种程度上提出有关法律的合理主张,但这不意味着必然丧失全局性把握。奥斯丁的法理学主张是务实的,意思是:对清晰法理学的需求之产生,是为了做好一件事情;这件事情就是创立一个

---

①　参见奥斯丁在第三讲开头中的讨论。(1873:127)

②　例如,尽管共同福利的观念被正确地提出来作为政治目标,但是,古代共和国还是为了共同福利这种"空洞抽象"而牺牲个人。

③　正如奥斯丁继续讨论对法律的不服从时所说:"用确定的功利观念鼓动公众抵抗可能是有益的,因为建立在清楚而确定的福利目标基础上的抵抗,有时候是有益的。但是,一般地倡导说一切有害的或与上帝意志格格不入的法律都是空洞的、不能容忍的,是在鼓吹无政府主义,对明智而仁善的规则与对愚蠢而可恨的暴政同样地充满敌意是有害的。"(1873:221)

法律意象，它要适合于使法律变成服务于现代性的强大且理性的工具。然而，可以指出，奥斯丁早期认为这是一种实际的、可达成的社会现象，但这一信心随着后来的怀疑而遭重创。也许，在奥斯丁思想的终极困境中，我们能够看到预示着我们当下（后现代？）时代的宿命：法律的无导向性（non-directedness）。

实证主义与奥斯丁法律实证主义的关系之附记

> 在物理学中精确进行的单个实验，可以被认为是一个普遍或一般结论的良好基础，可以适当地称为归纳。（奥斯丁，1873:679）

因此，奥斯丁为归纳法的运用作了辩护。他认为，用这种方法，判决理由（ratio）——真正的法律规则或原则，甚至能够从援引给法官的单个判例中制作出来。与他的法理学其他方面一样，他的实证主义模型是物理学或自然科学取得的进步。奥斯丁法律实证主义的表达，充满了19世纪早期蓬勃发展起来对知识的进步力量日益增长的信心。尽管实在法这一术语被霍布斯等人用过，对他们来讲，它表示与神法或自然法截然不同的人定法；但是，19世纪见证了一个内涵更丰富、自称"实证主义"的思想体系之发展。这种实证主义的确从奥古斯特·孔德那里获得了其全部特点。这位19世纪的社会思想家（和"社会学家"这一术语的创始人）把实在事实的调查、现象的观察和法律的归纳式发展，与形而上学思辨和神学信条相列。实证主义方法据信具有至关重要的社会后果，它使一种新世界秩序成为可能。① 实证主义已逐渐与经验的调查方法，特别是与主张具有自然科学方法之普适性的统一研究

---

① 奥斯丁的《法理学讲义》，特别是第三讲的语气，与孔德所表现的对知识发展的自信极为相近。孔德认为19世纪是"实证科学"出现的时代，它构造的世界观和社会构想正在代替它以前的神学的或虚伪的构想和形而上学构想。孔德相信，"人类正处于一个彻底的实证生活的关口，其要素已经具备，只等它们结合起来形成一种新的社会体系，比人类迄今为止已经经历过的社会体系更同质、更稳定"。[《实证主义哲学教程》（Cours de philosophie positive）Ⅵ:436]这种新知识，一种实证社会学，将提供一种可以科学地证实的信念体（"实证宗教"），它将为被革命和宗教统一的崩溃破坏了的欧洲社会提供新的基础。在《实证政治制度体系》（System of Positive Polity）（特别是第四卷）中，孔德主张，尽管信仰统一对国内社会和国际社会来讲都至关重要，但是，有可能从新知识以及对社会和国际环境的真正洞察中形成。例如，一种新的各国共同利益得以建立的基础是"通行于不同国家的社会学说的确立，以及随之而来的、适合支持这种学说的精神上的主权……在这发生之前，欧洲秩序将总是濒临动荡的边缘，虽然这一行动，同样是专制而不充分的（尽管暂时是绝对必要的），是由古老的世俗权力的不完全联合施行的，但却不能展示出任何牢固的安全保障"。（1973:642-643）

进路,联系在一起。

奥斯丁清楚,之所以要变成实证主义者,是因为这是通向真理之路,只有真理才能够为社会的现代性进步提供可靠指导。在奥斯丁的法律分析中,我们一旦就实证方法论达成共识,就必然接受分析的真理(因此我们也必然同意,政治经济学的真理告诉了我们经济政策的真理),在从事分析工作时,我们应当排除自己的主观愿望(第三讲)。但是,奥斯丁追随真理之愿望,其地位到底怎样? 借助卡尔·波普尔(Karl Popper)对实证主义之纯粹性的批判,这一争论可以得到澄清。

反对实证主义的理由:以卡尔·波普尔为例

在从20世纪30年代中期开始的系列作品中,波普尔(也许是20世纪英语作者中最著名的科学哲学家)批判了实证主义把科学过程设想成一种机械的或价值无涉的事业之倾向。波普尔看到,实证主义、自然主义或科学主义(他喜欢这样称呼它)符合有关科学运作原理的常识观念,但不符合科学实践的现实。

常识观念。在这种意象中,科学家从观察和测量着手,仔细收集数据,汇集统计资料,在认识模式和规律之后,他们通过归纳进一步得出描述这些数据的一般结论或法则。这种进路保证了客观性,因为科学家尽力排除一切主观偏见。这一程序在应用于社会科学时就被称为"价值无涉",意思是研究者最大限度地排除他/她自己的价值和观点。描述性方法为这一过程提供了起点(我们可能注意到,哈特在《法律的概念》(1961)中对奥斯丁的批评,是在哈特的下述方法论主张之语境下提出的,即他从事的是对法制的纯粹描述性分析;这一主张在1994年出版的《法律的概念》后记中重申过)。

波普尔相信,这种描述是不适当的神话。波普尔争辩说,自然主义或科学主义不仅是对科学家实际从事其工作之方法的不准确描述,而且也不是客观性或价值无涉的保证,他以此暗示了另一种科学程序。科学家开始时不是收集数据或进行观察,而是在头脑中有一系列问题,并构想这些问题的试探性解决办法。对波普尔来说,良好科学的真正检验是,这些解决办法是不是以这样的方式拟订的:它们向批评者开放,使科学共同体能够了解这些想法和实验数据,让它们经受以观察和数据收集为基础的检验;它不是独断的"真理"主张。如果一种解决办法被驳倒了,科学家就尝试另一种办法,直到找到一种能暂时经得住批判的办法为止。这一解决办法就被接受,直到进一步的批评驳倒它为止。因此,科学前进的方式不是归纳式地从观察到一般化的法则,而是推论式的。用"推论"(deduction)这个词,波普尔不是很关心从前提向结论的真理传递过

229

程。也就是说,他关心的观念不是:若前提为真,则这些真前提的推论也为真。倒不如说,他关心逆向的从结论到前提的错误传递过程。如果我们发现结论是错的,那么一个或多个初始假设必定也是错的。因而,科学家的程序不依赖从实在事实归纳出的理论,而是依赖对那些问题的试探性解决办法之证伪。自然科学以及诸社会科学是以永无止境的试错实验来开展的。

波普尔也对所谓的科学程序的客观性表示怀疑。他所攻击的神秘图式宣称,科学的客观性依赖于科学家的客观性。因此,我们被引向一种立场,即科学家必须清除他/她自己的人类关切与个人主观性。只有当作为一个人的科学家消除一切主观假设之时,客观结果才能得到保障。但是,对波普尔而言,客观性不是个人的因素,而是批判方法本身的产物或特质;波普尔主张,客观性是由科学家的相互批评产生的——客观性是社会产品。据此观点,自然科学家在偏私性或客观性方面,同其社会科学同伴别无二致。一切科学都从批判传统中获得其客观性,它容许并鼓励对主导性理论进行批评。科学中的客观性,与社会和政治环境而不是与调查者个人的偏见直接相关。最终,它能用下列因素加以解释:

> (科学家个人以及不同学派的)竞争等社会思想;传统(主要是批判传统);社会机构(例如,在相竞争的不同杂志上、通过相竞争的不同出版商的出版活动;会议上的讨论);国家权力(它对自由讨论的容忍)。(1976:96)

230 这不是说,有某种关于真正现实的完善领域,我们能够用它来矫正我们的理论与语言主张,而是说,我们能够让关于现实的理念作为一种调整性理想,独立于人类心智而存在。尽管我们认识到,我们的观念和科学实验本身所涉及的"知识"水平,远未达到与现实相符合的程度。我们不需要仰赖那种反映绝对现实的知识理念;相反,我们能够处理一种功能性的客观性观念,我们应该努力创造适当条件,使科学家能够运用批判理性主义方法、理解别人的主张与真实结果。

231 ## 第二部分　理解奥斯丁法理学的结构

让我们扼要重述前面的论点:对奥斯丁著作的许多评论挑选其中某些定

义或片段供批判性分析,轻视根本的整体互联性。奥斯丁讲义的指导性论题是法律在创立好政府中的作用,功利提供了解决问题的钥匙。功利提供了一个基础观念:"在关于法理学基本原理的一系列成体系的讲义中,这一理论阐释是必不可少的纽带"。(1873:84)功利不仅是应然法之标尺,而且是揭示社会互动如何实际地创造实然法的关键所在。奥斯丁是完全合格的功利主义者,最近的评论者感到,这一事实使他超越纯粹的经验主义,进入忠诚的规范性法律解释:法律是功利主义政府的原理。①

法律的定义

如上所言,奥斯丁以法律的清晰定义作为其讲义的开端,智识问题不是记住奥斯丁怎样开始第一讲,而是理解词语背后的丰富含义:

> 法理学的主题是实在法;(简单而严格称谓的)法律,或由政治优势者对政治劣势者发布的法律……
>
> 一条法律,按照在使用它的字面意义时获得的最一般、最广泛的认同,可以被说成是一条规则,是为了指引一个理智人而由一个对他有权力的理智人设定的……
>
> 在人对人设立的各种法律或规则中,有些是由政治优势者(主权者与臣民)设立的;在独立国家或独立政治社会中,则是由行使最高和从属统治的人们设置的(这是实在法律科学的主题)。

奥斯丁没有否定自然法的作用,但把它移到边轨上。在某些意义上,奥斯丁是法律多元论者,他的法律的实证理论是关于唯一类型法律(即独立政治社会中政治优势者对政治劣势者发布的命令)的理论。奥斯丁的实在法理论是一种以国家为中心的法律意象。奥斯丁不否认,人们日常生活的大部分都处在身份、习惯和道德约束的支配之下。他只是讲,关于实在法的实证科学之适当主题是这样的法律:它们是由独立政治社会(民族国家)中位于政

232

---

① "但是,奥斯丁对功利原则的讨论远远不只是关于它是什么的解释。他不仅阐明该原则的意义,而且还论证它是导向上帝的默示命令的指针。他批评道德感理论,他解释如何发现那些应当指导人类行为的规则,他证成了规则和伦理权威的必要性,他强调功利原则的'重要性'和'真理性',他热忱地把它推荐给其他人,他关于伦理学的话语越过了划分'超伦理'说明与'规范性'规定的界线……(而且)这种讨论的目的不(只)是为了方便实在法好坏的评价,这是立法科学的事。恰当地说,其目的是为评价法理学的概念提供基础。"(兰布尔,1985:80)

治劣势者之上的政治优势者设立的,具有以国家强制力为后盾的权威。

法律是文明的产物和构成要素

民族国家为实在法提供生命,功利为进步政策的实现提供标尺。没有一般公众服从法律之事实,任何可靠政府都不可能。若是没有可靠政府,就没有财产;没有财产的享受,就没有文化。只有随着独立政治社会的兴起和主权的创立,恰当称谓的法律才能产生,但是,法律也使这些组织能够存在(见主权的讨论)。

权力与优势者的关系

只有上帝才享有(与人的)绝对权力关系。社会关系是相互的、流动的:"从一方面看是优势者的一方,从另一方面看则是劣势者。"(1873:99)在正常时期,君主可以是"被统治者的优势者:他的权力通常足以强制实施对其意志的遵从。但是,被统治者(集体地或群体地)也是君主的优势者:君主由于害怕激起他们的愤怒,害怕唤醒民众处于沉睡状态的积极抵抗力量,在滥用职权方面会有所克制。"(1873:99)个人有多种角色与功能:某个人可以是"一个主权集会的成员",他因而是法官的优势者,因为他负责创制法律约束法官;但是,同样这个人也是"公民或臣民",其守法生活应该对那位法官负责。

功利是社会正义的关键原则

第三讲和第四讲阐释了对功利原则的辩护(法律的近似检验、社会管理的决策技术),以及对政治组织目标(即共同善)的理解。

奥斯丁的第一个主张是,人是会犯错的,人确实不能独力掌握有关人类状况、权威、证明等问题的真理,信任必不可少。即使在完全适合道德原则的理想法律与道德体系中,规则可能被认识,但规则背后的理据在总体上是不可认知的。一切科学都要求某种对权威的信任,这是因为,专家的作用是调查、分析和传播他们的发现,而公众必须"在通常情况下相信我们对权威所下结论"。尽管对权威的信任与顺从是"完全合理的",与伦理学相关的这类体系在当前尚不存在。因此,与伦理学相关的科学(立法学、政治学和政治经济学)大部分都处于混乱状态,因为那些研究伦理学的人还没有采取公正的科学态度,"因而他们在结果上大相径庭"。这使大多数人注定要受意见摆布,他们既没有时间也没有资源对证据采取完全批判的、探究的态度。相附随地,许多正在运作的法律和道德结构"依靠的是野蛮的习惯而不是果敢的理性",并且道德真理的传播和推进存在很多障碍。然而,在奥斯丁法理学作品的时代,他很乐观地相信,恰当的伦理科学能够确立自身地位、清除其障碍。最终,尽管深奥的知识可能限制在身为专家的少数人范围内,但是,平民百姓也能把握最主要的原则,并且,他们"如果深受这些原则的影响,精于适用它们的技术,就会顺从理性的声音,抵御诡辩和错误"。(1873:131)道德真理的传播会大幅度减少社会冲突,揭示有关社会合作之性质的正确理解。① 奥斯丁举私有财产制为例,它是功利的必然要求,但存在许多关于它的"有害偏见"。"对无知的贫穷者而言,有益的财产制度不可避免地产生不平等,而不平等必然招人反感。在其他'不耕不织'的人依靠劳动者的果实而自肥之时,他们这些辛苦劳动、从事生产的人却要过节俭的生活;这在穷人和无知者狭隘的眼光里,岂不是咄咄怪事;这种少数人以多数人为代价维持的安排,显然与上帝仁慈的目的不一致"。这种偏见有很多后果。它产生了很多犯罪,它们的直接原因是贫困,但实际上是由于对社会可能性的误解而产生的。至关重要的是,它使人们看不见他们苦难的原因以及可获得的唯一真正补救的方法。"贫困和劳作源于大自然的吝啬,而不是随财产制度而来的不平等"。然后,奥斯丁声称,世界上人的条件要求私有财产制度,至关重要的资本机制是财产的直接后果。尽管穷人受资本雇用,必然要出让自己的劳动力,在当前"注定"要"不停劳作";但是,奥斯丁识别了这一过程产生的相互依赖:"虽然不是在法律上,但是在实际上,劳动者是雇用其劳动的资本家的财产之共有人。"

然后,奥斯丁提出了一个引人注目的断言:他实际上讲的是,如果穷人逐渐理解政治经济学的原理,他们就能改变其地位和讨价能力的性质,因而推动其条件的极大改善。再者,正是奥斯丁对"真理"力量的绝对肯定才容许这一点:"依据以马尔萨斯先生的睿智发现的真正人口原理,他们必须寻找他

---

① 对萨拉和约翰·奥斯丁两人来讲,知识为理性权威提供保障。他们关于普及小学教育的意见是"它能够创造聪明而有见识的对权威的忠诚"。(洛特和约瑟夫·汉博格,1985:38)由于道德和社会的解体以及权威的传统来源已被破坏这一事实,对权威需要一种新的理性基础。

们贫困和过度劳作的原因和补救方法。"（1873：133）利用他们的知识，他们将会改变其"屈从少数人专断统治的悲惨地位"，他们将理解攻击财产实际上是在攻击创造积累的制度，他们将发现他们实际上对财产安全深感兴趣，而且，"如果他们调整对劳动力需要的数量，就会充分地与他们的雇主一起分享那种有用制度的恩赐"。

正如本章开头第三段引文所说，奥斯丁断定，与警察队伍相比，开明的人民是法官更好的帮手。齐思克（引自鲍曼，1987：80）声称，"甚至不是处于高度开明状态，人民也被认为有能力进行独立的思考和政治选择"；而鲍曼（引自鲍曼，1987：80）说："'民众'的固有缺点对启蒙施加了不可逾越的界限，这里，启蒙被理解成清晰而理性的思维和有理据的决策之能力的发展。启蒙是统治者所需要的，他们的国民需要有以纪律为导向的训练。"边沁一直以最大的清晰性写作，表现出对社会分工的信心，社会分工把很多人拴在市场和功利主义之中，那些"不文明的人"则有监狱和惩罚等待他们。（莫里森，1996）假如监狱是边沁的"戈尔迪结"①，同社会秩序相配合，那么，对实证知识之获取与清晰性的信心则是奥斯丁的"戈尔迪结"。这个世界是分析的主题，科学能够让它变得透明；这些科学的语言能够勾画一个潜在的现实。奥斯丁确信，"那些科学的主题或问题中没有什么格外的不确定性"，困难是外在的，在于科学研究者的态度。如果他们"以执着的勤勉和适当的淡泊"来追求真理，就能确保取得进步。②

尊敬的托马斯·马尔萨斯（Thomas Malthus）把《人口原理》作为政治经济学的基础，奥斯丁对其真理性抱有的信心富有教益。部分地作为（由康多西（Condorcet）、哥特温（Godwin）等人提出的）对人类进步的乐观理解的回应，马尔萨斯提出了一个悲观的观点：人口如果不加控制将呈几何级数增长，而食物供应只会呈算术级数增加，灾难性后果可想而知。马尔萨斯在揭示支配人类社会的基本法则上取得的"科学"成就不被看成是理论，而被看成是真理，必须用来指导政策。正如他所说："我发现人类没有办法逃脱这

---

① 戈尔迪结：Gordian knot。戈尔迪雅斯（Gordius）是古代费吕加国王。在希腊神话中，能解开戈尔迪雅斯结者就可以当亚细亚国王，后来此结被亚历山大大帝解开。比喻难题、难事，或者问题或故事情节的关键、焦点。——译者注

② 今天情况如何？老生常谈地讲，事情并没有像奥斯丁所预料或希望的那样得出结果。知识的公正追求没有带来融贯而确定的真理结构。取而代之的是视角主义、相对主义和主观主义的盛行。对社会和人类发展的潜在自然法的信心已经消失了。法律不能简单地主张具有产生潜在功能性和社会沟通结构的正当性。

一法则的压力,它遍布在全部有机自然界之中。"用这一原理,马尔萨斯攻击一切乌托邦以及激进而宏大的社会工程计划,认为有限的渐进改革是唯一现实的路线。另外,法律必须与社会发展的潜在法则相配合,决不能采取任何措施鼓励穷人生育。如果法律结构包括了任何改善穷人条件的规定,它就只会导致他们生育更多的孩子,相应地会减少财富的创造。立法不是要禁止选择,而是设计来明确某些选择的消极后果。要阻止穷人在他们生活得不到保障的条件下生儿育女,应制定法律宣布任何未婚生育的孩子都没有资格获得贫困救济。因而,"如果任何男人选择结婚却不具备支撑家庭的能力之前景,他应该享有最完全的自由这样做",然而,他必须听任后果的惩罚。"他必须听任自然对此的惩罚,贫困的惩罚……他应当被告知,自然的法则(上帝的法律)命里注定他和他的家庭要为不听从它们的反复告诫而受尽苦难"。这不是政治上强势者的惩罚,而是自然的社会法则的惩罚;实在法只是一种协调工具。另外,不能为遭遗弃的或非婚生的子女提供扶养条件:"如果父母遗弃他们的孩子,就应当让他们为犯罪负责。比较而言,婴儿对社会没有什么价值,因为其他人将立即补充他的位置。"马尔萨斯同样反感任何天赋权利的观念,甚至反感社会存在权(a right to social existence)的说法,正如以下段落所说:

> 一个人被生到已被占有的世界上来,如果他不能从他有权提出正当要求的父母身上取得生活保障,如果社会不需要他的劳动,他就没有权利要求哪怕是最少部分的食物,而且,事实上,在他所在的地方也无事与他相干。在自然界的盛宴中,没有他的隐蔽之所。她命他死去,而且会执行她自己的命令。[引自阿伯拉斯特(Arblaster),1984:246]

对这些政治经济学原理的严格坚持,很快导致英国自由主义的最大"屠杀",19世纪40年代中后期迫使150万爱尔兰人陷入饥荒,还有新济贫法的残忍。(见阿伯拉斯特,1984:254—259)

主权的概念

对奥斯丁来讲,"每个最高政府在法律上讲都是专制的"。在奥斯丁的整体框架下,让主权者受法律限制是不合逻辑的,因为主权者是最高团体,是国家权力集中之地。

235

随之而来的是……主权者的权力不能受法律限制……受实在法限制的最高权力在用词上明显是矛盾的……

主权者想对他们自己设置的法律,或者主权者们想对他们的继任者设立的法律,只不过是一些原则或格言,他们把这些法律采纳为行为指导,或者他们推荐的最高权力的继任人把它们作为行为指导。(1873:270-1)

在第六讲中,奥斯丁用词语分析的方法解释了"识别实在法的标志":

主权,臣服这一关联说法,以及政治社会这一密不可分的说法……每一实在法,或每个简单而严格称谓的法律,都是被某一主权者个人或某一主权者个人团体对独立政治社会的一个或多个成员设定的,在该独立政治社会中,该个人或团体是主权的或最高的。(1873:225-6)

236   法律作为政治号令的工具,被描述为保证社会进步的关键。奥斯丁着重划分了自然社会(原始的、简单化的社会)和政治社会(法律能运行的社会)。

自然社会,处于自然状态的社会,或者独立但自然的社会,是由一些个人组成的:他们由相互交往联结在一起,但不是任何政治社会的成员(主权者或臣民)。(1873:231)

一个给定的社会,如果其大部分成员都没有服从一个确定的共同优势者的习惯,那它就不是一个政治社会。(1873:228)

这种社会必须是独立的,政治精英对任何他人的号令都不亏欠习惯性服从。

其成员的大部分或大多数必须对某个确定的共同优势者有服从的习惯。同时,该确定的个人或确定的个人团体,不得习惯性地服从一个确定的共同优势者。该确定的个人或确定的个人团体,不得习惯性地服从一个确定的个人或团体。

这一检验不是定义问题而是社会学问题:"主权者和独立政治社会的实在标记,是对特定或特别个案的可能出错的检验。"(1873:233)确认核心例子很容易。奥斯丁说,这是英国和每个在文明上稍微有点先进的独立政治社会的通常状态,但在其他地方,服从同一优势者的成员是如此之少,或一般服从是如此之不频繁并被中断,它们纯粹是自然社会。

奥斯丁也称独立政治社会为"政治共同体"。(1873:234)奥斯丁的命令与服从问题是一些观念,这些观念反映了他对政治政府的权力实现政府愿望的关切。在国内战争时期或殖民地反叛中(奥斯丁指的是查尔斯一世与议会之间的英国国内战争,以及墨西哥对西班牙的反叛),要问的问题涉及经验存在的社会政治情形:

> 什么时候,起而反抗的殖民地(现在是墨西哥国)从叛乱省份上升到独立共同体的地位?什么时候,墨西哥主权的殖民地居民团体,从叛乱头领转变为最高政府的角色?或者,什么时候,侵袭墨西哥主权的殖民地居民团体,成为事实上的主权者?(1873:235)

政治社会中涉及的人数相当多,但是,"一个独立政治社会可以分成构成主权者或至上者成员的部分和仅仅作为臣民的成员所组成的部分"。这种构成是历史学事实的问题。

> 在大多数实际的社会中,主权权力为全体的单个成员所独占,或者被其很少成员排他式地分享着:即使在其政府被认为受欢迎的实际政治社会中,主权者人数也是整个政治共同体的微小部分。受其自己统治、或者受整个共同体构成的主权团体统治的独立政治社会,不是不可能的,但是,这类社会的存在是极不可能的。(1873:243)

奥斯丁在脚注中进一步解释说:

237

> 如果独立政治社会的每个成员都是成年人、有理智的头脑,每个成员自然有能力行使主权权力。而且,如果我们假设一个这样构成的社会,我们也可以假设一个社会,它严格地统治自己,或者在那里,最高政府严格地讲是全体人民的政府。但是,在每个实际社会中,它的许多成员天然地没有行使主权权力的能力,即使在一个其政府最受欢迎的实际社会中,天然没有能力行使主权权力的成员,并不只是那些被从主权团体中排除出去的成员。如果我们在因为天然无能力的成员上再加上没有那种必然性而被排除的人数(譬如妇女),那么,我们就发现,即使在这种社会中,大多数人也纯粹处于屈从状态。结果,尽管全体人民的政府并非不可能,但是,每个实际社会的统治者,要么是其成员的一人,要么是数量处于从一人到全体之间的一些成员。(1873:243—244)

奥斯丁的主权概念经常被误解。有时候有一些奇怪的说法,如奥斯丁不可能应对欧洲共同体(EC,现在是 EU,即欧洲联盟)的创立。这是胡言乱语。奥斯丁以拿破仑战败后的 1815 年占领法国的联军为例。占领期间,"联军最高统治者的命令得到法国政府的服从，通过该政府又得到法国民众的普遍服从。但是，由于这些命令和服从比较稀少和短暂，它们不足以在联军最高统治者与被入侵国家的成员之间构成主权和臣服的关系……尽管有那些命令，尽管有那样的服从，法国政府及其国民仍然是一个独立的政治社会，联军最高统治者不是其主权部分"。(1873:228)意思很清楚，如果已经创立了一个政治结构，通过它，命令被有规律地发布和服从，法国主权的性质就可能发生了变化。也许，如果建立了一个部长会议，每个相关国家都派一名代表，就可能建立一个隶属但具有独立性的新结构。批评者可能争论说，这些结构本身是用法律构成的，欧共体(或欧盟)是法律创造的。奥斯丁的回答可能是霍布斯式的：构成主权者机构的法律，它本身就是前法律的夺权之表露。创立欧共体的并不是一个合法的宪章。这个宪章——《罗马条约》也许代表其"创建文本"，反映其"创建时刻"，但这是要把包含一系列复杂希望与意志的政治过程浓缩成一个文献或一个历史性时刻。欧洲联盟的真正基础是"欧洲"，而欧洲除了是愿望、意志和计划的复合现象以外，它并不存在。

主权者在法律上不可限制，但它对批判性实在道德(尤其是功利原则)负责

主权者在法律上是不能限制的，但它对通过功利原则而为人所知的实在道德律令和上帝的法律负责。奥斯丁表达的基本关切，在我们现在所称的19世纪早期英格兰政治自由主义思想家中很普遍。也就是说，对社会解体心怀恐惧，认为强政府实属必要。虽然对边沁和奥斯丁来讲，改革主义政府不应被认为是弱政府，但是，边沁呼吁宪法性限制，而对奥斯丁来讲，对主权的法律限制设施(如权利法案、分权等)是成问题的，有时在实践上自我挫败，在逻辑上无法成立。不是说没有有效的宪法限制，而是说这些宪法限制实际上是许多信念与惯例的复杂集合；它们不是严格称谓的法律，而是某种形式的批判道德。也就是说，开明的公共舆论和功利原则的律令事实上是责任政府的保证。① 边沁晚年主张，政治主权应该属于人民，这样，人民的利

238

---

① 两位汉博格提出了导致奥斯丁贬低宪法限制的另一种考虑："既然科学能够发现如何使公共幸福最大化……受这一科学指导的主权权威不应当受宪法性制约的限制。"奥斯丁称这些制约为实在道德。它们起源于观念、道德信念和传统；它们不具备法律地位，并且只在道德和观念被感到具有强制性的情况下才具有约束力。奥斯丁所知道的宪法性限制和立(转下页)

益、公共利益与政府的利益就合二为一。青年奥斯丁可能赞成,但奥斯丁在年老一些以后逐渐对这一动议的理性基础丧失了信心,纯粹观念怎样能够保证理性政府?

> 在这里存在着法治政府与人治政府之间的区别。(1873:519)

然而,观念最为重要。构成主权之基础的是法律之前的虚空(pre-legal void)。主权——国家——是从正义之前的一系列社会安排中产生的,它既不拥有权利,也不缺乏权利。

> 现在,既然实在法不阻止它随心所欲地处理其领土内的一切事物,我们可以说……国家对其领土内的一切事物都有权利,或者说,绝对地或毫无限制地是一切事物的所有者……严格地讲,它对任何事物都没有法律上的权利,或者不是任何事物的法定物主或所有人。(1873:871)

国家受法律的极大不确定性的支配。一方面,奥斯丁的主权者似乎是构成国家的精英们之希望和愿望的全能人格化;另一方面,它消解成程序与习俗之网。公法——我们另外也称其为宪法——要么是"一般程序法"的某些方面,要么是人法的"各式各样的补充"形式。公私之分也不是绝对的:"法律的每一部分在某种意义上都是公的,它的每一部分在某种意义上讲也是私性的。"(1873:776)民法需要追溯到制裁;所有法律,从合同订立到遗嘱执行,"除有其他目的外,都是设计来预防犯罪"。(1873:774)最终,民法依赖刑法的权力与对民法所立权利和义务的规范性认同之间的辩证法。在终极意义上,主权是由各种理解(understanding)系列构成的,这些理解处于"一般观念"与"主权者所恪守的道德格言"形成的模糊领域内。(1873:771)

> 尽管从逻辑严谨性上讲,大量与主权者相关的所谓法律应当从《国法大全》(corpus juris)中清理出去,但是,出于便利的理由它应当纳入《国法大全》,便利对逻辑对称性而言更加重要。因为尽管严格地讲与主权相关的所谓法律属于实在道德或伦理的范围,但是,为了认识《国法

（接上页）宪规范,起源于前科学时期,他认为,让这些规范去制约由立法科学指导下制定的法律,是不能让人满意的。然而,即使宪法性限制起源于科学的实在道德,他还是会反对它们。如果作为实在法渊源的同一伦理科学证明它们是正当的,那么,把它们用作对实在法的制约是无意义的。因为立宪主义,只有在它援用的标准独立于它所评判的法律并且"更高"时,才是有意义的。因而,他对宪法性限制缺少同情,这反映了对主权和国家的认识:既把它理解成它实际存在的那样,也把它理解成可能理想地存在的那样。(1985:41)

大全》中相关的实在法,认识它是绝对必要的。(1873:771—772)

主权权力的使用依赖观念与权威的认同。观念依赖公众的知识状态和主权者的理智。尽管监狱把刑法这一极端作为最终外在制裁,但是,理性的观念是内在制裁;对开明的立法者,有教养的民众比警察队伍更有益处。进一步讲,"法治政府和人治政府的区别"在于,精英会解除其任意决策的权力,以支持其依法办事的伦理共识。① 现代政府在行使裁量权时要具有某种形式的实践智慧。法理学不能存在于与实证知识的伙伴关系之外,这样做,就是舍弃法律的意义以迁就其苍白的实证性,就是去掉法律作为活生生社会现象的理解,只留下概念的空壳。

国际法问题

根据奥斯丁法律理论的逻辑结构和他对社会学现实的把握,"万国法"(the laws of nations)(或我们现在所称的"国际法"②)之术语是一个误称,指称的实际上是"实在国际道德"。没有国际主权者,不可能有确定的团体去说明法律准确地讲是什么,或保证在法律被违反时施加制裁。奥斯丁要求语言的清晰性。

> 格劳秀斯、普芬道夫和其他作家在所谓"万国法"上陷入了思想混乱:他们把实在国际道德,或各文明国家在其相互交往过程中实际获得的规则,与他们自己关于应然国际道德的模糊概念相混淆,与那种不确定的东西相混淆。他们认为它是确定的,如果它与他们称作自然法的不确定的东西相符合。(1873:222)

---

① 如果要完全消除这种想法,即他不关心"法治政府和人治政府"的意象,那么,值得全文引述奥斯丁的讨论。"当我谈到主权或国家的裁量权时,我的意思是主权或国家依据法律行使的裁量权。因为,以一种特殊或专断的命令,主权者可以剥夺受害者由于受伤而引起的权利,或者可以免除做坏事的人的民事责任。(这里就存在着法治政府与人治政府的区别。)在仍然存在于欧洲的一到两个邪恶政府中,这种愚蠢而有害的事并非不普遍。例如,由政府向债务人颁发保护令,由此这些债务人可以免受其债权人的追究。但是,在这类情况下,主权者为了达到某种特殊目的而部分地废除了他自己的法律,这是聪明的政府从来不会做的事,不论是国王政府还是其他政府。尽管弗里德里克大帝(the Great Frederick)脾气专横,热衷权力,但他总是使其行为符合他自己的法律。在这个国家中,直到威廉三世(William III)统治时期,保护令都是由国王颁发的。这些必然是非法的。因为,尽管国王被宪法授权依其裁量权追究和赦免犯罪,但他不是至高无上的。通过剥夺受害方民事诉讼的权利来轻视法律,并不是他的权力。"(1873:519)

② 似乎"国际法"这一术语是首先由边沁在《道德与立法原理导论》中创造出来的。

奥斯丁跟随在一众怀疑论者后面，从霍布斯开始，包括康德和卢梭。

霍布斯说，在缺乏宣布和执行实在法的最高权力时，就不能说存在实在法。肯定地讲，各个国家的不同主权者将发现，他们自己受自然法的支配——如果他们理性地分析他们的地位和整体目标的话——但是，如果缺少一个共同的优势者，他能解释个别主权之间达成的实际协定是什么，那么，混淆和不确定性就会盛行。按霍布斯的分析，习惯和协议在认识论上的不确定性是与执行规则的权力之缺乏紧密关联的。相似地，康德宣称，只要那些国家"不受共同的外在限制之约束"，那么，宣称能够在国际习惯和协议中识别万国法，就是无稽之谈。（康德：《政治著作》，1970：103）

卢梭延续着以下思想主题，即当时的国际关系被矛盾和不确定弄得四分五裂，它们使国际法之全部例证都无可救药地归于无效，因而使它们不能成为真正的法律。所谓欧洲的公法"充满了相互矛盾的规则，只有最强者的权利才能把它变得有条有理：因此，在缺乏任何肯定的指引时，在存有疑问的情况下，理性总是向自利的方向倾斜……"（《著作全集》，3：568—569）各国以自利为基础参与国际交往与合作，没有与公民社会相似的条件，也没有识别国际公意的可能性。创立一部国际法需要什么条件？共同联合的伦理愿望，以及一个占优势的强制力量，它能够"给予它们的共同利益和相互义务以稳定和力量，只靠自己，它们永远不能得到"。（《全集》，3：569）

国际法的捍卫者争辩说，如果法律的定义被拿来单指那些由主权权力制定和执行的规则，那么，那些没有附加制裁的习惯惯例规则和自愿同意的规则就不符合这种模式，但是，不能推论说不存在治理国家行为的规则。奥斯丁会同意说：不过，这些规则对他来讲只是"实在道德"。当某个国家破坏这样的规则时，它可能感受到一系列代价和批评，但是，这些在实践中是不可预测和模糊不清的；在缺乏某个共同的国际权力的情况下，不存在任何现实的理由称这些规则为法律。

司法造法的作用

241

鉴于奥斯丁把法律描述为理性的治理工具，不可能让他把法律视为某种封闭的法制体系（system of legality）。法律作为法律，应该为确定性而努力。在任何一个时候分析法学家都应该揭示法律概念的相互关系和意义，但是,法律是一种"活的"现象①,是一种动态现象,发展成果来自法律外部。政府权力引导法律,而政府权力要受到功利和蓬勃发展的实证知识的指引。

然而,虽然"直接地或间接地,主权者或最高立法者是全部法律的创造者;而且全部法律都来自同一渊源;但立即和直接地讲,法律有不同作者"。(1873:526)法律的最直接渊源是立法,当法官采纳习惯或创造"法官创制的法律"时,司法就是另一种渊源(是运用受委任权力来运作的);奥斯丁确认"司法立法"是法律的"次要渊源"。(强调符号系原文所加,1873:549)

尽管奥斯丁不接受边沁"对法官创制的法律一概厌恶的态度",(1873:549)但他描述了司法如何经常掩盖自己的能动主义之事实。司法造法发生在法院处理争议的实际工作中。即使在似乎找不到涵盖争议情形的成文法时,法官也必须决定案例,确定法律要点。法院的目的是伸张正义、解决争端,但在此过程中创立了新规则。然而,法官把他们的创造性遮隐起来,隐藏在诠释与解释以及发现或宣布法律的话语背后。

> 尽管这个具体案件被一条新规则决定,但法官的正当目的并不是引入那条规则,而是为该规则所适用的具体案件作出判决。一般地讲,这样能避免给人以立法的印象。新规则不是公然地被引入判决,而自称是现存法律通过解释或释义得到查明……并被适用到待决案件或问题中的。如果该新规则在其后通行为法律,那它不是直接通行,而是因为该判决变成了先例:即是说被认为是法律先前状态的证据;该新规则掩蔽在旧规则之外表下,被当成法律适用于新案件中。(1873:548)

奥斯丁几乎没有时间研究分权。其原因在于他相信共同体利益、功利与(政治经济学等)知识是统一的。这最明显地表现在他果断地摒弃对司法造法的反对意见,即"当一个下级法官有造法权力时,共同体对那些法官就很少或没有控制能力,他们创造法律,而共同体行为必定受这些法律管制"。奥斯丁将这解读成责任问题,法官必须对"共同体的群体或大多数"负责。一种方式是在"实在法"很明确时,他们必须要适用它;另一方式是保证他们的任命能让他们摆脱仅仅对国王唯命是从的状况。这样,他们才能恰当地为主权者或国家服务:"把他们的任命无论是授权给一方还是另一方,其利益在总体

---

① 对具有社会学倾向的奥斯丁来讲,一定要区分"活法与死法",(1870:1040,1048)了解法律官员的作用。毕竟,当奥斯丁回顾罗马法时,他就超越《学说汇纂》(Digests)看到了"活生生的罗马法或者由法庭管理和执行的罗马法"。(1873:604)

上要与共同体利益不相冲突。"(1873:665)

奥斯丁接着与"司法立法者随意立法"的思想作斗争。司法立法者随意立法将导致法律变化无常、不确定和不融贯。随意判决必须要控制,方法是:(1)法律体系的等级性质,借此,上诉法院使下级法院的判决理性化;(2)法官受观念的指导:主权立法机关,"如果它充分地关心普遍利益",直接会怎么做;(3)专业团体(例如律师业协会)的谴责,以及维护"行会利益"的其他律师之舆论。"法官钝于创新",而不是司法立法,才是最大的不利;"对既定规则过分尊敬,对推理和类比的过度关注,普遍表现在法官法的创造者身上"。(1873:668)衡平法不得不产生了。

法官不得被授予不受约束的自由裁量权;在通向判决的道路上,要设置多个步骤。法官必须尽力确认法律是什么。如果法律是确定的,法官必须适用它。但在制定法的词语清楚但看起来与制定法的明确目的相矛盾时,法官"可以背离制定法的明显意思,以便他可以把它的判决理由付诸实现。但在这些情况下,他不是一位法官在适当解释法律,而是一位次级立法者在改正法律的错误或缺陷……"。这是一个危险的程序,法院在冒变成任意裁判所的风险。尤其是对职业主义的呼吁贯穿在奥斯丁各篇讲义始终,司法工作既重要也难以捉摸。只有对这一事业的性质进行反思性的科学分析,才能保证取得进步。这将帮助法官科学地从事其技艺。注意奥斯丁措辞的氛围:

> 司法立法者所使用的各种术语或表达方式,是可能由以推测出原则的微弱线索,而不是当其明显意思完全确定时要不折不扣得到遵守的指引。(1873:651)

法律体系如果其中的大量规则必定是法官创造的,也不是一个融贯的整体:

> 整个法律体系,或整个《国法大全》,必然陷入荒谬的混乱不堪的状态:部分地由判例法构成,它们点点滴滴地引入,嵌在堆积如山个别司法判决之中;部分地由议会立法构成的,它们像补丁一样贴在判例法上,嵌在临时和补充的堆积如山的制定法之中。(1873:682)

然后,奥斯丁在法律渊源讲义结束时提出了法典化的主张。他注意到制定法若是构造拙劣就会充满缺点,他说相较于表达糟糕的制定法,判例法细节更丰富,也更灵活。但是,他认为,虽然法典编纂是一件细致的、困难的工作,但它提供了机会对法律进行基于原则的和科学的叙述。法典起草要小心谨慎,既要对法律有历史的把握,也要对要达成的目的有清晰的思想。他的最后主张有些修辞上的夸张色彩:对现有法律职业不满,但仍然对法律职业特征的改进满怀希望,认为这样就能够达成更科学的法律进路:

243

> 如果法律更简单和科学,将有更高才智的人进入这个职业,人们将在独立条件下拥抱它,但他们现在被它的虚伪特征吓跑了,因为它真的很虚伪。受过文学教育、智识有过教化的人,有谁能容忍实践书籍,如法律的很多其他部分这样的荒谬? 唯有感到强烈的必要性,有坚定的决心,去穿透包围法律的外壳,了解法律的基本原理,才能让这样的人坚持这项工作。但是,如果法律被恰当地法典化,这些有头脑的人就会研究它,然后,我们可能盼望比现在无可比拟好得多的立法,更好的司法机关。这个职业也不会像现在这样唯利是图,聚敛佣金,而会像古罗马一样,成为通向荣誉与政治显赫的道路。毫无疑问,这个职业中大量辛苦乏味的工作仍然让那些眼光只盯在佣金的人去做,但是,整个职业中盛行的道德将在很大程度上是由它的高级部分设定的,它也将组成共同体的实际立法者。(1873:703-4)

244

第三部分　结　　论

对奥斯丁分析法学的传统解释是没有生命力的

在某种意义上,忘记奥斯丁的综合体,从中只取出单调乏味的分析,这是件容易的事,但结果是生产智识的毒药。在巨量的讲义中,奥斯丁把利益与心理学整理成一个完备的整体。奥斯丁用详细的语言,在跨越民事与刑事法律的地带,把心理学和法律术语结合成统一的、大概一致的形式。法律能够控制和指引我们杂乱的主观愿望。法律设置条件,使个人能够运用其意志控制欲望。人"不能被强迫不产生愿望……避免制裁的愿望可以主宰或控制但不能消除驱使他违反义务的愿望"。(1873:462)相似地,"头脑里想法的变化可以被造成或被阻止,不管我们是希望发生这种变化还是不希望这种变化"。(1873:469)功利的统治不容忍犹豫不决,它是通过必然性进行统治的。奥斯丁说,政治权力和监狱高墙是普遍的痛苦环境,我们不情愿地发现我们自己身在其中。功利是

"何为好和真的绝对标准"（坎贝尔编者评论，1873：466），我们逃避它的命令并不比逃避监禁的秩序更容易。但是，正是这种信心使我们警惕奥斯丁立场的失误。边沁主义的思维似乎是要处理存在于以公众意见为依凭的政治民主，与基于知识的理性政府之理念两者之间的紧张关系，其处理方法是借助功利理论，把共同善当成愿望的总和。奥斯丁的功利更多的属于一种性质的类型，最终，一种渐进的保守主义征服了他。1848年以后，奥斯丁的政治学尽管受到源自霍布斯的安全关切与源自洛克的财产中心之关切的影响，但它还是赞成传统、习惯和"不假思索的信念"（unthinking feeling）之间的无形联系；休谟和柏克，而不是霍布斯与洛克的合理性，开始成为他的智识前辈。当他的《法理学范围之确定》已经全部售完，在二手书市上也能卖出好价钱时，有人请他再版，奥斯丁拒绝了。他说他的打算是彻底重写并扩展这些讲义，写一本名为《法理学与伦理学的原理和关系》的著作。不过，这从来没有超出茫然沉思的阶段。

奥斯丁不能重写其讲义的问题

为什么奥斯丁没有像他不断许诺的那样去修订和扩充他的讲义？有两个答案浮现出来：（1）这是个人性格的失败；（2）他改变了许多原来的观点，或者对不同知识之间的连接丧失了信心。这第二个考量所思考的是那项把实在法与道德联系起来的整体事业。　　　　　　　　　　　　　　245

第一个答案无疑是有根据的，抑郁的个性加上缺少个人动力，在某种程度上解释了他没能重写讲义的原因。[1] 然而，还有另一种可能，即答案可能在于，他对信心满满的功利主义大厦在智识上的自我怀疑日益滋长。奥斯丁主张受基于科学的知识约束之开明精英统治，这就要求相信伦理明确性和一致性是可获得的。但是，正是这一目标对现代性来讲难以捉摸，也许不可实现。如果深化对法律基础的分析只能在解构方面取得成功，却不能提供科学上可辩护的替代物，那会怎么样呢？[2] 实证知识可以证明我们有社会需要

---

[1]　对兰布尔来说，"奥斯丁是最典型的缺乏意志力的人的例子……如果奥斯丁在追求他的伟大目标时更充满活力、更持之以恒、更坚定，他的成就可能比他实际取得的更大"。（1985：59）

[2]　这是一个与约翰·斯图亚特·密尔近似的观点。密尔在《逻辑》一书中提出，为了使一个永久的政治社会发挥作用，需要存在一种感情，即"在国家的构成中有某种已经确定了的东西，这是一种永久的、不受到怀疑的东西……是某种固定的观点：人民同意奉为神圣的某种东西"。（引用于洛特和约瑟夫·汉博格，1985：181）

去追求激发集体行动的统一感觉与意象——而且,它可以显示这些感觉既有真实的历史,也有假设的历史。但是,它不能合理地创造那种能够逃避神秘性质之批评的真正的统一概念。

如果奥斯丁重写讲义没有超出思想萌芽与热望的状态,那么,那些满腔热情接受挑战的人就没有得到确切答案。奥斯丁对其讲义的综合依赖以下因素的特殊结合:认可科学原则能反映关于社会条件的无可争议的真理,认可有关价值与政策的争议能够根据(感知到的)理性真理标准得到解决;但是,他后来的疑问可能预见了现代性到现在所走过的道路。也就是说,很多人认为遵循科学的事业是唯一的探究之路,但我们不赞成遵循理性真理就能解决有关价值和愿望的争议。自由主义的妥协一直就是让这个问题存疑——它更喜欢斯图亚特·密尔打算给出的结论。确切地说,就是让有关好生活的争议存疑,留待宽容和试验去处理。这没有让所有人感到满意,我们确实也不必要用马克思主义的经历作为例子,我们周围到处都是活生生的提示,千百万人都发现,构成自由主义结构之基础的是伦理的虚空。这个议题换个说法,奥斯丁把法律与道德分离开来,也就把"自由意识"与实在法分离开来了;让法律完全依靠其自身的(纯粹)实证性,这也太过简单了。然后呢?法律可以很好地勾勒出一幅恰恰是现代晚期的游戏图景:失去对生命最终目的的承诺,我们盲目地为霍布斯在《利维坦》中描述的动机所驱动,即"至死不渝追逐权力之欲望"。也许我们现在只能这样做了,我们不再相信除了这场游戏和我们之外还有别的什么可以解释这一切。

第十章　马克思①和马克思主义
理解法律与社会的遗产

　　这样的政治结构,只有在私域赢得独立存在的地方,才能产生。在贸易和土地财产没有自由、还没有变得独立的地方,就还没有存在政治宪法……国家的抽象概念如所指的那样只能属于现代,因为私人生活的抽象概念属于现代。政治国家的抽象概念是现代的产物。(马克思,《黑格尔法哲学批判手稿》,1843:31-2)

　　一切固定的、古老的关系以及与之相适应的素被尊崇的偏见和见解都被消除了,一切新形成的关系等不到固定下来就陈旧了。一切固定的东西都烟消云散了,一切神圣的东西都被亵渎了。人们终于不得不面对……他们真正的生活地位、他们的相互关系。(马克思和恩格斯,《共产党宣言》,1848,载于《马克思恩格斯读本》,1978:476)

作为希望和超越的马克思主义

　　要就马克思主义法律方法撰写单独一章,是让人望而却步的任务。第一个议题就看似简单实则难以把握:什么是马克思主义?它是一种哲学、社会学、宗教……或者是一种神秘化?它包含的是一群局外的权力狂发出的危险呓语,还是以世界上最伟大的学者之一对人道主义关怀的深刻反思为基础的作品集?所有这些说法都有。也许,马克思主义代表了分析经验世界之时空偶然性的最伟大尝试,虽然它保持着彻底超越的愿望。其方法论的根本是

---

① 马克思(1818—1883),生于特里尔,在现在的德国。他是一名犹太律师的长子,他的家族一直是犹太教的法师。他的父亲皈依了新教以便不妨碍他的法律事务,马克思也接受了新教的教育。理性主义、人道主义和实用主义世界观,而不是宗教的基础主义,是他受教育的内容。

对立的识别和阐释——辩证法，但是，在它的内心深藏着调和的梦想。① 不管怎样，马克思主义是彻底分析世界范围内的人类社会、历史、人的缺点与力量，从而启蒙式地探索关于人类状况之诸多问题的答案所得出的激进产物。对马克思主义而言，我们属于这个世界，世界是一个统一体。因此，无论我们亲历哪些分歧、哪些冲突，它们都是可以调和的，因为我们和世界都属于同一类型。人，而不是某个超验的神，才是宗教的奥秘，因此，我们必须把宗教叙事转变成世俗信息。马克思主义的调和汲取了《圣经》中所许诺的末世论愿望：《旧约》提到了一个未来时代，上帝将建立公正与和平的永恒统治；（例如，《以赛亚书》11：1—9）《新约》断言，基督代表对死亡的征服，信徒们参与永恒生活的承诺。他们虽然经历着此生的痛苦，但他们心怀对将要到来的时代的期待。（《约翰书》3：36—5：24）虽然马克思主义历史哲学将其形式归功于黑格尔的辩证法，但其内容很大程度归功于基督教末世论的世俗化。② 用专业术语来讲，成熟的马克思主义历史哲学被称为"物质决定论"或"历史唯物主义"，它提供了一种个人天命，上帝的选民被替换成无产阶级，上帝天国的正义被替换成无阶级的共产主义社会。③

马克思主义的理论化简介：一般与特殊的辩证法

马克思主义是著作和学说的丰富群体④：在各个社会或世界政治中，各种具体社会现象（如法律）的作用是什么，国家和超国家组织的作用是什么，对此，马克思主义的解释不是唯一的。马克思主义的基础是马克思和恩

---

① "共产主义作为一种高度发展的自然主义是人道主义，而作为一种完全发达的人道主义，它又是自然主义。它是人与自然和人与人之间的对立的确定解决办法。它是存在与本质、自由与必然、个体与种类之间冲突的真正解决方案。它是历史之谜的消解，它也知道自己本身将成为这一解决办法。"（马克思：《早期著作》，1964：155）

② 马克思主义自称是经验科学的顶点，同时它严厉谴责资本主义社会的道德堕落。它预示一个完全自由、满足所有人需要的新世界秩序将要到来——在其中，人类将会在实现绝对的然而具体的自由的同时，也实现了其作为人类的命运——一个没有腐败也不会腐败的和谐社会。

③ 马克思代替预言家，断言历史的目标是一个实际的人类状态。虽然早期的行动者和资产阶级没有理解他们行为的意义，但从那以后无产阶级由马克思提供了科学的世界观，它使他们的变革行动的意义清楚起来。

④ 更不用说马克思主义在提供政治鼓动方面的有效性。在一个阶段——最近——大约世界人口的一半生活在其官方政治信条是马克思主义的社会中。马克思主义也提供了大量著作和概念，它们成为西方一直依赖的自由资本主义轴心的主要智识对立物。

格斯(1820—1895)合作的著作,再加上列宁这位俄国 1917 年布尔什维克革命的领袖所作出的也许是后来者最伟大的贡献。① 然而,在 20 世纪,马克思主义一直就是政治学说,其中,解释马克思著作的含义往往要服从政治需要,而不是为了提供一种好路径以便于达成对现代性的更深刻理解。

　　马克思主义的核心是方法论上的训诫:要关注经验数据,但数据被认为是普遍社会结构和社会过程的反应或例子。其中心焦点在于人类存在的整体,而不是特别的社会制度。例如,无论是马克思还是后来的马克思主义理论家都不把国家当成自足的分析单元。② 结果,国家主义(nationalism)成为马克思主义分析的一个盲点,是导致它缺乏预测能力的一个原因,而且,也没有通过民族国家的透镜来分析塑造法律的力量;相反,国家几乎不被赋予作为活动场所的自主性。另外,与社会秩序的功能主义解释不同,它强调现代性中蓬勃发展的工作多样性和劳动分工,而马克思主义强调阶级关系,包括各社会内部和国际的阶级关系。然而,阶级不是自我解释的分析工具,这个概念只有在更大的理论分析结构内才有意义。③ 马克思主义的着手点不是把个人概念作为其基本单元——与哲学上的自由主义相对,而是把表达模糊

249

---

　　① 列宁是一位俄国政治领袖、马克思主义理论家、马克思之后最明晰的马克思主义哲学家。在因为学潮被从喀山大学开除(1887)之后,他(以通信方式)毕业于圣彼得堡大学(1891)。1895 年被监禁,并于 1897 年被流放到西伯利亚。从 1900 年起,除短暂的时期外,他一直生活在国外,直到 1917 年革命,此时,他回国领导共产党,去世前一直是苏联最高领导人。他的继任者是约瑟夫·斯大林(Joseph Stalin)。

　　② "资本就冲破国界、偏见,冲破自然崇拜,冲破传统的、自鸣得意的、故步自封的满足,对当前需要和旧的生活方式的再生产的满足。它摧毁这一切,不断地革新这一切,撕碎一切藩篱,只要它阻挡生产力的发展、需求的扩张、生产的全方位发展、自然力量和精神力量的开发与交换。"[马克思,《政治经济学批判大纲》(Grundrisse):引自赛德曼,1983:90]

　　③ 阶级概念是马克思成熟著作的基础,尽管他没有规定一个明确定义。除了共产主义社会(它从来没有以马克思想象的形式存在过,不能与苏联、中国和东欧等国家所经历的统治混淆起来)之外,一切社会都是阶级社会。当人们"以斗争来解决"经济结构的矛盾时——马克思在 1859 年的导言中谈到过——他们是在阶级的范围内、以阶级利益的观点进行斗争。马克思似乎认为,阶级冲突是如此显而易见,根本就不需要彻底的理论论证。只有在他专注于资本主义社会中的阶级时——两个阶级,即资产阶级(中产阶级)和无产阶级(工人阶级),处于直接冲突之中——阶级才得到了充分论述。他从它们在资本主义生产关系中的地位这种角度来定义各个阶级。资产阶级是资本家阶级,它拥有生产工具。无产阶级是以财产之缺乏和以下事实来定义的:它把劳动力出卖给资本家以换取工资,在不属于它所有的生产工具上劳动,产生利润(剩余价值),但资本家凭借他对物质资料和生产工具的所有权,合法地占有这些利润。其他阶级,如农民阶级,被放在与资产阶级和无产阶级(在资本主义生产关系中它们站在对立的两端中间)的基本阶级划分的关系之中,作为边缘范畴加以讨论。

的社会整体思想作为其出发点。马克思主义经常被认为是与霍布斯遗留下来的方法论个人主义相对立的社会分析形式，通常被贴上整体主义标签①。任何特别的研究实体，其意义都在于它如何适应并影响整体的发展。就法律而言，像其他社会现象一样，很难区分出关于特殊实体的马克思主义观点，创造自立的理论模式。因为这将会把人类行为的某一方面分离开来，使它偏离马克思主义社会分析的潜在宗旨。马克思主义提供了一种认识框架，它声称，借助这种框架，我们能够解释社会的过去和现在，预测人类的未来发展。马克思声称这是哲学的最终"胜利"或"超越"。对马克思来讲，哲学（特别是批判哲学）必不可少，但他的哲学批判作为一般意识形态批判的组成部分，展现了哲学对人类条件的不完全把握。只有通过完全成熟的社会分析，才能看得清现实；只有以完全成熟的社会分析为基础，具体行动才能成功。

马克思理论的魅力之一在于他的历史叙事

创立关于其过去、现在和未来的恰当历史或叙事，是现代西方社会的自我认识与自信的核心，马克思的焦点大多集中在建立一种历史哲学上面。这对马克思而言是一项必要任务，这是因为，如果不了解早期生产活动的模式，那么，资本主义和资产阶级的生活结构，其各种形式的个人自由和社会互动，看起来就像是自然的生活方式，其无人性的现实依旧是个谜。我们需要用批判理性去摧毁资本主义政治经济学的能力，使它不再能把自己说成是不变的和永恒真理的自然形式；如果能够证明对存在的满足之障碍是社会互动的特殊历史形式，那么，我们的局限就不是不可以避免的。另外，如果这些知识被嵌入进步叙事（即历史哲学）之中，我们就有自信地行动的能力。马克思把大量智识精力投入以下任务中：揭示加在现代人和现代社会上面的具体限制之性质和原因。这些研究强调我们的限制的历史性，展现了克服这些限制的希望，因而，对未来的希望是由对当前限制的否定，而不是由乌托邦蓝图来界定的。马克思从来不曾为"纯粹的"共产主义社会这种组织勾画蓝图。

---

① 然而，正如赛德曼（1983：94-100）清楚地说明的那样，虽然马克思谴责方法论上的个人主义，但他没有变成一位完全成熟的整体主义者。社会不应该被认为是一种独立的集体"人格"。但是，尽管"人是他们自己历史的演员和作者"，但他们受到社会结构和社会过程为他们提供的力量和资源的支配。

马克思主义作为一种实践

马克思的著述不打算成为思辨推论，它们意在导向实践变革——寻求"理论与实践"的结合。例如，马克思后期的激进"社会学"在认识论上声称具有彻底的科学性，同时也提供社会发展的预测。它表达了一种愿望，要为我们与人类真正天命的分离提供智识分析，提供我们在自然中的地位与斗争的意义之统一图画。成年马克思把分析与对激进行动的号召（明确地说就是对彻底革命的渴望）结合起来，我们被要求完成现代性。马克思相信，实现人类满足与幸福的障碍是"去人性化"的现代社会幽灵。这特别地而不是全部地体现在资本主义的（非）社会关系之中。

认识马克思主义法理学作用的几点告诫

在考察马克思主义法律和社会主题之前，有必要发出几点警示，这是对任何分析的限制。

马克思没有建立有关法律的特殊著作体系

251

马克思对法律的认识，是他研究社会的一般智识进路之子集，这一进路在其一生的不同时期都得到坚持。许多作者提供了马克思主义诠释，他们是否符合马克思原始分析的复杂与微妙，这是另一个问题。

马克思的作品和关切涵盖多年的精深研究和学术成果

直到相对晚近以前，马克思早期著作之全部还不能广泛地为人所得；结果，对马克思的主流解释是以其后期枯燥乏味的科学性作品——其中《资本论》最为著名——为基础的。随着他的著作全集变得可为人所得，我们有了更具演进性的马克思图景，其智识关切的几个不同阶段显而易见。有些人谈论马克思早期与后期之间的认识论断裂，有些人则谈到马克思作为人道主义者与科学家（或者表现主义者与分析家）之间的区分。我们能够辨别其著述的若干主题或"马克思的若干类型"①：

①　这并不是说，这些是孤立的和独特的。马克思经常以修辞的方法进行写作，指责非人化的条件，让我们以新奇的方式看清问题。例如，以下引文中对商品崇拜的指责："私有财产使我们变得如此愚蠢和不公，以至于某一物只有在我们拥有它，它被作为资本为我们而存在时，或者当它……以某种方式被利用时，它才是我们的。"（马克思，《早期著作》，1964:159）

（1）人道主义者。他在写作中反对剥削，主张现代社会的条件不足以解放人类、为"真正的"人类利益服务。①

（2）社会科学家。他宣布他的最终理论包含"社会变化的法则"、是对人类状况的"真正"描述，进而声称发现了资本主义和社会历史的"本质"。

（3）雄辩家。他有时候敏捷而自由地写作，努力鼓动读者采取行动起来革命——"全世界无产者联合起来！"我们可以注意到他写作某些重要文本的速度，例如《共产党宣言》（马克思和恩格斯，1848）就是在几天时间里写成的。

252 　　这里有两个初步观点：一是必须在与构造现代性（即现代西方社会的形式和文化支持）之各种力量的关系之中考虑法律；二是在探寻现代性的实际而真正的力量和结构时被容许的程序，是那些现代性所特有的程序。对诠释的重要争点之一是，马克思认为法律在社会关系面前是如何主动或建构的（与此相对的是纯粹被动或反映的）？在回答这一问题时，本章的叙述如下：（1）青年马克思相信法律是变革的进步车轮。但是（2）后期马克思的著作更复杂，有作多种解读的可能。也许，占主导地位的解读趋向于聚焦他的决定论、唯物论，其理论结构的结果是把法律降低到次要地位，只是意识形态上层建筑的组成部分，法律在其中的任务是帮助维护由社会经济基础（在许多情况下，被称为基础）决定的社会关系。这种解读正确吗？或者，它是对马克思图式部分正确但不完全的解释？的确，马克思达于相信，法律和法理学是一切社会之意识形态构造的核心部分；它们不仅不公平地维护现存社会体的方方面面，而且帮助把一种非自然的（意思是违反人类的"真正本质"）和非

---

① "青年马克思继承了激进的启蒙思想。第一，他认为人类将改造大自然并最终改造社会以满足自己的目的。第二，他批判了当前秩序的非人性。启蒙引起了对不公平的世界的新的愤愤不平。在摧毁宇宙秩序的旧幻景，说明它们最多不过是幻想也许甚至是伪装之后，他使得旧的社会中一切差别、负担和纪律都丧失了正当理由。一位农民，如果他在事物等级中的指定位置是上帝和自然安排的，那么他忍受许多负担是一回事。但如果社会是这种宇宙秩序的体现这一思想被清除，如果社会是那些必须生活在同一政治屋檐下的人们追求幸福的共同工具，那么这些负担和对该地位上的人的剥夺就是野蛮的强迫，违反正义和理性，只有靠无赖行为和谎言来维持。他们将会向天呐喊——如果有天的话——要求赔偿甚至复仇。启蒙运动因此唤醒了人们对非人道、无故的和不必要的苦难的意识和与之斗争的急切决心。因为，如果人只是受这些愿望支配，而他的目的也是它们的实现（即幸福），那么，天上或人间都没有什么东西能够补偿这种幸福的损失。无报偿的剥夺是无以慰藉的，是绝对的损失。"[查尔斯·泰勒（Charles Taylor），1979：141-2]

人性化的社会秩序说成是自然的或必然的。① （3）除此之外,在超越对马克思的还原论解释中,我们能够发展马克思主义建构性法律理论(或换个说法,把法律当作构成现代社会关系和社会实体的关键技术之一的马克思主义理论)的思想。在形成这种叙事时,我们应该考虑另外几点:

马克思总是把法律看成表达性现象

早期马克思相信法律是伟大的进步力量。在黑格尔的影响下,马克

---

① 法国哲学家德斯蒂·德·特拉西(Destutt de Tracy)在 19 世纪初出版的《意识形态的要素》(Element of Ideology)中,首先使用了意识形态的概念,在该书中它揭示了一种思想科学(a science of idea)。这一词语意味着一种思想、态度和情感的完整体系———一种对世界的广泛看法或取向。但是,它后来发展为一种特殊的政治用法,把它的说明能力与可以刺激社会行为的情感混淆起来。马克思主义者通常认为,意识形态表达了那些展示或掩盖了物质利益(特别是阶级利益)的思想和信念。结果,这一概念包含了以下主张,即思想和信念体系是经由物质利益(即经济利益)的压力而形成的。广泛地讲,在马克思和恩格斯的著作中描写了两种类型的分析:(1)一种分析认为,意识形态的结构是其他因素决定的。也就是说,它是社会经济制度的逻辑结果,与此同时,社会经济系统又对生活在该制度下的大多数人隐瞒这种逻辑。因此,在其最重要的著作《资本论》(1867 年,加上他死后出版的两卷)中,马克思描述了资本主义制度下社会关系变成物的关系的方式。人们主要是作为在市场上出卖商品的财产所有者彼此联系的。甚至无产者也出卖商品! 没有资本的工人不得不向雇佣者出卖自己的劳动力以换得工资。家庭领域外的大多数关系以一种或另一种方式成为工具性的"商业"关系。"商品"和"资本"开始展现它们自己的存在,决定人之间的关系。然而,在现实中,这些"物"仍然是人类劳动的产物。一切都以一种奇怪的方式被颠倒了。产品终于支配了生产者。在资本主义制度下人们关于现实的意识形态观念,严格地讲并不是虚假的。它是事物的真实方式,是它们实际经历的方式。与此同时,现实以相似的方式被展现在资本家和工人面前,混淆了社会经济制度的真正本质。(2)另一种分析认为,意识形态直接表达了阶级利益。因而,在社会中占主导地位的思想趋向于成为统治阶级的思想:这些思想论证统治者在其中实行统治的社会秩序是正当的,并把它展现成一种自然的秩序。因而,意识形态是为阶级利益服务的。很显然,这一意识形态的分析方法把各种意识形态的冲突看成是阶级斗争的组成部分。现代马克思主义者高度重视意识形态的斗争。意大利作家安东尼奥·葛兰西(Antonio Gramsci)(1929 年到 1935 年之间在监狱中写作)提出了"霸权"的概念,它所指的是社会中的思想和政治惯例的支配,它是借助维持支持已确立的秩序的舆论来实现的。因而,马克思主义并不必然地否定阶级分化的社会的成员存在实际的一致信念。但是,要研究这种一致的起源和本质。意识形态的斗争被看成统治阶级力争保证其权力和地位的手段的一部分。马克思主义者发现,他们在革命的工人阶级或者革命的政党所具有的信念和观点属于何种性质这一问题上很难达成一致。它是否同样也是意识形态性质的———从而也只能在阶级利益的观点上才是正当的———或者,它们是否以某种方式超越了意识形态而具有客观"真理性"或科学性呢? 毫不奇怪,许多马克思主义者都力图论证是后者,但是,还没有发现一种令人满意的方法,以便在这种背景下清楚地区分科学的思想和意识形态的思想。

思的早期著作把法律当作社会的思维符号，表明法律能够成为富于表现力的工具，使社会能够阐述其核心价值。在这一时期，马克思采纳了自然法进路，真正法律的检验是它使自由能够成为人的社会存在之组成部分。相反：

后期马克思似乎降低了法律的地位，但法律继续以表达性术语展示出来

马克思在其著作中自始至终都表明：通过解读社会的法律现实，我们能够发现各种真正社会力量的隐藏游戏。法律的"真实"运作成了关键场所，在那里能够暴露作为资本主义社会生活之基本组成部分的各种矛盾。

主流的解释传统：阶级工具论与经济决定论

科林斯（Collins）（1982）识别了考察后期马克思法律观的两种方式：

（1）阶级工具论——这里，法律被看成阶级斗争的武器。法律是压迫更下层社会阶级的工具，社会发展的冲突模式最适合解释社会变革；

（2）经济决定论——这种方法更复杂，它认为法律并不单纯地是阶级统治的手段、统治阶级的工具，而是一种现象，是由一个社会的"社会—政治—文化"变化之最重要的推动力量（对马克思而言就是经济生产方式）产生和再生而来的现象。我们将要回头关注的议题是法律在这种关系中的相对自主（freedom）。

每一种传统都容易受到严肃质疑。

第一，对 19 世纪早期的观察者来讲，压迫阶段工具论之诠释，似乎直接反映了特权阶级维持其地位（必要时凭借强力）的做法［对此，有各种理论论据和经验支持（比如，参见海伊（Hay），1975］：边沁和奥斯丁两人有时候表明他们把法律秩序看作统治工具，这一主题思想是在马克斯·韦伯（Max Weber）的社会学中发展起来的［（见本书第 11 章）；在马克思主义传统中也有支持这一解读的明确说法，见列宁（1976）、帕舒卡尼斯（Pashukanis）（1973），特别是他们与公法有关的思想，以及昆尼（Quinney）（1973）等批判犯罪学家的理论观点］，但是，后续的社会发展进程使把阶级工具当作法律的本质极其困难。已经证明，难以识别出一个融贯的阶级在控制法律，或者，难以说明这一阶级采用何种机制，成功地把它的意志塑造成为本阶级利益服务的合法统治。（科特维尔，1984：第 16 页以及以下）然而，虽然暴力不是现代统治的秘密，但它从未消失，暴力是统治权力不可缺少的方面。另外，法律的暴力确实是不平等分布的；如果后现代社会正在形成一个被社会忽视或"丢

254

失"的下层阶级,那么,它就是强力警务部门首当其冲的目标。现代法律强制的一面可能集中针对人口的某些特定部分。(鲍曼,1994,莫里森,1995;1996)

第二,将法律看成经济基础的被动反映,这种阐释,要么把社会发展归结为对"进步"的片面阐释,要么缩减法律形式和关切的变化程度。某些法律,尤其是刑法的核心关切(例如禁止故意剥夺人的生命),看起来是跨文化的,尽管其内容的其他方面有高度的文化特殊性。苏联作家帕舒卡尼斯(1978)力图规避这一点,其主张是,在发达国家,法律的形式反映了经济关系的"商品形式"(法律关系的主体是权利的个人主义社会承受者,正像市场把个人当成劳动力或市场交易的单元之经济的所有者)。

这两个区分不足以涵盖马克思主义法律观的广泛范围,现代阐释更关注法律和法律思想的意识形态影响(参见脚注 12)。亨特(1991,1993:249—50)作了一个总结,包括 6 个主题思想:

(1)法律不可避免地是政治的,或者法律是政治的一种形式。

(2)法律与国家紧密相连,法律显示出与国家的相对自主性。

(3)法律实现、反映,或者说,表示占支配地位的经济关系,法律的形式复制经济关系的形式。

(4)法律总是具有潜在强制性或压迫性,显现国家对强制手段的垄断。

(5)法律的内容和程序直接或间接地表现统治阶级或权力集团的利益。

(6)法律是意识形态,它为统治阶级的内嵌价值既提供例示,也提供正当化。

亨特强调,这些主旨出现在马克思主义著作中,展现出多种形式、不同精致与复杂程度。有些主旨彼此冲突,有些相互补充。任何一个主旨都没有提供马克思主义的"正确"解释。虽然我们承认这些主旨反映了大量马克思主义著作中存在的趋向,但我们将不再叙述其他作家的思想,而是勾勒法律在现代性中的作用之观念,我们将称之为"建构性"作用。

朝向有关法律在现代性中的作用之建构性马克思主义理论　　255

先前各章借用奥古斯丁、霍布斯、休谟、康德和奥斯丁等形形色色的作家,突现了视角的双重性:法律的基础主义,以及法律充当社会基础的要素之一的能力。从一个角度,法律看似可以从社会的社会形式运作关系外部引入,施加在社会之上,强行塑造社会互动。但是,这一意象为另一意象所反对:法律作为对潜在的小规模日常社会互动之表达和反映,涓流而来,获得生命。建构性法律理论把法律涉入复杂的过程系列中,它在其中既是反映者,也是施与者;既是使社会形式得以可能的生产性力量,也是社会形式的产品。

马克思法律思想发展概要

马克思在其一生中从未构建被称为法律社会学的专门著作体系,但是,法律(和法学)是其关心的首要焦点。1835 年离开中学以后,马克思进入波恩大学学习法律(仅仅 8 年以前,奥斯丁移居这里准备讲义)。除了学习法律,马克思也被期望从事神学研究,他登记选修了古典神学和艺术史。但是,诗情与青春活力推动着他。第二年,他转到柏林,在那里沉迷于学习法律、科学和艺术,而且对一位年轻女性萌生了爱慕之情,后来与之结为伴侣。他给他的父亲写信说,其生命的"界标"(frontier post)已经到达:他从黑格尔的作品(见本书第 7 章)中认识到,他的任务是"向现实本身去寻求(存在的整体性)思想。如果说神先前是超脱尘世的,那么现在它们已经成为尘世的中心"。(1837 年 11 月 10 日的信)艺术、科学、诗歌、思辨哲学、浪漫激情、宗教……现在都被马克思这位学生看成探讨这个世界上人的历史存在之复杂统一的不同方式。当时,马克思着手理解"现实的整体性"这一任务的工作强度非常之大,使他精疲力竭、已近崩溃。为了从精神崩溃中恢复过来,他离开大学休假,在此期间他读完了黑格尔的全部著作。黑格尔提出一个问题:尽管他已成功地把神性带到尘世上,但他的唯心主义论题是否真的回答了有关历史发展推动力的问题? 法律真的是社会的道德信仰得以表达、人的自由得以实现的工具吗?

若干年以后的 1859 年,马克思在其著名的《政治经济学批判手稿》前言中总结了他的智识发展模式。尽管考虑到一个作家对其智识发展的反思有可能服务自我这一事实,但为了建立我们自己的马克思发展模式,我们仍然可以遵循该前言的结构。

马克思首先说:"尽管我学习法学,但我是把它作为从属于哲学和历史的学科来追求的。"(有关该前言的全部引文见《卡尔·马克思:早期著作》,1992)在他完成学位论文后,几位进步教师于 1841 年被强行解聘,此时,他想当法学家这一学生时代的愿望遭遇挫折。对他最重要的智识影响是阅读费

256

尔巴哈《基督教的本质》所带来的冲击。这部著作主张,宗教是对物质生活条件的反应;历史实际上是人类为了实现他的可能性而在他自己所处的实际物质条件中进行斗争的故事;而且,尽管人可能求助于上帝,但这只不过是人把他的存在愿望与他们的世俗领域分离开来的活动,它相当于异化活动。在现实中,人,而不是上帝,才是存在和历史的焦点(结果,似乎人的注意力应该放在研究人类的整体状况及其改善上)。① 这对马克思是一个启示,因为与黑格尔强调理念的创造相反,他赞成物质生活条件的重要性。马克思开始为一张报纸(《莱茵报》)撰稿,这张报纸代表产业和自由主义的利益。他当上了报纸的主编,在一次去科隆的旅行中被引荐给年轻的实业家恩格斯,并且很快卷入了一场关于法律变革之性质的争论中,这场争论使他对法律充当进步变革之工具的能力感到沮丧。

　　然而,首先,马克思作为《莱茵报》主编,他的法律观念是什么? 在1842年的著述中,马克思用自治能力(capacity for self-rule)来定义人性,认为它把真正的人的目的与受自然决定的目的区别开来,"自由是人的本质,即使它的反对者甚至在与自由的现实进行斗争时,也在实现自由"。现代性的伟大成就在于发现了人的真正人性:"古代扎根在自然中,扎根在实体之中。它的退化与滥用意味着与可靠的实质生活的基本断裂。现代世界根植于精神之中,能够是自由的。"在这种黑格尔主义框架内,马克思在《关于出版自由的辩论》中看到:"法律是肯定的、明确的、普遍的规范,在这些规范中自由的存在具有普遍的、理论的、不取决于个别人的任性的性质。法典就是人民自由的圣经。"②的确,对法律作出更乐观、更浪漫论述的还不多见!

---

① 这是马克思主义发展的关键所在。更早的时候,马克思从黑格尔那里借鉴了世界统一性的思想——柏拉图所说的洞穴生活与先验存在的区分是不存在的。从黑格尔主义那里,学生时代的马克思认为:(1)只有一个现实,而这可以理解成世界合理性的表达;(2)历史是一切现实(包括社会、政治生活、人的思想)的有目的的发展与变化过程,其形式从不那么完善、更完善;(3)在任何给定时间,人的思想和行为都是同一种过程的反映,具体地讲就是精神(Geist,或spirit,或mind)的运行过程的反映。

② 马克思早期保留了自然法学家使用的划分方法——暗示真正、自然形式的权利,也暗示能够用于批判我们不精确称谓的实在法的、宇宙中真正的自然形式的法。马克思在这个时候的作品充满了对来自思想产物的进步变革的希望,充满了来自现存社会条件内部的思考。例如,他关于出版法的文章就具有"自然法"作品的特征,这是无可争议的——正如保罗·菲利普斯所说的那样。(保罗·菲利普斯(Paul Philips),《马克思和恩格斯论法律》(Marx and Engels on Law and Laws),1980:6-23)(转下页)

257   因此,马克思以改头换面的黑格尔自然法语言,把他赞成的法律即出版法(文稿如果违反某些命令,出版后可能导致对文稿作者起诉)与他不赞成的法律即检查法(强迫作者在出版前呈交材料)对照起来:

> 出版法处罚的是滥用自由;检查法却是把自由看成是一种滥用而加以惩罚,它把自由当做罪犯。对任何一个领域说来,处于警察监视之下难道不是一种奇耻大辱吗?检查法只具有法律的形式,出版法才是真正的法律。

> 出版法才是真正的法律,因为它反映自由的肯定存在。它认为自由是出版物的正常状态,出版物是自由的存在。因此,出版法只是同那些作为例外现象的出版物的罪过发生冲突,这种例外违反本身的常规,因而也就毁灭着自己。

> (因而)书报检查制度正如奴隶制一样,即使它曾千百次地具有法律形式,也永远不能成为合法的。(因为)哪里的法律成为真正的法律……哪里的法律就真正实现了人的自由。[所有引文都引自菲利普斯(Phillips),1980:7]

这里,在马克思主义的摇篮时期,我们看到了自然法精神对被羞辱者和受屈辱者的偏爱,这种偏爱表达在它为人的尊严而战,不允许任何新近显露的权威(这里就是实在法)成为它自己的答案。

当马克思进入社会经济批判领域时,在《关于莱茵省林木盗伐法的辩论》这篇文章中,他阐述了那些使对穷人的经济剥夺正当化、强化富人的习惯特权的法律在哪些方面是错误的或者是不当的,他的措辞同样也是黑格尔式的语言:

> 所谓特权者的习惯是和法相抵触的习惯。这些习惯产生在这样一个时期,那时人类史还是自然史的一部分,根据埃及的传说,当时所有

(接上页)这一阶段的关键方面是他对黑格尔唯心主义的忠诚。简短地说,唯心主义坚持认为,世界构成的最重要因素就是理念或思想——世界通过思想构成其自身,思想的理性变成世界的理性。但是,自然法/实在法之划分依赖于表达和确认真理的思想自由和哲学想象的自由,不管它们是根植于个人的直觉还是学者的系统构造中。人们只能通过思想经历或思想评价,才能明白,存在着包括"正义"(right)的真正本质的"另一"法律公式。但是,即使能做到这一点,担心也会产生:人们所做的一切只是在"思想"中确定不完善或者不正确,人们所能做的只能是,通过把实在的非正义的法律与思想中(仅仅是在思想中,例如在法哲学中)的关于正义的真实本质相对照,进行调和,同时,人们还得实际地提出实在法。

对马克思来讲,抽象的自然法观念最后被转换成他的"真正科学"为他提供的经济基础。

的神都以动物的形象出现。人类就像分裂成许多不同种的动物群,决定他们之间关系的不是平等,而是法律所固定的不平等。世界史上不自由的时期要求表现这一不自由的法,因为这种动物的法(它同体现自由的人类法不同)是不自由的体现。封建制度就其最广的意义来说,是精神的动物世界,是被分裂的人类世界……贵族的习惯权利按其内容来说是反对普遍法律的形式的。它们不能具有法律的形式,因为它们是已固定的不法行为。

在这种情况下,"私人利益企图削弱"国家及其法律的理性。国家,作为人的自由的现实化,应该承认的　258

　　　只有精神力量。国家用精神的神经编织一切本质,在每一点上,看起来必然是形式而不是物质统治着,是国家的本质,而不是无国家的自然,是自由人类,而不是不自由的客体。(引自菲利普斯,1980:00)

国家理性必须对着以法律的形式掩饰私人利益的企图大声说:"你的方式不是我的方式,你的思想不是我的思想!"

在这些著作中,马克思主张:现代性的目标是达成人类自由和幸福的任务;阻碍这一目的的绊脚石,通过社会理性和思想交流的进步力量,都能清除。然而,尽管黑格尔哲学似乎提供了一种工具,把经验世界的多样性协调为整体性和社会进步的叙事。但是,随着时间的推移,"理论调和"与世界的"实践失调"之间的裂缝日渐迫在眉睫,成为等待分析和理解的理论问题,成为亟须解决的实践性社会政治工程。

随着报纸被迫关闭,老板希望遵从政府的法令以取得重新开张的许可,想找一位新主编,马克思被迫转向私人研究。正如马克思所讲的:"我从事驱散困扰我的疑团的第一份工作,是对黑格尔哲学的批判性重新考察。"(前言,1992:425)这项工作——《黑格尔法哲学批判手稿》(1843)——的结果是,关于社会变革的推动力量,马克思改变了自己的观点。按照标准的解释,马克思声称,通过颠倒黑格尔"抽象"唯心主义哲学体系,他发现了有关"现代"本质的恰当"科学"知识。黑格尔哲学体系主张,通过现实或理念的对立运动之间的冲突或辩证法,存在的"精神"进步地展开;借此,社会向前发展,完成人类使命、创造人类的真正和平。最后,这种辩证的进步最终导致发现完美的人类存在状态,而这种状态的隐约感受总是内在于当下之中。其研究的一个结果是,到 1859 年马克思感觉他能够"倒转"黑格尔,用社会存在的"物质"基础(即社会制度中的经济生产模式)取代"精神"。① 人要实现他在历史中的可能性,就必须改变其存在的实际物质条件。

因而,马克思现在以复杂的辩证方式看待自由与法律之间的关系。他重新解释黑格尔的问题,认为这个问题不是自由精神的逐渐展开,而是使自由成为现实的、社会的自由之需要。正如《黑格尔法哲学批判》手稿中一个著名段落所阐明的那样:

> 宗教批判以人是人的最高存在这一理论而结束,因而也以这一绝对律令而结束:一切社会关系,如果人类在其中是一种被贬低、受奴役、遭遗弃或受鄙视的存在,就遭到废除。[(1844) 1992:251]

实际上,这段话用法律和政治制度的形式普遍性与人的利益和行为的现实特殊性之间的矛盾,代替了他先前关于真正法律与非真正法律的区分。如果没有国家的"实际"基础的转变,国家法律的持续变革也不会清除对人类幸福的障碍。"政治解放"不同于"人的解放"。如果现代性缺乏获得自由的公共利益实践,那么,在这一现代性的范围内,政治解放只会产生孤立的、自我中心的个体。法国大革命的失败(堕落为雅各宾恐怖和拿破仑专制)在很大程度上是因为错误地关注社会意志之理念,以及使用武力和法律来设计新社会秩序之观念。因此,雅各宾分子错误地认为:

> 政治的原则是意志。政治头脑越片面并因而越绝对,它就越是相信意志万能,就越是看不到对意志的自然限制和精神限制,就越是不能发现社会痼疾之源。(《文集》,Vol 3:199)

马克思的观点简单直白但有可商榷的地方。政治权力只能实现现存社会文化条件下的趋势所允许的可能性。政治解放本身不能使人类自由——

---

① 这种答案也似乎为我们提供了一种关于人类存在基础的理论。具体地讲,虽然从黑格尔那里获得的另一关键观念是,在为存在提供意义和统一性的日常生活的所有相冲突方面之外,有某种基本的存在——在黑格尔那里就是,在精神、历史进步中的展开之中,我们看到了这一点——对马克思来讲,对社会存在的社会基础最终是变化着的经济构成结构。这一答案让我们看见了后现代,它将克服现代的紧张和异化力量。也就是说,一旦我们克服了导致我们在市场上竞争的经济结构,我的利益和你的利益;或者我们的个人利益与社会利益之间的区分就会消失。这种思想是以共产主义乌托邦的名义号召人们起来行动的基础,后来马克思主义者面对他们的制度在20世纪引起的可怕历史感到深深的失望,而这一思想也成为这种失望的牺牲品。现在许多人感到,历史似乎向我们证明,尽管你可能改变社会条件,但是你永远不能摆脱理性与欲望、我的利益与你的利益或者个人地位与社会之间的基本划分。

现代性将不得不变成这样的形式，即它要允许人类"族群存在"的自由得到实现；不仅是在哲学意象中，而且"在他的经验生活中，在他的工作中，以及在他的各种关系中"。一切条件，如果缺乏这种完全的人类条件，都将奴役人类、使人类变得卑劣。(人类的)使命，就是找出并分析那些产生人的人性与他的世界之隔阂的现实条件。马克思看起来在历史唯物主义中发现了这一点。

· · · · · · ·

后期马克思的科学基础综述

马克思(1859)陈述了他的最终指导思想，以此继续叙述其智识转型：

> 我所达到并且一旦成立就马上起到我研究的指导线索作用的一般结论，可以简短地陈述如下：在他们生活的社会生产中，人进入了不可避免而又独立于他们意志的确定关系中，进入了与他们的物质生产力发展的特定阶段相对应的生产关系之中。这些生产关系的总和构成了社会的经济结构，这是一种真正的基础，在它上面产生了法律的和政治的上层建筑，特定形式的社会意识也与它相对应。物质生活的生产模式一般地制约着社会的、政治的和智识的生活过程。不是人们的意识决定了他们的存在，正好相反，是社会存在决定他们的意识。在它们的特定发展阶段，社会的物质力量与现有生产关系或者——作为同一事情的法律表达——与它们迄今一直在其中起作用的财产关系发生冲突。这些关系从生产力的发展形式变成它们的桎梏。于是社会革命的时代开始了。随着经济基础的变化，全部庞大的上层建筑或多或少地迅速被转变了。在考虑这种转变时，应该总是划分经济生产条件的实质转换(它是受自然科学的精密度决定的)和法律、政治、宗教、美学或哲学的转换(简言之，就是人们在其中注意到这种冲突并以斗争来解决它的意识形态形式)。正如我们对某人的意见不能以他认为自己怎样为基础一样，我们也不能以他自己的意识来评判这一转变时期；相反，这种意识必须从物质生活矛盾中，从社会生产力与生产关系的现存冲突中得到解释。任何社会秩序，在它还能容下的全部生产力得到发展之前，都不会灭亡；新的更高级的生产关系，在它们存在的物质条件在旧社会的孕育中发育成熟之前，决不会出现。(摘自1859年《政治经济学批判手稿》序言，1992:425)

与恩格斯共同写作，马克思早先已经拟定了开展有关人类状况的真正分析之条件：

260

从真正的能动的人出发,在他们真正生活过程的基础上,我们论证了意识形态反映的发展和生活过程的回应。在人的头脑中形成的幻象也必然是他们的物质生活过程的升华,而这种过程也是可以得到经验证明的,是受物质前提制约的。道德、宗教、形而上学,所有其他意识形态和它们的意识对应形式,不再具有独立的外表。它们没有历史、没有发展;但是人们在发展他们的物质生产和他们的物质交流时,与他们的这种真实存在一起,改变着他们的思维和他们思维的产物。不是生活决定于意识,而是意识决定于生活。(马克思、恩格斯,1846,《德意志意识形态》,见《马克思恩格斯读本》,1978:154—5)

法律和法理学不是因为回应其自身内在融贯性的要求,或依靠其自身发展的要求而发展的:相反,它们是受制于生产力发展的客体,而人们发现自己就是生产力的构成部分。马克思抨击当时的自由主义法学:

> 你们的观念本身不过是资产阶级的生产关系和所有制关系的产物,正像你们的法只不过是被奉为法律的你们这个阶级的意志一样,这种意志的实质特征和方向是由你们这个阶级存在的经济条件决定的。(马克思、恩格斯:《共产党宣言》,1848,载《马克思恩格斯读物》,1978:487)①

261

自由主义政治经济学和法理学(如休谟、斯密、边沁和奥斯丁的著作所示)所犯的分析错误在于,认可资本主义的运行是形式、功利和功能等方面潜在自然法之某种方式的表面反映。在哲学中"自由、财产、平等和边沁独自统治着",(1867:176)但这些只是表面的东西,真正的"运动法则"将超越资本主义。自由主义者是愚钝的经验主义者,他们把私有财产和契约的运行看成是自然给予的,而不是其自己有待解释的东西。②

---

① 他自己的理论同样地在这种分析的尾巴上反咬一口!

② 马克思认为自由主义与资本主义连在一起,以自私为基础,也是对边沁的一种痛斥。边沁的著作似乎没有预料到下面的复杂批评:"我们正在放弃的这一领域,在那里劳动力的买卖继续着,事实上是人的天赋权利的乐园。在那里,只有自由、平等、财产和边沁统治着,因为劳动力商品的卖者和买者只受到自己的自由意志的约束。他们作为自由主体而订约,他们达成的合同只是给他们的共同意志以法律表达的一种形式。平等,因为每个人都参加了与其他人(就像是与商品的简单所有者那样)的关系,他们以等价物换取等价物。财产,因为每个人都处置他所拥有的东西。边沁,因为每个人都只顾及自己。将他们带到一起、将他们放进彼此关系之中的力量,就是自私、利润和每个人的私利。""古典经济学总是热衷于把社会资本看成一个固定量,效率水平也是固定的。但是,这种偏见首先是由头号非力斯人式的人物(arch-Philistine)杰瑞米·边沁,作为一种教条确立起来的,是19世纪平庸的资产阶级才智之士提出的(转下页)

> 政治经济学从私有财产这一事实着手。它不解释它。它抓住私有财产的物质过程，实际上，它通过了这一过程，然后以普遍的抽象的公式把这一过程接受为法律。它不能理解这些法律，也就是说，它没有说明它们是怎样从私有财产的性质中产生的。政治经济学不能解释劳动与资本分化、资本与土地分化的原因……它假设了它要解释的东西。（《文集》，第3卷：271）

马克思主义分析旨在发现更深层的结构过程，找出社会变革的发展逻辑。资产阶级法理学掩盖阶级冲突之现实，争取创造一种具有自足性的法律王国意象、对正义的表达与不懈探索之法律秩序意象。虽然奥斯丁主张法律是国家权力用来为生活创造社会正当条件的工具，但对写作《德意志意识形态》的马克思和恩格斯来说：

> 权利、法律等只是国家权力依赖于其上的其他关系的表现和表达……这些实际关系绝不是国家创造的；正好相反，它们是创造它的力量。在这些条件下行使统治的人，除了不得不以国家的形式构成他们的权力之外，还不得不发布受这些确定条件决定、作为国家意志的一般表达、作为法律的意志。[（1846）1968：366]

但是，这种联系是并且必定是被自由主义法理学掩盖了。在资本主义制度下，法律反映了不平等的、剥削的经济关系所构成的经济结构，铭刻着统治阶级的利益；这种铭文被合法化，被说成体现了法律反映政治经济或追求社会正义关系之需要。正如恩格斯在马克思去世后写给 C. 斯密特的一封信中所说，如果法律太过明显地反映经济结构，它就会丧失被视为某种值得尊敬之物的能力。这可能意味着某种法律确实不是经济条件的直接反映而是其间接反映，或者是为了展现正义意识形态之需要而作出的调整。

> 在现代国家中，法律不仅必须与一般的经济条件相适应并成为其表达，而且也必须是一种内在一贯的表达，但这种表达并不因为其内在的矛盾而使自己归于无物。为了做到这一点，经济条件的忠实反映将会倍感痛苦。法典成为阶级统治的直率的、十足的、纯粹的表达，这种情况越来越少——那本身就会冒犯"权利观念"。[（1890）1960：504]

262

（接上页）乏味、迂腐的预言。"（《资本论：世界的经典》（Capital：The World's Classic），牛津大学出版社，1995：335）

法律必须披上权利、进步、社会利益等意识形态的外衣，以掩盖支配的现实。在一个精彩段落中(凯尔森可能将它作为《纯粹法学》的宣示，见本书第12章)，恩格斯叙述了"法律的动因"而不是支配如何被理解为法律的推动力量。

> 但是，一旦国家成为一种与社会对立的独立权力，它就会立刻产生进一步的意识形态。正是在职业政治家、公法理论家和私法学家那里，与经济事实的联系永远丧失了。因为在每一种特殊情况下，经济事实必须假定法律动因的形式，以便接受法律上的制裁。而且，因为这样做的时候，法院不得不考虑已经在起作用的整个法律制度，所以，其结果是，法律形式必须使一切事物和经济内容成为无关紧要的事。(马克思、恩格斯，《作品集》，1958:396—397)

通过法律的支配，其秘诀就是掩盖支配。正如意大利共产党人葛兰西(Gramsci)后来注意到的那样，霸权(hegemony)①——或者被支配者将支配的工具看成是为了他们自己的最大利益之情形——是保证被支配者遵循支配者意愿的最有效形式。

马克思主义方法论的若干方面

马克思力求构建一种分析方法，以解释社会构成和历史变迁的本质。换句话说，马克思主义是以资本主义作为其主要研究对象的总体社会理论。激起马克思兴趣的是以下研究主题：资本主义社会结构的关键因素，它的发展方式，它作为一种经济和社会制度繁殖其自身的能力，以及它的命运等问题。依马克思之见，人与人之间的关系以及将这些关系制度化的形式，依赖于"社会的经济结构"，依赖于生产的组织方式。人类已经历了五个历史阶段——原始共产主义、亚细亚、奴隶制、古代封建制和资本主义——再有就是将要到来的社会发达的社会主义制度。每个阶段都有不同的主导性生产方式，导致"一种复杂的安排，把社会分成各种不同的秩序，即一种多样性社会地位等级划分"。(马克思、恩格斯，1965:40)每一社会形式都包含相冲突的部分，它们促进着社会性质的转化：生产方式中的矛盾对现存社会秩

263

---

① 霸权表示一种过程，产生"民众对由占统治地位的基本团体(即统治阶级)在社会生活上所施加的一般指引的自发同意"。(葛兰西，1971:12，引自亨特，1993:20)

序施加张力,使基础(或社会的经济基础)与它的上层建筑(也就是它的法律、政治和宗教制度)之间的矛盾尖锐化。① 这些矛盾是社会变革的源泉,阶级对抗是矛盾表现最激烈的场所。通过阶级矛盾的对抗,一种社会历史形式被转变为一个更高的社会发展阶段:"至今一切社会的历史都是阶级斗争的历史。"(同上引:39)

国家

国家既是一种政治组织,它在功能上决定于社会过程,同时它也是虚幻的。国家依赖法律和意识形态去运行,获得它的形式。国家不是始终存在的(马克思相信,它在将来也不存在),它是具有历史特殊性的权力组织。在国家之前存在的是什么社会安排呢?恩格斯认为,先于国家这种政治构造而存在的是部落,在这种共同体中,自由、平等的个体共同拥有并掌管他们的产品。国家是由于劳动分工的发展和相应的阶级关系的兴起而产生的。在冲突出现后,个人产生私有财产观念,以调和他们自己与群体生活之间的冲突。随着个人和家族形成更大的群体,国家通过个人自由借以被拿去与社会保护相交换之过程出现了,国家在这些交换活动中破茧而生。

> 为了使这些对抗、这些经济利益相冲突的阶级不至于在无效果的斗争中消耗他们自己,一种似乎超越社会之上的权力有必要调解冲突、将冲突保持在"秩序"的范围内。这种起源于社会但使自己凌驾于社会之上、逐渐与社会疏远的权力,就是国家。[恩格斯,(1884)1973:229]

---

① 评论家们称经济基础与上层建筑的关系是一种隐喻。这种意象关系到法律、政治、宗教、艺术等,它们都建立在经济活动和经济关系(支撑大厦的地基)的基础上。这一大厦的结构,是由存在于底下的东西决定的。虽然其简单有吸引人之处,但是,这一隐喻有很多问题。例如,批评者们提出,经济关系本身是由法律来定义的(而法律也是上层建筑的一部分)。这是不是实际上意味着经济基础也是部分地建立在上层建筑之上的?当代马克思主义者争辩说,最重要的是,经济以某种形式"最终决定"社会的命运。例如,路易·阿尔都塞(Louis Althusser),这位20世纪70年代有影响力的马克思主义哲学家主张,事实上,社会的政治、意识形态和经济水平都彼此影响,并且都具有相当程度的彼此独立性。只是在最终意义上讲,经济决定社会的一般运动。许多马克思主义者都使用了财产、法律、意识形态相对于经济的"相对自主"这一概念。这样,他们就在社会"水平"而不是经济水平旁边留下了大量的自主空间,或者在里面留下了大量行动空间。因此,经济决定论——社会的经济方面最终决定所有其他方面的思想——对马克思主义思想来讲具有根本性,但与此同时,它又是一种复杂的观念,可以用许多不同的方式进行解释。

264   那些潜在于现代国家之下的权力关系,其本质是什么? 在《共产党宣言》中,马克思和恩格斯提出了一个简洁的说明:"原来意义上的政治权力,只是一个阶级用以压迫另一个阶级的有组织的暴力。"(马克思、恩格斯,《共产党宣言》,490)因此,恩格斯明确地讲:

> 古代国家……是奴隶所有者镇压奴隶的国家,正像封建制国家是贵族镇压农奴和佃户的组织一样,现代代议制国家是用资本剥削工人的工具。(1973:231)

对马克思和恩格斯来讲,阶级地位构成了核心的分析单位。从 18 世纪以降,阶级斗争一直是资本家阶级(资产阶级)与工人阶级(无产阶级)之间的斗争。在他们所预言的从资本主义经过社会主义到共产主义的转变中,资产阶级社会的上层建筑——宗教、法律和法学、民族划分、资产阶级政治制度、国家——将会消灭,用恩格斯的著名说法来讲,对"人"的统治将会被对"物"的管理所代替,国家将会与纺车和青铜斧一起被陈列在历史博物馆中。

对马克思来讲,很明显,他自己时代的欧洲国家允许统治阶级用诸如司法、警察、军队和教会等国家代理人压迫工人阶级。对立法和新的现代法律的样式和内容而言,这意味着什么? 马克思是表现主义者。现代法律表达愿望,法律与意志有关:它涉及人类意志向制定法的转化,制定法设定了规则和调整机制的结构,或者向处在判例法中职位之法官的权威宣告转化。但是,如果我们相信这种意志的目的必定是进步的工具,或者进步的社会意识之表达,我们就陷入意识形态的神秘化。我们不应该对法律中固有的支配现实视而不见。阶级利益必定是法律权力的强大因素,国家的外在活动也明显受其阶级本质的影响。按照马克思主义的分析,英国、法国、德国和其他欧洲国家的民族资产阶级之所以从事帝国主义扩张,是为了追求更大的利益。与此相反,马克思主义者主张,通过贸易、资本运动、各国无产阶级之间日益增长的联系和团结,能够创造更有意义的跨国关系。马克思把资本主义理解成一种全球现象,因而,跨国家的阶级关系,以及洲际的阶级对立,是变革的可能媒介物。①

---

① 在这里值得提出的是,马克思和恩格斯具有直接经验的国际组织是第一国际,对恩格斯来讲则是第二国际,两者都试图把各国的工人代表组织起来。

马克思论经验主义法律秩序和(社会)正义　　　　　265

依马克思之见,生产手段的特征清楚地标示着特定历史阶段所达到的水平。① 通过生产劳动,人必定慢慢成为真正的人。因为这个原因,各个历史阶段也显现出不同的真实性阶段;而且,马克思说,这些阶段是由人在生产手段的物质现实中所处的状况决定的。

生产手段的特征也决定了生产关系的特性。一个社会使用特定类型的生产手段之事实导致的结果是另一个事实:有生产力的人们以某种特殊方式进入彼此的关系之中。在毛线是在手纺车上生产出来的地方,人们就不是与现代纺织厂同样的方式联系在一起。用法律术语来说,生产关系被称为所有权关系。

马克思似乎认为,社会生活的早期形式在生产手段与劳动的关系上是共产主义式的:"财产……属于部落(共同体)所有。"(1858:416)但是,在后来的经济发展阶段中,现代生产手段使所有原始生产形式在经济上毫无价值。这些现代生产手段至少开始时将是私有的。马克思指出,这包含着内在矛盾,因为这些现代生产手段就其性质而言是社会的。因为原始手段变得没有经济价值,那些靠它们谋生的人,现在不得不靠给现代生产手段的所有者当雇工来生存。这样,这些工具的私人所有权使其所有者具有绝对权力,支配那些没有财产的人;所有者成了剥削者,那些没有财产的人是他的受害者。

马克思说,只有在实际存在的所有权关系的基础上,才能理解法律秩序。由这种秩序——命令、规则、指令、行政命令——构成的国家之强制表达,只能是上升为法律的统治阶级意志,即使其内容要保存经济制度的实际运行条件,也是如此。这种意志的内容将隐含在统治阶级的物质生活条件中;统治　　266

---

① 生产关系和生产力的思想是下列核心概念:(1)生产关系——在两种方式上这些是对雇佣的说明——它们被用来描述人们在进行活动时的所作所为,但是它们也是准法律的,因为它们显示了一个人应得的份额,或者他/她能够参加经济结构的消费和生产方面的程度。(2)生产力——生产所必需的技术和资源。马克思用"生产工具"来具体地指人们为了生产所使用的工具和材料。生产成本与所生产的物品在市场上的价值之差,构成了剩余价值。这是产生剥削的关键因素。谁可以拥有剩余价值,取决于谁拥有生产手段。在资本主义制度下,是资本主义的工厂所有者(实业家等)拥有生产手段,获取利润。工人出卖劳动力——他的劳动能力——给资本家。反过来,他取得工资。这种情形构成了具有资本主义(尽管不是其他经济制度)特点的基本生产关系。

阶级不得不以维持该社会结构的角度解释共同福利,因为正是社会结构把统治阶级置于精英地位,使他们明白政治经济规律的要求。

但是,法律不完全是统治阶级的武器,也不是任凭精英意志随意利用和滥用的开放现象。它产生于社会条件和结构,使其他社会条件和特殊交往得以可能。历史地讲,当社会达到一定发展水平时,就会产生一种需要:为反复出现的生产、分配、交换的日常活动确立一种普遍调整(regulation),以防止每个个人在这个体系内自行其是。这种调整被称为"法律"。随着社会进步的发展,法律或多或少地变得精致起来,慢慢地人们忘记了这些法律是经济生活条件的表达。法律逐渐看起来是自主的,似乎能够被解读为只是起源于主权者意志的表达。在哲学讨论中,法律话语证明了普适性和必然性的理念,但是,将这种普遍性与社会有效性相对照,证明这种法律理念囿于哲学之中。例如,禁止盗窃和财产法的运行之社会现实,意味着财产所有者——无产者的剥削者——必定被允许为所欲为。但是,法律话语封闭了其关怀的范围,避免察觉这种对照,然后,法律秩序开始呈现独立的存在。这种独立产生了职业法学家,同时也产生了法律科学,法律科学以它自己的意识形态自反性来把握和想象法律时,就趋向于忘记法律的社会现实。职业法学家比较不同民族的法律制度,不是把它们当作具有相当独特影响的经济条件之表达,而是当作独立且自足的体系。这种比较表明存在一些相似性,法学家们把这些相似性称为"自然法",或者"正义的目标",或者像奥斯丁那样,是与"特殊法理学"相对的"一般法理学"现象。尽管从个人来讲,法学家们可能受进步变革或实现正义社会的愿望所激励,但是,一旦法学家们达到这一点,他们就不能逃脱意识形态的束缚。即使对他们来讲法律的发展是由使人际关系更趋近"永恒正义"的努力构成的,但是,这种所谓的"永恒正义"实际上只不过是经济关系的意识形态的、"庄严的"表达。他们徒劳地建构各种理论,试图把这些理论建立在超越他们当代条件的"先验理论"基础上,但实际上,他们采用的只是对经济条件不得要领的意识形态的映像。因此,他们不可能发现包含在"正义"国家中的真正的自然法或自然权利理论,因为所有现代法学家的思想模式都是以财产、交换和契约来构造的。因此,法学家只是在复制交换关系,它们足以表达潜伏在资本主义结构的法律形式内部与后面的某些权力。

　　生产者间的交换正义是以这一事实为基础的,即这些交换都是作为生产关系的自然结果而产生的。经济交换在其中表现为有关各方的意

志行为的法律形式,只是纯粹的形式,不能决定这种内容。它们只是表
达它。无论何地,只要它适应……生产模式,这种内容都是正当的;无论
何时,只要它与该模式相矛盾,它都是不正当的。(《资本论》,第3卷:
339—340)

国家及其权力维持着法律。然而,从阶级分析的角度来看,国家在很大
程度上是有产阶级(大土地所有者和资本家)对被剥削阶级(农民和工人)有
组织的权力;国家作为一种组织构造,有必要创造支配者与被支配者之间基
于自我利益的协定之假象。但是,任何有机和谐理论,如黑格尔包罗万象的
唯心主义,是一种"外在、强迫和似是而非的同一"。(马克思:《黑格尔国家
理论批判》,1992:60)只要社会是由阶级构成的,政治就是支配关系,统治阶
级将使用一切手段去压迫被剥削阶级,维护其支配。国家认为自己是整个社
会的官方代表,但是,它在经阶级分析之下最明显地代表着统治阶级的利益。

阶级和支配构造了国家对社会体的指引之潜在现实。国家确立了公共
权力,但这种权力不是有组织的人民之武装力量,因为人们被划分成阶级。
国家权力必须把自己表现为公共权力,尽管它不能成为整个社会的忠诚的工
具。现在,与先前以奴隶制为基础的社会制度相对比,现代社会看起来是进
步的,提供着自由,事实上,剥削只是更加隐蔽而已。奴隶制是个人现象,也
是国家现象;奴隶属于一个国家的人民,但他们被国家的公共权力保持在屈
从状态。在资本主义下,奴役的(非)正义性现在显而易见,但是,正义仍然
总是阶级的正义。资产阶级的正义掩盖了它的阶级影响,但是,虽然经过所
有这些意识形态神秘化,国家和公共权力就是经济利益的映像。

马克思主义的遗产注定使我们产生悲观主义的法律秩序阐释,权利之类的实体只是权力表达?

在资本主义自由社会中,个人拥有法律秩序所赋予的权利。这些权利使
他们能够实现他们的目标,塑造他们周边的社会空间以适应个人计划。结
果,正是公共空间这一概念值得怀疑,它只不过变成了这样一种空间:个人在
其中按照他们自己的私人利益所命令的那样互动和干扰。实际上,公共空间
变成了(非)公共的空间,它被商品化了,成了生产(工厂、车间)、交换(购物
中心、娱乐中心)和消费(家庭、俱乐部)等领域。进一步讲,这些权利实质上
是消极自由——免于他人干涉的自由。而不是实现真正的社会目的之自由。

尽管法律的统治看似要保证每个人的权利,让他们以自由协商的市场价格处置所拥有的财物,但是,这种处置个人和财产的自由,对那些除了赢弱身体外所有甚少或一无所有的大众来讲,没什么积极作用。因而,法治的规制、自由主义的权利话语掩盖了这种社会现实。下面潜藏的是冷冰冰的阶级地位与阶级关系之现实。

268

> 如果像霍布斯等人所说的那样,权力被当成权利的基础,那么,权利、法律等只不过是国家权力所依赖的其他关系的征兆和表达。各个人的物质生活,绝不是仅仅依赖于他们的"意志"……这是国家的真正基础,并且在劳动分工和私有财产仍然为必要的各个阶段都会如此,这毫不依赖于那些个人的意志。(马克思、恩格斯,《德意志意识形态》,1846:106)

什么是自由主义的自由?"自由就是自由贸易、自由买卖。"(《共产党宣言》:486)形式自由不能掩盖社会支配。把农民从土地暴力驱离到城市,已造成"自由劳工"的可怕自由。他确实"有免于旧的雇佣、隶农制或劳役关系的自由,但没有财物和动产,没有任何真实而客观的存在形式,没有财产权"。(《前资本主义》,00:111)由于他没有养家糊口的任何手段,工人被迫出卖其劳动力以维持生存;资本主义自由地榨取剩余价值剥削工人的劳动力。所谓自由的雇佣契约不能掩盖社会现实,"资本不平等地获得这种剩余劳动,实质上它总是保有强迫劳动——不管它看起来多么像来自于自由的契约协议"。(《资本论》,3:819)"整个资本主义生产体系都是以工人把劳动力当商品出卖之事实为基础的。"(1867:571)

作为构成性调整的法律

现代资本主义以"工人把劳动力当商品出卖之事实"为基础,(1967:571)这种关系"没有自然基础,其历史基础也并非对所有历史阶段都是共通的"。(同上引:169)因此,虽然资本主义依靠特定形式的阶级关系,但是,它必须要有契约,必须要有一种主体性,即人(person)被看成个人(individual)而不是社会整体的单位。法律构成了这种主体性,并使这种经济结构得以可能。正是法学构想,规划了合同得以运行的前合同规范以及整体的个人主体性结构。

法律构建了现代主体。它实现这一点有两种方式:一种是解构性的,另一种是建设性的。

(1)解构性方式。前现代的社会和谐与整合所形成的社会单位必然解体。资产阶级历史学家把这描述成个人变得自由的历史;是把人从将其限制在社会无知之中的社会联系与结合下解放出来的进步历史。[①] 但是,这就要把人与土地的联系、人与原始和谐的条件之联系割裂开来,一种异化的形式出现了——暴力是其核心。在《资本论》中,马克思叙述了法律如何成为武器,即用作解除封建依从关系、把习惯性的佃户驱赶出去以便让耕地变成牧场、剥夺教会财产、圈地法案和清除不动产的手段。合法暴力是资本的历史性诞生之关键。资本主义的诞生"从头到脚,每个毛孔都滴着血和肮脏的东西"。(同上引:760)资本积累是通过"征服、奴役、掠夺、谋杀,简单地讲就是通过暴力"实现的;(同上引:714)所有这一切都是通过推行立法得以实现,得以合法化。结果,一种新的人类被创造出来;这是一种新的构成物,其组成是"存在于个人身上的身体与精神能力,在他生产使用价值的任何时候,都使用着这些能力"。(同上引:167)

在英格兰,法律是"抢劫人民土地的工具";"针对被剥夺者的血腥立法"处罚无家可归者,强迫被剥夺者走上"劳动力市场的独木桥"。(同上引:724;第28章)法律延长工作日,调整工作条件,拟定适当工资,组织劳工流动,责罚工人团体。在世界范围内,国家权力声称要开化非现代的世界。殖民地统治,同法律的结构、行为的合同调整与权利授予一起,使原材料能够通过"公开的掠夺、奴役和谋杀"运回欧洲。[②] 国家权力被用来把封建主义生产模式转变成资本主义模式。所谓的国际法是强权强加的条约之结果,国际资本主义是其产物。

(2)建构性方式。传统社会结构的分解创造了"孤立的个人",包括工人和消费者。资本主义的个人单位是"新式的人……正如作为现代发明的机器一样"。(1856:656)通过资产阶级哲学的透镜,连带的个人被想象出来,他在人的权利上是不朽的。人是一个"法人"。这种转变对"交换行为"的发生是必要的,交换要有"作为交换者的主体"。对马克思来讲,法人的属性正是那些从事交换的个人的属性。资本主义所要求的基本单位的主体性是法律

[①]　马克思同意这一评价,即在前现代社会关系中缺乏自由。在1853年为《纽约时报》撰写一篇文章时,他对英国统治的状况表示出强烈反感,同时也对印度农村生活的状况表示厌恶。他提出,"尽管对人类的感情来讲它必然令人厌恶",但英国的剥削包括了社会进步的因素。

[②]　"资本主义生产的玫瑰色发端(牵涉到)在美洲大陆发现金银,灭绝、奴役土著人并把他们埋葬在矿井中,东印度公司开始征服和掠夺,把非洲变成狩猎黑人的场所"。

创造的；法律反映资本主义关系，也使之成为可能。

我们不是必须成为马克思主义者，才能欣赏马克思关于现代主体性发展的社会学分析的说服力。我们的叙事一直在主张，现代主体性在很大程度上是法律的主体性。有鉴于古希腊的主体性是他/她对城邦语境之自然关系的主体性，中世纪的主体性是他/她对上帝及其创造的宇宙之关系的主体性，那么，现代的主体性是自我对自我和他人之诸自我的关系，要通过法律的媒介来促成。我们把现代称为显然"享有特权的"（privileged）创造物（privilege 源自 priva 和 lege，意思是私法）。法制（legality），正在发展的法治，所描绘的权利和义务社会空间之创造，使官僚机构得以可能的调整性管理之创造，共同构造了一种认识论空间，使现代的本体论在里面取得实质内容。

马克思主义寻求正义就是反对非人道和剥削的斗争

按马克思主义的解读，资本主义社会中人的苦难体现在无产阶级的非人存在之中。这种存在，使之可能的是财产法对合同法的关系，而这种关系受自由主义法学的支持，进而被该法律体系所宣称的虚幻平等所掩盖。资产阶级法律和法学与政治经济学一起，处理从社会现实中提炼的概念，具体化产生了。资本主义的自由和至上的个体是一种理想创造，在社会中，人因阶级地位、拥有的资本数量而存在差别。法律权利在哲学上看似如此美好，被宣称是解放的证据，但在很大程度上却是空想，因为它们是形式的、法律上的权利，而不是社会的权利。真正的社会权利要关心"生活的生产"。主张政治权利和法律权利的抽象个人是一种表现，是一个主体：其存在是理想的从而是虚幻的，但仍然形成了所有资本主义政治、法律和伦理话语的"理想"主体。而且，这些主体的经验表现，即资本主义的真实的、活生生的人民，为资本主义秩序虚假满足所蒙蔽。马克思怎样打破这种幻象呢？只依靠"真正"知识能起解放作用这一"实证主义"信念。蓬勃发展的人类"硬"科学所生产的知识，而不是浪漫的想法，将揭示人类的命运。例如，早在费尔巴哈批判时期，马克思就表达了一个信念：爱并不重要。他批判费尔巴哈，说他一边放弃了宗教，另一边又引入了一种新宗教，即人们彼此相爱之宗教。马克思指出，如果费尔巴哈对实践的重要性足够敏锐，他就会注意到，不是爱，而是劳动和社会经济结构，使人聚在一起、联合起来。但是，费尔巴哈用人类种族的联合，用"以自然方式把许多个体连在一起的内在和无声的普遍性"，代替这种联合。这种联合是一种"抽象概念"。人们的真正联合是经由社会生活的真理和劳动参与发生的,历史的连续性是由生产手段的连续性,而不是由一切类型的政治或宗教"胡言乱语"保证的。

马克思声称他的思想是纯粹的实证主义科学,但这是自贬身价。在最终意义上,他提供了对人类状况的批判性阐释。如同前一章我们对实证主义的讨论一样,马克思需要一种正义准则来作为他的理论的动机。然而,在何种基础上马克思能够称资本主义法律秩序是不正义的,而共产主义法律秩序是正义的呢? 如果一种法律秩序只不过是实际条件和关系的镜像,人们就永远不能够说任何一种秩序它是正义的还是不正义的。实际上,马克思称自由资本主义的法律秩序是不正义的,这只是因为,他认为这种秩序违背其人类同胞的理想的人类主体性。

271

在马克思主义受挫以后,马克思的遗产有何现实意义?

本书写作于 1990 年代中期。柏林墙被推倒之后,共产主义在欧洲遭遇挫折。1989 年和 1990 年亲历了反对共产主义的突变,发端于 1917 年的历史时期终结了。马克思主义和列宁主义在苏联的结合①被认为是一项失败的政治工程,其历史被一些人重写为可怕的失败——不人道,从环境中索取了极大代价。一个经典的谨慎说法是,"事情的结果没有如马克思所料!"不仅共产主义革命在按照马克思主义的历史叙事最不可能发生这种革命的国家中(因为它们太不发达——即资本主义还没有充分发展,阶级分化还没有发展到不可包容的紧张程度)发生了,而且在马克思预言会发生革命的国家里资本主义还在不断变革,更加强大。这不是讲述 20 世纪的斗争之历史故事的著作,然而,只要指出一点就足够了:在自由放任的自由资本主义时期,几乎不可能提出一种理论辩护来反对马克思主义对法律秩序和不正义的识别

---

① 最好称支撑苏联基础的哲学为马克思列宁主义,这归因于列宁(1870—1924)的巨大影响。列宁倡导共产党作为无产阶级的先锋队要在反对资本主义暴力的斗争中发挥领导作用,借此使马克思主义成为政治实践。他的早期著作集中论述建立成功的党的必要性(强调对党的忠诚,或强调党的精神)。他阐述了辩证唯物主义思想、唯物主义历史观以及把革命活动与理论知识结合起来的必要性。列宁反对宿命论,这是历史决定论者赋予许多马克思主义理论家的观念。他主张,通过有周密计划的革命组织来抓住历史机遇是必要的。列宁把辩证思想发展成一切事物的固有特征。这种对立原则不仅是世界上对立力量或实体的冲突,而且是所有实体的内部构成的特征。每一实体、一切实体都是由相对立、相冲突的力量构成的。

标准,也不可能反驳马克思提出的定义:进步的社会正义就是,愿意以创造更人道的社会秩序的名义,推翻这种法律秩序和国家。可能的是,社会主义批判的说服力帮助西方国家对它们的法律秩序进行了重要修正。马克思的《共产党宣言》列举了革命成功之后要立即着手进行的 10 点社会改革计划。但是,没有经过马克思所希望的革命,它们就在西方国家产生了巨大效果。尽管列宁把这些变革称为资本主义国家给工人阶级的贿赂,要在国际上与这种贿赂进行斗争①,但最后,不能掩盖的事实是,列宁和后来斯大林②领导下的苏联经验越来越成为对马克思的希望的苍白愚弄,而西方国家使它们自己人道化了。在马克思关于国家的预言幻灭面前,马克思主义—列宁主义著作发展了一些论据,用来维持这个苏维埃国家的正当性③,但是,为了使社会现代化,需要排除异己,需要非人道的行政制度。马克思主义作家在替苏联辩护时采纳的理论论证之一,是把资本主义剥削的问题推向国际层面,强调苏联

272

---

① 在《帝国主义是资本主义的最高阶段》[彼得堡,(1916),1966]中,列宁提出,资本主义已经到了这样一个发展阶段:寡头和金融资本已经确定,资本输出已经具有了明显的重要性,世界版图在最大的资本主义列强中间的瓜分已经完成。列宁认为,帝国主义享有的收获,将会用于贿赂欧洲工人阶级的某些分子——"机会主义分子"。然而,损害也由此产生:资本主义为了延长其寿命而向世界的余下部分扩张,这将会加强被剥削地区受压迫的人民和发达国家无产阶级之间的联系。由于资本主义发展的不平衡,社会主义不会同时取得胜利,而是会逐步取得胜利。

② 斯大林,作为苏联共产党(事实上也是苏联)从 1924 年到 1953 年期间的领袖,对马克思主义思想的直接贡献很少。然而,作为苏联共产党的领袖,他不得不对世界其他地方学苏联向共产主义前进的榜样而引起的失败作出回应。面对"资本主义的包围",他采取了"在一个国家中的社会主义"(在苏联建设社会主义国家)和现代化的残酷政策。详细内容读起来并不令人愉快。

③ 在《国家与革命》(彼得堡,1918)中,列宁发展了马克思的国家学说,认为国家是阶级统治的工具,认为这种阶级统治的工具在任何地方都没有接近"消亡"。1917 年苏联存在的无产阶级专政,受到资产阶级和帝国主义的威胁。他强调,需要粉碎资产阶级的国家机器,有必要区分共产主义低级阶段(在那里,实行按劳取酬,仍然有国家存在的必要性)与高级阶段(在那里,实行按需取酬,国家将会消亡)。苏维埃国家被列宁视为镇压俄罗斯资产阶级、击退外国侵略及承担行政和教化职能的无产阶级国家。布尔什维克人也负有在俄罗斯之外鼓励社会主义革命的责任——这是组建于 1919 年的共产国际的任务,当时,列宁认为世界革命即将到来。在接下来的两年里,随着欧洲的热情冷却下来或被镇压下去,列宁论述了俄国之外革命的延迟,并把他的思想转到与资本主义国家的关系上来:"我们已经进入了一个新的时期,在这个时期,我们主要是在资本主义国家的罗网中赢得了在国际上的存在权利。"(列宁,1970:264)

必须反对资本帝国主义①。结果之一是,国家获得了与马克思时代存在的国家极不同的含义。这是不是意味着阅读马克思没有任何好处?远非如此。马克思是非常重要的现代性评论家,并且提供了大量的社会思想,其中包括关于现代人性的很多希望和恐惧。在理解他的著作的同时,领会在他的思想应用过程中所发生的事情,对于解释人性和人类历史条件的科学进路之命运,将提供使人清醒的实例研究。

已经很清楚,一般地讲,与马克思主义在其中被给予实践机会的苏联相比,资本主义的西方能使经济、社会和政治的自由以更有效、更广泛的方式出现。苏联肩负沉闷的官僚和规制之负担;平等的旗帜意味着标准化而不是平等的尊严,享受自由意味着成为团体的成员。劳动是一种权利,但报酬有限。西方在与苏联的冷战中胜出,以致苏联最终不能在经济上维持冷战所需要的军备开支。然而,在西方国家,如果工作报酬更高,正如后工业主义已出现的那样,关于工作的基本矛盾已变得更加明显。在马克思主义图景中,工作处于核心位置。人如果不工作,他就不存在,但在不能为所有人提供足够工作的后工业世界中,情况将会怎样?新形式的异化和剥削是否不可避免?在新的条件下,我们需要什么智识分析的概念和工具?

马克思的许多洞见,其影响超出了他的政治上的直接追随者,被吸收进批判性对话之中,这些对话为社会民主与自由主义的思想供给了能量。这些洞见有:资本主义的全球力量和毫不留情的扩张性之独特的强大意象;对现代工业的权威关系令人难忘的关注;对生产过程所产生的结构性对抗的戏剧化描述。马克思在凸显现代经济和社会生活的激烈动荡中所具有的想象力,提供了文学与艺术以及政治领域现代主义的某些基本前提。在最一般层面上,马克思的著作已经进入了我们的语言,转变了我们关于世界的问题。但是,把马克思的思想组织成后来所称的"马克思主义"完全是另一回事。与以任何毋庸置疑的形式证明为什么资本主义必定消亡方面相比,马克思在唤起资本主义的潜能方面更加成功。他对于以某种高级的自由观念为基础

①　像马克思和恩格斯一样,列宁在论帝国主义的著作中强调的是帝国主义的剥削阶级性质而不是欧洲各国的任何形式上的殖民主义政策。剥削不限于一种简单的公式,它为后来研究发展中的工业国家与所涉及的制度之间的关系的新马克思主义学者所进行的各种理论化提供了潜在的可能。列宁强调资本主义世界统治所压迫的那些人团结起来的可能性。他强调国际事务中的跨国关系——所有国家无产阶级之间的关系。在法理学上,苏联作家们大都被迫遵循苏联共产党所规定的路线,当然,也有某些分歧。在列宁死后,苏联的评论家们强调苏联在资本主义占主导地位的世界中的孤立性。

的未来社会之信念，根本就是想超越现代性之非人化缺陷的强烈愿望，但他的预测科学是错误的历史主义。

后资本主义秩序？

有些评论者［如彼得·德鲁克（Peter Druck），1993］问马克思在今天会写什么，他们的回答不是《资本论》而是《知识论》。对德鲁克来讲，我们生活在后资本主义社会中，基本经济资源——生产手段——不再是资本，也不是自然资源，不是劳动力，是并且一定是知识。随着信息社会或知识社会的发展，《工作的目的》［里夫金（Rifkin），1995］出版了。后资本主义社会可能是这样的社会：高素质的人在节约劳动力设备的新时代占据极大优势，享有免于剥削的自由；或者，它也可能是一个地狱，人口的绝大多数，即以前一直是"工人"的那些人，不再被需要。"后现代社会"中的工人将会怎样？在近几十年里，社会阶级的变迁似乎颇有戏剧性。马克思所说的被剥削和被异化的"无产阶级"要么变成"富裕工人阶级"的成员，要么在20世纪生产革命和福利国家的法律结构影响下变成了新的中产阶级，要么成为多余的人，产生了一个新的下层阶级。但是，即使是中产阶级，也经历了20世纪60年代后期管理与信息革命的新问题（在那时，大量"蓝领工人"在数量和地位上开始下降，直至有人预测，在2000年后不久，将不会有制造和搬运物品的传统工人在数量上超过劳动人口之小部分的发达国家）。全球化以及技术变革的速度，又急剧地改变世界范围内庞大数量人口谋生机会的危险。

如果情况真是如此，我们就确实处于与所描述的现代社会特征极不同的情形之中。社会秩序和人类社会生活如何维持？而且，在世界范围内，世界上的富人与穷人之间的鸿沟一如既往；不人道的劳动剥削形式、债务和胁迫，仍然需要我们与之斗争。[①] 旧的冲突还在，新的冲突又已出现。对批判理论和分析的需要仍然存在，分析的主题正日益变成全球环境与地方情形的辩证法。

---

① 一个例子是20世纪80年代初发生的博帕尔（Bhopal）事件，一个跨国公司为了追求利润明显忽视了安全要求，导致成千上万的工人中毒。［皮尔斯和图姆斯（Pearce and Tombs），1989，《现实主义和集团犯罪》，载于《现实主义犯罪学问题》］

第十一章　韦伯、尼采和大屠杀：
现代性除魅的来临

第一部分　马克斯·韦伯（1864—1920）：
正当支配和理性化的辩证——除魅

　　国家，像历史上它之前的政治制度一样，是一种人支配人的关系，一种受到正当（被认为是正当的）暴力支持的关系。如果国家要存在，被支配的人就必须服从现有权力的权威要求。（韦伯，1984:33）

　　对文明人类而言，死是没有意义的。它之所以没有意义，是因为文明人类的个体生命，当被置于无止境的进步之中时，按其自身的永恒意义来讲，是永远不会终止的，因为在一个站在进步过程中的人的前方总有下一步要走。而且，没有任何行将死亡的人站在位于无穷过程中的巅峰上。亚伯拉罕（Abraham）是过去的某个农民，"年老且对生活感到满足"而死，因为他处在生命的有机循环之中；因为他的生活，以其意义来讲，在其黄昏岁月已经给了他以生活必须给予的东西，因为对他来讲不再留有他希望要解开的谜团，因此，他可能生活已足。相反，被思想、知识、问题等置于文化的不断丰富中的文明人类，可能变得"厌倦生活"而不是"满足于生活"。他只抓住了永远常新的精神生活所带来的东西的小部分，他所抓住的总是暂时性的和不确定的，因而死对他来讲是无意义的事。而且，因为死是无意义的，所以这样的文明生活就没有意义；正是由于其"进步性"，它给死亡留下了无意义的烙印。（韦伯，1970:139-40）

世界的理性化

　　在现代社会学的奠基之父卡尔·马克思、埃米尔·涂尔干和马克斯·

韦伯①等人中,马克斯·韦伯的影响最朴素但最广泛。在批判地分析资本主义时,马克思展望了人类解放的未来,"自由人的自由联合";相反,韦伯似乎看不到摆脱现代生活深刻矛盾的出路。他的著作将现代性描述为极其复杂的社会阶段,产生巨大的权力发展,但也使过上圆满的人类生活比任何时候都更加困难。也许,我们可以发现韦伯是自我怀疑的先驱,而这已成为后现代时代的特征。确实,在分析现代性的时候,马克斯·韦伯已经讲着后现代的语言。这不只是指他与虚无主义的暗战,或者他用了诸如"短暂"(le transitoire)、"易逝"(le fugitif)和"偶然"(le contingent)等意象,而且还指他的著作浸透着无法排遣的失落感。

韦伯是作为一位自反性现代人在构建其理论。19世纪晚期,已经是时候去盘点和分析改变了过去的社会、构成了人类当下状况的过程与结构,要求新的历史主体——现代文明人——看清自己所处的状况了。合理性(rationality)为韦伯提供了钥匙。在启蒙叙事中,现代性向传统和习惯开战,提倡理性、进步和自由。它的产物——文明且有理性的人——被赋予知识的钥匙,而且,作为了解事物结构的结果,他摆脱了意识形态的支配,摆脱了传统和习惯之谬误的支配②。然而,韦伯看到了另一种扭曲。理性人将献身探究宇宙真正结构的使命,但运用理性(reason)的代价是,他注定只从事理性的工作、服从形式计算的结果。其带来的后果是,生活的魅力消失在非理性之中。知道了社会结构的力量,人就不会同难以逾越之物相抗争,他宁愿向为他划定命运的理性屈服。

现代性的本质是什么?与马克思相反,韦伯主张,日益增长的社会世界的理性化,而不是资本主义本身,成为现代性的驱动力量。资本主义只不过是理性主义赢得最后胜利的众多剧场之一,但是,理性化内在于正在兴起的各种管理理念之中:它们挑战的法治意识形态也与之共存,同时还描绘了在人治下行使自由裁量的条件:

> 整个理性化过程,在工厂和其他地方,特别是在国家官僚机器中,是与封建领主自由裁量权力这种重要组织工具的集中化相似的。(1968:39)

---

① 马克斯·韦伯,德国社会理论家,他亲历了俾斯麦治理下的德国统一以及至少部分地以新教霸权力量为基础的现代德国的产生。在晚年,他看到了德国工业化的异常增长、创立德意志帝国努力的失败以及第一次世界大战灾难中大国敌对的巅峰时期。

② 因为如果中立性的说明更为审慎的话——(那么)在很大程度上,现代性就是处于适当角色中的男人们为男人们……和女人们构想和设计的一种秩序。

政治也不例外。理性化浸淫了政治，为现代国家提供构成和发展模式，创造一种治道样式，其中理性而不是任意裁量被当作决策的动力。

理性化变得无处不在，尽管理性化与资本主义的发展紧密相连，但它不是资本主义的子部分。① 它强化了技术而弱化了人类精神，它使人类同前现代生活的流畅律动和自然韵律相分离。这一过程在黑格尔和马克思那里已有暗示，他们对现代化可能导致的异化抱有忧虑。现代人脱离前工业生活常规中的稳定存在之后，就处于危险之中，有被剥离生命的神秘感、被重构为理性化的机器之危险。如果理性主义取得成功，其他领域的信仰无一能够经受得住我们与这种生活结构的遭遇；它们必须自证其成，能够创造它们自己的内在意义结构，否则就显得毫无意义。

理性化的要素

理性化通过三个程序进行支配：

(1)通过计算和信息的收集与记录控制世界（由于技术倾向的增长，世界成了一个充满问题的场所，这些问题有待正确的技术予以解决）。②

(2)意义和价值系统化成为整体一致的图式。

(3)根据规则过日常生活的生活方法论。合理性意味着遵从规则或抽象的道德原则，而不是依冲动、随机性或激情行事。合理性意味着建立一种逻辑一致的模式把我们的思想与行为联系起来，从这一模式中推演出结论。它意味着对一致性的承诺，以此将我们的言语与行为、目标与类似的活动联系起来；它要求对达成目标的诸般手段进行有效排序。

结果是，我们面对着无可避免的信仰系统化，逻辑不一致的消除，魅力和神秘的消解，从特殊或地方思维模式向更抽象或普遍形式的转向。这必然要求把经验和思想的一切个别实例，无论其多样性如何，都简化为一般阶层的状况。另外，理性化还要求我们清除我们的任何思维和行为方式，只要它们不能以预期结果为基础得到合理证成，只要这些预期结果本身不能借由更

①　现代国家产生于"剥夺自主的私人拥有者的执行权力……他们以他们自己的权利享有管理、战争、财政管理……整个过程完全与资本主义企业通过逐渐剥夺独立生产者而获得发展的过程相似"。（1968：29）
②　"现代办公室的管理是以书面材料（'文件'）为基础的，它们的保存……（阅读和记录）是由一帮属下官员和各种类型的书记员来承担的"。（1970：197）

一般定义的目的得到理性证成、借由普遍有效的经验法则变得可预测。理性化预示着信仰和行为的系统化，但它也必然要破坏和抑制人类生活的丰富性。我们的生活被彻底划分为公和私两个领域，"办公室在原则上要与官员的私人住所分开，而且，一般地讲，官僚机构把官方活动隔离成与私人生活迥然不同的活动"。个人的不同于官方的，"公款和公物与官员的私人财产分开"，并且，"行政办公室与家居分开，生意与个人信函分开，营业资产与个人财富分开"。（1970：197）这种区隔是一个关键特征，没有这一特征，没有合理簿记制度的发展①，现代资本主义不可能产生。②

在这种"官僚机构行政管理的彻底非人格化"中，仿佛对纯粹方法的忠诚呈现出一种与任何特定世界观都无关的独立存在，韦伯把这种对可计算性和技术管理的忠诚称为形式合理性。计算的理性强调思想本身的合理性，不重视行为的性质或要实现的目的之道德性——重要的事情在于，适当的"逻辑推理训练"得到遵守；相反，前现代人浸淫在特有的生活方式和世界观中，不允许他/她达到形式合理性占优势所必需的独立距离之程度。那些信仰魔与神、遵循习惯和传统的部落成员，思想、行动和信仰可以是一致的。只要主观地处于他/她的信仰模式与结构中，他/她就在以理性一致的模式为人处世，这种合理性被韦伯称为实质合理性。在实质合理性下，存在一些意识形态立场、事物和价值，被直接认可为真理、符合被这样认可的宇宙（世界）图景。但是，作为休谟和康德以及其他一些人从事的怀疑批判过程的结果，我们"现代人"主张，任何事物都不得不经受怀疑理性的检验，而且，如果某事物不能经受住理性的检验，我们就拒绝那些信仰，只信奉理性方法论本身。合理性成了生活的支配物，我们必须计算、分析和简化。

民族国家、法制和资本主义的兴起

现代合理性的出现，与作为经济和社会生活模式的资本主义紧密关

---

① 韦伯把这追溯到一种结账方法，它是荷兰人西蒙·史蒂文（Simon Stevin）在 1698 年发明的。（韦伯，1966：207）

② 资本主义是理性化的一种形式：它不仅提供了完整的社会制度，而且在这种社会制度中所有的人都可以知道它的计算规则。"当前的资本主义经济是每个人出生就处于其中的极广大的世界……它使个人，只要他被卷入市场关系之中，就不得不遵守资本主义行为规则。从长远角度来看，违反这些规范的厂主将不可避免地在经济意义上被消灭，正如那些不能或不愿适应这些规范的工人将被赶到街头无以谋生一样"。（1974：54-5）

联,与民族国家的成长密切相关。"自给自足的民族国家为资本主义提供了
发展机会……只要民族国家不让位于世界帝国,资本主义就会存续下去"。
(韦伯,1966:249)在他的《政治作为一种志业》——韦伯在里面要求我们以
严格的现实主义视角观察世界,对我们行为的一切结果负责——这一著名讲
演中,他问了一个问题:"但从社会学观点来看,政治联合是什么?"他的回
答是:

> 人们最终只能利用像每一种政治联合那样所特有的特殊目的,即武
> 力的使用,来从社会学上定义民族国家。托洛茨基(Trotsky)曾说,每个
> 国家都建立在武力基础上。这确实是正确的。如果不存在谙熟武力使
> 用的社会制度,那么国家这一概念将被消灭,将出现在特定意义上被描
> 述为无政府状态的情形。当然,武力肯定不是国家的通常或唯一手
> 段——没有人这样说,但是武力是国家特有的手段。如今,国家与暴力
> 的关系特别密切。在过去,大多数机构已经知道使用武力是非常正常
> 的。然而,今天我们不得不讲国家是这样一种人类共同体,即它在既定
> 的领土内(成功地)主张对合法使用武力的垄断。请注意,"领土"是国
> 家的特征之一。具体地讲,在现代,使用武力的权利只有在国家允许的
> 范围内才被归于其他机构或个人。国家被认为是使用暴力的"权"之唯
> 一来源。因而,对我们来讲,"政治"就意味着力争分享权力或努力影响
> 权力在国家间或国家内部不同团体之间的分配。(1984:32—33)

现代国家依赖一种独特的支配形式,但人们何时、为何服从? 并且,这种
支配依靠的是何种内在正当理由和何种外在手段?①

正当支配的形式

韦伯认为,强制对国家权力极为重要,但如果它仅仅以强制为基础,就无
法保证权力是稳定或有效的。韦伯创造了"Herrschaft"这个概念,它有时候
被翻译为"命令性控制"(imperative control)或者"领导"(leadership),但对该
词而言"支配"(domination)似乎是恰当的词语,"legitime Herrshaft"这一韦伯

---

① 现代国家的"内在正当理由"是"对法律规章的效力和建立在合理创造出来的规则基础
上的职能资格的信任"。(韦伯,1970:78-9)但是,现代国家仍然是"一种有组织支配的强制性联
合"。(韦伯,1970:82)

的特殊理念就含有正当命令或权威的意思。要维护政治权威，纯粹以暴力为基础的权力既不稳定也不奏效。重要的是实现正当支配，"即具有既定特殊内容的命令将得到既定的人的群体服从之可能性"。韦伯强调一项事实，即对命令的绝对服从可以是出于(1)习惯①；或(2)对该命令的正当性之信任；或者(3)便利的考量。在现代国家，政治精英的命令依靠的不只是国民愿意服从命令，还有幕僚机构的支援，该机构保障对命令的服从，并且它们本身可能把行动建立在以下考量的基础上：(1)习惯；或者(2)正当性；或者(3)自利。因而，从社会学上讲，"支配是一种上级与下级、领导者与被领导者、统治者与被统治者的结构；它以各种各样的执行动因和手段为基础"。(编者的话，《经济与社会》，I：62)即使是正当支配也有两面性，它涉及正当性(权威)和武力(强制)。韦伯提出了三种"理想类型"权威的模式：

280

(1)传统权威(traditional authority)——它依赖人们有牢固的信念，相信古老传统的神圣性，相信在该传统下行使权威的那些人身份的正当性。这种形式的权威在世界历史上一直最普遍。

(2)超凡魅力权威(charismatic authority)——它依赖人们的虔诚，坚信某个个人以及他所揭示或发布的规范模式或命令具有独特而杰出的神圣性、英雄气质或模范品格。② 这种形式不稳定且不可预测。

(3)法理权威(rational-legal authority)——它依赖统治者有理性依据声称、人们也相信：规范性规则模式有"合法性"，根据这些规则晋升为权威地位的那些人有发布命令的权利。这种形式在现代西方社会中正逐步占据主导地位。③

现代性经历了法理权威的成长。尽管对人类存在的大多数而言，社会体系的正当性一直依赖传统、巫术或宗教等因素，但现代社会似乎建立在一种

---

① 韦伯对统治的分析的一个重要考虑是纪律。纪律是"某个特定人群按照既定方式习惯性地、迅速而自动地服从某项命令的可能性"。韦伯特别指出，它"包括群体不加鉴别、不做反抗的服从之习惯特性"。(韦伯，《经济与社会》，1978，I：53)

② "超凡魅力"(charisma)这一术语适用于特定品质的个人人格，凭借这种个人人格，他被认为是非凡的，具有超自然的、超人的或至少是卓越的力量或品质。这些是常人所不能企及的，但被认为来源于神意或者是超凡的，在此基础上，相关的个人被当作"领袖"(leader)。(《经济与社会》，I：24)

③ 韦伯把"理性法"与"卡迪司法"(Kadi-justice)相对比，后者是指在个别案件中察觉的优点之临时基础上起作用的司法。"所有非官僚的统治形式"都涉及各种具有"自由专断性和贵族式优雅"的"严格传统主义"因素。(1970：217)理性化法律的特征是"一般的、抽象的规范的统治"。(同上引：219)

已变得合理性的权威之基础上。也就是说，它被理解为一种经计算的社会构成形式，使社会或社会组织的功能统一得以可能。韦伯认为，这反过来又依赖：

（1）一部由法律规范构成的法典，这些法律规范通过协议或强力制定，但基于便利或理性价值，或二者兼备的考虑而得到认可。这部分法典至少主张团体的关键成员服从，并且通常要求社会或组织的全体成员服从。

（2）一个逻辑一致的抽象规则体系，这些规则被适用于个案之中。因而，社会秩序在法律准则设定的界限内存在，并遵循能转化成一般化公式的原则。

（3）处于权威地位的典型个人占据一个"职位"，它确定了他或她的责任。这个人作为一名官员，即使是民选的国家总统，也要服从非人格的法律规制。

（4）服从权威的人，之所以如此，仅仅是因为他或她是团体的成员（就是说，不是因为任何个人基础），而且服从的是法律（而不是处于权威地位的个人）。

（5）服从被赋予官员不是作为个人，而是他们所代表的非人格的秩序。行政机构（即官僚机构）被正式赋予职责，要在法律范围内照顾团体的利益。国家官员的权力不在他们个人手中，而是存在于他们的合法职位中。[①] 281

法律提供一个形式框架，它设定精确要求，若是得到合理管理就保证我们能够预测服从其要求和不服从其要求的后果。因而，这种法理构架使法理权威中的计算因素成为可能。[②] 决策的一致性至关重要。与基于"实质性原则"的实体法以及实质的因而特殊的正义相对照，"形式主义的法律是可计算的"。（韦伯；1966，252）反过来，法律要求现代官僚国家"借助政治权威，为一切契约提供可靠且正式的保证"。[③]（1966：249）

韦伯认为，西方资本主义的出现，极大地促进了法理权威和精于计算的

[①] "对职位的现代忠诚之特殊性质来讲至关重要的是，它不是像封建社会或世袭权威关系中封臣或门徒的忠诚那样对个人的忠诚，现代忠诚致力于非人格的和功能性的目的"。（韦伯，1970：199）

[②] "官僚政治的特有原则是对权力执行的抽象规制，它是在人格和功能意义上的'法律面前平等'要求的结果——因而也是对'特权'的憎恶的结果，是对'从个案到个案'的做事方法在原则上加以拒绝的结果。"（韦伯，1970：224）

[③] 尽管韦伯认为官僚政治是到当时为止设计出来的最有效的管理形式（"从纯粹技术观点来看……已知的最合理的权力行使方法"），但是，他也认为它是"囚笼"。

态度。资本主义互动所要求的关系和结果的可预测性,由于合法支配(legal domination)的形式理性结构而成为可能;因为,在此结构中,国家利益的理性计算这种"特别现代"的话语浮现出来。这不是说,阶级利益不曾在法律中明确且有差别地定位下来。"'国家''教会''共同体''政党'或'企业'等理念",被断言要"在共同体中"得到实现,但实际上"为老板提供了意识形态的光环",是"代替物"。(1970:199)特别是,"财产较少的大众尤其没有得到形式上的'法律面前的平等'和'可计算的'司法判决和行政管理的服务,就像'资产阶级'利益要求的那样"。下层阶级要求"以具体情形和具体个人为导向的实质正义",(1970:220-1)而官僚的调整模式为了维护它的权力,经由把"'国家理性'的抽象和'客观'理念奉为圣典",以官僚机构自己的名义,创造了一种利益。(1970:220)相似的过程也降临一般法律话语,这种话语变得服从法律职业的要求。

现代性的正当性问题:法理学的理由?

一切社会秩序都需要正当性。现代性是一个新历史时代,它强调合理性和知识,因而展现出比传统行动和权威更高的正当性要求。

282

> 人们的命运是不平等的。人们在财富状况、社会身份等方面存在差异……享有更大特权的人永不停止地感到有必要以某种方式把他的地位看成是"正当的"、他的优势是"应得的",其他人的劣势是他们的"过错"造成的。这些差异从来都非常明显地是由于纯粹偶然的原因造成的,而那些享有更大特权的人并不这样认为。(《经济与社会》,II:953)

什么能够证成显现在现代性之中的巨大不平等?历史上是求助"自然",以及浸淫在生活中从过去不间断流传下来的习惯立场,但这种进路现在很明显过于偶然和意外。从社会学上看,现代性中的社会不平等明显与阶级地位①以及与政治权力和社会身份②的接近机会紧密相关,而理性——如哲学和法理学——切入进来,努力取代过去的正当性。正当性是智识议题,也

---

① 阶级表示"作为控制财物和技能的结果享受物质利益和社会利益的可能性,以及因而从以下事实中获取好处的可能性:在给定的经济秩序中,这些物能够用于产生收益"。(《经济与社会》,I:312)阶级是"市场形势"的问题,它决定了现在通常所谓的"生活机会"。

② 对韦伯来讲,除了生活机会的经济决定因素之外,还有身份上的决定因素。身份指的是生活机会的社会决定因素,以社会威望(身份荣誉)的利用和分配为基础。

是实践议题:(1)它是潜在的分析结构,分析在实际历史情形下支配和服从关系被创造出来的现存方式——社会秩序的社会学分析;(2)正当性的需要要求,正当性话语的生产要把以指定方式为现有社会秩序或社会秩序的变革提供正当理由,当作该正当性话语的必备要求。

尽管现代形式合理性的法律需要在其历史语境下加以理解,但承认现代合法性的独特性至关重要。合法性使特殊的支配类型成为可能:其中,支配就像是被支配者自己想要做这种行为一样得到实施。当"命令被接受为'有效的'规范"时,就有一种特殊的支配形式在起作用。具体地讲,这种支配形式是指"这种情形:其中,统治者或统治者们通过表达的意志(命令)影响一个或更多其他人(被统治者)的行为,而且实际上也确实以特定方式影响被统治者的行为,即在一定社会相关程度上,被统治者服从命令,就好像被统治者是为了他们自己的利益而把命令的内容当作行为准则一样"。(《经济与社会》,II;946)正当支配要求两件事:一个事实上的国家,以及效力根据。因而,任何给定秩序的正当性或"效力"根据,既是社会事实,即"将会存在一种相应程度上的适当态度之概率",(《经济与社会》,I:214)也是该秩序本身的义务性和表达性特征。后者构成了"某个支配的效力之最终根据"。(《经济与社会》,II:953)某项命令的正当性主张,表征了特定社会活动的义务性。尽管习惯、惯例和一般惯用法,以及自利动机,都可能产生有规律的行为模式,但这些模式与那些根据某个确定秩序的规范所产生的行为之强制性质迥然不同。

> 一种秩序的效力,并不仅仅指存在着一种受习俗或自我利益决定的社会行动的一致性。如果家具搬运公司定期定时发布租期届满的公告,这种一致性就是受自我利益所决定的……但是,一个公务员每天在固定的时间出现在办公室里,这就不仅仅是根据惯常的习俗或者自我利益——如果他愿意就可以对它们视若无睹——采取行动了;一般来说,他的行动还受一种秩序(即公务员条例)的效力所决定,他之所以服从,部分原因是一旦违逆就会给他带来不利,部分原因则是违逆行为可能和他的责任感格格不入……只有当行为接近于或总的来说是以明确的"准则"为取向时,一种社会关系的内容方可称为"秩序"。只有当出现了着眼于这些准则的取向时,一种秩序方可称为"有效"。而这种取向的出现,除了其他原因之外,还因为行动者在某些可以估计的方面认为那是某种方式的约束或楷模。(《经济与社会》,I:31)

283

韦伯认为，要想在社会学上理解法律，我们需要观察行为模式，领会行为者在采取行动时的主观意义。我们需要外在视角，也需要内在视角。因而，韦伯借鉴了黑格尔的一种认识：一个给定时代的社会关系，为其中有效的道德律令提供了内在标准；还借鉴了一个论点：任何道德判断的"内容"，只有在理解了社会网络语境和实际社会——历史情形的决定因素之后，才能完全揭示出来。因而，我们的知识需要考虑一种二元性：行为的内在性，以及行为在社会发展广阔画面中的处境。

社会学理解的方法论

智识探究的目的是理解世界，但我们属于这个世界，无法逃到某个中立点观察世界。因此，需要一种社会学，它将是一门"解释性地理解社会行动并对其进程与结果进行因果说明的科学"。什么使人的行为有社会性？人的行为涉及 "行动中的个人在他的行为上附加了某种主观意义"，行动有社会性是指"其主观意义顾及了他人的行为，并据此作为行动进程的取向"。（《经济与社会》，I:4）

社会学的主题是人的行动，韦伯强调上述引文的两个特征：即社会行动(1)涉及联系、交往并顾及他人；(2)行为在其过程中有确定的取向，即它是有意义的。我们要如何理解这一点呢？韦伯强调了一个反实证主义的观点：行动的意义从来都不是不言而喻的——没有什么现成可得的平显事实让我们唯一地加以描述。一切行动都需要解释。在很多时候，我们在解释时依赖我们在解释传统中的位置，但对此浑然不觉。然而，人类的科学不可避免地是解释性的，这依赖人，依赖他对(其他)人类行动者主观立场的理解。一切行动都带有行动者的特殊性——我们能够用我们的同情能力予以理解——和语境的普遍性。一切人类行动都是特殊事件。但是，它们也能被放到一定模式中，这种模式使我们能够探寻规律现象的概率。在科学中，我们寻找着可预测的事件链，作为辅助，我们使用三种类型的意义：(1)该具体个人行动实际意指的意义；(2)在观察社会学的群体现象时，我们能够构想意义的均值或被意指意义的近似值；(3)对于为某种普遍现象科学地构造出来的纯粹类型(理想类型)而言适当的意义。但是，这种知识能够引导我们进入一个更丰富的世界吗？韦伯的回答使人困惑：正是在这一知识追求过程中，现代性将要被祛除它的魅力。

现代性致力于在知识指导下获得自由，除魅是其必然结局？

在启蒙中，诉诸理性（reason）——合理性（rationality）——是为了实现自由的愿望。摆脱虚假的信仰和封建社会等级的束缚之后，人类将进入开明理性的新时代。现代性应该带来自由——摆脱实质合理性约束的解放，摆脱信仰必然性的自由：X 是你的社会群体或社会使你社会化以后所相信的东西，所以你必须相信它。摆脱了错误的信仰，我们就能够选择自己的价值，在与其他人、文化和生活方式的互动中发展新价值。这种文化的自由意味着有可能出现比历史上曾经存在的任何世界更多样、更令人振奋的新世界，但韦伯持悲观态度。雇佣劳动者——他们和他们的家眷构成了工人阶级大众——原则上享有在开放市场上处分其劳动力的自由，但他们事实上处于强迫之网中，不能逃脱社会结构的阻碍，他们的生活经历被局限在各工厂场所形成的空间里，把他们变成工业生产模式的傀儡。新教徒的愿望是过有意义的生活，韦伯相信他们的主体性模式极大地激发了资本主义现代性的成长。但是，现代产业工人发现，他的工作和生活轨迹是由机器决定的，机器是产业联合体的主要构成者。[①]

在韦伯创造出来描述现代生活的最难忘的话中有一句，他声称现代人被困在理性的铁栅围成的牢笼之中。有三种因素至关重要：（1）证明自然法话语的任何实质意义，是不可能的；（2）一种训诫力量被日益增多地施加于人类日常生活，创造常规，而常规则是角色和功能的结构性要求决定的；（3）我们的知识追求不能拯救我们，相反，我们将永远陷入行动—反思—知识—技术—反应—反思的螺旋之中。人类被迫成为计算又再计算的牺牲品，必然为理性所困。[②] 我们寻求理性是为了让我们自由，但我们成了它的奴仆，被迫

285

---

① "新教徒想要从事一份志业，我们被迫这样做……当禁欲主义从修道士的细胞中带入日常生活并开始支配世俗道德时，它在建立现代经济秩序中就有了用武之地。现在，这种秩序受到机器生产的技术条件和经济条件的约束，而今天的机器生产决定了一切出生在这种机制中的人们的生活，不只是那些由于不可抗拒的力量而在经济收入上与之直接相关的人。也许，在最后 1 吨煤炭烧完之前，它都这样决定他们。"（《新教伦理》，1958：181）

② 后现代条件下的当代学者们声称，"社会生活与个人生活具有全球合理性这样一种现代思想终结了，分裂为一些为全球性的不可控制的、不可计算的非理性服务的小合理性"。（桑托斯（Boaventura de Sousa Santos），1991：94）因而，盖尔勒（Gellner）（1987：153）提出，韦伯的铁栅囚笼思想指的只是工业资本主义的特定阶段，今天，由于劳动时间缩短、休闲时间延长，（转下页）

困进它的幻觉和它以为合逻辑的结果之中。①

韦伯论自然法意识形态的命运

"自然"和"理性"是两个从自然法的观点界定正当的实质标准。两者被认为是一样的,从它们那里得出的规则也一样,所以,关于事实现象规律的命题与一般行为规范被认为是吻合的。人类"理性"获得的知识被认为与"事物的本质",也就是今天人们所说的"事物的逻辑"是一致的。"应当"与"是",即在一般平均水平上存在的事物,是一致的。(《经济与社会》,II:869)

韦伯很清楚,休谟、康德和其他人所说明的知识类型的分离过程——使在理性上不可能相信在"历史过程"与一套价值规范之间存在必然耦合。我们能够从历史中学习,但是,历史所展现的关于我们过去的"是"(is)的故事,不是任何"应当"(ought)的证据。因而,韦伯主张,任何意义、目标或"终极目的"都不能在历史中客观地"发现"。[韦伯,(1904)1949:57]相似地,关于价值判断之基础的问题,科学家无话可说。(1904;1917)②价值(意义)是

(接上页)由于人们不再强调笛卡尔的思想,我们现在居住在橡皮笼子之中。桑托斯回答说:"橡皮笼子也是笼子。"(1991:102)克劳斯·奥菲(Clause Offe,1987)将后现代条件的重要方面之一认定为对(加于一切事物上的)偶然性和选择的同时关注,同时,大规模的结构性条件似乎更进一步摆脱了人类的控制:"一方面,社会、经济、政治生活的几乎所有因素都是偶然且随意地选择和变化的,而在另一方面,偶然性所辗压过的制度性和结构性前提,也同时被从政治选择、的确也从智识选择的视野中消除了。"

① 韦伯分析中的悲观方面被法国作家米歇尔·福柯(Michel Foucault)吸收了,他把尼采和韦伯混为一体,给我们这样一种意象:在知识的伪装和"专家"的治理下,我们的人性被从我们身上剥离了。当代美国哲学家理查德·罗蒂(Richerd Rorty)(1983:164)评论说:"福柯认为,各种社会科学使统治者的道德肌体变粗糙了,这无疑是正确的。对于那些面对收入、累犯率、军火的成本—效益等诸如此类的表格的政治家们来讲,所发生的事情与发生在集中营的卫兵身上的事情相似……自由民主社会的统治者们,逐渐认为除了专家预测到的事情之外,什么都不重要。他们不再把他们的公民伙伴当成是伙伴。"

② 当然,韦伯接受,科学家能够讲为什么甲用这种方式思考的理由(他们提出的理由)是乙;社会科学家能够并且也必须记录个人或群体所珍视的东西。但是,他们不能说这或那是内在地有价值的,并因此应当受到(普遍地)珍视。请注意:这不意味着韦伯认为价值不重要。远非如此。在其经典论文《社会学和经济学中价值自由的意义》(1917:1-47)中,韦伯要求清楚地维持对所观察到的东西("事实"或解释)的报告与它的评价之间的差异。当人们表达价值判断时,他们不能说这是一门纯粹的科学:它绝不是。它是政策建议等,它是人的主张。

我们加在世界上的;它不能得到科学的证实。在这种相对论和主观性面前,我们更清楚地看到,法律是一种特殊的人类支配技术:

> 法律实证主义一直,至少暂时,势不可挡地向前推进。古老自然法观念的消失这一事实已经摧毁了依靠其内在品质为法律提供形而上学尊严的一切可能性。的确,人们已经揭露说,自然法绝大多数最重要的规诫都极明显地是冲突利益间妥协的产物或技术手段。(《经济与社会》,II:875)

通过法制,我们能创造自带真理的特殊理性形态——法律教义。借助创设权利和义务、责任和救济的能力,法制成为最合适的现代支配技术。法律能够创造它自己的意识与必然的世界。因而,法律提供了解放和赋能的巨大潜能,但是,它与理性管理相联系,能产生一种危险的组合:它鼓励服从。韦伯继续警告:

> 但是,法律的超法律意蕴的消失是意识形态发展的结果之一。尽管这些结果助长了旨在破坏具体法律秩序的特殊规则之尊严的怀疑主义,但现在从单纯的工具主义观点来看,它们也有效地促进了对此时主张正当性的权威机关所拥有的权力之实际服从。在法律实践者中,这一态度显著地表现出来了。(《经济与社会》,II:875)

现代纪律和日常生活常规

在社会生活缺乏任何正当目的或凌驾一切之上的表现主义意义时,什么将为个体提供有意义的存在? 韦伯认为,日常生活将受到经济体系结构中功能作用的支配。个人的日常常规将是由他们的角色所容许的自由塑造的,他们的希望和梦想是他们所受教育和他们的阶级所受特殊文化压力的反映。有些人,其结构地位使他们免受产业生产苦役;对他们来讲,也存在一种主导的社会合理性之陷阱——不断寻求完成任务的效率,追求时时刻刻的成功①——韦伯预见,唯一的非结构幸福存在于反理性空间中。人们在人际关

---

① "人被挣钱、被获得物支配着,这成了生活的终极目的。经济上的获得物不再作为满足物质财富的手段而从属于人。我们所称的自然关系的颠倒,虽然从质朴的观点来看是如此不合理,但显然已确定无疑地成为资本主义的指导原则,同时,它与不处于资本主义影响下的人来讲则不相干。"(PE,53)

系、浪漫爱情和逃避现实的音乐、艺术体验、有限私域内的修身养性之中寻找慰藉，作为逃避制度性常规的现世方法。韦伯为人类未来状况描述的总体图景是悲观的：唯一的奢望是，我们能够维持一个意愿，不要像羊群般被统治——但这是拿不准的。

韦伯的忧虑，没有比在其规训（disciplinisation）概念中表现更明显。对韦

287 伯来讲，现代社会中对个体的控制日益变成纪律的事情——对规范的遵守、对约束和远见的内在态度。修道院和军队两种制度性秩序，为规训技术的发展提供了最初场所，随着工业联合体的兴起，这种规训技术在社会秩序中无处不在。欧洲中世纪的修道院秩序规定了一种生活：由严格的膳食和表格化的作息规律构成的规范结构，这就使感情服从意志，使灵魂的愿望与肉体的欲望相分离。对韦伯来讲，新教徒的伦理（精神）将这种文化传播到更广泛的社会中。军队是世俗社会纪律的最早集中地，人们的大型团体由此被人格驯化和官僚命令体制模化成有纪律的单位。[①] 韦伯警告，当我们被规训成群体一律的社会时，我们的个性就被逐渐剥离。

现代性涉及对理性知识的忠诚，但我们不了解最深层的基础或价值；由此，现代性的困境是，它忠诚于知识，但知识不能告诉我们生活的意义，在终极意义上做什么有意义

一个已经吃了知识之树一部分的时代，它的命运是，它必须知道我们不能从分析结果中弄清楚世界的意义，尽管分析结果是那么完善；不如说，它处在创造意义本身的位置上。它必须承认，普遍的人生观和宇宙观从来不是日益增长的经验知识的产物，最有力地感动我们的最高理

---

① "军队纪律产生了一切纪律。大规模的经济组织是训练人的纪律的第二类大型机构……军队纪律是现代资本主义工厂的理想模式，正如它是古代种植园的理想模式一样。但是，工厂里的组织纪律具有完全的理性基础。借助于合适的计量方法，单个工人的最大收益率的计算像任何生产手段的收益率的计算一样……人的心理和生理官能被作不完全的调节以符合外部世界、工具和机器的要求——一句话，它被工具化了，个人受社会组织的决定，被剥夺了自然节律；为了符合工作程序的要求，通过肌体的功能专业化、通过创造体能的最大效用，他被调节到新的节奏。整个理性化过程，在工厂和其他地方一样，特别是在官僚国家机器中，与物质组织工具向控制者手中集中的过程是相似的。因此，随着政治和经济需求的满足被日益理性化，纪律冷酷地前所未有地占领了更大的领域。这种普遍现象越来越限制着超凡魅力的重要性以及个人行为差异的重要性。"（《经济与社会》，II：1156）

想永远只是在与其他理想的斗争中形成的,其他理想对其他人的神圣性就像我们的理想对我们是神圣的一样。(《社会科学方法论》,1949:57)

启蒙运动以真正的批判方式释放的对纯粹知识的追求,掏空了一切形式基础主义的根基。当我们进行反思时,我们认识到,要获得有关世界整体的经验知识或判断其意义,是不可能的。但我们仍然忠诚于计算的观念,好像我们可以知道一切。① 神秘随之产生,但我们不能这样称呼它。不如说,生活确实是一系列等待解决的问题。

288

理性主义的悖论

因而,现代性受制于不可思议的多因素决定,它梦想达到超出其力所能及的合理性程度。铁笼里的生活极危险地非理性。

非理性的遗存

韦伯的要点用更后现代的话语来表达就是,启蒙的宏大叙事(例如在黑格尔思想体系中)在于,彻底理性的社会将导致社会秩序与和平。但是,虽然寻求彻底的社会合理性给予我们程序与理性计算,但它建立在神话基础上。这一神话就是这种理念:一切事物在原则上是可知的,但"实际上"我们永远不能完全认识它。韦伯模棱两可地庆祝现代性的创造物:现代性由"现代化的"——即理性化的——社会惯例所构成,被训练有素的社会自我所占领,他们执行社会结构的要求和统治者的命令。韦伯的模棱两可在于:他描绘一个过程,也表示我们对这一过程无能为力,整个大厦的基础非常脆弱。具体地说——如其他人后来所说——整体看似庞大无比的机器,但机器里面有一个冤魂:这个冤魂就是人类的主体性。如果不能理解生活的形而上学,个体行动者的全套愿望和关切就不能包含在这一模型中,"因此,日益增长的智识化和理性化不表示有关人们生活状况之知识的增长"。另一方面,我们成为

---

① 韦伯很明确:"日益增长的理智主义和唯理主义并不……表示对我们所处环境日益增长的一般性了解。它指的是另一回事,即这样的知识或信仰:只要想学,任何时候都可以学到"。结果,巫术观和宗教观内在的好奇心由于对枯燥无味的计算的喜好而丧失殆尽。"它的意思是,没有什么神秘的、无法预料的力量发挥作用,而不是说人们在原则上可以通过计算主宰一切事物。"(1949:139)但是,尽管原则上讲是这样,但实际上,计算总是以手头掌握的知识来进行的。它必然是不完全的、实用主义的。整体成了一个谜团。

"可知性"和"通过计算的控制"之过程的走卒。韦伯在向我们传达这一信息时,预言了我们现在早已见证的——由我们经历纳粹大屠杀和斯大林集中营所带来的"好处",从我们当前的位置回顾过去——他那个时代的倾向:在受计算、大众消费和大众标准化支配下的社会中,对个性命运的深刻恐惧。但是,另一方面,韦伯给不可预测的或非理性的力量留下了足够的空间,保证在其蓬勃发展的理性机器之理念之中嵌入一种不稳定性因素,使某种"希望"能够维持,关键要素是个人的超凡魅力。

超凡魅力权威的吸引力

由于超凡魅力权威是"超常规的",因而总是与理性的,尤其是官僚制的权威形成尖锐对立,也与传统权威完全背道而驰,不管是家长制的、家产制的还是等级式的传统权威,因为它们全都是一种日常的支配形态,而超凡个人魅力类型是与之截然相反。(《经济与社会》,I:244)

在与官僚组织的强烈对照中,超凡魅力权威不知道任何形式的受规制的任命或免职,不知道事业、提升或工资,不知道监督或上诉机构,不知道地方的或纯粹技术性的司法权,也不知道独立于现任者和他们个人魅力的具有官僚机构形式的永久制度。超凡个人魅力是自主的,它设立自己的限制。其持有者抓住自己命定的任务,要求他人出于他的使命而服从、追随他。如果他感到被他委任的人们不认可他,那么,他的要求就会失败;如果他们认可他,那么,只要他"证明"自己,他就是他们的主人。然而,他并不以选举方式从其追随者的意愿中得出其主张。确切地讲,承认他的个人魅力是他们的义务……超凡魅力权威自然是不稳定的。(《经济与社会》,II:1112-14)

现代社会产生了全新的危险;理性化和形式化预示着主宰和控制,但存在非理性(irrationality)的辩证法。具体地说,韦伯暗示了一些意象,其要素有:(1)公民大众,他们受规训的主体性适合理性管理的要求;支持他们的是(2)一个完备的法律体系,但这是一种形式结构,对实质内容没有任何要求(现代法律可以有任何内容);但是,这种理性的大厦(3)包括非理性之软肋,总是存在超凡个人魅力打破结构常规的可能性。韦伯在与超凡个人魅力有关的问题上模棱两可。超凡个人魅力不可预测,它是一种导致不确定后果的破坏力量。

建立法律科学

　　现代法律——法律实证主义——是包含理性化和形式化的特殊统治技术。人的意愿是现代法律的基础。① 也许，对韦伯法律社会学的最好解释是克朗曼(Kronman)(1983)提出的。正如克朗曼在解读韦伯时所说，韦伯的分析以两个假设作为开端：(1)人的行动以行动者的目的和意图为理据；(2)行为人追求的目的无论如何都不是自然指示给他们的——不如说，它们是行为人选择的或者决定要的。实质上，它们是"非理性的"意志产物。结果，法律分析关心具有法律意义的法律材料，且该法律意义要能通过"逻辑的意义分析"或"抽象的意义解释"识别出来。只有对原始法律体系——按定义，只涉及有限范围的社会可能性——的分析才能使用以"外界因素"或"感观数据特征"为基础的"外在检验"。对先进法律制度的分析，要求人们考虑围绕(法律上相关的)行为和(来自这种行为并决定行为的法律相关性的)结果的一切环境；一句话，现代法律分析考虑行为人的目的和意图。当然，行为人处在某种结构中。现代法律思想的性质和结构趋向于形式化，也就是说，它关心分类与描述，关心边界的界定，关心一个旨在创造可理解、可管理的(法律)现实过程中，如何把社会现象简约成法律概念。②

　　法律的命运是什么？将来会出现一种现象，"法律中的技术因素，以及它因而作为专家领地之特征，将会不断成长"。越来越明显的是，"法律是一种高度技术性的装置，可以根据便利的考虑不断变化，全无内容的神圣性可言"。(《经济与社会》，II：895)而且，与之相反的是，法律变得灵活。原则上，除结构和程序之外没有任何东西。一旦法律从把它与可确定的自然现实联系起来的意识形态需要中铸造出来，它就创造自己的现实，或者把新的现实地位赋予先前被接受的自然现实观念(如赋予妇女和道德少数者以参与权)。

---

　　① 在德国传统中，自叔本华以降，善的创造就是一种意志行为。

　　② "具体规则和判例的集合，不论其数量是多么数不胜数，从来都不能产生一个完备的法律体系。为了达成完备性，必须采用有很高程度的一般性原则：只有这样，法律秩序才能达到以无漏洞的方式涵盖一切可想象的情形所需要的范围。这些一般原则本身是抽象或'简约'过程的产物，正如韦伯所说：它们是通过简化'具体个案中的具体判决的相关理由为一个或一个以上的原则，即法律命题而获得的'。结果是，如果某种类型法律思想不鼓励抽象，它必然会妨碍真正法律体系的构造所需要的一般原则的形成。"(克朗曼，1983：90)

290

法律真理的开放性和法律的创造力

现代法律自相矛盾,因为它容许开放性①,它由此赋予能力,同时它肯定是一种约束技术。刑法范式——因为任何行为都可能被犯罪化或去犯罪化,被刑罚或去刑罚,简明地讲,纯粹表达了有关行为划界与根本违法的思想。现代法律所固有的形式化和理性化过程,使它完全适合于表达与分类、行为界限划分与社会评价的整理程序。分类技术整理某些现象——可能作为政治秩序的遗产,其方法是建构法律概念,让它们代表世界的某些方面。分类过程不只是反映和命名世界的各种实体,它还为了(新的)合理性而展示(代表)它们,在我们不得不接受事物现有方式的地方,它以这种或那种方式展示与我们的感官看起来不同的东西。例如,分类过程包括从共同体中挑选特殊群体,让他们受制于具有法律意义和社会意义的特殊制度。分类构成了边界,它使世界上(某些)现象有所差别,而使其他现象成为(在同一类别中的)类似现象,使差别与平等成为可能。与此同时,形式化过程能够是简约性的,通过把现实简约为一个或一些决定性的性质,它使社会现实的开放性便于理解、便于管理。通过这些技术,现代法律构成它自己的真理,有助于创造一个新的社会"真理"。

291

第二部分　弗里德里希·尼采（1844—1900）：激进的现代人还是后现代的预言者？

你是否知道"世界"对我来讲是什么?是否要我在我的镜子里把它展示给你?这个世界:一个能量怪物,没有开始,没有结局;一个固定不动的、厚颜无耻的能量暴徒,不变大也不变小,不消耗自己而只是让自己变形……"虚无"像边界一样包围它……充塞着能量,像能量游戏,在同

---

①　一个核心的焦点是对传统的批判,因为可废除性(repealability)(即法律的偶然性)思想对法律实证主义的运行是根本性的。创法程序是这样的:只要"法律"已经通过了正确的创制程序,它能具有任何内容;因此,内容明天就可改变。对(法律实证主义的)法律实体内容来讲,没有神圣性可言。

一时间能量的波浪一浪紧跟一浪,此起彼伏;奔腾交汇的能量海洋不停流动,不断奔涌,带着年复一年的复现,它的形式潮退潮涌一般;从最简单努力转向最复杂的形式,从最平静、最严格、最冷漠努力转向最热烈、最狂暴、最矛盾的形式,然后,从丰富回归简单,从矛盾回归和谐的欢愉。因为在它的历程、在它的岁月中能保持一律而肯定自己,祝福自己必然永恒回归,不知何为饱满、何为满足、何为疲倦——这就是我的永远自我创造、永远自我破坏的狂欢世界,这个两重欢乐的谜一样的世界,这是我的"超越善与恶"的世界,没有目标,没有意志,除非一个环感到对自己很友好——你们是否想要这个世界的名字? 想为你所有谜语要一个解答? 也为你们带来一丝亮光,你们这些最隐秘、最强壮、最少惊慌、最昏暗的人们? 这个世界就是权力意志——除此别无他物! 而且你也是这种权力意志——除此别无他物! (摘自《权力意志》1884—1886 年笔记)

弗里德里希·尼采简介：后现代状况的哲学家

弗里德里希·尼采(Friedrich Nietzsche)已经成为 20 世纪最受争议的作家/哲学家。[①] 直到相对晚近的时期,在英美世界,其作品被看作抽象文学,他被认为是那些宣布"上帝死了"或虚无主义将要降临的人们的首倡者,也被认为是纳粹德国官方采纳的哲学家,"一位语无伦次、咆哮的反犹太者,亲 292

---

① 弗里德里希·尼采 1844 年生于萨克森(Saxony),经历了作为第一流学者极其辉煌的短暂学术生涯,20 多岁时成了一名全职教授。由于受身体疾病的折磨和同事对其作品的态度,他放弃了大学生涯,成了一名孤独的作家,经常住在瑞士山区便宜的寄住房中。在其后 16 年时间里,他写出了大量让人震惊的作品,其中大多数要么是小部头的著作,要么是散文和格言式的作品,例如《悲剧的诞生》(The Birth of Tragedy)、《人全都太有人性了》(Human All too Human)、《快乐的科学》(The Gay Science)、《善与恶的彼岸》(Beyond Good and Evil)、《道德的谱系》(The Genealogy of Morals),还有他最受欢迎的作品,《查拉萨斯图斯如是说》(Thus Spoke Zarathustra)。有一段时间,他是德国作曲家里查德·瓦格纳的朋友,但后来讨厌他,认为瓦格纳音乐中强烈的浪漫主义对反人类的价值是危险的煽动。尼采深信有必要摧毁先前的价值体系,并且因为"上帝之死"的作品而最为著名。他的意思是,我们先前的智识和道德体系已被摧毁,虽然我们仍然生活着,好像世界有意义一样。他不顾一切地从事"以新的原则评价一切先前的价值"的工作,但饱受糟糕的健康状况的折磨,1899 年因精神病而崩溃,这可能是由第三期梅毒造成的,这可能是他青年时期在军队短期服役时几次造访妓院时感染的。他神志不清,直到 1900 年去世。尼采警告虚无主义将降临欧洲,成为后现代条件下的哲学家。

雅利安人的非理性主义者"。①

　　然而，在预言虚无主义将压倒现代性时，尼采要求我们重新考虑我们的价值基础，发展新的社会构想。在其早期作品中，尼采深入考察了希腊悲剧和叔本华（一位悲观学者，他强调人类意志的力量，主张意志的普遍性是我们观察到的不同现象的基础）和作曲家瓦格纳的思想。尼采反对他们的悲剧想象，提倡应该肯定生命，人必须有勇气面对事物的真实情形，不否定或拒绝现实。他的劝告可能被误解，而且，的确，尼采把德国哲学传统的核心思想——意志思想——转变成一种要求，也就是利用他称为权力意志的东西产生一种追求伟大的不懈努力，纳粹曾以此作为指导原则。然而，尼采强烈反对纳粹所使用的大众心理学，反对作为"犹太人问题""最后解决"之基础的功利主义思想，他会严厉谴责该运动整个就是"兽群心态/道德"。这不是说尼采可能轻易地列席某种自由主义、人道主义传统。远非如此。尼采赞赏激进现代化，在其著作中有许多令人惊恐的部分。尼采主张，世界上所有实体都需要解释——没有意义平白的事实这种事，而且，他的思想令人不安、令人烦恼、模糊不清、可作复数解释，而且经常自相矛盾。② 在他鼓吹的思想中引起激烈反对的包括：权力意志是人的根本动力；不可能达至真理；在世界上意义清楚的事实，或者说非解释性的陈述或实体，是不存在的；上帝死了；宗教是某些人统治其他人的手段，是意识形态的透镜，人们借助它避免使真实世界受到激烈诘问；超人（一位极端的人，他使自己服从严格的自我分析和自我控制）的概念；培育适合现代状况的新人之必要性；有关战争的模糊观点；道德是被压迫者借以使他们的不满普遍化的手段……还有无数其他思想。

　　尼采的作品激发了许多情绪和感想。韦伯读过尼采，呼吸了几乎一样的智识气氛。然而，尽管韦伯预言随着世界世俗化会出现世界的除魅，认为人们将被困在理性的铁笼中，但尼采强调，要超越这种思考并进行再创造。现

293

---

　　① 引用的是亚里山大·内哈马斯（Alexander Nehamas）（1985：vii）开始认真地研读尼采之前对尼采的印象。

　　② 尼采经常写一些似乎提倡不同立场的格言。尼采认识到他的作品经常论证互相矛盾的立场，声称像他一样"伟大"（big）的人能够容忍他的矛盾！其他评论者把这一点作为不一致的证据，或者像沃尔特·考夫曼（Walter Kaufmann）那样把这作为他的试验性写作风格的证据："尼采不是……一位系统的思想家，而是一位问题的思想家……（尼采赞成）实验主义……必要时欣然接受新证据、放弃先前立场。"（考夫曼，1974：86）考夫曼，第一位在英美世界为尼采"恢复名誉"的人，他不适当地驯化尼采，努力在"实验主义"原则中发现我们借以可以理解尼采的统一主题。尼采相信世界不能屈从任何解释，因此，对他的作品没有唯一解释。

代性仍然要变成真正的现代，社会哲学和伦理学还不具备彻底的反思性。现代性已经"杀死了上帝"，但是人性还没有完全世俗化；欧洲人仍然生活在先前的思想体系——建立在包含某种先验权威的宗教传统基础上的体系——的产物之中，同时，现代合理性削弱了潜在于那些价值之下的信仰。尼采勾画的宇宙素描最终不是融贯的理性结构，而是巨大的权力流动，我们在其中只是孤独的灵魂。我们所拥有的一切就是我们的权力意志，我们就是我们的权力意志。

尼采把现代性描述为多种力量的杂乱混合物，解构与建构、自由与纪律、自由与约束在其中相交织，他由此颂扬开放的可能性。自然并不含有加在我们身上的价值体系，因此整个世界包括人类计划——只不过是一场力量的游戏。生命被重铸为巨大的宇宙探险；剧本没有写就，要我们在旅途中创作、再创作。

随着现代性进入现代性晚期或后现代性时期，尼采已成了一位时髦的哲学家。他对法理学的影响有两个明显特征：(1)他的视角主义和对解释的坚持，在批判法律理论中是当代解释论辩的丰富思想来源——法律作为一项事业，依赖于一套文本[1]；(2)他使现代性的制度构想变得激进，这产生了许多问题和争议。

尼采不是一位能够轻易概述的作家，其作品包含了很多主题思想。在本章大部分，最好是让他的独特写作风格来说话。

真理的问题化

那么，真理是什么？是一些变动不居的格言、转喻、拟人。简言之，是人类关系的总和，这些关系已经被诗意性地、修辞性地强化、摹写、修饰过，而且，这些关系经过长期使用之后，对一个民族来讲似乎已被固定化、标准化并有约束力。真理是幻想，我们已经忘记它们是幻想。它们是已经破烂不堪、被耗尽了激发美感的力量的比喻，是已经失去了浮雕图案、现在被认为是金属的不再是硬币的硬币。(《从道德之外的意义看真理和谎言》，1873)

---

[1]　因此，从把法律当作文学这一观点中我们可以学到一些东西；确实，一位评论者(德沃金，1986)甚至提出要把普通法的发展当成章回小说的写作。

也许,尼采最令人烦恼的论点之一,一直以来是他在真理问题上坦率的实用主义立场。"真理"是借以得出答案的程序之功能,它是由许多不同的、相冲突的能量流构成的世界之表达单位,总是逃脱我们获得"精确图景"的企图。所有真理都是局部的,是方法的产物,但它们都有实用效果;它们可能对某种或它种目的有用,有某种或它种效果。我们必须追求真理,然而后果是不确定的——真理是危险的。今天的真理证明昨天的真理是错的——相似地,我们在明天产生或发现的真理将"证明"我们当下的"真理"是错的。一个社会能够容忍多少真理,它就可以拥有多少真理。如果"大众"知道了"真理"的真相,他们还能接受它吗?

论视角主义

在监狱中——我的双眼,无论它们是多么强或者多么弱,都只能看到某个距离,正是在这个距离所包围的空间内,我生活着、活动着,这一视线构成了我当下的命运,在这大大小小的事物中,我不能逃离这命运。在每个人的周围都描绘了一个相似的同心圆,它有一个圆心,是他特有的。我们的双耳将我们包括在一个相似的圆之中,我们的触觉也是如此。现在,在这些范围内我们每个人封闭了自己的知觉,仿佛在监狱的高墙之内,正是通过这些范围,我们测量着这个世界,我们说这近那远、这大那小、这硬那软;这种测量,我们称为知觉——那全然是一个错误! 根据在任何特定时间我们可能的经验和刺激之平均量,一个人测量他生命的长短、贫富、充实与空虚;而且,根据人寿命的平均值一个人测量着所有其他动物——全然是一个错误! 如果我们的双眼百倍锐利,人对我们来讲会非常高;确实,想象他借以被感到无比巨大的器官,这是可能的。另一方面,器官也能如此构造,使整个太阳系被视为收缩并压缩在一起像一个细胞;而且对具有相反构造的人们来讲,人的身体的一个细胞能够展现自己,在运动、构造和和谐性上,像一个太阳系。我们感官的习惯把我们编织进知觉的谎言和骗局之中:这又是我们的一切判断和"知识"的基础——绝对没有逃路、退路或进入真实世界的小路! 我们处在这个网中,我们是蜘蛛,无论我们在中间可以逮住什么,除了那些让自己被我们的网逮住的东西之外,我们逮不住任何东西。(《曙光》,1881)

我们的现实意象是我们用来观察它的材料之后果。视角主义是尼采的论点:每个观点都是众多可能的解释中的一个。当然,这是一个自反性悖论的主题:明确地说,它是一个解释,因而,"每一个观点都是众多可能的解释中的一个"这个观点本身只是诸多可能的解释中的一个。那个困难逻辑多于现实,因为视角主义既是对一般语境之性质的解释,也是对它的理解。对他的反对者来讲,这看起来像是一条通向无意义或虚无主义的道路。但是,尼采主义意指自觉的解释和创造。视角主义对所有的知识阐释都有影响,但明显适用于法律文本和法律材料(判决、职业关系)的理解。视角主义主张,不存在什么独立事实(自身不需要解释的事实),不同解释都能够与之比照,使我们就哪一种解释"正确"达成共识。在这种情况下,使过程或制度集合(如法律体系)或阅读文本(例如法律文本)有意义,这一任务就可能是服从某些方法论规则,和/或是在多种可能的解释和目的中施加顺序的问题。

本体论流与视角主义的结合使我们发现知识作品是权力工具 295

如果把尼采关于真理和宇宙构成的观点与视角主义结合起来,我们就获得一种极端实用主义的重要理论,它宣布,在解构与重构的连续过程中,我们能够塑造现实,我们能够构成我们自己和我们的社会结构。这就意味着知识是一种独特的权力工具。我们具有"整理、简化、证伪、人为辨别的权力"。(《权力意志》:注157)"知识充当权力的工具。"(同上引:注614)我们的知识不是世界把它自己展示给我们所产生的结果;毋宁说,它是一种权力模式:其中,我们在复数的自我和这个世界上施加秩序,使自我和世界便于理解和管理。知识是生活的工具。

论无意识和展现道德谱系①的必要性

至少在我们今天的非道德论者中间,正产生一个疑问:行为的决定性价值恰好在于它里面不是故意的东西;它的一切故意,在它里面能够被看到、了解、察觉的一切事物,都只属于它的表象,属于它的皮毛,像所

---

① 谱系是我们对道德实践的历史或心理解释形式,我们在其中探寻它们的起源和实际效果。

有皮毛一样，它展现某种东西但掩盖得更多！简言之，我们相信意图只是一个符号和表征，需要解释；此外，这种符号意义太多，结果是意义不多或本身没有意义；旧意义上的道德，即意图的道德，是一种偏见，是一个早产儿，或许是一种初级事物；是某种占星术或炼金术所说的东西，但无论如何都必须被超越……这可能被拿来作为长期秘密活动的名字，它是为今天最狡猾的、最坦率的、最恶毒的道德心准备的。它们是活生生的灵魂试金石。（《善恶的彼岸》，1886，sec 32）

人们有时候认为，弗洛伊德发现了无意识。然而，这种思想在19世纪知识分子中相对普遍，弗洛伊德几乎肯定地比他自己承认的要更多地归功于尼采。尼采暗示，我们不能被自称合理性的主张所愚弄，在表面的合理性下潜藏着无理性。在法律的理性背后潜藏着非理性。掀开文明的表面，人们发现大量相冲突的感情和欲望。理性施加秩序，但理性的专一性实际上附着在某种传统上。

尼采提出，西方文明有四种道德传统：基督教道德、世俗道德（在康德等道德哲学家的著作中构建起来）、人类大众的日常道德（尼采把它蔑称为"群盲"价值），以及前苏格拉底的价值。每种传统都被折中。基督教传统被温和所折衷——通过打不还手、同情弱者①等训谕——这降格了生命。尼采认为，基督可能是一位强大的人物，即使面对死亡也情愿信奉自己的价值，但建立的教会却是增进无力自立者利益的机构。怜悯和同情本身没有错，但它们在被制度化以保护和支持弱者时就是危险的，因为它们否定了人创造性地证明自身存在的必要性。一切对一般价值的求助都遭到尼采的蔑视，被当作对普遍价值的求助，是把价值问题归约为最低公约数。社会应该被调适，以产生个体的伟大。我们可以回头看前古典希腊的时代，在那里，尼采发现了一个充满活力、力量、悲剧和美的黄金时代，充满自发性和善意的世界，这一切都被苏格拉底所提出的使用理性和沟通之要求折衷了。从那时以来，我们一直被告知，我们的制度应当用它们包含理性的能力来正当化。尼采相信，它们唯一的真正辩护应该是肯定生命的能力。他相信，如果我们将我们的制度隶属于一个利益谱系，我们将发现一个起作用的真正过程潜藏在"道德"主张之下。用让人扫兴的话来说，尼采认为很多道德话语一直受弱者怨恨的影响，是生活的失败者为了约束强者、约束胜利者而创造的；胜利者应当

---

① 表示真诚的同情是超人的美德，但同情只有真实才富贵，它不是社会化或共同体实践的产物。

拒绝传统道德，为他们自己创造新价值。

简单定义或解释社会制度的困难

  还要讲一下惩罚的起源和目的——这是两个分离或应当分离的问题，不幸的是，它们通常被搞混了。先前的道德谱系是如何着手解决这些问题的？天真烂漫地，这一直是它们的方式；它们在惩罚中寻找某种"目的"，例如复仇或威慑，然后坦率地把这一目的放在源头作为惩罚的原因，而且——已经这样做了。然而，"法律的目的"绝对是法律起源的历史上最后才采用的；相反，对任何种类的编史工作而言，没有任何命题比下面的命题更重要，它花费了如此努力但现在真正应当确立下来：一件事情的起源及其最后的功利、实际使用和在目的系统中的地位等方面的原因，是与世界不相干的；以某种方式产生的一切存在物，被某种具有优于它的权力一而再地被重新解释成新的目的、被接管、被转换、被改变方向；有机世界的一切事件都在征服、变成主宰，而一切征服和变成主宰都涉及一种新鲜的解释，一种改编，通过改编，先前的"意义"和"目的"必然被遮掩甚且被消除。不管人们怎样好地理解任何生理组织(或者法律制度、社会习惯、政治惯例、艺术或宗教膜拜形式)的功用，这都对其起源毫无意义；不管这对比较陈旧的头脑来讲听起来是多么让人不舒服或不能赞同——因为人们一直相信，理解可证明的目的、物的功用、形式或制度，也是理解它为什么起源的原因——眼睛是为看创造的，手是为抓创造的。

  因此，人们也以为惩罚是为惩罚而设置的。但目的和功用只是表征 297 着：一个权力意志已经成为不那么强大的东西的主人，向它强加了一种功能特征；以这种方式，一个"物"、一个器官、一习惯的全部历史就能成为一个由新解释和改编组成的连续的符号链，其原因甚至并不必须与另一个原因联系起来；相反，在某些情况下，与另外一个原因以纯粹偶然的方式相承接、相替代。因而，一个物、一种习惯、一个器官的"进化"绝不是向一个目标方向的进步，更不是以最短路径和更小力量消耗进行的符合逻辑的进步——而是征服、它们所遭遇的抵抗、为了防御和反击而转换的企图、成功的抵制的结果等或多或深奥的、或多或少相互独立的过程。形式是流变的，但"意义"更是如此。(《论道德的谱系》,1887,sec 12)

论改变人的命运与类型的必要

我这样提出的问题不是说在生物序列中什么将继人类之后(人类就是一个末端),而是说应该养育、有意造成何种类型的人,使之价值更高、更值得生活、未来更确定。即使在过去,这种更高的类型也经常出现——但只是幸运的偶然,只是例外,从来就不是有意造成的。(《反基督者》,1888)

只是作为一种审美现象,人和世界的存在才永远是正当的。(《悲剧的诞生》,1872)

这有什么重要性? 留意哈特在《法律的概念》中批评奥斯丁的话:"对理解……法律的特征而言……诺言的运行……在许多方面是比强制性秩序的运行要好得多的模式"。尼采会直接地问:"许诺的能力是怎样产生的?"

培育具有许诺权利的动物——既然性质已经把它自己限定在人的情况下,这难道不是一个荒谬的任务吗? 它不是关于人的真正问题吗?

但它的前提又何其多! 要以这种方式预先规定未来,人必须首先学会将必然事件与偶然事件分别开来,用因果方式思维,发现并预见遥远的不测事件就像它们属于现在一样,确定地决定什么是目的以及什么是达到目的的手段,并且一般地能够打算和计算。即使在他关于自己的意象中,人首先必须已经变得是会打算的、有规律的、必然的,如果他要能够保证他自己的未来的话,而未来正是一个承诺的人所做的事!

这是责任起源方式的冗长故事。培育具有许诺权利的动物显然包括一个准备工作,并以之为前提:一个人首先要使人们在一定程度上是必然的、一律的、相似的(like among like)、有规律的,从而也是可推断的。(两者均引自《论道德的谱系》,1887,"第二篇:罪、坏心眼及其他")

尽管最优秀的人是对自己发布命令让自己去服从的人,但是,群体的人正在被变成受控制和约束的自我,催生一个大众消费和大众标准化社会。这个过程的语境是什么?

论现代人的无家可归

我们这些无家可归者——在今天的欧洲人中,不乏有资格在一种非
凡而光荣的意义上称自己是无家可归的人:正是向他们,我特别推荐我
的神秘智慧和快乐的科学……我们,未来的孩子,在当今的世界,我们怎
么能感到舒适? 即使在这个脆弱的、破碎的转型时代,我们也讨厌那些
可能使一个人感到舒适的思想……今天还在支撑人们的冰层已经变得
非常单薄,解冻的风正在吹来,我们无家可归者自己构成了一种打破坚
冰和其他一切过于单薄的"现实"的力量。(《快乐的科学》,1887,n377)

现代性不是配有方向明确的舵手的、可靠的康德式航船。我们处在未知
之海上,我们很多人都晕船。民众盼望简明和确定,真正的知识分子发现他
自己很孤独。周围都是平平庸庸、鼠目寸光之辈。① 民众期望浪漫的解脱方
法,就像瓦格纳的音乐那样。② 但是,尼采警告说,如果我们不能面对现
实,认清世界充满血腥和权力意志,或者如果我们不能发展自我控制、自我指
导的能力,获得不是来自个人软弱而是来自个人力量的价值,将付出可怕的
代价。如果我们不能采用完全自决的伦理,将变成纯粹盲从群体的成员。尼
采强烈要求一个极端个人主义的社会,因为他预见了一个群体服从的社会。
如果纳粹把他盗用为其官方哲学家,那么,尼采实际上警告了他们的来临。

---

① 尼采创造了自己的绝对律令——永恒循环的律令——来反击这一点。我们应当活着并
作出我们能够永远接受的决定,仿佛我们命定要重复完全相同的行动和决定过程,一而再,再而
三,无穷无止……

② 瓦格纳证明,人们期盼浪漫,因为在一个以它的形式和韵律裹挟着人们的整体结构
中,人们失去了他们的个人精神。"一个人因为是瓦格纳的信徒而付出高昂代价。让我们通过
考虑它的文化效果判断这种信徒身份……你是否理解这一点:健康、聪慧具有影子的效果? 几
乎都是反对意见? 我们都成为如此程度的大傻瓜——在幽暗而神圣的芳香中,从来没有过比较
伟大的人物,从来就不曾有一个人,他在一切枝微末节处都是行家,一切都战战兢兢并溢于言
表,从幸福满满的白痴而来的女性主义……在任何地方,你都找不到更惬意的方式,削弱你的精
神,在玫瑰丛中忘掉你的刚毅……因此,他对我们发起战争,我们自由的精神! 他是何等放纵带
有妩媚少女般情调的现代灵魂的懦弱——以前从来就不曾有过这种对探寻知识的深仇大恨!
人们不得不变成愤世嫉俗者,才不致在这里被诱坏;人们不得不学会咬人,才不会在这里崇拜。"
(《瓦格纳的例子》,1880)

第三部分　大屠杀：现代性被推向极端的例证，现代性的最终除魅的例证

> 思考一下,假如这样一个男人,
>
> 他在泥泞中工作,
>
> 他不知道和平,
>
> 他为一小片面包而战,
>
> 他为一句"是"或"不"而死。
>
> 思考一下,假如这样一个女人,
>
> 没有头发和名字,
>
> 不再有记忆力,
>
> 她的双眼空洞子宫冰凉,
>
> 像寒冬里的青蛙。
>
> 想想这事发生;
>
> 我把这些话推荐给你……　　　（普里莫·莱维,《假如有这样一个男人》,1947)

从柏林运来:1943 年 5 月 3 日到。装载总数——1128 个犹太人。登记去工作——男 389 人和女 96 人。特殊处理(即送毒气室)——男 151 人,妇女、儿童 492 人。从布雷斯劳运来:1943 年 5 月 3 日到。装载总数——犹太人 1405 个。登记去工作——男 406 人和女 190 人。特殊处理(即送毒气室)——男 125 人,妇女、儿童 684 人。从柏林运来:1943 年 7 月 3 日到。装载总数——690 人,包括 25 个预防性被拘留者。登记去工作——男 153 人,被拘留者 25 人和女 65 人。特殊处理(即送毒气室)——男 30 人,妇女、儿童 417 人。[①]

---

① 　这两段摘要提供了奥斯威辛(Auschwitz)这个也许是最著名的死亡集中营两个相对照的方面。莱维是一名年轻的意大利犹太化学家,因为抵抗活动而被捕,1944 年 2 月被运到奥斯威辛。莱维描述了这一非人的过程,并要我们记住这些事件的非人性。第二段是从集中营记录中摘下来的(由克劳尼克等人报道,1968),详细记载了奥斯威辛的平常情况(接收苦役和实施人的毁灭),其中提供了例证,"纳粹大屠杀……像机器一样的、官僚的、有规律的特性以及普罗米修斯式的野心",(马鲁斯,1987:22)保证火车总是通向奥斯威辛,甚至不惜损害其他战争目的。

引　言

　　在马克斯·韦伯去世后3年内，德国犹太人理论家胡塞尔描写德国处在"政治、民族、宗教、艺术和哲学的混乱之中"。[华(Hua),XXXVII,1923:95]魏玛共和国的多元主义民主被证明不能抵御被削弱的德国承受的多重压力；统治精英们没有把握住现代化的需要，受困于传统概念；同时，他们越来越多地面对大群散漫的民众，这些人意识到新挑战，但缺乏智识资源，无法在现代话语范围内清楚地表达其关切。几个政治派别回想起战前时期的计划和意识形态命题，而且，当纳粹唤起德国浪漫主义和国家主义心理反对魏玛宪法时，一些为其提供同情温床的松散团体发展起来。结果，1930年年初，阿道夫·希特勒领导下的国家社会主义党执掌权力，宣布"千年帝国"的开始，千年帝国之梦反映了已被第一次世界大战摧毁的"纯粹"德意志历史的"千年"意识形态画面，他们的统治燃起了第二次世界大战的战火，但最终以失败告终。① 纳粹统治的遗产之一就是大屠杀，这一事件对许多人来讲标志着对文明化过程信心的终结。② 如果大屠杀是这些进程的终点，那么，是不是有可能相信进步是必然的，或依旧信奉日益增长的合理性？

　　我们如何理解这一事件？大屠杀的独特性不仅仅在于被杀者的实际人数（被杀者的人数必须放在战争和这个血腥世纪的背景下，在战争中总共死亡5500万人，包括2000万苏联公民、1500万中国人、500万德国人和300万非犹太教波兰人），还在于它包含的大规模灭绝的目的，以及在追求这一目

300

----

　　① 纳粹的控制是引人注目的（他们的政治突破是在1930年举行的德意志共和国国民议会选举，其中纳粹只赢得了640万张选票——占选民的18.3%），这在很大程度上归因于那个时候代表制和德国选民的激进多元论。除了共产党和国家社会主义德国工人党之外，魏玛政党制度的另一个结构性弱点在于它们的政策远离青年人的关注点。"已建立"的党派不能从政治上约束居支配地位的一代人，他们没有参加第一次世界大战。国家社会主义（纳粹）青年运动因此就能够把一个至关重要的群体纳入反对共和的情绪中去，产生了代际冲突。政党领导人采取组织性纪律技术，鼓励对当前危机（从已经建立的政党的立场来看，包括犹太人问题和缺乏坚强领导的问题）背后展现的力量采取敌对态度。

　　② 大屠杀或纳粹"对欧洲犹太问题的最后解决"，指的是纳粹控制欧洲期间，系统地、有官僚管理地消灭欧洲犹太人的政策。它夺走了500万至600万犹太人的生命——这大约是欧洲犹太人的2/3和世界犹太人口的1/3。通常估计，400万死于集中营，而200万死于其他地方——主要死于苏联的枪杀或东欧各犹太人区中的饥荒和疾病。

时全身心投入所产生的效率。① 伊萨克·多伊希(Issac Deutsche)把大屠杀说成一个"绝对独特"的事件，虽然其他屠杀包括某种"人性逻辑"，但大屠杀"使人类困惑和恐怖……一种人类精神堕落的巨大而不祥之谜"。[引自，马鲁斯(Marrus)，1989:8—9]然而，虽然大屠杀很独特，但说它神秘则是不对的。大屠杀是祛除现代性巫魅的最好例子，并非它表示了正值现代性的中间，前现代的激情和感情的复活，而是因为大屠杀是计算、控制和卫生保健等宏大叙事的反映。虽然有些评论者试图包容大屠杀，把它定位在权威主义话语中，或者把它看成是病态——希特勒或纳粹的独特邪恶——的结果，但成熟的评论者们，例如鲍曼(1989，《现代性与大屠杀》)则视它为现代性过程的重要部分。② 大屠杀不是向霍布斯式自然状态的倒退，它是韦伯式现代文明的理性牢笼之例证。

301

观察大屠杀的主要方式概述

大屠杀一直被看作是德国意识形态尤其是反犹太主义传统与权威主义相结合的产物；被看作在独特环境下登上权力宝座的病态个人(纳粹，特别是希特勒)的作品；更晚近以来，被看作现代性的问题之一，被看成现代性本身固有的思想结构所导致的结果。

作为德国意识形态特别是反犹太主义传统的一个问题

这一论证思路上的最近作品是丹尼尔·戈德哈根(Daniel Goldhagen，1996)饱受争议的《希特勒意志的执行者：普通德国人与大屠杀》。戈德哈根使用了大量一手材料，包括实际犯罪者自己的大量供词。他认为，那些卷进去为集中营供应犹太人的人，那些执行死刑、开枪杀人的人，并非主要是纳粹党卫军分子或纳粹党成员，而完全是来自各行各业的普通德国人，是那些心甘情愿、热情似火地虐待和谋杀犹太人的男人(和女人)。在这一叙事中，他

---

① 20世纪亲历了许多大屠杀：在最近几十年里，孟加拉国诞生时300万本格拉人(Bengalis)之死；柬埔寨700万总人口中200万人的死亡；19世纪末和第一次世界大战中，土耳其统治者对美洲人民的集体杀戮；克罗地亚独裁者安特·帕瓦里克(Ante Pavelic)被认为命令屠杀了大约70万东正教塞尔维亚人。

② 大屠杀以自然主义基础和计划技术为前提，不断否定自我(德国人)和其他(犹太人、吉普赛人、病人和老人)的主体性，但它也以进步和理性管理的思想为前提。

们执行命令,不是因为他们迫不得已(因为许多人都被指挥官告知,他们可以拒绝而不受惩罚),不是因为他们奴隶般服从命令[这一观点受到史坦利·米尔格兰姆(Stanley Milgram)著名的耶鲁"服从实验"的支持;参见鲍曼,1989,第6章],也并不是因为受到巨大的社会、心理的或同辈压力,不得不与同志们的行为保持一致。他们的行动受普遍、深奥、公认且恶毒的反犹太主义思想的影响,它引导他们相信犹太人是恶魔般的敌人,其灭绝不仅必要而且正当。戈德哈根利用了参与者的记录,其中记录了屠杀场所里的活动之平凡性和彻底性,这些活动包括所有事情,例如体育活动、娱乐、拍摄事件以及牺牲者的快照(后来这些照片在他们中间被当成藏品进行交换)这种业余爱好等。

反犹太著作的传统在何种程度上预示了大屠杀? 请注意克莱门斯·费尔登(Klemens Felden)的话,他对1861年至1895年间在德国出现的51位著名反犹太作家和出版物进行了内容分析:

> 有些著作提倡完全解决,杀死犹太人;因为捍卫……"道德、人性和文化"的责任要求进行反对罪恶的无情斗争……消灭犹太人对大多数反犹太主义分子来讲意味着拯救德国。显而易见,他们相信,消灭少数人将会结束一切不幸,使德国人民再度成为自己地盘里的主人。(引自,戈德哈根,1996:71)

在费尔登的调查样本中,有28人提出了犹太问题的"解决办法"。在他们中间,有19人要求在肉体上消灭犹太人。在19世纪后期相对平静和文明的时期,这些著名反犹太主义者中有2/3奉行他们的信念,得出了极端的逻辑后果,指出了种族灭绝的结局。有40位作家写到并阐述了他们对犹太人统一性之团体基础的理解,其中只有1人认为犹太人是一个纯粹的宗教共同体,其他人里只有6人提到宗教和其他属性一起构成了犹太民族的统一特征;相反,32人把犹太人的本质概念化成不变的,这些人中有23人把犹太人表现为一个种族。既然认为犹太人在本质上是不变的且不可变的,那么,"犹太人问题"的解决变成肉体上的消灭就不是不合逻辑的了。"消灭论思想倾向趋向于灭绝论。19世纪,希特勒的政治生命诞生之前,就已经这样了"。(戈德哈根,1996:139)①

①　这一论点有可能言过其实。通过对照的方法,戴维·列维(David Levi)(1975)在《德意志帝国反犹太政党的衰落》中证明,在1887年到1912年间,这些党派的代表只占民选代表的2%。然而,彼得·普尔泽(Peter Pulzer)[1964:219;引自,马鲁斯(Marrus),1989:10]说:"有组织党派的反犹太主义的恶毒性之下降,被社会生活、准政治团体、意识形态和经济压力集团对它的扩散所抵消了。"

作为一个纳粹问题,或希特勒超凡魅力的产物

然而,希特勒超凡魅力般的领导在创立实际的毁灭机制方面肯定发挥了很大的作用。"普通德国人"以及纳粹死忠分子的记录经常提到,他们相信,领袖具有魔力般的品质,而这种信念又得到了领袖原则法理学的支持:

> 德国的反犹太主义可能是大屠杀的必要条件,但它不是一个充分条件。在最后,是希特勒和他实现反犹太主义幻想的决心产生了决定性影响。[马鲁斯(Marrus);1989:18]

希特勒常常听起来像一个极端的尼采哲学研究者:"在寻求自我保存中,所谓的人道主义思想像雪一样在三月的阳光下融化而去。"①

在《我的奋斗》中,希特勒(英译本,1943)写道:

> 在战争开始时和战争期间,如果某个人只把人民的希伯来敌人中的大约12000人或15000人送进毒气中——正如我们来自各行各业的成千上万最优秀的工人在战场上所遭受的痛苦一样,那么,前线数百万人就没有白白地牺牲。

但是,如果没有一整套社会叙事和结构条件,希特勒的个人魅力起不了作用。鲍曼(1989:12)认为,大屠杀是"一个罕见的然而很重要的文本,可以揭示现代社会被隐蔽的可能性"。他说:

> 大屠杀是平常而普遍的事实之间的独特遭遇之结果。这种遭遇的可能性,在很大程度上可以归责于政治国家(它具有对暴力手段的垄断和大胆的计划野心)摆脱了社会控制——这是继所有非政治性权力资源和社会自我管理的制度被一步一步拆除之后发生的。(同上引:xiii)

---

① 或者引述1944年6月22日向一群军校学员所作的未公开的演讲:"自然总是在教导我们……她受到自然选择原则的主宰;胜利属于强者,弱者走进高墙。她教导我们,那些因为其具体地影响我们或者因为我们在对她的法则一无所知之中被教育长大而似乎显得很残酷的事情,如果我们要获得更高级的生活方式,仍然经常是必要的。自然不知道什么人道主义概念,人道主义的意思是要不惜一切代价保护并保存弱者,甚至以损害强者为代价。自然在软弱那里没有看到减轻罪过的理由——正好相反,软弱应该受到责难。战争因而是整个生命不可改变的法则——以强者的自然选择为前提,以消灭弱者为前提。对我们来讲很残忍的事,从自然的观念来看完全是显而易见的。一个不能维护自己的民族必须消亡,为另一个民族所取代。一切创造都从属于这个法则,没有人能够逃过它。从地球上的生命开始以来,斗争一直是生存的本质。"(引自克劳斯尼克等,1968:13)

大屠杀既是对现代性的各种倾向的反映,也是一个独特事件。作为一个独特现象,如果没有极特殊的社会条件,它不可能发生。在这些条件中,现代技术和理性管理方法得到了政治的和法学的特殊制度构想的支持。这种制度构想,部分地是由社会建构理论提供的,也得到了关于领袖、民主和自由主义危机的特殊法学理论的支持。

建构叙事和"园艺"与社会工程的社会合理性

在背后,还有矛盾心理、同一性和社会建构等问题。尼采曾经嘲讽地说:"德国人的特征是,'什么是德国人'这个问题对他们来讲永不消失。"在解放战争之后,恩斯特·莫里茨·阿恩特(Ernst Moritz Arndt)提出了一个模糊的定义:"无论在哪里听到德国话,无论在哪里天国里的上帝(用德语)歌唱,勇敢的德国人,这就是你的称呼。"到 1931 年,随着瑞典和荷兰的政治发展,这已是不合时宜的,但是,解放祖国的意象是纳粹诉求的基础。① 尽管尼采最喜欢的作家歌德(还有席勒)已要求用普世的人道主义来代表民族主义——"德国人,你们想把你们自己组成一个民族,这是徒劳无益的;不要这样,要更自由地把自己发展成人",但是,民族主义成了历史的胜利者。用格里尔帕策(Grillparzer)的话说,实际的进程是"人性经由民族性发展成兽性"。并非巧合,1933 年以后国家社会主义被宣布是"德意志人民的生物意志",或者说是"政治生物学"。用德国历史学家汉斯·布海姆(Hans Bucheim)的话讲:

> 国家社会主义者认为,他们自己的人民和第二次世界大战时期的欧洲人民挥霍了他们的物质。他们把他们看成是一个挤满各类种子的种植园,必须不惜一切代价清理它,把不可救药的东西隔离开,切除"腐烂的肿瘤",繁殖有价值的部分,让价值小的部分枯萎,让病者绝育,移走或抑制不稳定的种类。这一政策的最后产物将是一种新的、生物学上明智的、秩序良好的欧洲共同体……这一计划将采用安乐死、驱逐、日耳曼化以及最后但并非最不重要的,"灭绝一切被认为无价值的或危险的人"。[引自克劳斯尼克(Krausnick)等人,1968:15]

在社会达尔文主义理论的促进下,对社会(最终就是对国家)有用处这

304

---

① 希特勒青年运动是通过穿制服、升旗、参加纪念活动纪念英雄和唱歌来受训练的。一首经典的歌曲包含下面一段:处于危险中的神圣祖国,您的儿子们聚在您周围,在外敌抢夺您的荣誉时,德国,我们会前仆后继。

一概念成为决定人的价值的准绳。为了进步，人民必须毫无保留地听从国家的安排，国家必须被赋予控制的全权。① 纳粹的人口政策被一个称为无痛苦死亡的运动支配着，这一运动把许多医生卷进了以激进方式来设计一个新种族的计划之中。纳粹生物医学幻想利用 20 世纪 20 年代在西方世界很多地方都流行的优生学思想，把德意志民族描述为受一种集体病威胁的生物有机体，这是对先前健康的社会具有潜在致命威胁的疾病。纳粹的任务是通过消灭所有这些堕落之源——传播者主要是犹太人，但显然也包括弱智者、痼疾难治者以及精神病患者，使德意志人民强壮起来。纳粹理论家们创造了"生物统治"（biocracy）来表达一种类似于神权政治（theocracy）的模式，指一个忠诚于净化与复活的国家，就像是在神的统率下完成这一任务那样可靠。

从儿童开始，纳粹鼓励并指导一项计划，系统地屠杀那些身心不健全的人，最后是使用毒气室消灭德国那些被认为"无生命价值"的人。死亡人数的估计是不确定的——这部分归于一个事实，即在该运动被官方停止之后很多医生还被允许继续该项计划，但一般公认，被杀死者的总数在 8 万人到 10 万人之间。这一方法被用作"最后解决"的前兆，它开始把有组织的屠杀人民作为特别针对犹太人的活动的重要部分，它发展了杀人方法，以及训练有素的人员，最后，东欧的死亡集中营有很多是由他们组建的。

305 尽管社会达尔文主义思想被用于强化反犹太主义观点，但应该记住，有组织的反犹太主义实际上在第一次世界大战以前的时期就表现出减弱迹象。从 1916 年以降，随着军事和经济形势的恶化，反犹太主义被强化，特别是在 1918 年的军事溃败之后更是如此。大部分德国人错误地相信战事在最后失败之前一切顺利，这就导致人们寻找作为失败原因的隐藏因素。军事失败、君主制垮台、经济萧条、"进口"民主下国内外政策的试验，许多人在试着去理解和接受最近的发展状况时心不甘情不愿，都为希特勒的意旨提供了肥沃

---

① 正如纳粹党卫军士兵的训练手册所说："当一个国家中有效率与无效率的事之间的关系显得不正常的时候，它是难以维持的。在处置弱智者、罪犯和反社会者时，国家不得不花费大量能源和金钱。如果这些低劣的遗传特征被消灭了，就会省出大量金钱，转到其他更有生产价值的目的中去。一个负责任的国家领导人应该将所有注意力投入维持并增加那些更合理的储备中去。在原始社会，共同体清除怯懦者。在所谓的文明国家中，教会一直特别热衷于在广大群众中鼓励兄弟式的爱这种虚伪态度，这是与物竞天择的过程背道而驰的。"另一段话清楚地说明了这一得到公认的理论的实际应用："两件事对建设并维护一个健康种族来讲极为重要。不仅要毫不松懈地保持遗传因素不变，而且要确立有利这个'种族'的环境。只有整个人民共同体在这一原则（合理生育的原则）下联合起来，并且共同体的每个成员都依此来管理自己的生活，才能实现这一点。"（引自克劳斯尼克等人，1968）

的土壤。

希特勒以花言巧语强调集体威胁和区分敌友的必要性。① 在一封写于1919 年 9 月 16 日的信中，希特勒解释了其反犹太主义的"理性智识基础"，以及他打算怎么达到他的目的：

> 反犹太主义作为一种政治运动，不能也不应该以转瞬即逝的感情为基础，而应该是基于接受事实——这一事实是，犹太人是一个种族而不是一个宗教……明智的反犹太主义……必然导向免除犹太人所享有的特权之系统的、合法的运动——犹太人与其他住在我们中的外国人不一样，后者服从适用于外国人的法律。这种反犹太主义的最后目的，毫无疑问，必定是驱逐犹太人。

在 1920 年 2 月 24 日的纳粹党宣言中，希特勒的上述目标变成了官方立场，如第 4 点和第 5 点所说：

> 第 4 点：只有国民才能主张国家公民的身份，只有德国血统的人才能成为国民，不论宗教信仰。因而任何犹太人都不得成为国民。
> 第 5 点：那些不拥有国家公民身份的人只能以客人身份居住在德国，服从适用于外国人的法律。（引自克劳斯尼克等人，1968:21）

实在法和政府规章成为这一政策的工具。

利用法律把犹太人变成次于人类的物

法律的使用，是戈德哈根所说的三管齐下，维持对犹太人社会存在的打击之重要部分，其中包括反犹太宣传、肉体虐待和合法隔离。其目的是把犹太人变成"社会上的死人，即被德国国人认为负有很少（如果有的话）道德义务的人，被认为是完全不名誉、确实不能具有任何名誉的人"。（戈德哈根，1996:第 137 页及以下的讨论）

运动的第一支是与犹太人有关的密集宣传，包含的主题是：犹太人是次

306

---

① 例如，1920 年 8 月 13 日，他在主要关于"犹太问题"的演讲中公开宣称："我们相信，科学的反犹太主义才能成为我们的指南，它清楚地确定了犹太种族给我们的人民带来的可怕危险；那些总是在感情上作出反应的民众必然首先会注意到犹太人，因为这些人平时总是时时处处出风头——我们的任务必须是唤起民众反犹太人的本能，激起它并使它保持沸腾，直到它决定支持这一运动，并准备承担其后果。"（引自克劳斯尼等人，1968）。

于人类的动物,是罪恶之源。这种"对犹太人的口头暴力"有助于降低犹太人的社会地位,为德国人准备更激烈的消灭措施,并通过诱导犹太人移民来减少他们的影响。

第二支是针对犹太人的实际人身攻击。政府实施、鼓励或容忍反犹太人的暴力(从地方官员的突发性身体攻击和仪式性侮辱,到有时集中组织起来的暴力和恐怖活动,最后是在集中营里囚禁)。这些表演表明,犹太人不是道德共同体的成员,正常的同情与怜悯之情是不恰当的。这些侵犯也让人想到,可怕的命运在等待犹太人。

以此为背景,犹太人与德国人的社会隔离发展起来,以合法的行政手段加以传播,日渐迅猛。戈德哈根称之为:

> 与口头暴力联系最紧密的、非口头的类似方法;与他们最后采纳的反犹太手法不同,德国人几乎从纳粹僭越权力的时刻起就把这付诸实施,从来没有减缓这一计划,随着 20 世纪 30 年代和 40 年代慢慢流逝,他们还强化了这一计划,逐渐而系统地把犹太人赶出所有社会领域——政治的、社会的、经济的和文化的领域——所取得的进展很难挨,就像它给犹太人带来的艰难困苦很累人一样。(同上引:139)

戈德哈根报告说,德国人在 1933 年 4 月 1 日联合罢工之后一周就利用 4 月 7 日的《恢复职业公务员职务法案》(Law for the Restoration of the Professional Civil Service),开始在政府公职中排斥犹太人,在接下来的几周里在许多职业中排斥犹太人。由于国家经济生机勃勃,加上 1938 年经济活力也得到增长,德国人在政权的头几年里始终不断推进经济领域的排犹运动。1933 年 9 月 22 日,德国人从文化和出版领域排斥犹太人,很多人认为这里尤其深受犹太人毒化。纳粹当局最后恶毒地在一切方面禁止犹太人与德国人交往,禁止他们从事重要的犹太教宗教活动,颁布大量限制性法律,规定犹太人当行与不当行之内容。在 1933 年 4 月 21 日纳粹时代开始之后,他们马上禁止犹太教的屠宰仪式,因为这一仪式是犹太人的定义性习俗。所以,这种禁止只能被理解为一种宣示:犹太血统本身就是对社会秩序和道德规范的违反。差不多 2000 部法律和行政法规创制出来,使德国犹太人惨遭降格,陷入悲惨境地。

历史学家米歇尔·马鲁斯(1989:27)主张,法律上的响应是对纳粹掌权之后相对立的对犹倾向的调和。一方面,着棕色衬衫的风暴骑兵和党派活动家忙于对犹太人进行人身攻击;另一方面,纳粹中较保守的一部分人尽管希望看到把犹太人从德国社会排挤出去，但也担心这有可能对德国的经济和国际声誉造成损害。法律提供了"从中心"指导迫害的机制，1935年9月的《纽伦堡法》设定了"雅利安化"运动的法律框架，组织没收犹太人的财产。各种措施的"合法性"，保证了反对纳粹的那些部分人能够对这些运动感到心安理得。德国历史学家克里斯多夫·蒂普尔（Christof Dipper）总结说，在大多数纳粹的保守反对者中，"到1938年为止，对犹太人财产所实行的官僚的、伪法律的剥夺，仍然被认为是可以接受的"。（引自马鲁斯，1989：91）公务员，包括法律官员，将做何反映？纳粹通过了一项公务员法，特别规定所有公务员必须保持政治上的忠诚。

与后续的命令一起，《纽伦堡法》定义了何为犹太人，对哪些人要服从规制犹太人的法律和命令的问题提供了明确的全国性理解。定义标准根本上依赖血统而不是宗教身份。（纳粹）德国的法律规定，那些（由于他们或他们父母改变信仰）成为基督教徒的人，只要其祖辈的必要部分是犹太人，他们就是犹太人——尽管他们可能在心理上或其他社会方面与犹太人不同。《纽伦堡法》还剥夺犹太人的公民身份，禁止犹太人与非犹太人之间缔结新婚关系，发生婚外性关系。这部法律既是工具性的，也是表达性的；它的分类象征和表达了差异和劣等理论。20世纪30年代的法律、法规和措施剥夺犹太人的生计，使他们陷入贫困和意志消沉，把他们从更大的社会范围中隔离出去，仅仅几年前他们还一直在那里自由活动。它们使犹太人社会性死亡，把他们变成了次于人类的物，是要从园子里清除的杂草。

法理学在创造纳粹时代制度构想中的作用：以卡尔·施密特为例

第三帝国统治的合法性，来自它之前魏玛共和国的宪制安排。1933年，依据魏玛宪法，希特勒被选为帝国总理，并在一系列戏剧性事件之后（可能是由纳粹策划的，以1933年2月国会大厦纵火案达到极点），年老的总统冯·兴登堡——已经处于极大的压力之下——同意说出现了国家紧急状态，通过紧急法令授予作为总理的希特勒以政府大权。这些权力在3月24日的国会投票中被批准并巩固下来，自此以后每四年由纳粹国会重新更新一次。

德国国家社会主义有一个强大的意识形态核心，它强调历史使命以及强势领导的必要。让我们弄清楚：纳粹国家直接反对自由主义传统，反对把它作为构建现代性话语的组织主题。自由主义似乎否定人民与国家(合法构成)的表达性统一和同一之必要①;相反,社会团体日益被描绘为一些相对自治的经济、科学、伦理、宗教和文化领域,如果放任参与者个人"自由"交往,他们能够彼此区分并能够驾驭自我。对自由主义的现代性叙事,(社会)自由正是在于这些领域的区分,国家不应该试图(像法西斯主义和马克思主义那样)将它们隶属于各种形式的支配或团体操纵之下。与此相反,纳粹认为国家是一个法人团体,它具有等级式权威结构,由一个强势领导当头的政党的成员来组阁。这一思想是为了求得国家与人民的命运的"理性控制",关键的政治原则是领导原则,重任被加于领袖肩上,为国家提供指引。实质上,尽管自由主义暗示这一问题被危险地误解了,但是,国家社会主义在试图回答"如何努力做出有关人类目的的集体决定"时,将人民的共同意志包含于并简约成政党的意志,最终就是领袖的意志。领袖的意志因而最终是发出命令(法律)的合法性之源。这种领导原则决定了等级中的每一层次都屈从于上一层次,希特勒在其顶点。领袖的意志不能受到任何制度性约束,因为它最终是这一实践形式的基础,依(由最高国家立法机关发布的)实在法的统治,只不过是能够表达领袖和政党意志的规章之多种创制设施中的一种罢了。

卡尔·施密特对 20 世纪 20 年代议会民主的批判

天主教(后来是纳粹)法律理论家卡尔·施密特(Carl Schmitt)②,对创建自由主义民主的早期现代尝试来讲,是一位颇有影响力的批判者。其著名的《议会民主的危机》(1923),专注于他在《政治浪漫主义》(1919)中提出的主题,以自由主义与民主之间的对立理论为基础。现代大众民主的矛盾本质,归因于民主的实践本质所固有的某些含义与自由主义的含义之间存在的对立。

施密特将民主定义为平等的人应该平等对待之原则,他声称这条原则必然意味着不平等的人不应该受到平等对待。那么,一个由多元的群体与利益组成的社会怎样凝聚在一起?施密特的回答让人心寒:民主要求同种,这只

①　正如在有关约翰·斯图亚特·密尔的章节以及后面各章中所讨论的那样,自由主义依赖于未加明示的民众的统一,并可以用实证术语重述为关于好生活的论题。

②　卡尔·施密特比希特勒年长 1 岁,但比他活得长,死于 1986 年,得享 97 岁高龄。其富有鼓动性的作品划出了德国各种智识观点的基本智识分界线。

有在消灭异种的基础上才能存在。他的主张很简单:要想让民主存在,他们必然排除威胁其同一性的任何东西;相反,自由主义提出了一个理念,即所有的人作为人,都是平等的。但施密特相信,这一原则只是一种个人主义的人道主义伦理,其力量不足以用作政治组织的基础。一旦民主被以这种方式来定义,随之而来的是寻求人类的民主将要对人民强加绝对的平等,即标准化,这将抹杀差别与个性,毁灭创造性。普遍和平等的选举权,只有在平等人的社会中才有可能,因为只有在这种自然同质性奠定了基础时,平等权利才有意义。这样,施密特使包含/排除的对立合理化,这一对立正是早期现代性的中心。施密特解释说,法条主义的普遍人类平等哲学,与它的平等权利法理学一起,在实践中依赖于把不属于国家的那些人排除出去。

309

由此,施密特将民主看成回答正当化和治道问题的手段。现代性包含一个进程,借此进程,人类控制世界,使世界服从于分析,建设性地构造新的世界秩序。这种新的秩序在何种程度上需要证成?是不是只有那些直接可归因于通过故意设定的规范来建构和构造的社会秩序才需要正当性论证?① 在什么情况下,我们否定"隐藏次序"(如市场)所导致的后果需要合法化(以某种方式被认为是"合乎自然的"),却对法律施加过多的合法化要求?多大程度的控制是令人满意的? 或者,是可行的? 施密特形成了一种天主教形而上学,它内在的宇宙意识形态最终在上帝和人各自管辖的范围内服从其控制——不能把自由主义的开放性作为上述问题的答案;相反,民主被看成一种运动:它主张,对社会团体的控制要由人民进行,而且控制应该是全方位的。但是,如果没有一套共同的政治价值支撑它,这种控制怎么才有效,民主怎么才可能? 通过对这个议题作狭义解读,施密特论证说,现代大众民主把人类平等的自由主义愿望,与"被统治者和统治者合而为一"这一民主政治形式的核心要求混淆起来。因此,他声称,他发现了自由主义民主在德国陷入危机的原因;原因中有一部分是政治分析与法学分析之间、政治愿望与人类怜悯之间的混淆。尽管自由主义的个人主义实质上是一种道德愿望,但治理社会——包括一个民主国家——的任务对感情有要求,要求感情实质上听命于政治理想,受严格哲学分析指导。

施密特主张,19 世纪反对王室绝对主义的斗争以及构建民族身份的目标,使自由主义与民主之间的矛盾没有公开显现出来。但是,从根本上讲,德

---

① 实在法,在奥斯丁眼里,被定义为政治中心的命令;更清楚地说,在韦伯和凯尔森眼里是法律规范。

意志共和国所面对的危机,是自由主义的个人主义愿望与民主同质性的需要之间不可避免的矛盾。

议会民主包含不可实现的目的,在其名义下确立的政体是在两个完全不同质的政治原则之间形成的不稳定联合。这两个原则之一是人民与国家之间的同一,这是民主的政府形式所固有的;原则之二是适合于君主制的绝对主义代议制模式。施密特严厉斥责魏玛共和国是一种软弱的混血体制,是自由资产阶级把两个对立的政府原则结合成一个虚弱的体系,借此设法在绝对君主专制的历史传统与争取无产阶级民主的斗争之间达成妥协所导致的结果。① 作为民主,20 世纪大众民主试图实现被统治者与统治者的同一,因此,它把代议制议会机构标示为过时之物。如果民主同一性被认真对待,那么,在紧急状态下,没有其他宪制机构能够对抗人民的意志这唯一标准,不管人民的意志是怎么表达的。特别是在危急时刻,国家必须能够快速而果断地行动,权力必然掌握在领导人手中。② 只有这样,才能清楚地把国家的朋友同敌人区分开来,并采取适当的行动。

310

大屠杀是现代性的普遍理性化的组成部分

因此,大屠杀是一个社会和政治进程的组成部分:一个法人团体(纳粹国家)在其中面临中间现代性的多种压力,要解决建设新社会的问题。旧的确定性不在,要有组织地重建航船,但这不是自由主义的(理想)意念,即仅仅由功能互动与自由沟通汇合而成的自决实践;相反,它是一种发自中心(鼓动)的核心决策和沟通过程。用瓦格纳的话来讲(1994:59),这种组织形式意味着等级化,并且它意味着排除。那些发现自己处于有组织的实践王国底层或局外的人,往往比以前更感痛苦。要实现这一过程,技术资源唾手可得。

----

① 在众多工业化国家中,德国具有独特的政治体制。在英国、法国和美国,一种政治上和经济上强有力的(并且大体上是自由主义的)中产阶级使国家统一与公民自由结合在一起,但德国是建立在 30 年战争和威斯特伐利亚和约留下的"德意志民族神圣罗马帝国"的废墟上面。毫不奇怪,黑格尔曾庆祝拿破仑的到来,因为他使这个中世纪的帝国第一次获得朝国家主权方向重新发展的能力。但是,德意志国家是由许多小型和中等规模的国家驱动的,内聚力强的行动很困难。

② 如果说德国中产阶级的历史偏见是由某种经验塑造而成的,它就是 19 世纪的传统,即从"上面"塑造德意志民族主义的传统,特别是通过"外交政策至上"的原则,这一政策的终极形式就是战争或"铁和血"。

（奥斯维辛）也是现代工厂体制的平凡延伸。它不是在生产商品，其原材料是人，其最终产品是死亡，如此多的单位每天在管理者的生产图上小心地作记录。烟囱，现代工厂体制的十足象征，向外排放燃烧人体产生的酸雨。辉煌地组织起来的现代欧洲铁路网，给工厂运来了一种新类型的原材料，它与其他车辆的方式完全一样。在毒气室里，牺牲者吸入有毒气体，一般是德国先进的化学工业生产的氢氰酸丸提供的；管理者设计官僚体制，它以满腔热情和比较落后的国家所美慕的高效率工作着。甚至总体计划本身也是被扭曲的现代科学精神的反映。我们所目睹的并不亚于一种集体的社会工程计划……（费因哥特（Fein-gold），引自鲍曼，1989:8）

鲍曼提出了有说服力的论据：

311

真实情况是，大屠杀的每一种成分——使之成为可能的所有事情——都是正常的。说它正常，意思并不是说是熟悉的，在很早以前就被完全描述、被解释并被容纳过的某个大类现象中的又一个样本（相反，大屠杀的实验是新的、不熟悉的），而是在这一意义上讲：完全保持我们有关文明的每种知识，它的指导精神，它的优先权，它固有的世界观以及追求人类幸福和一个完美世界的适当方式。（1989:8）

集中营卫兵和纳粹党卫军成员的规训

如果休谟等人视为道德生活基础的同情品质未遭破坏，大屠杀原本就不会发生。宣传、法律和非人化实践都各显其能。在最前沿的是——在那些任职于死亡集中营和参加枪杀的人之中（在他们的头脑和身体中）——纪律无处不在，如韦伯所说，从军队到社会团体都有规定。集中营在"最后解决"中作用是如此重要，在集中营任职是党卫军的奖品。党卫军成员不是病态的不适应者，他是具有部分现代性、纪律严明的主体。要实现这种纪律严明的本性，在军队方面，"艰苦"训练堕落成羞辱人的非人体制。[1] 党卫军新成员所受羞辱，跟加在集中营犯人身上的相似。（举例与讨论，见克劳斯尼克等

---

[1] 集中营以及给予犯人的待遇开始时采取的是尚武主义形式——至少直到1942年，集中营才成为明确的强制劳动机构。在此之前，集中营的表面目的是对纳粹的政敌以及对救世军（SA）和纳粹党卫军（SS）成员进行再教育，而后者管理集中营是为了对犯人进行军事训练。

人,1968:340-41)纪律借由残忍导向服从。"最后解决"丝毫不考虑个人积极性与激情。① "最后解决"的成功实施,要求使其技工训练有素。一旦有无纪律、违反如此创制的规范之现象,纳粹法律即可立案。②

312　　　在那些年里,在党卫军中发展了由"正规的"或"官方的"和"非正规的"或"非官方的"规则和规章组成的错综复杂的混合体,两者经常被适用于同一个案件中。发布正规的和明显官方的规章,是出于技术性、组织性或纪律性的原因,或是为了给骑士勋位的梦想增加实质内容。另一方面,一些政治目标与任何正规规范都不相容,它们的制定和执行必须要全然不顾及所有正规的规章的要求。然而,在许多情况下,也力图给予超宪法的措施以某种形式的合法隐蔽的外装。最后,一种标准的习惯性做法是,赋予个体党卫军权威以官方国家机构的权利和特权,支持他们完成某些非官方目的。例如,1937 年,艾克(Eicke)以集中营督察官的权力,禁止卫兵虐待犯人,他讲:

　　　　尽管作为一名国家社会主义者,我自然地同情这种行动,但我不能也必须不容忍这一行为;否则,我们将冒风险,被帝国内政部报告我们不胜任处理犯人。(引自克劳斯尼克等人,1968:353)

　　每三个月,警卫队成员都得签署声明,说他们明白他们不得虐待犯人,但

---

　　① 说明理性纪律的中心的另一个例子是 1935 年 8 月 16 日希姆莱发布的一个命令,禁止针对犹太人的个人单独行动:"1. 任何党卫军成员针对犹太人的任何单独行动都受到最严格的禁止。2. 犹太人问题的解决,与所有其他问题一样,是领导人的事而不是个人的事。3. 对此命令哪怕最小的违抗都将受到开除出党卫军的惩罚。"

　　② 1943 年 7 月 9 日,党卫军和警察最高法院对一名党卫军少尉作出判决,他亲手残暴地杀死了几百名犹太人。判决书如下:"被告不应该因他这种针对犹太人的行为受到惩罚。犹太人必须被消灭,没有必要替被告杀死的犹太人流泪。尽管被告应当知道,消灭犹太人是担负这一特殊目的的突击队之事,但是,对他有利的是,他本人感觉有能力参加消灭犹太人的活动。对犹太人发自内心的憎恨是被告的主要动机。然而,在亚历山大利亚,他屈从于残暴的诱惑,这是一个德国人或党卫军指挥官所不值的。这些过分行为属不正当之举,不能因为像被告所说是对犹太人给德国人民造成的损害的正当报应而具有正当性。尽管消灭我们人民的最邪恶的敌人是必要的,但使用布尔什维克主义的方法不是德国人民的方式。被告采用的方法近似于布尔什维克主义者的方法。被告让他的手下变得如此残暴,纷纷仿效他的榜样,以致他们的行动像野蛮的游牧部落一样。被告的行为构成了对可想象的纪律的最严重的威胁。尽管被告可能以其他方式注意他的下属,但是他的行为构成了作为一名领头人的玩忽职守,从党卫军的观点来看,他的职责部分地是保持他的下属的道德标准。在这一范围内,被告应当受到《军事法》第 147 条的惩罚。该条下的最高刑是 15 年监禁或拘留;但是,因为如此严重破坏纪律的行为需要更严厉的刑罚,所以应该适用《特别战时处罚法》第 5 条 A 款的规定。"[摘自巴希海姆(Bachheim),《命令和服从》,载于克劳斯尼克等人,1968:251-2]

是,专横行为和虐待无法控制。集中营提供了一个场所,受约束和不受约束的行动与行为是重叠的。集中营属于特别执行部(Special Executive)的范围,尽管所有表面上正规的规则都是围绕他们制定的,但没有为犯人提供任何真正的安全防护措施。更显要的囚犯在某种程度上受到保护以免受卫兵的专横对待,但任何时候都可以看到,他被降级到一般无名的犯人群体当中,这些人没有任何保护。[见普里莫·莱维(1987),载于《假如有这样一个人》和《休战》(The Truce)]

法理学与对纳粹统治和大屠杀的反应

要想理解"千年帝国"的失败和以其名义所犯可怕罪行之发现所引起的与存在相关的震惊,是困难的事情。正如沃勒肖夫(Wallershoff)(1985:340)所描述的那样,对德国青年来讲,他们相信被提供了成就伟大与纯洁的历史机会,他们群起战斗,但最后只有震惊与悲伤:"这场战争的一切牺牲和苦难,不仅徒劳无益,而且也是毫无意义和错误的。我们不只是失败了,我们是在为可耻的事业而战。"

从法理学上讲,这种震惊涉及法律和法学概念的相对性。实在法被暴露非常容易成为具备意识形态力量的立法理由之工具。纳粹颁布的命令从法律实证角度来看是有效的法律,这一事实难以隐瞒。甚至大屠杀也可能是合法的,得到以下事实的支持:即它是以(纳粹)利益的名义实施的。在评论大屠杀的经历时,犹太作家阿伦特(Hannah Arendt)(1963)造了"平庸的邪恶"(the banality of evil)这个词,她用这个词意思是指:纳粹政权是现代政治结构和构想的产物,它们利用现代国家的一切资源,证明有能力使各种在自我标榜为共同善的东西的名义下实施的奴役和压迫获得证成。法律实证主义法理学构想是否有助于使纳粹政权的罪恶成为一种慢慢可接受的平凡之物?在寻找个人灵魂的活动之中,德国理论家古斯塔夫·拉德布鲁赫明显是这样想的。[波克(Pock)的讨论,1962]

拉德布鲁赫一直是一位法律实证主义者,部分原因是他相信大多数德国理论家都这样,如凯尔森(见第12章和第14章的讨论)——以正义名义主张的价值具有相对性。在战后发表的论文中,拉德布鲁赫解释了他的下述立场:法律是一般规则的集合,服务于人的共同生活,以追求正义作为其总体目标,正义是不确定的概念。正义要求,平等人受平等对待,不同的人受不同的

313

对待，但这反过来（1）要求有衡量平等和不平等的标准；以及（2）对于赋予个人的实际待遇类型的问题。这等于什么都没有说。因此，正义需要用其他实质概念来补充，拉德布鲁赫提了两个概念：便利和法律确定性。

在柔性法律体系的正当化中，我们需要考虑便利（或者具体目标的促进）。他设想了什么类型的目标？拉德布鲁赫提出的目标是创造条件，使个人人格发展的可能性最大化（个人主义），追求国家权力与荣誉（超个人主义），或者促进文明和文化作品（跨个性化）。这种选择是偏好的事。然而，为了防止法律命令被相互冲突的社会和政治观点变得无效，何为对、何为错就需要权威地设定，因此，正义和便利需要用法律确定性之理念来补充。法律确定性要求国家颁布并维护有约束力的实在法律秩序："如果不能确定什么是正义的，那么，什么应当是正确的就必须设定好，这必须由一个能够贯彻其规定的机构去完成。"（1950:108）

每个要素都是法律秩序所要求的，但每个要素都在往不同方向用力。例如，法律确定性要求稳定不变的法律，但正义和便利要求该法律体系容易适应新的社会和经济环境。没有能够借以达到正确平衡的绝对公式。在第二次世界大战以前，拉德布鲁赫偏好法律确定性："终结法律观点的冲突，相比于冲突要正当和便利地决定下来，更加重要。"（同上引:108）在第三帝国崩溃之后，拉德布鲁赫主张，法律实证主义让德国法学家对纳粹无以防御；法律要成为真正的法律，就必须满足某些绝对的基本条件。特别是法律要求对个人自由有某种承认，完全否定个人权利的法律秩序是"绝对错误的法律"。（1947:27）然而，拉德布鲁赫权衡正义的新公式——便利和法律确定性，只不过是一种温和的修正。[①] 自然法只是应付紧急状况的资源。

纽伦堡审判的正当化

盟国获胜后做出了什么反应？他们要追求什么样的政治？尽管第二次世界大战之后追究德国领导人战争罪所采取的种种措施无功而返，甚至事与

---

① "应该给实在法的统治以优先性，因为它得到正当创制和国家权力的支持，即使当该统治不正义、与共同利益相悖的时候也应如此，除非正义的违反达到如此不可容忍的程度，以致这些规则实际上变成了'非法之法'因而必须给正义让路"。（《法哲学》，1950年第4版:353）

愿违①,但还是决定成立一个合法的论坛来处理被捕的纳粹分子。然而,鉴于公共论域的主导话语涉及法治意识形态,纽伦堡审判的目标不仅是惩罚纳粹领导人,而且还要:

> (1)创设确定"侵略罪"为国际犯罪的先例;
> (2)建立纳粹暴行的完整记录;
> (3)借用司法程序在德国重建法治。
>
> (杰克逊大法官(Justice Jackson)的备忘录,见哈里斯(Harris),1988:867)

然而,在盟国中间没有达成一致意见。

有两个主要的法理学问题:法庭的基础和纳粹行为的合法性(legality)。纳粹分子破坏了现有法律吗?因执行命令而从事了暴行的纳粹分子又怎样呢?如果一个可确知的法律被违反了,仅仅为了惩罚,对事件做出反应的需要就可以压倒合法性的考虑吗?那时的法律是什么?

此外,首先看起来难以逃避一项指责,即法庭实际上就是胜利者强加在无力的被征服者身上的正义;或者,难以驳斥一项指责,即审判是溯及既往的,因为它们据称是在对个人由于其在做的时候尚不是犯罪的行为施加惩罚。反和平罪的指控,以及某些用"反人类罪"这一术语涵盖的指控,很难用实在法来正当化。法庭建立在一份提供合法化的章程基础上,但对玩世不恭的人来讲,这整个结构无异于在各个不同领域创立新法,并且溯及既往地实施它。②奥斯丁主义者可能会承认,在短期时间里,某种形式的国际主权在起作用——盟国有权力和政治意志,为国际习惯法的创造性重新解释提供背景,这样,一种新形式的实在国际法被创造出来。但难道这不意味着法庭是在创造法律?针对这一观点,如果人们接受该事业的基本合法性,那么,法庭

315

---

① 在《1919年凡尔赛和平条约》的条款中,同意德皇威廉二世将受到特别组成的国际法庭的审判,德国认可盟国的权利,把被控犯有违反战争法或习惯的人带到国内或国际军事法庭审判,由德国政府移交这些人供审判。前者,即德皇已经逃到荷兰,它不同意引渡。在德国政府阻止交出被控犯有战争罪的人之后,盟国后来同意让莱比锡最高法庭审理这些案件,但是审判没有效果。在大量犯罪证据面前,很多人被宣告无罪,那些被判有罪的人刑罚也轻。另外,媒体和公众似乎认为被控有罪的人是英雄,有几个人得到帮助逃出了监狱。

② 设立审判庭的根据是《关于起诉和惩罚欧洲轴心国主要战犯的协议》《国际军事法庭章程》[8 August 1945, Art 3,82 UNTS 280,reprinted in 39 AJIL 257(1945)]。该协议"确认"了一些法律和犯罪,它们被说成是习惯法的组成部分。例如,法庭确认,《纽伦堡宪章》第6(b)款所定义的战争罪,在《海牙规则》所包含的国际法中已经被确认为战争罪。

的管辖权很容易得到辩护。① 这些程序的正当性涉及以下事实：即赋予法庭的活动以实质结构的"法律"，其适用依赖于所适用的实际法律的当然效力。

对这种情形和诉讼程序，人们应该采取何种观点？我们应该利用的法理学构想的轮廓是什么？胜利是否能够意味着胜利者的法理学能够诉诸上帝？帝国的失败是否证明上帝没有与帝国同在——正像铭刻在德国人腰带扣上的"上帝与我们同在"这一说法所表示的那样——而是与盟国同在？罗什（John R Roth）一针见血地提出了历史强权的观念：

> 假如纳粹权力取得了胜利，那么，决定应当是什么的权威就会发现，在大屠杀中没有违反什么自然法，也没有犯反上帝和人类的罪行。尽管如此，也有一个问题，即，奴役活动是否应该继续、扩大或终止。应该在合理基础上作出这些决定。（引自鲍曼，1989:7）

这个问题是一个实践性问题，既要对特定行动作出反应，也试图填补千年帝国兴衰的到来所导致的意义真空。对于沃勒肖夫（Wallershoff）来讲，德国人自己没有任何支持地发现，纳粹分子发出了如此合理、如此让人陶醉……如此迷人的声音：

> （现在我们明白）我们肯定是最大的白痴——愚蠢地相信共同体的必要性，相信生活意义的必要性，认为生活的意义应超越日常的存在，应在一个更大的集体中赋予每个人一个位置。对自决来讲存在什么样的其他可能性？小资产阶级家庭、学校、办公室、工厂——难道这就是生活，这就是一个人的身份（identity）？这绝不是模式，不是计划，所有这一切都太有限了。战鼓和旌旗把我们带离单调——带进充满血腥的非凡之中。意义是最大的鸦片剂，成百万的人因它而死。（1986:341—2）

德国没有智识能力去提供意义，提出法理学构想去填补纳粹主义的真空，"相反，获胜的大国提供意义的能力是无穷无尽的"。一个人，若是"没有羞耻感或内疚感"，就可以当英国人或美国人。

然而，纽伦堡法庭通过舆论使其基础正当化，这不是在社会地和政治地行使由胜利者所赋予的塑造战后社会宪制之含义与命运的权力；相反，呈现

---

① 例如莱特勋爵（Lord Wright）:《国际法中的战争罪》，载《法律评论季刊》（*LQR*）1946 年第 62 卷，第 141 页。

出来的图景仿佛是法条主义在重获生机,或者完全是对国际习惯法的确认。①

战后的情形经常被说成导致了自然法思维的复兴,但这没有为纽伦堡审判提供基础(它在日本战犯东京审判中起到了一定作用,引发了印度的帕尔法官(Justice R Pal)引人注目的异议,他指责自然法带有文化的特殊性(见施克莱,1964:179—190)。纳粹政权的行动肯定违反了伦理价值,但自然法意识形态对许多人来讲——正如帕尔大法官特别指出的那样——过于主观,难以为国际法庭提供基础。不公正和恐怖的意识已被唤醒②:也许,这不是哲学反思的时候,但却是行动的时候;一种政治结构已从纳粹控制之下"解放"出来,是灌输自由、责任和自决的西方式认识的时候了。

尽管自然法似乎太模糊难以成为基础,但很少有人赞成以奥斯丁法律实证主义之现实主义为基础。几位辩护律师尤其努力主张,他们的当事人是在根据"溯及既往的谋杀罪"受审判,(格鲁伊克(Gluek);1946)但这一主张没有被接受。几乎没有人希望听众认为,法庭是在一个新权威下设立起来的,在它"承认"习惯法的时候,有效地创立了新法律。合法性是根据事先存在的内在于战争习惯中的法律原则正当化的,这些战争习惯只是被清楚表达出来了。然而,不仅法庭的实际形象是代表美国出任首席检察官的一个人物——杰克逊大法官的作品,而且,《伦敦协议》(London Agreement)的运作实际上也是司法立法。

政治学与法制构想

朱迪丝·施克莱(Judith Shklar)在她的著作《法条主义》(1964,第2版,1986)中主张,审判证明了自由法条主义(liberal legalism)的政治本质。

---

① 官方说法是,在纳粹实施各种行动之前,一系列国际宣言、法案和条约(以德国和几乎所有其他国家都已批准的1928年《巴黎和约》为顶点)已确立了一条国际习惯法规则,即侵略战争为非法,知道行为的性质且有选择自由时开启或发动这种战争就是犯罪。当然也有强行这一习惯法的先例——1907年的《海牙协定》提供了一份根本性国际文件,但是,对反人类罪的控告,包括种族灭绝、对文明人民所犯的不人道行为、驱逐、奴役、反和平罪,都缺乏历史根据。主张很多事件/行动是"反人类罪",其基础是在每个文明国家的刑法中它们都被确认为犯罪。

② 对罗德·莱特(1946)来讲,纽伦堡法庭的挑战是要对胜利者发现的恐怖作出反应,"在许多年代,这一直被称为'自然法';在现代,简单一点的说法也许是,把它看成是一切可敬的人们都具有的有关对与错的直觉意识的结果,或者把它描述成是从各文明国家的共同原则中演化而来的。这是或应当是一切法律的终极基础"。莱特所做的是修辞,而不是阐述这些对错的"本能"意识的确切基础。

施克莱辨别了两种类型的法条主义。第一种是法律职业成员和法理学作家的思想态度，它将合法性与社会过程分离开来，产生了其思维定式，即法律和法条主义的盛行是理所当然的，对它的定义和分析仿佛可以根据其自身来进行。

> 这种程序用于把法律与它所在的社会背景彻底地隔离起来。法律具有各别的完整的历史、它自己的"科学"、它自己的价值，被当成一个单一的"模块"，与一般社会历史、与政治、与道德隔绝起来……这种思想习惯……目标在于保护法律不受不相关的考虑的影响，然而，把它与历史思想和经验的所有接触中隔绝开来，它已经被毁灭了。(1964:2-3)

第二种是一种社会技术，是"一种伦理态度，它主张道德行为与遵守规则有关"。(同上引:1)施克莱主张，法条主义是一种政治选择；而且，"法律是什么"不是律师能够回答的问题，准确地讲，因为这个问题是深刻的政治问题。

法条主义的两个定义背道而驰。如果法条主义只不过是整顿社会秩序的诸多可能的社会技术中的一种，那么，是什么赋予法律以"权利"来支配各种可选的整顿社会秩序的方法？此外，合法性之意识形态似乎给我们提供了本身就很完善的道德确定性。当施克莱说法条主义是一种政治选择的时候，她似乎在暗示，只要强权国家的政治愿望如此决定，法条主义可以为起诉或不起诉被告人所欲达成的相竞争的政治目标做出牺牲。

施克莱的分析之逻辑结果——既然法条主义是一种政治选择，它就能够为更重要的目的作出牺牲——不是施克莱要传达的信息。施克莱坚称，政治有好坏，政治审判也有好坏；纽伦堡是好审判，为被告人提供了完全的法律保护。[①] 很少有人会认为纽伦堡审判不是好审判，但区分政治审判好与坏的标准是什么？施克莱是不是在主张，合法性没有自我指涉的标准，法条主义必须彻底地简约为政治？正如戈林(Goering)[又见尼维(Neave);1982]所解释的那样，纳粹之所以能够颠覆战前德国的民主和(自由)法条主义，其整体基础在于：合法性不再是必不可少的，自由主义民主政策与国家社会主义的超国家主义目标相比，重要性要逊色一些。对施克莱来讲，假如盟国没有利用

---

① 针对纽伦堡审判的攻击之一是，这些审判是在不公正的司法中进行的，如果有的话，是因为失败者是在胜利者的法庭里受审，曾有人认为他们在那里不会受到公平、客观的对待。然而，随着审判的进行，程序以及论辩和审慎的质量都证明了它们的客观性和公平性。

法条主义的经典原则,盟国就会丧失使它们区别于纳粹的核心文化特征。此外,主要玩家——颇有康德主义风格——希望把刑法进一步延伸到国际司法领域。勿庸置疑,杰克逊发现"侵略战争罪"具有更深层的重要性,即创造出能够为国际关系和国际法的未来发展作出重大贡献的法律概念和范畴。施克莱要求我们,要把政治情势与所要达成的政治目标理解为该程序的合法性之固有组成部分。在法治理念遭受纳粹打击之后,重申法治势在必行。另外,这场审判对美国公众来讲也被当作沟通机制和历史课,证明美国有必要介入国际事务。审判的诉讼程序和证据不仅能够充当真理和原理的论坛,而且还能够抵制美国传统的孤立主义政治文化,不干涉被看成是对暴行的宽恕,应遭到抛弃。

施克莱的论点与法庭外表上的法条主义推理相左,也与战后许多评论者的推理不一致。它以现实主义的相似思路对奥斯丁作出回应,成为在她写作的时代已确立的法律实证主义之对立话语。

法律实证主义的质问以及有关纳粹法律服从的论争:恶意告密者案

1945 年联邦德国法庭不得不审理几个恶意告密者案,对其判决[(1950 1)*Harv L Rev* 1005]相当简单和误导性的阐释引发了实证主义者哈特和程序自然法学家朗·富勒之间的论争(见第 14 章)。对案例的阐述见诸 HO 帕佩(Pappe)的"论纳粹时代司法判决的效力"。[(1960)23 *MLR* 60]几个恶意告密者案涉及的人生活在纳粹统治下,他们利用压制性法律和程序解决个人怨恨或企图。

在一个案例中,被告决定摆脱她的德国士兵丈夫。并在 1944 年向当局举报,她丈夫在从部队返家休假期间有批评希特勒的言论。根据 1934 年 12 月 20 日和 1938 年 8 月 17 日的法律,他被指控发表了批评帝国的言论,并潜在地损害了国防。起先,该士兵被宣告有罪并被判处死刑,后来,死刑被改判为在东部前线服役。他在战争中幸存下来,随即,他的妻子和审理此案的法官在 1871 年《德国刑法典》第 239 条(与非法剥夺自由有关)的指控下受到审判。西德法院判定法官没有犯罪,推断说他的判决是根据当时存在的法律作出的,不管人们如何评价该法律的道德状况。这个妻子情况特殊之处在于:她的行为受违背良知的个人恶意之驱动,她的行为方式在当时也被认为是不道德的。法庭明确裁定,1944 年受害者被宣告有罪时所依据的法律,其道德性质问题与本案无关;他们的判决建立在对当时存在的法律之实际情况的理解基础上,不接受根据道德依据发现纳粹法律无效的任何论证。①

哈特和富勒论争的焦点以一份简短报告为基础,但这份报告错误地暗示说,战后法庭裁定,问题中的法律由于它们不道德的内容而被正式宣告为无效。哈特的论点(1958)相对简单:每个社会都有一种特殊的社会实践,借此,它"承认"法律;纳粹德国创制的法律,无论它们是多么具有压制性或不道德,都是在方法上遵照他后来所称的有效的"承认规则"创制出来的,因而我们必须承认它们是有效力的法律。这没有解决惩罚的争议,哈特暗示,这个问题对法院来讲是一个存在论问题:"我们是否应当惩罚那些被当时有效的邪恶规则允许做了邪恶事情的人?"(1961:211)然而,对哈特来讲,它实质上是行为选择的问题,即"在(两个恶)之间的选择,在极端情况下不得不做出这样的选择",即:(1)决定不惩罚将会宽恕罪恶,因而其本身就是一种恶;(2)"法无明文不为罚"这一原则,要求法院不能因为某种在行为发生时不属于法律的东西而实施惩罚。侵害这一原则就是恶。然而,哈特总结说,在特殊情况下,最好是直接制定溯及既往的刑事立法,比依赖以非道德性来废除效力更好。但是,"不应该使追溯性惩罚的案件看起来像是普通案件,是对当时不合法行为的惩罚"。(《法律的概念》:212)另一方面,富勒(1958)主张,实证主义试图把法律义务与一切其他形式的义务分离开来,该企图所包含的形式主义守法义务观念是站不住脚的。依富勒之见,在后纳粹语境下,法院要想重建一种切实可行的法律秩序,就别无选择,只能考虑道德问题,就纳粹调整模式的效力与道德融贯性相关的问题,法官必须发表深思熟虑的观点。富勒引进了"对法律的忠诚"概念,这个概念依赖于法律体系的"命令能力"。一个法律体系要求有"最低量的道德幸存下来";如果道德的"水平"下降到某一点以下,该法律体系可以被说成停止运行,因为它没有资

---

① 在另一战后基于相似事实的判决中[见帕佩,《论纳粹时代司法判决的效力》,(1960)23 *MLR* 60],被告人被指控非法剥夺他人自由和杀人未遂。被告最初被宣告无罪,西德联邦最高法院应上诉撤销了该判决并将该案发回下级法院。最高法院提出了三个根本性的重要观点:第一,如果该诉讼不适当,那么,主审法官就与发动诉讼的人一样有罪。第二,没有必要考虑受争议的纳粹法律的效力,因为即使从表面上看,它们也没有被正确适用。该法律关系到公共言论,如果这还有什么意义的话,那么,它必然意味着与私下言论的不同,后者肯定包括问题中的配偶之间的谈话,它不是公共言论。第三,即使这一观点没有被采纳,法院也有宣判的广泛自由裁量权,在这类案件中适用死刑(后被减刑)实际上无异于过失地放弃责任。因此,该战时诉讼程序不当,被告和法官都有责任。被告通过恶意滥用诉讼造成伤害,具有犯罪意图,这种意图表现为不恰当的诉讼中的一些行为,而在该诉讼中,她又是一个从犯。这一论辩思路肯定有许多称赞之处,因为它依靠程序滥用来解决前面的问题,这些在纳粹法学中是不难发现的。

格要求其公民服从。这样，没有最低的道德内容，法律体系就不再是法律体系。

让我们就实证主义事业对富勒再作概述。实证主义的基本目的，是把合法性与其他形式的社会秩序划分开来。分离论和功利主义思想的兴起，是辨别"秩序"与"好秩序"这一雄心勃勃计划的组成部分。然而，虽然这一目的值得称赞，但是，通过坚持分离论，实证主义者没有达成他们促进和保护对法律的忠诚之目的。哈特的承认规则引导他得出结论："在纳粹统治下，存在法律，即使它是坏的法律。"哈特关于道德义务的立场很简单（而且，也许是危险的乐观态度，见稍后的评论）：这种显而易见不道德的法律，产生了抵抗的义务。既然道德性是与法律的分析性定义分开的，它成了法律批评的主要成分，成了提倡改革的工具。我们没有被告知，哈特是根据什么来指望一个意识形态主导体系（如纳粹）中的国民去声称存在道德不平等。

法律实证主义的核心旨意是法律与道德的分离。这涉及两个可辨别的理念。(1)实证主义者声称，我们不进行任何道德判断就能够确认现存法律是什么。某一规则是不是法律规则，依赖于它是不是在某种渊源（例如制定法或判例）中规定的，不管它是好或坏、正义或非正义，它都是有效力的法律规则。同等地，一个规则，如果不能在任何可确认的渊源之中找到它，它是正义的、合理的这一事实不能使它成为法律的组成部分。(2)实证主义者主张，我们用以叙述法律权利与义务之存在的那些命题，不是道德判断。实证主义的反对者可能会论辩说，除非我们认为一条法律是道德上有约束力的，我们就不能说它施加了义务、赋予了权利。实证主义者回答说，这种观点利用了"权利"和"义务"这两个术语的两种不同意义。也许，一条法律如果不具有道德约束力，它就不能赋予道德权利、施加道德义务，但我们能够把它当成在赋予法律权利、施加法律义务，无论我们是否认为它有道德约束力。因此，实证主义坚持认为，法律权利不是各式各样的道德权利或义务，两者相当不同。哈特的论点（在《法律的概念》第9章中形成的）可以被称为一种"道德上的公民测试"。①

①　实证主义者不否认法官有时候引用道德价值或社会政策因素来决定案件。他们否认的是法官在确定现有法律是什么的时候必须进行道德或社会判断。在已经确定相关规则是什么的情况下，法官可能会发现，相关的法律规则没有为他正在处理的案件给出答案。因为先前存在的法律没有给出答案，所以，法官必须以超出法律的考虑为基础来决定案件。在这样做的时候，他将确立一个新规则。同理，使该规则成为法律规则的是它是被一名法官设定的，而不在于它是基于道德考虑这一事实。实证主义者不否定有服从法律的道德义务，他们只是主（转下页）

在回应哈特的早先论述时,富勒驳斥这一观点是"不现实和危险的"。它之所以是不现实的,是因为法律实证主义假设:在一个没有任何合乎道德内容的法律体系中也能有秩序,是因为它在普通人身上加了太重的负担。虽然法律实证主义假定道德性可以与识别法律的任务分离开来,但在实际的社会中,在识别法律的通常过程中——用哈特的术语来讲,利用承认规则——充满了道德考虑。承认某个东西为法律,而不描绘它周围的"晕圈"或没有感觉到义务的影响力,也许只是为愤世嫉俗者开方便之门的行动方式。① 纳粹利用了以下事实:在魏玛共和国存在大量愤世嫉俗的现象,愤世嫉俗者经常寻求(失去的)意义。关于哈特的断言成问题之处在于,在受到严重干预的、官僚的现代生活状况下,行动的现实是,结构性决策条件使道德反省和便利的问题极其困难。许多人玩着游戏,但游戏规则却是纳粹制定的。重复一下这一论点的特征:那些让犹太人在集中营生产中参与合作的犹太人委员会(Jewish councils),如果其全体成员活了下来,哈特是否希望他们受到谋杀罪的审判?让如此多的犹太人在灭绝犹太人中合作是如何可能的?鲍曼在他对大屠杀的分析中(1989:26)提出,大屠杀在技术管理上的成功,部分归功于巧妙地利用了"道德安眠药",现代官僚体制和现代技术使其能够获得。大多数行动是序列性的,即是说,整体含义在开始时并不明显,但一旦启动,一连串的卷入就难以停止——通常,主体停下来比采取下一步行动会失去更多。此外,不仅人们通常不可能把握事业的整体,而且,除了注意到他们正在观察或参与的小范围场景之外,人们对任何事情都视而不见。

要补充和现实地评价哈特的批判性公民测试这一概念,我们需要研究现代社会状况下的服从和抵抗。我们当前有的研究,没有作出乐观的解读,公民太容易服从有权威的人物。米尔格兰姆服从试验的证据(1963;1974),显得非常有说明力。当一个被认为有权的人命令下属从事道德上受质疑的行为时,许多人都乐于遵命。米尔格兰姆明确提出,权力来源与伦理价值的多

(接上页)张,法律是什么和它是否应当得到服从是两个分开的问题。确实,边沁、凯尔森和哈特主张,我们对服从法律的义务的范围的道德反思,通过采用实证主义的法律观就能够得到澄清。对奥斯丁——一位彻底的实证主义者——来讲,遵守一个人不赞成的规则通常合乎更大利益,因为习惯性地破坏规则的结果,将比遵守一条要求你完成不能赞同的任务所带来的不便或不利要糟糕一些。

① 即使在当代有关法律(如 LA Law)的非真实描述,即把法律现实描述为有魅力的官僚政治的描述中,成为一名律师也是进入一个充斥着道德的领域,在那里,法律的精髓就是道德上的正当。

元有助于避免无条件的服从。"当你有……权威……在一个自由领域内运作,除了受害者的抗议之外没有其他抗衡的压力,只有在此情况下,你才能获得对权威的最纯粹(顺从)的反应。"[引自鲍曼,1989:165;对服从和现代社会问题的一般讨论,见米克松(Mixon),1989]

　　法律实证主义的回应可以是主张,要控制对专制权力的热望(富勒和德沃金等法学家对此有表述),不能借助改变法律承认标准的内在性,而要借助不同手段,也就是说,要密切关注理解法律、权威与服从的关系,即,要密切关注社会过程。这种回应,只有在法律实证主义者们把他/她的法律科学意象放进跨学科的事业之中,才能得到支持。虽然有些学者——例如凯尔森(见第12章)——特别赞同这一点,但是许多人似乎对这一含义视而不见,尽管这一领域的含义是清楚的:现代性需要通过各式各样的透镜来理解,只有通过批判性的学科之间的对话,一个学科才能克服自身的局限性。

第十二章　汉斯·凯尔森的纯粹法学

当我们把握国家与法律的统一,当我们已经看到法律(实在法而不是正义)正是作为国家的强制秩序时,我们将会获得一种现实的、非拟人性的、非神性的观点,这一观点将会清楚地证明,在正确法、正义的意义上,不可能用法律论证国家的正当性,正如我们不可能用法律来论证法律的正当性一样,除非法律这一术语是实证意义,但是现在它是正确法意义上的法律,是正义。以法律来论证国家是徒劳的,因为每一个国家必然是一个合法的国家。实证主义提出,法律只不过是人类的强制秩序。关于该秩序的正义性或道德性,实证主义自己不想说什么。国家不多不少就是法律:在它的理想意义上讲,也就是从它的思想体系上讲,它是规范性法学知识的对象;在它的内容上讲,也就是作为受动和推动的物理行为上讲,它是社会心理学或社会学的主题。(凯尔森,1935:535)

在社会科学、特别在法律科学中,仍然没有一种影响来抵制那些合乎正在掌权以及渴望掌权的人的愿望的理论,即政治意识形态的压倒一切的利益……然而,如果作者敢于发表这一法与国家的一般理论,这是因为他相信,在科学自由还继续被人尊重、政治权力比任何其他地方更为稳定的英美世界中,思想比权力更受到尊敬。他还希望,甚至在欧洲大陆,当它从政治暴政下解放出来后,年轻一代也将被争取到独立的法律科学的思想方面来,因为这样的科学成果是决不会丧失的。(凯尔森,1945:《法律与国家一般理论》序言)

走近纯粹法学

奥地利人汉斯·凯尔森(Hans Kelsen)(1881—1973)[1]被普遍认为在他

---

[1]　凯尔森 1881 年出生在布拉格一个犹太人中产阶级家庭里,此后不久他的父母就返回了维也纳。后来,他成了 20 世纪欧洲大陆最杰出的法学家。从 1911 年到 1930 年,他担(转下页)

自称的"纯粹"法学中创造了一种最极端的法律实证主义理论。凯尔森的理论在两种意义上是"纯粹的"：

（1）它据称没有意识形态考虑，没有做法律体系的价值评判，"法律规范"分析不受正义法是什么的任何观念的影响；

（2）守法的社会学研究，以及对法律发展的政治、经济或历史影响的研究，处于纯粹法学范围之外。

凯尔森主张，从纯粹法学的观点来看，这些研究预设着对法律本质的先验考察。换句话说，凯尔森声称纯粹法学要先于任何其他法律研究，这是因为，那些采纳法律的"外在"视角、实质上主张研究法律和法律体系的现实的学者们，必须以承认所要观察的实体实际上是以法律为先决条件的。凯尔森在 1934 年首次以英语出版的著作中声称：

> 纯粹法学是实在法的理论。作为一种理论，它只关心其主题事项的精确定义。它努力回答的问题是"法律是什么"而不是"它应当是什么"它是一门法律科学而不是关于法律的政治学。（1934:477）

批评者对该理论的严谨大加赞叹，但发现，作为形式主义的例子，它的纯粹性过度泛滥。结果，该理论的研究经常被用来说明欧洲大陆对概念严格性的痴迷。这仅仅以形式结构去处理法律，把所有目的和内容都排除在法律科学家兴趣范围之外，它的"纯粹性"也被说成是使法律理论在社会世界理论化方面的作用过于狭隘。因而，凯尔森的理论可以受到指责，说它在社会权力面前削弱了法理学的想象力，它把法学家或律师变成了任何主导性政治意识形态的温顺奴仆。[施密特，（1922）1985:45；布洛赫（Bloch），1985:146-9]吊诡的是，正是那些关切激发了凯尔森的热望；凯尔森认为形式主义之指责在针对其理论提出的批评中是最愚蠢的。那么，我们如何对待凯尔森呢？要透彻地理解纯粹法学，必须把它放在特定背景下，即凯尔森对政治和社会意识形态的关切，以及对多元主义知识观的关切：他对纯粹性的追求产生于方法论和政治的关切。理解了这种语境，就有希望促进我们鉴识纯粹法学的含义，更好地确定它在现代性潮流中的地位。

（接上页）任维也纳大学宪法学教授，亲历了奥匈帝国的衰败以及第一次世界大战之后新国家的艰难诞生。他以美国最高法院为模板设立了奥地利"宪法法院"，这个法院从 1921 年开始运作到 1930 年。凯尔森还是奥地利共和国 1919 年宪法的核心起草者。面对极权主义，凯尔森倡导民主和多元主义，不得不从纳粹德国逃到美国。在那里，他成了加州大学伯克利分校的政治学教授。

凯尔森的社会与政治议程

凯尔森著书立说,是为了反对科学构想的还原主义和日渐渗入的官僚权力,捍卫人本主义的人类观念。为了拯救人本主义的自由领域,凯尔森求助于康德、韦伯和尼采的深刻洞见。科学还原主义以自然科学的模式简单地应用实证主义,影响我们对人类传统的理解。为了把我们从这种科学还原主义中解救出来,凯尔森求助于康德的认识论。[①] 为了把我们从官僚理性的铁笼中解救出来,他求助于尼采的批判风格。归根结底,凯尔森追随韦伯,认为官僚制对现代国家来说至关重要,但是,我们应该看清其本质:官僚制是一个没有必然规律性的空洞结构,国家也不是一个具有任何神秘意义或具有某种历史使命的有机体。在凯尔森手里,国家变成了一种法律秩序,但这种法律秩序既不自动地完成由事物的自然秩序决定的功能,也不能被假定包含了什么希望与期待。为了理解纯粹结构下的法律,我们必须去掉法律的动人外衣;法律只是一种强制性结构,一种以等级方式组织起来的(非道德的)规范体系,这些规范规定了国家代理人借此有资格(有权)执行制裁的条件。我们要弄明白,凯尔森建构这种体系,并不是为了从法律事业中去除人文精神——这是人们解读他的著作的最普遍方式,而是为了让我们了解:除了人类的设计之外,没有什么在推动法律向前发展。[②] 在 20 世纪早期的压力面前,凯尔森是如何设法拯救人文主义的呢?

第一步,确认人的基本自由。必须承认,人不只是实证主义的经验科学似乎要把他简约成的那种东西。凯尔森认为,社会科学曾经将人类的法学上的意象或自由意象当作其研究主题,但是,随着实证主义的发展,决定论和还原主义的方法论从自然科学中引入进来。结果是我们理解人类状况的能力

---

① "纯粹法学并不是以康德的法哲学而是以他的知识理论为基础的"。(凯尔森,1945:444)

② 凯尔森尽力强调,法律体系的规范并不是由自然图样的"镜子"强加给我们的,当法律科学家试图分析法律秩序的结构时,他/她也不是在研究某种天然造就的结构,就像它是某种非人类的机器形成的那样。他断言(1957:179-80):"从一个规范'存在'这一陈述中不能推论说,它像事实一样存在因而必须包含在(某种非人类的)现实之中。该陈述只意味着一个规范是有效力的,它是人类行为创造的,而这又意味着一个规范是一个人类行为的特殊意义。"

被弱化了。① 凯尔森提出,我们必须严格划清自然与社会的界限,以此努力保持人类存在的特殊地位。我们也不能逃离社会——社会经验是无可逃离的,因为个人生活与他人息息相关,个人感到陷入、纠缠在众多的关系网络之中,他人在为他提供同伴以应对生活的危难时,也限制了他。我们梦想超越,以追求彻底的自我意识,但是,我们总是困惑不已。我们想要观察现实,窥视和考虑全部场景中的自己;然而,我们不能看到整体。因而历史地讲,我们面对着神秘和相对主义;不能忍受这一点。我们转而相信"道德绝对主义"和某种客观现实的真理:它独立存在于人的认知之外,关于它的知识能够为我们所用,用来改正错误,使专家(那些窥视了"自然的魔镜"的人们)能够告诉我们做什么事情。② 凯尔森建议,社会存在的神秘在传统上一直是用宗教际遇的结构表达的,这种经历的基础是什么?原始人面对一个神秘的世界,他们在其中相对地讲是没有力量的,为了使世界可以理解,他们想象了一些虚构的图腾,赋予它以宇宙的力量。为了维持共同体,人类创造了有意义的图腾,在这样做的时候,权威中心就构成了。体验统一的需要,有助于想象一位至尊的实体,它在提供了无可争议的权威来源的同时也代表了潜在的统一性。社会经验围绕着这些权威和共同体,但是,凯尔森主张,权威和共同

326

---

① "社会问题,作为科学知识的对象,原本是决定人类关系的正义秩序的问题。社会学是以伦理学、政治学、法学的面目出现的,无论是独立的还是作为神学的系统部分。在每一种情况下,它都是一门规范科学,一种价值理论。只是随着19世纪的开始,才出现了处理社会理论问题时采用因果方法的倾向。社会学鼓励探讨的不再是正义而是人际行为中的必然性;这门学问不是试图决定人们应当如何行为,而是他们实际上如何行为以及根据因果法则必然如何行为。社会理论从规范探究向因果探究的整个转化,表示其知识对象的质变。因而,自然科学把社会科学推到一种无异于自我毁灭的行为之中,这是不能完全用以下事实来解释的,即19—20世纪自然科学的成就使它的方法成为典范。有关社会关系的科学从伦理科学向因果社会学,即解释实际行为的现实、对价值漠不关心转变,这种转变大多是今天完成的。从根本上说,它是社会科学在一个目标面前的撤退,它失去了征服它的一切希望,这是具有千年历史的古老科学在被迫承认,至少暂时地承认,它把它的重要问题作为不能解决的问题而放弃了"。

② 凯尔森将"道德绝对主义"与"哲学相对主义"相对照,他相信,前者将会导致反民主的权威主义政府,后者虽然导致怀疑论,但却是与多元主义和民主政治联系在一起的。哲学相对主义将存在整体当成一个谜。"哲学绝对主义是一种形而上学观点:有一种绝对的现实,也就是一种独立于人类知识而存在的现实。因而其存在是客观的,它不受时间和空间限制或超越时空,而人类认识是受时空限制的。另一方面,哲学相对主义提倡这样一种经验理论:现实只有在人类的知识范围内才存在,而且现实作为认知的对象是相对于认知主体而言的。绝对之物,或事物本身,超过了人类经验的范围;它是人类的知识不可接近的因而也是不可知的。"(1957:198—99)

体"并不是两种不同的客体,只不过是人类思维进程的不同阶段,而这些阶段不是以单一方式顺序相承的"。[(1922)1973:62]

　　社会不同于自然。人类,而不是自然,才是真正的主题,因而,我们不能把研究自然科学的程序同样地应用于研究人类。人类的独特性在于其有颁布并遵守规范的能力,规范要素赋予人类以超越自然的能力。法律是规范性地构建人类关系的特殊技术,它是人类的进步社会的构成手段。法律——法制——提供了人类社会借以创造社会结构化网络的机制。法理学研究,即早先的作者所称的"公民科学"(civil science)的研究,提供了通向人类社会所拥有的独特构成技术之路:"只有在针对社会性的考虑把自己保持在一种伦理的(或法律的)规范性立场的情况下,社会才能被构建成不同于自然的客体。"(同上引:64)因此,凯尔森的分析从描述开始,但这是一种特殊的描述;它是一种现象学的描述,声称要产生有关法律秩序的——内在的或规范性方面——本质上通人性的描述。

　　第二步,去除法律表现主义传统的危险。我们已经讨论了表现主义传统在卢梭和黑格尔那里诞生的情况,但对凯尔森来讲,这种表现主义解读是与历史宿命论和历史表现主义的意识形态共存的。法律实证主义,在它给我们法律是人类智识或权力的产物之理念意义上,容易被解读为好像暗含着权利必定与法律秩序相等同。也就是说,法律实证主义与由法律、习惯和法理设定的规则相等同,与历史过程中确立的制度相等同。凯尔森明白,我们必须做出选择,虽然接受下面的说法在有关存在的问题上让人感到安慰,即特定的法律秩序表达了我们的社会与政治信念和原则,并且这些是历史宿命运动的结果,但是,这弱化了我们的批判主体性。我们沉浸在意识形态的网络中,只有严格的科学进路才能砸碎这个锁链。①

　　凯尔森相信,我们必须努力创造值得尊重的人类秩序,一种有资格主张正当化和权威的人类秩序。然而,尽管我们必须重视建立有价值的社会秩序之事业,重视法律秩序在社会关系人道化方面的作用,但与该进程保持批判性距离极为重要。换句话讲,如果不确立使更复杂的人际互动成为可能的具体法律整序结构,社会正义的历史探究就不可能,正是这种人际互动,使正义

---

　　① "纯粹法学希望展现现实然法,而不是应然法……也就是说,(它是)一种法律实证主义理论。纯粹法学认为它不得不只把握实在法的本质,而且,通过其结构分析来理解实在法。具体地讲,纯粹法学拒绝为任何政治利益服务,提供'意识形态'来论证现存社会秩序是正当的或不合格的……因而纯粹法学将自己放在与传统法学尖锐对立的位置上,传统法学有意或无意地、时多时少地具有'意识形态'的性质。"(凯尔森,载于温伯格,1973:246—7)

取得了特殊形式。然而,法律秩序不应该被解释成权利和正义的必要或充分方面,及其在人类社会中的具体体现。有很多人在凯尔森的直觉语境下落入了这一陷阱。第二次世界大战之后,许多学者相信,在德国和奥地利,法律实证主义所支持的制度构想削弱了法律的伦理,不加批判地反映了对国家的信任,相信它有创造正义(权利)的力量。法律调整——法律权利与义务的分配——的体制,被解读为权利借以产生的过程之具体体现,被解读成反映了一种半神秘的潜在历史过程。在此过程中,"权利希望成就"自己,希望在事物的历史进步中表达自己,"实现自己""适时体现自己"。法律(权利)就在那儿,具有现实性,贯穿在自然过程的必然性——自然"实践"的客观性之中,在那里,自然为我们设计了通向"人类和平体制"的真正道路。在这种思想路线下,法律规则不是人偶然创制出来的,而是在进步的历史发展中被发现的。法律秩序和正义秩序被混淆起来,法律权力和权利被混淆起来。有必要重复一下德国法学家拉德布鲁赫的立场:迟至 1932 年,他在《法哲学》第 3 版中似乎还在受德国浪漫主义历史宿命意象的支配。当时他论证说,获得实施法律规定的权力的那些人,借此表明他们是应历史律令的召唤去这样做的。支撑该著作的意识形态似乎是这样的信念:历史产生真理和权利,而权利属于那些赢得历史战争的人们。法官的职责是使法律的效力意志(will to validity)变成事实上的效力。法官只需要问自己根据法律应当做什么,不要主观地考虑根据道德应当做什么,也就是不要顾及什么是正义的或非正义的。法官要承认法律命令的客观性,信任正义(right)之历史宿命的运用,而不是他自己的正义感。法官不得受其主观的、非法律的正义感的影响。因此,法律实证主义似乎在教导法官:他们不能抗拒法律秩序的号令,只要发布号令的权威有执行其命令的有效权力。第三帝国战败后,拉德布鲁赫声称,他先前提倡的态度显露了法律实证主义在伦理方面的无能,显示有必要恢复某种形式的自然法思想。因此,他在 1947 年写道,法律科学家应该再回到古典智慧:比法律更高级的正义(right)——自然正义(a natural right)、神的正义、理性的正义。非正义即使被赋予了法律的形式,也因该尺度的衡量而依然是非正义。把正义(right)与法律秩序等同起来的人是错的,正如把正义(right)与权力等同起来的人一样。法律实证主义被当作一种贫困的法学构想,苟延残喘式地维持下来。20 世纪 20 年代,天主教法学家(后来的纳粹法学家)卡尔·施密特走得更远,甚至声称凯尔森的纯粹法学支持将权力与公正的法制相等同。施密特声称,纯粹法学是纯粹官僚的理论。
[(1922)1985:45]

328

但是,凯尔森是在尽力切断法律与褒奖历史的意识形态之间的联系。对凯尔森来讲,纯粹法学是一种相当逼近现实的法律理论。它首先主张法律规则是人制定的,它们是人定的,不是某种基于历史宿命的理性结构发现的。人类创造这些法律,这些强制权力的结构,这些权利与义务的配置,是为了实现社会目的,是为了正义降临世界,但法律的存在并不确保任何法律秩序是正义的。我们必须旗帜鲜明地把程序和程序所采用的结构形式的必要性,与有关社会生活目的的论据区分开来,分析强制力的结构,不同于讨论正义和社会进步问题。要把我们的分析的其中一个理解为法律科学家,把我们的分析的另一个理解为哲学家、社会学家、有情怀的人,它们是不同的事业。我们限制我们的智识能力,不是要削弱人性,而是为了理解我们知识的局限性,把我们从卑劣专制者的狂热下解救出来;他们总是让我们相信历史的正义、神的正义在他们那一边。

我们不禁不断地问:"我们是谁?""生活的意义是什么?"凯尔森有意识地回忆苏格拉底的回答:生活是有情节和脚本的戏剧巨作。然而,苏格拉底认为我们必须承认我们对脚本一无所知,但有组织的宗教给了脚本一个作者,给了变化一个设计者,给了原因和结果一个第一因……并在最后把上帝展现给我们,他是一切权力的根源,我们必须在他面前躬身祈祷。我们因恐惧而颤栗……然后,霍布斯深思那种权力,拿过他的神力把它交给国家,赋予利维坦我们进步的希望和恐惧。这是为什么?20世纪早期,凯尔森看到了威权国家日益增强的支配力:它在世俗历史宿命论意识形态的支持下,接过了曾经给予上帝的敬畏,使法律主体困在政党机器和国家组织的官僚纪律之中。个性,一度被认为是现代性的新兴主题,现在却正在归于无形。尼采已讲过潜在于这种制度化敬畏之下的大众心理学。凯尔森问道,为什么现代性不具有没有上帝也要生存的勇气?

> 如果我们了解在政治舞台上演出宗教剧或者社会剧的演员们,除去他们脸上的面具,那么我们就不再有实施奖惩的上帝,不再有谴责战争和制造战争的国家,而只有施加强制于他们身上的人们,不论是战胜乙先生的甲先生,抑或是一头正想缓解其复苏中的对血的渴望的野兽。[(1922)1973:67]①

---

① "(我们可以)把凯尔森的法理学看作律师—官僚在变化着的政治环境中实践着的意识形态,他在形式最为多样的权力机关之下,对暂时性政治机构具有相对主义者的优势,试图把向他宣布的实在命令和规章进行系统的排序。"

面具落了下来,戏剧失去了以预定含义的咒语控制我们的能力,我们面对一套不同的含义。但是,我们怎样看到"真正"的现实? 难道我们不是确实要采用某种新视角去代替旧视角? 例如,如果我们采用严格的自然主义科学视角,那么,我们就会忽视面具,看透"灵魂与肉体赤裸裸的、自然必然的、受因果决定的运动"。因此,使用严格的还原主义工具,经验地聚焦心理学或生物学,我们把宗教、民族、国家的权力解构为意识形态的虚构,但我们这时就只是用"身体和心理的行为"看待生命,探问"它们的原因和结果,将只看到自然而看不到其他东西"。[(1922),1973:67]人,作为人性创造物,作为道德或政治行动者,被消解为纯粹的因果复合体。人如何才能解得到解救,使其不致毁灭在自然主义科学手中? 还有,一门法律的科学如何才成为可能?

凯尔森的纯粹法学是对在多元主义现实中建构社会结构这一问题的形式主义回答

凯尔森对他所揭露的难题的解决方法,采用了新康德主义的独断认识论。我们永远不能达到绝对"真实的"现实,但将总是贯穿某种概念图式,问题就变成:何种概念图式适合待检验的材料?

这一议题在两个方面对法律研究至关重要:(1)我们如果要理解法律现象的独特性,就需要一种忠实于现象的科学。(2)如果我们勇于正视上帝的缺位,法律本身就要严肃对待刻画世界之特征的认识论相对主义;上帝的缺位意味在认识论上找不到一个主脚本去调和我们经历的所有变化。这影响着法律在政治上的用途,因为,如果认识论相对主义把握了世界的特征,那么,我们就不能接受出于法律调整目的的主脚本。奥斯丁的意象,即法律是政治经济学或伦理学等科学真理指导下的功利主义规则之合理工具,必定只能看起来是一个建议。那么,我们如何为法律确立正当性,要它保证我们的法理学构想不僭越其能力范围、产生新的幻想? 凯尔森对这些问题的解决方法是采取形式主义程序。① 要消除认识论的不确定性、解决"真理体系中的

330

---

① 纯粹法学的目的是对实在法律秩序进行结构分析,这一理论的"纯粹性"只在于,它从它的研究领域中清除了一些问题,因为它们所要求的方法与适合于它们的特定问题的方法不同。纯粹性这一假设是避免方法调和论所不可缺少的要求……当然,从纯粹法学的研究范围内消除一个问题,并不暗示着要否定这个问题的正当性或研究这一问题的科学正当性。法律可以是不同科学的对象,纯粹法学从来没有声称自己是唯一可能的或唯一正当的法律科学。(转下页)

谬误"议题,答案是程序。在政治学中,民主、讨论和选举提供了使政策达成一致的办法,同样,法律体系能创造内在于合法性的真理。

> 根据一条法律陈述的内容,在特定条件下而且只有在这些条件下施加一个强制行为,然而,在一个强制行为(例如惩罚)被实施的具体案件中,是否出现了法律陈述中预见的条件(例如犯罪),国家判定一个无辜的人有罪是否没有错误,这些都可能是有疑问的。法律秩序规定了上级法官对判决的检验(checks),也可以理解为对这一系列检验(checks)设置了限制。终审判决具有法律效力(terminates in legal validity),不能再变。所以,适当地讲,法律陈述不应该 be held to run：如果任何人偷盗、杀人等,他就要被惩罚——因为关于一个人是否已经做了一件事的真相怎样得到确认呢？法律陈述应该是：如果在特定程序中我们假定一个人已经偷盗了、杀人了等,那么他就要受到惩罚。对于这一陈述,在国家一方没有审判错误,没有不合法的事。(同上引:79)

因而,真理内在于它的决定程序中。法律上有罪或者无罪,有罪或者无罪的归结之效力,在于它所遵循的正确程序之中。程序的目的是确定真相,但绝对的真相永远不能达到。总有某种其他视角、采取某种别的步骤的可能性。但是,探究必须在某处终结。

法理学的主题是什么？是法律,法律是人的创造物。法律特有的"存在"是什么？是"人"(person),不是被还原的经验科学的对象,而是类似有作为神学素材之灵魂的人,有法律能力的人——法律主体。[①] 相信灵魂的存在,对传统宗教必不可少；相信自由的法律主体之存在,对法理学同样必不可少。但是,对灵魂的信仰被神学用来确立上帝的存在,上帝与子民的关系建立起来,其目的是确立一种统一体。信神的子民淹没在他对上帝的爱、上帝对子民的爱之中。当这种"统一体"转换到法律主体时,国家把国民淹没在一个有机统一体中。但是,当我们分析人的思想史时,我们明白：上帝,除了作为人敬畏存在之神秘的心理结晶之具体体现,就无法存在。上帝和国

331

(接上页)对于彻底理解复杂的法律现象来讲,法律社会学和法律历史学是必不可少的。[(1948)1957:294]

① "就像人,按上帝的意象创造的人,一种精神存在,在神学体系中看起来不是真正的自然有机体即动物有机体而是像灵魂一样。法理学必须着重强调,人进入考虑范围,不是作为一个生物学—心理学的单位,而是作为一个'人'(person),一种具体的法律实体。因而,它模仿国家的意象类似地创造了人,法律上的人。"[凯尔森:(1922)1973:79-80]

家,只有在它们被信仰,并在它们被信仰的范围内才存在。它们所有的巨大力量充盈着世界历史,但如果人的灵魂能够摆脱这种信仰,这种力量就会崩溃。(同上引:80)我们要想成为完全的人就必须摧毁上帝,然而,在去除我们对上帝的信仰时,有一种风险:我们可能会丧失给予自己以灵魂的能力。相似地,如果我们要从国家的理念中去除所有表现主义的含义,我们是否会丧失作为法律主体的重要智识能力?完全可能,但我们将保持我们的自由,它是人性之所在。

法律实证主义情况又怎么样?

法律实证主义的不完全理性化

法律实证主义还没有成功地摆脱为不可预知的社会秩序提供辩护之自然法倾向。奥斯丁的法律实证主义,尽管想把法律科学与一切道德内容分开,但实际上无异于政治经济学的辩护:对私有财产的辩护。纯粹的法律科学不应该为任何事情提供证成。

> 在拒绝以法律为国家提供论证时,纯粹法学并没有暗示说这种证成是不可能的,它只是否认法律科学能担当此角色。确实,它从来都否认把证成某种事物当成法律科学的任务。证成暗含着价值判断,价值判断是伦理学和政治学的事,但不是纯粹知识的事,法律科学只致力于服务于这种知识。(凯尔森,1935:535)

纯粹法学的结构

凯尔森似乎要接受韦伯的法律权威理论,分析它的形式结构。凯尔森在法律体系的性质方面作出了某些假设,以建立他的纯粹法学。具体地讲,他假设,法律体系是自主的、完全自足的,在逻辑上和体系上是相互关联的。法律体系在结构上是等级式的。他的纯粹法学的大量著述都是在详细说明体系内部规范的关系,规范之间的冲突或矛盾之可能性,以及解释和立法的性质。

其起点是凯尔森在法律的"是"(is)与"应当"(ought)之间的区分。凯尔森声称要提出一种"纯粹"理论,描述现有的法律结构。然而,法律科学的主题是法律秩序的规范性材料,凯尔森法律科学观念中的"是"是由(法律的,不是道德的)"应当"(oughts)之描述构成的。法律秩序是由应当命题的体系构成的。

凯尔森把奥斯丁解读成一个相对纯粹的经验主义者。也就是说,奥斯丁把他的分析停留在一般描述层面,没有进行必要的解释活动,去认识所观察的社会活动之特殊法律性质。凯尔森从根本上指责奥斯丁不理解法制的规范结构,主张奥斯丁的理论最终是想从"是"中推导出"法律的应当"。(凯尔森,1973:271—287)奥斯丁理论的基本建筑模块是对社会事实的观察,把规则和义务思想简约成主权者的命令和这些命令的执行;在寻找经验数据建立法律科学时,观察者记录主权者的规律性:他受到习惯性的服从;他不服从任何其他人;他号令那些习惯性地服从他的国民。但凯尔森问:"这怎么描述某个人在其中'应当'服从法律的程序?"

对凯尔森来讲,规则是一个规范体系(以成文等形式)可观察的特征。规则因而是法律的表面外形,规范是它的内在实质。尽管这些可能来源于意志行为,即议会或采纳习惯的某个法官的"意志"行为,但是,该意志行为一旦被接受为"法律",就具有独立存在性。它们不依赖某个发号施令者的意志去保持其效力:"一个规范是一条规则,它规定一个人应当以某种方式行为的规则,但不声称这一行为是任何人的实际意志。"(凯尔森,1973:273)在一个实际的法律体系中,有一些我们可以经验地观察到的事物——规则和行为,以及我们不能观察但为了使经验事件具有意义而加以归责的事物——规范。规范是法律秩序不可观察的智识方面,是实质。我们的分析必须保持对规范本质的忠诚。当法律秩序给我们施加义务时,这些义务——这些"应当命题"——不可能来自于某种自然秩序,它们只能来源于人的意志行为。① 人们通过某件事应当做或应当克制不去做的人类意志创造规范。但

---

① "自然作为根据因果法则彼此相连的一系列事实,没有意志也不能明确地规定人类行为。也就是说,从事实、从实际的存在或者实际的所作所为,不可能推论出什么应当是或应当做什么。只要自然法理论努力从自然那里演绎人类行为的规范,它的基础就存在逻辑错误。同样的道理也适用于人类理性。规定人类行为的规范,只能来自人类意志,不能来自人类理性。因此,以人的理性得到人应当以某种方式行为这一陈述,其条件是,通过人类意志已经确立了规定这种行为的规范。人的理性能够理解和描述这种行为,但是不能规定它。在人的理性中检验人的行为规范是一种虚幻,就像从自然之中演绎出这些规范一样。"(凯尔森,引自《什么是正义》,1957:20—21)。

是,规范一旦确定下来,就在持续存在的法律秩序中呈现出独立存在。① 但是,这种应当是什么?它是道德上的应当吗?法律体系的存在是否意味着我们在道德上应当服从它?不。这是法律上的应当而不是道德上的应当。对法律秩序的描述,作为一系列应当命题,完全不同于说法律应当是怎样(规定实质内容),或者它应当受到道德上的尊重。

> 法律规范可以有任何内容。任何人类行为都不能因其本质而不能成为对应于一项法律权利的法律义务。(凯尔森,1945:113)

法律规范是规范的特殊子集。其特殊性来自如下事实:(1)规范实质上是指引行为的——它可以施加义务,但也可以变成许可;(2)道德规范是描述我们行为主观偏好的单纯命题——因而,不可能客观地证明自然法。但法律规范是制度化的,因而具有客观和主观的性质。

注意:对凯尔森来讲,道德判断本质上是非理性的,因为它们起源于我们感情或直觉的表达。道德相对论,或者没有什么绝对有效的道德真理能够得到证明的境况,是现代性的宿命,是法律秩序的程序方面才赋予法律规范以客观效力。我们得出的结论,与那种激发了奥斯丁最后未发展之事业的希望恰好相反。奥斯丁的希望是法律与伦理的结合——法律科学与伦理学相联合,但是,凯尔森丝毫不是在暗示,奥斯丁之所以从来就没有开始从事他设想的最后事业,是因为他不能完成那项任务;相反,凯尔森主张,价值非理性主义(为某种把一切价值立场结合在一起的融贯结构提供科学证明,是不可能的)意味着,法律不能是伦理真理的自然延伸,因为伦理被宣告是多元的。② 在它的纯粹性中,法律体系是一种秩序结构,它的目的是非法律的:是其他社会科学的主题。

333

---

① 我发现,没有理由坚持认为凯尔森热衷于任何柏拉图式的理念,或者热衷于规范的本质。他的正义理论不是我们人类对理想的规范结构或任何这类事情的探求;人创造规范,但是,规范一旦被创造出来,它们就具有自己的存在。我发现,它与卡尔·波普尔的"三个世界"理论的相似性比它与任何柏拉图理论的相似性更大。

② 因此,李(1990:188)主张,凯尔森给我们的是"作为秩序哲学而不是改革哲学的法律实证主义概念。从概念上讲,良好秩序的观念变得空洞、无价值而又不重要。如果真是如此,法律真的只能推行秩序"。这只有部分的正确性,因为凯尔森相信,法律作为一种特殊的社会技术能够用于许多目的。此外,李继续争论说,凯尔森不可能提出一种正义理论,他的法律实证主义无异于法律秩序的保存。这是错误的。凯尔森免除了法律科学建构"良好"秩序的责任,但是让我们像经济学家、政治学家、寻求正义的人民一样去争论。

法律规范的特殊性质

"法律是一种人类行为的秩序",(1945:3)是以合法方法创造的,它"表示一种特殊的社会组织技术"。(同上引:5)这种技术实质上是:(1)通过制裁的系统运用来运行的强制方法;并且(2)这种强制方法由被法律秩序授权去适用制裁的行动者或官员来适用。这两个条件指出了法律的独特之处,刻画了"法律"一词的所有用法的共同之处,它允许我们应用"'法律'一词来表达包含具有极为重要的社会意义的概念"。(同上引:19)然而,这个概念也符合历史实际,历史地讲,法律一直与强制有关。[①]

334 　在把规范要素阐述(建构地解读)为"规则"时,凯尔森以奥斯丁的现实主义为基础,强调强制现实和官员作用:一条法律规范是一个应当命题(ought-proposition),指引官员在某些情况下适用制裁。一般地讲,法律是由一些指令构成的,指示官员当出现与法律秩序所命令的行为相反的行为时要适用制裁。然而,法律不只是禁止性的,它也可以赋予人们权力创建合理的关系、修改协议,例如订立遗嘱。法律是社会控制的一种形式,其实行方法是给官员施加义务或赋予权力去适用制裁。法律科学通过研究,把法律规范背后的规范之主观性(例如,"盗窃犯应当被惩罚")转化成法律秩序的客观性(例如:"如果任何人偷盗,那么,法律官员就应当适用适当的制裁")。

严格地讲,没有法律规范指向公民。如果公民做了某件事导致了官员应当适用制裁的特定情形,即该公民做了违反法律规范的事情,该公民就犯了凯尔森所称的"不法行为"(delict)。如果我们作为法律科学家,试图理解保护财产或防止盗窃的政策是如何通过法律去运行,我们注意到法律体系没有讲"一个人不应偷盗",相反,法律体系中有一部《偷窃法案》规定了构成盗窃犯罪的条件,然后规定一个被判犯有盗窃罪的人应受的某些制裁。法律体系中没有地方实际地说"一个人不应偷盗";相反,客观地讲,它说的是"如果

[①] "如果纯粹法学假设强制是法律的实质性要素,那么,它之所以这样做,是因为对人类历史上被称为'法律'的社会秩序的详细考察展示了一个共同要素,一个在社会生活中极为重要的要素:它们都规定了作为制裁的强制行为。当纯粹法学将法律定义为一种强制秩序(即一种规定作为制裁的强制行为的命令)的时候,它把法律当成了一种特殊的社会技术。这种技术以这一事实为特征,即被称为'法律'的社会秩序努力产生立法者认为令人向往的某种人的行为,其方法是,在出现相反行为的情况下规定作为制裁的强制行为。"(凯尔森,1957:289)

一个人偷盗,他应该受惩罚"。

凯尔森主张,特定社会规范(如"一个人不应当偷盗")是主观的规范,它们可能或不可能被构建法律秩序的主权体之外的人所共享。与特殊法律规范或强制规范相联系的主观意志或规定性命题,只存在于法律秩序的客观性背后。然而,法律秩序能够把法律的客观性强加在道德相对论上,那是它的大益处。在民主政体下,支撑法律或强制规范的社会道德规范可能被广泛共享;在极权主义政体下,只有小部分人共享着它,在这两种情形下,法律秩序都包含客观的法律规范。凯尔森称第一种社会或道德规范为"第二性规范"(secondary norm),把名副其实的法律规范称为"第一性规范"(primary norm)。注意:只有第一性规范才被认为是真正的法律规范。在凯尔森的图式中,主张两种规范都是法律体系的构成部分就是陷入了自然法思想的陷阱:在那里,最终的主观世界观(不管共享范围有多大)被认为是事物的自然秩序,要求法律采取某种实质形式。[1] 法律是纯粹的,能够适合你所希望的任何社会或道德结构,甚至构成犯罪的事件,严格地讲,也不与法律体系相矛盾,不如说,是这个事件(凯尔森所说的不法行为)引起了法律规范的行动和制裁的适用。

> 法律是规定制裁的第一性规范,这种规范并没有被主体的不法行为所违反,正好相反,不法行为是制裁的特殊条件。(1945:61)

在寻求法律体系的本质时,凯尔森把对官员职能的实证主义观察与法律机构结合起来。这些机构有一些调查事实真相的证据技术,它应用这些技术去发现事实的真相:这是一个法律程序,适用了法律规范;有时,法律官员的行为是与法律规范不一致的——如在官员错误地定罪时,但这仍然是法律的运行。[2] 凯尔森通过将对法律规则和法律行为的分析结合起来,探寻潜藏在

---

① "普遍观点认为,存在彼此明确地联系在一起的两种法律义务或法律规范:(1)你要以某种方式行为;(2)如果你……违反了(1)中指定的义务或规范,一种强制行为就指向你。但事实并非如此,因为它不符合实在法的结构,实在法实质上把自己展现为一种强制秩序。第一性规范与第二性的法律陈述(当违反首先提到的规范时,命令一个强制行为)之间的整体区分,不仅是肤浅的,而且会引起误解,因为第(2)项中以及在实在法体系中引入的命令强制的法律命题,其强制功能在本质上是一种强制秩序,就是如此……第一性规范与第二性规范(它用强制行为来威胁违反第一性规范的人)的整个二元论思想,明显来自于自然法思想"。(凯尔森,载于温伯格,1973:53-4)

② 正如凯尔森在1928年所说的那样:"如果某个人已经有效地被判犯有盗窃罪,但事实上他从来没有犯罪,'任何人盗窃就应受惩罚'这个一般性实在法规范没有得到实现,但是,'法律'还是已经被创造了。"(凯尔森,载于温伯格,1973:48)

法律的表象的基础结构。在这样做时，凯尔森相信有必要假定，统一的深层结构潜藏于一切法律之下，并且将它描述为采用了指示官员在特定情形下适用制裁这一形式的规范系列。在区别他所称的"叙述意义的法律规则"与法律规范时，凯尔森要求法律科学不要作单纯的教义分析。教义进路把法律与"叙述意义的法律规则"（例如《1925 年财产法案》各节或从判例法中获得的规则）等同起来。但他说，这些只叙述了针对官员、能称为法律规范或应当命题的真正法律中的一部分。然而，法律科学的任务，是把合法机构产生的全部原始材料改写成叙述法律规范是什么的陈述句形式。换句话说，适当叙述法律，要求将我们识别为法律的一切材料转变成叙述的形式："如果一个人做了行为甲，那么官员乙应当适用制裁丙。"法律科学家的任务之一就是提出该体系设定的规则中固有的法律规范。

法律科学家的解释技能

用新康德主义的话来说，我们分裂了我们的观察技能。如果我们单纯地观察发生在充满了简单事实的时空世界中的事件，我们就不可能确定，与那些事件有关的东西什么才是重要的，孤立的事件或者事实本身是没有意义的。为了认识世界，我们依赖有关日常生活的叙事，也就是我们的记忆；或者，用康德的话来说，就是我们的知性范畴。因而行为的法律意义不是通过感观质朴地感知的东西，行为或事件的法律意义要由它的解释来确定。而解释也要通过记忆提供给我们的材料、社会生活叙事以及（对社会科学家来说）特殊的法律解释工具才能进行。具体地讲，例如，制定法的存在，那些有关杀害他人的法律，决定了某个杀人行为是谋杀。

> （确定）一个行为是在执行死刑而不是谋杀……来源于一个思维过程：这一行为与刑法典和刑事诉讼法典的对照比较。（1967:4）

解释材料是在法律体系的法律效力观中找到的

凯尔森在主张制定法或判例法的书面法律报告起到解释图式的作用时，他在法律效力理论（表现为资格根源等级理论）中确定法律规范的位置。法律规范从更高级、更一般的规范那里获得效力，在我们停止的地方就到达了这样的一个点：在那里，我们遇到凯尔森所说的基础规范（a *basic norm*，或

Grundnorm），它授予整个法律秩序以法律效力。所以，考虑到法律规范的特殊形式，即官员对制裁的系统适用，法律实质上是指示官员在某些情形下适用制裁的指示：规范的等级应该被看成指示官员适用制裁的指令之等级。如凯尔森所言，这些规范包括从"具体化的制裁"到以基础规范形式出现的最一般规范的所有范围。其中，具体化的制裁采用了指示特定个人适用特定制裁的形式，例如法官签发执行令，命令法警解除对某人财产的强制措施；最一般的基础规范说，"强制行为应当依照历史上第一部宪法来适用"。凯尔森举了一个例子来说明这个原理，他把劫财强盗的命令与税收官员的命令进行了对照：

> 强盗强迫其他人向他交钱的命令同税收官员的命令具有相同的主观意义，即该命令指向的个人应当交付某种东西。然而，只有官员的命令而不是强盗的命令，才具有对被命令的人有约束力的有效规范的意义。只有一种命令而不是另一种命令，才是设定（应当受到服从的）规范的行为，因为官员的行为是税法授权的，而强盗的行为不以这种授权规范为基础。立法行为（即创造或制定税法的行为，具有应当的主观意义也具有客观意义，即有效规范的意义，因为宪法已经授予了这一立法行为以客观意义（宪法已规定了有效法律的创造方法）。某一行为如果其意义在宪法中，就不仅具有应当的主观意义而且具有应当的客观意义。也就是说，具有有约束力的规范之特征，如果——假如它是历史上的第一部宪法——我们在法学思维中预设，我们应当依据宪法的规定来行为。（1970:8）

我们在这里看到了授权链，以及基础规范的基本功能。既然只有规范才能使其他规范有效力，那么，在一个规范等级体系中找到一个规范，那个规范的效力就确定了。一旦我们接受这一意象，法律体系运作的一切问题，如施加罚金的官员行为的法律效力问题，就能涵摄进这一解释性分类中。作为事实性事件，某个人把车留在某个地方，几个星期之后，他被处以一定量的罚金。该事实性事件本身没有告诉我们任何东西，它们需要借助于可适用的法律进行解释，使我们确定该事实行为的法律意义。我们考察该决定，发现他是依据一项地方性法规而被判罚金的，它要求他只能在某些地方停车。我们考察该地方性法规，发现它是依据某个程序颁布的，这个程序使它成为国王的法令。在这个过程的每一阶段，在寻求资格根源的过程中，我们是在寻找一个能够造就较具体规范的更一般规范。因此，在更一般规范与较具体的规范之间,存在着逻辑蕴涵的关系。所有议会法案都是有效的,《遗嘱法》是一部议会法案,因此,《遗嘱法》是有效的,根据《遗嘱法》产生的所有法律文书都是有效的,这样,根据《遗嘱法》产生的这一法律文书也是有效的,如此等等,可以类推下去。有没有一个必要的终点,沿效力链或法律等级结构上溯寻找资格根源,是否必然到达一个作为整个过程基础的终点?

凯尔森认为,我们必须从法律秩序的材料中创造一个逻辑体系。进一步讲,他似乎是在说,只有假设这样一个终点,我们才能使法律官员或法律机构的行为具有合理性。如果我们把这一过程继续下去,那么我们就永远不能确定任何规范的效力,因为我们不得不无限地走下去。但是,既然我们能够确立法律规范的效力,那么,我们必定能够追溯至某个授予所有其他规范以效力的终极规范。

基础规范是思维预设而不是某种经验的存在事件

当我们不能再进一步沿着效力链回溯时,我们就遇到了基础规范。因而,我们发现,在寻找条例(byelaw)的资格根源时,我们回到了不能再进一步走下去的某个点,也就是到达了这一事实:条例最终是由"君临议会"(Crown in Parliament)使之生效的。如果我们问"君临议会"制定的法案的效力理由是什么,回答是那些构成宪法的一套约定。如果我们问宪法为什么给由宪法授权的程序赋予了效力,回答是,这正是我们所预设的。

> 代表另一规范的效力理由的规范被称为"高级"规范。但是,寻找一个规范的效力理由的活动不能无限进行下去。它必须终止于一个规范,该规范……是被预设的。之所以必须预设它,是因为它不能是其资格必须依赖于更高规范的权威"实定的",即创造的……这种预设的最高规范是……基础规范。那些其效力能够追溯到同一基础规范的全部规范构成了一个规范体系,一个规范秩序。基础规范是属于同一秩序的全部规范的共同效力来源——它是它们的效力理由。(1970:194-5)

338

要理解一个法律秩序的意义,我们必须预设每个法律秩序都有一个基础规范。在某些法律秩序下,我们可以沿效力链追溯到一部宪法那里,发现它是根据一部先前的宪法制定的,在那里我们甚至可能发现该宪法进一步也是根据一个更早的宪法制定的。但最终,将存在一个我们不能再走下去的点:

最终,我们达到某部宪法,它是历史上的第一部宪法,是由一个僭主或某种集会制定的。他的第一部宪法的效力是最后的预设,最终的假设,我们法律秩序的全部规范都依赖于它。我们假设,人们应当按制定首部宪法的某个人或某些人的命令来行为。(1945:15)

起到效力基础作用的不是第一部宪法,而是一个更基础的规范,"基础规范是'行为应当遵照历史上第一部宪法来进行',不是第一部宪法之事实"。

宪法本身不是基础规范,因为它是一个事实性文献或一系列约定,不是规范。基础规范是,"行为应当遵照历史上第一部宪法来进行"。但是,并没有任何权威来规定或强制推行这一规范,它是我们必须预设的某种东西。[1] 在没有成文宪法的法律体系中,宪法起源于习惯。这种法律体系的基础规范采取以下形式:"强制行为应当按照该特定国家中创制法律的习惯方式来适用"。例如,因为英国和新西兰没有成文宪法,我们不得不假设,这些社会的基础规范是习惯性的。基础规范使确认过程结构化,情况可能是:由基础规范授权或使之生效的最终宪法规范之一是,"强制行为应当根据'君临议会'制定的法律加以适用"。另一个"最终"宪法规范可能是:"强制行为应当根据普通法法院所作出的判决加以适用。"这一切如何契合在一起,基础规范的功能到底是什么? 也许最好是用凯尔森自己的话来说明:

基础规范确定了实在法的效力,表达了只穿上实在法效力外衣的规范体系的假设性相对特性,它并不只是一种特殊法律理论的假设,它是任何想实证地把握法律材料的理论都必不可少的假设公式。所有法学家在理解他们的研究对象时(甚至是无意识地)都拒绝自然法,即把自己限于实在法,都认为他们的认知材料不是单纯的权力事实而是法律,是规则,基础规范只不过把这些法学家所做的事提升到自觉水平。通常,他们把他们所关心的法律关系不是理解为自然的因果关系,而是理解为义务与权利的规范关系。但是,出现于时空中并能为感观所感知

---

[1]　凯尔森喜欢用一段父亲命令儿子上学的父子对话来说明这个问题(以下例子见1986:112)。儿子问:"为什么我应当去上学?"对此,父亲回答说:"因为上帝已命令要服从父母。也就是说,他授权父母给孩子发布命令。"但是,儿子进一步回应说:"为什么人们应当服从上帝的命令?"上帝存在这一纯粹事实,甚至他是宇宙的全能造物主这种信念,都没有提供对"为什么他的命令应当得到服从"这一问题的回答。最后的基础只不过是"因为,作为信徒,人们假设人应当服从上帝的命令,即一个规范的效力的陈述必须是在信徒确立宗教性道德规范的效力基础的思维中预设的"。

的某一人类行为,为什么在实在法(德国法、法国法或英国法)的意义中被理解为一个法律行为(一个合法契约或司法判决)？为什么这一行为的主观意义应该被认为是一个规范而不被简单地认为是现实中的一个纯粹事实？换句话说,为什么人们不简单地说某个人要求另一个人以特定方式行为,而是实际上主张这个人有资格规定而另一个人有义务遵守规定？为什么我们假设,问题中的行为主观上所传达的东西在客观上必须通过法律来实行？实证主义法学家的回答是:因为该行为是以一个规范、一个一般规范、一部制定法为基础的,因为该制定法规定,一个人要按各方在协议中同意的方式行为,或者按法官在判决中所命令的方式行为。人们可能还要探究,为什么该"制定法"提出了一个规范,为什么它是客观上有效的？毋庸置疑的是,该"制定法"是一个单纯的事实,即一些人表达着其他人自此以后应当以某种方式行为这一意志的事件。但是,为什么这些人在特定情形下所表达的意志表征着一部"制定法",如果它是由其他人在其他情形下作出的,无论如何都不具有同样的意义呢？这里的答案就是:我们将其解释为创制制定法的事件,遵照了一条更高的规范(宪法),因为这些人已经被宪法赋予了创制法律的权力。这一"宪法",反过来,也确实只不过是一个事实性事件,其规范意义只能通过求助于先前宪法才能发现,它是根据先前宪法的规则创制出来的。这一求助必须终结于最早的宪法,它不能从一部更早的规范(宪法)那里得来。实证主义法学家不能超越基本事实,他们只能假设这一最早的历史事件具有"宪法"意义,一个多人集会的决议或一个僭主的命令具有一部基本法律的规范意义。只有作出这一假设,他才能证明所有其他行为的法律意义,他之所以把它们理解为法律行为,仅仅是因为他最终把它们归结于最早的宪法。确立最早立法者的假设性基础规范表达了这一假设;它有意识地构建了它,别无其他含义。这意味着,法律实证主义并不超越于最早的宪法之外产生法律秩序的材料和法律秩序的绝对论证。它终止于这一点。基础规范是一个必不可少的假设,因为假如没有它基本历史事件的规范特性就不能得到确立。实证主义法学家所求助并且没有超越于其上的这一最终行为,正如基础规范中所表达的那样,被解释为一种法律创制行为,而基础规范反过来也并不为一个更高的规范所论证,因而它本身只传递了假设的效力。(《实在法的基础规范》:395—396)

概要地讲,这是一个等级式的资格根源程序,其中:(1)法律规范不是经验现象(例如,不是被写下来的某种东西),而是被归结为法律秩序经验结构的可理解现象;法律秩序发现指令,包括让官员在特定情形下适用制裁的许可。(2)该体系的官员是法律规范的主要主体。(3)启动法律体系的公民经验活动,实际上没有破坏法律规范,他们只是做了不法行为,这是满足导致官员适用制裁条件之事实性事件。(4)法律规范只能由更具范围之一般性的其他规范使之生效。这一过程继续下去,有可能永无休止。(5)要终止这一过程,我们必须假定存在一个不依赖另一规范而有效力的最终基础规范。这为体系提供了基础,赋予法律秩序以统一。

直到 1963 年,凯尔森还在用预定或理论预设来描述基础规范。因为它的功能只是让人明白,我们用它表达的意思只具有认知的或认识论作用。①

> 基础规范并不——像实在法律规范那样——因为是被一个法律行为以某种方式创造出来而有效的……它因为被预定为有效而有效,因为没有这种预设,任何人类行为都不能被解释为法律行为。(1945:116)

但是,究竟是谁假设了基础规范? 凯尔森似乎有时候在暗示,这里是指任何人,作为法律体系的公民并且谈论某些有效规范的任何人。因为,是基础规范在赋予这种陈述以意义。因而:

> 基础规范绝对是对法律材料的任何实证主义解释之必要前提。(1945:116)

但是,他也说它是"法学家们"假设的:

> 通过构成基础规范……我们仅仅明确了所有法学家,通常在他们通常无意识地将实在法考虑为诸多有效规范的体系而不只是一个诸事实的复合时所做的事。(1945:116)

在其他地方(《纯粹法学》,1970:204-5),凯尔森说基础规范是由他所称

---

① 正如贝勒维尔德(Beyleveld)和布朗斯沃德(Brownsword)在他们讨论基础规范时所说的那样,理解凯尔森的关键在于理解他的认识论(《作为道德判断的法律》,1985:239):(1)基础规范只具有认识论的功能,而没有伦理或政治的功能。(2)基础规范的预设没有包含对它使之生效的规范体系的赞成态度。(3)基础规范和它使之生效的规范都没有任何内容要求。即使它们是道德规范,也只是形式上的道德规范。它们不是实质上(内容上)的道德规范。(4)永远不能说一个实在、有效、强制的秩序在法律上无效,尽管不能用一个基础规范谈及它,但可以用非法律术语来描述它。

的"法律科学家"假设的,它是法律科学家完成分析法律体系之任务的必要假定。但是,我们必须注意,有两点要声明:第一,任何人,他在解释法律为有效,因而,根据凯尔森的说法,有意或无意地假定一个赋予所有法律以效力的基础规范时,都没有因此赞成说这些法律在道德上是有效的。第二,不是必须让任何人去假定一个法律秩序的效力。① 第二个声明至关重要:我们也许不想把法律秩序当成是体系性的,在此情形下我们不必要假定一个基础规范。但是,理所当然,其结果是我们将不能从事实证主义法律科学研究。②

效力与实效的关系

基础规范的预设或假设之必要条件是,基础规范所指向并使之有效力的规范体系在特定领土上被实施或者(如凯尔森所言)"有实效"。有一点很重要,就是要注意,这是必要条件,不是充分条件。

全部法律秩序的实效是该秩序的每一单个规范效力的必要条件,是一个非此不可的条件(conditio sina qua non),但不是使其可能的条件

---

① 见凯尔森的《斯通教授与纯粹法学》(1965,Stan LR 1128,1143-4):"我的理论的一个重要部分是,不是必须预设基础规范……一位共产主义者确实可以不承认在强盗组织与资本主义制度之间存在本质区别……因为他没有像那些把该强制秩序解释为一个客观上有效力的规范秩序的人那样,预设基础规范。"在解释法律科学家如何发现法律体系的价值时,凯尔森主张(1971:226-7):"如果把基础规范视为当然,我们就可以对一个以基础规范为基础的法律价值判断进行客观检验。但是,不存在预设基础规范的必然性。人们可以克制自己,在解释人类行为时不依据法律规范,也就是不依据某些人类行为中隐含的意义。我们称之为'法律秩序'的规范体系是可能的,但并不是一种必然的解释图式。无政府主义者将会拒绝谈论'合法'行为或'非法'行为、'法律义务'或'法律权利',也不会谈论'不法行为'。他将会认为社会行为只不过是一个过程,凭借这个过程,一个人强迫另一个人的行为与他的希望或利益保持一致。无政府主义者将会拒绝规范性价值理论,只接受利益理论。简单地讲,他将会拒绝假设这样的基础规范——它规定人们的行为应当符合隐含于某些人类行为中的意义。"

② 许多评论者都犯了一个错误,他们假设凯尔森主张这一体系在逻辑上是"正当的"(just)。例如,拉兹提出:"一个人预设基础规范,就是将法律体系解释为具有规范性。也就是说,'正当的'(just)。"(约瑟夫·拉兹,1979:138)拉兹犯错误的原因是,他不自觉地把有机论者的体系概念融进了凯尔森理论中。例如,拉兹说:"对凯尔森而言,一个人珍视的一切价值、他的一切道德观念必然形成了以一个基础规范为基础的规范体系。"但是凯尔森所拥有的是一种像机器一样的体系观念,而不是像他反对涂尔干时的评论所表明的任何有机论者的观念。有机论者的观念鼓励人们把体系看成具有生命,或者不仅仅具有一个外壳。凯尔森视法律体系为一种纯粹的结构,它没有自己的生命,生命是社会的和政治过程带入的。

(conditio per quam)。整个法律秩序的实效是其成员规范的效力的条件而不是理由。(1945:119)

这是什么意思？第一，在一个特定社会中有一套正在实施和运行的规范——那是授权官员在特定情况下适用制裁的一系列指示，这并不保证在该社会中存在一套有效力的法律(因而它不替法律科学家决定，在该版图内存在一个起作用的法律体系)。我们能够观察有效性(effectiveness)——官员适用制裁与公民的非不法(non-delictual)行为之间的因果关系——这一简单事实没有向我们提供一套有效力规范的知识。换句话说，有效性之事实不意味着效力，那要求有一个预设，即该体系的规范是有效力的。第二，因为凯尔森主张有效性是法律秩序效力的必要条件，它意味着我们只能假设有实效的规范秩序有效力，继之而来，一旦某个法律体系丧失实效，不管我们是多么想假设它有效力，也不能这样做。

为了使某个法律规范丧失效力，它所属的整个法律秩序必须丧失其有效性。我们怎么判断？凯尔森提出了一个有趣的说法：让法学家浪费时间分析前朝的法律，是没有任何意义的事情。

综上所述：没有实效就不能有效力，但是，没有效力却可以有实效。因而，有效性不是法律秩序效力的充分条件，但它是必要条件。

基础规范的唯一性

每个法律体系都有一个唯一的基础规范，是基础规范赋予该体系以统一：

一个规范属于某一规范体系，属于某一规范秩序，这一点只有通过确定它从构成该秩序的基础规范那里获得了效力来检验。(1945:111)

基础规范保证它使之有效力的全部规范彼此不相矛盾。基础规范使一个不相矛盾的规范之集合成为一体，给它以"意义"。

法律观念中必须设定不矛盾律，因为如果没有它，合法性的观念就会被毁灭。单是基础规范中包含的这一预设，就允许法律认识提供有关法律材料的有意义的解释。(1945:406)

如果两个规范似乎彼此矛盾，这两个规范中就有一个必定无效，我们能够采纳一个原则，即时间上的后法有效，先法丧失效力。这是根据减轻损失原则(principle derogation)或者后法优于前法原则而定的。这一原则也解释了废除性法律(repealing laws)的运行。

> 当内容相互矛盾的规范在产生时间上分开的时候……后法废除先法的原则可以适用。尽管该原则通常没有被说成是一条实在法规则,但在一部宪法提供了立法变化可能性的任何时候,它都被视为当然。(1945:412)

如果同一部制定法提到的法律规范相互矛盾,它们在时间上不是分开的,他说它就只是制定法的解释问题。这样,要么是它们中的一个有效力,要么它们都无效力。[1945:404;见格斯特(1980)]

343 基础规范的虚构性或假设性毁掉了凯尔森理论的纯粹性?

对凯尔森的大多数著述而言,基础规范只起到认识论的作用,它似乎是一个康德的思维范畴。也就是说,在理解科学家想要分析的材料之意义上,基础规范极其重要。但是,1963年以后,凯尔森改变了立场,基础规范不再是一个思维预设,而是一个虚拟意志的虚拟产物。下述摘录说得很清楚,凯尔森似乎已经明白,如果他要与"规范是人类意志的创造物"之理念保持一致,那么,把基础规范描述为虚拟意志的虚拟行为就是逻辑上的要求。

> 对于规范不是由一个真实意志行为制定的而只是法学思维中假定的这一假设,人们有效地反对说:规范只能是意志行为的意义而不是思维行为的意义,在"应当"(ought)与"意欲"(willing)之间存在实质相关性。要能回应这种反对意见,只有承认,与思维中假设的基础规范一起,人们必须也假设一个想象的权威,其假设的意志行为以基础规范作为它的意义。(1986:116-7)

如果法律体系的效力要通过资格根源过程来证明,那么,基础规范必须是一个真正的规范、意志行为,而不是思维预设。但凯尔森承认,这不仅是一个虚构,它也是矛盾的:"基础规范的确成为费英格(Vailhinger)的'假如'哲学意义上的虚构。这种意义上的虚构,其特点是,它不仅与现实相矛盾,而且它本身就包含矛盾。"基础规范被用来断绝无穷递归的可能性,但是,因为在逻辑上创造规范统一体的唯一方式是借助于权威,而且那个权威的作用是超过一切权威,我们遇到了矛盾。因此,只有记住我们是把科学建立在虚构的基础上的,才能防止矛盾和空隙的困扰。

> 人们在假设基础规范时的思维目的是:确定构成实在道德秩序或法律秩序的规范的效力基础。也就是说,将制定这些规范的行为的主观意义解释为它们的客观意义。只有借助于一个虚构,这一目标才能达到。因而,一个人不得不记住,费英格的"假如"哲学意义上的基础规范不是一个假设——就像我本人有时候叙述的那样,而是一个虚构,它与假设的不同之处在于,它是或应该是与以下认识伴随在一起的:现实并不与它对应。(同上引:117)

对某些批评者(如李,1990)来说,承认基础规范是一个"虚构",就会自毁声称有科学性之主张资格。李主张,凯尔森的变化把他的"科学"日益拖向法律现实主义领地。接下来,法律体系(能被法律科学家客观确定的封闭规范体系)的效力之逻辑结构及其整个辩护就受到损害。1963年后,是什么给了我们一个法律体系?是官员的……行为和意志。这样看,1963年后,基础规范变成了虚拟意志的虚拟行为,这在以下事实中发现其经验现实:推动该体系的是担任法律官员的官员之意志。这似乎把凯尔森变成了某种形式的法律现实主义者。

对其他批评者(如斯图尔特,1981,1986)来讲,承认基础规范中的矛盾意味着我们没有必要把凯尔森的理论当回事,它在自我毁灭。但是,有两种反对斯图尔特的观点:(1)他的立场误解了分析方法论的作用,正如本章结论部分解释的那样;(2)斯图尔特看起来并不相信凯尔森会忍受神秘性。斯图尔特主张,凯尔森被迫恢复法律秩序背后的"绝对主体假设"。然而,这不仅不能从凯尔森的文本解读中得到证明,而且它与凯尔森对传统上为权威提供证成的存在形而上学之批评的整体要旨相悖(也与《哲学与政治学中的绝对主义和相对主义》[(1948)1957:198—208]等论文中的观点完全相悖)。对凯尔森来讲,我们必须在不需要法律背后的某个先验担保人的情况下生存下去。这也似乎促使凯尔森相信,法律秩序"自然地"是一种融贯的结构,而不是说像从凯尔森的结构中必定逻辑地推出的那样,这种假设只是完成实证主义的分析法学所必需的前提假设。凯尔森事业的矛盾之处,在于纯粹法学的明确性和法律秩序嵌在其中的社会领域之开放性。

344

附加的问题

这不意味着纯粹法学的结构不存在方法论上的问题:

1. 由谁来识别规范实际上是什么?

例如,以处理罪犯的问题为例,有各种规范被纳入体系中。在一种混合判决(惩罚)哲学中,英国判决结构授予判决者——获授权宣布制裁的官员——很大的裁量权。可能的规范包括:

(1)罪犯应当以使社会保护最大化的方式受到处理;

(2)罪犯应当以使他/她的将来犯罪最小化的方式受到处理;

(3)罪犯应当以使其他人将来犯罪最小化的方式受到处理;

(4)罪犯应当以使惩罚施加的痛苦水平与他的罪行产生的伤害水平相当的方式受到处理;

(5)罪犯应当以他没有被用作实现其他目的(例如,减少犯罪)的手段受到处理,相反,要把他自己作为目的来对待。

这些规范不可避免地有冲突。凯尔森要回应,我们如何理解这种变化和冲突? 如果不是法律体系理念存在逻辑缺陷的证据,这难道不就是经验体系的语用失误吗?

345   2. 真正的法律体系包括正式的规范和非正式的规范。

凯尔森的法律科学是否只牵涉正式规范? 如果是这样,非正式规范为什么要被置于法律科学家的视野之外? 凯尔森的体系要求有一个非正式规范:法律官员应当认真对待他/她的角色。一个规范性结构的运行依赖某个范围的规范。那些被认为是体系构成部分的规范,以及那些作为其他分析(社会学家的分析,心理学家的分析)之合适主题材料的规范,两者之间界线划在哪里? 以什么为根据?

3. 体系的功能之多样性。

凯尔森主张,我们将法律秩序看成独特的社会技术。在某些地方,凯尔森写作时似乎只有一种识别法律的技术①,但在其他场合,他又提到刑法、民法(补偿性的)和行政法技术,(凯尔森,1941:89—93;96—97)其他评论者在

---

① "我们称作'法律'的社会技术存在于通过特殊手段引导个人不强制干涉他人的利益范围。如果发生了这种干涉,法律共同体本身就会作出反应,应该为先前干涉他人利益负责的人,其利益范围就会受到相似的干涉。"(凯尔森,1941:81)

他的启发下还提出了许多其他技术。例如,萨默斯(Summers)(1971;751)提出,应当加上管理的和私人的安排技术。从这种新康德主义视角来看,法律研究似乎是法律的方法论研究,所解释的"不是法律所履行的社会功能是什么,而是法律怎样履行它的社会功能。它们是对社会可能使用的基本法律方法的描述,并不必然是对任何特定社会实际使用的方法的描述"。然而,如果考虑到这一点,那么,法律体系的理念本身就处在压力下。法律被要求完成的社会功能的范围,立即削弱了构造这一体系的还原主义倾向的基础,而且,这一认识必然把我们引向对经验方法进行的法律方法论的分析。也就是说,法律秩序是融贯的规范体系之理念遭受压力,获得信息的唯一方式是凭借经验研究。纯粹法学未能封闭它的结构来抵制法律现实主义的(社会学)研究,它变成了为经验研究提供重要主题的视角。

去掉了国家的神秘意义,凯尔森能否提出某种东西来提供社会统一? 形而上学的保证定位在何处?

凯尔森已经把他作为法律科学家的作用限制在以纯粹法学的方法论原则为指导分析法律秩序的结构,这样,他谈论正义问题时身份就不一样了。法律科学家、法律实证主义者,对正义一无所知,他将不得不与他人对话去讨论这个问题。我们能找什么来作为稳固的指导原则? 我们是否能够依赖自然的统一性及其可知性的理论? 与凯尔森的许多读物相反,似乎不能。[1] 尽管在凯尔森所展示的纯粹法学中,似乎世界具有理性的融贯性和齐一性,但这只是方法论的成就,我们必须记住它的产生条件。凯尔森的尼采式视角主义超越了怀疑的解构之虚无主义。在某种意义上,凯尔森是在主张,直接否定世界的统一现实,这很容易;我们需要自觉建构去跨过虚空。凯尔森在这上面成功了吗? 举国家为例。

凯尔森费心尽力地批判关于使支配成为可能的国家之"大众心理"。

> 国家不仅是一种法学上的实体而且还是一种社会学上的实体(即独立于法律秩序存在的社会现实)这一断言,只有通过表明属于同一国家

---

[1]　施密特[(1922)1985:5]声称:"在(凯尔森的)国家与法律秩序同一这种根基上,依靠着一种把自然界的合规则与规范性的合法等同起来的形而上学。这种思维模式是自然科学的特征,它以拒绝一切'专横'为基础,试图从人的思想领域排除每一种例外。"

的个人构成了一个统一体,这种统一体不是由法律秩序而是由与法律毫不相干的要素构成的,才能得到证明。然而,这种"合众为一"的要素是找不到的。(1945:183)

我们不能发现基础性统一。凯尔森在针对法国社会学家涂尔干(Emile Durkheim)的评论中主张,社会学也不能给我们提供这种统一。社会学只是给我们展示"社会",但是,这么么拒绝承认灵魂与知觉的康德式区分,把存在的复合体简约成无意义的公式,要么把上帝的意志世俗化为某种"群体思维"。只有国家才在公民身份关系中把我们联系在一起。但是,我们不得把国家浪漫化或神秘化,那么,是什么在提供统一?凯尔森拿不出任何东西来代替国家的神秘主义①。没有什么"法律的上帝"。或许,凯尔森最终从来没有超越权力的意象;因此,在实在法背后,既没有"形而上学的绝对真理,也没有自然法的绝对正义。揭开这层面纱的人,如果他不闭目塞听,就会发现他自己遭遇了权力的戈尔根之首"②。[凯尔森:引自图尔,1986:177,而图尔本人引自于爱本斯坦(Ebenstein)]我们被带回到法律实证主义与权力的紧密关联中。

凯尔森的纯粹法学以何种方式说明了法律实证主义的命运?

尽管使用标签会模糊细节,但是,凯尔森是作为一位经典的现代法律实证主义者而享有声誉的。在前面(第1章)用了三个特征来定义法律实证主义:(1)一个论点:法律是人类的创造物。(2)一句格言:我们的法律分析应当遵循在自然科学中大获成功的方法论,具体地讲,它们应当价值无涉,法理学研究是对"现实主义"真理的探求。(3)法律的概念不蕴涵有关道德的任何实质陈述。换句话说,法律能够经验地代表或展现任何意识形态的或道德的立场。法律实证主义能够用理论的梦想来加以改述,具体地讲就是:(1)距离的特质;(2)透明的特质;(3)控制的特质。凯尔森的纯粹法学是法律实证主义的梦想之相当特别的例子。

第一,距离的特质。法律实证主义——在霍布斯、边沁、奥斯丁和凯尔森

347

---

① "国家的纯粹法理论摆脱了国家不同于法律的思想,是一种无国家的国家理论"。(凯尔森,(1922)1973:81)

② Gorgon's Head:戈尔根之首。戈尔根是古希腊神话中的三个蛇发女怪之一,人们一看到她就化作石头。——译者注

那里——强调,面对物欲横流的(现代)社会,建构共同目的、稳定社会互动是有困难的。法律实证主义是这样一种法理学,它同意我们有必要在法律秩序的表现主义展示上,因而在现代性的社会建构主义上,施加一个统一点(和过程)。与此同时,法律实证主义努力保持主体与法律秩序之间的距离;它分别提出了效力、正当性和服从问题。法律实证主义创造并赞颂法律、道德、社会目的与法律主体性的疏离。其目的之一是使主体能够摆脱意识形态,把他/她自己"理性地"引导到法律及其要求上来。

第二,透明的特质。现代性跟随由知识得解放之叙事而来,与距离特质紧密相连。这可以表述如下:现代主体,在其掌握了所处语境的性质以及事物规律,并以此为基础获得了清醒自觉时,就变得自由了。这一理念是要了解人的位置和事物的运动原理;然后,主体能够与事物相处、理性地计算,实现其通过自我主张而为自己确立的目的。在法理学的构想中,这句格言要求对法律的本质完全透明,法律实证主义在由知识得解放这一使命中将有大有用武之地。然而,在从柏拉图以降的传统阐释中,自由一直是与获得关于现实之必然结构的完善知识,以及对这种知识的遵从紧密相关的。这句格言成了贯穿霍布斯、边沁、奥斯丁和凯尔森的红线,但是,尼采说明,把现实描述为良好理性秩序的意象,只不过是让"尚待现代"的人类恢复信心的神话。一种奇怪的辩证法借此建立起来,在凯尔森那里到达顶点。法律实证主义把现代法律与权力等而视之——法律作为权力结构牵涉强制和暴力,但其施行是为了创造以生存、社会生活基本条件为目的的社会结构。而且,权力受奠定体系基础的实体(entity)指导。霍布斯——他是这一辩证法的首创者——把权力交给主权者的意志;边沁把权力当成功利主义(自然过程的真理)的仆人;奥斯丁把权力交给政治优势者,让他在蓬勃兴起的(功利主义的、政治经济学的)"真理"指导下行使权力;但凯尔森拒不把法律的权力拱手送给任何(一个)主人。

凯尔森遵循法律实证主义的传统,他试图通过使用一种描绘法律秩序赖以建立的首要原则的主导性分析,来理解其(法律的)现实。由此,他似乎向我们展示了控制它(第三种特质)的关键——因为批判性距离与透明的结合被认为把法律变成了供我们使用的工具。然而,凯尔森的分析证明这如何立刻就变成了空洞的保证。凯尔森将不会把权力具体化在王公(马基雅维利)、主权者(霍布斯、边沁和奥斯丁)的人格中;国家,作为法律的主人,只被给予概念上的存在。在凯尔森的手中,权力的场所——法律——只变成了形式上的容器;它是一个虚空的场所。

348

《纯粹法学》是在跟现代性交谈，而现代性在与民主、视角主义和社会目的之不确定性格斗。凯尔森明确地把纯粹法学看成反对自然法的事业。如果古典的和传统的基督教伦理两者都要使人能够从当前状态朝真正的目标进步，那么，人的本质与终极目的之理念的消灭则使道德框架丧失了实质内容。现代社会能够知道许多主人，它是一个社会—时间的场所，在里面，法律、权力和知识向不确定性开放，如尼采所说，它是一片开放的海域，我们在那里无家可归，开始了创建现代家园的艰难探险过程。因为它的基础不是"自然的"，其制度永远不会完全确立起来，已知总是要被未知（或待知）所削弱，当下的情势被多种多样的叙事所定义。凯尔森不提供终极保证，他不提供经验的正当化来源，从而也不给予社会任何确定且可知的基础性内容。从经验来讲，社会不具有明确界定的结构，没有单一的决定因素，它是一个复合体，摆脱任何单一或普遍观点的描述。在传统确定性模式崩溃面前，凯尔森提供了纯粹法学的距离、透明和控制。

纯粹法学看起来像是自相矛盾，因为凯尔森把它建立在多样性之中。他在宣称纯粹法学的虚空时，是在跟现代社会主体的迷惑对话；这种迷惑只有通过跨学科的对话、通过沟通才能克服。法理学构想的自我透明，从纯粹技术的或形式的方法论角度是可能的。法理学的质料，即法律秩序，其本质被显示为支配的理想，它本身不是解放。凯尔森拒绝把法律秩序当成政党的历史宿命或号召的表达，也拒绝把法律当成人民自由的圣经。凯尔森的法律秩序充其量不过是一种结构形式，批评家们要求真正的法理学应当给它内容，但从凯尔森那里我们获知把概念存在——比如法治或自由主义民主——与"实际存在的法律体系"或"实际存在的自由民主资本主义"相等同的错误所在。凯尔森提供的批判距离是一种能力，让我们能够说，我们经验观察到的东西不是纯粹的合法性。这种距离的弱点在于，我们忘记了这种合法性的概念本质，把它当成了我们对智慧的探求的答案。

结　论

本章探究了两件事：一是展现凯尔森《纯粹法学》的图景；二是把它与凯尔森的其他著作放在一起来展示它，在关于社会科学的性质以及法理学面对现代性在 20 世纪的困境所能发挥的作用问题上，贡献一孔之见。论点是，凯尔森一直受到不恰当的轻视对待，他的纯粹法学是关于法律的还原论，但这种还原论不否认主题材料的复杂性,反而是因为主题材料的复杂性而产生的。在大多数批评者眼中,纯粹法学最终没有讲出法律的真理——基础规范的命运据说证明了这一点,但是本章提出了一条不同的路径。基础规范的命运反而表明,法律不是某种等级结构化的体系。凯尔森对它的描绘依赖它确实如此之虚构,也许这是凯尔森坚持强调这句的话的真正意思:他只是说明了实证主义学者所设想的东西!凯尔森(1911)从权力开始,把权力看成是给予法律体系以统一的现象,把法律体系等于国家,然后解构了国家。他赞赏奥斯丁拒绝把由完成其职能的人们所组成的国家与法律相区分。这意味着,凯尔森发现国家就是由支配他人的人们所构成的团体——但他不能把这包含在他的新康德主义"应当"科学之中,因为这是一种事实认识。那么,什么能够给予统一呢?只是一个康德思维范畴意义上的预设。但是,凯尔森最终明白,这是思维的一个功能,不能为"基础规范"奠定基础,它担当着重任,要创立一个由应当命题的逻辑推演关系构成的完整体系。只有某种包罗万象的意志之行为,才能够建立一个应当体系(a system of oughts)。凯尔森把这称为必要的虚构——我们要利用它,但同时不要忘记它不忠实于现实。步康德之后尘,凯尔森从哲学观点思考法律,好像在"法律体系"的广泛界限内发现的所有事物都有一个唯一的必要基础,其唯一目的是给予法律知识以体系的统一。① 为什么必须把基础规范是虚空的、形式的这一说法看成是一个失败?也许,任何其他结果将都是声称凯尔森出于"真正的"自由主义精神不愿意提出的真理。假如要凯尔森给基础规范赋予实质内容,这不仅会损害他的认识论,而且还会损害其人类事业之意象。法律并非天然地就是一个体系,虽然实证主义法律科学家必须像要建立融贯的法律教义那样去行为。但实际上,要做到这一点,只能创造一个人类意愿与人类行为的共同体,同时避免步入创建极权主义权威之陷阱。

从与凯尔森思考分析程序的理论之遭遇中,我们还可以获得其他启示。与奥斯丁一样,分析的方法论不是产生于从复杂社会世界的某种撤退,而是在认知者对人类事业的广泛理解中产生的。任何这样的理解,不仅对该个人来讲是

① 康德说过一段话:"你应该进行有关自然界的哲学探讨,就好像,对属于存在的每个事物,都存在着唯一必然的基础,对给你以知识这一唯一目的,存在着体系的统一。"(康德,《纯粹理性批判》,A 672)正如图尔所说(1986:174-5),这是一种调整思想。我同意图尔的话,在凯尔森的基础规范背后,不存在任何"绝对主体"。如图尔所说:"任何超出基础规范这一形式上的空洞预设范围的企图,都必然是企图用绝对基础代替纯粹法学的假设性基础;它回到自然法思维,求助于思辨性的虚幻的形而上学。"

独有的,它还利用了共同主题。分析任务是要把"梦想般"理解的某些部分转变成能供人们讨论、被他人理解的坚实模式。但是,那项分析任务开始时是作为一个更广阔事业的组成部分,当观众忘记了那项更广阔的事业时,诱惑是,在产生它的人类语境面前,不复活这些问题就解构构想者的概念图式。

350　　有一个缺陷存在于分析法学的根源,即以下想法之中:分析以某种方式去除了"存在(法律)是什么"这个问题中固有的疑惑不解之处。分析就是对存在本质、对赋予存在以统一的基础结构的探究。在我们分析的时候,我们被卷入分析的逻辑之中,即是说,我们意在把本体论问题系统地还原到一点上,在那里,存在的结构变得清晰可见。在这一意义上,分析是柏拉图意义上的。但是,凯尔森是反对柏拉图的——不存在这样的绝对理念王国:非人类的真理和纯粹的理念寄居其中,而发现它们是我们的使命。我们的使命只是去建构和解构:我们的崇拜对象一旦被我们中间那些掌握了权力的人建构起来,就必须被解构。

让我们记住,凯尔森的理论不让一个学科有权利讲述法律"真理",除非它是其方法论的内在产物。然而,每个学科都应该坚持它自己的方法论规则。我们可能希望问一下,作用与方法的明确划分是否可以实现。另外,值得怀疑的是,法律这一主题是否可以在规范理念中捕获到。但是,规范的确突出了非常重要的方面。有一件事是清楚的:法理学需要有关于其方法论以及它自称正在讲述法律真理时所处的语境与特征的自我意识。法理学,当它努力成为"法律"的实证主义分析,而不是寻求关于法律和"法律事业"的智慧时,它是在自我简化。法律不是以不同于人类事业的形式存在。凯尔森看到这一点,但他的解决方法是严格限定主题和任务。

对于处理凯尔森的标准方法,我们的批评是,它淡化了凯尔森相信社会世界的复杂性以及人在根本上的神秘性之程度。我们能够提供一个信息:理解世界就是认识世界的结构。但是,世界及其结构,比从任何视角可能捕获的都更复杂。有一个视角适合于这个地方,它在此离开了对整体的原始且梦想般的理解并进行逻辑建构或简化,追求纯粹性和力量;但是,它除了起补充作用之外别无所能,它不能把握整体。然而,它可以向我们展现我们以前没有看到的要素,它能够产生新的表达模式,它们超越简单的描述,有助于创造它们与之相关的现象。分析方法在把握整体结构方面的失败,给有些人提供了攻击的炮弹:那些人希望拒绝理解世界整体的努力,或者那些人以为他们自己正在理解它,但他们实际上是在玩弄他们所观察到的习惯。认识任务的一个部分,是要理解某个人在什么时候在玩弄习惯,什么时候在超越它以寻求真理。记起这一点时,我们就会尊重凯尔森的愿望,即保护法理学家的语言游戏,让它不要牵扯到意识形态中去,这仍然是一个极其重要的任务。最后,社会科学是一项人的事业。纯粹法学只有作为一种方法论去澄清工具的各个方面时,才是可理解的。这里所说的工具是指法律,是在生活和创造完善的人类社会的任务中使用的法律。在现代性中,对这一探索没有答案,没有形而上的保证。但是,我们在这项任务中不能达成完全的自我意识,这一事实绝不是我们放弃对它的理性追求的理由。

第十三章 法律实证主义的巅峰：哈特[①]和将法律视为自足的规则体系的理论

在任何特定时间,任何遵从(法律的或非法律的)规则的社会生活似乎都是由两类人之间的张力构成的:一类是那些接受规则并自愿合作维持规则的人;另一类是那些拒绝规则,只从外在观点把它们作为可能招致惩罚的征兆而加以注意的人。任何力求正确对待以上事实的复杂性的法律理论所面临的困难之一,就是要记住这两种观点的存在,并且不要脱离现实存在而解说其中任何一个。也许我们对义务的预测理论的全部批评,最好可以地概括为一种指责:这就是它对义务规则的内在方面所采取的态度……

……尽管这样一个社会可能展现出(已经描述过的)接受规则的人和拒绝规则的人(除非由于对社会压力的恐惧,他们不愿遵守规则)之间的张力,但是,很明显,一个由体力上大体平等的人如此松散地组织起来的社会,如果他们要想持续存在,后一种人就只能是少数:因为如果不这样的话,那些拒绝规则的人将会几乎没有什么社会压力可以惧怕了。(《法律的概念》,1961:88—9)

《法律的概念》:现代法理学的明珠还是它的时代的遗嘱?

哈特的著作被广泛承认是法律实证主义的顶峰。本章将叙述其经典著作《法律的概念》(《法律的概念》,1961,1994 第 2 版)的中心论题,并解释该著作

---

① 哈特曾在大法官法庭(the Chancery Bar)做开业律师,曾任哲学讲师,在 20 世纪 50 年代中期被任命为法理学教职的时候,这种任命最初被认为有点不同寻常。从他的就职演说时(1954)开始,哈特明显地试图把当时流行于牛津的哲学时尚,即日常语言分析或语义分析应用到法律领域。从 20 世纪 50 年代后期到 20 世纪 80 年代,哈特被认为是"英国分析法学传统的当代杰出代表,是英国自由主义的主要代言人"[柯亨(Cohen),1967:418]。

在何种程度上表达了其历史方位,即我们称为有组织的现代性之巅峰时期。①

正如本章开头引文所示,哈特充分注意到,冲突和强制是法律的社会世
界之构成部分,但是,《法律的概念》的主要观点淡化了强制、命令和习惯性
服从等要素在法律中的地位,将法理学构想中的权力和暴力意象置换为另
一法律观:法律是一个由规则联系成的规则体系,是受它们自己的效力标准
和规范义务指导的社会实践体系。哈特展现出温和的、功能主义的自由主义
法制面孔,把早期实证主义的外在强制论题,即通过暴力威胁——以制裁相
威胁——使国民感到"被迫"而遵守法律,转变为法律主体遵守法律规则的
规范义务之意象。哈特的论点很简单:早先实证主义误解了法律的强制性
质,把法制看成被政治性地强加在若非如此就会陷入混乱的社会秩序之
上,以构造社会秩序。其实,法制是以演进方式发展起来,成为由不同种类规
则构成的体系的,其复杂性是逐渐增长起来的。从法律必然包含义务这一基
础性认识着手②,哈特要发展这样一种法律理论,它使现代国内法律体系结
构之内在效力成为这种义务的来源;而且,他强调的不是支配,而是"对规则
的共同接受"。(《法律的概念》:98)看起来,法律属于我们所有人;法律规则
不被认为是加在我们身上的外部强力,而是我们的资源。

352

---

① 在一本新近出版的颇有鼓动性的著作中,彼得·瓦格纳(Peter Wagner)[《现代性社会
学:自由和纪律》(*A Sociology of Modernity:Liberty and Discipline*),1994]强调,要研究作为"现代性
的叙述"的社会科学与著述发生的特殊历史时期之间的相互联系。瓦格纳(1994:118-9)认
为,西欧1960年左右的时期是"有组织的现代社会"的顶峰时期,它"产生了一种特殊类型的反
省性的自我认识,这在其社会科学中已经表现出来了……有组织的现代社会,其特征是把某些
边界内的所有人整合到一个广泛的有组织的实践中。社会中任何明确的位置都不会根据先定
的标准赋予某个人。社会流动客观存在着,它是社会所提供的自由的组成部分。但是,正是这
些自由与惯例组织之间的联系才为这一社会构造提供了各种评价,即用大多数成员的同意来解
释社会的相对稳定和'成功'。组织意味着每个人都被'给予了'一个受到实质保障的位置……
它还意味着人类有能力使他们行为领域结构化的方式——通过形式化、惯例化和常规化,假设
在可能的行为路径上可以预先达成'协议'——以致使他们可以达到的范围得到大大扩展……
这种构造实现了确定的连贯性或者封闭性,大约1960年……它看起来像是一种自然的'连锁秩
序'……"

② "在任何时间和地点,法律都有一个最显著特征,这就是它的存在意味着特定种类的人
类行为不再是任意的,而是在某种意义上具有强制性"。(哈特,《法律的概念》:6)哈特继续
说,使行为不再具有任意性这一说法有不同意见:意思之一是通过展现外在威胁来施加义务,意
思之二是通过道德规则和法律规则施加义务。自从肖尔(Schauer)(1991)以后,也许恰当的方法
是,把哈特的理论描述成关于规定性规则的理论,与规定性规则相对立的叙述性规则仅仅叙述
经验规律或一般化规则(例如,"作为一个规律,伦敦在11月份不下雪")。规定性规则具有规范
性内容,被用于指引、控制或变更掌握决策权的人们的行为。

简言之,哈特驯化并缓和了暴力,而暴力一直都是自由主义法制之制度构想的一部分。《法律的概念》是充满理智和常识的优雅著作。这本书容易读,不用超出文本去求助有关法律在现代性中的希望与恐惧之更广阔背景的故事。哈特很少作注解,很少引用为其著作提供知识的先前传统,但他提出了一种制度构想,它既描述也证成有组织的现代性之关键因素,一段离我们当前位置既近又远的社会历史。他的著述假定社会制度的效率和进步性质,它反映的是这样一个时期,在那里:社会秩序与和平似乎获得了现代制度的保障,那些社会制度看起来就像是为了使我们能够实现我们的个人与社会愿望而设计的。它反映的是这样一个时期,在那里,法律似乎给我们提供的是赋予权利的可能性,而不是强制的威胁;人们可以欣慰地相信法治代替了人治,而人治在奥斯丁、马克思、韦伯的时代是显而易见的。① 这不是说哈特宣称他的著作是为自由法条主义或法治意识形态所作的辩护。事实远非如此。哈特没有直截了当地讨论政治道德和法治哲学,取而代之的是,他给我们提供了对法律强制理论模式的批判性解构,对正在进行的涉法社会实践的讨论,对法律与道德的关系、国际法的发展,以及对司法审判有理有据的描述,认为它介于形式主义(一切都是受规则决定之意象)与规则怀疑主义(事先存在的规则不决定任何事情之意象)两个极端之间。哈特不认为有必要把他的论题(公然地)建立在法哲学或政治哲学的传统中;相反,他使用社会学的描述语言,或通过对法律相关术语的当代日用法分析,来展示他的著作。② 在这一点上,哈

---

① 正如一位当代评论家所说(科特里尔,1989:99),哈特的作品与法治思想有很深的姻缘关系:"哈特的法律理论把法律描述为一个自我调整的规则体系。承认规则和其他第二性规则被认为统治着法律体系内规则的产生、解释、执行、修改和撤销之整个过程。奥斯丁把法律秩序描述成所有人类政治权力(主权者及其代理人的权力)的表达和工具;与此相反,哈特的法律意象是一种体系意象,在那里规则统治着拥有权力者,实行统治的是规则而不是人。确实,这里所暗示的是引起人们共鸣的政治符号——法治,'法治政府而非人治政府'的符号,这种符号在奥斯丁法理学中显然被丢失了。"

② 法治思想具有悠久的智识历史,它表达了对一般规则治理的虔诚,一般规则得到一致、公平的适用。法治要求:(1)一种规则结构;(2)执行规则的官员;(3)有关那些规则的宣布、承认和审判的进一步规范或运作模式。法治涉及公正性、中立性、客观性和普遍性等重要概念,它们对于自由法条主义来讲至关重要。对这些概念"真实性"的攻击来自各个方面,它们强调说法律同许多不能包含于法治意识形态之中的社会力量和效果都有关联。哈特的策略是假设:这些担心在某些方面是有效的,它们的具体批评,例如规则怀疑论的批判,"在边缘地带"是颇受欢迎的。但是,哈特也限制怀疑论,他争论说,我们确认,法律体系受到的支持在很大程度上来自于"法院积攒起来的威望,这是因为,在法律的广大核心区域上,法院的运作无可置疑地受到规则的管制"。(《法律的概念》,第2版,154)

特否认他的理论具有任何"证成的"目的(这一主张在该书1994年第2版的后记中被重申);但是,哈特的证成颇为含蓄。哈特没有给他的著作明确定位,他加入法律实证主义行列,但带着更广泛的社会著述趋向。该趋向认为,我们的社会制度由相对稳定的规则和社会资源集合(例如,官员的自由裁量权或者官员解释判例法或立法等书面文本的技能)构成,它们既限制生活也使生活成为可能。现代制度远远不是对人的选择和生活计划的限制,它们表现得像是实现人的愿望的关键,是好社会的必要条件。另外,由于现代自由主义构想的开放性——这种构想涉及一种社会生活目标,拒绝把有关好生活的任何特定观念作为最终叙事的构想,现代制度表现为日益只是功能发展的结果,能够用结构—功能的特征和能力,而不是用其表达性的或道德的品格来谈论它们。①

354

《法律的概念》的结构

　　哈特《法律的概念》的重要特征以及它有吸引力和影响力的原因在于,它的框架结构因其特殊的展开与阐述结构而简单明了。在《法律的概念》前言中,哈特声称他的目的是"促进对法律、强制与道德这些虽然不同但相互牵连的社会现象的理解",他的著作有两种解读方式:(1)当作"描述性社会学论文",(《法律的概念》:vii)其中,我们从日常生活语言分析中可以认识规则的中心地位,能更好地理解受规则约束的实践之性质。② 反过来,这

---

　　① 在这些倾向中间,每一个文本都是一种特殊创造。在哈特的《法律的概念》中,人们几乎可以嗅到战后英国乡村的风味。板球、象棋、顺从……这是一个基本处于和平状态的国家的反映,在那里,阶级冲突已经被制度化为政党政治和贸易协会活动的合法的、受规则约束的斗争。在那里,正在出现的福利国家给所有的人提供了养老金、教育和医疗保障;这个国家对其制度的价值和官员行使的自由裁量充满信心,对未来充满期待;完全就业,其核武器家族和体育运动队都能不断成功。主要的社会学问题似乎是要确定每个事物的确切功能,分析各特殊部分在社会整体中适于哪个位置,好像在一个庞大的进步机器中一样。当然,也存在一些问题……社会学家们感到奇怪的是,为什么每个人都如此顺从? 为什么他们都似乎遵守规则? 那些使受规则约束的行为显得如此自然的社会化过程是什么? 但是,哈特看起来没有这些烦恼:他只是简单地假定了遵守规则的行为是当然的——或者,也许更公正地讲,他假定社会化惯例是成功的。

　　② 正如哈特在讨论"被迫"(be obliged to)与"负有义务"(being under an obligation)之间的分界点时阐明的那样:"除非我们抓住它的差别,否则,我们就不能恰当理解人类思想、言语和行为的特殊样式,这些涉及规则的存在,构成了社会的规范性结构。"(《法律的概念》:86)

种日常语言用法的分析；被定位在对现代法律从其前法律源头开始的进化所开展的分析阐释当中。（2）当作一篇分析法学论文，旨在揭示或厘清法律的核心特征。实现这一目标就需要贯彻一个理念，即法律是由许多因素或侧面构成的"复杂"社会现实，其中一些因素或侧面比另外一些更重要；需要区分法律的生命的偶发方面与法律概念的核心因素。由此，法律现实主义者们力图透过预测性透镜观察法律，只看到人们在社会制度中的行为；他们的关切是法律实践问题，而不是法律的本质问题；法律的本质问题不那么重要，也就是说，如果这些制度被改变，法律的本质不会受到重大影响。

以哈特对奥斯丁的解读为基础展开的对法律命令说的批评

355　　哈特在《法律的概念》的开头就持续地批评了基于他对奥斯丁作品的解读而得出的实证进路模式，他称这是"一种最清晰、最彻底的企图，即以命令和习惯这些明显简单的要素来分析法律概念"。借此，哈特明确声称奥斯丁从事的是同样的事业，即"分析法律的概念"。然而，如我们所见，奥斯丁从事的是更大的事业，澄清法律术语的性质只是其事业的一部分。① 哈特说，他要构建一种基于奥斯丁理论的分析模式，"它在实质上与奥斯丁的学说相同，但可能在某些地方与其相异……所以，当奥斯丁的意旨显得模糊，或者他的观点前后不一致时，我们便可毫不迟疑地将其忽略，进而阐述一种清晰且一致的立场"。（《法律的概念》：18）事实上，哈特只是采用了奥斯丁复杂综合体（synthesis）的简化模式，忽略了奥斯丁在各种类型的法律（记住，奥斯丁主要关心的是实在法，它被定义为一种形式的政治权力）与伦理学、心理学、政治经济学和社会进步理念之间建立起来的联系。无论我们对奥斯丁在这些不同事项上的假设持何种看法，奥斯丁信奉这样一种法理学：它要努力理解相互连接的事业集合的某些方面。哈特把他的注意力下降到我们对法律的常识性承认的细节层面。对哈特来讲，法哲学存在于日常语言中并以其作为开始，它假定我们当代语言用法的合理性，以及随之而来实践合理性。哈特声称在命令说中——或者更准确地说，是在他心目中的命令说版本里发现了缺点。

　　第一，哈特声称，奥斯丁没有理解法制（legality）的复杂性，因为奥斯丁的法

---

　　① 对此，奥斯丁相信，大多数人甚至法学家们都感到困惑——奥斯丁可能永远不会进行日常语言分析，因为那将只会使已经存在的困惑更严重。

律意象是一个人或团体(通过命令和制裁)把他们的意志强加在其他人身上。为了说明这一点,哈特以凯尔森对强盗命令与税务官命令的著名区分为基础展开讨论:强盗的命令是要银行职员交出他所有的钱("把钱交出来,否则我就开枪了……如果强盗成功了,我们就说他已经强迫了该银行职员"),税务官的命令是要公民缴纳所欠的税款。把强盗以暴力威胁为后盾的命令看作与政府机关的命令相似,有什么错? 哈特做了一个至关重要的区分:

> 发布命令典型地是在行使对人们的权威而不是施加伤害的权力,尽管它可能与施加伤害的威胁结合在一起,但是,命令主要诉诸的不是恐惧,而是对权威的尊重。(《法律的概念》:20)

哈特的观点关系到权威和一般性[1];对银行职员的命令是针对他个人的,而法律是一般地针对一类人讲的[2],而且,尽管银行职员可能被强迫交出钱并感到被迫这样做,但他不负有按命令行事的任何义务。银行职员体验到恐惧,但是没有感受到尊重。哈特清楚地区分了"负有义务"和"被迫"这两种日常语言表达所包含的含义:第一种与权威相联系,而第二种则没有。只有清楚地区分"有义务"与"被迫"所涉及的社会意义,我们才能理解"现代国家中国内法的常见特征"。(《法律的概念》:77)

另外,哈特指出,奥斯丁的模式忽视了"法律的多样性"(哈特《法律的概念》第 3 章的标题)。尽管命令理论与刑法具有某些相似性,但是,根据哈特的观点,它不能分析授权的、非惩罚的法律:这些法律使人们有权利立遗嘱、从事交易、订立合同并从事法律所支持的社会合作事业。[3] 奥斯丁谈及合同时说,如果合同没有以正确的形式制定出来,就没有订立任何合同,实际上,这种无效就是一种制裁。对哈特来讲,这是一种不真实的观念,我们要看清法律的效用:合同法是达成协议的工具。在达成合同时,也就是在各方重视并利用法律时,他们没有想到无效之制裁;不如说,法律的运作是在提供便利。

而且,奥斯丁没有解释,为什么在现代民主制度下我们假设每个人都服从同样的法律。国家官员也是国民,甚至法官也是。奥斯丁的主权者在法律

356

---

① "尽管它可能与施加伤害的威胁结合在一起,但是,命令主要诉诸的不是恐惧,而是对权威的尊重。"(《法律的概念》:20)

② "……在普遍服从这一事实背后,存在着法律与强盗命令这种原始简单情形的关键区分。"(《法律的概念》:24)

③ "还有其他各种法律,特别是那些授予审判权或立法权的法律或创立、变更法律关系的法律,这些法律不能被看作是以威胁为后盾的命令,这绝非奇谈怪论。"(《法律的概念》:77)

上不受限制的理论,对哈特来讲,意味着根本的分歧,其意思是主权者不受国民所受的同样法律的约束。

此外,奥斯丁的理论没有解释法律起源的方式。哈特正确地解释说,奥斯丁持一种自上而下的法律理念;而且,哈特主张,尽管习惯在现代世界中作用要次要一些,但它作为自下而上法律类型的主要例子,不能套进奥斯丁的理论模式中。虽然有些法律明显地像是主权者的命令,例如立法,但是法官创制的法律也难以契合这个模式。奥斯丁说法官只是以主权者代理人的身份在行动,他们的判决是主权者的默示命令。哈特则声称,在现代,我们看到法律是许多机构创造出来的,这些机构并非都是以等级结构组织起来的。议会能够推翻上院决定的效力,这不意味着上院是议会的受托人——我们完全不这样认为。

在哈特看来,命令论也不能解释为什么在创制法律的主权者被废黜以后法律继续有效。法律是连续的,这说明,它们的起源并非简单的是后来被另外的团体或个人所取代的某个个人或团体在某个时间发布的命令。① 哈特引进了奥斯丁没有详细阐发的观点,即法律是规则,法律体系是一个复杂的规则集合。哈特主张,现代法理学的关键是理解规则观念的含义所在,他继而确认,现代法律体系是他所称的第一性规则与第二性规则的结合。规则理念取代主权者命令之概念,成为法律实证主义的焦点;哈特主张,只有理解规则的全部特性以及受规则约束的行为之性质,才能理解合法性。② 也就是说,(1)我们应该把规则与纯粹的习惯区分开来,尽管人们做许多事都是出于习惯,但习惯不必然以制裁为依托。破坏习惯不必然遭到反对,而对规则

357

---

① 哈特错误地认为奥斯丁的主权者必然是一个人或一个团体。在否定了奥斯丁意指的社团主义解释之后,哈特指责奥斯丁"不能说明作为现代法律体系特征的立法权能的连续性"。(《法律的概念》:77)

② 即遵守规则的思想。法律是一种特殊社会规则而非私人规则。社会规则是由有规律的行为模式构成的,在此,偏离将受到敌意的批评,理想地讲,偏离的人会逐步认为这种批评是正当的。社会规则存在三种因素:(1)有规律的行为;(2)偏离会受到敌意的批评;(3)敌意的反应是以行为规范为基础的,这些行为规范才能产生有规律的模式。内在观点与外在观点之间的区别在于,为了适当地理解规则,人们必须从它的内在观点和它的外在观点理解它。内在观点是一个人的观点,当某个违反规则的行为发生时,他把该法律或行为标准用来论证敌意反应或批评的正当性。当我们讨论规则遵守时,我们并不只是在叙述行为中的规律性,也不是在讨论本能的行为,例如动物的本能行为。遵守规则的思想暗示着以某种标准来对照,从事某种活动时是有规律的,而行为标准又暗示着你能够偏离作为一种选择的标准,不然的话,批评就没有任何分量。批评的目的是要使你遵守规则。

(特别是某些种类的规则)而言,破坏规则将导致批评。(2)在偏离规则的情况下,偏离规则本身通常就是批评该破坏的充分理由。人们根据规则和对规则的遵守做出评判。(3)规则具有内在方面。依据哈特的观念,奥斯丁以致力于科学方法为名,采纳了中立观察者的方法。奥斯丁寻找可观察到的规律,结果他只是看到人们被告知做什么,看到这些命令是以惩罚为后盾的。这就像是一个军队阅兵场的图景。对哈特来讲,规则完全不是这么回事。外在观察者仅仅注意运行的过程,不能彻底理解遵守规则的活动。(《法律的概念》:55—6,87—9)如果我们观看一场比赛,例如象棋比赛,理解该比赛就要懂得规则,使自己能够采取内在观点。参照规则和棋手的表现,你就能够评判每一步棋的质量。只有采取内在观点,人们才能评价棋手的技艺水平、他们每一步的对错。考虑一下移动王后棋子的例子:

> 国际象棋棋手们不仅有以同样方式移动王后的类似习惯(一个对棋手们移动这些棋子的态度一无所知的外在观察者能够记录这种习惯),而且他们将这些行为方式当成所有参赛者的标准。每个棋手不仅本人以一定方式移动王后,而且对所有以那种方式移动王后的行为的适当性"有看法"。这些看法在偏离行为已经发生或有可能发生时,体现为对他人的批评和对他人提出服从的要求;体现为对这种来自他人的批评和要求的正当性的承认。为了表达这种批评、要求和承认,人们采用了一系列"规范性"语言,如"我(你)不应该那样移动王后""我(你)必须那样移动""那样是对的""那样是错的"。(《法律的概念》:56—7)

这一段话突显了哈特的方法论和对法律发展的功能主义解释。哈特主 358
张,一个人要进行比赛就必须对棋局持局内人的观点,这是棋手对他自己和其他各方的行为所持有的批判性反思态度。它涉及对所有比赛选手的行为标准的评判。游戏的外在观点是不真实的,实际上不可能说出每一步棋的意义。如果你以前从来没有看过棋,就不可能理解你面前正在发生的事。如果一位观察者不知道规则,他能获得什么样的信息呢?他可能看到某种凌乱的走棋方式,通过反复观看比赛,他可能渐渐能够预测它们通常走棋的方式,但是通过简单的观察过程他不会明白棋手正在遵循规则。

游戏这种受规则约束的特殊活动与受法律调整的行为是一样的。法律使社会活动成为可能,一个人要理解法律就要采取内在观点。法律的内在观点是生活在一个制度下、懂得法律涉及什么的公民所持有的观点。初看起来,这是一种令人欣慰的观点,因为所有公民都有足够的了解,能够以对法律规则的解释为基础做出法律上何为对何为错的判断。哈特主张,奥斯丁没有考虑生活在稳定的法律体系内部的公民的思维过程。人们不是仅仅想起命令和惩罚,他们还用规则来推理、解释规则,并评价他们自己或其他人的行为。

我们可以在此暂时停下来发出疑问:这是不是一种方法,足以使我们全面地、批判性地理解在法律体系的名义下正在发生的事情?哈特的进路有助于阐释一个稳定的法律体系的外部特征,揭示概念在日常用法中的意义。但是,就该体系的意义问题,它有没有告诉我们什么?还有,有没有什么方法哈特能够用来引入一种准则,让我们用它识别出在其中采取批判性反思态度并不可取的场合?

哈特对奥斯丁的批评是理论化的进步?

随着《法律的概念》在 1961 年出版,出现了一种倾向,人们只通过哈特在前四章中的批评去解读奥斯丁。正如本书第 9 章所说,这容易导致一种后果:低估奥斯丁,忽视其复杂的综合体。哈特将主权者以及主权者的立法推理(它设计一个由施加义务并指示对不履行义务者施加制裁的法律规则所形成的结构)之核心理念,替换成更模糊的规则体系理念,这些规则本身要参照其他"社会"规则来加以确认、适用和理解。初看起来,规则理念和相关的义务理念似乎切合我们通常如何看待法律所强加的东西(即义务)的方式。在当代条件下,所有公民都有义务正确填写纳税申报单、付清所欠税款。与实践活动和谐共处,这一收获是以失去临界距离为代价换来的;它对法律体系按其运行的状况全盘照受。哈特的分析读起来像是对韦伯法理权威理念相对不那么复杂的解释。但是,哈特的分析似乎不要求读者去认知更广泛的社会理论,尽管是它们提供了哈特所构想的实践解释模式。哈特不仅拒绝重构奥斯丁著作——它可以被说成是立法理性的构想①——的历史地位,而且他还忽视奥斯丁的一个基本观点,即所有法律的互联性。对奥斯丁来讲,在民法的日常运行背后存在(至少是潜在的)刑法的威胁。不只是无效可能被看成一种制裁形式,而且,刑法(对欺诈、胁迫、盗窃等的制裁)最终保障了基本游戏规则。民法理论的"外边"一直是刑法和政治制裁。② 正如亨利·梅因

359

---

① 哈特没有讨论奥斯丁的功利主义,没有注意到奥斯丁经常谈及法律提供指导或"明智"指引的必要性。

② 正如休谟在《人性论》中所说:"如果没有政府的个别制裁,(契约承诺)在大型的文明社会中不会有丝毫效果。"

所说,当社会从前现代向现代运动——即他所称的从身份到契约的运动——的时候,法律(民法和刑法)失去了它的社会习惯基础,显然与作为后盾的强制连接在一起。① 哈特似乎忽视了一个事实:强制就其使用而言不是普遍特征,这不意味着它没有作为心理压力而存在。事实上,对边沁来说,制裁的成功,体现在它存在于一个潜在违法者的理性思维中,以致制裁永远都不必付诸实施! 忽视这一点,哈特对奥斯丁背后制裁作用的批评,相当于自由主义与强制的脱钩,是对哲学自由主义的历史同它与强制的联系的根本误解。是什么导致了这一误解呢?

也许,部分答案存在于分析实证主义的方法论中,即合法性(legality)与政治的分离:这是从智识传统和社会现实中提炼出来的一种模式的产物。然而,尽管这也可以作为一种因素,用来解释哈特在假设日常的受规则约束的活动具有自然性时近乎幼稚可笑的方式,但是,另一种解释可能是法律主体已经历过的社会化模式的变化。简单地讲,哈特正在描述一个现代性时期:在那里,成功的社会化模式给年轻人准备了他们在社会结构中的角色,而该结构大部分是由受规则约束的实践活动所构成的。② 然而,要解释这一点,就会把我们带进社会历史和社会学讨论的领域③,而哈特对此要么是视为前提,要么是忽视了。然而,有一个重要点要注意:受规则约束的行为模式 360

---

① 在现代社会,民法没有得到"迷信的支持,可能没有观念的支持,肯定没有即时冲动的支持。因而,法律背后的力量变成了单纯的强制力量,在一定程度上,原始类型的社会对这种力量一无所知"。(亨利·梅因,《早期制度历史》,392—93)

② 20 世纪 50 年代和 20 世纪 60 年代美国社会理论最著名的作家,例如塔尔科特·帕森斯(Talcott Parsons),发展了后来被称为社会结构功能思想的理论。帕森斯对社会秩序问题提出的解决方法是假设社会的成长会趋于平衡,这样就摒弃了(霍布斯和其他人的)传统社会契约论思想,其目的是使国家施加命令具有正当性。(1970:69)他暗示,社会化创造了现有社会契约规范的"内在化"。社会契约在运作时不是作为一种自觉的图式,而是作为一系列经过内在化的认识,这些认识通过社会化被慢慢地注入社会的规范以及各种惯例之中。

③ 作为起点,当代的讨论将会涉及诺伯特·伊利亚斯(Norbert Elias)(1982)关于人类行为文明化方面的著作,米歇尔·福柯(1977)关于现代自我的纪律化方面的著作。在很多著作中,伊利亚斯分析了在文明化过程中暴力是如何从日常体验中退居次席的。伊利亚斯谈到了社会的"礼貌化",或者说这样一种过程,借此,宫廷社会的礼节和自我克制被施加到下等阶级,伦理价值的发展被用于使社会侵害得到驯化。此外,"野性的"或"非理性的"欲望被升华进我们的潜意识之中,或者被归为荒诞。"在一个大体上没有身体暴力的人口众多的地区,一个'良好的'社会形成了。但是,即使身体暴力的使用从人类交往之中退却下来,现在甚至决斗也被禁止,但是,人们还是在以很多不同的方式彼此施加压力和影响。"(伊利亚斯,《权力和文明》,1982:270—71)

要想继续,必须存在一种代表参与者立场的态度——可称之为守规则的观念形态,或以实践规范为导向的社会化,这使他们认为按规则办事才是恰当的行为方式。哈特的发现,即一种共享的规范组织是日常守法的基础,在英美法理学界得到承认所产生的"喜悦",是感知到的分析潜在历史过程的任何迫切需要都无法媲美的。在其宏观社会分析中,伊利亚斯把国家获得对暴力的垄断当成决定性的前提条件。伊利亚斯(在韦伯的影响下)勾画的图景是这样的,即在有组织的现代性中,日常生活的正常状态是国家获得两个方面权力垄断的结果:对身体的暴力(这成为对公民不遵守正当法律的制裁威胁,或者针对国家的敌人采取军事行动的可能性),以及对财产的强力(用强制获取来征税或征地等的能力)。由于这样的垄断,合法暴力看起来不再像奥斯丁所说是一种威胁,而是具有安抚人心的特征——这是国家治安的组成部分。①

哈特描绘性社会学论文在何种程度上实际提供了一个有关法律的功能性叙事?

在《法律的概念》中,哈特在他的分析目标和方法论中面对着不可化解的张力。除了假定生存这一基本目的以外,哈特明确否认有任何必要从法律体系目的的角度来讨论问题。他的主要方法论是采纳牛津大学哲学系当时流行的语言哲学,这起源于 J. L. 奥斯汀(不要与 19 世纪法学家约翰·奥斯丁混淆起来)和 L. 维特根斯坦的工作。他们使用语言哲学(在其他地方也被称为日常语言分析)的起点是,通过分析我们共同语言习惯中的区别[如"being obliged"("被迫")与"being under an obligation"("负有义务")],我们能够更深刻地理解我们所参与的社会实践以及我们所遵守的社会规则的意义。这种方法论的问题是,它根本不能清楚地告诉我们与人生重大关切相关的事情。日常语言分析不是一种"宏大的理论化",它的实践者从来没有这样说过。这一有限的方法论能为法律的制度构想做点什么事情?

361

---

① 暴力威胁"不再是它带进个人生活的一个常见的不安全因素,而是一种特殊的安全形式……一种持续的、统一的压力,通过藏在生活意识背后的身体暴力施加到个人生活中,这种压力完全相似,很难察觉,指导并推动着已经被从最早的年轻时期调适到这种社会结构的经济"。[伊利亚斯,《文明化过程:国家形成和文明》,(1939)1982:328-9]

路德威希·维特根斯坦著作简介

奥地利哲学家维特根斯坦的后期著作对哈特产生了巨大影响。在其早期著作中,维特根斯坦(1922)相信词语的功能是指向某物,用作世界上真实事物的参照点。因此,词语描绘了现实。当我们使用一个词(如"刀")的时候,我们在头脑里就有一个实质上的刀的直觉图像,我们将"刀"这一词应用于一些物体,取决于它们是否接近理想的"刀"的概念。但在后期的讨论和教学中,维特根斯坦(出版于1958,1969)急剧改变了他的语言观念——他逐渐认识到,不是语言受现实控制,而是语言实际上构成了社会现实。因而,考察词语在使用中的意义非常重要。① 我们怎样做到这一点呢?我们必须调查实际的社会惯用法,它们表明,词语只具有像它们根植在这些社会惯用法中所展示的意义。他使用了"语言游戏"这一术语描述这种观点。在日常语言分析方法中,对概念意义的分析,以"刀"为例,是从平常到惊奇、从我们对用法从不质疑地简单假定到发现有关我们一般思维的概念和结构的新事物这种过程进行的。掌握一个概念——至少部分地——就等于能够正确地使用某些词,找出词语所指的事物的一些例子,作出某些适当的判断和区分。维特根斯坦相信,尽管我可能从来没有自觉地感觉刀,但是,当一个人要求我给他拿一把刀放到桌子上好让他吃肉的时候,我找这样一把刀的能力并不是因为词语"刀"与某种本质形式的"刀"之间的魔术般对应关系,而是因为我们已经社会化地进入了语言惯用法之中。例如,在因不同文化而异的就餐的社会习俗中,我们已经创造了一种在英语中被称为刀的器具——这一器具有某些特征。例如,切东西的能力(在电影里的橡胶仿制品通常会被拒绝认为是一把刀)。塑料刀或旧得几乎不能切东西的器具还算是刀吗?这一般没有绝对答案。有些情况下,对某些用途来讲我们可能这样说,而在其他情况下

362

---

① 维特根斯坦最著名的后期著作《哲学研究》(1958)是对语言指示理论(designative theory of language)的研究。他以奥古斯丁关于学习讲一种语言的过程的一段话为例,说明学习依赖于意义的图画理论。在奥古斯丁看来,"人类语言的本质……语言中的单个词语是物体的名字——句子就是这些名字的组合——在这种语言图画中,我们发现了以下思想的根源:每个词都有一个意义,这种意义是与词语相互关联的,它是词语所代表的物体。"对后期维特根斯坦而言,这一观点尽管是他的一生实际出版的唯一著作(《逻辑哲学论》1921)的基础,但存在严重缺陷,它忽略了活动的背景,实际上词语是镶嵌在那里面的。现在,他坚持认为,除开活动、活动与语言的结合(他称之为"语言游戏"),词语就没有独立意义。词语的本质意义的观念,被代之以"意义在于用法"这一观念。正是"意义在于用法"——或者确认正确用法的习惯——被用作他的理论研究的基础,就像社会惯例或承认规则被用作哈特理论的基础一样。

则那样说,答案取决于切东西的能力在该情形下的重要程度。然而,我们通常假设,切东西的能力是恰当地确认刀的构成部分。刀是服务于多种目的的人工制品,切得快不仅仅是在某些情境下刀的标准,而是一般情况下的标准。

日常语言分析在法律研究中的应用是显而易见的。先前的法理学一直持一种错误的语言观点。后期维特根斯坦主张,我们不应该寻求"法律"这一词必须指称的本质或纯粹实体,而是应该考察我们的语言用法。哈特在他的教授就职演说《法理学中的定义和理论》(1954)中似乎提出,先前定义法律含义的尝试存在方向性错误。它们忽视了与法律相关的术语(或法律的表达实际上的使用方式)的真正含义内在于我们日常语言用法之中的重要方式。由于不注意我们实际的语言用法,先前对法律的思考是不充分的。对哈特来讲,通过考察我们使用与法律相关的术语(权利、义务等)的方式,我们能够洞察它们的真实含义。

维特根斯坦将强调的重点转移到我们的实践活动受规则支配的性质上。我们不能将人类行为理解为个人孤立的行为,因为一切行为都只不过意味着更广泛框架背景下的某种东西。词语由于它在其中被使用的背景而具有某种含义;一位对背景一无所知的观察者将不能理解这些词语(他/她必须首先学习语言),对实践活动而言,观察者要理解实践的含义就必须首先学习实践规则。社会实践的意义不能私自赋予,获得事物意义不等同于接受一系列的自然感官印象。维特根斯坦对"私人语言"的可能性提出了一些著名的反对观点。通过使用公共语言提供的资源,我们理解我们的全部感情,例如理解我们的痛苦。"私自感情"的意义是在公共语言中定位下来的,公共语言对它的正确使用加以公共制约;只有通过社会用法的现实,"正确的使用标准"才具有可能性。一个人使用一个词的时候不能采用自己的标准,因为在该情况下,在我恪守规则与我只认为我正恪守着规则而事实上我并没有如此,这二者之间就不会有什么区别。

> 我们所称的"服从规则"是不是有可能是只有一个人服从规则、在他的一生中只服从一次这么回事? ……只有在一个场合作一次报告、只有在一个场合一个命令被发布或被理解,这是不可能的;如此等等——服从规则、作报告、下棋都是习惯(风格,制度)。
>
> 理解一个句子意味着理解一种语言。理解一种语言意味着掌握一种技术。(《哲学研究》,sect 199)
>
> ……服从规则是一种实践活动。以为某人在遵循规则并不是遵循

规则。因而,"私人性地"遵循规则是不可能的;否则,以为某人正在遵循规则就与遵循规则成为一回事了。(同上引:202)

维特根斯坦使用与通常玩的游戏的类比,创造了"语言游戏"这一术语指称惯例和生活方式。打板球时必须坚持一套公共规则。如果每位参加者开始坚持他/她自己的一套私人规则,游戏就进行不下去了。官员也不能在没有商议的情况下突然改变规则。社会实践活动的规则使实践活动得以继续存在。结果,我们在寻求理解时必须考虑到思想和经验的社会起源;在很大程度上我们是我们身在其中的习惯和制度的结果,有关我们自己和社会的知识不能来自于每个人的孤立经历,它本身就是受规则规制的活动的产物,这些活动本身必定是公共的和社会的活动。板球赛不能以选手自己的私人意图来理解;他们正在做的事是从他们正在参与的游戏的规则中取得其意义的。

然而,规则是从哪来的、是什么在指引它的变化? 这里,我们就开始进入了一个非常有争议的领域,也就是我们所称的方法论的领域。规则深深扎根于惯例之中;确实,规则构成了惯例或制度。因而,在规则与社会之间存在着构成性互动——规则有助于构成社会,但社会生成了规则。不同的规则和制度肯定会产生不同的社会。而不同社会肯定会产生不同的社会游戏规则。我们怎么能说哪一种惯例更好、怎么能说哪一种惯例是道德的还是不道德的? 换句话说,我们怎么能说哪一种对,哪一种错?

现在,对以康德为基础的义务论推理传统而言(参见本书第六章),正当具有一种自足的性质,事物在自身就正当,因自己而正当,这种归因的基础超越了我们杂乱的现世生活习惯。康德的义务论依赖于把存在分割为经验和先验两个领域,很多人不能接受康德的形而上学。与休谟和康德相反,维特根斯坦采用了认识论上的实用主义,不期望对每一知识层次都有合理论证——对理解的底层特征,不能给出绝对"解释"而只能"描述"。而且,这些描述并不是从语言游戏之外获得的,它们本身就是从一个或另一个这样的游戏内获得的。不可能站在某种语言游戏外的立场判断词语、集合、命题同客观"现实"之间的关系,继而判断语言是否在正确勾画现实、与现实相联或者表达现实。我们永远处在某种或其他语言游戏之内,不可能存在对语言游戏充分性的先验评价。对后期维特根斯坦来讲,思想出自生活背景,这并不是一种独断的非理性主义,或者像休谟所担心那样是一种空洞,它们自身就是我们生活形式的实际人类理性。

一切检验，一个假说的一切符合或不符合情况都是已经发生在一个制度中。而且这一制度并不是我们所有观点的或多或少专断而可疑的出发点，不，它属于我们所称的观点的本质。该制度与其说是出发点，还不如说是论据在那里获得的生命的要素。（《论确定性》：204）

当我们谈及世界上的客体、提出关联性等的时候，我们正运行在一个语言游戏中，对我们来讲世界怎样分类取决于那种语言游戏的结构。

研究的任务是要揭示不同语言游戏的复杂构成——我们生活方式的理性。通过这一程序，我们自觉地努力避免想找到产生"虚假"简约论的先验立足点的愿望，其方法就是否定"解释""基础主义"起作用的必然性；相反，我们要努力揭示实际思想和经历过的"现实"的局限性从活生生的语言游戏结构内部显现出来或者说被它证明的过程。①

哲学在人们的事业、目的和生活形式的过程中将有实际作用，认为我们总是在语言游戏之内在活动，就是认为社会惯例的偶然性决定了我们是什么，就是认为人类的相互关系构成了社会性——然而，说这些是偶然的并不是说它们是任意的，如果任意性意味着我们完全自由地、彻底地跳出一个历史场景之外，在某种其他偶然的社会惯例系列中简单地、有选择性地创造自己的地位的话。我们认为语言游戏的内容构成了我们生活的实质表达，并且，我们力图在它们内部评价理性传统，而同时，我们总是在考虑另一种语言游戏问题：我们努力寻求来自其他语言游戏的启示，把它们看作是启发者（reminders），只因为这些启发者给予人们一些真实的希望，以解决人类在不同社会—经济—政治地位中的具体问题。

下述假设是错误的：我们能够找到绝对独立于已在起作用的语言游戏的某种项目，并在该语言游戏基础上建立起一个新的制度——与其关心语言游戏的底层特征的某种根本基础的观念，不如继续确定我们如何使用现有的语言游戏并生活在其中，以及它们在社会生活中的用法的含义是什么等问题。我们把自己的行为建立在某种基础上这种一般需要，既没有包含在纯粹理性的普遍图式中，不包含在决定存在的深奥经验框架中，也不包含于独断的愿望中，而是包含在我们所在的生活的运作形式中。

---

① 维特根斯坦称这种方法为治疗剂，声称他所提出的东西不同于传统的解释方法。他的哲学理论是开放式的、非权威性的："哲学只是把每件事放在我们面前，不解释任何事情，也不推论任何事情，因为每件事情都是要经受考察，没有什么要解释。譬如，被隐藏的东西对我们来讲没有多大益处。"但他在同一段话里继续说道："哲学家的工作在于为某一特殊目的收集启示。"

> 我如何才能够遵循一条规则? 如果这不是一个关于原因的问题,那
> 么它就是一个关于论证我以我的行为方式遵循规则的正当理由的问题。
> 如果我已经理屈词穷,被逼到墙根,那么我再无理由可言。这时我就可
> 能说:"我就是这样做的。"(《哲学研究》:No 217)

是什么提供了真理的保证? 只有各种人类生活形式:

> 那么,你是说是人们的一致意见决定了何谓对,何谓错? 正是人们　　365
> 所讲的话才是对的和错的;他们以他们使用的语言达成了一致意见,那
> 不是观点上的一致而是生活形式上的一致。(同上引:No 241)

实用主义理论又把我们的注意力转回生活行为以及人的社会性产生的
构成物上来。明确地说,维特根斯坦号召我们,"在使用活动中"[就像有些
人说出这些词语另一些人则"遵照它们行事"(同上)],研究"语言游戏"的
运作,以及它们在其中被编织起来的词语和行为。学习语言意味着学习如何
在那些词语被以不同方式使用着的不同语言游戏中生存。

结果,似乎哲学家——这也含蓄地包括读过维特根斯坦著作的法学家
们——必须弄清新奇的语言用法(例如有关法律的语言用法)的含义,把进
一步的调查转给社会学家。但是,社会学家如何才能提供一种更高级的语言
游戏呢?

这个悖论很简单:如果个人的活动只有通过参加社会实践才能获得意
义,那么,我们就不得不认为后者是我们的解释之源,我们必须不断地语境化
我们正在调查的东西和我们的立场。但是,我们的理解方法本身也是一种实
践,它本身也需要理解。因此,在接受其话语之前,我们有必要理解社会学意
义上的社会实践——而这反过来也将是另一种语言游戏,另一种实践,也需
要理解……如此等等。

说法律等规则只能通过把它们置于社会中才能得到理解——正如哈特
继维特根斯坦之后所声称的那样,这没有为它们的起源提供答案。这一见解
使哈特的理论出现了可怕的漏洞。它试图通过求助于他所称的承认规则、确
认法律的最终社会实践活动来堵住这种无穷递归的可能性。然而,他不能告
诉我们怎样找到确定承认规则的规则,这被作为一种假设的社会惯例。哈特
也希望坚持法律实证主义的法律定义,节省我们进行道德分析的精力。因
此,仅仅因为我们同意那些被一个特定社会中确认法律的规则所承认的规则
是要被接受为有效的法律规则,这并没有回答它们是否应得到我们的道德服
从的问题。然而,哈特(不像如罗纳德·德沃金等坚定的康德式自由主义者

那样)不能提供任何标准,让我们能够用以评判法律服从的要求在道德上的价值。因为哈特坚持只从事不带任何论证目的的描述性分析,他随即看起来似乎(与他最良好的意图正好相反)是在鼓励法律虚无主义;我们没有得到判断合法性的标准。

有些批评者(例如罗森,1969)认为,日常语言分析本身就是虚无主义。确实,维特根斯坦经常被指责为相对主义。如果规则只能在一个特定社会中加以论证,那么我们怎能决定整个社会——例如纳粹德国或种族隔离制度下的南非——是否能够被"正确"地评判为对或错,道德上可接受或站不住脚?如果每件事都是视语境而定,每件事(对语境来讲)不就都是相对的了吗?

维特根斯坦——和哈特——有两种回答思路。第一种是否认我们需要基础,这种反基础主义已经成为某些后现代作家摆脱困境的出路。[①] 维特根斯坦坦率地说,我们必然总在使用这种或那种规则系统。[②] 如果我们走不出去,那么我们干脆就停下来不走了。引述前面的引文就是:

> 如果我已经理屈词穷,被逼到了墙根,再无理由可言,那么,我就可能说:"我就是这样做的。"(《哲学研究》:217)

因此,哈特可以坦率地说,他的承认规则就是他用来当作对法律体系的描述的基础的东西。这样,他就必须接受:这就使是什么构成了承认规则的实际性质这一问题没有答案,悬而未决。因此,不同社会可能有不同的承认规则。那么问题就是,需要对承认规则这种表达施加一些限制,否则它就不能起到在哈特的理论中所起到的作用。

维特根斯坦提出的第二种回答是一个与相对主义根本不一致的答案:

> 遵循规则类似于服从命令。我们通过训练学习这样做,我们以特殊方式对命令作出反应。但是,如果一个人以某种方式而另一个人以另一种方式对命令和训练作出反应则会怎样?谁是对的?
>
> 假设你作为一名探险者来到一个陌生的国度,你对那里的语言很陌

---

① 著名的一位就是理查德·罗蒂(Richard Rorty)(1979)。

② 这似乎注定了维特根斯坦的这一立场,即作为哲学家,他对某些生活方式没有任何发言权。这种暗示似乎是紧随格言而来,例如"哲学没有办法干预语言的实际使用;最终它只能叙述它"。(《哲学研究》,para 124)这一困境实际上关系到基础,因为维特根斯坦在该段后继续说:"因为我们也不能给它以任何基础。"实用主义模式的哲学不能给它一个基础,因为不存在普遍的感觉平面,实践则必须在它自己的术语上来加以理解,因此,非基础论哲学必须"让一切保持原样"。

生。在何种情况下,你可以说那里的人们发布命令、理解命令、服从命令、反抗命令等?

人类共同行为是我们借以解释一种未知语言的参照系统。(《哲学研究》:206)

维特根斯坦似乎是说,我们能提出一种最后语境,即"人类的共同行为"。在其他部分中,他谈到了"概念与非常一般的自然事实之间的对应关系",这暗示着我们能够把人们行为方式的潜在理由追溯到关于人的本质的最一般事实上。

问题是,每一种解决方法都会导向相反方向。当维特根斯坦说必须当作事实接受下来的东西是生活的形式时,他使我们处于相对主义的地位,或者至少导向语言游戏的多元化;当他说到"人类的自然史"的时候(《哲学研究》:415),他似乎是在复兴休谟的自然史观。

哈特对维特根斯坦的遗留问题不能令人满意的解决办法   367

哈特解决这一难题的办法是,在日常语言分析的合理运用——这一分析向我们说明,我们用法律指称的日常实践活动,有多少是守规则的事情——上面,增加法律从所谓的"前法律"状态向现代国内法律体系进化的概要性叙事。许多批评者(例如,费兹帕特里克,1992)已发现这是哈特著作最薄弱的领域。他们认为,哈特声称只是在做描述性分析的说法,实际上相当于用以下含蓄的主张去呈现一种论证当代法律体系程序的理论:即这些程序是为了顺应社会生活日益增长的复杂性,作为社会结构的功能进化而产生的。①

哈特关于法律存在的叙事是什么?哈特的推测是,一切社会生活都涉及规范调整(社会规范的存在、预期、对违法的制裁和/或奖赏)。哈特要我们"设想一个没有任何形式的立法机关、法院或官员的社会";这是由"第一性义务规则"构成的社会结构。在社会发展的"早期"或"简单阶段",这些规范具有简单的特征["人们被要求做或不做某种行为"(《法律的概念》:

---

① 很明显,约翰·奥斯丁也非常依赖在自然社会非法律的野蛮状态与政治社会的法律调整之间的区分。正如彼得·费兹帕特里克所指出的那样(1992,第6章),哈特沿袭了一种特殊传统:讲述或者或编造关于法律的基础的故事、隐含地使用修辞手法来宣称其必然性。

78)],它们施加义务并带有规则的特性。① 在这一早期阶段,不必然存在创造或适用规范的特殊机构(例如,没有法院或法官),不同类型的规范也不是完全相同的。哈特进一步解释说,尽管不同社会之间第一性规则的多样性让人触目惊心,但必定有"社会生活所明确要求的规则"之共同内核。(《法律的概念》:167)这些规则存在于一切时代"自然法"话语所论及之共同关切的经验基础中。自然法理论家把对于源自一些人性基本公理之调整结构的必要性,误认为是复杂的道德体系。

哈特列举了以下最低限度的规则:(1)限制诉诸暴力的规则;(2)要求诚实和信用的规则;(3)限制破坏实物的规则;(4)禁止抢夺他人财物的规则。这些规则是社会团体存续的最低条件,即如果某些规则不存在,该社会团体就不能"生存"。"生存原则"是哈特提出的、存在于社会互动背后的基本原则,"生存"是有关个人生命的不可化约的事实:"大多数人在大多数时间希望继续生存下去。"(《法律的概念》:187)如果没有对暴力的限制,没有与他人打交道时的某些信用要求等,社会生活是不可能的。因而,他得出结论,所有社会都必须有这些最低限度规则。

这些特定的"最低限度规则"可以从关于人性的"简单公理"中推导出来。哈特列举如下:人的脆弱性、大体上的平等、有限的利他主义、有限的资源、有限的理解力。(参见《法律的概念》:189—194)哈特关于人性的观点是建立在托马斯·霍布斯和大卫·休谟思想的基础上。(见本书第4章和第5章)当哈特坚持说追求自我利益的社会规则"无论如何要比放肆的侵犯不那么恶劣、野蛮和短促"(《法律的概念》:191)的时候,他使霍布斯的理论变得更文明一些。②

在哈特的文本中,历史进化的道路到达了一个新阶段,此时,识别"法

---

① "如果一个社会想仅仅依赖第一性规则生存……这些规则就必须以某种形式包括对自由使用暴力、盗窃、欺骗的限制,人类受这些行为的诱惑,而且如果人们要想彼此亲密地共存,一般地讲,他们必须对它们加以压制。事实上,在我们所知的原始社会中总是发现这些规则,还有许多其他规则在向人们施加各种积极责任,使他们为共同生活提供服务或做出贡献。"(《法律的概念》:88)

② 哈特关于"人的本质"的基本意象是孤立的个人,他们致力于个人生存,尽管不情愿也不得不接受对自由追求自我利益的限制,以便使生存(个体的和社会的生存)成为可能。哈特尽力缓和霍布斯关于人类本性的观点的极端残酷性,但在任何时候彼也没有说他的理论具有政治基础。[对霍布斯观点的批评,特别要参见 C. B. 麦克弗森(C. B. MacPherson),《占有性个人主义的政治理论:从霍布斯到洛克》(The Political Theory of Possessive Individualism: Hobbes to Locke),1962,第2章]。反对霍布斯和哈特的基本观点是,他们提出的孤立而好斗的(转下页)

律"或"法律体系"的存在成为可能。① 哈特设定了一个关键阶段或转折点。这牵涉第二种不同规则类型的出现，他称之为第二性规则。第二性规则是这样的规则，它们

> 规定人们可以通过做某些事情或表达某种意思，引入新的第一性规则，废除或修改旧规则，或者以各种方式决定它们的作用范围或控制它们的运作……它们授予权力，公权力或私权力。（《法律的概念》：79）

> 它们标志着"从前法律世界迈向法律世界的一步"。（《法律的概念》：91）

法律体系的正式存在

第二性规则的运行，为法律体系提供了存在基础②，使之与纯粹的第一性规则集合区别开来。在相当程度上，哈特不清楚这些规则是如何产生的，不清楚它们的准确性质。他似乎把两种相当不同的规则类型连在一起：(1)授予公民/法律主体改变其法律关系之权力的规则。他批判奥斯丁的一个要素是，规则的"命令理论"没有包括例如订立遗嘱或达成契约的能力或权力。这些类型的法律规则似乎被包含进来，当作授予私权力的规则。(2)针对法律官员（特别是"法官"）的规则，指示他们如何确认有效规则、对规则作修改或解释。他对第二性规则的大量讨论都是以这类规则为中心的（见以下关于第二性规则种类的部分）。存在授予"公"权力的规则，这在他对第二性规则的初始定义中有论述。问题是这两个不同类型的第二性规则是否充分相似，足以包含在同一概念中？这些规则针对两类人，即一方面是

369

（接上页）人类模式完全是非历史的。假设孤立的人类（受到自利和生存的促动）走到一起形成"社会生活"，放弃他们的自私性，这说明不了任何问题。人的生活从一开始就具有"社会性"。关于最早和最简单的社会，现在可以得到的证据并不能证实好斗的野蛮性这种假设。当我们避免假设"黄金时代"这种相反错误的时候，霍布斯和哈特所作出的假设更近于描述霍布斯时代的生活，更接近于竞争性的资本主义社会中人类生活的现实。关于人的本性的假设肯定不像哈特声称的那样是公理，它们是极有争议的。

① 哈特不是很关心有关第一阶段或中间过程的证据揭示。他没有利用人种学研究所获得的有关简单社会中法律方面的大量现有资料。

② 批评者们很快就会指出，哈特没有论述第二性规则产生的社会条件。其涉及什么样的关键变化？它们是不是与特殊法律机构的出现有直接关系？它们是不是依赖于我们所称的"司法"职能的发展？

"公民",另一方面是"官员",这一事实说明答案是否定的。①

我们在他的引导下把法律看成特殊形式的规则,现在我们面临一个相关概念,即"义务"。并非任何规则都施加义务,那些施加义务的规则,通常在三方面与其他规则相区别(《法律的概念》:84—5):(1)它们具有社会压力的严肃性。也就是说,它们都是一些其中要求服从的命令很强硬、防止越轨行为的社会压力很强大的规则。(2)它们都是一些被看成是对维持正常社会生活不可缺少的规则。(3)它们都是一些被看成要求在服从中做出某种牺牲的规则。

规则理念特别强调需要有心理因素,感受到我们正在经历的是受规则约束的活动,有些规则明显比其他规则更重要。附有义务的规则,我们可以承认为法律规则。所以,法律结构是一种沿用这种进路的体系。社会有一些奥斯丁类型的规则,即设定义务的规则,以防止暴力、欺诈等违法行为;哈特称之为第一性规则(设立义务的规则)。一个社会要想只用这些类型的规则维持其存在,就要求大多数民众对第一性规则持内在观点。这不意味着他们必然赞成它们,而是说他们必须用它们指引行为。在发达社会中,我们不只需要这种进路,因为那种规则结构不构成一个体系,它将缺乏融贯性,原因在于它将没有办法决定规则的范围以及与其他规则的关系。这将导致:(1)社会不确定性的问题,即规则的相对等级次序及其所设定义务的强度是不确定的。(2)它意味着无法改变这个社会的第一性规则。你所拥有的就只是一套设定义务的规则之简单清单。该体系是静态的,因而不能应对任何环境变化。(3)无法最终确认什么时候发生了违反规则的行为。没有某种形式的公认审判程序,关于规则是否已被实际破坏的问题,争议将继续下去。这将导致体系的普遍无效率。

哈特设法区分了三种不同类型的第二性规则,来弥补这些缺陷:

370　　1. 承认规则——哈特坚持这一点是要弥补不确定性。这决定了什么是或不是社会中有效力的第一性规则。承认规则主动地担当奥斯丁理论中的主权者,或取代他的位置。因为用图解方法来看,我们看到它站在法律体系

---

① 有些作者提出,对这个问题有一种简单的解决办法,这就是在哈特"第一性义务规则"范畴内处理授予私权的规则,让第二性规则专门地针对官员。然而,有理由认为,哈特没有暗示这种解决方法并且也不欢迎这种解决方法。他强烈反对凯尔森的做法,也就是将全部规则都定义成针对官员(法官)在特定环境下适用的某些制裁的规则。(《法律的概念》:第35页及以下)这种解决办法与哈特自己关于第二性规则的定义肯定是不一样的。

的顶点。这一规则决定什么算是法律;例如,它决定了用议会公告创制规则的程序限制,它是宣告什么将被承认为有效法律之社会惯例的实质所在。

2. 改变规则——指示第一性规则怎样被创造,现有规则怎样被变更。

3. 审判规则——指明相关方式,用以对第一性规则是否被破坏作出判定。

在现代法律体系中,即在都市生活条件下,现实情况通常是,公民一般性地服从第一性规则。操作法律体系的官员以内在观点承认第二性规则,他们对自己的行为、对其他官员履行职责的行为,以及它们同其任务的关系,进行批判性反思。

> 所必需的是,对作为共同标准的行为的某些行为模式应该有一种批判性的反思态度,而且这种态度本身应体现在批评(包括自我批评)、要求服从以及对这种批评和要求之正当性的承认之中,所有的批评、要求和接受都在……"正确的""错误的"规范性术语中发现它们特有的表达。(《法律的概念》:56)

规则的内在方面和服从问题

尽管哈特声称要逃离奥斯丁的习惯性服从与命令观念,但哈特提出的社会意象是一个其中大部分人都服从的社会。哈特严重依赖内在化理念,行为人对规则持内在观点,将规则的存在当成是决定该做什么的关键。规则的存在是行动的理由。哈特没有讨论这种态度是怎样产生。事实上,随着分析的推进,他承认大多数人不是必须完全共享内在法律观,即使许多人直接出于习惯而服从第一性规则,我们依然有一个完全运作有效的法律体系。然而,官员必须有更复杂的观点,他们必须分享对第二性规则的内在观点。如下所述,尽管哈特强调民众的心理状态,但最终是官员的观点真正印证了法律体系的存在。另一方面,在民主制度下,哈特希望大多数公民采取内在观点,他们将是该体系的完全参与者。

哈特分析法学的结构

哈特的问题部分在于,他提供的是一部混合性著作,有关法律发展的叙事实际上只是一系列分析命题的集合。具体地讲:

规则思想

这种复杂的法律概念之核心或实质特征在于"规则"概念,"该思想⋯⋯没有它我们就无法指望阐明法律的最基本形式"。(《法律的概念》:78)约翰·奥斯丁经常提到规则,但他没有形成具体的观念来说明何种类型的社会活动涉及规则。然而,哈特借鉴了凯尔森(哈特没有表现出他读过韦伯,《法律的概念》中许多内容由于他忽略韦伯而略显贫乏)。维特根斯坦说过,规则就其本质而言是社会性的,"规则"概念必然包含在某些种类行为人之间设定一种关系:规则的创制者/创造者;规则的接收者或主体;还有官员概念,他们适用法律和审判。

法律体系思想

只有在其规则构成体系的情况下,法律才存在;因而"法律"概念涉及"法律体系"的概念,要求后者包含它。

法律体系存在的条件

有两种最低条件,它们既是分析的也是经验的:(1)有效的规则"必须得到普遍服从",这一条件涉及公民/法律主体的行为。(2)一个体系的第二性规则"必须被它的官员有效地接受为官员行为的普遍公共标准"。(《法律的概念》:113)这个条件与官员的行为明确地联系在一起。一旦我们弄清"得到普遍服从"和"被有效地接受"的可测度准则,我们就能将它们应用于具体的历史环境中。①

法律作为第一性和第二性规则的结合之思想

这提供了哈特最重要、也最有特色的命题,即"法律是第一性和第二性规则的结合"。这种"结合"揭示了法律的实质特征或根本特征,它将前法律世界与法律世界区别开来,将伪装为法律的纯粹强制行为与真正的法律区别开来。它是哈特对奥斯丁和法律命令理论的批评之中心论题,阐明了"法律"

① 如果不考虑哈特观点的细节,我们可以说,《法律的概念》揭示了一种特殊趋势:最后,"公民要求"变得相当低,可以用各种被动形式的接受来满足,而"官员要求"则变得极为重要。他注意到他的双重要求产生了一些问题(尽管他的讨论并不很令人信服;《法律的概念》:第114页及以下)。

概念到底是什么意思。

> 如果这两类规则及其相互作用得到理解,法律的大多数特征中被证明最令人困惑者就能够得到最好的澄清。(《法律的概念》:79)

因而这个命题原本是阐释性的,不只是定义的事情。

哈特把初始社会向先进都市社会的转型,定位在改变、审判和承认规则等第二性规则的创造之中,在这时裁判机构出现了。现在,初始法律(它本身不了解自己是法律)受到评判——承认规则。人的责任,看起来是自然的而不是社会施加的,现在要受裁定——审判规则。现在,规则被除去我们的纯真性,呈现偶然性——改变规则。这种改变是为了达成与存在有关的要求:世界应该由(或诉诸)正义来统治。正义意指对平等特性和裁判标准的关切。因而,国家到来了,但它的到来是为了从事政治活动,裁判的政治活动,以及法官作为第三方机构的合宪性审查活动:法官裁决和确认我和"他人"在法律上的地位。这个法官必须远离各方当事人;他/她必须获得客观性。第二性规则本身需要有关于利益和好处的"客观标准"。

法律的"外在"和"内在"方面

与哈特第一性和第二性规则之区分紧密相关的,是他赋予以下二元要求极大的重要性:那些受规则约束的人,存在外在和内在的"方面"或态度①。

(1)外在方面。规则要"存在",就必须为那些受它约束的人的行为施加后果。这包含大多数人的某种正常行为模式,即规则的要求与人们行为之间某种程度的一致。这跟那些受它约束的人对它的态度无关。②

(2)内在方面。将"法律规则"与习俗、习惯、惯例等(道德除外)区别开来的是,它们涉及某种特殊态度或主观反应。这不仅仅关系到"受约束的感情"

---

① 在声称法律思想就是关于规则的事情的时候,哈特向我们提出了一种观点,即法律必须与基本义务有关。法律是对人们的行为进行社会评判的一部分。根据哈特的观点,从根本上讲,规则与行为标准有关。通过敌意的反应,我们能够了解我们有什么标准。因而,受规则约束的行为与单纯的常规构成的习惯行为相对。制定一条从事某种行为的规则与具有做这件事的习惯,两者之间存在根本的区别。也许你能够说,"作为一种规律,我每星期一晚上去看电影",它所描述的是你的规律性活动。如果某个星期一,你没有去,谁也不会批评你。但这与存在一条社会规则规定你必须在星期一晚上去看电影这种情形,是完全不同的。

② 哈特不太关心探索"外在"方面,因为他的注意力集中在"内在"方面。但是,这种相当模糊的公式是很成问题的:它没有说清楚所要求的行为的符合性程度。也就是说,一条不为人知的规则或者没有被系统违反的规则,是否还被认为是一条法律规则。

或"有义务"的感情："所必需的是，对作为共同标准的行为的某些行为模式应该有一种批判性的反思态度。"（《法律的概念》:56）这种"批判性反思态度"，在使用规范性语言（即"应当""应该""正确""错误"等）的时候，就表达出来了。

很清楚，哈特在一般讨论中提出，内在态度必须广泛存在于民众之中。（《法律的概念》:83）在他提出对第一性与第二性规则的区分时，就倾向于进行重点的转换；他更多地提到一个要求，官员必须表现出一种特殊态度：这种态度似乎相当于自觉而明确地把忠诚于遵守规则当成他们作为"法官"等角色所从事的官方活动的核心特征。

> 因而存在一个法律体系这一说法像嘉纳斯（Janus）①的脸一样，既要看普通公民的服从，也要看官员把第二性规则接受为官员行为的普遍评判标准。

哈特与奥斯丁的差别缩小到近于零的地步：在理想社会中，人们变得开明，会接受规则的理性（奥斯丁）；在健康的社会中，人们会把规则接受为共同行为标准，承认有服从规则的义务（哈特）。而且，哈特自认为，如果在一个社会中，一群官员在行使权力并在其意识形态上保持内在融贯性，我们就没有理由否定这个社会处于存在有效的法律体系的状况之下。

> 在极端情况下，内在观点及其特有的对法律语言的规范用法（"这是一个有效的规则"）可能仅限于官方世界。在这个比较复杂的体系中，只有官员可能接受并使用这一体系的法律效力标准。发生这种情况的社会可能像绵羊一样可叹，绵羊的最终的结局可能是屠宰场。但是，几乎没有理由认为这种社会不存在法律体系，或否认它有存在法律体系的资格。（《法律的概念》:114）

奥斯丁的现实主义是不那么容易被摧毁的！

法律的效力

法律实证主义的共同特征是，它关注"什么使规则有效力"的问题。效力问题很重要，因为一旦一条规则被确认"有效力"，它就引起后果。在一个运作的法律体系内，有效力的规则是这样的：法官将会而且也应当在适当的案件中适用它；对法律主体而言，它产生了它应该得到服从之推定。[一个赞

---

① 罗马神话中的天门神，有前后两张脸，一张脸向前看，一张脸向后看。——译者注

成服从的推定,不是绝对的或没有争议的。因而,说法律不平等或不正义的道德批评,可能为不服从该特殊法律提供根据。(《法律的概念》:第9章)]对哈特来讲,如果一条规则满足承认规则规定的标准,它就是有效力的。当然,赞成一条规则在某个体系内是有效力的,这对该体系本身的价值没有发表任何意见。在哈特的分析中,效力确认问题看起来是体系内部的问题。

如果承认规则规定法官应该承认制定法为法律,而正在讨论的规则包含在一部制定法中,那么,它就是有效力的。在哈特的分析中,承认规则比其他第二性规则更重要。它是"终极规则",具有超越其他规则的"至上性",而且,它是法律体系的根本程序;没有另外的规则来决定承认判准。①

哈特的效力链的最终开放性

哈特阐明了"效力链"的存在。例如,一个条例(a byelaw),如果与一个法定命令(a statutory order)相一致,它就是有效力的;反过来,法定命令从制定法那里获得其效力。我们可以描述法律规则说它们形成了一个等级体系。让所有实证主义法学家(包括哈特)关心的关键问题是,按我们的隐喻,在规则等级体系的"顶点"或"至高点"所发生的事情:例如,如果特别规则从制定法那里取得其效力,是什么使制定法有效? 没有规则为制定法的法律效力提供判断标准,在顶点站着"终极规则",即承认规则。

这个规则与所有其他规则都不同,它不从任何其他规则那里取得其效力。到这一点为止,规则的效力都是内在的,即是说规则的效力是规则体系内部提供的。但是,承认规则"既不是有效力也不是无效力的"。(《法律的概念》:105)更确切地说,终极的承认规则的存在是一个事实("外在的事实陈述"),关键"事实"在于"法院、官员和私人参照它来确认法律的惯行"。承认规则是一个事实或"社会惯行",这个观点的重要性在于,哈特由此避免让效力链变成纯粹的分析性构造,准确地讲,它建立在融贯的社会惯行基础上。

哈特进一步相信,他关于效力链的立场比凯尔森的相应解决方法更有吸引力。凯尔森把"基础规范"("Grundnorm",或"basic norm")当成理论构造、"假设"或"假说"。哈特赞成争论明显较少的立场,坚持"终极承认规则"是事实或经验的存在,这被认为有利于克服困难。哈特试图把"什么是承认规则"的问题变成一个事实或经验的问题。然而,经过考察,我们发现这种解决

---

① 承认规则"为评价其他规则的效力提供了标准,但是,它也与它们不同,因为任何规则都没有为它自己法律效力的评价提供标准"。(《法律的概念》:104)

办法难以理解。哈特接下来马上谈论官员的"接受",似乎它必然提供他所希望的事实基础。再说,我们可以质疑方法论——有必要提醒,人们说他们实际接受和适用的规则,并不必定是实际上解释他们行为的规则(即他们说自己所接受的东西可能解释其所作所为,但这不能保证)。美国法律现实主义者的怀疑论让他们怀疑法官自己对他们行为的解释,并且提出,法官可能(虽然不自觉地)受复杂的价值体系或偏见的促动。我们不是必须赞同法律现实主义者对法官行为的说明而得出结论:我们把法官对自己适用了什么基础规则的说明,当作构成终极承认规则的"社会惯行"之确定和肯定的证据,这属于冒险之举。当我们考察法定解释的司法活动时,这些困难的最好实践例证就展示出来了:在那里,法官声称自己坚持议会意图之基本规则,但他们时常把那些能够得到更精确说明的东西以原则之名加以实施;该原则就是,要把法官认为议会"应该"想要的东西付诸执行。

承认规则是哈特著作的关键,但正是在这个地方,自足的法律体系的理念失败了。哈特清楚:"一个法律体系的基础是由……一个最终承认规则构成的,它为确认该体系的有效规则提供了权威的标准……承认规则是否存在,其内容是什么,即在任何特定的法律体系中,其效力标准是什么,这个问题……尽管复杂,但却是一个事实问题……"(《法律的概念》:245,第 97 页注释)

但是,终极承认规则是什么?哈特以一个简单公式为例:"'君临议会制定的任何东西都是法律'这个公式,作为议会法律权限的规则之充分表达,如果被接受为法律的确认之终极标准",那么,一般地讲就是用于确认"法律"(the law)的规则。但是,当哈特尽力把法律简约成不同种类的规则时,他是不是简单地提到"法律"就行了?他似乎牵涉某种实质存在——法律的存在,但他的理论竭力主张,这种实质存在不应是我们法律构想的组成部分。哈特承认,它实际上没有确认实际规则,倒不如说,它把我们指向了承认制定法的实践活动,在这一活动后面,另外一些实践活动,法定解释的实践活动,辨识着可适用的规则。这只不过使问题以更特殊的形式转了回去:是否存在解释制定法的可确认的方式,提供"确认该体系有效规则的权威标准"?哈特摒弃了这种探究,说它"仅仅是具体制定法的不确定性或空缺结构的一个例子,它并没有引起根本的问题"。(《法律的概念》:144)

有趣的是,哈特在接下来的部分泄露了天机(在该书其他部分相似的情况也有重演),展现为以下叙事:法院被要求裁定"英国议会主权学说要由法院赋予含义"这一规则的核心与边缘含义。哈特说这个程序,即其中"法院

已经确定在这一点存在能够辨明有效的法律的最终规则"之程序,初看起来似是而非,然而:

> ……如果我们记住虽然每一条规则的某些方面是可疑的,但并非每条规则的所有方面都可疑,此乃一个法律体系得以存在的必要条件,那么,以上似是而非就会消失。法院仅有权在任一确定时间决定涉及最终效力标准的有限问题,其可能性仅取决于以下事实:即在当时,那些标准应用于法律(包括授予决定权力的规则)的广泛领域,除标准的精确范围与界限之外,不会产生任何疑问。(《法律的概念》:148—9)

因此,任何时候,只要体系中受质疑的部分只是整个体系的小部分,该体系就算行得通。

法律体系可能是惯例、意识形态、仪式和神话的不同集合。它的基础包括权力和常规:也许只要它行得通,它就不需要正当化——成效贬低了对正当化的需求。

正如哈特最后所说:

> 事实可能是,在法院解决预先未曾料到的涉及最根本宪法规则问题的过程中,它们是在这些问题出现并作出判决之后,才使解决这些问题的权力得到承认的。这里,一切事情只要完成了就是成功。(《法律的概念》:149)

哈特论自然法的最低内容

376

哈特在《法律的概念》中提出,在自然法学说中存在"无可争议的真理内核"。他的策略是再回到霍布斯,主张仅仅使用理性来识别人类状况的基本因素要求什么类型的最低规则。关于人性的五个"公理",为假定社会规则的"最低内容"给出了理由,这些是:

1. 人的脆弱性。
借助人的脆弱性,哈特希望吸引人们关注以下事实:面对自然环境,我们发现自己正处于极度危险之中。我们处于源自自然事件的危险中,我们也处于来自那些决意要伤害我们的周围人们的危险中。一般地讲,社会或自然没有赋予我们防范环境危险的完全保护能力。我们需要保护自己,法律体系是我们用来保护自己的那些机制之一。

2. 大体上的平等。

人大体上是平等的。即尽管有些人比其他人更有天赋，尽管在某种程度上存在人际关系的层次，但是，这种差别相对狭小，因而广泛地讲，我们同等地处于来自彼此的危险之中。如果情况不是这样，我们组织生活的方式就会大为不同。我们就会以不同于我们当下看待自己的方式认识我们自己。如果人们之间的差别严重得多，如果强者愈强、弱者更弱，那么，我们就会发现，为消除我们的差别而在社会中使用的那种控制原理，是难以证成的。最终，我们可能发现，难以说服那些极其强大的人接受那些法律体系决定的对他们能力的限制……不过，我们有必要注意一个事实：他们可能不够充分强大。

3. 有限的资源。

人类没有可供良好分配的足够资源。这更多是绝对贫乏和分配的问题。某些特殊资源数量有限，我们在为之竞争；因此，我们需要恰当机制保证竞争不会激起抗拒，导致社会混乱。哈特确实让我们注意到一个事实，即我们确实之所以需要某种机制，明确地讲是因为一个有关自然世界的自然事实：我们不能轻易得到我们想要的一切，因为资源是有限的。当然，随之而来的是，在某些资源并不稀缺的时候和地方，我们希望运用不同的分析方法。

4. 有限的利他主义。

这有两个方面：一是人的确是利他的。即是说，有些时候、有些地方，他们的行为动机是为他人的利益而不是为自己的利益。在不同的计划安排中，我们需要考虑到这一点。但是（2）我们也必须考虑到以下事实：尽管人是利他的，但是，他们的利他行为是非常偶然的，我们不能指望人们的行为在一切时候都为邻人的利益着想。更重要的是，我们不得不考虑到一个事实：他们利他的理由往往不是出于某种善有善报的期望。所以，尽管我们可以指望人们非常善意地彼此相待，但是我们需要考虑到其偶然性。

5. 有限的理解力和意志力。

这实际上意味着我们并不总是知道什么对我们有好处。也就是说，我们并不总是知道为了自己的利益应该做什么事情。另外，即使在我们确实知道自己的最大利益时，我们可能并不能够完成所需要做的事情。

在某一层面上，这五个因素只不过是一种策略，即努力从侧面攻击传统自然法所提出的对法律权力之道德准则方面的要求①，并把这转变成让我们

---

① 哈特将自然法的传统基础概括为："存在某些有关人类行为的原则，等待人的理性去发现，人定法如果要有效力就必须与它们一致。"（《法律的概念》：186）

承认有一些问题,它们对我们产生对某些类型法律和/或道德规则与规范体系的基本需求。一个法律体系,如果不能为我们的身心需要提供最低保护,就根本不可能被承认为法律体系。对哈特来讲,这件事似乎是关乎实效的现实问题。他谈论到的法律体系之存在的外部特征,无一与法律体系的内部运行相关。对哈特来讲,我们不能把一个给定法律体系的系统性失败,即在保护某个特别脆弱的人、某个阶级的人,或在维持某种稀缺资源方面的系统性失败,当作评判该体系合法性的准则。我们能做的最多就是批评这一法律体系,说它没有满足一致赞同的必要标准,没有为人的利益提供最基本保护的法律体系,不可能是好法律体系,因而,可能使某个人决心不服从。但对哈特来讲,法律体系的好坏程度不能与效力分析问题联系在一起。在传统自然法进路语境下进行解读,哈特提出的自然法的最低内容是一种防御结构。哈特以真正的自由主义风格,感到没有能力告诉我们社会生活的目的是什么,他只能把霍布斯避免死亡的律令换一个说法。但是,像富勒这样的批评者就会问:自然法话语的全部就是,明白人类要"生存"(它是被作为我们的终极目标提出来的),法律必须为人们提供最低保护。这个说法将得出什么样的结论? 是财产和承诺? 这里,一个紧接而来的批评是,这些公理只不过是有关人的某些意象中显而易见的东西——这里没有"高级法"。哈特当然没有设法去确立某种高级法,他接下来承认,即使这种最低内容也不能在任何共同体中确保正义。仍然没有确定"相似情况"的方法,平等必定是价值判断,所以,公正(impartiality)甚至"与非常严重的不义相容"。

在为"自然法的最低内容"构造论证的过程中,哈特遵循的是建立现代理论的通用策略。具体地讲,就是去除人类的一切"特殊主义"标志和装束,把他/她简约成假设的基本人类核心——独立、自主因而本质上非社会的存在。在去除一切历史情境或具体根植性(这使我们情境化,但让我们对他的纯粹实质困惑不解)的所有特征之后,人们希望,这样的人的共同特征,或者全人类的共同特征,就清晰可见了。自霍布斯和洛克以降,出现了维护、保卫、保存、捍卫个人基本自利的社会制度。"他者"作为自我扩张的束缚被降级到不加明说的地位,邻人被展现成陌路人,朋友只是威胁。实质要素是普适性、目的性推论和实质性后果。

第一,哈特提出了普适性:

> 对人类本质和人们生活于其中的世界的某些非常明显的一般
> 化——也就是公理——进行的反思表明,只要这些仍然有效,那么就有

378

一些行为规则,任何社会组织要想能维持下去的就必须包括它们……这些以关于人、他们的自然环境和目标的各种基本事实为基础、被普遍承认的行为原则,可以被认为是自然法的最低内容……(《法律的概念》:193)

第二,其论证结构在本质上是目的性的:这些公理"提供了一个理由,即假定生存是一个目的,法律和道德应该包括一个特定的内容"。因此,最低规则的创造是带有目的的理性创造,目的就是自我保存——个人和集体的生存。因而,哈特回到了霍布斯为自由主义提供的基础上,但是,哈特又费尽心力把他的进路与命令理论区别开来。

为支援规则,制裁"不是作为常规的服从动机,而是为了保证那些自愿服从的人不会因为那些不服从的人蒙受牺牲而被需要。没有这一点,服从会有碰壁的危险"。制裁只在极端情形下保护法律秩序,或者如哈特所说的"相互克制的系统",能够维持日常运行;在日常层面上,似乎我们对守规则的合理性抱有可用的理解。

但是,"morality"不同于哈特所称的"morals"①。还不如推迟处理,它永远不可能用伦理法典来表达。正如鲍曼(1993:34)所说:

> 只有规则才能是普遍的。一个人可以用立法去设定普适性的以规则规定的义务,但道德责任只有在深入人心并体现为个人化的行动时才存在。……因而,道德主体的道德准则不……具备规则的性质。可以说,道德(the moral)是抗拒法典化、形式化、社会化和普遍化的东西。

模糊性没有被哈特梳理出来,倒不如说它是他所说明的最低限度与他所要求的例外(例如抵抗纳粹的情况)之间的差距。再者,哈特的规则话语暗含了惯习标准,而不是充满有信念的人的社会秩序。自然法的最低内容是那些使社会安全得以可能的社会规范、惯习和规则一起构成的意象:每个人都必须遵守最低标准。然而,哈特暗示的是另一回事,他列举的法律与道德(morality)不同领域的六个标题,是为了用来说明,确认法律效力的任务不同于赋予该有效法律以道德价值的模糊性:"其意思是,在正式体系之外存在某种东西,人们作为最后办法,只有参照它才能解决服从的问题……"。

然而,这种"他者"的性质是什么?这一参照点或要求合乎道德吗?自然法传统在两难之间左右为难,在超越与理性化之间,在神秘与建立一种(至

---

① morality:道德,道德准则,道德规范,合乎道德的程度。morals:道德,品性。——译者注

少概略地)阐述我们要讲道德的理由何在的叙事之间,难以抉择。但是,将道德简约为理智规则(服从这些规则为人的生存需要必不可少)的问题,忽视了潜在于道德命令之下的存在虚空(existential void)。

所以,终极地讲,哈特的自然法的最低内容理论只能为法律秩序,而不能为道德提供叙事基础。道德的基础是其他东西,它不是在纯粹个人安全意义上的自我保存。因为,如安提哥涅所说,要合乎道德就可能意味着选择死亡。巴托谢夫斯基(Bartoszewski)在谈到那些在大屠杀的恐怖中生存下来的人的道德责任时说:"只有那些因救助而死的人,才能说他们做得够多了。"(转引自鲍曼,1993:80)任何法律都不能穷尽道德责任,因为道德不能是约定的事情。或者它是吗?把道德简约为约定,对某些人来讲似乎是简约论,对其他人来讲则纯粹是现实主义。超越,即要求人们思考人类生存的核心条件、抗拒被枯燥的科学术语所俘虏,现在处于成败的紧急关头。恐惧也牵涉进来:这是因为,如果道德纯粹是约定俗成的,那它就是关系性的,我们似乎会丧失对人的唯一性之希望。当然,它也容易一些了。因为如果道德是约定俗成的,那么社会化就用服从程序规范的义务来取代道德责任。没有持久且专心的社会化机构,复合性社会就不可能产生。然而,为服从而过度社会化,可能造成现代性的最大不人道后果:即服从的罪恶。生产有道德的民众是一个模糊的过程,因为结构要由社会化来维持,社会结构就构成了人民行为之反复;没有社会结构,既不可能有社会生活,也不可能有社会历史。但是,社会化也可能使自我丧失形成道德个性的潜在可能。人性要求社会化和反结构的社会性(counter-structural sociality)——批判性距离。人道的社会对这两者都需要,但它不是简单的结合。社会化会解除批判性道德,反结构的社会性可能会使主体负担过多的道德疑问、过重的存在重负。

哈特的法律推理理论:形式主义和规则怀疑论之间的中间道路?

> 形式主义和规则怀疑论是法学理论的斯库拉和卡律布狄斯①;它们极为夸张,但在彼此校正上不无益处,真理就在二者之间。(《法律的概念》:144)

在《法律的概念》第九章,哈特试图提出一种法律推理的阐释,它是一条

---

① 斯库拉(Scylla)和卡律布狄斯(Charybdis),都是希腊神话中的六头女妖。——译者注

介于法律形式主义传统和以规则怀疑论为基本假定的法律现实主义思潮之间的中间道路。

首先,什么是形式主义传统? 奥斯丁的遗命是,要把法律的研究和理解变成科学。对奥斯丁来讲,有两个分支:(1)法律概念及其相互关系的逻辑分析;(2)通过立法理性的法律指引——确切地说,功利原则的指引。形式主义这个名称被给予以下这种倾向(传统):它紧紧扣住法律是一门科学的思想,但要从这幅图画之中减去对立法理性的关注。取而代之,法律被描绘成仿佛是自主发展的。普通法传统的形而上学所固有的渐进主义——其潜在基础是休谟哲学——似乎就预设着一种自主发展、相对自主的法律领域;法律推理和法律解释能够被包含在以科学方式、根据其内在合理性去发展法律这一努力领域所特有的准则之中。在美国,与法律形式主义的发展关系最紧密的人物是克里斯多夫·哥伦布·兰德尔(Christopher Columbus Langdell)——从 1870 年开始担任哈佛大学法学院首任院长。兰德尔深信法律是一种科学,而且所有

> 该科学可获得的材料都被包含在印刷的书本中(判例报告、制定法、判例评论)……图书馆……是面向我们所有人的,大学图书馆是面向化学家和物理学家的,所有自然历史博物馆是面向动物学家的,所有的植物园都是面向植物学家的。[兰德尔,1886,《在哈佛法学院的致辞》,转引自吉尔莫(Gilmore),1977:42]

法律学术的目的是创造能涵盖一切情形的、完备统一的规则体。方法论是从海量的判例中取得那些"产生正确法律"的判例,舍弃那些不能如此的判例。[①]

> 有用而必要的判例,在所有已经被报告的判例中只占非常小的一部分。绝大多数对任何研究目的都一无用处,甚至比没有用处还糟。(兰德尔,1871,《合同法判例》前言,引自吉尔莫,1977:47)

法律秩序是由一些"基本法律教义"构成的,法学学者必须合理地排序

---

① 在 19 世纪,科学所使用的真理模式是证实模式——人们相信,科学真理是最终的、绝对的,人们的任务就是要发现它、宣布它。波普尔(1959,1969)在他 1934 年以降的著述中,戏剧化地颠倒了证实标准,在这些著述中,他论证说,标准应该证伪标准。在波普尔以后,科学尽其所能地在听其支配的材料与结果方面获得进展,寻求真理。然而,这些科学陈述并不是最终结论,因此,科学理论应当对检验、对证明它的弱点、对证伪的努力持开放态度。

和修正偏差,为的是这些教义能得到合理分类和安排,以致每一教义都能在适当的地方被找到。这种法律秩序意象的预设是,存在合理的法律教义世界:它能被发现;它将法律的表面的(经验的)多样性简约为潜在的统一体。根据吉尔莫颇为自负的分析(1977),霍姆斯支持这一过程,他提出:

> 在高水平的智识对话中,可能将(任何特殊法律领域的不同原则)简化成一个单一的、哲学上连续的系列,建立一种统一的理论,它将解释所有可感知的单个例子,因而没有必要以特殊性来看待在真实世界中实际发生的事情。(吉尔莫,1977:56)

这种把法律看作科学的传统,成了美国法律学术的主流观念形态。在20世纪20年代以降,它受到法律现实主义者的攻击,他们想要认知法律发展中人的因素。现实主义者不强调教义的融贯性,也不聚焦在判例中提到的作为分析材料的规则;相反,他们主张,法律判决的真理在于法官的社会哲学、动机和思维定式。似乎,法官不能对法律的社会现实视而不见——即使他们在判词中没有明确提到他们对其判决之社会效果的考量。

哈特认为这个争议比较简单:无论规则管制范围是如何广泛,不管是社会规则体、判例所发展的规则,还是从开始创造的制定法或其他调整机制,都不曾是完全清晰的,可以避免不确定性和解释冲突。法律必定或多或少是开放结构(open-textured)。① 哈特对开放结构的独特运用,突显了我们"对事实的相对无知"和"目标的相对不确定性": 381

> 如果我们生活于其中的世界只具有有限数量的特征,而且这些特征与它们结合的所有模式一起都是我们知道的,那么就能够事先对每一种可能性作出规定。我们能够创造规则,它们在特定案件中的适用永远不需要进一步选择。每件事都是可知的,而且对每件事来讲,既然它是可知的,就可以事先通过规则来采取行动。这将是一个符合"机械"法理学的世界。(《法律的概念》:125)

相反,对哈特来讲,法律的开放结构意味着,行为领域的调整"必须留给

---

① 哈特采纳了弗里德里希·魏茨曼(Friedrich Waisman)(1951)发展起来的开放结构概念。按魏茨曼的看法,开放结构是这样一种可能性,即因为我们有关世界的知识是不完全的,我们不能预测未来,结果,即使是最不模糊、最精确的术语也可能被发现是模糊的。因此,不论这一术语在使用时看起来是多么精确,都有可能出现没有预见的实例,当人们问到它是否涵盖了这一情况时,这些实例就使这一术语模糊不清了。

法院或官员去发展,让他们根据具体情况在互相竞争的、从一个案件到另一个案件分量不等的利益之间取得均衡"。(《法律的概念》:132)然而,这并不会产生很大困难。哈特说:

> 在这些最根本事物……的边缘,我们应该欢迎价值怀疑论者,只要他不忘记正是在边缘上他是受欢迎的;并不要让我们对以下事实视而不见,即法院之所以能在最根本的规则方面获得引人注目的发展,在很大程度上是由于法院在广大的、关键的法律领域中作出了毋庸置疑的规则治理工作并成效卓著。(《法律的概念》:150)

有一个困难是语言固有的。哈特坚持认为,尽管大多数术语都有一个意义确定的内核,使它的通常用法清晰明了、没有疑问,但它们都有边缘或模糊的区域。其中,在很多案件中不可能肯定地说该术语是否适用。在此边缘地带——但只在那里,自由裁量必不可少。他的著名例子是"公园内不得行车"。(1958:607;《法律的概念》:123-27)

然而,哈特在阐述这一问题时似乎把这个问题仅仅简约成语言问题:

> 存在着一般语言所能提供的指引的限度,这是语言所固有的。(《法律的概念》:123)

规则的词语不能覆盖所有可能的事实情形。结果,政策就必须在司法判决中投入使用:

> 当未曾预想的情况出现时,我们就碰到了视情况而定的问题,并且只能以最使我们满意的方式,通过在竞争的利益之间作出选择来解决问题。这样做将使人们最初的目的更确定,并将附带地解决一个普通的词语在此规则中的意义的问题。(《法律的概念》:126)

382　作为回答,朗·富勒(1958)主张,人们使用语词是有目的的,语词不存在独立于该特定目的的核心意义(现在这一立场受到广泛支持,见:詹姆斯·波伊勒,1985:708-13;德鲁西勒·康奈尔,1988:1137-8;罗伯特·莫里斯,1987:176-206)。富勒举一座里面包含有车辆的雕塑为例,禁止它进入公园与规则背后的合理目的不一致,但这个例子并不是特别恰当,因为雕塑很难说是一辆车。即使承认根据制定法的目的去解释制定法词语是必然的,这也不能解决问题,因为有可能存在多个层次的目的。

哈特的用语和风格让人有舒适感,他的理论体系总体上问题极少;反过来,哈特认为怀疑论者是绝望的理性主义者,他们发现"规则不像形式主义者的天堂里的样子",于是滑向另一个极端,主张规则"完全无助于界定开放结构的范围"。

妥协实属必要①。规则有一些"不能全部列举的例外",这一事实不意味着这些规则根本没有能力去约束人的行为。过分强调"边缘区域",这本身就是造成"美国传统中的混乱"之重要来源。(哈特,1958:593,615)

然而,妥协的话语和强制的隐藏没有封住法律的问题。尽管哈特理论有清晰性,但他不断揭开古典两难困境的伤疤,或诱惑地指向一些问题供社会学分析。这里,其分析的核心是,在存在空隙的地方,或在规则穷尽之处,要求助非法律(non-law)。实证主义法律与道德之分的十足清晰性,意味着无规则(sans rules)在统治,或非法律在统治。在这种空隙中,由什么接管?哈特已经消去了霍布斯和奥斯丁的主权者及其立法理性。自由裁量侵蚀了法治意识形态,准许政治进入,但这次它是一种超越法理学构想之限度的政治。因此,现代法哲学经典著作正确无误地指向法哲学之外,追求它的"真理"。

---

① 哈特因袭了一些不同观点。例如,本杰明·卡多佐(1921:164):"我坐在法庭上,在送到我面前的案件中,我认为,大部分具有相似理由的案件都是以不止一种理由判决的。"罗斯科·庞德:"每天的活动都表明,很多规则都可以适用,没有严重问题。"罗纳德·德沃金开始的时候喜欢把他的分析建立在"疑难案件"的基础上;但后来,他认为,所有的简单案件都曾经是疑难案件。用阐释学的话来说,常识的或简单的解释之所以简单,只是因为它深深地扎根在解释共同体或解释传统之中,曾经出现的第一次解释总是困难的。

第十四章　自由主义与现代晚期的正义社会观

—— 凯尔森、富勒、罗尔斯、诺齐克与社群主义批判者的解读

第一部分　凯尔森以及动态正义论与静态正义论之间的张力

> 但是，一个社会秩序是正义的这一说法到底是什么意思呢？它意味着这一秩序把人们的行为调整得让所有人都感到满意。也就是说，所有人都能够在这个秩序里找到他们的幸福。对正义的期待就是人们对幸福的永恒期待。这种幸福是人作为孤立的个人不能得到的，因此他就在社会中寻求这种幸福。正义是社会的幸福，正义是社会秩序保障的幸福。(凯尔森,1957:2)

正义、幸福和真实性的相互作用

凯尔森认为，我们为实现正义社会而奋斗的基础是我们渴望幸福。正义社会是人们在其中感到幸福的社会。[1]

这一论断看似简单，然而，它却引发了更多的问题，而这些问题有把这一论断变成汇聚不同观点的泥潭的危险。它引出了另一个问题："什么是幸福？"(凯尔森,1957:2)

凯尔森预先假设了一个有关社会和人类幸福的定性观念；一个正义的社

---

[1]　法理学不能逃避思考正义问题，因为(理想地讲)正义是法律的主宰。但是，如果正义不能为人所知则会怎样？正义似乎是一个负载过重的概念。有时，正义被归结为技术问题：正义由此而被设定为什么将指导构建社会秩序的技术问题。在其他时候，正义似乎是正当性问题，换句话说，正义是对下述问题的答案：什么将会为评判人类关系调整的适当性提供理性框架。

会秩序必定意味着"一种客观的——集体意义上的幸福。这就是说,提到幸福,我们一定把它理解为某些需要的满足,并且承认……它是一些值得予以满足的需要"。(凯尔森,1957:3)正义建构并促成了一种社会存在的形式:在其中,个人的幸福愿望要面对不可逃避的社会存在。

我们如何对人类利益进行排序呢?哲学家不仅在人的本质问题上存在分歧,而且对美德与邪恶、德性的来源以及理性和情感各自功能的解释也存在分歧。亚里士多德试图将道德生活与生产技术的成功区别开来,从彼时起,我们就已经看到:人们希望拒绝将幸福生活的问题简化为功利、便利、工具主义或自利计算等问题,尽管这些希望有无数的变化形式。这种关切——带有很重的存在主义色彩——试图把正义作为处理恐惧和希望、愿望和厌恶、超越和忠诚的一种手段。总之,它之所以追求正义,是为了能够以恰当的方式来生活。但是,这还不是对我们问题的回答,因为我们现代人——我们是富有多面性而又善变的动物——如何能够承认:某种特定的社会结构形式就是组织社会关系的恰当方式呢?

在现代,达成正义社会这一想法是很成问题的。一方面,我们现在认识到我们的社会存在是人类创造的,这暗示着,我们应该能够构建一种回应我们的需要和愿望的社会结构。另一方面,因为现代人意识到偶然性是不可避免的,我们认识到就任何特定的社会结构形式而论,都有可能不是它而是其他形式,并且还存在更多的可能性。

用尼采的话说,一个确定的正义概念对现代人来讲是很难探寻的,因为现代人"知道"得太多——结果是他们发现了多元主义和视角主义。简言之,他们发现了对待真理的实用主义。我们处在一个历史纪元之中,它知道变化而不是稳定性的不可避免。不管现代晚期的正义理论是什么,它都注定要承认与静态正义相对立动态正义。

凯尔森:赞成动态正义反对静态正义传统

凯尔森(1957:第1章)感到,他对科学的虔诚意味着他必须反对先前的静态正义概念。

(1)第一个静态正义概念是这样一种认识:正义体现在按照世界的自然方式的真实结构来生活。随着现代的来临,我们认识到生活方式并不是唯一的,那么,完全正义社会的思想又怎样呢?凯尔森严正声明:

> 绝对正义是一种不合理性的理想，或者说，它无异于一种幻想——这是人类永恒幻想中的一种。

在有关人类生活的福利问题上不存在天然一致的观点：我们处在人类利益之中，处在利益冲突之中。这些利益冲突的解决方法，要么是以牺牲一方为代价来满足另一方，要么是各方妥协。要证明唯有这种或那种解决人类安排的方法是正义的，这是不可能的。答案是相对的：在某些条件下某种解决方法是正义的，在其他条件下另一种解决方法则是正义的。

(2)在爱上帝的状态下生活这一思想提供了第二种正义和真正幸福的观念。这求助于我们对超验的热望，求助于我们的下述希望：逃避尘世和经验存在的痛苦，逃避孤独。但是，这种答案是建立在信仰的基础上的：

> 上帝的智慧——这是指他的正义——是一个谜；信仰，只有信仰才能使我们找到这种正义。(同上引：80)

基督教没有为对正义的现代追求提供任何答案，因为不存在可以不借助其他领域的意象就能得到支撑的此世的生活标准。对爱的追求，如耶稣的教诲所表明的那样，也不能解决这一问题。因为如同马克思主义的承诺一样，爱的承诺只不过是：我们能达到一种超越于正义、超越于任何理性理想的状态。

385

> 耶稣的教诲不是正义问题(它是调整人类关系的社会技术的问题)的解决方法；不如说它是对正义问题的消解。因为它暗含着一种要求：放弃对人所设想的正义的向往。(凯尔森，1957：45)

(3)第三个概念是可以实现的，但没有那么激动人心，这就是简单地依照社会的法律而生活。凯尔森所提出的原则("行为要遵守社会秩序的基础规范")以及康德的绝对命令(你仅仅按这一准则行动，而你同时相信这一准则会成为一条普遍法则)在最终的分析上都是空洞的公式。它们不具有真实的社会内容，因而不能为我们所希望的对人性具有约束力的那些原则的性质问题提供任何回答。不过，正是这种空洞提供了意识形态上的用处，凯尔森认为，人们经常——尽管错误地——把它看成是对正义问题的令人满意的答案。

最终，凯尔森暗示，我们永远也不能在正义概念上达成一致，更不用说正义社会的结构了。在其《纯粹法学》(本书第12章)中，凯尔森提出了一种新韦伯主义意义上的形式合理的法律科学，不过，正义概念不能以这种方式来处理。不可能存在一种形式的正义科学，因为即使某种正义理论是建构在逻辑基础上的,它也是以情感前提为基础的。① 以科学的方式确认正义的社会生活秩序应当努力促成的至上价值,这是不可能的。(凯尔森,1960:5—6)一个人可以认为增进个人自主是法律秩序的最终目的,另一个人可能竭力主张立法者应当促成平等这一目标,还有人会声称安全是压倒一切的利益并且愿意为了彻底实现这一价值而牺牲平等和自由。

因而,我们面对着无法消除的意识形态上的多元主义。如果法条主义理论体现了一套占主导地位的意识形态,那么,从另一种角度讲它看起来是不公正的。为了公正起见,法条主义理论需要包容视角主义,需要承认一种观点:现代社会的存在需要各种动机和叙事的共存。凯尔森解决此难题的方法是,他提出法条主义是一种特殊的社会技术,我们有必要理解这种社会技术并剥去它的神秘主义性质。如果说世界是不可知的——在最终分析上它确实是这样——那么,以实用主义方式建构社会存在的方法则不应该是不可知的。然而,尽管在实质问题的理性辩护上凯尔森赞同韦伯的悲观主义,但是其他学者已发展了不同的理论,努力把法律与相对动态的正义概念结合起来。

第二部分　朗·富勒与正义的法条主义方法论观念

386

> 法律……是一个目的性的事业,其成功依赖于行为人的精神、洞见、智慧和法律实践者的良心。由于这种依赖性,法律注定总是在某种程度上不能实现其全部目标。(富勒,1969:145)

富勒建立法制的目的性阐释的努力

在 1940 年(这一年出版了《追求自我的法律》)至 1981 年他去世后出版

---

① 凯尔森说,正义的内容不应该服从于理性决定。他给出了下述例证。某些伦理信念认为,人类生命是最高的价值,因而,按照这种观点杀人是被禁止的,即使在战争中或作为对重大犯罪行为赎罪的措施也不行。然而,有一种相反的观点主张最高的价值是国家的利益和荣誉,每个人在战时都有义务牺牲自己的生命并杀死其他人,而且,为了集体利益对某些种类的犯罪以处死作为惩罚是正当的。凯尔森主张不可能用科学方式决定有关杀死其他人的行为的正义性。最终,我们的感情、我们的情绪和意志作出了一个决定。

的《社会秩序原理》之间的著述中，朗·富勒(1902—1978)建立了一种世俗形式的自然法，它把法律定义为一种目的性的人类活动。富勒指责法律实证主义存在几个缺点。具体地讲，法律实证主义的倡导者：

(1)没有说明他们是如何设计重要问题的，对他们自己的立场没有进行任何反思。①

(2)对社会学意义上的基本事实问题往往试图做出纯法律的回答。②

(3)错误地认为法律研究涉及：第一，描述"平显的事实，研究它实际上是什么和做什么，而不是它试图做什么或者试图成为什么"；第二，他们要么痴迷于消除概念的模糊性而越来越脱离社会现实，要么把语言和文本的分析方法(尤其是语言分析，如哈特的《法律的概念》)上升到核心位置，而事实上这"(只)应当被视为哲学思想的有益补充"。最重要的是：

(4)他们拒绝把法律归结于任何目的，无论这种归结是多么温和还是多么严格。因为他们专注于描述实然的法律，所以他们认为他们对法律的应然不能提出任何科学见解。③

387 　对富勒来说，法律是一种建立社会关系的伦理方法，是社会关系的保障形式。法律规则具有表达性：每一规则都包含一个旨在实现某种法律秩序价值的目的，因而规则"既是事实又是评判事实的标准"(富勒，1954：470)。富勒能够提出一个有关社会生活总体目的的概念吗？富勒是一个自由主义

---

① 在他的后记中，富勒(1969：242)声称科学哲学已经经历了一种重要定位，其显著标志是一种兴趣的转换，即"远离概念主义和科学证实的逻辑分析，转变到对作出科学发现的实际过程的研究。或许，法律哲学家将在一段时间不再专注于建构展现法律现象的'概念主义模式'，放弃关于定义的无休止的争论，转向对于构成法律现实的社会过程的分析。"

② 如富勒(1969：141)针对哈特在《法律的概念》中对承认规则的讨论所作的评论一样："(哈特)在这一规则的帮助下，正在努力对实质上是社会事实的问题给出纯粹法学的回答。"

③ 在《追求自我的法律》(1940：5)中，富勒把法律实证主义界定成局限性极强的法条主义："它的终极基础通常被发现依赖于以下信念：人们可能并非偶然地描述实然法，但是除了个人偏好之外没有什么东西可以被称为应然法"。富勒不公正地夸大实际情况。正如我们已经看到的那样，对早期法律实证主义者边沁和奥斯丁来说，法律应成为理性政府的工具。不过，法律实证主义把法律看成一个空的容器，要从外部(由政治和道德)来为它提供实质内容——尽管只具有纯粹的形式而没有政治或道德的必然实质内容。富勒宣称，凯尔森的学说把法律说成是"与伦理根本不相干的"东西，把法律科学家说成是被禁止讨论法律的内容(1940：91)。对富勒来说，法律是一种合道德的社会活动。他努力重新界定法律实证主义的实际起源；因此，霍布斯使用了一些规范性的"自然法"原则，并把维持最低限度的和平与秩序规定为法律秩序的根本目的。富勒断言，法律实证主义传统逐渐忘记了法律的目的正当性，而这是霍布斯的公民哲学的固有之义。

者,他不可能回头求助于柏拉图和亚里士多德传统中为人类生活提供确定目的的自然法意识形态。那么,如何才能提供一种标准以便在社会生活的创造过程中指引我们呢?作为回应,富勒赞成动态的潜在性概念,把目的概念转向高层次的普遍性。在《法律的道德性》(1969)中,他的关键区分是义务的道德和向往的道德。向往的道德,或者"有关优良生活、卓越、人类权力的最完整实现的道德",是相对于一种人类可以在其中尽力发挥最大作用的社会来讲的。不过,尽管向往的道德提醒我们注意人类成就的可能性,但义务的道德把我们引向行为的底线。

> 它设立了基本规则,没有这些规则,一个井然有序的社会是不可能的;或者说,没有这些规则,一个导向某些特定目标的社会必定失败……它不会因为人们没有把握最充分地实现他们力量的机会而谴责他们;相反,它会因为他们没有尊重社会生活的基本要求而谴责他们。(1969:5—6)

自然并没有把我们塑造进某个特定命运之中;相反,它提供的是无数游戏,我们全然不知自己享有什么机会。法律体系是一种规则复合体,人们设计它是为了把人类从偶然性中拯救出来,把人们放心地置于通往目的性和创造性活动的道路上。然而,我们不能强迫一个人过充满理性而且有价值的生活。

> 我们只能努力把比较大的和比较明显的随机性和非理性从他的生活中排除出去。我们能够创造理性的人类存在所必需的条件。对该目的的实现来讲,这些条件是必要条件而不是充分条件。(同上引:9)

在追求卓越的过程中,我们努力去创造社会进步的条件,以克服对责任的简单坚持,并攀登人类愿望的一座座高峰。法律是辅助我们的工具,但是,生活之旅将把我们带向何方,或者我们努力实现的社会是什么样子,对此我们没有也不可能有完全明确的说法。尽管在旅途中我们可以作出判断,梦想我们的希望和愿望并提出无数的设想,但我们不能确定最终的状态。然而,富勒认为,承认我们不了解整体并不注定使我们前后矛盾或受制于情感状态:"我们用不着费心去断言完善的正义是什么样子就可以知道什么是显然不公平的事情"。(同上引:12)

然而,简单的回答是不存在的。美德是工具性的、规范性的还是表达性的?富勒似乎是说它可能三者兼有,只是程度有别罢了。另外,追求卓越部 388

分是因为克服异化，使我们的实践成为人性的表现主义反映。随着社会进步，也随着法制发展，富勒提出了"程序自然法"的概念，他称之为"法律的内在道德"或者优良秩序学说（富勒，1954：477-8，他之前把这一术语界定为"有关良好秩序和可行安排的理论或研究"）。为了理解法制，我们必须"鉴别并表达自然法，即关于……'使人们的行为服从规则治理的事业'这一特殊的人类事业的自然法"。传统自然法不能为现代人所接受，这是因为终极目标和目的思考不再被采用，对人类生活（通过法律创造和维护的社会安排而被认识、被施行）来讲，法理学/优良秩序学应当考察并理解法律秩序必须使用的手段，使某种形式的人类繁荣能够出现。① 我们关心的是法律程序的内在运作与结构，因而法制的自然法不是有关上帝与人的古老自然法，更"像是木匠的自然法则，或者至少是木匠尊重的那些法则。木匠总希望自己建的房子能够牢固，能够为生活在房子里的那些人的目的服务"。（1969：96）

在一系列论文中（《司法的形式和局限》，1961；《对抗制》，1961；《集体讨价与仲裁员》，1963；《调解——形式与功能》，1971），富勒把法制同决策的管理形式或官僚形式区别开来。法制是一种借助于确定规则和原则而进行的决策形式。富勒回头考察了古典普通法，确定了完整性的核心地位。法制不是简单的技术问题，法律不是实现某些目的的工具，而是一种表达的现象。完整性保证了为了获得其形式和特征而使用的程序。②

法律的内在道德

在《法律的道德性》的第 2 章（"使法律成为可能的道德"）中，富勒讲了一位愚蠢可笑的国王的故事。这位国王以不同的方式制定法律，每一种法律都带来了灾难性后果。这个故事的道德含义是，创法者必须遵从某些程序"美德"；他每一次不遵从这种美德，都会损害法律的有效性。与实体法实现

---

① 在《法理学问题》（1949）这一由富勒以临时版本出版的法理学论文集中，富勒主张，司法判决的正当性来自于一个公正法庭的判决所固有的特殊道德力量。这需要满足一些条件：例如，法官不应当自己主动行动而应该依争议者一方或者双方的申请；法官应该只根据各方呈现给他的证据和论据来决定案件；争议的各方都应给予充分机会展现自己的情况。这些要求构成了一种内在的司法道德。

② 富勒详细说明，用程序自然法"我们关心的不是法律规则的实质目的，而是调整人们行为的规则体系，如果它要具有实效并同时符合其宗旨的话，必须以哪些方式构建和运行"。（1969：97）

的"外在道德"相比,这种"规则—道德性"是一种"内在道德"。它是一种"向往"的道德而不是义务的道德。

法律创制是一个相互作用的过程,法律的创制者不能实现程序道德将导 389 致法律体系不再按合法性的准则运作。富勒列举了符合合法性之自然法的几种"美德"。① 法律必须:

(1)具有充分的一般性;

(2)公开公布;

(3)可预期;

(4)是可理解的;

(5)不矛盾;

(6)相当一致;

(7)能够实现;

(8)由官员按照法律的内容来加以管理,官方行为与公布的规则必须一致。

这些要求意味着什么呢?

第一,必须有规则。一个观察者应当能够确认法律过程中的某种行为规律,能够假设那些行为规律不是出于纯粹的偶然,它是与该过程的参与者关于应当做什么的思考紧密相关的。

第二,这些规则在运行中不得溯及既往。人们必须总是能够用这些规则来指引他们的行为,人们不应该因根据事后制定的规则的命令而被逮捕、受审判。

第三,它们必须被公开。这些规则发布的方式和时间必须能使人们发现这些规则是什么,并相应地调整自己的行为。

第四,它们必须是可理解的。也就是说,规则的表达方式必须使它们所针对的那些人有机会理解什么是他们不应当做的事情。

第五,它们不能彼此矛盾。

第六,遵守规则必须是可能的。制定出来的规则不能彼此冲突以致产生主体不可能不违反规则之情形,规则也不应该要求人们做不可能的事情。

第七,规则不能经常变动。规则不应该变化得太快,以致不可能形成一种行为过程的指引体系来使人们依法行事。

---

① 富勒并没有声称要从某个可靠的参考点来得到这八条互相关联的原则,他反而提出:它们起源于已经确立的司法实践,或者起源于法律的习惯渊源所包含的明确规定。

第八,必须以一贯而正确的方式来适用规则。只有一种合乎逻辑的规则结构还不够,如果司法或解释的实际过程不可理解或者过于难以仿效,那么,从创制规则中我们不能获得任何好处,规则也不应该在实践中被忽略。我们必须使公布的法律与实际执行的法律之间的差距达到最小。

390

由于富勒已经把法律界定为人们的行为据以服从规则治理的事业,很明显,依据这些原则制定出来的法律没有具有特定的实体道德内容。哈特在对《法律的道德性》的评论中宣称(《哈佛法律评论》,1965),富勒把道德性看成这一过程的组成部分,将会把道德性和目的性行为混淆起来。尽管哈特承认富勒的八项原则体现了"良好的技艺",但他认为它们不具有内在价值,它们只不过提高了作为目的性事业之法律的效率,远没有提供确保官员能够获得有关特定行为和特定目的的最终裁决的基础。富勒的八项原则在法律"善与恶的实体目的"之间保持中立,它们没有为促进"人类正义和福利"这种实体目的提供任何保障;它们甚至没有确定"在合乎合法性原则的政府和邪恶的目的之间存在任何必然的不相容之处"。哈特用了一个著名的类比,宣称它们同样适用于投毒:"投毒是一种技巧,它也有目的,但它不能被称为具有道德性"。

富勒发现哈特的评论根本不可理解。在他看来,哈特对法律职业者现存的努力视而不见。在回顾英美普通法的发展和运行后,富勒宣称律师们理解法律之整体性的必要性,他们在工作中赋予合法性以道德含义。富勒承认,哈特也许是在争辩一个法律体系没有"美德"也能非常有效地存在①,尽管富勒在某种程度上承认这一点,但他仍然予以反驳。他说,尽管一个完全忽视所有这些"美德"的法律体系能够在一段时间里存续,但它不能无限期地存在下去。实际上,富勒相信,邪恶以及邪恶的制度内在地不如善和优良的制度那样具有融贯性。他的理论强调制度化的重要性,强调融贯的、有原则的、制度化的法制的重要性。

这些阐述所提出的对富勒立场批评的普遍失误是没有承认这一点:在使人类实际行为中的道德性得到有效实现成为可能这一过程中,法律规则起到了重要作用。道德原则不可能在社会真空中,或者在一切人反对一切人的战争中发挥作用。要过良好的生活不只需要良好的意图,即使这些良好意图为人们所普遍共享;它要求得到人类互动的牢固底线的

---

① 对富勒程序自然法的批判通常是以一个问题提出来的:"要让'体系'不再是体系,法律体系需要忽略多少美德?"

支持,这只有合理的法律体系才能提供——至少在现代社会中是如此。(1969:205)

对牛津大学法哲学家拉兹(1970)来说,这一理论的价值只限于某种消极任务:避免某些可能只能由法律造成的邪恶。但是,无论是拉兹还是哈特,他们都不赞同富勒的假设。批评者们要求富勒明确地、令人信服地阐述法律与人类道德和人类繁荣这些实体目的之间的关系。

沟通是自由法制所保障的关键原则　　　　　　　　　　　391

富勒实际上发展了一种自由主义的法律与社会进步学说,这一学说对"人类的目的是什么"这一问题采取不可知论的立场:尽管我们踏上了现代的旅程,但我们不能知道最后的结果。目标就是美德,我们的事业将致力于美德,但我们并不知道这整体上包含什么;相反,我们必须保持"沟通"渠道的畅通。我们的任务不是按照我们所认知的与人性的某种自然一致性来安排法律,而是按照社会改善的不懈努力来安排法律。实证主义使自己遭受了挫败,这是因为尽管它可能拒绝在整体上把任何社会目的归于法律,但在生活中我们经常把各种意义加在法律上。如果法理学构想拒绝赋予法律和法制以目的,那么,各种强大的意识形态和集团将会提出与恰当的正义愿望不一致的目的。例如,哈特认为生存需要的标准为围绕这一标准构建起来的最低限度内容的自然法提供了根据。(哈特:1961:第4章)他提出的这一标准使他遭受挫折,因为它产生了争议:为什么要做某件事?为什么要冒险?富勒谴责这样一种有局限的社会生活意象,反过来求助于现代的自由主义观念,求助于沟通观念本身:

> 沟通不只是活着的手段,它是保持活力的方法。正是通过沟通,我们才继承了人类通过过去的努力所达到的成就。沟通的可能性向我们保证我们取得的成就将丰富后来者的生活,由此而使我们不会对死亡的观念感到不安。我们怎样、在什么时候实现彼此之间的沟通,这将扩大或者缩小生活本身的范围。用维特根斯坦的话来说:"我的语言的限度就是我的世界的限度。"

富勒的实体自然法的核心建议等同于一种命令:

> 打开、保持和保留沟通渠道的整体性,因为人们借由沟通彼此传达

着他们的认知、感觉和希望。（以上两段引文，均引自 1969：186）

法律是一种表达的媒介，这一媒介的根本任务不是保障稳定性、秩序和义务，而是创造一种使沟通以及自由的社会互动得以发生的社会秩序。富勒仍然相信，一个遵从法律内在道德的法律秩序，在实体内容上通常具有实质上的合理性和正当性。对他的批评者来说，这是一种不恰当的乐观态度。而且，因为它没有明确说明人类繁荣之实体目的，所以它也是不完整的。① 但是，如果富勒不解决正义的实体意义，现代晚期的一些颇具实践性和政治性的问题——第二次世界大战后民众在他们的具体要求中都强调这些问题以求得真正的社会正义——将把法理学引向有关分配（再分配）的政策哲学的争论。

392

第三部分　约翰·罗尔斯及其正义论②

正义是社会制度的首要价值，正像真理是思想体系的首要价值一样。一种理论，无论多么精致和简洁，只要它不真实，就必须被拒绝或者修正；同样，某些法律和制度，不管它们如何有效率和有条理，只要它们不正义，就必须加以改造或废止……允许我们默认一个错误理论的唯一理由是尚无一种更好的理论，同样，不正义只有在它是为避免更大的不正义所必须的情况下才是可以容忍的。作为人类活动的首要价值，真理和正义是决不妥协的。（1971：3—4）

---

① 对菲尼斯（1980）来说，对赋予法治以牢靠的正当性的那些有意识的目的，富勒没有提供非程序性的评价标准。菲尼斯同意法律应当被看成是有目的的行为，但是他接着断言：为了理解这些有意识的目的，我们需要发展一种自然主义的道德学说，它具体阐述通过法治得以促进的人类福利和价值。因而，菲尼斯宣称，富勒明确承认但没有继续下去的一项任务是，把内在法律道德的诸原则引入某种理性上连贯关系之中，它具有完全发展的自然道德概念和基本福利和价值。

② 约翰·罗尔斯 1921 年生于美国的巴尔的摩，在哈佛大学讲授哲学达 30 多年。后来他通过一系列文章，特别是《正义论》（1971）在政治学和法理学上产生了巨大影响。这本书很快成为创立一种"新自由主义范式"的权威著作。这种"道义论"或"权利本位"的范式破坏了益格鲁—撒克逊理论派别中的功利主义的支配地位。人们通常认为，对自由主义的批判——包括从自由主义权利、无政府主义权利以及社团主义来展开的批判——必须要过罗尔斯这一关。

罗尔斯把正当性问题放在现代社会生活的最前沿位置

美国政治学家约翰·罗尔斯在他颇有影响的《正义论》(1971)的开篇中就提出:在现代,社会安排需要正当性。即使一个社会的安排非常有效、完全合乎逻辑,除非我们能够论证其制度是正义的,否则,社会也不会满意地表达人类的愿望。另外,"只有在社会联合中,个人才是完全的"。一个完全令人满意的现存生活需要正义①。然而,一个显而易见的问题产生了:我们如何确认对某种特定社会秩序的安排是正义的还是不正义的? 罗尔斯的智识先驱是康德和斯图亚特·密尔。前者提出了正当对善的优先性思想,以及调整性的社会契约思想等其他思想;后者提出了宽容精神。

罗尔斯的方法论很简单。他主张:(1)在社会秩序中正义优先②。(2)组成社会的人们具有某种程度的普遍利己倾向,利益之间存在着各种冲突。因而,(3)为了实现某种稳定的社会安排,就需要一套原则来指导人们在各种社会安排之间作出选择,确定某种社会福利分配安排。因而,

393

一个社会,当它不仅被设计来旨在促进社会成员的利益,而且也有效地受一种公开的正义观调整时,它就是组织良好的。亦即,它是这样一个社会,在那里:(1)每个人都接受,也知道别人也接受同样的正义原则;(2)基本的社会制度普遍地满足,也普遍为人所知地满足这些原则。在这种情况下,尽管人们相互提出过分的要求,但他们总还承认一个共同的观点,他们的要求可以按这种观点来裁定。(同上引:4—5)

尽管存在着多种正义理念与正义理论(依据哈特在《法律的概念》中的

---

① "人类社会交往的一个特点,是我们由于自身原因仅仅部分地是我们可能成为的样子。我们必须从他人那里获得那些被我们搁置的或完全缺乏的美德。社会和许多团体的集体活动以及调节着它们的最大共同体的公共生活,肯定我们的努力并激励我们作出贡献。而从公共文化中获得的善,在我们不再只是部分意义上的,远远超出了我们的工作;我们自己直接实现的部分加入到一个更广大的公正的安排之中去,而这种安排的目的是被我们肯定的"。(1971:529)

② 预设是不可避免的,罗尔斯的主要预设是,只有一种尊重我们对获得平等尊重和合理承认的愿望的、以正当为基础的正义论,才适合于我们的自由主义概念。另外,罗尔斯承认(1971:563)一个观点:"正当观念已经提供了自我的基本统一"。因而,理性的、统一的自我这一预设是方法论的基础。

观点，就是特殊正义的概念和正义的概念之间的区分①），但是罗尔斯相信，对正义的不同理解和争论这一事实表明了人类追求正义的虔诚。如罗尔斯后来界定的那样（1992），有时必须作出"政治上的"选择。罗尔斯的选择是正当优先于善——在他的理论中，康德胜过了边沁。

> 每个人都拥有一种基于正义的不可侵犯性，这种不可侵犯性即使以社会的整体利益之名也不能逾越。因此，正义否认为了一些人分享更大利益而剥夺另一些人的自由是正当的……在一个正义的社会里，平等的公民自由是确定不移的，由正义所保障的权利决不受制于政治交易或社会利益权衡。（1971:4）

罗尔斯不是一个教条的新康德主义者。他的主张旨在提出一个能给出一套基本的原则的合理理论，以便运用这些原则我们可以在关于正义的辩论中达成一致。② 这些原则通过合理地平衡平等与效率，为某些不平等和创新创造了空间。罗尔斯追求公平，但他的研究不是为了找到一个阿基米德式的智识支点来超出我们日常生活的洞穴；相反，他的研究依赖于我们对日常直觉的认可。③

作为正义原则的基础，罗尔斯用对"无知之幕"下作出的决定的赞成这一思想来代替理想的观察者这一功利主义模式

罗尔斯设计了一个"思想实验"。在实验中，我们被要求想象自己聚集在一起达成一个社会契约：它涉及在真实生活中约束我们的原则。罗尔斯要求我们设想一些供人们从"无知之幕"下的原初状态上决定社会的正义原则的选择原则。原初状态的目的是"排除使人们陷入争论的各种偶然性因素的

394

---

① 表述这一观点的另一种方式是，正义是一个具有内在竞争的概念。正义概念内在地包括着任何一个概念都不可能终结有关"正义的含义是什么"的争论。

② "哲学的反映"说服我们承认罗尔斯式的正义社会的基本原则，由此而产生的设计得很好的社会"接近于一个能够成为一种自愿体系的社会"。（1971:13）

③ 罗尔斯清楚，"我们需要一种能使我们从远处观察我们的目标的观念"（1971:22），但是，我们不能离开我们传统的洞穴，我们的视点"不是一个在世界之外某个地方的视点，也不是一个超越的存在物的观点；毋宁说它是在世界之内的有理性的人们能够接受的某种思想和情感形式"。（1971:587）

影响,引导人们利用社会和自然环境以适于人们自己的利益"①;各方对自己和社会一无所知;每一方都不了解他/她的性别、种族、智力或阶层等。各方

不知道各种选择对象将如何影响他们自己的特殊情况,他们不得不仅仅在一般考虑的基础上对原则进行评价……没有人知道他的天生资质和自然能力的程度,不知道他的智力和力量等情形。再者,也没有人知道他的善的观念。

任何人都不了解相关事实,因而也不知道他们选择的正义原则和决策程序将如何影响他们的生活。如果人们知道那些事实并知道他们的处境,那么,他们可能设计给自己带来好处的原则。然而,罗尔斯的方法论只承认有关人性的一般知识,每个人都知道社会现实包含特殊的偶然性,但不了解具体是什么样的特殊偶然性将影响到他们②。那么,在"无知之幕"下什么会激励我们的选择呢? 罗尔斯认为,人们显然会选择自利,但由于人们对自我一无所知,自利就成为任何一个人的利益。结果是,所产生的原则将会得到人们的自愿赞同。

正义原则

罗尔斯(1971:302)相信,在原初状态下,人们将选择两个原则:第一,每个人对与其他人所拥有的最广泛的基本自由体系相容的类似自由体系都应有一种平等的权利。第二,社会和经济的不平等应这样安排,使它们:(1)在与正义的储存原则一致的情况下,适合于最少受惠者的利益;(2)依系于在机会公平平等的条件下职务和地位向所有人开放。

---

① "原初状态的观念旨在建立一种公平的程序,以使任何被一致同意的原则都是正义的。其目的在于以纯粹程序正义的概念作为理论的一个基础"。(1971:136)认识论的目的也在于保持康德哲学的理性人的分离与自主思想的长处,但要避免康德形而上学的天真。罗尔斯理论并不意味着要以某种形式合理性的方式去得到证明,而是作为一种方法论求助于我们,求助于审慎原则:它尊重我们获得正义的同时也自由和平等地彼此相待的经验愿望。因而,罗尔斯求助于我们民主传统的核心价值:自由和平等,并提供一种方式理性地把它们纳入一个灵活的正义阐释之中。

② "这样就产生出一个很重要的推论:各方不再具备通常意义上讨价还价的基础。没有人知道他在社会上的地位和他的天赋,因此没有人能够修改原则以适合他自己的利益……无知之幕使一种对某一正义观的全体一致的选择成为可能。没有这些知识方面的限制,原初状态的订立契约问题将是无比复杂的。"(罗尔斯:1971:137—40)

第一个原则被赋予操作上的优先性，以确保自由总处于优先地位。"自由只能为了自由的缘故而被限制"。换句话说，以改善贫穷者的境况为由而通过立法来限制自由或机会平等是不能接受的。但在坚持该原则的同时，一个相联系的命题是"所有的社会基本善——自由和机会、收入和财富，以及自尊的基础——都应平等分配，除非对其中一些或所有基本善的不平等分配有利于最少受惠者"。（同上引：303-3）

无知之幕下的人将选择自由作为他们的首要原则，这是因为不了解实际的情景或他们自己的良好生活观念，将赋予他们最大机会追求他们所喜爱的任何理想。他们选择第二个原则，因为他们可以在"最小最大原则"的基础上运作，他们偏向使最坏的部分达到最小，以备他们处在社会最下层。由于不了解他们会进入社会福利分配中的哪一个位置，他们将是理性的悲观主义者。

罗尔斯用切蛋糕的公正方法作了一种类比。要在几个人中分一块蛋糕，一个人受委托切蛋糕。他将怎么切呢？让我们假定切蛋糕的人知道他将拿最后那块蛋糕；如果他自私，在自利的促动下（我们假定他喜欢吃蛋糕），他将这样切蛋糕：在其他人得到同等大小的蛋糕的同时，让最后一块最大。然而，如果他知道最后一片不属于他，他将拿前面的蛋糕中的一块，则有可能最后的一块最小。如果切蛋糕者是利他的或者并不真正喜欢吃蛋糕，他也知道自己将拿最后一块，那么，他可能把最后一块切得最小。我们如何能够保证每一块蛋糕都恰好一样大小呢？罗尔斯提出，答案在于切蛋糕的人不知道他将得到哪一块蛋糕。在这种情况下，彻底利他的切蛋糕者和完全自私的切蛋糕者都会确保每一块蛋糕大小相似。

让我们思考一下这里发生了什么事情。罗尔斯提供了一个理性的选择决策程序，在那里涉及的知识对决策结果至关重要。然而，这个例子是静态的情景：只有一个蛋糕，蛋糕大小固定。固定大小的蛋糕的分配与一个变化社会中的正义两者之间显然存在重要差别。另外，切蛋糕的思想缺乏生活福利所涉及的复杂程度，生活福利涉及地位、权力、权利、金钱、财产等利益。我们如何分配这种类繁多的财富呢？我们如何确定被分配的东西的价值呢？蛋糕的消费可以带来一时的快乐，对生活福利的消费（例如，大学教育）是一种能够产生其他整个生活福利（即更高层次的工作所提供的）的消费。因而，对一个正在延续的社会而言，仅仅集中于主要福利（如蛋糕）只能提供一种不牢靠的平等观念，这一理论必须引入灵活性。

为了阐述问题，可以采用两种分配模式：甲模式由四个相等的份额构成,它们的份额分别是 4、4、4、4;乙模式由四个不等的份额组成,每份的份额分别是 5、6、7、8。关于动态正义的考虑对评判这些分配模式的正当性来讲何种是可以接受的? 这些考虑是如何提出来的? 罗尔斯主张,一个使最小份额最大化的原则较之绝对平等是更可取的,这是因为,如果我们允许某种不平等,结果可能是这样:最贫穷的人,尽管处在不平等的分配模式中,事实上可以比所有人都完全平等的情况更快地富裕起来。在乙分配模式中,享有最小份额的人有 5 份而不是甲模式中的 4 份,同时,乙模式中供分配的全部单位比甲模式多出 1/3。某种不平等是能够接受的,因为教条式地追求平等可能被证明会限制最贫穷者的利益。

396

　　罗尔斯努力权衡对财富增长的需求,同时考虑到社会中最贫穷者。功利主义正义的一般目的是使社会财富最大化,罗尔斯所坚持的基本正义原则的基础是对自主的尊重,而自主则是对这种最大化的检验。一种不平等的制度,即使创造了更大的社会财富,它也可能会因过于极端而不能被辩解为具有社会正当性。如果分配模式实际上是 5、600、700、800,那情况又会怎样呢? 从哪一点始我们可以说,我们不再接受与其他人大得多的福利相比的 5 份的地位呢? 是 20 份、100 份还是 1000 份呢? 情况可能是,一个人可能更喜欢生活在他只享有 4 份好处的模式里,因为在那里他享有平等,而在另一模式中,尽管一个人可能会从 5 份中获益,但同享有更大份额的那些人的差异可能过于悬殊以致难以忍受,我们会因不正义的感觉而感到不幸福。

罗尔斯的合理增长思想:发展与道德尊重的平衡

　　在罗尔斯的蛋糕比喻中,那些帮着烘烤蛋糕的人可以选择享受闲暇(自由)或者烘烤蛋糕。蛋糕将随加入原料的多少、烘烤蛋糕时的技术和努力程度而在大小和质量上有所不同。但是,人们必须有供给原料、努力而有技巧地工作的激励;因而,蛋糕的质量和大小将因激励的水平而异。所以,分配模式所包含的不平等的程度可能影响供分配的物品的数量和质量。但是,罗尔斯相信,他通过给予自由以绝对优先地位而为一种有活力的且社会正当的增长模式提供了原则。任何理性的人不会因其他人享受繁荣之故而以自由作赌注。

　　另一方面,可能存在某种怀疑主义的空间。尽管大多数社群主义批评者都关注罗尔斯关于自我统一、正义对福利的优先的观点,都注意到这包含拒

433

绝一切亚里士多德传统下的共同福利理论这一事实，但是，其他以正义为导向的作者指责说，一种不易觉察的功利主义潜入了罗尔斯以最大化为导向的微妙倾向中；他们还指出，可能的决定程序不止一种。社会现实主义者宣称，我们应该关注的唯一类型的契约是我们一直在从事的实际历史斗争；在实际的社会契约中个人被严格约束起来，罗尔斯却让我们相信一种假设的契约。但是，社会推行什么类型的假设权利呢？可能有多种。① 另外，可以想象的可供选择的思想试验，它们所产生的政府在"正义社会"中的作用的观念是根本不同的。此外，罗尔斯提供了理性悲观主义者的正义原则，但赌徒们又会怎样呢？在无知之幕下，某个人为什么不会简单地说："我要投票赞成一个存在极不平等的社会，因为我相信我很有可能成为胜利者？"

第四部分　罗伯特·诺齐克的激进自由市场哲学

诺齐克：哲学自由意志论者的代表

尽管罗尔斯的理论证成了社会再分配（它无异于一种为现代的自由—民主福利国家的辩护），但是，对另一种自由主义团体——我们称他们为自由意志论者——来说，大政府与自由是不相容的。一切理论，只要它们催生任何使社会管理权力的集中合法化的社会福利思想，自由意志论者都对它们抱深深的憎恶之情，哪怕是古典功利主义者的个人主义观念。自由意志论者的目的在于摒弃政府对公民生活与"权利"的一切干预。自由意志论者在很大程度上把自己建立在对洛克这位古典社会契约论者的解读的基础上。人们认为，洛克所坚持的理论的核心是：在自然状态下，人类拥有不可侵犯的个人权利，有取得不归他人所有的任何物的至上权利。一旦他们占有了这些物，它

---

① 对罗纳德·德沃金（1977）来说，原初状态只产生了假设的决定，建立一种意在使以这种程序为基础的真正决定得到正当化的正义论是不合逻辑的。我们不用问在一个假设的情形下做什么或者不做什么是合理性的，我们需要解释我们所忠诚的实际社会契约——例如美国宪法。罗尔斯可能说：通过考虑理性的例子（如切蛋糕的人），我们能够理解平等分配的道德力量。人们不需要实际做一个蛋糕并分享它就能理解这一决定。论据是假设的这一事实并没有毁掉论据的力量，正如蛋糕的例子可以作为一种道德论据一样，假设的原初状态的观念也能够成为一种道德论据。

们就成了他们的财产。政府的作用是保护那些权利——特别是生命权和财产权，而社会管理只有在巩固和保护这些权利时才能得到正当化，它践踏这些权利的行为永远不可能被正当化。社会被认为只是一个空间，是人们在那里追求自己的计划、摆脱干预、尊重他人权利的一种空间。诺齐克的政治法学的特征体现在他的著作《无政府、国家和乌托邦》（1974）之中，是自由意志主义正义理论中最著名的学说。① 诺齐克的出发点是两个前提：一切人都自然地是拥有个人权利的个人②；一切政府、社会组织都需要正当化：

> 政治哲学的基本问题，即在有关国家应如何组织这一问题之前的问题，是国家是否应该存在。为什么不要无政府状态呢？（1974：4）

这一基本前提对欧洲的读者来讲刚开始听起来有些奇怪，但是在美国语境中，它代表了一种可能极端但可以理解的开端。尽管欧洲的著作不可能回头考察他们自己的与洛克的叙事相类似的某种实际历史的存在，但是，美国的建立和发展常常被解释为洛克叙事的鲜活化身③。

诺齐克的著述发展了一种正义论，它强化了激进的自由市场方法，适合于一个所谓的最弱意义国家或守夜人国家模式。丝毫不让人奇怪，他总结说：

> 最弱意义国家是能够得证的功能最多的国家。任何比这功能更多的国家都要侵犯人们的权利。（1974：149）

---

① 他的论著已经被说成是在"赞美 18 世纪个人主义和 19 世纪自由放任资本主义的优点"（J. 保罗编，《解读诺齐克》，1981：1），是一部"独创的、杰出的、睿智的"作品（同上引：28），罗伊德和弗里曼称它是"很长时间以来政治哲学中出现的最具煽动性的论著"之一。（第 6 版，1995：367）更严肃地讲，它被认为是"在特点上具有高度的理论性，在与具体的现实主义相对的意义上具有形式上的典雅之美"。（保罗编，1981：35）

② "个人享有权利，存在着任何个人或群体都不能把它怎么样的东西（不侵犯它们的权利）"。（1974：ix）诺齐克没有提供任何社会学的或其他解释来说明对个人主义和权利的强调是如何产生的，他的基础只是诉诸我们的直觉：把人当作"他们自己的目的"，"通过尊重我们的权利来尊重我们"。（1974：334）

③ 正如斯蒂温·纽曼（1984：16）在一本名为《智识终点上的自由主义：自由主义对现代国家的反叛》的书中所言："美国是第一个洛克式的政体。它的建立实质上是洛克《政府论》第二篇论述的原则的表演，在几乎一百年的时间里，这个国家似乎是洛克的公民社会包含的意思的近于完美的模板。政府是被组建来保护生命和财产的。权力有意识地受到限制并服从多重限制以便保护人民的自由。幸运的物质环境，特别是丰富的空余土地供应容许（几乎）所有人（当然，不包括黑人、印第安人或者妇女）的平等机会和事实上的自主。由政府培育的自由市场资本主义，通过向有抱负、有才能的人们大开成功之门而同样地服务于富人和穷人的利益。"至少这是现代自由主义者所珍视的政治叙事。

诺齐克最弱意义国家的思想是什么？他为什么宣称这是唯一正当的国家模式？

诺齐克界定说，他所称的最弱意义的国家是"古典自由主义理论的守夜人国家，其功能仅限于保护公民不遭受暴力、盗窃、欺诈，并强制执行契约等"。（同上引:26-7）诺齐克如何把这解释成唯一可得辩护的社会组织呢？

《无政府、国家和乌托邦》分为三个部分。其结构充满了对最低纲领的赞同。第一部分旨在反对无政府主义者，他们认为任何形式的国家都不具有正当性，断言任何政府"本质上都是不道德的"。（同上引:51）为了回应这种"挑战"，诺齐克进行了一项思想试验，追寻最弱意义国家的详细演进轨迹，说明它的产生、持续存在都没有侵犯权利。第二部分考察最弱意义国家的概念，详细说明功能更多的国家将侵犯权利因而是不正当的。诺齐克提出了一种"权利正义论"，经济福利借此在充满对所有权的正当要求的社会中发展起来，而所有权又质疑"模式化"分配形式。（同上引:155—164）在第三部分，诺齐克提出了他的乌托邦，使他能够主张最弱意义的国家是值得捍卫的。

第一部分第1章的标题是"为什么要讨论自然状态理论？"。它概要地描述了一种思想实验，这一思想实验首先设想了没有国家的生活。不过，诺齐克没有像霍布斯那样向我们展现一种恐怖的自然状态，因为很明显，如果他把自然状态描述得像霍布斯所面对的一样坏，那么，我们很可能会接受能解决此问题的任何类型的国家；相反，诺齐克认为我们应当设想一种良好的自然状态，他的鼻祖是洛克而不是霍布斯。然而，在这种情景下将产生这样一个问题:我们是否真的需要创建国家？我们需要有极好的理由来论证国家是正当的。诺齐克通过四个步骤构造了一种理论论证。

第一步:个人被置身于自然状态中，但是——与洛克的叙事一样——这些人享有权利。诺齐克争辩说，存在着两种思考权利的方式。在一个观念中，我们承认权利可能冲突，即我们有必要以其他社会目标权衡权利。最终，诺齐克认为，这将导向权利上的功利主义；我们开始犹豫不决:是牺牲或减少权利，还是使权利保护最大化。正如诺齐克所说:"……试假设要达成的终极状态是要把对权利侵犯的总量最小化，如此我们就有了一种类似于'功利主义'的理论了:与一般的功利主义不同的地方仅在于使权利侵犯最小化,以此取代功利主义结构中幸福总量的目标。"即使我们把目标确定为最小的权利侵犯,但是,在某些情况下我们仍然愿意为共同的幸福而牺牲个人。在第二种权利观念中,权利的"道德边际约束"观念占主导地位。(诺齐克,1974:28—35)我们永远不得侵犯这些权利①。对诺齐克而言,在社会中因其他人之故而践踏个人的利益永远都是不能允许的②。在思想实验中,个人在自然状态下拥有这些权利,它要求我们设想那时是无政府的自然状态。这把我们带到了第二步。

第二步:这些拥有权利的人形成一个自愿的联合体以保护他们的权利。这些联合体——"相互保护的机构"——完全是自愿的。参加者受到保护,其他人则不然。此时,国家还没有形成,没有人具有在全区域上行使强力的正当性。因而,最初的联合体只具有其他个人授予它的权利。它是联合体成员的简单集合。

第三步:自愿联合体对自己进行地域上的分类。在每一个地区产生一个"支配的保护性联合"。这是为使保护更经济而产生的必然结果,同时在逻辑上要求各种保护服务(如法院、警察等)在特定地域内发挥作用。

第四步:在第三步中,仍然存在一些独立的个体,他们没有加入任何联合体,因而独立的个人具有与各联合体相同的保护他们自己的权利。第四步就是这些独立的个人加入进来或者联合起来,由此我们形成了最弱意义的国家,它是一个能够在某个特定地域内垄断强力的使用、把保护推及全体公民的团体。(同上引:113)最弱意义的国家其强力的正当化仅限于保护某些基本权利:它是古典自由主义的守夜人国家。在功利主义或罗尔斯的晚期理论中,再分配政策是允许的。但是,在最弱意义国家中,任何再分配都是不正当

401

---

①　"对行动的边际约束(side constrains)表现了基本的康德主义原则,即人是目的而不仅仅是手段……边际约束表达了他人的不可侵犯"。(1974:30)诺齐克宣称,这一基础是我们对生活的理解:"我主张,对我们可以做什么的道德边际约束,体现了我们独立存在的事实。它们体现了这一事实,即在我们中间根本不可能发生道德的衡平行为;根本不存在一种凌驾于我们的生命之上的他人的道德,以便达到更高的总体的社会利益;不存在我们中的某些人为其他人的利益而牺牲自己的正当理由"。(1974:33)

②　人们通常说罗尔斯无知之幕的一个可能的问题是赌博问题。(一个人可能宁愿赌他会成为那些赢家中的一员,而不是成为输家中的一个)。罗尔斯好像没有能力处理这一事实;或许,尽管赌博是非理性的,但是它也是人类环境的组成部分。也许在 306 房间病人的例子中(参见本书第 6 章),我们会选择功利主义的解决办法,赌一赌:我们更有可能在 5 个人中,而非恰巧是那个人。只有权利的绝对性理论(例如诺齐克的权利理论)能够确保拯救 306 房间的病人,尽管别人能够拯救 5 个其他的人。

的。这种国家提供的全部服务就是基本的保护。在诺齐克的理论中福利国家也是不正当的。有些人可能把这称为古典资本主义。诺齐克进一步宣称,最弱意义国家的发展是自发的,未经计划也非故意。它被描绘成自然历史的结果:"一个看不见的手的进程,以道义上容许的方式,不侵犯任何人的权利"。(同上引:119)

我们如何从第三步过渡到第四步呢?这看起来不可能①,因为最基本的设想是,个人权利如此强大,以致提出了这样一个问题:如果国家可以有所作为,那么它能做什么呢?特别是它不得侵犯权利的话。第四步必定涉及对一些成员权利的侵犯吗?为求得保护所付的代价必须涉及资源的再分配②。这一步似乎还涉及对独立者权利的侵害,因为现在存在着一个权威,它对他们享有权力,而这种权力是独立者们所不曾同意的。失去的至关重要的权利是自助的权利以及解释并最终裁决何时权利受到侵犯的权利(把法律握在自己手里并决定何时正义得到伸张的权利)。现在,国家成为何时使用暴力的最终裁决者。国家独自批准强力的正当使用③。

---

① 许多批评家只是感到它是一个"假想的叙事……一般常识意义上的奇异的出发点"。(伯纳德·威廉姆斯,转引自保罗,1981:5)

② 我们如何评判?什么标准是可能的?诺齐克没有提供任何答案。罗伯特·霍姆斯用诺齐克自己的观点来反对他,霍姆斯提出:因为没有提出独立标准来评价占统治地位的保护性联合的执行程序,"对全部司法与执行权力的剥夺是不正当的"。(保罗:1981:6)

③ 正是因为这一理由,初看起来,从保护性联合移到最弱意义的国家这一步似乎太大了。假设地讲,因为这是一种思想实验,诺齐克直接说每个人都应加入最弱意义的国家,这也许就已经解决了问题。但由于这是一个不大可能的过程,所以他需要一个更为现实主义的叙事以使他的理论获得可信度。具体地讲,诺齐克为自己的计划提出了两个问题:(1)联合体的成员们似乎容许向独立者进行有限的再分配;(2)独立者为什么参加进来?诺齐克回答说,它只是看起来像是再分配。例如,如果甲欠乙钱,乙从甲的家中偷了东西,这可能是补偿而不是盗窃。它可能看起来两者都像;我们必须考察其理由,而不只是它的表象。诺齐克认为这是一个补偿问题。最弱意义的国家把独立者合并进来,但是有欠于他们,因为他们失去了他们的自助权利。国家负有保护服务和补偿之责。这样,我们到了第四步。诺齐克认为,人民可以积极而自愿地同意任何事情,只要不存在对他人权利的侵犯。这样,我们也能够同意放弃权利。一个人可以卖身作奴;这样,我们同意一个国家。但是,补偿观点并不只是简单的同意,我们必问:"公正的补偿是什么?"诺齐克用不同方式讨论了补偿问题,其中一种方式是用差别曲线,但诺齐克认为我们可以使用这一论据达到最弱意义国家。现在的批评者还是没有信服:罗伯特·保罗·沃尔夫(Robert Paul Wolff)(保罗,1981:7)争论说,由于自然状态的"易变性和缺乏结构",理性地计算由侵犯权利所遭受的伤害是不可能的。

以公平获得为基础的论据

在第二部分中,诺齐克使用了另一套观点——他称之为"权利正义论",他得出的结论是,只有最弱意义国家才是正当的。具体地讲,这套观点目的就在于反对财富再分配。权利理论提倡一种思想:一个人只要持有其财产每一部分的方法是正当的,那么他对他持有的一切都享有固有的权利。在三种情况下,一个人有资格持有他的所有物:获取时是正义的,这意味着财产在取得时不是其他人的财产(例如一种自然资源)。转让时是正义的,在这里财产被以有效方式转移给当前持有者。这些方式包括赠与、买卖、继承——唯一的限制是不存在欺诈或盗窃。当财产的当前持有者未采用上述权利方法的任何一种时,那么就应该矫正不正义,A 应把财产归还给 B。这被称为矫正正义。

因而,诺齐克的观点带有准历史性质:"如果一种分配是通过正当手段来自另一个公正的分配,那么,它也就是公正的"。(同上引:151)然后,诺齐克提出了一系列攻击对手的观点,譬如,那些支持由各种功利主义理论观点所提供的分配结构的观点,还有那些强调不平等的不可欲性的观点。诺齐克主张,作为(再)分配正义的基础的观念是一系列与自由至上观念相冲突的原则,而自由至上意味着对权利的绝对尊重。

诺齐克提出了一个著名的例证,即"威尔特·张伯伦论证"。诺齐克要我们假设一种我们认为公正的稳定分配体系,我们称这种分配为 D_1。也许每个人都享有平等的份额,也许人们享有的份额是按照某种特别的分配标准确定的;细节并不重要,重要的是我们不反对该特定分配模式。假设在该社会中,有一位 7 分 11 秒的明星篮球运动员,名叫威尔特·张伯伦,他是各篮球队都非常想要的球员,对球迷有巨大的吸引力。人们喜欢看他打球并愿意在他打球时付更多的钱。让我们假设他的合同规定:每一次国内比赛,每张门票价格中的 25 美分直接归张伯伦。也就是说,在国内比赛的赛季中,每一位观众都向一个写有张伯伦名字的专门箱子里投 25 美分。观众看到他的比赛都欢欣异常并认为他们花钱花得值。诺齐克要求我们假设一年中有 100 万人掏钱看张伯伦比赛;他比其他队员多收入 25 万美元,这一数目自然比社会平均收入高得多。张伯伦有权取得这笔收入吗?到年终,这形成了一个新的分配方案 D_2,张伯伦得到的资源比其他任何人都多。这一分配不公平吗?如果不公平,为什么?通过一个答案,诺齐克要求我们思考 D_1 怎么变成了 D_2。很明显,D_2 是在 D_1 中行使权利的人们实现的。人们行使了自己的自由,掏钱购买了他们希望的东西;他们自由地选择转让自己的部分金钱给威尔特以欣赏威尔特施展他的球艺。诺齐克并没有说 D_2 比 D_1 更好,他只是说 D_2 与 D_1 一样公正。D_2 这种状态的产生,只是人们行使自己在 D_1 下所拥有的权利而不伤害任何其他人所导致的一种结果,因而,D_2 与 D_1 一样公平。但是,如果这样,人们所同意的以 D_1 为特征的分配模式就被打破了。自由的行使推翻了已经确定的模式。

诺齐克认为,这将是以各种政策与模式建构起来的一切制度的必然命运。这种正义观注定是行不通的;相反,我们被要求赞成一种动态的制度,它赋予权利以至上地位,权利不得受到侵犯。对诺齐克来说,这种"历史权利正义论"的根本原则是"无论什么,只要它是在公正的状态下以公正的步骤产生的,它本身就是公正的"。(1974:151)

但是,强制又怎样呢?即使是人们正确地行使权利实际上也会产生极具强制性的后果和情形。另外,"威尔特·张伯伦的论证"是一个极其特殊的论据,实际上,市场并不总是以这种方式运作。今天,市场是一种无所不包的环境,在主要场合人们以与诺齐克的观点不同的方式经历着市场;当给他们提供工作机会时,他们不能简单地接受或放弃,因为存在着对某些物品的依赖。市场可以是强制性的,而不是自由的最大化。

诺齐克(1974:262-5)列举了另一个例子来说明他认为自由最大化是什么。在这个例子中,他特别回应了市场具有强制性的思想,也回应了马克思主义理论的观点:人们为了生存,不得不工作。诺齐克首先同意:"其他人的行为限制了一个人可获得的机会";但是,他接着说:"……这是否使一个人随之而来的行为成为不自愿的行为,将依这些人是否有权利这样做而定……"他以一个特殊的荒岛为例:假设那里有 26 个女子(A—Z)和 26 个男子(A_1—Z_1),每个人都希望结婚。在这个相对简单的社会中,每个个体对其他个体的相对吸引力,不存在不同意见。吸引力的顺序从 A 到 Z 以喜欢程度依次递减。A 和 A_1 自愿选择结婚,每一方喜欢对方甚于喜欢其他人。现在,尽管 B 可能希望与 A_1 结婚,B_1 希望与 A 结婚,但是 A 和 A_1 的行为已经使这种选择不复存在。由于 B 和 B_1 也希望结婚,因而他们互相选择对方作为剩下的选择中的最佳选择。现在尽管 B 和 B_1 的选择已经减少了,但是 A 和 A_1 行使自由权并没有干涉他们的权利;因而,B 和 B_1 并没有被强迫做出他们的选择。当然,沿着这条线到后面选择越来越有限,但诺齐克说,甚至当一个人走过 X 和 Y 面前,并承认当他到 Z 和 Z_1 那里,Z 和 Z_1 只剩下对方或没有人可以选择的时候,也不存在强制因素。Z 和 Z_1 都承认:如果他们想结婚,他们必须与对方那组人中吸引力最小的人结婚。根本的问题是:如果他们选择彼此结婚而没有选择不结婚,那么,他们被强制了吗?

诺齐克主张同样的考虑可以适用于工人和资本所有者之间的市场交易。如果有人说雇员被分为 A—Z 级,雇主被分为 A_1—Z_1 级,我们能认为 Z—Z_1 这一联合是自愿的吗? Z 或者 Z_1 的抱怨有正当依据吗? 或许 Z 面临着要么为 Z_1 工作要么挨饿的选择;因为这种选择是所有其他人行为的结果,他们没有为 Z 提供其他选择——Z 会选择去自愿地工作吗? 在诺齐克看来,“如果 A—Y 每个人都在其权利范围内自愿地行为,那么 Z 的确自愿地做出了选择”。

对诺齐克来说,婚姻的例子和财产权两者都属于“从他们选择每个人到他们每个人都被选择”这种情况;这不是再分配政策应当干预的事情。

不过,在雇员的例子中,人们是否自愿地和自由地作出选择确实是一个更加复杂的问题,婚姻的例子不是一个恰当的类比。有人可能认为人们享有工作的社会权利,尽管也许不存在结婚的社会权利。这会使 Z 的情形具有强制性吗?

矫正原则所带有的矛盾问题

在诺齐克的图式中,公正分配的要求依赖于人们对他们财产享有所有权,但我们如何确信他们要求的历史有效性呢? 诺齐克承认,过去的不公正问题引发了严重问题。

> 如果过去的不公正以不同方式形成了当前的占有,有些方式可以确认有些不能确认,那么,现在要做什么事情(如果有什么事情可做的话)来矫正这种不正义呢? 如果受益者和那些被变得贫穷的人并不是不正义行为的当事人而是他们的后代,如果可以的话,事情将怎么变化呢? 要清除历史上的不公正状态时,要往回走多远呢?

在提出问题后,诺齐克只能得出结论说,“对此问题,我不知道完整的或理论上精致的处理办法”。颇具讽刺意味的是,正如伯纳德·威廉姆斯所言,诺齐克的理论也许是对现代资本主义的实质性挑战,因为:

诺齐克的起源理论并不意味着现代的财产占有是正当的:相反(尽管它是一个可变的事实),它有99%的可能性是不正当的(诺齐克先生可能认为,准确地说,美洲大部分都属于印第安人)。(保罗,1981:27)

因此,权利如何能历史地得到保障呢? 不正义在历史上出现的可能性是无限的,在理论上和实践上确定和矫正不正义是不可能的。在此情况下,把诺齐克的理论付诸实践以证明当前的占有享有不受干预的安全感的任何企图,要么是历史的武断,要么是自相矛盾。①

因此,尽管诺齐克的观点,即任何国家只要它的功能比最弱意义的国家更加广泛,就必然而且绝对必然地侵犯人民的权利,按他的逻辑结构来讲是对的,但是它也必然得出以下结论:在诺齐克的图式中实际上不可能确定任何人就财产而言享有的权利到底是什么。这一理论求助于我们的个人主义洞见,然而,当它企图成为一种历史地或社会地说明最弱意义国家或自由市场的优先性理论的时候,它就不能为自己提供辩护了。②

---

① 这一结论来自于诺齐克立场的诚实性。诺齐克依赖于洛克的正当初始取得原则:即人们在获得非紧缺物或自然资源并主张所有权时,不得使他人陷入贫困。金里卡(Kymlicka)(1990)总结说,诺齐克提出了一种财产取得的阶段理论:(1)人们拥有自己;(2)世界大部分是无主的;(3)如果你没有恶化他人的条件,那么你可以作为;(4)取得对世界上不成比例的份额的绝对财产权相对比较容易;(5)一旦私有财产被据为己有,那么在道德上就需要资本和劳动力的自由市场。金里卡认为第三点太薄弱不足以推导第四点。你把一块土地据为己有就不可避免地使他人在某些方面更为糟糕,在该土地的使用上否认他人享有份额或发言权,或者使他人丧失占有,规定他人必须在土地上工作的条件。另外,由于存在着多种占有方式,当一种方式可以使每个人都过得更好却选择了另外一种特定的方式。金里卡认为诺齐克的理论不能证成当前的财产持有,因为历史地讲在几乎所有的原始占有中都使用了强力,因而所有当前的权利都是不合法的。没有道德基础可以论证政府为什么不可以收回这些权利并加以重新分配,也许这样可以改正过去的不正义。诺齐克几乎承认了这一点,甚至提出:按照罗尔斯的差别原则进行的一次性的再分配可以在他的权利理论开始发挥作用之前把这一记录擦得一干二净。

② 其他自由主义者,如罗斯巴德(Rothbard)(1982)没有诺齐克这么开明。罗斯巴德反对不正当的占有观点。他说,如果犯罪所有人被人们知道了,那么他们就应当被剥夺,他们的持有物应当被返还给正当的所有者。如果找不到正当的所有人,该物变成了无主物,第一个占有和使用它们的人取得财产权。如果现在的所有者不是实际上的罪犯,那么就没有理由剥夺他们的持有物,即使这些物本来是通过偷盗或强力得来的——正如在大多数殖民地一样,第一个所有人不可能存在,因而当前的所有者能够持有该财产。由于从根本上说所有的原初所有人都已经去世很久了,几乎所有当前所有权人都是物的正当占有者,除非财产是当前的主人偷来的。

自由意志主义的弱点

不考虑社会历史或社会现实的抽象哲学论证的弱点

自由意志论者回头仰仗洛克的著述,追随他建构一种假设的自然状态模式以发现一种评判的机制:它能使社会安排的正义正当化,同时维持自由至上。洛克的著述使他们紧紧抓住自然历史叙事的传统,在那里存在着把经济动机看成首要动机的心理(这是具有占有欲的个人主义思想)。因此,叙事的历史被认为是无时间性的,此种心理也被认为是自然的。但是,洛克描述了一个"叙事性自然史"——其中存在着享有不可侵犯的自然权利的个人——来逃避真实历史:大多数人并不享有权利。洛克赞成用自然权利来否定封建主义现实;同时他假定经济动机的至上性,以便反对人类情感的一切其他动机(在某种意义上,这就是在声称,经济动机抚慰了以宗教和历史偏见表达出来的人类情感并使之理性化)。现代社会亲历着市场在全世界的扩展,而洛克——同霍布斯、休谟和亚当·斯密一起——就站在现代的起点上。自由意志论者敏锐地指出,市场是唯一不考虑你的肤色、宗教或审美观的机制,其方式与出卖机会的方式大为不同。对他们所支持的措施的社会讥讽——例如,国家公正地行动以保护个人权利,却以为那些占据着市场主导地位的特殊阶级的利益服务而告终——消失了,因为自由意志论者对政治现实的感觉不太敏感。他们的政治现实是一种更类似于此种或彼种神秘自然状态的哲学现实。对采用一种社会学视角,把我们的当代洞见和社会制度看作是复杂的历史、政治、社会进程的结果的那些批评家来说,哲学上的自由主义者显得很幼稚。最终,以权利为导向的哲学面临着一个无法回答的问题:我们使用"自然的"这一术语来描述那些使权利被创设并在社会结构中确定下来的社会进程,难道人权和所谓的自然权利不正好只能在这个范围内才是自然的吗?权利是社会创造的,它们不是在历史中被发现的——就好像它们以某种方式存在于某个没有时间性的领域(柏拉图式的自然本体的领域)一样,它们是在历史中创造的。同样,个人也是如此。①

406

---

① 如查尔斯·泰勒(1985:309)在谈到原子论观点(把孤立的个人当作它的基本单位)时所说的那样:"不管原子论采取了哪种形式,它的基本错误在于它没有考虑到,原子论正在力图保护其正当酬劳的、具有自己的目标与愿望的人自由个人,只有在某种形式的文明之(转下页)

自由意志论叙事规避政治叙事,忽视关于我们社会实际传统的其他叙事

把美国的起源解释成洛克对个人主义和自然财产权利的理性主义辩护,这种自由意志论解释,已经受到了大量近期研究的质疑。这些研究发现了革命时期强烈的城市共和主义趋向。只有随着联邦宪法的出现,公共美德的观念和共同福利的思想才失去它们的核心作用,让位于新的公共概念②。政府成为各种利益间的政治妥协,而利益的存在对政治行动本身来讲则是外在的。

407 尽管这一新的"自由主义"观念在 19 世纪才占主导地位,但是共和观念从来就没有完全消失过。波柯克(Pocock)断言,它在某种程度上隐蔽起来了,通过支持在美国文化中存在的前现代的、反工业化的符号而发挥着作用。许多作者在批评自由主义的个人主义时都求助于这一传统,断言这种城市共和主义的微妙影响使美国人能够保留某种共同体意识,并对个人主义的腐蚀性后果提供了内在抵制。他们在这种城市共和主义传统的复兴之中发现了当今美国社会正在经历的危机的解决办法——按照他们的说法,这种危机体现在由于自由主义对个人自利(他们只知道照顾他们自己的直接利益并且拒绝约束他们的自由的义务)的推动而导致的社会约束的消解。新保守主义者在民主思想中看到自由民主的各种困难(即大政府的难题)的来源——"社群主义者"认为,真正的问题是公民美德的消失,以及对以下必要性的否定,即有必要让民众认同这样的政治共同体:它确认公民不仅意味着权利,也意味着义务和社会的相互依存。

权利对集体参与的优先被社会生活的不断私人化以及公共空间的消失这些晚近进程进一步强化了;对社群主义者来说,这只能通过恢复政治参与加以补救。在他们眼里,自由主义的幻想(即和谐可以从私人利益的自由行

(接上页)中才是可能的;它需要某种制度和实践、法治、平等尊重的规则、普遍的审慎习惯、共同联合、文化发展等方面的漫长发展才能创造现代的个体"。

② 历史学家,如贝林(Bailyn)(1967)和伍德(Wood)(1969)已经表明:美国革命受到了新哈林顿的市民人文主义文化的深刻影响。拜林对革命时期的小册子进行了分析,这一分析的焦点部分地是"腐败"在美国爱国者的政治语言中的核心地位。古典政治学观念(即个人积极地参与共和)只是在后来才被一种新的代议制民主范式所取代。在戈登·伍德的分析(1969)中,古典政治学的终结是与 1787 年联邦宪法相伴而来的。在美国联邦宪法中,人民不再被视作是由共同的利益认同连接起来,而是被视为"充满敌意的个人的聚合,他们聚到一起是为了在一个社会结构中寻求互惠"。

使中产生出来、现代社会已经不再需要公民美德）最终暴露了它自己的危险性；它使民主过程的存在与社会的意义受到质疑。何以产生了把城市共和主义传统连接起来、恢复政治的尊严的新政治文化的必要性？

第五部分　社群主义对自由主义正义论的批评[①]

408

桑德尔的批评分析

迈克尔·桑德尔（1982：《自由主义和正义的局限》）声称，罗尔斯对自我的处理是不一致的。尽管罗尔斯承认自我的主体间性，但是，他需要一种理性而统一的自我观念来建立其正当对善的优先性的理论。另外，罗尔斯的道义论自由主义需要一个不以任何善的观念为前提的正义观念，作为能够包容不同善的观念的框架。正义的至上性是道德上的优越性，也是特殊利益的正当化形式。正当被认为优先于善，这不仅是因为它的要求自然地优先于善，而且也因为它的原则是以一种非结果的方式产生的，是在原初状态条件下自然推演出来的。但是，如果我们的确同意我们可以接受该结果，也就是接受从原初状态的计算得出的正义原则，那么我们就必须承认：主体（作为理性决策的自我）的存在不依赖于他/她的意图和目的。罗尔斯要求我们接受这样一种主体：他/她的身份在他/她选择价值和目标之前就被确定下来了。实际上，选择的能力而不是作出的选择界定了主体。主体永远都不会有什么目的能构成他的身份，而且，如果在一个社会中"他是谁"的问题也有待确定，那么他参与社会的可能性也就被否定了。

在桑德尔看来，在罗尔斯的质疑中，这样的"构成性"或表达性的共同体类型是不可思议的。然而，这意味着罗尔斯囿于一种意识形态：共同体是个人之间的合作；在成立共同体之前，他们的利益已经确定；他们之所以联合起来就是为了捍卫和促进这些已经确定的利益。这种无拘无束的、不具备建构性或者表达性参与能力的主体概念，尽管在这种语境下对于论证正当对善的优先性是必要的，但是，它看起来仍然与罗尔斯所要努力论证的正义原则发

[①]　更多的分析，参见史蒂芬·缪哈尔（Stephen Mulhall）和亚当·斯威夫特编著的《自由主义者与社群主义者》（1992，第 2 版，1995）——该书基本上是"罗尔斯和他的批评者"论述正义的对照性读物。

生了冲突。由于差别原则在本质上就是一种共享原则，所以，它的前提条件是：分配社会财富的人们之间存在某种道德约束，因而也存在一种差别原则要求得到其承认的构成性共同体。而且，罗尔斯承认，个人被无情地打成了碎片，只有在社会主体性中，在已经不带任何附属物、先于他所选择的目的而被界定的罗尔斯式的主体概念拒绝了的那种类型的共同体之中，他才能成为人。桑德尔认为，罗尔斯的理论有一个内在矛盾："我们不能既成为正当对其具有至上性的人，也成为差别原则对其是一条正义原则的人。"

桑德尔的分析直接针对的是《正义论》的原始文本，在这本书中罗尔斯似乎在努力寻找某种绝对可靠的参照点。换句话说，他的原初状态理论在理性上是难以驳倒的。在上述情况下，桑德尔认为罗尔斯没有成功地保证他的理论在理性上是可靠的，桑德尔似乎是对的。但是，这并不意味着我们应当因理性的求助或者它背后的政治学而拒绝罗尔斯的理论①。或许，桑德尔是在呼吁自由主义克服其社会学上的弱点，并且在努力改善它的同时，牢记其历史创造的事实以及争取它的优势的必要性②。

查尔斯·泰勒和他对原子论的指责

对查尔斯·泰勒（1985，第2卷，第7章）来说，自由主义的主体观是"原子论"的主体观，因为它肯定个人的自足特性。亚里士多德认为，人在本质上是政治动物，他只能在社会的怀抱中实现自己的人性。与这一观点相反，原

---

① 桑德尔希望从揭示出人们加以最强烈地理性解读的罗尔斯理论所包含内在矛盾，转到进一步得出以下结论：我们必须承认共同福利的政治学比捍卫权利的政治学更优越。罗尔斯的论据具有内在矛盾或者自相矛盾，这一事实并不意味着他的一般目标也必须遭到拒绝。

② 桑德尔（1982：183）在他的结论中说，自由主义的正义对于这样的社会来讲是必需的：它是由"陌生人，有时仁慈的人"组成的，他们"互不相识，不知道我们的目的，仅通过共同福利就足以进行统治"。最终目的是改变社会存在的条件，这样，自由主义的正义被共同体取代了，到那时，自由主义需要更大的政治自觉。自由主义教导说，我们应该尊重自我和目的之间的距离。当这种距离丧失时，我们也就淹没在一种不再是我们的环境之中。但是，自由主义过分彻底地努力以求完全确保这一距离，因此，它也破坏了自己的洞察力。它把自我置于政治学所能企及的范围之外，它使人成为一种诚实的物品而不是一个持续关注与关怀的对象，是政治学的一个前提而不是政治学最珍贵的成就。这就失去了政治学感动人的力量以及它鼓舞人心的可能性。它忽略了一种危险：当政治学变得糟糕透顶时，这不仅会导致失望而且会导致骚乱。它也忘记了这样一种可能性：当政治学运行良好时，我们就能够知道一种共同的善，而这是我们不可能单独知道的。

子论创立了武断的个人主义理论,由此而使我们关于我们自己的思想走向贫困,为公共生活的解体推波助澜。泰勒认为,只有通过参与关于正义与不正义、善与恶的语言与交互共同体,才能产生内在一致的合理性,使人有能力发现善的道德主体而发挥作用;因此,不可能存在正当对善的优先。泰勒特别谈到了诺齐克,他指出,为了探索社会环境趋于整体的过程而从自然权利的优先性着手,这是很荒谬的:诺齐克"没有认识到,主张权利本身就涉及承认义务"。(1985,第2卷:200)实际上,这种拥有权利的现代个体是漫长而复杂的历史发展的产物。只有在一种特定社会类型中,这样一种自由的个体,即具备选择自己目标能力的个体,其存在才是可能的。对泰勒来说,我们必须理解我们的社区存在,因为,"怎样才是人"这一问题的实质不是物质上的生存、"愿望的实现、自由以及痛苦"的问题,而是为了成为一个得到全面发展的人而斗争的问题。对此,我们的语言可能不能完全表达,但我们的梦想可以体悟。(同上引:201-2)现在,对自由主义哲学的关键指责——诺齐克进行了例证——是,它忽略了实际的历史与社会成就,把实际上也是社会—人类的渺小创造物看成是自然的,结果是弱化了我们参与构建现代性的政治上的需要:

> 我们把我们作为自由人的身份归功于文明……关键点是,因为自由的个体只能在某种特定的社会/文化中才能维持他的身份,所以,他必须关心作为整体的社会/文化形态。他不可能……仅仅参与他个人的选择以及由这些选择形成的联合,而忽略其母体。因为在里面,这些选择可以是开放的也可以是封闭的,可以是丰富的也可以是贫乏的。在社会中,某些行为和制度的繁荣对个体来讲非常重要,整个社会的道德基调是什么对他甚至也很重要……因为自由与个体的多样性只能在一个普遍承认他们价值的社会中才能盛行起来。(同上引:207)。

麦金太尔与重新发现美德的尝试

对麦金太尔(《追寻美德》,1981,1984,第2版;《谁之正义?何种合理性?》,1988)来说,罗尔斯和诺齐克两个人都忽略了对正义(即美德的理念)而言极根本性的东西。麦金太尔认为,现代歪曲了道德语言;实际上,我们被道德话语包围着,但所有的意义融贯性都已消失殆尽,因为人们放弃了对宏大画面的追求转而赞成分析。麦金太尔把以尼采赞成的个人主义、以主体性面目出现的现代性与对古典亚里士多德传统的再读相互对照,得出了自己的结论。对麦金太尔来说,道德语言只有在对人类关怀的整体性系统揭示之中才有意义。我们的现代道德已经成为纯粹的情感主义,成为主体喜好的表达。道德理论已变成了对个人主义和主观愿望的辩护。之所以出现这种情况,部分原因是各种现代理论职能把社会设想成这样一种样子:好像社会是由很多个体构成的,他们的利益先于并独立于他们之间某种道德或社会契约的建立;相反,古希腊人极为强调美德的概念和人的特性,但是,美德只有在一个共同体语境下才有意义。共同体的最早契约是关于人的善和共同体的善的共识:在共同体中,人们确定了他们关于这些善的根本利益。然而,关于现代性的主导哲学传统——自由主义——拒绝一切关于共同福利的思想,但不拒绝那些被认为构成了(非)社会的个人的愿望的简单集合。这种个人主义——尼采激进主体性就是其缩写——被认为是虚无主义的渊源,而这种虚无主义正在逐渐毁灭我们的社会。

在《追寻美德》中,麦金太尔(1984)确认美德的方法是借助于美德的实践功能而不是历史的学究式方法,后者研究的是寻找人性的实质要求的行为

411 对应物。麦金太尔试图回到以美德为基础的亚里士多德伦理学,但不接受亚里士多德的"形而上学的生物学",即不赞同任何实质性的人性理论(存在论)。他没有接受但也没有不同意亚里士多德的自然哲学;相反,麦金太尔用一种相对正式化的方式界定美德:

> 美德是一种获得的人类品质,拥有和运用美德倾向于使人们能够实现内在于实践的善,缺乏美德使人们不能实现任何这类善。(1984:193-4)

更进一步,麦金太尔把实践视为相对动态的现象,它并非在一切时候都有固定不变的目标。实践受到相对明确的活动(方法论)的支撑,但是,这些活动的目标随历史而变化,正如评判实践的品质的标准一样。技术性技巧和制度背景都可能影响实践的历史真实性。但是,这是否意味,只要变得像某种实践的内在要求表达出来的那样好,我们就能够品德高尚?麦金太尔声称,在我们能够称一种行为是善的之前,它也必须符合终极目的,"这种终极目的通过构成人类生活的整体的善而超越了实践的有限的善"。我们需要对人类条件加以总体把握,因为只要内在于实践的美德被孤立地对待,那么,对美德的阐释必然要么对社会来讲是专断的,要么是我们所厌恶的某个实践的内在品质。

麦金太尔的社群主义观念存在的问题是,它看起来是循环论证。道德品

质是通过它们服务于实践的能力来界定的,实践反过来服务于制度目标,制度目标进一步又武断地服务于一个社会的需求。我们需要不同于共同体的社会安排、能够评价需求的品质的标准。是否存在判断不同实践的特殊价值的某种方式？麦金太尔求助于有关传统的思想。美德必须整合到由关于好与最好的探究所提供的关于传统的模式之中。因此,美德不只是个人的问题;美德的概念要求一种传统,这一传统应该已经积累了关于实践的内在的善的经验。

哪些类型的人类安排、行动与相关的制度和技术适宜于人性呢？麦金太尔的答案是,它们要适宜于人们的目的或追求,与进行这一探索的人的传统保持协调。通过把我们定位于传统之中,我们可以把我们自己从道德不确定和虚无主义的恐惧中拯救出来。传统给予我们以存在属性,使我们能够过上具有美德的道德生活。

所有传统都具有同等价值吗？麦金太尔提出的结构提供了融贯性和有意义的生活,但它看起来是相对主义的。我们当然可以从事历史描述,并就生活于印度等级制度中意味着什么、这如何授予一种有关美德和正义的有效意义作出报告,但我们许多人希望说得更多。我们可能规范地陈述说,这种结构中的有美德生活实际上是不公正的。它不赞成某些理念,而我们则认为这些理念对人类的繁荣至关重要。在我们引入或者捍卫一种有关整体生活的终极目的是什么的规范性说明时,麦金太尔的思想体系的融贯性是否能够得以保持呢？麦金太尔的批评者相信,他几乎没有机会解决这一难题。

格沃斯这位新康德主义者认为[1],麦金太尔的美德理论是相对主义的。他不能提供一种理性基础来判断何种类型的行为满足或者违反特定的道德规则。[2] 麦金太尔的结构缺乏实质内容,因此,我们不能在各种传统之间作出评判,它们对善良行为的实质性阐述往往是相互对立的。如果麦金太尔拒绝那种支撑亚里士多德思想的自然形而上学,那么,他在哪里可以寻找一个可靠的立足点呢？以美德的实践功能来评判美德只能给我们提供有关内在融贯性的思想,所以,麦金太尔必须移到他的思想的第二阶段,即人类的终极目标或探求的第二阶段。但是,我们又可能假定任何数目的统一目的图景。

412

---

[1]　艾伦·格沃斯(Alan Gewirth)(1985)渴望把自己归入一种比亚里士多德学派更具道义论色彩的传统之中,他努力创立一种权利自然法,公开宣布它并使它在政治和法律领域得到采纳。

[2]　"当评价一种品德是不是美德的标准并不包括美德要体现或符合道德规则这一要求的时候,就不敢说所声称的美德在道德上是正确的还是错误的。"(格沃斯,1985:752)

例如,能够终止我们的探索使我们能评判希特勒或斯大林品质的"善"准确地讲是什么? 我们不能认可价值的恒定性或目标的单一性来界定这种探索,因为历史上一切类型的人中,我们通常认为邪恶的人都展示了这种品质。麦金太尔把他的概念维系在传统观念上,但是没有确定的标准来裁定,一种传统的各种资源是否导致关于善的真正知识。麦金太尔发问《谁之正义? 何种合理性?》的同时,格沃斯则问:

> 然而哪一种共同体呢? 亚里士多德的完美共同体要求奴役农夫、需要农具;纳粹共同体要求谋杀犹太人和其他人;当代南非白人共同体要求对千百万黑人的压榨,包括经济、人身和政治的压榨。就麦金太尔对法律的道德性的一切支持而言,他对他们"观点和目的"的详述,以及他对道德普适主义并不明晰的评价,使这些对基本权利的侵犯成为可能,由此而使彻底的道德之不确定性成为可能。(1985:758-9)

从康德的视角出发,格沃斯说"(麦金太尔)在使美德成为道德哲学核心的过程中所使用的概念资源,还不足以替代那种从关于权利与义务的道德规则中得出美德内容的更传统观点"。如果麦金太尔似乎不能说服康德主义者,他似乎也不能对尼采主义者产生什么效果。麦金太尔寻求反驳道德主张的情感基础,但他似乎暗示说,归属一种传统将给一个人的道德说教以更大的分量。

麦金太尔的分析背后是恐惧,对存在的孤独以及对尼采遗产的恐惧。尽管《追寻美德》不是一篇论述实质道德原则的论文——它关注有关这些原则的争论的历史与文化语境,它给人留下的印象是:胜利者是尼采而不是亚里士多德。在该书的结尾,麦金太尔能够号召我们去做的一切就是,当社会秩序在我们周围崩溃时,往共同体里撤退——《银翼杀手》已经预见到这一点?

413　社群主义取代正当与善的各自优势的论争

正如桑德尔所说,对康德式自由主义者(如罗尔斯)来讲,正当对善的优先不仅意味着人们不能在共同福利的名义下牺牲个人权利,而且意味着正义原则不能从特定的良好生活中推导出来。这是一条关键性的自由主义原则,依此,不存在单一的、可强加于所有人身上的幸福观。每个人必定有可能发现他所理解的幸福,确定自己的适当目标并努力以自己的方式实现这些目标。

社群主义者认为,人们不可能定义优先于善的正当,这是因为只有通过加入某个确定的福利共同体,我们才能产生"权利是什么"的意识并达成一个有生命力的正义观。在共同体之外,既不存在福利,也不存在权利。这是一个颇具说服力的观点,除了坚持某种先验的宣示者(如上帝,或者关于绝对的人性本质的形而上学)的视角之外,从任何视角来看它都是无法辩驳的。但是,接受这一观点并不强迫我们拒绝把正当优先当成社会制度的主要美德。当成捍卫个人权利的屏障,也不强迫我们回到以共同道德命令为基础的政治之中去。我们的基础可以是更实用主义或者更政治性的基础,罗尔斯已试图朝这个立场上转移了。

罗尔斯能够回应社群主义的批判吗?

罗尔斯并非像社群主义者所相信的那样是容易击倒的对象。自《正义论》出版以来,罗尔斯(1985;1993)已经为他的观点提供了坚实的基础。最初,罗尔斯的新康德主义意味着他在为理性选择寻找一种算法,一个确保他的正义理论的普适性的阿基米德支点。他的问题是要确定:自由的、理性的人将选择哪些正义原则来定义他们的联合体的基本术语。后来他宣布,他只是想为现代民主社会阐明一种正义观念,其出发点是这些社会的成员的共同直觉①。他的目的是揭示我们常识中的潜在观点和原则,因而,他不会宣称自己构建的正义观念具有漠视传统的真理性,他只是提出对我们有效的原则,这些原则是我们的历史、传统和希望以及我们认识自己身份的方式等因素的函项。

因此我们需要更好的模式来表达关于正义的法理学构想与政治推论之间的联系。罗尔斯想要捍卫自由主义的多元主义,它要求幸福的观念和特定生活计划不能由外界强加在个人身上。个人的道德对自由主义而言是一个私人问题,每个人必须能按自己的意愿安排自己的生活。这是良好生活的各个方面中最有价值的观念,而自由主义在这方面的弱点起源于其显而易见的立场:权利的重要性以及正义原则不应该被当成手段这一事实,给某一种具体的幸福观念赋予了特权。然而,很明显,正当对善的优先性只有在一种具备确定的制度的社会类型中才有可能,正当对善的绝对优先性是不可能存在

414

① 也就是要"弥合在现代条件下的民主社会中,关于正义的社会制度形式问题的根本分歧"。(《道德理论中的康德建构主义》,《哲学杂志》,1985年,第77卷,第9期,第225页)

的。这是因为，正如社群主义者合理地断言的那样：只有在一个特定共同体之中，具有权利的个体才能存在，共同体也要通过自己设定的福利来界定自己的。自由主义者似乎必须阐明：寻求正义部分地是积极地为特殊的政治共同体意象工作并在智识上加以捍卫它。如前文(有关密尔的讨论的结论部分)已经提出的那样，尽管一个自由主义的民主政体在个人道德上必定是不可知的，它鼓励多元主义和宽容，但这并不等于说政治之善是不可知的。这不仅肯定了自由与平等的政治原则，而且它维护着某种特定形式的政治存在。只有在珍视权利、多样性和自我完善的政治与社会统治中，权利才有可能优先于不同的道德之善的观念。正义不是一种哲学观念，它是一个存在目标。

第十五章　德沃金与反对除魅的斗争:自由主义法学的阐释性伦理学法律观

公民的忠诚是对法律的忠诚,而不是对任何特定个人对法律是什么的观点的忠诚。(德沃金,《认真对待权利》,1977:214)

(只有)忠于那一诺言的一个原则共同体,才可以主张获得真正连带共同体的权威,因而可以主张道德上的正当性——共同体的集体决定是义务问题而不是赤裸裸的权力。(德沃金,《法律帝国》,1986:214)

法院是法律帝国的首都,法官是帝国的王侯。(同上引:273)

导　论

罗纳德·德沃金(1931年出生于美国马萨诸塞州),是当代英美世界自由主义法理学的最重要代表。① 他的著作明确地整理了富勒和哈特的问题

---

① 德沃金是哈特在牛津大学法理学教授职位的继任者,他把这一职位与他在美国的学术志趣结合了起来。他的观点得到了很多评论家的赞同(如格斯特,1992)和批评。哈特在评论德沃金的早期作品时(1977),说德沃金是一位"高贵的梦想家",后来许多评论家都接受了这一说法。费兹帕特里克(1992)评论说德沃金赋予法律体系和法律实践以体系一性的策略是在编神话:"神话是一种没有(明显)整体化的统一形式,是在明显不一致的情况下维持统一的形式,是一种明显缺席下的到场。"德沃金的智识根源在于自由主义这一美国政治和法律传统,他的论述就是一种强烈的愿望:在20世纪70年代后期在美国占据优势地位的强烈保守主义倾向面前,使自由主义传统得到延续,与此同时也避免激进主义。他的著作一直关注司法性法律解释的性质与司法的功能,他撰文直接反对怀疑主义的方法,更愿意为司法建立一种进步的自我形象——这是一种思想倾向,想形成对法律发展的贡献。在这里,法律发展是与政治道德理论联系在一起的,政治道德在社会层面上和个人层面上约束着法律的发展。对德沃金来说,法律体系是一个巨大的智识和实践结构——它不必然具有逻辑一致性,它包含的原则可能相互冲突,原则、规则、原则与权利的意义也可能会发生冲突——原则是社会主流政治价值的表达。法律原则表达了社会的政治原则与道德原则,因而,当法官从相关先例中提炼原则时。他被要求利用他对他所在的共同体的政治和道德价值的最优理解。德沃金的贡献在于提出了(转下页)

和遗产,他发展了一种解释方法,此解释方法带有一种自觉的政治计划——把公平、正当程序和个人权利的理念当作法制的根本来加以辩护。

德沃金的工作部分是辩护性的——是一种在从 20 世纪 70 年代开始在西方社会盛行的挑战面前复活自由主义法制的努力;部分是激励性的——是一个提供某种"向往的道德"的努力。这种辩护的本质来自于一种背景事实:德沃金从 20 世纪 70 年代以降的著述发展于这样一种语境,随着西方社会的元叙事和制度开始受到质疑,西方社会弥漫着信心危机。在美国,越南战争和水门事件致使许多人对政府的行为失去信任;欺骗和两面派看起来明显战胜了"有原则的民主"。① 由于各种各样的原因,政治变成了民众主义(populist),英国政府和美国政府转向保守;与此同时,学术界的"进步"潮流开始分化。法律理论不能再被认为是简单的"法律哲学",各种思潮都暗示法律应当被放到社会语境之中以得到适当理解,潜藏在下面的法律政治学应该拿到台面上来。法律和经济学运动似乎在提议:幸福、公平和正义等传统观念应该用财富最大化的计算来取代之;批判法学研究正在取代法律现实主义传统,女性主义的声音正在增多。自由主义法治思想需要澄清和再发展以保持智识的可信性。一个核心方法论涉及客观性问题:在实证主义提供的客观主义走向衰落面前,法理学的权威怎样才能得到(重新)确立? 如果哈特的法理学明显地把我们引入了他自己都不能坚持下去的经验计划之中,那么,我们怎样构造一种方法论:它可以捍卫作为体系的法律这样一种思想,同时也不陷入凯尔森接受的概念相对性之中,而且在批判法学运动的怀疑论挑战中能够得以幸存? 如果自由主义法理学简单地忽视所有这些挑战,那么,它能够再向前发展或者保持其融贯性吗? 在讨论德沃金的计划之前,我们将介绍所涉及的问题及其要害。

补说:透明社会的命运?

现代性是启蒙运动确立的;启蒙运动的目标之一是使人类看清真实的事

(接上页)一种具有一致性的理论,它允许法官以自由主义形式来理解他/她自己的道德责任和伦理责任。

① 人们了解更多的信息只会强化这一结论。我们现在了解到,如果不是当时民主党总统候选人理查德·尼克松的两面派手法,越战早在 1968 年就结束了,他支持南越不与约翰逊总统的和平动议合作。

物成为可能。获得一种透明状态使我们能够对社会建构充满信心,使我们变得完全自觉。

现代法理学的主导认识论一直是实证主义。作为认识论,实证主义强调"价值无涉"的观察或分析;它假设了一种独立的分析对象,而且假设适当的方法论可以揭示这种对象。

在很强烈的意义上,法律实证主义是关于透明和社会确定性的哲学。无论是在创立纯粹法律科学的努力中(凯尔森),还是在哈特和奥斯丁的理论中,法律实证主义的拥护者都强调,要在确认法律是什么(这一概念有时得到了详细界定,例如奥斯丁就小心地把他的分析领域界定在"实在法",这通常就被认为是法律)与对法律进行道德评价这进一步的任务之间作出区分。这是描述与评价之间的区分:描述被认为是一件容易的任务,评价被认为是更困难的任务,它是主观的,或者说,它要求我们在主要正义原则问题上达成一致(如功利或者罗尔斯的正义论图式)。

扼要地重述本书的叙述:早期现代性的作家们,如黑格尔、马克思、边沁和约翰·奥斯丁,他们都坚信知识能够告诉人(类)关于他们状况的真理。在约翰·奥斯丁的理论中,伦理、政治经济、实在法和社会进步的信念相互交织在一起。现在,透明之梦妥协了。通向知识之路已经创造了多种视角、多种知识主张,每一种都有各自的假设和观察技术。关于现实的各种意象的繁衍使我们失去了或至少部分地失去了"真实感"。成熟的法律实证主义者,即哈特对此的回应是撤退到日常语言分析中去,建立一种虚构的(他称为"分析的")社会历史,以便为我们当代(以及以后)涉及规范性义务的日常语言确定恰当的位置。因而,法律实证主义需要与现实主义的社会分析划清界限,以保持其(内在)融贯性,它假定常态和"规范"的性质是毫无疑问的。在《法律的概念》里面的反思中,哈特声称(1994,后记)他的基础在认识论上是可靠的。毕竟,他只是在观察和分析他看到的周围的活动,并提出采用局内人视角的必要性——一种"描述性社会学"。但是,后来的评论者认为哈特很明显是在逃避问题;他的工作事实上并不是真正的社会学,或者如哈里斯所说(1980:21),它是"适合火星人的社会学"。

很明显,社会科学不是纯粹描述的问题,它在深层上讲是阐释性科学。也许,20世纪60年代以来社会科学方法论中最根本的变化就是人们明白:解释——阐释学——是不可避免的。世界不会向我们展开它的结构和状况,让我们的理论去简单地复制或"描绘";我们理论的真理不是对现实世界的客

417

观实体的反映①,而是我们的各种解释能力交互作用的结果,因为我们从事着实践事务,生活在这个世界之中,属于这个世界。解释成为现代晚期的新方法论(这一步受到汉斯·乔治·伽达默尔著作的深刻影响,1979);解释出现在一个共同体———一种传统———之中,以一种循环过程前进着,努力以部分理解整体,以部分对整体的贡献来理解各个部分。②

客观性问题怎么样了? 解释又提出了一个解释者的伦理和政治态度这个问题。实证主义———或自然主义范式———可以假设,道德框架对纯粹法律科学而言是多余的,因为从事法律科学更多的是使一个人摆脱道德以获得客观性的问题。任何人都不得允许非纯粹地进入理论构想过程,否则这种反映就是扭曲的。在以实证主义为导向的有组织的现代空间中,政治的地位是什么? 政治被变得"看起来像是纯粹的社会管理"。(瓦格纳,1994:191)实证主义似乎符合法治意识形态所需的中立性、客观性和确定性这一思想,同时也符合立法理性观念所要求的理性的治理工具这一思想。在第二种观念中,法律是社会团体的集权中枢的管理技术。社会团体日益发展的知识使它能够认识自我,换句话说,使权力的行使成为一种理性过程,管理是(至少被假定是)借助于理性和知识的管理,而不是借助于政治选择、没有可靠指引的管理。法律实证主义似乎使实在法这种工具看起来非常明确;如果知识是客观实体的反映,那么,它要么是对假实体的真实反映,并且这就是"法律"的主张不是简单的,就是真实的,要么是对假实体的虚假反映,因而当它实际上不是法律时,宣称者是在为某物主张法律地位。

现代的阐释学摒弃了以追求客观性为目的的超然外在观察者的形而上

① 社会科学中的反射论或镜像论建立在对客观世界的描述基础上,在对这种理论的批评中有影响力的著作,可参见理查德·罗蒂(1979),《哲学与自然之镜》。

② 阐释学是一种实践哲学,这种哲学受到伦理倾向的引导。"我们的视野就是以一个时代和一个社会的民族精神、习惯、共同文化来衡量的伦理学的视野,这一观点最终揭露了科学主义的真实面目,说明它只是有意地把真理简约为单一类型的陈述:一切科学命题都要通过数学和自然科学的方法来加以经验地证实。"[瓦蒂莫(Vattimo),1992:106]人们都是解释性地生活着。解释认为,我们不能逃避我们日常印象的这种柏拉图洞穴处境,逃到某个纯粹的所在,希望在那里可以看到世界的客观实体;相反,以解释的理解来看,我们是在一个朝向某种使命的历史—辩证视野中来寻求真理的。但是,我们怎样才能肯定:如果我们变得完全现代,那一使命将是什么? 也就是说,如果我们完全明白了,没有任何目标被嵌入历史中,那情况又会怎样呢? 我们因而注定转向虚无主义吗? 或者,在相关的讨论中(瓦格纳,1994:第11章),在不融贯的实践中,我们是不是注定变成迷茫的自我? 从某种意义上讲,德沃金的事业就是一种法律实践的元叙事,试图施加秩序,使它们的多样性呈现出一种结构。

学(从柏拉图时代的洞穴隐喻开始,这种形而上学一直是真理探索的根本),转而赞赏虔诚的科学家的形而上学;这位科学家属于某种传统,以该传统的智识资源来开展工作。真理在阐释学方法论中地位是什么? 它不是关于外在观察者企图将其带回非反思的洞穴居民中的自我认识的主张,而是在行为和意义所属的传统中对该行为和意义的表达和解释。

德沃金解释性法理学方法论的目的是什么:是为有目的的实践提供融贯性,还是为后现代创造新的元叙事?

解释转向可能带来虚无主义,引起对作者的下述说法的回应:"你的观点终归只是你的解释,因而我提出我自己的解释时也会心安理得,你不能声称你的解释好于我的解释!"这是否意味着中立性、客观性、普适性和公正性等概念都是冗余之词? 或者,这些概念只会模糊基本问题? 具体地说,知识是权力和政治的问题吗?

虚无主义(尼采主义)的反面是除魅(韦伯)。如前面讨论的那样(本书第十一章),当人们明白世界并没有"客观意义"时,除魅产生了;他认识到,创造"意义的客观性"成为人的任务。另外,意义和"现实"的相互联系是他的责任。除魅引起两种后果:一是我们放弃科学,转而承认,知识赋予我们"真理"等一切主张都是欺骗之言,生活本身是"没有意义的"(消极的虚无主义);二是我们接受挑战,承认社会科学成了一项人类事业。第一种事业导致消极或颓废;第二种事业激发人的责任感。第二种事业——尽管他没有使用这一词语(事实上,他似乎反对这样解释他的方法论①)——是德沃金的事

419

---

① 为了消去对本章的基调和目的可能产生的误解,我们在此指出,德沃金并没有用这里所使用的实用主义术语来谈论他的事业;实际上,对于他的事业确切地处于何种"真理"状态,他也举棋不定。他有时声称是一种"解释性真理",有时似乎也声称是一种理性主义真理,说他的理论适合于"法律的抱负",说它所讲述的是超越法律的"法律的故事"。在德沃金对法律自由主义的辩护方面,他的事业绝对是有价值的。他认为西方法律必须具有经得起政治性批判论证的性质,这一观点沿袭了康德主义传统:把现代性视为一种新的时代,在这个时代中一切社会制度都必须经得起批判性审视。创造原则性法理学和原则性实践这一追求目标是有价值的。但是,他在方法论上把他的事业隔离开来从而拒绝与其他视角的学科之间对话与互动,同时,他对其他学者的特征化描述也过于简单,这未免减弱了其事业的价值,有时他的理论有流于平庸的危险。他把法理学与社会学隔绝开来,这也使他的理论面临着另一危险:在社会上讲未免有不负责任之嫌,在政治上讲未免天真。

业；他努力为法律话语找到一种新的客观性，为法律实践寻求一种新的意义。他以一种特别的伦理虔诚热衷于这一实践，这一事业就是自由主义法学。

近年来，德沃金自觉地把他的事业定义成阐释性法理学，以他自己的话来讲，他认为自己的事业部分地是对下述问题的回答："所有这些被称为法律教科书或法理学的目的是什么？"以及"这些著作（即法理学或成文法的历史）所针对的问题是什么？"①对德沃金而言，（使一个活动有意义的）解释行为要预先假设：每一个待解释的活动都有一个指向它的要点和目的，没有这一预设，人们就不能从事解释。②

在对德沃金产生了较大影响的理论中最易确定的是朗·富勒的法理学。富勒很早就指明了社会科学（它研究人类行为和人类制度）与自然科学之间的区别——社会活动，只有依据它对参与者的意义来加以解释，才能得到理解。③ 德沃金在最广泛的意义上探问法律实践："所有这种实践的要点是什么？目的是什么？如果要回答'我们制定法律的理由是什么'这一问题，我们应当把法律理解成什么？为什么我们要有法律？我们应当如何改变并塑造我们的实践活动以符合这一目的？"④借此，德沃金的解释理论为法律活动提供了目的，但是，这一目的被认为是参与者的活动中已具有的潜在目的。在德沃金的著作中，他实现了背离实证主义的解释转向，同时，看起来也保留了某些实证主义遗产。他越来越自信地声称，他的学说不仅是一种解释，而且它还忠实于材料——它说出了法律的"真理"。我们怎样理解这个说法？

德沃金是康德主义者。（参见本书第六章的讨论）他似乎也是尼采主义的支持者（但他并没有意识到这一点），因为他相信法律观点与政治观点的力量应当被看成是同它的根据的展示不相干的两个问题。⑤（《法律帝国》，1986：100—12）但是，德沃金的方法论——尽管听起来像是现代解释分

420

---

① 演讲，伦敦大学学院（UCL），伦敦，1995。

② 德沃金声称，他所给予我们的一切特征和一切有意拔高的意象"内在于当下的法律之中"。

③ "因而，正是因为法律是一种目的性事业，所以它展示了某些结构上的不变性，法学家能够发现这些结构上的不变性并把它们当成事实上已确立的法律中的一致性。如果他明白把他的理论建立在何种基础上，那么，他就不会那么倾向于把自己看得像那些发现无机界所具有的规律性的科学家了。"（富勒，1969：151）

④ 演讲，伦敦大学学院（UCL），伦敦，1995。

⑤ 这一区分构成了最同情德沃金的著作［即斯蒂文·格斯特（1992）的作品］的基础。格斯特不断使用一种检验方法，即把德沃金的话与我们当前有关法律的道德直觉相对照。格斯特的检验是对直觉的诉求，是与我们的感受能力相"适合"的问题。

析——实际上是以一种康德式的认可为基础的：我们当下的实践（更为准确地说是德沃金对当下法律实践的描绘）具有他的方法论所提出的内在合理性。正如格斯特（1992）所言："德沃金的法律理论，是法律辩论的本质在于对现存社会实践最佳的道德解释。"难道德沃金的理论只不过是其自己的解释并由此而具有规定性吗？德沃金的整个事业是要把他的自由主义理论强加于日益多样化的法律理论领域吗？

为了应对这些批评，德沃金声称他是在提出材料中固有的"真理"。在他最成熟的著作（《法律帝国》：1986）中，德沃金说他使用了一种局内人的法律观点，关注保持对材料的"忠诚"；他的解释将忠实于法律的事业，不会剥去它潜在的意义；正因为它拒绝用外在观察者的观点讨论法律的性质，所以它将不理会怀疑论的批评，更好地表达法律的抱负以便把我们的努力联合起来。批评者的问题很简单：这是法律的抱负，还是德沃金希望法律具有的抱负？另外，我们能够认为法律具有一种占主要地位的目的吗？在法律多元主义成为老生常谈（至少对那些反对单一地研究规范法学的学者来讲是这样）的时代，是否存在某种方式，以这种方式谈论构成现代法的多种实践是可以被允许的（参见科特威尔，《法律社会学》第 2 版，1992），仿佛存在一种独特的共同线索一般？尼采又起了启发作用。他的观点很简单：现代制度和实践有其历史，不存在占主导地位的视角。相反，康德主义传统暗含着，我们一定要像存在一个融贯的潜在合理性那样来研究它们。康德——正如黑格尔（参见第八章）在他之后如此简明地把他的主张表达为"存在的就是合理的"一样——要求现代学者探究日常活动的理性基础，把多样性视为关于某个主题上的变异（以及失败、错误、例外），把主题视为理性的。社会整体的理性结构将能在它有效的相互承认的结构中被发现；只有通过对彼此以及彼此实践的理性价值的相互承认，个体行动者才能获得自觉，但这需要一些能够促成这种承认的观察结构和观察机制。德沃金为现代法制提供了这样一种分析、这样一种观察框架。

在这一事业中，存在认识论的有效性：人类实践是目的性结构，这种目的性结构表达了参与者的观点并且是由许多正在努力实现各种计划的人构成的。不需要哲学家告诉实践者，这些人类实践是什么，实践者有他们自己的自我解释。那些专注于实践/计划的人——德沃金在这里把他自己与哈特区分开来，他说，他所谈论的主要是具有整体性和信念的实践者（相信他事业的人），与仅仅出于习惯或惯例参加实践的人完全相反——试图凭直觉感知要点，从非本质的要素中精炼出要点进而推进实践。因而德沃金能够寻找正确

421

的解释，因为他相信他正在提出参与者已经理解（尽管有点朦胧）的实践要点和目的；而且，他也实现了理论的统一———一种整体论的说明，这部分地已经为不同的实践参与者所假设。法律似乎要论证这种信心；或许更确切地说，存在多种为这一假设提供基础的解读法律的方式。法治这种意识形态是强有力的，德沃金由此开始撰写他最著名的著作——《法律帝国》（参见本书第一章摘录），其构想所研究的是针对我们的法律，他要求我们把法律看成是由人格化的共同体创制的。法制不仅被描画为众多人类事业中的一种，而且是一种主要的事业，更进一步，是一个已经取得了成功的事业。在修辞和结构上，《法律帝国》是纯粹表现主义的。法律包括许诺、信念、整体性以及对真理的追求（我们必须相信对法律与道德问题作出正确回答的可能性，如果不是其即刻可实现性的话），没有什么是不可调和的，冲突（不是矛盾）是固有的，律师在道德上宣誓成为法律的仆人、法庭的官员。法律看起来是一个复杂的人类实践，大部分是由实践者的解释行为构成的，他们通过自我意识的观念、法治或者《法律帝国》的思想指引自己，至少在理想上是如此。

此外，至少在其学术论述中，法律不是互不相连的规则与判决的堆砌，而是在财产权、合同、侵权行为和犯罪等一般分类下组织起来，并进一步在这些分类中围绕所有、约因、相邻原则、过失和犯罪意图等概念组织起来的结构。因而，法治看起来是这样一种观念和概念的领地，它包含有关权利与合法强制的范围的直觉——这些直觉就是：有效的解释融贯策略需要澄清并发展成一个实质的整体。当解释者不断发现参与者或者实践者宣布他们渴望体系性统一与融贯性时，存在着一种主要的实践要点和目的这一假设看起来就是正当的。①

422 法律实践涉及反映、反思、理论阐述与批评、争议和纠纷的解决、研究答案、"发现法律""辩论案件"；总而言之，涉及解释实践的各种项目——表现为深思的、统一的、自我批判的活动。因而，解释事业获得了信心：如果解释提供了法律概念的整体说明，那么，它就能产生对法律的真正理解。尽管整体性可能改变原本作为原则和规则的排列而呈现给思维的材料，但是这种改变被描述为没有曲解或歪曲，因为它恰恰是法律自己工作的结果。

---

① 德沃金将提到法律的志向引述了以前的一些思想，例如：黑尔（Hale）提出的历经许多变故但仍然保持同一航向"远洋轮"的比喻；曼斯费尔德把普通法描述成"自我净化"的法律，还有"相同案件必须相同对待"和"法律的理性不在，则法律不在"等格言。与这一观点相反，查尔斯·桑普福德（Charles Sampford）（《法律的无序》，1989）主张，法律不是一个融贯的体系，法律是一个"法律混战体"，只是法哲学家的规范性著作让它给人一种体系的表象。

法律实证主义的批判与哈特的法律推理理论

德沃金的著作开始于 20 世纪 60 年代后期,以他对哈特《法律的概念》的批判为起点(1967,1975;1977,在《认真对待权利》中又得到了发展;以下对这些文献的参考均引自 1977 年文本)。哈特曾经把他的著作描述为对"法律是什么"这一古老问题的回应,(1961:1)强调"法律是什么"是一个要求事实分析的问题。(同上引:245)德沃金把实证主义主题说成是"平显事实"的法律观,(《法律帝国》第 1 章)认为法律实证主义和自然法理论实际上都是在通过一种共同的方法为"法律是什么"这一问题寻找答案;分析一些平显的事实,这些事实给出的答案现成可得、易于理解。德沃金启发性地问道:这是不是一个充分的或现实的法律意象?① 德沃金使我们转向另一个问题,一个理解"法律"的更专业性的问题,他问道:"律师在法庭上如何向法官辩论,法官如何发现'法律'?"德沃金认为,特别是在"疑难案件"中法官和律师

> 使用的不是作为规则发挥作用的标准,而是作为原则、政策和其他各种准则而发挥作用的标准。(1977:22)

规则理论掩盖了普通法通过先例的发展机制吗? 例如,规则理论充分解释了侵权法中的相邻原则在 Donoghue *v.* Stevenson② 案中的产生过程吗? 或者,阿特金勋爵的演讲是司法创造性的行使吗? 当然,阿特金勋爵(Lord Atkin)通过建设性地发展一条在先前判例中朦胧可见的原则来展示他的判决。 423

---

① 德沃金的批评者[如莫尔斯(Moles),1992]指出,他对先前立场的处理极其表面化,没有花功夫对奥斯丁或自然法学家进行建设性解读,对这些人他都是一笔带过的。

② (1932)AC 562。本案涉及多个先例的冲突,司法机关面临的诱惑是要不要采用一种政策:新产品的制造商高于最终消费者的利益。事实上,首席法官阿特金勋爵发现,在产品的制造商和最终消费者之间存在着一种独立于合同的法律关系。阿特金勋爵注意到,在以前的法官中存在以狭隘的方式作出判决的趋势,因而使人们很难理解原则线索。他明确表示他将以一种对未来的法官更有利的方式来作出判决。他评价了法律与道德信念的关系,以把道德难题或政治难题转变成法律难题的方式作出他的判决(1932:580):"'爱你的邻人'这一(道德)规则在法律中变成'你不得侵害你的邻人';律师的问题'谁是我的邻人?'得到了严格回答。人们必须给予合理注意,避免发生你能够合理地预见的、那些可能会伤害你的邻居的行为或疏忽。那么,在法律中谁是我的邻人呢? 回答似乎是:所谓的邻人是指这样一些人,他们受我的行为的影响如此之紧密和直接,当我把自己的思想指向争议中的行为或疏忽时我们必须认为他们是这样受到影响的。"

如果是这样，那么阿特金勋爵的创造作用就在于他对先前判例的建构性解释，较好地表述和形成了潜在于其中的原则，由此而创制了在以后情景下可以适用的"重要判例"。对德沃金来说，哈特的法律实证主义分析暗示着，在规则之上，在规则穷尽了的地方，没有法律要素限制法官；当法官在法律的模糊区域（相对于法律的核心区域）工作时，他们在进行非法律的（non-legal）自由裁量。在疑难案件中，新法律被创制出来了。法律实证主义向我们展示了一种对司法功能的根本不同的期待（参见格斯特，1992，第7、8章）：（1）静态观点，那是来自平显事实的规则模式，它包括了这一情景，可适用于"机械法学"；或（2）动态观点，其中，法律是一个过程，在理解这一过程时人们必须理解规则是如何与非法律因素相互作用的。这种实证主义观点可以表达为一个等式：规则加上自由裁量等于新规则。但是，这种司法自由裁量超出了法律的界限，并且法律实证主义者（除奥斯丁之外）几乎没有谈及这一过程。

对法律实证主义者而言，法律变化——在立法或普通法中——是一个政治过程①。另外，对法律确定性的断言在一条规则没有被制定出来的场合受到伤害，也就是说，在法律规则的王国里存在着空缺②。

在法律论辩的文法中存在固有的正确答案吗？

也许与德沃金的早期著作相关的最具争议的断言是他的这一主张：法律实践必然要接受对道德和法律难题存在正确答案之思想。德沃金展示了得

---

① 我们在前面已经讨论过（第九章），尽管边沁反对法官创法，但是奥斯丁在两篇讲义中详细讨论了这个问题。奥斯丁的实证主义法学只是一个综合体的组成部分；另一部分是受功利指导的立法科学，或者是为公共利益而立法的科学。司法裁判的质量需要改进，对此奥斯丁似乎一点都不怀疑，他计划中的改进方法是搞清楚一点。法官不能以他受到某些模糊不清的非规则的法律标准的束缚之名忽略对社会利益（公共观点、共同善）的考虑。（奥斯丁，《法理学》，1873：《讲义》，XXXVIII）

② 以禁止车辆进入公园的内部规则为例。当诉诸法院时，以前还没有对内部规则是否禁止溜冰板进入公园作出过判决，实际的法律问题可能关心语言："溜冰板合乎'禁止车辆进入海德公园'这一内部规则的目的吗？"由于这一争议没有得到解决，规则似乎没有涵盖到决定溜冰板的认定问题上来。因而，存在一个法律上的空缺。我们不能简单地说：因为规则没有提到溜冰板，所以它们被允许进入公园。两种观点都不能引用已决判例法，但是两方都可能会问心无愧地说他们是正确的。被告主张它不是法律所禁止的（终究没有一个判例告诉我们它是被禁止的），因而它是受法律许可的。检控官主张它包含在伤害行为中，法律中不存在任何例外，因而它是法律所不允许的。

出此结论的两条路径:(1)第一条路径涉及相对较弱的断言,因为法律的性质涉及处理纠纷和解决纠纷,所以,纠纷的答案一定是合理的这一要求是实践性法律推理的组成部分——如果我们坚持说"它是一个结",那么,法律实践的实践性争端解决性质将是废话(参见德沃金,1977;《罗纳德·德沃金的答复》,载于科亨编,1984)。(2)第二条路径寻找法律与政治论辩的过程与实践中涉及的理性假设。[①]德沃金希望我们仔细思考,对于疑难案件中的法律问题,律师实际上在做什么,他要求我们把他们自己的话语用做起点。法律看起来是不确定的,似乎不存在任何显而易见的法律答案。但是,所涉及的社会实践的各个方面的合理性是什么?举一个常见的例子。当事人已经通知了律师,而且,也许经过了多次书信往来、主张和反主张之后,双方决定在法庭上决出胜负。如果当事人双方的律师扮演严肃的法律官员(也就是说,他们不进行不必要的诉讼),则双方都相信自己一方的观点比另一方更具说服力。换句话说,双方都相信自己的解释是正确的,并确信法律站在自己这一方。双方实际上都相信存在一个答案,并相信这就是法律答案。如果你不相信自己一方是正确的,为什么还走上法庭?也就是说,如果你的观点能够正确地陈述主流的法律观点,那么你的观点将说服法官作出判决,法律正如你所主张的那样。[②]

德沃金认为规则模式不能应付法律实践的论辩性质。它不仅造成了法治思想的疏漏,而且——转述德沃金的话——在把其他人(学院派、公众)当作"法律解释共同体"的成员包括进来这样一种更广泛的意义上讲,它不切合于法律争辩的社会性质。我们可以列举一系列论题:

(1)规则模式误解了自由裁量的性质。自由裁量不是自立的,它是一个过程的组成部分。

> 自由裁量,恰如面包圈中间的那个洞,如果没有周围一圈的限制,它只是一片空白,本身就不存在。所以,它是一个相对的概念。"在什么标

---

① 1995年,德沃金在伦敦大学高级研究院高等法律研究所(IALS London)所作的一次题为《法律和道德问题存在正确答案吗?》的演讲(未发表)中明确地提出了这一主题。

② 显而易见的反例简单地讲就是:如果各方当事人都在赌博怎么办?如果当事人真诚地相信不存在法律答案而是采用了另外一种观点,即"司法责任"的分量和法院的实际结构意味着存在某个判决,如果以某种方式争论他们将胜诉,那么情况又会怎样?存在一个答案——从法律现实主义的角度来看,这一答案是可以(合理地)预测的。预测来自于他们对法律实践的性质的"实践性"理解。德沃金的答复同样简单:那很有可能是法官的惯例,但并不是这种惯例使法律成为理想的惯例的最好典范。

准下的自由裁量"或者"相对于哪一权威的自由裁量",问这些问题总是有意义的。(1977:31)

(2)如果哈特是正确的,那么,法律讨论的整个领域都将是不切题的。法官将不受制于对自由裁量的法律批判,但事实上法官却是这样。在疑难案件中,律师讨论法院的判决,讨论好的或者坏的司法技术。对于法院是否以法律上可接受的方式发展了法律的问题,我们不断作出颇有见地的法律评价。德沃金争论说,法官应当把先前的学院派法学家普遍悔恨的判决当作脆弱的法律,可以被宣布为恶法。(1977:122)另外,我们承认一些判决是一些"错误"。(1977:105)这表明,我们实际上承认了自由裁量是某种内在地对法律起作用的东西,是应该以适当的法律话语使之可以为人们所理解的东西。

(3)如果哈特是正确的,那么,我们就不可能预测疑难案件的结果,但是我们的确预见到了疑难案件的结果。尽管我们可能对上诉法院的判决感到震惊,但是我们仍然能够,并且确实对判决做出了有见地的预测。

(4)如果司法判决的作出是不受限制的自由裁量,那么,我们不得不说法官只是政治家和行政官员。然而我们认为法官不同于政治家或者行政官员,具有特殊作用和特殊艺术,这不需要法官由民主选举产生。德沃金(1977:140—143)争辩说,每一个别的国家都已经演化出了司法功能的宪政实践和司法功能的理论。在美国,就是宪政主义(为保护个人权利必须限制多数人的理论)。在宪政意义上,如果法官是不受任何限制的法律创制者,他们就必须是民主选举产生的;法官不是选举出来的,因而不应当从事新法的创制,他们应当适用现存法律中固有的标准。

(5)如果我们说法官通过行使自由裁量创制法律,那么,我们必须说他们每一次这样做时,都欺骗了诉讼参加人。各方当事人走上法庭,争辩法律问题,法官判决;但是,如果在上诉中法官行使自由裁量并创制法律,他们就是在修改游戏规则,这是很难获得辩护的。法官以这样一种典型的方式说话和做事,这样,当他们做出判决时好像是被要求坚守法律原则,他们通常引用某些情景,在那里这些原则是法律内在的或者是"法律的一般结构"暗含的。法官传递了一种印象:他们感到自己受到了法律标准的约束,而这些法律标准只能通过对既定法律的整体解释才能得到准确确定。

这些观点来自对实践事务的解释。现在我们面临着一个选择。我们可以说所有这些观察可能都很正确,但是它们加在一起并不构成一种融贯的实践,它们实际上是一种不融贯的混战中的融贯性碎片,抵制一切将其整体化的企图。或者,更准确地说,我们可以把这些实践碎片的"语法"解释成存在正确答案的现实证据和法律世界具有封闭性的证据。法律具有使其能够回答所有法律问题的资源。

德沃金早期理论认为司法实践追求基于原则的一致性

德沃金的第一步是区分强自由裁量和弱自由裁量。强自由裁量是指官员不受某个权威确定的、先前存在的标准的约束。弱自由裁量是指当标准不能以机械的方式适用时,就有必要思考和评价在新案件中该标准意味着什么。第二种情况的潜在意思是,在法律中不存在漏洞;弱自由裁量是司法功能的必然组成部分,是可以接受的。它是一种内在的自由裁量,受法律约束,尤其是受每一个疑难案件在法律上都有一个正确答案这一实际情况的限制。*Donoghue v. Stevenson* 案确实有一个正确答案。正确答案要在律师提出的辩论观点和先例所包含的原则中发现。德沃金好像用两种清晰的方法区分规则和原则:

(1)规则以非此即彼的方式发挥作用。规则要么适用,要么不适用;在判决案件时,法官考察事实情景,然后考察规则的范围。原则不以这种非此即彼的方式起作用。原则具有分量的维度,它们可以在不同程度上加以适用。

(2)规则不能相冲突。如果它们相冲突,那么,其中一个规则就是错误的或无效的。原则可能冲突并且确实发生冲突。原则指向不同的考虑,相冲突的特定原则之间的关系取决于特定案件的环境。例如,德沃金承认衡平准则就是能够发生冲突的原则。对原则进行衡量是法律技术的任务,后者要精心计算这些原则对基本制度和有争议的案件的影响。

疑难案件的解决

在德沃金的经典论文《疑难案件》中,他认为法官在确定制定法和先例对有争议案件的适用性时,必须适用"清晰一致的"原则。德沃金假定一个理想的法官,赫拉克勒斯,是"一位具有超人技巧、学识、耐心和聪慧的法官",(1977:105)他完全了解自己的宪法责任。在遭遇疑难案件(如一个宪法案件)时,赫拉克勒斯将建构许多政治学说,它们可以用作正当理由来论证

426

那些与争议直接相关的宪法规则的正当性。如果有两种或者两种以上的政治学说看起来同样合适——因而指向该案互相对立的结果,赫拉克勒斯必须求助于原有的宪法规则、实践和原则,以便为作为整体的宪法构建一个政治学说。成功的学说要把宪法规则展现为一个涵盖公民行为的统一而融贯的规定和规则体,以这样的方式,它可以适合一切宪法规则或者大多数宪法规则。①

同样的过程也在制定法和普通法的适用中发挥着作用。赫拉克勒斯必须"建立一个抽象原则和具体原则相结合的体系,这个体系可以为所有普通法先例提供一种融贯的论证,从而使它们可以得到原则的、宪法的和法规条款的论证"。(1977:116-7)现实的法官应该尽可能地仿效赫拉克勒斯的行为。另外,赫拉克勒斯是那种接受并示范内在于美国制度的政治责任学说的法官之映像。② 这一学说要求法官(1)作出执行现存法律的判决,但是(2)法官作出判决的方式是把法律展现成对内在一致的政治理论的表达。所有法官都遵循这一过程吗? 德沃金明白:不是所有的法官都试图这样,那些试图这样做的法官也不必然获得赫拉克勒斯得出的具有一致性的宪政主义理论。赫拉克勒斯的理论"或多或少地不同于某一法官所发展的理论,这是因为一种宪法理论不仅要求对有关制度性契合的复杂争议做出评判,而且要求关于政治哲学和道德哲学方面的评判"。(1977:117)在复杂的问题上,每一个法官都具有不同的理解、遵循不同的宪法理论。但是,德沃金进一步提出,这些理论和偏好中的某些具有优先性,它们更适合于社会的道德和政治发展的整体融贯性。然而,我们怎样能确定呢? 德沃金提出许多主张,其中两个关

---

① 实际上,德沃金在努力发现构成哈特的承认规则和审判规则实际运作的背景因素。德沃金把下棋比做疑难案件的例子。他问:一位选手经常对他的对手微笑是一个有效的策略,还是违反了规则因而要判定他的对手取胜呢? 这种情景是没有规则涵盖的,官员如何裁判? 德沃金提出:下棋游戏有一个特点,必须尊重裁判的裁决。但是,德沃金问道,裁判怎么知道下棋是一个智识游戏而不是一个冒险的游戏或数字芭蕾舞的展示呢? 裁判忙于各种计算,"自觉的"裁决,这让裁决者不断地解释他的立场和他所从事的活动的意义。"以这种观点来看,他的计算处于哲学思想和他必须阐明其特点的制度事实之间……疑难案件提出……了一个政治理论问题。它问的是在假设棋手赞同丧失权利规则(forfeiture rule)的情况下,怎么做才是公平的。"(1977:104-5)

② "法官像所有的政治官员一样也受到政治责任学说的制约。在最普遍的形式上讲,这种学说认为,政治官员只能做出这样的决定:它们能够在政治理论中得到证成,也能够证成他们将要作出的其他判决。就这种最一般的形式而言,这种学说没有什么害处。但是,即使在这种形式下,这种观点也谴责了一种按罗尔斯的说法被称为直觉主义的政治管理类型。它谴责了制作判决的活动,这种活动孤立地看是正确的,但在一种与其他也被认为具有正确性的判决相一致的有关一般原则和政策的某种广泛理论之中,上述活动就是错误的。"(1977:8)

键的主张是：（1）权利在现代法中发挥着根本性作用；（2）法律发展是一个未竟的事业，它要把社会交往塑造成一个原则共同体的形式。

德沃金权利思想的发展

与古典法律实证主义相比（参见边沁，第八章；奥斯丁，第九章），德沃金提出了下述具有普遍性的主张：在法律实践中，权利的原则保护比政策考虑或对表面上显而易见的规则的坚持更为根本。法律规则和原则表达和保护法律秩序中的权利，因而使个人能够拥有安全的社会空间，使少数人不致成为功利主义计算的牺牲品。法官需要一种法理学，使他们能够清楚地区分以坚持规则、权衡原则和发现权利、遵循不同政策论据为基础的各种论点。① 权利是对抗法院应该作出以政治政策为基础的判决这一主张的最后手段（参见《认真对待权利》，1977，特别是第 6、7、12、13 章）。这是一种规范性主张：在判决案件时，法官应当展现出道德完整性；法官应当努力公平地对待各方，这意味着忠于各方当事人的权利。

法律推理是判决制作的一个特殊形式，其中原则②比规则（因为原则包围了规则结构）、比民主选举出来的立法机关应该追求的政策（或社会的集体目标）更重要；原则③对法律而言是内在的，是由司法发展的。法律应被视为一个无缝之网——原则赋予法律之网一种结构，这种结构以权利保护作为最根本的道德理性④。

总之，德沃金的"权利学说"包括下述八个假设：

---

① 德沃金（1977：82）把这些论点作如下区分："政策论据论证一项政治决定正当性的方式是阐明该项政治决定促进或保护了社会整体的某些集体性目标。例如，支持补贴飞机制造商的论据将论证这种资助会保护国家安全，这是一种政策论据。原则论据论证一项政治决定正当性的方式是说明该决定尊重或维护了某些个人权利或集体权利。支持反对歧视的法令，即少数人享有受到平等尊重和保护的权利，就是一个原则论据。"

② "我之所以把原则称为应该得到遵守的准则，不是因为它将促进或者保证被认为可欲的经济、政治或社会形势，而是因为它是公平、正义或某种其他道德维度的要求。"（1977：22）

③ "原则是描述权利的命题；政策是描述目标的命题。"（1977：90）

④ 权利更重要，因为权利通过政治道德的展现而在一个法律体系中发展起来。在美国，权利来源于宪法，但宪法规定宪法是对其形成之前就已存在的权利的表达。德沃金认为，这同样适用于英国，尽管英国没有成文宪法。如果我们有时间提出具体问题或者案例，我们将考虑支撑法律体系的政治历史。政治历史产生了关于基本权利即政治权利、财产权等思想。这些都是以规则和原则的形式表达出来的，当我们进行法律论辩时，我们已经赋予它们以效力了。

（1）每一个稳定的法律体系都表达了一种占主导地位的政治哲学,正是它给法律体系以融贯性和统一性。

（2）这一哲学表达在法律的价值和传统中,每天都在发展法律和决定案件的实践中被努力实施——它不是一种纯粹学术上的哲学,而是一个职业信念（整体性）的问题。

（3）政治体系也是由法律原则组成的,这些原则表达了该体系主导的政治价值。德沃金承认法律的发展受政策的影响,但是政策是通过立法发挥作用的外部力量。

（4）规则在三个方面区别于原则。

①规则是由立法或者司法创造而形成或废弃的,而原则是慢慢地、有时是不可察觉地出现的,同样,原则的衰落也不易察觉（如 *Donoghue v. Stevenson* 案——德沃金可能说相邻原则是渐渐地出现的,它不是该地该时创造出来的）。原则在日后的案件中得到扩展、提炼、发展、修改或缩小。

②原则具有量的维度,因而它们在任何给定案件中的影响可大可小,而规则的适用方法是非此即彼。

③规则不能冲突。如果存在着明显的冲突,那么其中之一必定是错误的,必须放弃;或者有一个规则是例外,这样一个新规则出现了。相反,原则能够冲突并作出相反的指引。这一问题是司法技术的问题,法官必须权衡它们的相对重要性,权衡哪一个原则在该案中更为重要。

429
（5）即使在法官没有显见的规则可用的场合,法官在裁判案件过程中没有行使也不可能恰当地行使不受控制的自由裁量权。法官在疑难案件中的任务是按照法律体系的更广泛的政治道德来判决案件。在美国法中,这就是要保护该法律体系的基本法律价值。

（6）在疑难案件中,总能找到一个"正确"的法律答案。不管在法律上这种寻找是多么困难,辩论过程的结构暗示说总有一个答案。发现正确答案的任务是在相互作用之中,借助司法技术来考虑规则和原则。一个正确的法律答案会是这样的:它要伸张并保护法律体系的基本价值中明示或暗示的权利。（试问:权利是先于法律体系出现的吗？如果那样的话,那么,权利将胜出并推翻规则——这是不是要把我们带回存在于宪法之前的某种原初权利概念?)①

---

① 格斯特（1992:7）在解决这种对最终根据的探讨时,叙述了德沃金在当哈佛学生时参加的第一次研讨会中直陈的主张:"正如你所知,我的观点是,存在自然的法律权利（ natural legal rights）。"

（7）做出判决并不容易，法官通常不能正确地获得它。能够正确地获得它的唯有具备最高智慧的法官，他理解判例的全部历史，并对某个法律体系的政治价值具有透彻的理解，这就是赫拉克勒斯。不过，赫拉克勒斯只是一个模型：现实的法官对它难以得到正确的理解，德沃金坚定不移地认为赫拉克勒斯是现实主义的，因为他是实际法律推理的最佳解释。

（8）尽管只有赫拉克勒斯才总是能够获得正确答案，但每一个法官都有义务追求正确答案——律师是这同一进程的组成部分。因而，律师可以批评法官错误地理解了法律体系的原则、价值和传统。不仅公正的法官和律师参与进来，普通公民在这里也有发言的空间，这在德沃金讨论公民不服从（参见《认真对待权利》，第 8 章）和不服从法律的权利时表现得尤其明显。

法律是整体性的开放实践：《法律帝国》之梦想

德沃金在他的主要著作（他把它说成是他所有工作的重述）中的方法论主张是"采取内在的、参与者"的观点。（《法律帝国》：14）他把自己成熟阶段的法律理论建立在以下基础上：对法律实证主义的批判，或者如他所说，是对法律是意义平显的事实这一法律实证主义的简单化思想的批判；用解释理论代替法律实证主义理论。同时，他也声称，他对法律的社会理论说明感到不满，他把它称为"外在说明"。他的理论是一种内在说明，它建立了一种以法院为中心的对法律实践的解释，提出了法律是一种论辩的思想。

在这部著作中，德沃金把法律看成是比以往更加具有流变性、更开放的现象。他将对正确答案这一概念的关怀，转变为对作出判决的正确方法的关注。这种策略反映了社会科学方法论上的更广泛转向，这与所谓的后现代学者的转向相似。例如，利奥塔用对"公正地行动"的后现代主义关怀代替了对正义的现代主义追求。（参见《公正的游戏》，1985）不过，德沃金并没有放弃他的康德主义基础，他对实用主义认识论的吸纳显得半心半意。他专注于法律论辩和法律实践的性质，在此他有选择地选取了他最欣赏的四个案例：三个美国判例——19 世纪著名的 *Riggs v. Palmer* 案、1973 年 *Snail Darter* 案和事关种族隔离的 *Brown* 案，再就是英国的 *McLoughlin* 案。在所有这些判例中，德沃金认为，忠于法律"真理"的法官们拒绝了任何政策因素的建议，通过确定真正的法律是什么的努力解决了争议。尽管在每一个判例中存在着不同意见，但对德沃金来说，各种论据都涉及"找法"这一过程。他们不仅要

430

寻找正确答案,而且要寻找正确的"法律答案"。

在 *Riggs v. Palmer* 案(《法律帝国》:15—20)中,纽约上诉法院(1889)被要求考虑埃尔默·帕尔默(Elmer Palmer)用毒药杀害了其祖父的事实是否意味着他无权按照其祖父的遗嘱继承财产。① 他的祖父曾经立下了一份有利于埃尔默的遗嘱,后来再婚了。埃尔默担心祖父会修改遗嘱以有利于其妻子,而不给埃尔默留下任何东西。埃尔默决定投毒杀害其祖父以防止这种结果发生,最后他被控有罪并被判处 10 年监禁。埃尔默能够成为遗产继承人吗? 在制定法中不存在谋杀者不能继承被谋杀者遗产的明确规定。大多数法官认为通常的规则在此不能适用,因为这些规则是按照有关遗嘱的制定法的"字面"含义来操作的。该案件花在讨论解释上的时间和它的实际结果同样引人注目。厄尔法官(Judge Earl)作出了多数判决。他明白,"从字面上分析,如果它们的效力和后果决不能在任何条件下、以任何方法加以限制或修改",那么关于遗嘱后果的制定法和规则"规定把财产给谋杀者"。然而,厄尔法官认定,按照"理性解释"或"衡平建构"理论,不是法律的字面意义而是立法者的意图应当成为重要考虑因素:"一个受益人为了使遗嘱生效而谋杀立遗嘱人,却因该行为而获益,这永远不可能是立法者的意图。"因而,厄尔法官认为:"我们不必……太过受困于法律包含的一般语言";相反,法官应当使用"普通法的根本准则",这些准则是"公共政策所命令的,以一切文明国家都适用普遍法则为基础,在任何地方都不能为制定法所取代"。可适用的准则很清楚:"任何人不得……从他的错误行为中获利。"因此,埃尔默被禁止继承遗产。

格雷法官表示反对,他持另一种不同的宪政立场,认为制定法很明确:"除下文提及的判例以外,书面遗嘱及其任何部分不得废止或修改。"(引自《格雷的判决》:517)因此,他认为法官解释的意义不能与已经明确表述的规则相左:

> 如果我相信判决……可以受具有衡平性质的考虑因素的影响,那么,我应毫不犹豫地主张合乎良心的观点。但是,事情不在良心范围之内。我们受法律的严格规则的约束。(参见《格雷的判决》:515)

德沃金说:"厄尔法官的观点占了上风,吸引其他四个法官站在他的一

---

① *Riggs v. Palmer*,115 N. Y. 506,22 NE 188(1889);《法律帝国》的讨论:15—20;进一步的讨论参见金姆·莱恩·谢佩尔(Kim Lane Schepple),1991:42—77。

边，而格雷法官只找到一个同盟者。"(《法律帝国》：20)然而，尽管德沃金觉得提及以下事实不妥，但是我们还是应该指出，后来许多学者的观点都认为格雷是对的，厄尔法官从事了一种包含未经授权的法律创制行为的"错误解释"。[1]

它是司法造法吗？德沃金很清楚，法官"都赞成他们的判决一定要与法律保持一致。没有法官会否认，如果遗嘱法(恰当地解释)把遗产给埃尔默，那么他们必须命令遗产管理人把遗产交给埃尔默"。法官在制定法意义的理解上产生了分歧，他们关注一个深刻的法律观念。他们在"法律实际上是什么？如果正确地理解，制定法要求的是什么？"这些问题上发生了分歧。(《法律帝国》：16)但是，理解制定法真的很容易吗？格雷法官对此没有疑问。德沃金在该制定法——白纸黑字所载明的法律——与"真正的制定法"之间作了重要区分。[2] 真正的制定法是一种理想主义的构造，是一个比经验意义上的白纸黑字的制定法更深层的实在。德沃金宣称他是从厄尔法官的观点那里得出这种区分的，厄尔法官好像把文本或制定法的"文字"同"制定法"本身看成了两回事。

该案对德沃金的法律实践观来讲是一个基础性文本。因为流行的观点是"在其他地方，法律都尊重下述原则，即任何人不得从其错误行为中获利。因此，遗嘱法应被理解为否认以杀人来获得遗产者的继承权"。(同上引：20)大多数法官通过把这些规则放在更广泛的普通法背景中来反对这些规则，因为普通法具有更大的"分量"，是比规则更有效力的法律。不过，我们也能把这种情形解释成这样一条原则：通常讲，遵守给出某种有效处置的规则，意味着遗嘱必须由法院执行——实际上，在众多法官中不同意多数判决的那位法官就是这样认为的。他认为，他受到这条原则的约束，有义务执行

---

[1] 罗斯科·庞德("欺骗性解释"，1907，转引自谢佩尔，1991：46—47)主张多数人的观点是"司法假设"，法官"把意义放进文本之中，这正如一位魔术师把硬币或其他什么东西放进假人的头发里，然后假装是当场发现并拿出硬币。它基本上是一个立法过程而不是司法过程"。庞德主张，法院必须按实际意义解释制定法，等待立法机关修改法律。

[2] "……法官面前摆放着制定法，他们要从制定法文本中构思出'真正的'制定法，即关于该制定法使不同的人的法律权利产生了何种区别的陈述。文艺评论家需要一种有效的理论或者至少说是一种解释方式才能构造出文本背后所蕴含的'真正的'诗。同样，法官们也需要像立法理论那样的某种东西来处理法律文本。"(《法律帝国》：17)然而，德沃金对文学批评的利用很有限，不能用马克思主义或解构来解释他的理论。

432　　遗嘱。① 德沃金只是顺便谈到了原则冲突问题,但他可以直率地讲,原则经常冲突,大多数法院感到某一条原则比另一原则具有更大的分量。因而,我们发现,一条深深扎根于普通法的原则与下列原则发生了冲突:制定法规则应有效力。这里,问题又要留待赫拉克勒斯所建构的更广泛意义的法律概念中的"适当"和"实质"或者"分量"来解决。②

　　在 *Snail Darter* 案中,最高法院(1978)根据 1973 年《保护濒危物种法令》命令终止一个耗资超过 1 亿美元且将近建成的大坝建筑工程,为的是给河鲈科淡水小鱼提供法律保护。这是"一种长仅 3 英寸的小鱼,既不特别美丽,也无生物学上的价值,同时也谈不上一般生态学上的重要性"。(《法律帝国》:21)德沃金解释说这是对法律的"忠诚"的又一个例证,例证了法官努力"决定在颁布某一特定法律文本时制定了什么法律——此时立法者具有某些类型的信念和目的",且这些信念和目的也为法官所公认。在该案中,大多数法官采用了一种法定解释理论,由此,法官在解释制定法时必须尊重立法意图,保护濒危物种的政策是保护河鲈科淡水小鱼这一意图的背景因素。③

――――――――――

　　① 本杰明·卡多佐在讨论此案时宣布:"存在着这样一条有约束力的原则:处分立遗嘱人财产的遗嘱要符合法律的规定。这一原则,如果被推向逻辑的极端,似乎支持谋杀者的权利。存在一条原则:民事法院不得增加犯罪的痛苦和处罚。这一原则,如果被推向其逻辑极端,似乎又一次支持了他的权利。但是,另一原则与这些原则相对,高于它们且更具一般性,它深深扎根于普遍的正义感中。这条原则就是:任何人不得从自己的不公正中受益或从自己的错误行为中受益。这一原则的逻辑优先于其他原则的逻辑。"(《司法过程的性质》,1921:41;转引自谢佩尔,1991:48)但是,确定这一原则应该怎样具有优越性的机制是什么? 对卡多佐来说,这是"因为不允许罪犯从其犯罪行为中受益所服务的社会利益大于公民权利的保护和强制所服务的社会利益"。但是这没有回答这一问题,因为我们现在需要一个标准来理解各种社会利益的等级。这就是为什么德沃金的整体论阐述中持续的外向运动具有如此大的吸引力的原因。理想地讲,德沃金设想的法官能够阐释他/她对各种利益进行等级排序的原则基础。

　　② 根据另一种解释,法官只是不希望人们从他/她的错误行为中受益,并将使用任何可以利用的策略防止这一情形的发生。在 *Riggs v. Palmer* 案之前,剥夺公权终身理论或许已经包含了这一内容。在 *Riggs v. Palmer* 案判决后仅仅 7 年,人们就开始对它表示怀疑。这时,建构性信托的假说被用来防止谋杀者继承遗产。这时,制定法得到了修改来防止发生这一问题。[参见谢佩尔(1991)的讨论]。

　　③ 后来在该书中,德沃金(《法律帝国》:338-9)说明了这些情景下整体性的要求:"整体性的要求是:对他要执行的每一部制定法,法官都要建构某种正当理由,它要符合该制定法,来源于该制定法,如果可能的话,还应该与其他有效的立法保持一致。这意味着他必须问自己:哪些原则和政策的何种结合为制定法表面的文字提供了最好的说明。因为赫拉克勒斯现在正在论证制定法而不是一套普通法先例,所以,我们对普通法较早的讨论中所确认的特殊(转下页)

Brown 案关系到"平等保护"这一词语的重要作用:问题是,它是否允许为美国黑人建造平等但隔离的学校设施呢? 在该案中,法官被要求考虑宪法和种族平等理论的解释传统。德沃金把法律问题当作政治问题来看待:宪法认可哪一种实质平等理论? 法官根据与实际的平等对待相关的现实社会学证据来考察 *Plessy v. Ferguson* 案这一以前的判例。

433

McLoughlin 案是一个具有多种解释可能性的例子,也是上议院反对上诉法院策略的一个例子。在这里,上诉法院已明确决定区别涵盖有关"政策"根据争议的相关先例。尽管上议院的法官同意再审,但是,他们的判决给出的理由各色各样。然而,德沃金指出:两位上议院法官主张,上诉法院以政策论据作为判决理由是错误的②。德沃金陈述了他们的论据:

> 只有当以前的判例中所采用的道德原则由于某种原因不能照样适用于原告时,先例才应该被认为是可以区别的。(《法律帝国》:28)

如果我们认定,法律是由不同的标准、政策、规则和原则构成的,那么,这些要素是如何联系在一起的呢? 这是一个特定社会的政治价值问题,法官怎样确定它们的不同地位取决于法官个人的政治哲学。

德沃金很清楚他自己认同何种政治价值。他的政治哲学强调权利进路胜过功利主义计算。一个认同功利主义(或福利最大化)的社会可能会在整体福利更大的情况下牺牲少数人的利益,或者在共同体目标的名义下蔑视个人利益。在此情况下,德沃金运用权利思想作为法宝来制约功利主义。(例如,1977:XV)享有权利,使人们能够得到平等对待。③ 个人权利保护是司法的核心功能。

(接上页)限制不再有效:他必须思考政策和原则的正当理由,而且,在某些案件中,何种形式的正当理由更加合适也就成了一个问题。"

② 批判者将会再次说,德沃金正在有选择地理解他的案件。只有斯卡曼勋爵(Lord Scarman)听起来像是一位德沃金主义者。

③ 注意,这是与共产主义者所坚持的平等地对待人民的原则完全不同的。平等地对待人民可能意味着从资源中分配给每个人相同的份额。平等地对待人民,意味着他们享有自尊、自我完善、接受教育等方面的平等权利。它更多的是把人民当作个体看待。对德沃金来讲,个人享有权利,这些权利不能在为社会目标服务的名义下被推翻。

法理学与司法态度

作为法律从业者,律师或者法官从事的是一种道德性事业。法律的论辩性质、法律和法律实践的未竟性质,决定了律师和法官是一个持续过程的组成部分,他们从事其工作的方法至关重要。德沃金认为:

> 法官一般都承认有责任继续而不是放弃已经涉入的法律实践。因而为了适应其信念和本能,法官逐步形成了司法实践中行之有效的理论,它们涉及对他们在法律实践中履行职责的最佳解释。(《法律帝国》:87)

这意味着他们的法理学、他们对法律与法律实践的性质的理解具有至关重要的意义,因为这是他们完成工作所必需的观念和资源。

作为未竟事业的法律:司法的功能与章回小说的创作

434   在《法律帝国》中,德沃金逐步形成了他在解释司法的作用以及现代社会中法律事业的复杂性质等方面的观点。现在,他认为"法律主张是解释性的判断,因而,它们将回顾因素与前瞻因素结合起来了。它们把当代法律实践解释为一种逐步展开的叙事"。(《法律帝国》:225)引人注目的是,在德沃金的事业与现代性是一种工程这一暗含其中的思想两者之间存在着紧密联系。① 德沃金把该过程重新解释成一种个别化过程,是自由主义"原则共同体"的权利和它的创立。现代国家的公民不是纯粹的臣民,他们是享有权利的公民;法律体系打扮他们,调停并赋予了他们在社会团体中的位置。如果没有整体性意象,我们就容易迷失方向——现代性就会误入歧途。

    因而,德沃金可以认为,他的法官模板(即赫拉克勒斯)可以把马克思主义或批判法学的倡导者的工作解读为一种警示。后者把个别的法律或法律学说归结为利益或意识形态,是这些利益或意识形态把每一个别法律或法律

---

① 因此我们可以认为,德沃金是在解释法制和现代性的作用的当前性质——从本质上讲,边沁和奥斯丁的法律实证主义产生了一种实际的效果:把作为社会进步工具的法律置于政治联合的命令之下,其受到政治目标追求的指引,因外在的功利原则而获得稳定性,我们已经失去了对这种过程的信心。

学说纳入法律之中，使之模式化，或者维护它。赫拉克勒斯提醒自己：在法律过程的经验性质之中没有任何因素可以决定成功。也许德沃金共享着后现代的观念，即不可能发现决定人的努力的、巨大而潜在的根本源流，不可能找到什么"自然法"。赫拉克勒斯的任务与此不同：他必须在学说中施加一种秩序——必须使他走过的路有意义，这样，他的事业才能为了未来而得到重新解释并被赋予生命。

法律发展只有通过叙事才能得到理解。为了帮助理解法律解释或司法解释，我们可以运用文学解释做类比。对一部小说的评论涉及几个对象：主题、情节、融贯性、人物创造。德沃金说，法律批评者在考虑法律是什么和法律如何发展时也需要使用同样的标准。区别在于法律评论并不提出任何终结状态，德沃金认为先例理论类似于章回小说建构的情形，即几个作家写一本小说但永远也写不完。第二章的作者的义务是什么？他的义务是写一些与第一章相衔接的东西并添加一些新材料。德沃金提出司法的义务与此类似。我们同样希望今天的法官从100年以前的法官作出的判决那里继续下去。司法必具有连续性。所以，这里的艺术就是在添加新东西与连续性之间创造一种良好的平衡。我们正在讲述我们社会发展的故事——我们的社会在现代性上成长的故事。

在任何阶段都存在两难的局面——总是需要平衡。一个人可以过于信任过去，或者太匆忙地追求某个共同体目标从而损害已建立起来的东西。这里存在着两种诱惑：

（1）因袭主义。（《法律帝国》，第4章）通过适用习惯确立的文本可以发现法律（本质上是通过承认规则发现法律的法律实证主义方法）。尽管因袭主义公正对待过去的政治决定，并确保可预测性，但因袭主义赞赏连续性而犯了过多错误，因而没有什么进步可言。

（2）实用主义。（《法律帝国》，第5章）①通过在共同体目标指引下发现手头案件的正义是什么，人们可以发现法律："除了司法判决外，人们不享有任何权利。考虑所有因素，司法判决从总体上讲最适合共同体，与过去的一切政治决定都无关。"尽管法官感激政策的帮助，但他成了立法者。什么是"正义"？正义显得专断，是各门社会科学中最近时尚的产物。德沃金再

435

---

① 德沃金的批判目标是法律与经济运动，也可能是强调社会利益的法律现实主义运动。

一次争辩说,实用主义完全不符合法律实践的现实情况。① 尽管实用主义提供了灵活性,但是它没有保持对法制的基本核心即权利保护的忠诚。

> 实用主义并不排斥任何改善共同体的理论。但是,它没有认真对待权利。它拒绝其他法律见解接受的东西:人们能享有明确的法律权利,胜过在其他情况下可能是被恰当理解的最好未来的东西。根据实用主义,我们所称的法律权利只是最好未来的奴仆:这些法律权利是我们为那个目的而创造出来的工具,不具有独立约束力或根据。(《法律帝国》:160)

在一个类似于朗·富勒的转变中②,德沃金选择了"作为整体性的法律"的进路:这是最适合"政治共同体"的进路。因此:

> 作为整体性的法律认为法律陈述既不是因袭主义回顾过去的工具性事实报告,也不是法律实用主义展望未来的工具性纲要。它坚持认为,法律的要求是解释性的判断,因而将回顾性和前瞻性的要素结合在一起,它们把当代法律实践解释为正在逐步展开的政治叙事。(《法律帝国》:225)

与"平显事实"理论家相对,德沃金认为法律是以道德理论作为中介的;与实用主义相反,德沃金认为相关的道德理论包含于过去的判例之中。

最后,德沃金的向往的道德是一种愿望,即成为一种原则共同体;整体性是法律的内在道德;他建构的法律体系意象是关于不断沟通的意象——即论辩的意象。③ 其关键在于整体性,这是一种独特的政治美德,乌托邦国家可能不需要它,但它

436

---

① 德沃金认为实用主义比因袭主义更值得尊重,因为它是一种解释性法律理论;我们可以把法律现实主义看成是"有关法律实践的事实,它们以不那么激昂的方式得到了更好的描述"。他承认,法官可能在权利的华丽外衣掩盖下追求着社会目标。因而,法官基本上在决定案件时好像是在支持现有权利一样。一些"实用主义者"指出,如果一些权利被看成受到保障、不容破坏,那么,将可能更好地服务于共同体利益。

② 思考一下朗·富勒(1969)的三个主题:(1)向往的道德认为人类社会和人类制度(包括法律)应当努力争取美德;(2)法制必须具有内在道德,即一些使它成为法律的程序和形式;(3)讲出人类条件的终极真理是不可能的,因此,沟通、讲述意见和叙事、表达事情是法律必须最终创造和捍卫的程序。

③ 他在其解释范围的结构中对允许的话语类型设定了严格的限制,因而他可能比富勒受到的限制更多。

……要求立法者设法使整套法律在道德上融贯；一种审判原则，它引导我们尽可能将法律理解为在道德上是融贯的。(《法律帝国》：176)

整体性与共同体的愿望和个人的职业关怀联系在一起。它要求法官以特定方式分析和解释法律权利：

整体性的审判原则引导法官在确认法律权利和义务时，尽可能以下述假定为依据：法律权利和义务都由一个创制者，即人格化的共同体所创造，其对正义和公平的构成做出前后一致的表达。(《法律帝国》：225)

整体性，即法律的内在道德表明：

……如果法律的命题包括或者来自于为共同体法律实践提供最好的建设性解释的正义、公平、程序性正当过程，那么它们就是正确的。

德沃金让我们摆脱了各种法律实证主义所提供的法律概念(平显事实的意象)。我们不再被引向一种试图以科学而客观的枯燥方法描述法律体系的法律理论(奥斯丁、边沁、凯尔森、哈特)。德沃金要求"建构性解释"。这是不是意味着我们转向了一种新的立场，认为在描述和解释之间没有差异？毫无疑问，人们在"法律是什么"这个问题上不可能是公正的观察者——"作为整体性的法律责难'法律就是法律'观念的旧机制"，但我们也不会接受外在观点，因为作为整体性的法律也责难"更新近的'现实主义'的讥诮言辞"。在法官和律师涉足的解释过程中，法律不断地被创制出来。人们不能为"法律是什么"找到一个准科学的文本。如果法律总是一个解释的问题，那么接下来的问题就是，决定法律的那些人总是处在法律秩序之中。这主要是指法官，但也涉及普人。德沃金提供的法律意象是有关对话的或争论的法律意象，在那里，具有法律知识的人就是否存在权利的问题展开争论。所有人都能够尝试一下，说出在给定情景下正确的法律答案是什么。德沃金说，我们并不总是能得到正确的法律答案，司法技术还不够好，但问题的关键点是论辩，法律是一种论辩的态度。但是，既然存在我们竭力主张的判决结构，那么，这也暗示着我们要发现的法律是存在的。

对德沃金的异议和批判

(1)这也是另一种内在法律观点，它努力从律师和法官的说明中发现法律的意义,允许把这些说明置于社会和历史过程中。更恰当地说,德沃金采用了一种精致的政策,即沉默的对立观点,也就是非哲学的观点。这又把法理学与法律体系的意识形态联系在一起——最终没有什么"客观性"可言,因为我们陷入了给出"最好的建构性解读"的任务之中。

(2)德沃金的理论实际上是规定性的而不是描述性的。这是关于法律和司法裁判应当像什么的理论,而不是关于它实际上是什么的理论。德沃金在回应时声称,他的理论是对法律实践最佳决定的阐述,是对法律实践本质所固有的结构性说明。"最好的建构性解读"的标准是什么?德沃金的政治道德对此做了回答——这样,这种理论是德沃金的法律与社会意象,难道他不是想我们所有的人都共享他的意象吗?

(3)赫拉克勒斯是一个谜,说得坏一点,是一个伪君子。尽管法官有时听起来像是赫拉克勒斯,但是他们只不过掩盖了他们的真实动机罢了。德沃金在做出回应时强调说,赫拉克勒斯是最好实践的榜样。另外,很明显,有些规定在规范性法理学的实践中是有约束力的,法哲学的任务部分在于探问并发现关于在审判中可允许并可欲的决定的标准。在此,我们关注的问题是制作判决的证成性和正当性问题,而不是纯粹地描述它。在这里,我们的所作所为并不像一个外在观察者。

(4)怀疑主义的评论者提出,我们根本就找不到政治与道德价值方面融贯而整体的说明,说这些政治与道德价值支撑着美国这样的社会。怀疑主义者看到的是非融贯性和矛盾,看不到相冲突的原则可以在"最好的建构性解读"下调和起来。

(5)如果对融贯的政治道德叙事的追求所得出的是法官不能接受的道德,那会怎样呢?难道种族隔离立法是真正的法律,是共同体政治道德的表达,因而法官应该把它引用到新的判决中去?

(6)从德沃金的工作得出的暗示是,我们要求实际的经验研究能够确定,有关法律实践和"法律共同体"的现实、"解释共同体的结构和环境"的社会学说明是否能被揭示,集体性职业法律解释是不是在实际中发生了?如果发生了,什么使它们成为可能?正如科特维尔所说:

> 德沃金泛泛地说共同体是法律的基础,共同体如何能被概念化。但德沃金从来没有分析在何种实际的社会条件下,一个共同体能够存在,或者说,当共同体这个概念与实际社会生活方式联系起来时,它意味着什么;他也从来没有分析过,在哪些具体的政治与社会环境下,把法律

看作共同体价值的表达是有益处的。

科特维尔（1989：172-81）的怀疑是，德沃金对法律实践整体性的辩护之所以奏效，只是因为他把"内在的"视角（即法律实践者的说明）与"外在的"视角（例如社会学的说明）严格区分开了。然而，德沃金小心翼翼地把他的学说封闭起来，这实际上并不奏效。这一点我们现在就要加以说明。

再论解释：德沃金是一位解释帝国主义者吗

> （有一个英国人）被人告知世界安放在一头大象身上，这头大象又安放在海龟身上，于是他问："海龟安放在什么上面呢？"——"另一只海龟"——"那只海龟呢？"——"呃，阁下，在那之后，依次是海龟安放在海龟身上。"［克利福德·格尔兹（Clifford Geertz）：《文化的解释》，1973：29］ <!-- 438 -->

德沃金被公认是当代法律实证主义的温和批评者。他把法律实证主义界定为一种把法律实践的知识建立在"平显事实"法律观上的法理学，他所陈述的立场是把实证主义抛在一边，转而倡导建构性解释。然而，是什么为他的事业提供了基础呢？

德沃金的事业是以一种严格的区分为基础的，这种区分存在于命题的根据和它们的力量之间。他的主张很简单：先前的法学理论强调法律或命题的根据，它们因为这些根据而主张自己是法律——与此同时，它们却忽略了在提出以下主张时所涉及的（道德的、政治的）力量，即这样一个命题是法律世界的有效部分，应当加以适用。①

这种区分非常有趣。求助于这种力量又有什么基础呢？或者，用另一方式讲，激发这种力量的力量是什么？在我们的脑海里出现了两种解读：（1）康德的理性传统；或（2）对尼采修辞学的求助。

前者要追溯到这样一种直觉和论据的传统：那些因正确而"打动"你的命题或多或少都受益于这一事实。在康德主义传统中，我们的出发点是两个假设。第一个假设是，在我们从事一项活动（例如数学）所必需的社会信念或者信仰模式之中，存在着内在的合理性。第二个假设是，我们承认我们的理性自我的基础。这两个假设结合起来就产生了一个结果，即我们相信我们

---

① "法律哲学是……通常是有所偏向的法律理论：它们主要关心法律的依据，几乎不谈及法律的力量。"（《法律帝国》：111）

的理性本质可以控制我们的主体性。换句话说，我们的理性内核制约着我们的主体性。我们理性的普遍性使我们相信人类有能力从（我们的社会）差别中创造具有普遍性的制度（例如法制工程），有能力找到潜藏于差别下的普遍性。在《法律帝国》中，德沃金以各种形式重复了这一主题。不过，康德主义者依赖于唯理主义形而上学，依赖于我们认为谈论"法上之法"、谈论纯化自身的法律是有意义的。这是因为，我们需要把纯粹法的"本体的形而上学事实"作为努力实现的目标，我们需要一种理想的现象，现实的实践所展示的只是它晦暗不明的意象。现在，德沃金借用了这种信念结构，但否认他的图式需要它，因为这样做将会使他自己遭到外在怀疑论者的挑战。

那么，德沃金是不是加入了尼采的阵营追求权力意志？他是否创造了一种自由主义法制的解释，使那种其基础实际上符合我们的（自由主义）直觉和主观感情的自由主义法制系统重新获得了活力？人们很容易相信是这样的……即解读《法律帝国》就会附和一位像尼采主义者一样写作的人——一位虔诚的自由尼采主义者，他决意要创造一种具有极大诱惑力的解释性自由主义法制观念，以此来反对虚无主义，击败法律除魅的企图。好像是要重复尼采的用语，"真实世界变成了一个寓言"，德沃金用章回小说来描述法律的发展![①] 而且，接受该理论就会产生该理论刻意想发展的实践！这是完完全全的实用主义（这里使用该词没有任何诽谤意义）。只不过德沃金没有这样说罢了，他拒绝成为新尼采主义者。他宣称他是在显示法律的实际面目——那么，难道说，德沃金实际上是一位实证主义者？

许多评论家相信，德沃金想要汲取实证主义和解释两者之长。他想要实证主义所追求的确定性，同时他也欣赏解释提供的建构自由。对德沃金来讲，问题在于，"解释转向"通常被用来暗示我们必须放弃对某些普遍性法律观念的接受（传统上讲，这些观念是那些力图回答"法律是什么"这一问题的

---

① 在《偶像的黄昏》中，尼采说明了"真实的世界"如何变成了"寓言"。在经历从柏拉图的理念世界到基督教创造的世界、康德的先验论、不可知论的假定这一漫长的历程之后，在"现实"之下存在一种绝对真实的结构，它能够用作认识论的确定性渊源以及道德规范的渊源，这样一种理念演变成了消解的观念。真实的世界变成了我们的叙事、我们的解释和我们的视角方面的事情，没有任何唯一的方法证明真实世界的结构。但是，随着真实世界的消失，表面的世界也必定受到怀疑。我们有什么权利相信这些参与者给予我们的日常故事、语言用法和实践观点呢？（注意：哈特和德沃金两个人都恰当地做到了这一点。）我们要么忠实于我们的预设，宣布这是我们的方法论和"数据"的实用主义结果，要么尝试掩盖问题，希望用我们的叙事的力量赢得听众。

人们所孜孜以求的)。正如伽达默尔所说:"就我们历史经验的有限性而论,看起来,唯一正确的解释这整个观念就显得有些荒谬。"(1975:107;同时参见杜兹纳等人,1992,其中批判性地讨论了德沃金解释观的弱点。)①阐释学要求对现实世界不同生活方式有高度敏感,它求助于历史分析和文化相对性——因而,"法律"成了一个散漫的词,只有在具体情形下才有意义,而具体情形只有通过历史分析才可认识。

相反,"存在一个正确的解释"这一想法深深浸润在德沃金的事业之中。而且,"德沃金以去除实证主义所主张的非道德法律认识论为起点,提出了一种法律理论——法律实践表达了根本性的公共道德。德沃金要求法律从业者(例如律师和法官)采用外向推理,把他们的考虑置于社会的整体观念之中。他明确地说,法律理论必须适合于它所解释的社会。如果一种法律理论企图适合于一切社会,那么,它所具有的一般性水平将使它毫无意义。(《法律理论与感觉问题》,1987:14-5;《法律帝国》:102-3)在寻找正确答案的指导原则的过程中,法官构建了建基于该社会的法律和政治结构之上的法律理论。如果这样,任何国家都很可能具有融贯的政治道德和社会叙事——纳粹肯定也有。与德沃金的全部自由主义的初衷相反,对于任何一种特定的传统价值,他的理论都可以与之适应,并可以为之辩护。所以,纳粹的法律不仅被确认为有效的法律,而且还具有特别强大的道德力量。难道不是这样吗?难道说,如果人们处在纳粹解释共同体中,这些法律就具有了强大的吸引力,并且……也要求付诸实施?它们过去正是这样……而且往往理直气壮。

再进一步讲,传统法律理论的基础通常可以在它们的分析对象中找到——即使该对象是通过某种信仰行为而显现出来的,如奥古斯丁;或者是

440

———————

① 专家可能质疑这种对解释过于简单的评论。现代阐释学接受了解释转向的后果,即解释在以一种不可避免的循环运动着。权威最终存在于解释传统之中,存在于说明该传统的参加者与他们生活的世界之间的相互关系的意义的能力之中。正如伽达默尔——他被认为是现代阐释学的奠基人——一直主张的那样,"传统阐释学"试图限定解释的范围。它是一种理解理论,这种理论涉及客观主义和旨在领会意义的客观意义的心理学主张。其目的在于说出某一活动的参与者的真实意图,例如解释《圣经》就是基督传统的根本活动。因此,它需要一种隐含的或明确的"先于解释的客体"的思想,这一客体是纯粹的,独立于解释而存在。奥古斯丁或许已经看到,他的作用是解释上帝意志与人类意志之间的关系,因而,法律的意义是对上帝创造物的意义的更广泛解释的组成部分。现代阐释学失去了一种广泛的哲学洞察的自我确定性,它的倡导者并不声称他们的主张具有绝对性,在历史的人的条件下,他们必须承认一切知识都有局限性。

通过某个规定性的定义而显现出来的，例如约翰·奥斯丁，他把实在法定义成以制裁为后盾并受到习惯性服从的主权命令。相反，解释放弃了某种固定对象的确定性，人们的观察只不过是对该对象或者更清楚或者更模糊的反映；解释不再坚持固定对象的确定性，以不那么可靠的行为领域的互动以及解释者属于某种解释传统这种属性取而代之。人们甚至会承认解释具有受传统约束的性质，这一事实需要人们承认以下观念：可能存在其他解释模式。一个人的传统不能包含整体——整体仍旧是一个谜。

解释必然涉及确定性的丧失，这是解释伦理学固有之义。实证主义强调确定性，并且由于偏爱描述性分析而预先假定法律是一个已经确定的对象，人们可以相对容易地确认它。德沃金（太简单化地）认为，同样的过程也发生在自然法那里，他宣称并且也很确信：实证主义法和自然法两者都能够设想法律的本质，借助于法律的本质它们可以弥合理论上的分歧，因此就可以塑造法律实践。如果在法律本质问题上达成一致，那么此种本质可能成为一个试金石。用这块试金石，律师们关于在特定案件中法律是什么的争论就可以迎刃而解了；同时，也有了一个普遍标准，他们可以向它求助，它也使他们的争议有意义。

然而，假如根本不存在这种抽象的本质，假如分歧在于是这种还是那种目的理论最好地解释并统一了过去的判决，那么，关于法律是什么的争论似乎是内在地不可解决的了。此时，它们就开始不那么像是律师们的争议，倒更像是文学批评家们在辩论一部小说最具阐明力的观点时所发生的争论，德沃金自己也提到这一点。因为很明显，在整体性方面根本不存在什么正确答案，被认为是学术争论的东西实际上是彼此无法比较的视角间的政治冲突。

不过，德沃金让我们相信，解释转向不会产生任何上述后果。相对主义的第一个推论看起来同德沃金所坚持的权利在法律实践中具有基础性地位这一主张正好相反——那么是什么赋予了权利以基础性地位呢？是权利还是解释转向？德沃金认为，解释不会导致观点的评价标准丧失，因为"相竞争的解释都指向同样的对象或者同样的解释事件"。（《法律帝国》：46）德沃金一直声称，解释者不可能创造一种习惯，不可能创造一件艺术品，不可能创造他所想要的东西，因为"历史、习惯的形式者或对象限定了其解释的范围"。（《法律帝国》：52）这就是解释性忠诚的伦理学，一种解释必须适合于解释对象。它不必适合于对象的所有方面（因为解释具有革新的潜在可能），"但是它必须具备足够的适合程度，使解释者自己能够感到自己是在解释那种习惯，而不是在创造一种新的习惯"。（《法律帝国》：66）若真如此，那么解释者之间的争论就是有意义的,因为这些争论是有关于解释同一对象的最好方式的争论。对象是理论有效性的试金石。

但是,这又引起了第一序列的关怀:要么说"对象"具有一种独立的有效性,我们承认有可能发现对象的真理;要么我们还必须面对一个事实:解释转向意味着,除了借助于对习惯而言内在的标准之外没有任何评价习惯的方法。如果这样,那么就存在着一种危险,即我们陷入了一个共同体所明示的自我观念的圈子之中,我们没有先验的本质或者其他立足点借以摆脱对某种传统的给定规范无批判的接纳。回头看纳粹法律,除非我们相信纳粹制定的法律是错的。也就是说,在该特定制度中发现一些原则和习俗,它们能够提供与纳粹意识形态相对立的根据,那么,法官就不得不努力工作,使纳粹法典更好,把它的志向引向更高水平。但是,在说过理论必须针对一个特定的社会才能具有意义之后,德沃金的所作所为似乎表明情况并非如此,他使适合标准成了评价解释的价值众多标准中的一种,适合标准不是唯一的标准。他提出了另一种标准,即解释在何种程度上使对象"成为它所属的那种形式或类型中最可能提出的例子"。(《法律帝国》:52)除此之外,"所有的解释都力求完美地理解对象,就像某种假定的事业的场合那样"。(《法律帝国》:53)因此,最好的解释,即对"法律是什么"的正确答案就是使对象——这种"法律"的特质——尽可能好的解释。但是,德沃金如何才能够祈求这种独立而理想的对象具有可靠性呢?它是一种康德的先验,还是尼采的修辞性隐喻?

德沃金使用这些步骤限制解释者的自由。第一,对象的经验特点限定了那些可以归属于它的价值。暴政不可能被伪装成理想的政治秩序,但是,可以对暴政进行解释,使这种秩序接近于暴政的牺牲所能容忍的最大限度——也就是说,把那些缺乏基本形式合理要素(一般性、可预测性等)的官方行动宣布为与政体不一致的行为。因此,解释就使某种习惯变成了实际生活的最好榜样。然而,第二,对象的跨文化的理想性质限定了可归于它的价值,或者它对"最好"的含义实施了限制。假如对象是它所属的那种东西,那么,最好就是最好的对象本身。因而,回到黑格尔那里,也许政体的理想不同于家庭的理想,因而对政治上的专制主义的解释必须受前一种理想的指导,而不能受后一种理想的指导。相应地,如果已发现的对象是理论的试金石,那么,这就不仅仅涉及对给定之物(具体习惯的历史幻想)的吸纳,这是因为,对象的真理转而就是理想的性质,在它看来,解释者把对象解释为或多或少的充分近似。(在 *Riggs v. Palmer* 案中,厄尔法官给予我们的法律惯例的形式比格雷

442

法官要好一些。)另外,这种解释是解释性的而不是恣意的建构主义性的,因为它受对象的历史和风格的限制。因此,德沃金说:解释"是对象与目的的相互作用问题"。(《法律帝国》:52)但是,在德沃金声称对象的可靠性之后不久,他的解释图式的实际阶段就毁损了这种可靠性的基础。

德沃金的解释共同体

让我们回到基本的问题:德沃金从实证主义框架转移到阐释性或解释性框架上来,并试图借此改造哈特的遗产。不过,德沃金希望避免相对性,他为此而坚持习俗的目标或目的理念,即习俗的目标或目的独立于习俗的规则和结构。他的起点是假定存在一种"解释性态度",而"解释性态度"又以待解释的习俗具有一种价值为前提条件:"它服务于某种利益或目的,或强化某一原则——简言之,它具有某种要领——那可以独立地说成是在描述着构成该习俗的规则。"解释性态度在德沃金后续工作中似乎至关重要,它为德沃金的乐观主义提供了依据。他的乐观主义就是,法律理论(它使习俗的要领和目的更加明晰)可以产生实践上的变化,因为解释性态度涉及这样一种思想:只要习俗对它的要领具有敏感性,那么习俗的要求就会发生变化。社会习惯的意义不是不言自明的,而是必须要不断加以解释,也正在依解释而发生变化:"现在,人们试图对这一制度赋予一种意义,亦即按其最佳的含义去理解它,然后再据此重构它。"(《法律帝国》:47)

法官、律师和学术评论者都涉足了解释活动。关键的要求是建构性解释。"建构性解释就是给某个对象或习惯强加一个目的,以此把这种对象或实践描述成为它所属的那种形式或类型的最可能的例子。"(《法律帝国》:52)解释活动不是自立的,而是某种传统或某个共同体的组成部分,并具有革新主义倾向。

德沃金提出了解释的三个阶段:(1)前解释阶段,在这一阶段,习惯被确定下来。(2)解释阶段,解释者对习惯为什么值得存续下来逐渐得到一个一般性正当理由。(3)后解释阶段,以改革为特征,在此阶段,习惯会依据解释阶段确立的正当理由的要求而得到调整。这具有反思性或者自我参照性,因为正当理由来自于习惯,它反过来又为习惯提供知识或者塑造习惯的发展。

由此,德沃金把法律描述成一种解释惯例,这种惯例是建立在对于"法律是关于什么的"这一问题的共识基础之上的。在这样一种普遍共识的范围内,对于"该惯例的组成部分是关于什么的"这一问题将产生经验上和理论上的争论,但不会破坏它的整体运作。

这里有一个显而易见的问题:在当代,对于"法律是关于什么的"这一问
题存在多种观点,马克思主义者或批判法学家与自由主义的回答极为不同;
因而,在"法律是什么"这个问题上是否存在充足的实际共识,可以保证一种
更高程度的稳定性存在于制度之内? 或者说,像德沃金的叙事这样的元叙事
是否也只不过是一种解释,尽管它是一种可以很好地取悦自由主义情感的解
释? 德沃金竭力保持对他的解释图式的自信,为此他主张他的解释图式符合
我们习惯的性质,并使怀疑主义的声音安静下来。为了说明这种努力并不完
全成功,我们有必要更详细地考察解释的前两个阶段。

(1)第一个阶段是"前解释阶段",或"为习惯提供暂时内容的规则和标
准"的阶段。(《法律帝国》:65-6 注释 1)前解释阶段的对象的历史形式——
法律实践和从业者的话语——是要限制解释,发挥的作用是要把这一过程确
认为一种解释过程而不是一种创造过程。在此,解释的自相矛盾开始出
现①,因为如果该活动要完成这一功能,那么它必须以价值无涉(即非解释
性)的方式加以区分,否则,对象的定义本身就成了一种需要无限有效证明的
解释。但是,德沃金承认价值无涉的定义——"平显事实"之观点——是不
可能的。这实际上就是确认法律隐含地浸润在理论之中并颇受争议,因为
"社会规则没有贴着供确认的标签"。(《法律帝国》:66)

以哈特的下国际象棋为例。一个外在观察者不仅不能在不了解规则的
情况下理解每一步棋的意义,而且,他/她在没有学会玩游戏的传统、没有被
告知这是国际象棋的情况下也不会懂得该游戏是一场游戏,并且确实是国际
象棋。蕴涵了规则的分类并不是它们自己的分类,而是依照人的某种利益和
人的某种解释传统强加于规则之上的。解释改变了对象、塑造了对象,我们
不可能按对象(法律)原本存在的样子发现它。因此,实际上根本不存在前
解释阶段(德沃金也承认这一点,他把这个短语放进了引号之中)。这意味
着,归根结底,限制解释的不是对象,而是某种传统就"对象是什么"这个问
题达成的"共识"——这就是德沃金所称的"解释共同体",这种共识可能存
在,也可能并不存在。(《法律帝国》:66-8)另外,这种由共识界定的对象所
施加的限制,被翻译成解释与习惯之间相适合的要求。不过,要评价某个良

---

①　解释的悖论涉及下列问题,它们可以被表述为相对立的命题:(1)如果没有先前确立的
事实,人们的解释就无从开始;(2)没有解释就没有事实。这个悖论是尼采指出的:"实证主义
驻足于现象面前并声称:'只有事实、别无其他。'恰恰相反,我要说:不,事实恰恰是所缺乏的东
西,存在的东西是由解释构成的。"(《权利意志》,第 481 段)

444

好的适合,解释者必须具备"前解释"意识,要把握该习惯的典型特征或本质特征,这些特征是"任何合理的解释都必须是适当的"。(《法律帝国》:72)同样,习惯也不能自动宣布其本质特征,因此这些特征也将是一种直觉和信念的问题,它们也是解释性的,除非我们采取康德主义的路线。不仅对象的定义,而且良好适合的观念,都隐含地是以理论为中介的。这里的问题——至少对德沃金的批评者来讲是如此——是他拒绝(就解释共同体的共识的性质问题)分析他所要求的假设性共识得以产生的条件;与哈特一样,德沃金最终假设日常生活是毫无疑问的。①

(2)在第二阶段,或者解释阶段,先前定义的习惯被整合在一种完全自觉的目的理论之中。解释的目的是使对象——例如,特定领域的法律发展——尽可能地接近于它的理想的性质,这检验起来似乎很简单:"(法官,或者理论家的)理论使对象尽可能地完善了吗?"但是,因为差异化的对象(即意在限制解释的独立对象)实际上只是一系列的解释惯例,所以,浸润着价值的解释必然把解释者自己的观点(即关于什么能最好地揭示它的观点)强加于对象之上。(《法律帝国》:67、87)德沃金承认,解释之中的实质差别——共同体内部的内在分歧——既是可能的,也是可欲的(《法律帝国》:88),但对解释者的有效束缚在于有价值的目的与习惯的典型特征之间要良好地适合这种要求。不过,这一点能发挥作用的条件是,对典型特征的确认以及人的良好适合的观念这两者都在概念上不依赖于有关习惯的要领的假设。(《法律帝国》:67-8)它们不得预设该假设,也不能根据假设而加以调整,这是因为,如果那样,它们就起不到限制的作用。然而,因为典型特征的选择、适合的评价以及目的的表达都是解释性的——因为它们属于同一解释思想的范围,所以,在这些工作之间不可能存在显著的区别。德沃金依靠"心理上的"限制——智识良心的要求——呼吁解释者把他关于共识的判断与他关于何种目标赋予习惯以最大价值的判断区别开来。(《法律帝国》:234-5)

这种良心或道德束缚希望成功的条件是,一个人是解释共同体的成员:(1)解释者被要求选择习惯的典型特征,但是这种选择是解释性,而且,在某种直觉层面上,它以某种使该习惯具有活力的目的理论为前提条件。然

---

① 在德沃金对他的"解释共同体"思想的描述中(《法律帝国》:66),很明显的是:"如果解释的态度要想富有成果的话,需要大量的共识——也许解释共同体通常被说成是在这个阶段需要合意。因而,我们可以在我们的分析中从这一阶段进行抽象,这要借助于假定它所产生的分类被视为日常的反映和论据。"

而，在各个解释阶段之间不存在什么清楚的或者本体论上有根据的区别，来强迫道德选择面对"现实"，这样对操纵先例或其他论据（例如，解读制定法）而产生的道德上的不安失去了意义。（《法律帝国》：235）（2）一个人所采用的适合标准，就像他的目的理论一样，体现了有关是什么赋予习惯以价值的判断。德沃金承认，在一个人要求何种程度的、整体的审美观与其哪些目的最能使习惯更显尊贵的实质信仰之间，往往会发生难以取舍的情形。

445

　　结果，正确解释与错误解释（或创造）之间的区分消失了：它们都只不过是创造。为了避免这种结果，德沃金提供了一种对忠诚的辩护（从而也提供了对解释争议的理性解决之可能性），用解释性共识的思想代替了独立对象。为了避免解释相对主义，德沃金假设，在解释共同体产生之前必定存在着关于法律是什么的先在的共识；他从解释共同体当前的事实再退一步往后论证某种先在的共识命题，在它的基础上解释共同体才能发展起来。

　　要维护这种共识，怀疑论者一定要被遏制。从关于法律的本质问题的各种来源得来的信息太多，将会毁掉解释共同体维持这种共识的能力。其敌人是"外在怀疑主义"。（《法律帝国》：78）外在怀疑主义认为德沃金关于以价值为导向的解释的主张必然会有失偏颇，因为这种解释缺乏能够使它有效的独立对象，因此怀疑主义者要求德沃金缩小其主张的范围。怀疑论者可能同解释性现实主义者一样充满激情地坚持解释假设并力图为它们辩护。不过，他将不会辩护说它们是关于对象的真正理解，他会辩护说它们是一些合乎其所要努力说服的人们的审美情绪和道德情绪的推论。由于这些情绪在独立的现实中同样都没有根据，所以，它们自然就与求助于它们的解释主张一样是多种多样的。因此，解释只可能流行或不流行；永远也不能说它是正确的，甚至也不能说一个比另一个更好，除非以它背后的、用作接受标准的明确的政治目的来衡量。①

---

　　① 德沃金对付怀疑论者的方法，是几乎承认他的认识论假设同时却消除他的锋芒。他争辩说，怀疑论者没有反对他的理论的力量，因为他并没有主张阐释学的法律概念具有怀疑论者所否认的"奇异的"客观性。（《法律帝国》：81）相反，怀疑论者丧失了绝对审慎的希望，德沃金宣称的客观性是与道德陈述相伴随的对客观性的主观信仰，但是这些道德陈述不同于关于口味的报告。德沃金认为，"奴隶制度是错误的"这一陈述和"朗姆酒和葡萄干冰淇淋是好的"这一陈述之间的差别在于：在前一情况下，说话者意在提出一个命题，他相信这一命题的有效性不依赖于个人，而不是只对需要某类利益的人们才有效。他争辩说，对道德陈述的客观性的进一步主张只不过是加强了对他的信仰的强调。它只是这种哲学冗余意义上的客观性，德沃金现在告诉我们他要求一种最好的法律解释理论。

在反对"外在怀疑主义"的过程中,德沃金求助于我们的真诚感,拒斥怀疑论者的话语,说它是"可笑的""浪费的""混乱的""不得要领的"。(《法律帝国》:85—6)怀疑论者直接把我们的注意力从该计划中引开,德沃金更愿意把外在怀疑论者转变为内在的怀疑论者,把怀疑主义的言论转换成关于阐释学范围的讨论而不是法律的经验。我们可以在"平静的哲学的心境中"解读怀疑论者。①

德沃金的解释本身必须毫无疑问地假定一个正确答案的存在。因此,那些他承认与他的理论相关的论据,只是那些不能挑战他的理论的论据,因为它们认为它的真理是理所当然的。因此,武断地平息反对者,只会使理论变得武断,变成基于利益的解释的面具。

这种对德沃金的批评可以用以下方式加以总结:他通过使用解释共同体这一概念,把法律的基础建立在对法律实践的最好解释上。在这个过程中,德沃金只是把这一共同体隔绝起来,使它避免与那些除自由主义视角之外的各种视角发生更广泛的交锋,这样来维持他的计划的"真理性"。德沃金一直没有能欣赏"其他人的"关怀,例如批判法律研究运动、女性主义运动或种族批判学者的关怀,因为他的解释共同体所包含的讨论的术语,是有系统地组织起来的,其目的就是使某种特殊的解释传统成为可能。但结果是,我们可以自由地与他人讨论法律的性质问题,因为人们仍然含蓄地坚持法律不同于德沃金的解释所提供的东西。这是因为解释转向认为法律只有通过解释才能真正地得到理解,它已经暗含着对于对象的忠诚的理想,或解释与创造之间可见的区分。为了确保我们不注意这种独立对象的消失(并因此注意解释和发明之间的区别),有关这种独立对象的其他言论必须被贬低,它的要求必须受到嘲弄,非难的声音必须沉默下来。不过一旦独立对象——"忠诚的标准"——被宣布对解释来讲毫无意义,那么就没有什么能把正确答案理论与另一种理论区分开来,这另一种理论认为:没有正确答案,也没有错误答案,只存在一些同样不具有特殊地位的观点。该计划必须在与可供选择的基础的交锋中、在与社会建构主义的基础的交锋中才能得到捍卫。德沃金的计划只是一种政治计划,法律以及法律的意义都服务于它——这种计划采用了法律是人的工具这一实证主义思想,并通过表现主义的术语把这种思想进行了转化;最终就德沃金而言,它是一个海龟接着另

---

① 这就是,否定一些道德主张的真理(例如奴隶制度是错误的)不是关于这种主张的认识论态度的观点,而是关于道德的实际实践的解释假设。(《法律帝国》:83-6)

一个海龟，不过是自由主义的海龟罢了。

德沃金的愿望的形而上学：原则社群主义的政治学

　　德沃金可能承认，这是他的建构性解释的真实情况。正是人类经验地创造了当代社会的条件。人类努力把秩序强加于在政治和文化事务的偶然性中建构起来的东西上，而不是宣称是在各种努力中寻找理性秩序的过程经验创造了现代社会的条件。但是，被发现出来的秩序是有限制的——自由主义的——秩序。在接受德沃金的叙事的同时，我们就拒绝了经验的社会理论叙事，其有毁掉我们的自信的危险。我们可以把这称为德沃金的形而上学，其他人可能把它称为他的梦想的结构或者他的神话的构造。

　　现代性涉及一个观念，即人类能够控制世界的进程，在这个星球上为进步和幸福的社会创造条件。我们一直在研究的问题是："当提供中世纪复合体即宗教和习惯的基础被抛弃时，什么将在这个计划中为人们提供指引呢？" 447 "什么把个人的事业置于总体事业的意象之中？"我们注意到，韦伯对这个问题持极端的悲观主义立场；我们已经看到了法律实证主义的回答——即功利主义——我们也看到了它的问题。简单地说，因为这一直不在本书的范围之内，所以，对于一种取代功利主义的主导社会正义原则的追求（在马克思、密尔、罗尔斯、诺齐克的著作中以不同方式进行着）还没有产生某种确定的一致意见。我们不具有某种主导的正义原则——边沁对主观主义、直觉主义和持续争论的担忧却是事实。但是，这不意味着我们对正义不虔诚。德沃金可能会争辩说，情况远非如此，我们在正义问题上进行争论这一事实本身就显示了我们在何等程度上体现着一个政治联合体，它努力地想成为一个表达正义的政治共同体。

　　德沃金是在复活富勒的"向往的道德"的思想。德沃金工作的整体结构就是要让我们相信"法律的乐观主义"和"法律的整体性"。富勒说得很清楚：我们必须把法制描述成具有某种伦理，融贯而有目的的法制比邪恶的法制更合理、更"好"。德沃金把整体性作为法律的伦理，但他的概念更广泛。那么，我们能解释说德沃金是在为法律建构一种理想、一种愿望吗？

　　如果这样，在法律之中发现融贯性的愿望本身就要被看成是一个指导性的理想，而不是对既定事实的描述。这似乎是德沃金的立场。下面从德沃金书的结论章节中节录部分，来考虑一下该愿望的开放性：

　　我们承认整体性是一种不同的政治理想,我们接受整体性的裁判原则高于法律,因为我们想把自己当做原则的联合体,当作一个共同体,它在权利关系中受到某个单一而融贯的正义与公平观念以及程序性正当过程的统治……把自己作为原则共同体看待的根本抱负……

　　现在的法律向完美的法律摸索前进,这些模式似乎符合公平和程序,并使法律更接近其本身的抱负和目标。当律师们说法律会自我完善时,他们表达了对这种进程的乐观主义。乐观主义或许用得不恰当,就对我们的法律持批评态度的人而言,一种令人怀疑的叙事似乎更好。批评家们预言当在政治自私和不同的集中化之中法律丧失了其整体的实质融贯性之后,法律之熵(entropy of law)将取得胜利。悲观主义与乐观主义,究竟哪一种更明智,哪一种更愚蠢? 这要取决于力量和构想,同样也取决于洞察力,因为每种态度如果相当流行,都会作出自己的辩白。(《法律帝国》:406—07)

最终,德沃金希望律师们不要把自己看成是国家的奴仆,他们掌握着自己社会的发展"钥匙"。如果我们尊重自己的抱负,现代性就能得到拯救(正如德沃金为我们所做的解释那样)。

　　什么是法律? 法律的帝国并不是由疆界、权力或者程序界定的,而是由态度来界定的……如果它在法院也能很好地为我们服务,那么,它在日常生活中也肯定会行得通。从广义上说,它是一种涉及政治的阐释性的、自我反思的态度,它是一种表示异议的态度,使每个公民都应当想象什么是社会对原则的公共承诺……

　　法律的态度是建设性的:它以阐释的精神,旨在使原则高于习惯,以指明通向更美好的未来的最佳道路,对过去则持正确的忠实态度。最后,它是一种友好的态度,我们尽管对计划、利益和信念各执己见,但对法律的态度却表达了我们在社会中是联合在一起的。总之,这就是法律对我们的意义:为了我们想要成为的人和我们旨在享有的社会。(《法律帝国》:413)

448

第十六章　怀疑主义、怀疑与
批判法学研究运动

> 与法律过程所描述的相比,社会生活远没有那么结构化,它更加复杂,远没有那么公正,非理性得多;在展现这一点的过程中,法律学说和理论所服务的利益将会浮现出来。(昂格尔,《批判法学研究运动》,1984)

概要:单纯和学术知识的深思

终止于 1914 年 8 月的时代,是人类经济进步史上的多么特殊的时期! 的确,大部分人工作辛苦,生活水平低下,然而从表面看来,他们对命运的安排心安理得。但是,任何一个具有中上水平能力的人都有可能爬到社会的中上层。他们过着轻松、愉快、方便、舒适和充满乐趣的生活,即使过去最富有、最有权力的君主也不能与之相比。伦敦的居民一边啜着早茶,一边用电话订购他所中意的全世界各种各样的产品,并有理由相信货物会送到家门口。就这样,在同一时间、用同一方式,他那投资在世界任一地方的自然资源和新的企业中的财富就会增长。他可以毫不费力地分享世界任一地方可能会有的利润和财富。或者,他可以决定,在任何一个可以想象得到的大陆上,借助任何殷实富足的市镇上的居民的诚实信用,加倍保证他的财富的安全。如果他愿意,他可以立刻以便宜和舒适的旅行方式前往任何国家或地区,无须任何护照或其他文书;他可以吩咐手下工作人员到附近银行取来所需要的贵重金属货币,然后带着货币到外国去,无须知道对方国家的宗教、语言或习惯;他可以就所受到的一丁点干涉提出抗议或表示震惊。但是,最重要的是,他可以把这种自由状态看作正常的、确定的和永恒的,除非他要对这种状态做进一步的发展,而把对这种状态的背离看作是异常的、邪恶的和应予避免的。军国主义和帝国主义的、种族和文化竞争的、垄断的、限制的以及排外的各种计划和活动——这些将毁坏这种天堂状态的计划和活动，不过是他的日报上的趣闻，似乎不会对这种日常的社会和经济生活，对这种马上就要实现的全球化有多大的影响。（凯恩斯：《和平时期的经济发展》，1919：6—7）

1919年，凯恩斯这位著名的经济学家和英国高级公务员感到非常失望。美国总统威尔逊在《凡尔赛条约》谈判中没有改变协约国的立场，他的失败表明复仇的感情和愿望战胜了有理性的节制。

450　　凯恩斯由此认为，一个时代结束了。法治、财产权、适当行为与理性论指引下的文明化进步过程受到每个人的信仰，这样的时代一去不复返了。和平会议标志着合理性的衰落。用凯恩斯自己的话说，他是在这样一个世界中成长起来的，在那里，人们普遍地知晓并大体接受了"游戏规则"。无论是在智力讨论还是个人行为中，在商业行为还是在产业关系中，在国际关系还是在财经中，在修辞学还是在政治学中，都是如此。他的生活一直是一个稳定上升的过程，从中小学到大学再到英国政府高级官员。在这一过程中，他的辩论能力与理性讨论能力得到了明显提高。他的世界既惬意又可预见，他认为世界将更加广阔，将会以工业革命开始以来所展现的方式不断改善，而且，他相信其他所有人也会这样看待世界。

然而，和平会议使凯恩斯看到，理性观念弱化了，让位于政治仇恨。凯恩斯预言说：让德国赔偿战争给协约国带来的巨大损失这一愿望会产生灾难性后果；选择报复而不是合理的节制将会产生极端负面的效果。作为回应，凯恩斯从公共生活中隐退下来，回到剑桥大学，他认为旧的辩论规则在那里幸存下来了。剑桥大学为他提供了空间，他在那里创作了论战性的《和平时期的经济发展》。后来，凯恩斯，这位被人们普遍认为其政策帮助西方社会摆脱了20世纪30年代经济大萧条的经济学家承认，因为他目睹了经济大萧条、两次世界大战之间那些年的政治动荡、第二次世界大战的浩劫（他曾经准确地预见了它的发生），所以，他一直认为"其他人的感情和行为（并且，无疑包括我自己的感情和行为）都不具有真正的理性"，而且，"那些认为人性具有理性……的观念忽视了某些强有力的、珍贵的感情之源"。（1949：100—101）战争掘开了这些感情之源，使人的情感宣泄了出来，而这些情感大多数都有害于文明，破坏人类进步，对文明与进步没有丝毫作用。

批判法学研究运动(以下简称批判法学*)的普遍观点也是这样。在全球,无数法学教师和教授根本无法理解批判法学这一松散标签下的作品的性质:怀疑主义、"解构要求"、"非理智性"、嗜辩成性、摇摆不定、模糊不清、自由散漫和玩世不恭。许多人都认为批判法学是危险的,是虚无主义。但是,批判法学家可能会发现凯恩斯对逝去时代的描述天真得可笑,而且,它还过于简单化,简直到了危险的程度。从批判法学的视角来看,凯恩斯忽视了生活方式的基础的问题,这对他来说丝毫不成问题而且理所应当。在上面引用的描述中,他好像不仅认为英国阶级制度是自然的,而且还以某种方式把整个劳苦阶级排除在"伦敦居民"之外。全球都为发达世界的文明消遣提供资源,文明世界的居民没有必要了解"其他人"的宗教、语言或习俗。在他的观念中哪里还有对非洲的掠夺?哪里还有对印度的征服、对它财富的掠夺?哪里有关于澳大利亚是一个无人居住的地方,没有人拥有那里土地所有权的论证?哪里有西方"文明"国家把它们用作原材料来源的那些大陆的土著居民的毁灭和奴役?西方文化和西方意识形态有什么权利进行统治?凯恩斯自己是否含蓄地承认:西方的统治这一简单事实就使它具有进步性和正当性?凯恩斯是不是假设强权就是正义?

451

1919 年以前的时代确实应当颂扬吗?从后现代观点来看,凯恩斯对1919 年以前的西方社会的解释是政治性的;相反,共产主义者罗莎·卢森堡(《资本积累论》1913 年用德文出版,1951 年翻译成英文)认为,西方资本主义需要对世界其他地区进行不断征服、吸收和同化,需要掠夺它们的资源以供养日益增长的资本主义奢侈消费。资本主义具有内在扩张的动力,但是,资本主义扩张只能依靠侵蚀非资本主义的社会阶层和社会组织形式才能进行。非资本主义制度失去了自身的活力,被归于资本主义结构的范围。尽管卢森堡呼吁读者认清资本主义破坏性的一面,但她自己对社会主义的信仰证明也感到苦闷。不过,在那种情况下,剥削和统治受到了有限度的控制。

今天,资本主义和社会主义两者看起来都是不同形式的现代性运动,它们都想研究并勾画我们的世界,把它置于我们的理性控制之下,使世界万物都变成我们的消费品。但是,它们的视角是不同的:对于凯恩斯来讲资本主义是一种文明,但对于卢森堡来说它是一种具有破坏性的社会制度,社会主义则会拯救人类。批判法学表明对当代社会一切思维形式都丧失了信心,而

---

　　* Critical Legal Studies Movement(CLS),译为"批判法学研究运动",在我国通常译为"批判法学"。

正是这种信心让现代世界的社会结构看起来是自然的、不可避免的，具有内在的正当性和无可争议的进步性。

对许多现代人而言，法理学的构想强化了对社会世界进行理性统治的愿望。主宰世界，无论是康德式的、卢梭式的、黑格尔式的、边沁式的还是凯恩斯式的主宰，就是使它处于法律秩序的支配之下。立法变成了现代法律的关键方法，或者普通法传统在历经沧桑而得以幸存的漫长过程中，其内在的自然效用思想提供了对法律的普遍性与法律的基础的信仰，这两者都绝非巧合。法理学不能逃避对法律的最终基础的关怀，因为人们不断要求法理学能够保证法律"具有良好的基础"。也就是说，真正的法律应是合理的，要为"作为一个公民，我为什么应当遵守法律？""我们社会的法律制度是正当的吗？"这些问题提供某种回答。

批判法学运动破坏了这种信心。如果我们扩展法理学的视野，容纳其他所有类型的观点，世界将看起来是什么样的呢？尽管凯恩斯遵循"理性的"游戏规则，然而，我们怎样看待那些被从主流法理学的游戏规则中排除出去的所有知识(非知识)类型？

452　摧毁清白：求助于其他知识

> 如果我的假设正确，那么，写作作为沟通的一种方式，它的主要功能就是实现奴役他人便利。为公正的目的、为科学或艺术领域思想的满足而进行写作，是这一发明的副产品——甚至也只不过是支持、证成或者凸显主要功能的方法。[克洛德·列维-斯特劳斯，《忧郁的热带》(Tristes Tropiques)]

批判法学的关键方法论原则之一是把法理学向其他学科开放，拒绝承认法理学仅仅是有关法律思想的哲学讨论。它更宁愿认为，应该从多种视角和多学科角度来研究法律。这样的学科之一就是人类学。

19世纪，西方社会派出人类学家到被征服的"原始"大陆旅行，观察非洲、澳洲、新圭亚那等地的"野蛮人"。有两个基本主题是显而易见的：第一个任务是揭示"什么是行为的自然方式"，揭示人类生活的基本结构。然而，如果不能揭示这种方式和结构，那么，就要实施第二个委托：说明我们的优越性，说明我们的天然权力，说明我们的统治权利。人类学家前往考察并努力发现人类秩序的自然法则，但他们遇到了困难；至少他们中的许多人都有这样一种意象,即其他社会都天然地比西方社会要差。

然而,到了 20 世纪中叶,人类学家传出的思想击溃了已经确立的标准。著名法国人类学家列维-斯特劳斯向我们的现代性认识展示的观念,就是我们失去了我们的清白。列维-施特劳斯所谈论的人类学并没有颂扬人类历史的进步与荣耀,反而是塑造了我们、制约着我们的各种深层结构和进步模式。颂扬现代性的进步对不对? 现代性的进步是以掠夺处于"原始状态"下的其他人为代价实现的,认识到现代性的代价之后,我们失去了我们的清白,失去了我们"现代人"对进步的信心。① 列维-斯特劳斯似乎自己承担了由于系统清算失去清白而引起的罪过的责任。对列维-施特劳斯来说,写作是压迫的工具,是使原始心灵殖民化的手段——然而,谁也不能幸免,因为一旦真理和意义取得了新的统治地位,它就会奴役该语言的使用者。列维—斯特劳斯认为,"真实性"已经丧失了,成了我们往昔的回忆。批判法学同样如此,它的指责很简单:主流法理学——有关法律体系的基础的制度构想,普遍主义以及立法理性——提出了一种虚构,即法理学是抽象理性和科学的应用,此时,它已经使我们的文化想象力和批判想象力退化了。人们认为,现代性就是建设具有社会正义和自由的社会,人们为了实现这一目的赋予国家以建立理性法律秩序的权威。但是,批判法学认为,这种赋予放错了地方,人民应当发展一种批判的方向,并承担起自己生活的社会责任。

什么是批判法学研究运动? 批判法学研究运动是一个宽泛的标签,包含着许多在它的成员看来对法理学的主流学术传统具有破坏性的研究活动。批判法学是一种后实证主义事业,包括:(1)对那种被认为构成了传统学术之基础的"客观"科学方法的批判,它声称,"解释性理解"或阐释学必须代替

① 许多评论家定义说,后现代主义表明对构成现代的进步这种元叙事丧失了信心。对哈里·雷德纳(Harry Redner)来说,现代人的基本信念是进步的观念。正如上帝之于前现代一样,进步是一个不能受到否定或严肃地质疑的概念。但在 1980 年代,学者们开始讲述其他叙事,它们摧毁了我们的信心。反过来,我们现在认识到:"我们欧洲人把自己送上了一个我们称为进步的无与伦比的权力运动之中……一切其他社会和文化要么征服或者被消灭,要么被迫加入我们的进步比赛之中;最后,一些社会也许会超过我们。一切自然资源和人类资源都在我们的控制之下,按我们的最高意志加以转变。这种意志的权力冲动在人类无限未来的名义下被正当化了。"(雷德纳,1982:13)雷德纳以韦伯的方式说明了清白的丧失是如何产生的。而且,当我们领悟我们无力控制本来想用来使我们强有力的力量时,对进步的认可就不再存在了。现代性是一种"系统地统治、控制和处理事务的方式,它最开始是针对自然的,但人类现在发现它也针对他们自己,剥夺他们的人性……他们可以使自己变得与自己的计划无关(如果不是多余的话),并处置他们自己"。(同上引:5)

实证主义；我们理解科学的方式是一种政治上的选择。阐释学的方法与认识法律现象的激进方法(有时被表达为"左倾"方法)相关，并且构成了其基础。(2)观察法律的方式的转变。人们认为，传统法学是要理解世界、坚持法律是一个内在融贯而理性的规则和原则体，主流法学的目的是要对特定的法律决定进行理性重构，以说明这些法律决定如何符合或不符合"法"的理性发展。相反，批判法学利用了一系列技术，去显示基础性的断裂、矛盾和张力。在传统学术把法律研究与社会研究分离开来，发现法律发展的动力是规则、原则和自由裁量指引的地方——或者说，这是批判法学对传统法学的看法——批判法学告诉我们，从本质上讲生活不可避免地具有政治性。① 在批判法学之中深深地浸润着质疑的旨趣以及对任何法律纯粹性主张的怀疑主义，我们必须考察法律作为一个行为领域如何维持它对我们的控制，如何采取措施维持这种制度的正当性。

批判法学研究运动的渊源

批判法学研究运动的起源可以追溯到 1977 年在美国召开的一个"研讨会"，它是由向美国各法学院发出的一份邀请函引起的。② 会议的邀请函只提到了一个相当含糊的概念：它是追求关于法律与社会研究的批判性方法的人们的聚会。该邀请函事先并没有说明这次会议关心的问题是什么，但它提到，与会的几位学者正在努力发展一些方法以强调法律学说及其内部结构的意识形态性质。大多数评论者把批判法学归为激进的怀疑主义(它的批判者走得更远，给它贴的标签是虚无主义，或简单的否定性的批判)，把它描述成美国法律现实主义的发展。这只具有部分的正确性。美国的法律现实主义者对现代西方社会传统的(大体上讲可说是法律实证主义)法律意象持怀疑态度，对形式主义和假想的保守主义持怀疑态度。然而，现实主义者的努力方向是想使法律体系在它作为社会变革和社会发展工具这一方面比主流的

454

---

① 另外，法律似乎无所不在。几乎每一社会实践，要么直接取决于法律规则和原则的适用，要么受到法律所禁止的事实的深深影响。例子参见邓肯·肯尼迪(Duncan Kennedy)关于"男人和女人之间的分配冲突"的讨论。

② 美国批判法学的背景，参见马克·图什尼特(Mark Tushnet)《批判法学研究：一种政治史》(1991)；罗伯特·戈登(Robert Gordon)(1989)《作为教学方法的批判法学研究，反对美国现代法律教育中的智识性政治学背景》；英国文献参见彼特·古德利希(Peter Goodrich)(1992)《英国的批判法学研究：未来的历史》。

自由主义政治思想更加有效。现实主义者并不怀疑外部知识或外在知识,他们认为这些外部知识或外在知识应当完善传统法律技术并影响法律发展。法律与社会运动力求研究法律实践、提高法律制定的可操作性,努力观察活法或行动中的法(与书本上的法相对)。在政治取向上,它在很大程度上具有温和的社会改良主义性质或自由民主主义性质。而那些求助于解释方法、用它来代替实证主义的人,在政治上并不特别激进。德沃金(1977,1982,1986)对构成现代法律发展基础之政治价值的必要叙述性建构进行了描述,而这实质上是自由主义的。批判法学的坚持者所怀疑的正是现代自由主义的基础,他们认为法律实践大多数都是那些构成了不平等、不公正的社会安排的政治统治形式的帮手,而且,批判法学学者相信现代的社会安排就是这种不平等、不公正的社会安排。法学赋予现代社会安排以某种合理的或自然的理由,而不是说它们其实是复杂的政治权力过程的结果,这样它就论证了现代社会安排的正当性。①

怀疑主义态度的重要性及其对主流法律教育的打击

批判法学运动致力于研究那种对丧失清白的怀旧感,以及对某种失去的存在(现代社会存在的特殊异化条件破坏了这种存在)的怀念之情。这就是罗伯特·戈登(1982,1990再版)所描述的基本思潮,即对法学研究的幻灭情绪,许多学者和学生在1960年代后期、1970年代和1980年代都感受到了这种情绪,它为批判法学的繁荣提供了坚实的基础。戈登特别提到了对法律教学方法和法律实践方法的不满,这种方法所强调的是:

(1)法律发展的图景,也就是法律形式主义的图景,这是美国法律现实主义从1920年代就开始反对的。这种法律发展意象是通过教义分析获得

455

---

① 亨特(20世纪80年代后期的一篇文章,1993年重印)列出了它们的区别:"现实主义对法律形式主义的除魅是实用主义的。正统学说不能给想成为现实主义代表的支持者们提供满意的答案。形式主义不能给法律实践者提供指导,这些法律实践者都关心如何改进他们预测诉讼结果的效率;它也不能为立法者的政策关怀提供充分的框架。一般来说,批判法学家并不十分热心于这种实用主义的使命;他们并不努力去表达法律实践者或者立法者的关怀,法律过程的'局内人士'的关怀。激励批判法学家的是一个广泛得多的政治目的,在这个政治目标之中,正是'法律'本身成了'问题',法律并不被认为能够解决它显然面对的问题;相反,法律被认为是产生人类征服与统治之经验和现实的一系列复杂过程的重要构成要素;因而,对各种形式的人类解放形式之条件与可能性的更广泛关怀构成了该运动的广泛政治视角。"

的;法律现实主义的论点是:主流观点是以这样一种法律意象为前提条件的,即法律是一个由规则、概念和原则逻辑地构成的复杂自治体。适用法律根本不是什么了不起的工作,它所涉及的工作只不过是把内在地包含于法律材料中的含义展现出来。法官的技术具有社会中立性,他/她的私人观点没有丝毫关系。裁决就是一种发现,即发现事实并宣示法律。因而,实际的最终判决被假定成必然性的问题而不是选择的问题。美国法律现实主义者认为,应该废除法律指引下的发展观,由社会可欲的结果指引下的法律发展模式取而代之。在法律现实主义者看来,法律的确定性不仅是不可能实现的,而且实际上也是不可欲的。现代社会处于流变之中,它需要理解来指引,需要具有适应性的制度以及急剧的社会变革。传统方法和现实主义者的观点都以自由主义、共识作为前提假设,两者都假定理性的人们能够就讨论的问题达成一致,技术高超的法学家能够以非感情的、职业的方式解决学理上的争论。法律现实主义者要求把社会学视角和其他视角加入进来,这一要求将会产生一种描述社会现实的更复杂的"社会学法学",法律现实主义所服务的社会利益也没有超出广泛的自由主义的框架。① 然而,在 20 世纪 60 年代后期以及 20 世纪 70 年代的美国这一语境下,文化氛围同黑人/白人、女性主义、同性恋自由、代际冲突还有不断增长的政治两极化、公民权利和反越战游行交织在一起,与无数腐败丑闻交织在一起,自由主义的共识观看起来走入了歧途。②

(2)法学家们在政策科学中有一席之地,他们的社会改革对社会变革具有重要作用这种观点需要一个假设前提:存在着公正而睿智的统治精英,法律家可以就立法和政策制定事项向他们提出忠告,这显然是奥斯丁的目的。奥斯丁的第一个目的就是用功利原则的真理说服统治精英,然后仰仗民众教育,但这种教育在很大程度上体现在对他们进行社会化,让他们接受统治阶层的观点。批判法学学者认为,哈特的著作继续着这种偏见,认为民众基于

456

---

① 如霍维茨(Horwitz)(1992)所说,现实主义要么是第一次世界大战前的进步主义为了回应阶级不平等、在实现真正的自由社会的名义下提出的改革议题的延伸,要么如卡尔·卢埃林(Karl Llewellyn)所说,是一种新的法制"方法"或法制技术。

② 这种批评(例如肯尼迪,1976)对欧洲的情况来讲将会更加激烈——以哈特为例证,在那里,法律制度的主导因素是规则(与标准相对)、个人主义(与利他主义相对)的法律权利的定义以及演绎推理(与政策导向推理相对)。尽管法律现实主义的论点是这种画面是对现实法律过程的误解,但是,批判法学的作者认为,在传统法学认为法律具有融贯性的一切领域,法律都是矛盾的。因而,批判法学的一个重要任务是要打破这种意识形态误解的控制。

习惯而服从,唯有法律职业者(该制度的局内人士)才真正需要批判性反思的观点。但是,诸如越南战争、军备竞赛和水门事件的影响等推翻了这一设假。批判法学的作品并不是想服务于零星的社会改革,而是要服务于激进的政治活动。结果是,对社会问题具有浓厚兴趣的教师和学生体会到:

(3)法学院的讨论缺乏真正的人文关怀。邓肯·肯尼迪(1990年编)在一篇题为《作为等级培训的法学教育》的著名论文中谈到法学院的学生(在美国,法学院是研究生院)认为他们愿意研究他们时代的尖锐问题。然而,大多数材料都冗长乏味、令人生厌,只能通过抽象的法律概念才能涉入真正的、活的社会现实。现实的生活充满了血与肉、情与欲、希望与沮丧、压迫与利润;但是,所有这一切都没有包括在法学院讨论的材料中。

(4)当进步学生步入实践时,他们希望实现真正的变革。他们主张,应该让现代自由主义兑现它在个人权利、平等、法制的独立性和社会自由等方面的诺言。此时,他们很快就认识到,那些看起来像是胜利的东西就它们的结果而言往往是相当含糊的。正如戈登所说:

> 为实现被压迫者的新法律权利而艰难赢得的斗争,其胜利开始看起来并不确切。官方法律机构被迫承认以其乌托邦式的承诺为基础的主张。但是,这些真正的收获可能反倒强化了整个制度的正当性。劳工运动确保了组织与罢工这一至关重要的合法权利,其代价是要把自己纳入一个法律调整的框架之中,而这一框架赋予管理者以正当性:其作出的有关工作条件的大部分重要决定都是正当的。(1982:286)

因而,理论上的关注点转移到努力理解法律怎样为现存的社会秩序提供合法化服务上来了。一个显而易见的攻击靶子是法律理论,这是因为:

(5)未来法律家的职业关怀要求一种能使他们适合于职业法律实践需求的法理学。因而,法律学说,无论是在被称为法律理论或法理学的专业课程中加以讲授,还是作为核心课程的内在组成部分加以讲授,其大部分所起的作用似乎都是论证当前的安排。传统法学学说似乎要创造一种有关当前事务状态和法律体系的意象,而正是法律体系支持并构成了社会,使它成为一个功能上有效的进步的整体。批判法学不赞成这一观点。

社会进步的质疑以及法理学的人性化　　　　　　　　457

批判法学的各种疑问——当我们避开实证主义而转向解释或阐释学对

社会的法律现象进行批判性探究时，这些问题就会显现出来——实际上可以被解读为对社会进步以及法律在构建现代的社会秩序过程中的建设性作用的质疑①。尽管这一主题是一个元问题，但是，还有其他疑问贯穿于批判法学之中：

(1)人；

(2)文本；

(3)权利的自由主义归属；以及

(4)法律主张与法律结果的意义(意识形态和实践)。

这些疑问是交织在一起的，有关方法的思考牵涉对社会观点、观察方法、对社会现实的表达和批判等方面的思考。因而，个人的行为(很有可能)并不那么处于意识形态神话的支配之下。

批判法学部分地表达了现代性晚期对法律学术的焦虑——自我怀疑。如何认识法律与人之间的关系？为了理解当代法律主体性的含义，对批判法学的倡导者来说，我们首先必须理解现代(或现代晚期)人(已经意识到了他/她的性别和种族)，并确定其位置。以女性主义黑人教授帕特莉莎·J.威廉姆斯(1991)所写的《种族与权利的魔力：一个法学教授的日记》一书的卷首语为例：

---

① 对比德沃金，德沃金要求我们考虑一下，我们希望在法律与法律发展上采取何种态度——乐观主义还是悲观主义。他要求我们采取乐观主义——把法律解读为一种进步力量并为更美好未来而奋斗。德沃金清楚，法学理论应该论证法律的正当性，并引导法律制度向前发展："如果一个法律理论的目的是为司法义务提供基础，那么它所陈述的原则必须通过对政治和道德关怀的认同，通过对该共同体的传统的认同来证明这些固定的规则的合理性。在创造了这一理论的法学家看来，该社会确实支持这些规则。"(《认真对待权利》：67) 对德沃金来说，尽管"这一正当化的过程必然把法学家深深地带入法律理论和政治理论之中"，但是我们只关心对自由主义的建设性解释，以便继续自由主义的任务。德沃金主张建立一种有关法律与法律实践的叙事，以便加强法律自由主义并且从内部批判性地改革法律自由主义。与此同时，对德沃金来讲，批判法学只不过也是在主张一种不同的法律实践叙事。这种叙事强调一种有缺陷的、矛盾的阐述——生活是混乱一团。但是，对德沃金来说，这种"外在的怀疑主义"无济于事；相反，他只考虑"内在的怀疑主义"，它是一种指出法律是什么的不同概念的阐述。至关重要的，是在现代性事业和自由主义发展中，人们的位置在哪里？人们之所以把过去2000年的社会与法律/政治发展历史大部分都解释成进步，是因为这将产生一个得到改善的、更好的世界吗？或者，人们看到了自由主义法制的剥削、苦难、异化、未实现的梦想、被违背的承诺以及伪装？批判法学的倡导者们[例如，罗伯托·昂格尔(Roberto Unger)，他密切关心他的祖国巴西的贸易协会与人权运动]指出了现代性的负面，并希望把这些意象包含在那些我们认为是法律和法律效果的事项的范围之中。

在我的法律分析中,主体地位就是一切。所以,你要知道,今天又是一个糟糕的早晨。我很沮丧。区分错误的事总要用去一些时间,但它往往是从某种完全非理性的思想开始的,例如我憎恨自己是一位法学家。在这个特殊的早晨,我靠坐床头,阅读一个有关致买卖无效的商品瑕疵的判例。致买卖无效的瑕疵是商品中的缺陷,如果它在买卖时就存在,那么,它就会产生一个主张权,买方有权要求退回该物品并取得部分或全部价款。我正在读的案例来自1835年路易斯安纳州,涉及疯子这种致买卖无效的瑕疵。

原告声称:他从被告那里买了一个名叫凯特的奴隶,他支付了500美元;两三天后,他发现这个奴隶是疯子并且逃走了;被告事先知道这一瑕疵……(卖方)辩解说:凯特不是疯子而是傻了,傻并不是疯;完全相反,这一缺陷是显而易见的,而且被告并没有保证没有这种缺陷……法典规定:在以下情况下应当避免交易,即存在一个瑕疵和缺陷,它使物绝对无用或使用非常不便或不完美;必须推定,如果买方事先知道该缺陷的话,他就不会购买。我们满意地看到,受到质疑的奴隶完全无用,而且也许比无用更糟。

如我所说,就是这个清晨,我恨自己是一位律师、是一位教师,对我生活中的其他事情也心烦意乱。我唯一能做的就是去喂猫。我让自己头发散乱,双眼紧闭。

所以,你应该知道,在这样的早晨,我不想镇定自己的心神;你应该知道,你面对的是这样一个人:她写这段话的时候穿着的浴衣带有蓝白相间的花边、旧得起了毛,她正努力搞清楚她是傻了还是疯了……

威廉姆斯在继续描写个人故事与对社会现实的评价的相互影响的时候,说明了来自电视的画面,她打开电视就是在寻找灵感。电视画面告诉她,"情况很糟,糟糕透了,全世界都这样"……威廉姆斯试图推翻美国一位重要经济学约翰·肯尼思·加尔布雷思(John Kenneth Galbraith)(1992)所称的"文化满足"的感情。正是由于这种感情,那些上等阶级的人,大部分是他们的工作能够分享经济的繁荣所带来的好处的人,对被剥削者的疾苦视而不见,他们建立知识体系就是为了不让自己感到要负社会责任。

她的攻击还指向了批判法学所说的物化。当法院只用"致买卖无效"的瑕疵这样的语言谈论人的时候,这是一种什么样的进步?这样一个有关一个女人(凯特)的讨论是怎样最终归结为"买方是否可以取回他的钱"这个问

458

题——而这个问题又是怎样决定于法院发现她是傻了还是疯了这个问题的？威廉姆斯利用这个案例，让我们思考，威廉姆斯为这件事心神不宁，她自己是傻了还是疯了？

威廉姆斯，批判法学家们一般如此，希望引起我们的关注——并且打破我们思想的舒适结构。要看清贫困、非理性、腐败、暴力、死亡的临近，或简单地讲，就是世界的巫魅——他们的主张是，传统法学是实现这一点的障碍。传统法学含蓄地告诉我们：一切都符合"应然"的要求，我们这些法学家或者法律思想家的作用是肯定无疑的。法律是现代性的工具，现代性是健全的、理性的、有用的、有效的（尽管权利学者有时候也会认为当前存在无效率的现象，然而，这些现象是可以通过更多的财产权利、法治和自由市场加以补救的）。批判法学的作品警示了普遍性、理性和融贯性这些现代性主张之中存在的致命弱点。

459　　另一要点：批判法学学者（如威廉姆斯、肯尼迪和昂格尔）很快就从社会分析转向个体关怀上来了。这不只是为了使抽象命题更易于理解或者确定主题的地位，而是像昂格尔所说：

> 每一个关于人的真理都可以从两个方面来看：作为社会及其历史的真理，以及作为个人及其情感的真理。（1987：199）

昂格尔并没有以一个与某种本质上的人性相符合的人类意象作为其理论的基础。对昂格尔来说，（批判法学揭示的）社会秩序中存在矛盾的原因在于，它们表达了"各种自我断言本身就包含的相冲突的要求"。尽管昂格尔坚信我们必须自觉地在我们的法制中采用一种政治学——他的政治学是超自由主义的共同体（以通常术语来看，这是一个有些矛盾的立场）——但是，他的"共同体"概念是一个调整性观念，而不是对某些现实的（立即可以实现的）事物状态的信仰。

批判法学的有效策略包括文本理性（合理性）的人格化、文本中不稳定性和模糊性的创造

批判法学的著作通常复杂、不易理解。因为它们相信传统法学努力防止现实世界中的悲伤、暴力和污垢，所以，它们竭力打破法学创作与认识的传统方式。他们引进的主题也是非传统的——感情、人的同一性、悲剧、现代法学中看不见的暴力、世界万物间的实质联系。批判法学学者摧毁了科学上的价值无涉、实证主义的客观性这些令人惬意的意象，而是转到新的论题上来：文

学形式,对修辞的关注;还有一种新的法律观:法律是一个文本,可以适用文学批评家们用来分析"小说家们"的作品时所使用的同种类型的方法。① 批判法学学者们努力扩展了现代学术的狭隘视野,使生活、法律意象与正义概念之间的关系恢复了活力:

> 生活很复杂,是一种具有重要分析意义的事实。法律往往试图逃避这一事实,产生它自己的更狭隘、更简单而却有迷惑力的虚幻的真理。对我来说,承认、挑战作为夸大之辞的真理,对任何正义概念都是必不可少的。这种承认使我们在性别、种族、发言权、国界等问题上假设的纯洁无瑕复杂起来;它使我们承认,对某些目的来讲这些分类是有效的,而在其他情况下摧毁这些分类则是必要的。它使定义变得复杂起来,这体现为它的变换,体现在它根据环境而进行扩展与收缩,体现在他为创造性组合以及其无拘无束且不可预测的结果提供了空间。(威廉姆斯,1991:10)

威廉姆斯想摆脱她所认为的传统作品的约束,这一愿望有文学上的不按格律行事的嫌疑。好像预见到了这一指责,威廉姆斯阐释道:

> 我认为,从"客观"真理到夸张事件的概念转换所导致的最重要的后果之一,将是更细微化的法律责任和社会责任意识。之所以如此,是因为大多数所谓的客观而坦率的意见谈论的事情,事实上浸润着隐含的主观性,浸润着未加考虑的主张,而正是这些主张使他人的财产权超出了自我能及的范围,始终否认人们之间的关联。(同上引:11)。

批判法学的重要攻击对象

自由主义是批判法学的攻击对象,马克思主义也是一个靶子。任何使世

---

① 威廉姆斯(1991:6)这样描述她的著作:"它将是一本论述权利法学的著作。我将试图把所谓的批判思想应用到法学研究之中。我相信,批判理论具有一些颇有价值的洞见,它们将有助于关于法律理论和权利的意义的争论;然而,这些洞见中的许多已经被掩埋在相对晦涩的词汇与抽象之中了。我的著作将关注商业保护和宪法保护之间的相互影响,并围绕三个基本法理学力量的讨论来加以组织:自主、共同体和秩序。我的著作的各章将讨论各种问题,例如:代理母权和所有权、邻居和无家可归、激进的暴力和否认。另外,我采取的写作方式将会在理论和实践间的传统鸿沟上架起一座桥梁。单纯的简单化不是我的目标,我希望我的著作是一个多层的文本——它包含真实生活的直率,并揭示意义的复杂性。"

界显得无可争议、使法律与社会构成之间产生某种必然联系的思想体系,都是批判法学的攻击对象。但是,批判法学运动也遇到了一些困难,它们的批评有时显得横扫一切、包括一切,以致忽略了创造现代性的斗争,以及那些使自由主义成为一种哲学(有关个人创造性与个人自由的哲学)的核心原则(尽管这些原则在这方面所起的作用并不好)。这种作品对虔诚者来讲是一种信条,但它没有触动当权的其他人,没有与进步实践结成联盟(有时候,批判法学学者害怕受到制度的支持——但这又陷入了希望发生某种革命性情景的浪漫主义之中)。

大多数批判法学的作品公开地讲就是对自由主义立法的攻击,它们认为自由主义立法提出的几个假设是错误的。

(1)假设之一,法律的中立性。但是,对批判法学来讲,这种法律与政治的分离在理论上是不真实的,迷惑了民众。自由主义被认为使法律神秘化了,这是因为它设想法律可以以某种方式被个人用来对抗国家,尽管法律是国家制定的。

(2)假设之二,法律推理是不成疑问的。批判法学对政治中立的"法律逻辑"的整个观念(也就是存在着某种法律分析,它不具有任何政治负担或不与政治议题相关)持批判态度。

(3)假设之三,法律是社会生活的实在资料。也就是说,法律具有固定而客观的意义,我们不可能对这些意义提出真正的挑战;它们的效力和意义是通过客观的、毋庸置疑的方法确定下来的。这种假设还认为,法律及法律体系与潜在的、客观上可认知的社会存在条件之间具有某种形式的自然的、功能的联系(参见奥斯丁和哈特所暗含的功能主义思想,哈特的最低限度的自然法更是如此)。相反,批判法学学者使用的是一种更加后现代的写作形式,努力把法律分析从中立技术的观念之中解放出来,努力说明法律是一种政治工具。因而,法学家需要就如何使用这种工具进行选择:它们将为何种政策、哪些政治家服务?另外,批判法学家,尤其是昂格尔,也对社会生活的基础持一种极端偶然性的观点。现代社会不是自然进化而来的,而是"冷酷的政治"建构的。

(4)假设之四,现代性的极端偶然性和开放性,以及社会进步的意义。在概括说明昂格尔时,再讨论这一点。

461

法律自由主义被认为代表了一种特殊形式的政治学

法律自由主义是为维持社会和经济不平等的现状服务的。自由主义的法学作品和判例掩盖了这种不平等。自由主义法律哲学以平等,尤其是法治观念下法律面前的平等来谈论法律。当代法律学者(如罗纳德·德沃金)是神话的编造者,因为他们建构了融贯性和理性的叙事,而实际上法律是政治的、是矛盾的。

批判法学主张用转型政治学取代法律自由主义。这一观点致力于揭示社会关系和制度结构进行变革的可能性。激进学者是想通过法律实践来采取行动,利用解构性的、揭露性的观点促成解放性变革。批判法学证明社会方面的必然性或绝对主义主张都是虚假的,他们希望以此揭示被现存主流观念隐藏起来了的可能性。

大多数批判法学家都让自己与马克思主义保持距离,没有试图就批判法学家寻求何种类型的法律结构或何种类型的社会这个问题提出任何固有的观点。这种对阐明最终目标的拒斥,在批判法学家采用的理论观中得到了明证。具体地说:

(1)对一切主张存在着人类无法支配的自然历史法则的批判。这是对马克思的历史唯物主义理论的拒绝。因而,马克思主义被认为只不过是另一种意识形态,因为它宣称关于必然历史进程的图景是绝对真理。

(2)同样,这等于反对以下思想:存在着以某种不可抗拒的或者客观的方式支配生活的社会力量或者经济力量。更愿意认为,社会生活是由人们在共存过程中所做的个人选择与决定不断创造出来的。因而,批判法学表明其对那些把社会和社会现象当作研究对象的社会科学不大感兴趣。

(3)对一切使社会世界显得合乎自然、不可避免的理论和观念都不信任。

(4)反对道德绝对存在论的观点。因此,我们不能事先设定一个完美的社会或完善的法律是什么样子。昂格尔在论及激进的计划时指出:"根本没有什么独特的或者预先决定的实践模式,它们必定是在发展中呈现出来的。"试图详细说明乌托邦或者其他的形式都没有任何意义。这一思想只是抵制一切压制性的主张,认为法律和社会根本不能被批判,它们的本质是确定的、不可变更的,不可能存在批判和变革的空间。

这种法律观体现了一种研究社会的整体路径。戈登指出,批判法学一般采用　462

阐释性法律观或者反实证主义的法律观来研究社会中的法。如戈登所言:

> 人们不会只是考察法律制度压榨穷人的多种不可否认的、具体的方式……他们考察在这些制度中看起来显得根本上无争议、中立、可接受的一切方式。

法律是什么? 法律是人们为处理与其他人之间必然联系而建立的诸多有意义的制度中的一种。但是:

> 法律,像宗教和电视图像一样,是众多信仰中的一种——它与其他许多非法律的但与法律相似的信仰结合起来——它们使人们相信自己所处的一切等级关系都是自然的、必要的。(1982:286-7)

因而,法律具有霸权性。这是批判法学作品经常使用的两个关键概念之一,它来自于马克思主义传统;它强调,现代资本主义社会中的统治主要不是通过武力或压迫实现的,而是通过统治阶级和从属阶级所共有的信仰体系的统治来实现的。对统治阶级有利的思想逐渐被从属阶级的人们接受下来。霸权特别强调:

> ……最有效的统治形式产生的条件是,统治阶级和被统治阶级相信现存的秩序,采用某些边际性变革,还是令人满意的,至少表达了每个人所期盼绝大部分的,因为在相当程度上讲事情就必须是这个样子。(1982:286)

批判法学的支持者都很关注霸权是怎样形成的,是怎样维持的,尤其关注法律观念在这个过程中的作用。他们试图解构法律概念的抽象稳定性:法律概念只有以潜在于它们下面的冲突和选择关系的角度来考虑才能得到理解。①

批判法学主张,法律在意识形态上很重要。如果社会生活不是一种对

---

① 受攻击的重要领域是合同学说领域。在英国,A. 汤普生在《批判法学家手册(第1卷)》"合同法"一节中(载 I. Grigg-Spall 和 P. Ireland 所编,1992:69—76)批评了通常讲授合同法的方法,在那里,"关系到结果并威胁到有序的世界和原则的社会正义和分配正义问题,完全被排除在合同阶级的玩具城世界之外……"结果怎样? "合同法创造了一种有序社会的主导意象。在这种社会中,法律似乎是'正义的避难所',摆脱了商业、政治、权力以及利益与价值冲突的肮脏;这种社会超越了政治和道德论点的不确定性和非融贯性……它使资本主义的偶然事实、社会关系的外表成为市场交易关系,看起来像是必然的生活事实……"。合同法使真实生活的社会现实变成了教室内的理性讨论之外的事。

象,不是某种呈现于我们面前的东西而是由人们构建起来的东西,那么,是什么约束着人们、使他们总是以同样的方式创造它呢?是思想霸权使大多数人看不到先前存在或以相似的方式呈现的可能性吗?法律极大地促进了思想霸权。法律提供了思想库,正是这些思想构成了私有财产、契约自由、权威和正当强制、个人责任等概念。总之,它创造了权利观念,权利观念又构成了保护个人的观念护墙;它把人们与其他人之间的自然关系看成是一种对抗和防卫的关系。权利是武器,法律确保人们感到:他们武装得很好,足以防止彼此的侵害。

463

但是,这就会陷入一种实体化的陷阱,或者陷入思想本身被视为物和客体自身的过程。虽然法律实际上是在对特定思想和安排、对人的管理等方面的斗争中发展起来的,但是,在它被展现出来的时候,这种学说看起来好像成了确定的事实。譬如,在 A 和 B 之间的争议被提交审判。法院裁定法律支持 A 而不支持 B。我们就说 A 对 B 有权利,B 对 A 负有义务。该权利现在就成了 A 的所有物,它已经变成了物。

因此,我们思考法律观念时仿佛它们是物:"财产"被视为物,"所有权""合同""侵权行为"也一样。这些物在我们的观念世界中无所不在。它们似乎是牢靠的、不可避免的。它们使世界看起来是确定不变的,抹去了人类交往的现实。① 难道真是这样吗?

批判法学反对霸权和具体化,其目的在于:

(1)用政治性的解释现实取代以下思想:社会是具有自然基础,可以加以客观认知的所在。不存在某种认识世界的自然或者客观的理性方式,因而,解释方法或阐释学方法本质上具有政治性。由此推演下去可知,社会世界大体上是人类创造的,因而,如果人们改变认识社会的方式并使用"真正"属于他们的权力,那么,他们也可以改变社会世界。因此,法律变革不是对人类条件"真理"的被动反映,而是进步性政治斗争的武器。② 批判法学学者(如戈登,1982:290)反对社会条件的确定性,赞成社会的非确定性。

---

① 再次考虑一下威廉姆斯著作的卷首语:凯特这位无辜的黑人妇女怎样被买卖,怎样被简约成以傻或疯来进行的有关她的商品化的保证的讨论,成了"致买卖无效的瑕疵"的主题?

② 继续引述戈登(1982:290):"如果我开始以这种方式观察世界——不再是把我们推得团团转的某种确定的'经济条件'或'社会力量',而是人类进行的不断创造过程,人类不断地复制他们所知的世界,因为他们(错误地)相信他们别无选择——那么,我们将会明显地引入一种十分不同的辩论进路,来讨论法律变化是否曾经产生真正的('社会的和经济的')的变化。或者,法律是否全依赖于现实的、'硬的'生产世界。"

> 如果人们打破回应支配的惯常方式而采用其他方式,那么,历史可能就会改变。他们改进生活的限制仿佛是不真实的,好像他们能够改变万物,而且有时他们确实能够办到,尽管不总是以他们自己希望或者想象的方式……

然而,与戈登的观点相反,社会生活是由人们创造的这一事实,并不意味着人们可以轻易地改变社会生活。批判法学的非确定性是含糊不清的;采取行动的呼吁似乎是在没有认识到与权力抗争的困难、没有看到社会力量的多样性的情况下进行的。另外,我们可以问:用什么取代思想的具体化呢?可塑性与非融贯性之间、解释的视角主义与虚无主义之间,存在着一种微妙的路径联系。总之,霍布斯强加在社会秩序之上的权威——批判法学所不欢迎的权威——之所以会出现,部分是因为中世纪理论的融贯性崩溃之后出现了话语的多样性。不过,这种政治解释过程,通常是对法律文本和主流法理学著作的断然批评或者根本破坏、公然解构和讥讽的修正。(如科尔曼,1984)其他目的:

(2)批判法律思想的具体化。证明这些只不过是一些观念,是特定争论与冲突的结果;它们最终只不过是关于我们应当如何生活的政治观念。因此,法律世界不是一个中立的、不可避免的调整框架,而是一个政治竞技场。(例如,法律观点的符号语言建构与事实和规则的建构一样重要,参见肯尼迪,《法律论证的符号语言学》,1989)

(3)反对法律自由主义霸权,特别通过揭示法律思想的内在矛盾来反对这种霸权。如果法律思想是内在矛盾的,因而是冲突的和分裂的,那么,我们可以看到它们的统治是一种选择或强制的结果,并不是自然形成的。① 肯尼迪早期关于契约的一篇论文《私法判决的形式和实质》就是一个很好的例证。肯尼迪强调了形式("例如一份有效合同的形式特点——约因、建立法律关系的意图、要约/承诺等")和实质(也就是条款的不合理性、非合意性、不公平交易权力和公共政策)之间的紧张关系。他也谈到了规则和原则之间,或者严格的法律与正义或公平之间的紧张关系。

---

① 凯尔曼在《批判法学导论》(1987)中的总结是有益的。他指责主流自由主义法律思想,说它展现出的是一种融贯性与教义逻辑的意象,但现实却是潜在的矛盾和矛盾的隐藏。法律思想实际上"同时充满着内在的矛盾(不是可以通过智慧的衡平来加以艺术平衡的'相竞争的关怀',而是不可归结的、不可补救的、不可解决的冲突)和对这些冲突的出现所进行的系统抑制"。

尽管法律力求推理的逻辑性、准确性,但它在现实中不断采用实用主义的解决方案。经验压倒了任何严格法律逻辑的思想。在合同法的实践中,形式与实质是矛盾的。例如,法律似乎要求有意义的交易应有实质的对价,但是,这种对价可以被简约为徒有其名的租金*——某种纯粹形式上的或名义的东西。同样,实质要求存在双方当事人一致同意的合意。但是,存在着一种对共同意图的客观检验——即有理智的当事人应该能够理解的条款。因此,我们看到,实质上的要求实际上变成了形式。这种矛盾在法律中反复出现,通过我们的认知,法律实践可以转换(或人们希望这种转变)。这些矛盾是我们用一种优良的法律科学就能够化解的吗?或者说,它们是无法化解的吗?肯尼迪主张后者,因为法律现实的矛盾反映了现代环境中人们的基本矛盾。具体而言,自由主义的现代性造成了抽象的法治观念之下具体的个人主义与集体情感和利他主义之间的张力。法官处于这两种冲突愿望的夹缝中:

> 利他主义否定法官具有不考虑后果的制定规则的权利。利他主义 465
> 也拒绝认为代替被动立场的唯一可供选择的方案,是宣称自由裁量作为
> 法律的创建者。它断言,我们能够理解人们所编织的特定关系的价
> 值,理解他们行为的道德趋向。有时候,这些观点允许法官根据事实,基
> 于环境因素,以一个"社会人"而不是一个个体做出裁判。(1976:1773)

对批判法学运动来说,法律是一个行动的场域,我们如何做出判决是我们"法律意识"的产物,而不是由物质决定的我们的存在之结果。肯尼迪(1986)要求我们想象一个法官——一个独特的法官,他是一个自由主义者,一个奉行能动主义的法官,他致力于运用法律追求社会正义——在以下情况下将经历什么:他面对一个具体案件,其中他认识到存在一条法律规则,但该规则与他希望裁判该案的方式相左。

我们的法官面对着一条要求,要他发出禁止工人纠察活动的命令,但是他更情愿支持工人,在这种情况下他如何规避"法律"显而易见的约束呢?法律仅在实证主义观点中才具有约束力(肯尼迪在本文中不考虑德沃金的立场)。在激进的解释视角看来,我们必须考虑目的和作用。法律推理是一项目的性的事业——在这里它的目的就是,让案件的判决根据我的正义感告诉

---

* peppercorn,以胡椒籽交付房东象征性租金。比喻以非常低的对价来表明合同的实质。——译者注

我"它应当怎么判决"的方式来进行,不管法律本身或法律的对立面初看起来的结论是什么。但是,法律材料并非没有约束力———一种媒介施加的限制与你选择的计划或者你希望做什么的回答紧密相关。法律材料不可能预先决定一种必然的判决结果。选择出来的计划当然受所规定的材料限制,但是对照并非发生在某些无所不能的、极端自由的超验主体(存在主义者的法官)之间,或者发生在受法律决定的机器人之间,倒不如说,它是一种旨在达成目的、运用特定材料的工作。

邓肯·肯尼迪和基本矛盾的思想

自由主义在法律中的努力方向是在所有情况中都制定出明晰的规则,而不管形式与实质、规则和原则之间的矛盾——为什么? 按照肯尼迪 1976 年一篇题为《私法判决的形式与实质》的论文的观点,在自由主义的核心中存在着一系列矛盾。肯尼迪(1979)关于《布莱克斯通评述之结构》的文章问道:"社会张力、冲突以及它们背后的症结是什么?"①如果了解了这些,那么,布莱克斯通的工作还有什么用? 基本的张力是共同体与自主之间的紧张关系。

466
　　　　美国法律文化的绝大多数参加者都相信,个人自由的目标依赖于个人自由实现所必需的公共强制行为,同时又与强制行为不相容。人要想成为人,需要其他条件(家庭、朋友、官僚主义者、国家)……但是,那些塑造并保护我们和世上万物的东西……也有毁灭我们的危险……无数次的整合、大的或小的自我牺牲,都是我们在社会中体验自由的代价。(1979:211-2)

矛盾在于个人自由依赖于集体强制。在我们把定义自己的自由界定为与他人的自由对立之时,我们也同时需要他人。对肯尼迪来说:

　　　　基本矛盾——与他人的关系既是自由所必需的,又是与自由不相容的——不仅是尖锐的,也是无所不在的……它是我们对社会生活的每

---

① 凯尔曼(1987)总结了肯尼迪在该分析中的计划:"肯尼迪根据现实主义的洞见进一步拓展说,法律范畴创造了一种'稳定、真实以及内在价值'的表象。这样,肯尼迪通过创造一些以必然性表象为前提假定的范畴,剖析了那些评论使布莱克斯通时代的英国的现存习惯合法化的方法。对评注的结构性分析实际上就是间接地探究现代法律思想的界定和分类,以帮助维护一种现存社会秩序的稳定的方法。"

一种形式的经验……完全不存在不直接涉及合法的集体强制问题的法律争议,因为从定义上看,至少有人想象他可能诉诸国家力量之前,不存在法律问题。(同上引:213)

在这篇文章中,肯尼迪宣称我们对基本矛盾的认识不是人类存在的必然方面,相反,它是历史变迁漫长进程的终点。权利是自由主义借以掩盖矛盾的方法。权利是从社会条件中抽象出来的自由主张,它并不实际地决定自由的性质。①

这将引向何方? 不清楚! 模糊性就产生了:基本矛盾(1)只是自由主义的一个特征,因而,自由主义一旦失势,基本矛盾也就消失了? 还是说,(2)它是人类条件的根本特征,只不过是自由主义使它凸现了出来?

如果是前者,那么,批判法学必须在超越自由主义的矛盾特征的希望下揭示这些基本矛盾——这是马克思主义的传统使命。如果是后者,那么,提出这些矛盾之后还需要努力达成某种可以接受的妥协(或者社会正义),尽管我们明白我们不可能克服这一基本矛盾。当然,肯尼迪的主题是,我们需要重新强调自由的社团基础——自由是社会的问题而不是个人的问题。权利话语的讨论掩盖了界定自由的范围以及人际关系界限时所必须考虑的社会条件。对批判法学来说,权利把人们分成了个体的人——权利淡化了社群主义的愿望,是法律自由主义神秘化的工具。

比较威廉姆斯的权利话语

描述黑人与批判法学之间的不和谐的另一种方式是黑人看待权利的道德乌托邦的程度。对黑人来说,依据法律获得完整权利的前景一直是一种强烈动机性的、近乎宗教性的希望之源,自从他们到达这些海岸以来就是如此……在这些地方,黑人的体验不仅仅根植于不正当的感觉之中,也植根于他们实际上是不正当的、被掠夺的、总是担心被暗杀的恐惧之中,因此,黑人对实在的消极权利——对自我、对个体界限的神圣性——图式的坚持是有意义的。(1991:154)

尽管权利可以把人们隔开并创造社会距离,但是,对很多人来说这种距离是受欢迎的。威廉姆斯描述了黑人的体验如何是人们非常熟悉一种体

---

① 一般地,批判法学家对权利表示怀疑(例如,戈登,1984)——认为它们是包围我们而不是使我们人性化的界线,使我们成为孤立的个体而不是社会的人。

验，是一种模式化的、为人们所熟知的体验，而权利可以创造一种抽象的法律人格。权利创造了一种人，这种人能够融入那些在传统上把"少数族裔的黑人"的真正的、人的个性排除在外的制度结构。

> 我不由自主地意识到这种可能性：不管我的职业地位怎样，人们都会认为我作为黑人女性是不可靠的、不值得信赖的、具有敌意的、愤怒的、无力的、无理性的以及可能是鄙陋的。徒劳和绝望是我真实的反应。这样，它帮助我厘清了界限；表明我能使用(法律权利的)语言是我提高自己商业活动信誉的方法。作为一个黑人，这个社会赋予我一种强烈的自我意识：过于熟悉，外表化，从属于白人。我还处在进化之中，被当做五分之三的人，只是白人财产的一部分。(同上引：147)

从这一经验出发，威廉姆斯有关权利的功用与表现主义的观点不同于批判法学的主流态度。权利不应被忽视，而应该成为一种生活的嘉年华会、法条主义的审美之学。

如果批判法学声称权利将引导我们远离共同体，那么，对那些还没有享受现代性成果、遭排斥被压迫的人来说，被赋予权利是成为现代人的一种途径。权利既具有工具性(它们在取得社会权利、使个人或群体的生活计划能够实现方面是一种工具)，也具有表达性(在使选择成为可能、创造一种社会空间方面，它们表达了社会的福利，即一种允许个人构建生活计划并不断做出选择的社会生活)。这是一个制度性观念，与缺乏权利观念和存在后果的观念相比，这一观念是成为一个人的更丰富的观念。

修正基本矛盾：批判法学能摆脱合理性的需要吗？

在与加贝尔(Peter Gabel)的一次著名对话中，邓肯·肯尼迪宣布他彻底放弃了基本矛盾的思想。然而，这种放弃并非意在影响指责的实质——某些社会生活基本矛盾的事实，而是承认，它们在某种意义上超出了理性和合逻辑的理论能够把握的范围。世界的存在问题不能在理论中镜射出来。肯尼迪宣告了批判法学面临的困境，因为它在指责自由主义事业声称以一种理性而合逻辑的理论来把握人类条件的真理时，只写了一些简短的、形式化的文章。因此，批判法学必须提到真理，但不能宣称自己创造了真正的理论。对批判法学的批评者而言，这等于归于缄默，放弃批判运动的传统——但是，批判法学的倡导者可能会问，我应该讲何种语言？从霍布斯以降，对主流语言

468

游戏的控制一直是维持社会秩序,因而也是维持政治统治方法的关键部分,批判法学学者希望打破法律语言的控制,但是,他们必须用合理的方式写作以便让人看得懂——很少有谁能摆脱这一标准。

然而,指出意义的界限具有更广泛的意义——当然,形式主义的局限说明整体是不能自动地被把握的。这一思想再次传达的信息是,分析和综合是交织在一起的:人们无法摆脱元叙事。要把握真理与定理的区别,就必须有一种整体意象。也许这在昂格尔的作品中表现得最为明显,接下来的讨论足以说明这一点。

忠诚元叙事,或转型政治学在昂格尔的工作中意味着什么?

昂格尔绝对是一位多产作家,他的著作从 20 世纪 70 年代中期第一次把认识论和社会理论运用到法律领域开始(《知识与政治》,1975),经过对韦伯类型的西方法律发展的大量分析(《现代社会中的法律》,1976),到批判法学运动的宣言(《批判法学研究运动》,1986),再到 20 世纪 80 年代后期关于社会理论的鸿篇巨制《政治学:建构性的社会理论》。

对昂格尔产生首要影响的是马克斯·韦伯的社会理论学说,特别是他的意识形态理想类型,以及关于现代行政的复杂性质之必要性的思想。昂格尔的第一部法理学著作是《现代社会中的法律》,它公开得出了解放的叙事;在现代行政国家发展的背后,是对自由和法治的关切,而对不平等的体验使这种关切具有了政治力量。

> 法理学和政治学思考的基本问题产生于两重体验:现存等级秩序的不正当性,以及起源的不正义所导致的道德协议或道德传统瓦解。只要人们有过这样的体验,他们就会力争避免或者减少等级秩序中人们彼此间的奴役,力争把最深远的权利(即政府的权力)建立在一种克服了一般社会等级专断性的基础上。这种斗争的主要方式是为法治而斗争。(1976:176)

现代人在拒不承认具有内在等级的社会秩序合乎自然时所体验的关于社会非正义性的存在认识,并没有随着法律权利和法治的确立而消失。不平等持续存在,确实,社会不平等的存在为法律秩序提供了语境,刺激了转变社会的持续需求。昂格尔似乎是说,我们注定要检验到一种持续的社会不平等感,因为我们不能赋予法律秩序(以及由它构成的社会)以某种自然秩序的地位。

除非人们重新获得一种意识，即社会的习惯代表着某种类型的自然秩序而不是一套任意选择，他们就没有希望避免不正当权力的困境。但是，对这种内在秩序的认知如何才能在现代社会语境中实现呢？（1976：240）

昂格尔提出，一个共同的道德协议首先必须假定某种确定的概念，即"某种共同的人性概念或者并非统治集团利益产物的内在社会秩序要求的概念"，以及"关于社会生活内在秩序的普遍共识"。

只有在那时，我们才能够相信该分配模式是自然（不）平等的一种形式。这等于回到了某种形式的习惯法而不是法治。但是，它也必须是一种具体的现代习惯法："与其说它成了一种特殊群体的稳定规范秩序，还不如说它是正在发展的人类道德语言。"（1976：241）

我们必定生活在一种固有的秩序中，尽管我们需要超越它。昂格尔的观点不是向某种柏拉图式的王国靠拢，而转向了"普遍共同体的理想"。在这种共同体中，"一种社会生活中潜在的自然秩序的意识必须与让意志重新创造社会安排的能力协调一致"。（1976：266）那么，什么将会指导这种意志呢？

昂格尔拒不赞成韦伯的观点，即社会不平等是个别劳动的推动力，因而也是社会发展的推动力，这是一种冷酷无情的合理性。对韦伯来说，我们注定生活在法理型国家及其官僚行政的铁笼之中，因为我们不能超越不平等。昂格尔努力使人类思想重返形而上学的调和之路。

许多社会科学都是被作为反对形而上学和政治学的堡垒而建立起来的。由于忠诚于现代哲学对古典哲学的反叛，经典社会学家急于首先摆脱形而上学的幻想，接着摆脱政治判断可能的任意性。他们想创建一种社会知识体系，不受形而上学或政治争论的摆布。在某种程度上，他们是成功了的。

但是，现在我们看到，为了避免自身陷入两难境地，在某种意义上，社会理论必须再一次成为形而上学的和政治的东西。它们必须在人性和人类知识问题上有自己的立场，因为对此没有或可能永远没有什么"科学的"解释。并且，社会理论必须承认，它自身的未来与社会的命运也是不可分割地联系在一起的。理论进步取决于政治事件。理论不仅包括理想，也包括描述：理论包含着的选择既有理想，也有描述，理论必须作出的选择是从实际上是什么的观点中所做的选择。这些选择既不是任性的,也不可能获得逻辑的或经验的证明。它们建立在社会秩序和人性所需的思辨性概念之上,这些概念以历史知识为基础,但是,这些选择并不能假装必然是从历史知识中得出的结论。

昂格尔面临着与凯尔森同样的问题,但是方法论和社会理论的进路则正好相反。我们不能成功地创造一种纯粹的理论,因而,我们必须清楚我们理论立场的政治学;我们必须在进步而高尚的智识关切的名义下将我们人类追求的各个方面结合起来。

> 直接关切的丰富性与思想中的普遍性追求结合起来,以便赋予精神以大胆开拓的热情,使之既可以面对异常现象也可以面对共同现象,并意识到事物的统一性。 470

> 当那些最伟大的社会理论家,从其前辈的思辨性概括出发,提出一种比较精细的社会科学猜想时,就有了这种体验。现在,让我们沿着相反的方向,沿着他们走过的道路回溯,模仿着我们的导师们前进吧! (1976:268)

在追求"更精致的猜想"的智识严格性而不是"思辨的一般性"时,我们遵从了波普尔关于适当从事科学活动的准则(公开我们的理论、猜想以接受检验和批判),但是我们被限制在社会工程的局部之中,它压制着我们的希望和活力。我们必须进行"彻底批判"。在超越作为现代性特征的自由社会的任务中,"彻底批判"的第一步就是对自由主义①以及构成自由主义社会的二元对立(如公/私、事实/价值、理性/欲望)的根本批判。然而,尽管我们肩负一种使命——变革的使命——但是,我们既没有自然法,也不能确定上帝的恩典。②

20世纪80年代,昂格尔似乎从希望超越现代性转向赞成一种激进的现

---

① 注意昂格尔是用自由主义这一术语来指西方发达国家,因而他对自由主义的批判,也有不少是对现代性的批判。他根本不是马克思主义者。

② 当我们揭示现代思想(即自由主义思想)的"自相矛盾"时,我们力图超越它们。只有普遍共同体的调整性理想才能实现这一目标,让我们获得"与批评能力或超越能力相协调的内在秩序意识的体验……"由此,"具有社会人格的个体这样一种矛盾",通过"每个人对他的同伴的具体个性的承认"而被消除了。但是,这是不是可以肯定昂格尔提供了一种神秘的祈祷?

"当哲学获得了它够把握的真理时,它就成了政治学和祈祷:世界借助于政治而被改变;人们通过祈祷而祈求上帝实现世界的变革,把他们带到他面前,赐予他们以他们欠缺的东西。

但时光流逝,我们仍然不能完全地了解您。您为什么依然保持沉默? 说话呀,上帝?"(昂格尔,1975:294-5)

代主义的政治法理学。现在，所要面对的是尼采的遗产，即其特定意义上的虚无主义。我们必须面对并克服虚无主义①。尼采谈到虚无主义的意思是我们必须摧毁传统价值以及作为权威之所在的上帝，并理解我们的真正立场：从最终意义上讲，社会的命运受制于人类意志，因为社会的基础是人类的意愿。因此，在一切自然的或先验的正当性（以及对人类行为的制裁）都被抛弃了之后，法律作为一种建构社会安排和法理学（即该秩序的制度构想）的机制，必须创造一种社会秩序并赋予它以制度上的自觉。我们怎样才能找到我们的位置？怎样才能应对后现代的挑战呢？昂格尔有意回到元叙事的写作形式上。在 20 世纪 80 年代后期的主要计划的导论性著作（《社会理论：情势与任务》）中，昂格尔首先对现代性社会计划下了一下定义：

471

> 现代社会思想在诞生之时就宣布：社会是人造的、是构想出来的；社会是人造之物，不是某种潜在的自然秩序的表达。这一洞见激发了伟大的世俗解放学说：自由主义、社会主义和共产主义。所有这些学说都以这种或者那种方式承诺要建立一个社会，在那里，我们无论是从个体上还是集体上都被赋予一种能力，把我们实际的感情关系从严格的身份和等级之中解放出来。如果社会的确是我们所要再创造的，那么，我们可以继续发扬自由主义的左派目标，从我们的实践协作或情感依赖之中清除依附与统治这种污点。我们可以提出现代主义的目标，即更充分地将主观体验从预先构思好的、强加的文本中解放出来，我们甚至可以把左派的自由主义和现代主义者的目标结合在一起，以巨大的雄心构建社会生活，它的稳定并不依赖于交出我们社会创制的权力，或者把它交给特权精英。社会是人造的，是人想象出来的，这种社会实践观点，就是在要发现在这些目标中哪些是现实的，哪些是虚幻的，并要找到实现这些目标的指导原则。（1987：1）

因此，虽然现代性始于突破习惯、突破关于社会实在与个人身份的宗教、宇宙观，但是，我们没有充分利用这种变革性的想象力。我们让一种弱化的、制度上保守的社会构想来统治我们。我们没有"把社会是人造之物的思想贯彻到底"。

---

① 在《激情：论人格》（1984：viii-ix）一文中，昂格尔提出了一条指导原则："只有当思想让我们的理想和自我认识经受怀疑者的火焰之灼、为洞见而冒虚无主义之险时，它关于我们是谁、我们应该怎样生活的主张才可能具有权威性。"

昂格尔将一个重要的目标确定为我们的语境性认识,即在我们日常的存在中,我们不可避免地是常规的创造物。在此,昂格尔接受韦伯的悲观传统,这是因为他认为我们把我们的常规当成了既定的框架,他以为我们认为这些常规比它们的实际情况更稳固。我们的常规存在于框架之中。但是,我们不应该认为这种常规——框架的特性是固定不变的、自然给予的。在处理与他人的关系时,我们必须打破严格等级制度与身份的控制。这一目的在于:

> ……挣脱那种只允许我们在下述限度内解释自己和我们的社会认识方式:我们只能把自身想象成在我们建设起来并居住于其中的社会世界里无助的傀儡,或者是想象成创造这个世界的类似法律的力量的无助的傀儡。

把这个说法与约翰·奥斯丁的下述信念比较一下:在社会中存在着某些我们不得不使我们的社会制度与之相符合的根本政治经济法则。奥斯丁认为,我们必须发现自然世界和社会世界的真正知识,并使我们的法律制度遵循这种知识,而昂格尔则认为:

> 历史真是令人惊奇;它并非只具有那样一种方式。社会创造,无论是有意的还是无意的,并非只是事先确定或严密设定的可能性的演示。

我们在日常生活中被误导了,此时,我们相信:我们是被塑造而成的,社会是由不可动摇的力量构建的,生活的语境提供了自然决定的结合点。然而,我们为什么还要坚持这些信仰? 因为我们处在制度想象的控制之下,它给我们的语境披上了确定性和结构必然性的假象,当前的制度结构已经背离了现代性的希望,现代性事业已经变成了精英者的保守利益。对民众来说,现实是异化、怨恨和期望。除魅符合精英们的利益,因为它产生了冷漠和非积极的回应,例如犯罪,而这只不过是进一步巩固了强大想象力量的控制。

昂格尔并没有拒绝现代性所依存的话语。他经常问:为什么某些概念(如权利)应当以我们使用它们的那种方式加以建构? 为什么权利应当被认为是个人的事情? 为什么不是"连带的权利""市场权利",或去稳定化的权利?

只有超自由主义才会把自由主义的转型承诺推向激进的方向。这是一种得到授权的民主,分散了强有力的制度结构的权力,影响了制度结构的稳定性,这样,权力来自于基础,而不是来自于最上端。我们的目的在于确立一种新的信任和依赖策略——创造一种比现在的观点更具有说明力的共同体理想。①

对法理学来说,具体的思想是什么?昂格尔似乎提出了两个主要的问题:语境问题和社会连带问题。法理学必须打破语境意象的控制,为一种更富有正义的社会连带形式而努力。这是如何实现的?

第一,法理学与限制性语境思想之间联系的转换;第二,对社会流动性的不断追求,追求那些并不排斥人类差异性的社群主义社会连带形式的不断试验。但是,共同体和自由之间的调和如何才能成为可能?或许,它从来都不过是一种调整性理想,昂格尔肯定会拒绝乌托邦社会的可能性。我们必须把法理学发展成为一种流动的工具。在《现代社会中的法律》(1976)中,昂格尔把法律思想和社会必然性意象的创造以四种方式联系起来,这四种方式都是必须予以反对的:

(1)法律作为一个体系。这就是韦伯宣称对西方的理性化进程具有根本性作用的思想——因而,法制可以是一种封闭结构,其中存在着对任何法律问题的答案。如果不接受一种确定的体系,为什么不接受不确定性原则呢?

(2)法律职业者逐渐理解了那些他们能够从这一体系的资源中找到法律问题答案的、各种特殊的法律合理性形式(因此,他们理解先例技术、法定解释、法律论证)。② 总之,批判法学学者拒不承认存在着这样一种自治而中立的法律推理模式,以代替反形式主义的原则。

(3)法律结构中的学说反映了人、基本条件和根本社会属性之间的内在融贯的观点。批判法学的倡导者否认这一点,认为学说实际上是由竞争的、冲突的和矛盾的观点构成的,其中的任何学说都不是基本人性条件的自然推论:这就是矛盾原则。

(4)法制塑造了社会和社会发展,因为社会行为最终反映法律体系所产生出来的规范。无论是通过强制还是通过内化,个人逐渐遵从法律的规定,因此社会是由法律驾驭的。批判法学研究运动认为法律的形式结构在驾驭社会的过程中发挥次要作用;这就是边际原则;相反,正是社会意识影响并提供了重要的法律场域。也许,昂格尔早期对韦伯的正当性的信赖是有

① 昂格尔主张,激进主义者必须得摆脱乌托邦的论调。如果激进主义者被视为乌托邦主义,那么,就很容易地让保守论者说:"这在愿景与理论上讲都非常好,但我要面对的是现实性与可能性!"我们必然想象那种虽然还不可能但只要我们对之设想就可能的东西。
② 注意科特威尔(1989)在《法理学的政治分析》中的观点:大部分规范法学都强化这种职业认识,法律教育让每个人都具备这种自我意象与技术,使其成为法学家的角色任务。

益的。

制度如何获得并维系其正当性呢？社会制度的刚性和法律制度的作用之间的联系是明确的，因为一些关键思想阻碍着转型构想的功能发挥：

1. 社会秩序是由信仰体系维持的，信仰使该体系中的人们相信这就是事物的自然秩序。

2. 制度是确定的、必要的，虽然它是短暂的、任意的，反映了统治阶层和统治集团的利益。法律学说被描述成基本的、合理的，虽然它们是偶然的、主观的、任意的。

3. 现行的法律思想掩盖了平等和自由的承诺与压迫和等级现实之间的矛盾。

什么可以取代这些被拒绝的观点？

对昂格尔来说，授权理论、法律的流动性和灵活性的概念、转型政治学等理论的目的，在于营造一种新的制度构想，推动社会连带政治学的发展。在这个计划中，昂格尔与自霍布斯以来的法律事业所隐含的价值，相距并非那么遥远；只有一点除外，即上帝以及他的现代替代物（即效用）最终都被毁灭了。首先，该社会转型的计划是什么呢？

> 这一计划既不是虚构的反自由主义的共和国的另一种形式，也不是已经确立的民主与其假想对立物的荒谬复合体；相反，它代表着一种超自由主义。它把自由主义关于国家和社会、关于通过意志来摆脱依附的自由以及社会关系支配的前提推向一点。在这一点上，这些前提假设融合在一个更大的志向之中，这就是，建立一种与自我不那么疏离的社会世界，这种自我总是违反自己精神的或社会构成物的生成规则，并使其他规则和其他社会建构各得其所。（《批判法学研究运动》，1986:41）

这接近于我们从霍布斯以来所见证的主题，"社会秩序的核心要点在于它是可以替代的"这句话等同于撤销程序，等同于"我们试验着法律，今天合法的东西明天就可能过时"的思想，而这正是法律实证主义的核心。我们具有的程序主义，现在不需要人性或人类使命思想的指导。我们已经有勇气 474 "冒虚无主义的风险"，"让我们的理想和自我认识经受怀疑主义之火的考验"。（1984:9）在此情况下，我们已经为社会世界创造了条件：这个社会世界"使我们可以获得它自身修正所必需的工具"。（1986:105）

我们的基础是什么？任何认为存在牢靠本体论基础的观点，我们都一律加以拒绝——我们的基础是对偶然性以及这些基础的可修正性自觉。我们既反对"以牺牲其他价值为代价而包含某种单独的价值"，（1987：354）也反对"从几个相似的理想之中作唯一选择"。

这些安排表达了我们的基本辩证法：一种存在于某种语境之中并超越这种语境的辩证法。我们要把"语境——超越"变成一种伟大的社会政治美德。昂格尔谈到的是后现代条件的问题——他的可塑性概念接近于激进的开放社会，波普尔和凯尔森拥护这种开放社会，认为它是他们的正义社会——但是，我们不可能赋予超自由主义思想以任何真正的实质内容。因而，对许多人来说，把自由主义的原则与卢梭、黑格尔的有关思想以及尼采反对怀疑主义的格言结合起来是危险的。

结　　论

在 20 世纪 90 年代后期的高潮时期之后，批判法学所引起的论战热潮大部分已经退去。主流法学对批判法学代表的虚无主义在学术中爆发的担心，已经过去，其许多观点已经被调和了。随着美国政治情势变得更加保守，随着大多数人对政治结构不断醒悟，法律现在被看作是政治，至少在"最广泛的概念"上讲是如此。① 批判法学是不是已经为理论反思的标准，或者为法律的道德感知性问题做出了重大贡献？对此，不可能有单一的答案，不可能开列一份令人满意的成就清单。然而：

（1）批判法学在指出粗糙的实证主义立场的不足之处是成功的。但是，实证主义的立场，即把法律视为确定的规则问题，规则要么具有约束力，要么在穷尽之处留下漏洞，由自由裁量加以填补，这种粗糙立场还有什么人在坚持吗？当然，批判法学走得更远。批判法学要求我们不要根据自由主义的实在法律体系模式把法律看成确定的规则，或者规则与原则的融贯体，而是把法律视为一种政治过程：在这一过程中，社会关系不断讨价还价，人的希望和思想不断地被扭曲、被误读。美国批判法学强调，人们必须把握每一次机会，挑战已经确立的思想，尤其是挑战它们的必然性假设。这肯

---

① 佩尔特（Pellet）（1985：1151）认为"'法律等于政治'这一断言对法学界不再有什么威胁。之所以如此，不是因为法律与政治的等式中法律一边得到了改造，而是因为政治那一边已经贫困无力了。"

定会受到欢迎,但是,批判法学对法律自由主义的意识形态的批判适当吗?
因为:

(2)法律自由主义不是以(哈特或德沃金意义上的)道德立场来加以描 475
述的,而是被描述为一种神话。人们看到的不是"整体性",而是犬儒主义、
虚假意识、非真实性、浅薄与伪善。但这不是良莠不分吗?法制具有道德性;
我们需要以肯定的态度来陈述和重申自由主义,不能仅仅以否定的方式来阐
述。某些联系难道不应当被建立起来吗?

(3)尽管正确指出了法律必须干预并部分构成了生活与社会情景的复
杂性,然而,批判法学夸大了法律的不确定性,它不能理解法律的封闭性可能
是对生活的复杂性的一种正当的实用态度。

(4)批判法学是一个松散的标签。在这个标签下正在进行的计划如此
之多,以致很难说明它的核心立场。①

(5)批判法学运动把我们的注意力转向现代晚期窘困的一面。如果自
由主义把法律视为一个涉及所有公民的法规和规则的框架,那么,批判法学
运动关注的是,法律的平等或者不平等对社会不同部分如何产生实际影响。
但是,它的关注主要在于法律自身的概念和原则所包含的不平等方式——例
如,为了签订合同而不是为了让其负刑事责任,而把企业当作个人人格来
对待。

这是一个关于态度与希望的结论性观点。将本章所提出的主题予以类
型化的方法,是指出批判法学的封闭性和开放性。它反对法律、政治和社会
世界的一切形式的封闭性——赞成法律、政治和社会构造的激进开放性。在
这一点上,批判法学反映了现代晚期(后现代的肇端时期)变化中的社会立
场,在批判法学与韦伯之间可以作一对照。韦伯从政府与某种同"合理性"
(以人性为代价产生了形式合理性的统治)具有特殊联系的现代政府"逻辑"
之间的关系角度,描述了官僚生活方式的不断发展;而批判法学则企图在复
活人类认知形式的名义下打破合理性铁笼的控制。批判法学的支持者努力
重新引入现代法律话语的抽象合理性之中不易把握的各种思想形式——即

---

① 这是在重复我们经常听到的一个观点。在《法律批判:批判法学的"批判性"是什么?》
(《法律与社会杂志》,1987:14)一文中,英国学者阿兰·亨特曾经指出,我们需要更明确的批判
法学理论。亨特设定了特殊批判法学著作的策略和目标:(1)考察法律学说和理论的内在一致
性以揭示其矛盾;(2)鉴别法律学说和思想中所作出的政治与社会假设;(3)寻找特定法律思想
和法律学说的社会起源;(4)关注社会生活之政策、原则与安排,以及被特殊自由主义理论排除
在外,或者被法律学说摒弃的政治可能性;(5)关注权力在法律实践中的地位。

人类的要求、愿望、情感、恐惧等。

我们也可以把批判法学解释为关于"理性"的命运、关于思维本身在现代社会中的命运的评论。这意味着什么？让我们再一次运用韦伯的分析方法:在现代性的早期,"理性",即思维、辩论等智识活动,是自由的工具、启蒙的工具、对虚伪信念的"非理性"进行持续的社会批评的工具。理性反对严格的社会分工以及世袭制度与封建主义的等级制度,反对服从宗教信仰;理性不断地追求创新、追求解放。用康德的话来说,我们在以下格言中可以看到现代社会的基础:一切事物必须受到理性的审判。因而,任何信仰体系要被我们接受,它就必须接受严格的审查;我们必须抛弃经不起检验的东西,保留那些在理性上可接受的东西。我们,即个体的人,是这一进程的控制者。但是,韦伯把我们引向了接下来必须接受的陷阱之中——也就是说,那些看起来合理的东西仅仅因为它们是合理的就被接收下来,但是,这样做人道吗？理性不再是理性,在作为我们的工具、作为人类自由的武器方面不再合理有效,理性变成了新的牢笼。在被纳入国家官僚制度之后,我们这些现代社会的主体失去了对理性的控制,成为理性的对象、国家官僚机构的走卒。理性不是由主体引导的或以主体为中心的理性(也就是说,我们负责管理我们自己的思考),人们并不具有多少为自己思考的余地或根据——他们被故事、广告、善恶、美的意象包围着。凡是不能用严格的理性语言加以讨论的东西,都成了现代性抛弃的对象——弱点,游戏的主题,对激动、爱和其他的事物的追求等主题,都被抛弃了。

对批判法学而言,与韦伯一样,法律体系是这一过程的一种表达。因而,冲破法制的形式主义的合理性意象使我们能够推翻合理性的铁笼,发现理性背后的人类利益。在本章开头使用的昂格尔的引文中,我们看到了弥漫于现代性之中的完全自觉的叙事。

"把人性带回理性之中！"就是这种呼声。批判法学的怀疑主义不是什么虚无主义事业,而是一种具有深切关怀的努力。在最深的层次上,批判法学充满了激情。它也充满了希望。希望人类条件能够得到改善——期盼我们学会冲破束缚我们思想的限制。但是,没有乌托邦,也没有确定性——只存在斗争以及人类条件之谜。正是因为我们注定要陷入发生在语境、权力,与"当一个人"的意志之间无穷无尽的斗争之中,所以,法理学被要求为我们的"内心苦闷"提供一个自我反省的领域,成为关于政治斗争和社会建构主义的关键制度场域的理论构想。具有讽刺意味的,是尽管批判法学家们常常听起来好像想要削减法学家的自负,但是,他们向法律和法制还有法理学奉上了颂扬之词：在社会和政治斗争中发现关键领域的正当性。人们可能质疑：法律是不是这样一种竞技场，制度是否真的还需要正当性？但是，如果我们能够怀疑我们的时代是霍布斯式的时代，因为快乐就是它自身的正当性，那么，批判法学在它试图瓦解主流语言游戏的力量方面的努力是反霍布斯主义的。但是，我们必须要牢记霍布斯的教导，因为他在解构信仰的同时也建构了信仰，并且为我们提供了一种信仰。语境解构的政治学而不是理性重构的政治学是以忠诚和开启自由的名义剥去皇帝的新装，但对其他人而言，它鼓励一种法律和秩序的新霍布斯主义的权威政治学。调整性理想可能难以抵制，然而，它似乎也没有提供彻底的自觉能够接受的其他什么东西。　477
愤怒与丧失的清白因此而产生。① 或许怀旧之情也是如此②；这是因为尽管批判法学似乎认为上帝已经死了，但是，这一运动看起来正在寻找论辩的"意志"。③

---

① 昂格尔似乎完全意识到了批判法学在效果方面的弱点。在其《批判法学研究运动》的结尾，他说："最后，我们的意图和他们所假设的原始社会形态之间存在着一种不一致之处：心怀不满且好争论的知识分子以 19 世纪资产阶级的激进主义风格所进行的共同努力。对所有参加这一活动的人来说，意图与现实之间的不协调必定是愤怒的原因。"（1986：119）

② 正如皮乌·加贝尔在与邓肯·肯尼迪关于《摇翻贝多芬》(Roll over Beethoven)的对话之开场白中所言："这个计划的目的是要了解那种内在于我们异化境况中的不相干的关系。"（1984：19）

③ 初看起来，这种对批判法学的解释所着重强调的是一种与凯尔森的法律理论完全对立的意象。尽管如此，它们是相似的，因为二者要求法理学为政治学创设一种元语法。凯尔森的元语法是语言游戏与建立形式法律科学二者之间的基本分离，批判法学所创立的是政治阐释学的语法。凯尔森也正好借此来指责批判法学的天真幼稚，主张法律不能沦为补救性政治学的场所。

第十七章　解读女性主义法理学

……上帝创造了女性。由此确实结束了烦恼——同时也结束了其他东西！女性是上帝的第二个失误——"女性本质上是毒蛇，夏娃"——每一位牧师都晓得，"邪恶都是女性带到世间的"——同样，每一位牧师也都知道这一点。(尼采,《反基督》,1895,第48则寓言是厌恶女性的范例)

女王紧急征召所有能说会写的人讨伐这个疯癫的、邪恶而愚蠢的"女性权利"……它是一个使女王如此狂怒以致不能自已的主题……上帝有差别地创造了男性和女性——然后让他们各得其所。(《维多利亚女王》,1872,引自卡姆,1977:179)

我自己一直无法准确地发现女性主义是什么:我只知道,每当我表达的观点不同于一个逆来顺受的仆役时,人们都会称我为女性主义者。(威斯特,1988)

(请)把我带到一个不必失去自我的世界中去吧。(莱利斯·基茜:《黑人女性主义者》)

导　言

在20世纪所有的文化革命中,女性主义似乎注定会产生最伟大的影响。[1] 什么是女性主义？这是一个松散的范畴,虽然早期可以被称为女性主

---

① "女性主义过去是,也一直是最伟大的、最具决定性的现代社会变革。与政治革命不同,社会变革不是爆发出来的,它是逐渐发生的。社会革命也总是文化性质上的革命……女性文化虽然迄今仍被边缘化、不为人们所承认。但是,它正在用自己的声音阐述……自己的意见,主张自己是人类传统文化的一半。女性主义运动并非只是新奇的西方文化现象,它在迄今现存的一切文化中是一个分水岭。"[赫勒(Heller)和菲尔(Feher),1988:144-5]

义的运动要求女性解放、平等和自由,但后来的观点则强调法律、文化和社会结构变革的必要性,强调释放女性的潜能。由于受到各自特殊背景、训练、意识形态和阶层的影响,每个女性主义作家都有其特殊的方法。[1]

也许一位女性主义者只不过是这么一个人:其被"其他人"认定是一位女性主义者,并且也自认是一位女性主义者。[2] 无论如何,作为一个有意义的定义,女性主义可以被界定为女性的代表或者女性自己对于其在社会现实中的地位的自觉创造(有时是无意识的)——与被普遍接受的浸透着男权观念的"常识"或者"日常"的观念相对应——其目的在于女性的解放。女性主义学术是一系列不同模式的散漫实践,用来抵制和颠覆主流男性文化的常识性假定。另外,女性主义是一种实践形式。女性主义作家承认,尽管她们处于一个充满浓厚男权习惯与结构的社会中,但是,作为女性她们必须坚持生存和写作;她们主张自己有权提出确认与变革的特殊批判观点,改善女性的地位(这暗含着,逐渐实现"人性"的更完善更深层的评价)。

480

基本问题包括控制、父权制与女性的正义感

女性主义法学要解决的问题是什么? 这些问题不少,但其中三个问题似乎是不言自明的。第一个问题是被法律调整反复正当化的具体压迫性的现实。不容否认,纵观历史,女性的地位一点也不比奴隶好,她们是主人(父亲或者丈夫)的合法财产,他们保护她们、控制着她们。第二个问题是父权制,也就是男性权威的制度,由它所决定的制度与组织的合理性构成了影响女性的压迫关系与剥削关系。第三个是女性的正义感问题,或者说,传统的

---

[1]　从马克思主义和社会主义传统中产生的女性主义著作,如麦金农(1982,1987,1989)、米切尔(Mitchell)和欧克莉(Oakley)(1976),强调女性和阶级的经济地位与政治地位之间的互动,关注女性通过社会结构而提出的要求;黑人女性主义者,如 B·斯密(1981)和帕特莉莎·威廉姆斯(1991),要求进行更广泛的多层次分析,努力揭露各种规定黑人女性的社会地位、压迫黑人女性的制度。

[2]　性别不限于女性,因为人们通常把一些男人(如约翰·密尔)也称作(自由主义的)女性主义者。恩格斯(1978:87-8,96)在他写于 19 世纪中期的作品《家庭、私有制与国家的起源》(The Origin of the Family;Private property and the state)中的分析颇有感染力:"(真正的自由要想成为可能)只有等新的一代成长起来……一代男性,他们在自己的生活中从来就不知道如何用金钱或其他社会权力工具购买女性的臣服……一代女性,她们从来就不知道出于真爱之外的其他考虑把自己交给一个男人这样一种事情为何物,从来都不知道出于对经济后果的担忧而拒绝把她们自己交给她们的爱人这样的事情为何物。"

男性观念所包含的"真理":女人不同于男人,她们尚不具备正义所要求的抽象且公正的客观性意识。

概括地说,女性主义者的回应涉及:

(1)分析、凸显压迫①和暴力②的组织,并且与之进行政治斗争。

481

(2)分析父权制的无所不在,寻找反抗父权制的策略。这一事业的范围很广,从意识培养,到提出"人是政治的"、父权制的压迫无处不在这些论辩。③ 家庭有时甚至被斥责为"父权制"的主要制度[米莉特(Millet),1985]而在生育权上的斗争折射出这样一种观念,即生育不是一成不变的生物学事实,而是把社会的技术与意识形态连接在一起的过程。[奥布莱恩(O´Brien),1981]为了获得自我价值,女性必须探索新的"快乐"途径,反抗人类历史。在那里,性一直是以男性为意义中心组织起来的④;她们必须做出政治决定,追求一种赋予她们以体验和感受的自由的生活方式,以此来满足她

---

① 压迫和剥削采取了不同的形式,但经济统计却令人咋舌。根据一份联合国 1980 年的报告[引自布赖森(Bryson);1992]:"女性占世界人口的一半,完成了总劳动工时的近 2/3,得到的收入是世界总收入的 1/10,拥有的财产少于世界财产的 1/100。"

② 女性主义学者指出,针对女性的暴力既有公开的,也有隐秘的。凯特·米利特(1970)认为,父权制的暴力已被制度化。结构性地内在于法制实践、法律的实现和社会结构之中,导致了非法堕胎以及持续不断的强奸的可能性。暴力永远存在的可能性是不平等的权力关系得以维持的机制。其他作家如杰西卡·本杰明(Jessica Benjamin)(1980)、威廉姆斯(Williams)(1991)则把矛头指向了隐秘的男性合理暴力。男性合理地通过计算因而也通过主流组织的决策而界定"他类"。浸润着形式合理性的现代社会组织把"他类"对象化,控制着"他类",与此同时却又不承认"他类"的真正存在。第三世界问题评论家[如布朗(Brown)等人,1981]描述了暴力是如何被用来保证女性不违反社会规则的。女性必须在社会为她们设定的角色和行为中活动,她们的性角色和生育角色都受到暴力的控制。

③ 麦金农(1982)认为,只有遵从将个人看成是政治性个人这一律令,女性才能把社会性与主体性联系起来,通过女性的(非)"个人"生活来为女性的结构性地位的政治学而斗争。

④ 性感话语是男性生殖器中心论的主要证据。女性的性感在传统上被描述为要由男性的阳性部位来填充的缺乏、裂隙、空洞。因此,男性生殖器作为原始标记(意义的符号表达物)是建立在女性的性虚无基础上的。没有女性的本质这回事,这是因为在性交中,女性所做的一切就是吞噬、引导、激动和刺激、接受和鼓励欲望和动作;在这里女性让真理发生,但不可能是真理(除非一个人像尼采所说的那样坚持认为,真理是有待实现的目标,但其在现实中总是一个奥秘,这注定了直至死亡其仍是个谜——那么,真理就是一个女人)。与此相反,近期女性主义关于本体的作品努力把女性外生殖器重新塑造为一种存在而不是缺乏,创造性诞生的守卫者。法国心理分析学家露西·伊利格瑞(Luce Irigaray)(1984:24)认为,女性的性器是神话,是(未来)生育奇迹的使者;(生育)是普遍性和卓越的重塑,特别地,它是通过这个门户来实现的,它从来都没有被当成什么:女性的性器、接近黏液的门户。它超越爱与恨、绝对的流体与冰的经典对立——一个总是半开半闭的门户……女性本体的谜?"

们的体验,感受新的主体性形式的要求。①

(3)分析正义问题。传统上,女性一直被描述为缺乏正义感(参见奥 482
肯,1980,1989 年;劳埃德,1984 年;帕特曼,1986,1989,库勒,1988;奈,1990)。
甚至在希腊古典时期以前,关于女性的神话故事和形象都是非理性、不可预
测、情绪化和粗俗的,与男性在深思熟虑中(似乎)具备的权衡、理性和远见
品质恰恰相反。② 通观西方哲学史,男性作家一直生活在复杂和歧义的环境
中,导致这一结果的原因是,人们认为女性比男性更接近自然,女性的适当领
域是家庭私生活空间,女性是道德和秩序的守护者,而男性的奢侈则可能危
及这种道德和秩序;女性以其耐心和稳定性赋予社会团体以力量,缓和男性
无所约束的欲望和权力意志,后者可能会扰乱世界的平衡。不过,一个主导
的主题是:女性缺乏正义感,她们不能获得公正统治所必备的客观性;她们必
须远离政治权力,以免她们破坏政治结构。换一种说法,这个问题是说,为了

---

① 随着阴蒂的"发现"[在许多作品中都有说明,如安娜·科达特(Anne Koedt)的《阴道性
高潮的秘密》,1970],人们对女性性感的观念产生了转变。人们不再认为女性快乐的"真理"是
体验阴茎的插入。人们对于"性高潮权利"的承认导致"性快乐平等"的要求。有时,这被刻画成
"争取尊严和自主的斗争的一部分,而这一斗争又根植于争取实际地控制一个人的身体的斗争
之中"。(德沃金,1981:105)脱离了男性视角和男性欲望,女性快感的含义并不是不言自明的。
父权制的力量甚至控制着性的想象。因此,女性必须反思自己的快感。历史地讲,快感对女性
而言是与危险、死亡、罪过紧紧联系在一起的。例如,性交会带来难以计算的怀孕概率以及——
由于与生孩子相连的高死亡率——死亡。(吉登斯,1992)假如女性在婚姻期间通过参与性交动
作而表现出过多的快感,而男性对这种参与并不支持,那么,她就会有被逐出预期的婚姻角色之
虞,并有离婚或遭受家庭暴力的可能。美国黑人女性的情况则不同:"在把所有黑人妇女描绘成
性放纵者的主流文化面前,把自我当成性的存在的公众认同被认为贬损了所有黑人妇女的声
誉,贬损了这个种族的声誉。"[黑泽尔·卡比(Hazel Carby),引自杰维尔(Jewell),1993]因此,以
性取乐是一种危险而矛盾的现象。要寻找一个空间,以便自由而真实地讨论需要和快感;正如
黑人运动者萨布里纳·索尤纳(Sabrina Sojourner)说的那样:"我们每一个人都有权定义自己的
需求界限,让这种边界受别人尊重。性交本身没有错,但我们怎样对待性交却可能会出错。"(引
自杰维尔,1993)早期激进的女性主义提出:女性需要人们肯定她们的快乐——在身体、感官、人
际交往等领域。女同性恋学者质疑说:如果不把性快感问题放在中心位置,女性生活的知识体
系能不能建立起来? 黑人女性主义号召人们建立快乐叙事,探索和颂扬黑人女性的生活;承认
黑人妇女"能够在我们自己这里取得快乐"。[桑格(Shange),1987:178]

② 男性通常把这一主张说成是:"理性(logos)(也就是言论、理由)是男性的理性。"确
实,理性中心主义,或者说语言至上论。是与对绝对真理——上帝或者超验的指示者(在男性生
殖器崇拜话语中被转换成男性生殖器)——的信仰联系在一起的,绝对真理为意义提供了基础。
女性主义神话评论者[帕吉尔(Pagel),1979]把凯尔(Kale)和赫卡蒂(Hecate)看成是语言和字母
表的女性创始人,从而声称,一直就存在着(被掩盖了的)女性语言和女性理论。

创造和维持公平而稳定的社会秩序，个人必须接受教育、取得成熟的正义感，以便他们能够形成公民联合的规则，并且能够遵守这些规则。因而，公民间的正义感是非常重要的；但是，如果女性——从卢梭（《社会契约论》）到弗洛伊德①，这些思想家都坚持这样一点——有不同的心理结构，不能获得必备的正义感，那么，赋予女性以完全的政治上和经济上的参与权力和责任就会有失序之虞。文明被视为男性的杰作，女性的重要性则体现在繁衍后代、照看婴幼、琢磨和修补男性创造力刀刃之钝缺，以此延续文明。对上述差异，应该如何回应呢？一种回应是说：(1)在本质上没有差异，表面上的差异仅是因为女性缺少机会来积累生活经验，而正义的观念则是以生活经验为基础的，因而，更多的机会将会保障女性的正义感与男性的正义感一样②。另一种方法是，(2)差异也许是有益的。如果女性确实具有一种不同的伦理和道德感，则又会怎么样？这是否可以与假设的男性正义的客观性同样有效，或许比它更有效呢？

女性主义法理学如何回答这些问题？

(1)女性主义学者强调有这样一些领域，法律要么成了让压迫正当化的工具，要么法律实际上实行男性与女性差别对待，其方法是在生活活动领域实行分离，或者不认真对待女性所遭受的暴力。

(2)女性主义作品的一个共同主题是对传统法理学认识论的批评，试图

---

① 弗洛伊德认为，文明是男性的杰作，因为它要求"本能的升华，这是女性无能为力的"。(《文明及其不满》，1961：95)

② 大多数"道德发展"理论暗示：道德推理有不同的阶段，人们的生活经历使他们到达不同的阶段。罗尔斯提出："随着我们生活过程经历一个地位序列，我们的道德认知也会增长。"(1971：468。下面的讨论以70-2的部分为基础)主要有三个阶段：(1)孩子从父母那里学习"秩序的道德"；然后是(2)"合作的道德"，当个体在不同机构中占据了一系列角色的时候，这种以正义与公正的合作美德为特征的道德就发展起来了；最后是(3)"原则的道德"，在那里，我们懂得了抽象原则的基本作用和社会秩序对正义的要求，而且我们要求维护这种正义。这就是完全成熟的正义感。最"受欢迎"的女性主义是"自由主义的女性主义"，它基本认为，女性的结构性地位——对女性在公共部门、政治部门以及各种社团中的工作权利的普遍否定——使许多人不难获得第二阶段和第三阶段所要求的经历。按照罗尔斯的图式，只有男性和女性都能够经历作为这三个位置基础的各种情形，这样一种道德发展才能发生。然而，女性主义的差异论者断言，这是一种男性主导的道德发展图式，低估了不同类型的推理的价值。

改变传统上考察法律领域的方式。①

（3）这一事业与更广泛的理论化相结合,试图削弱抽象的男性主义的气质,即认为男性主义是社会、道德和政治的思想（理论）的组织力量。② 从根本上说,这至少包含两个观点:①西方文化在性别划分上已经形成了自己的思维定式,在两极结构中,男性原则具有更高的、核心的地位③;②政治理论家、道德理论家、立法权正当性理论家们最关注的问题,通过男性主义的理论化过程,从有关生活问题的男性主义认知之中浮现出来。一些女性主义者认为,解释与改造世界的技术模式——剖析世界的技术模式、理性支配世界的最好模式——符合男性主义生活经验。分离和控制世界的构造的愿望符合男性主义——这是一种男性主义的回应,这种回应是与以下说法联系在一起的:它具有客观性、逻辑性、外向性、现实性、机械性,以及实用主义的性质。许多女性主义者争辩说,这种说法意味着科学家为了做到价值无涉就必须分离他的人格,并因而有变成威权主义者或缺乏情感的危险。④

484

（4）学者们把女性的体验直接应用到理解现实法律的理论和实践之中（以此表明"活法"和"行动中的法"的歧视效果）。

（5）为了超越单纯的批评,女性主义学说试图理解理论强加于生活分析上的男女划分,主张那些认为自己具有自然性或普遍性的划分方法是以男性主义为基础的,是一种臆想,并且加以拒绝,因而,可以认为女性主义的思想模式和阐述模式高出一筹。或者另一种看法是,它是男性主义模式的必要补

---

① 有关女性主义法学对法律教育的不同影响的评论,参见奥多诺万（K. O´Donovan）(1981)的早期文章。有关它在核心领域的应用的文集,见博托麦利（A. Bottomley）(1995)。

② 正如奥布莱恩为这种更广泛的事业提供依据时所说:"最简单地说,我们所要做的事情是:要能证明,强化并论证它的男性主导文化以及男性流的思想,在某种意义上,两者都因为它们是以男性为中心的而变成了偏见。说明这一点或者至少开始做这一工作的方法之一,就是把男性哲学看成男性至上的意识形态。"

③ 而且,抽象推理具有唯一的理性决策模式这种特殊地位,女性则是与非理性连在一起的。[正如马莉·马塔苏达（Mari Matsuda）所说的,有一种二元论还在起作用,它把"直觉、体验和情感看成是比逻辑、理性和科学更为低等的对立物,与此相伴随,还有一种倾向,即把女性与前一组相等同,把男性与后一组相等同"。《自由主义法理学与抽象的人性图景:对罗尔斯正义论的女性主义批判》(1986)16 *New Mer LJ* 613 at 617。]

④ 罗宾·摩根（1989,51）将父权制与西方哲学的划分基础联系起来:"如果我必须把一个品质讲做是父权制的天赋,那么,它就是划分,即把分离制度化的能力。例如:智力与情感的割裂;思维与行为的分离;科学与艺术的分裂;地球本身也被划分了;国界;人类也被分类了:性别、年龄、种族、人种、性偏好、身高、体重、阶级、宗教、体能,举不胜举。政治与个人的独立;爱与性的脱离;物质与精神的断裂;过去、现在、未来的划分;法律与正义的划分;想象与现实的游离。"

充。男性主义不再被认为是高明的，它只不过是认识世界的两种分析方法之一。

（6）学者们抵制公认的或常识性标准，如平等观念、问题的确认、家庭暴力等，因为这些标准很可能是在父权主义下制定的，不符合我们应该向往的"现实"；

（7）女性主义通常质疑在解决社会纠纷中对法律的简单依赖。在女性主义法学中，法律（和国家）的合理性、裁决和解决方式的结构等都是以男性为中心的，因此，法律不可能（在法治、平等、权利、正义等概念中）解决创设正义的社会关系的问题。这就提出了超越法律的问题（因而，强奸问题的解决办法不是法律能够提供的，它是一个结构性不平等的问题）。

（8）女性主义的策略努力阐述和界定被传统视角忽略了的、针对女性的错误行为。要做到这一点，可以放宽女性和其他人（尤其是少数族裔的女性）的发言权与经验的范围，以重新界定女性所遭受的错误行为。

女性主义者强调了传统制度所忽视了的女性会成为受害者的一些特定领域。在家庭法、被害人学等领域，论者已经提出了一些具体问题，采取了许多步骤来缓解这些问题。但是，本章将局限于理论层面，介绍几个流派的思想。

485　女性主义方法论

在《女性主义法学方法》（《哈佛法律评论》：1990）中，凯瑟林·巴特莉特（Katharine Bartlett）分析了三种方法。特别是（1）提出女性问题，或者对于忽略女性或其他被排斥的群体成员，或者使她们处于不利地位的法律学说加以确认并对其进行挑战；（2）女性主义的实践推理，或者从理想开始的推理，其中法律解决方式是对具体难题的实用主义回应，而不是在对立的、通常不一致的观点之间进行的静态选择。（3）通过以个人经验和叙事为基础的与他人的合作或互动的接触，培养意识，寻求洞见和更广阔的视野。

女性主义者认为，传统法理学和道德与政治理论的很多计划和主题，实质上都来自男性主义的生活体验，她们提出了完全相反的生活描述。当然，说法各不相同，但都有一个核心的主题：女性以一种与男性不同的方式体验世界，并且最终也以一种不同于男性的方式认识世界。女性主义推理的独特形式来自于这种不同的经验存在，而且，女性主义法学的主张也可能建立在这一基础之上。

叙事性和诗歌式的创作模式向我们展现了一些事件和感情,而这些事件与感情唤起的普遍人类共识逾越了规定的身份。通过这种方法,这些创作模式创造了神会能力和同情心。如果听众和作者/演讲者具有共同的体验,那么,读者就更有可能欣赏作者的基本假设。白人男性的经验认为不成问题、合乎逻辑的东西,对女性来说,其经验可能恰恰相反。女性对世界的体验可能使其得出结论说,主流政治或社会哲学中的观点是不符合逻辑的或非理性的,或完全没有价值的。如果她不能把这一思想与其生活经验协调起来,而这一思想又是主流观点所赖以成立的基础的话,那么,整个论点似乎是有缺陷的。另外,叙事形式使理论"人性化"了,使理论贴近女性的生活经验,通过跨越抽象化到个性化之间的界限,可以在可能存在鸿沟的地方架起桥梁。

女性主义法理学的流派与分期

概言之,(1)女性主义著述的第一次浪潮以自由主义为导向,呼唤法律面前的平等。但是,(2)激进女性主义也是一种与之并行的思潮,其宣称有必要超越自由主义。(3)20世纪70年代后期,前述两种思潮都陷入了对目标与假设的怀疑之中,当时,在自由平等这种在西方已经得到实现的价值的名义下提出的许多方法,都出现了问题:如果平等的准则是男性的标准,那么,这种平等还是应当追求的吗?难道不能实现一种区别对待,这种区别对待既值得珍视且又允许男女平等对待?文化女性主义由此产生了,它寻求女性体验和推理模式中的积极取向。作为对它的补充,产生了(4)考察黑人女性之特殊体验的人种女性主义,或者批判种族女性主义;最后(5)后现代的女性主义已经出现,它试图对后现代条件引起的结构性主体力量与场所的多样性作出回应。

486

自由主义的女性主义

女性主义的第一个浪潮主张男女平等对待。自由主义的女性主义者提出女性是一个自主的存在,表现为自然地具有与男性相同的基本权利和特权,反对那种在结构上否定女性享有男性所享有的完整的权利和特权的论调。1848年塞尼卡佛斯大会(Seneca Falls)采用的《感伤宣言》(The Declaration of Sentiments)①——或许是 19 世纪美国女性主义最著名的文件,是以"人"代替"乔治国王"的《独立宣言》之女性主义姊妹篇:"男人和女人生而平等,造物主赋予他们某些不可剥夺的权利,这些权利包括生命权、自由权和追求幸福的权利"。18、19 世纪的自由主义法律哲学为女性主义著述的第一次浪潮提供了智识上的基础结构,如马莉·沃拉斯顿克拉夫②、威廉·汤普森③、约翰·斯图亚特·密尔④以及密尔和哈里特·泰勒⑤的著作。

法理学的目标是为女性获得与男性公民平等的法律主体地位。例如,约翰·密尔感到愤怒的是,女人在婚姻中成了男人的性财产,没有拒绝性行为的权利:

> 无论她不幸地与一个多么粗暴的暴君结合——尽管她知道他恨她,尽管他以折磨她为乐,尽管她感觉到不可能不厌恶他——他都会对她提出要求,最大限度地贬低她的人格,违反她的意愿使她成为动物性的工具。(1869:57)

487

---

① 这份宣言主要由伊丽莎白·斯坦顿起草的,100 个男人与女人签名,由在塞尼卡福尔斯召开的第一次妇女权利大会上通过。戴维斯(Davies)(1994:183-7)把这份宣言与《独立宣言》相提并论。

② 在《为女性权利申辩》的(1789)一书中,马莉·沃拉斯顿克拉夫(Mary Wollstonecraft)把女性描述为理性的代言人,她们的低下在很大程度上归因于低下的教育,而机会的平等将会改变这一点。

③ 威廉·汤普森(William Thompson)以《人类的一半(女性),对自诩为人类的另一半(男性),就使她们处于政治上以及由此而来的民事上和家庭中的奴役地位的控诉》一文答复了詹姆斯·密尔关于政府的论文。在那篇论文中,詹姆斯·密尔声称,女性没有独立于她丈夫或父亲的利益,因而也不需要独立的政治表达。汤普森反驳说,女性的智力至少与男性相当,生理差异从来就不应作为反对享有政治权利的论据。他还说,如果法律以某些自然差异作为自己的基础,那么,它就"把身体构造规定为犯罪要素"。(1983:171)另外,汤普森相信,在男性已经通过的法律中,很多是女性不会制定的:"立法权排他地掌握在女性手中将会产生与专断的男性立法用以损害全球的暴虐相类似的破坏,这有可能吗?"(同上引:131)女性要求经济上的独立,歧视性法律应当被废止。历史地讲:"无论是在是何种劳动制度……无论是何种政治体制……在男性条件的每一次盛衰之中,他都总是迫使女性成为他的奴隶。"(同上引:196)

④ 在《女性的顺从》(1869)一书中,约翰·密尔提出,女性表现得不适应公共生活的原因在于,女性的传统角色以及男性维持那些社会角色所获得的利益使女性的经历有限。然而,密尔没有认真质疑家庭角色的分工。

⑤ 哈里特·泰勒(Harriet Taylor)的观点已被纳入她的丈夫约翰·密尔的《妇女的屈从地位》一书中,但在《女性的解放》(1851)和有关婚姻的论文中,泰勒提出,女性的完整民事平等和政治平等应该包括政府公职和公共职业向女性开放。

汤普森认为,对女性的合法奴役阻碍了男性的教化:

> 由于对女性奴役已经把男性与无知和专制主义的恶习连在一起,女性的解放将给男性以知识、自由和幸福报偿。[(1825)1983]

在自由主义的女性主义旗帜下,女性赢得了绝大多数立法和司法上的胜利,包括选举权、同工同酬、福利、劳动和教育权、参加陪审团的权利和选择堕胎的有限权利。在美国,近期这一学派主要的拥护者包括温迪·威廉姆斯(Wendy Williams)、赫尔马·希尔·凯(Herma Hill Kay)和纳丁·陶布(Nadine Taub),其中,最杰出的代表是金斯伯格(Ruth Bader Ginsburg)法官。从1971年开始,当她还是罗杰斯大学法学院的教员时,她与美国民权自由联盟(American Civil Liberties Union, ACLU)合作,参与了许多在不同环境下挑战性别歧视的诉讼活动,赢得了多场胜利,这些胜利都是以法律自由主义为依据的。[①] 后来的评论家,从差别理论的观点出发,有时认为这些胜利是相当空洞的。因为,这些胜利是建立在形式上的性别平等这种意识形态基础之上的,它们所实现的平等对待,无异于让女性愿意别人把她们当作男性一样看待。在自由主义的女性主义下,女性的成功是有代价的。一方面,赞成个人主义的女性通常取得了成功,但是,她们的成功条件是,她们在行动时,女性作为一个群体仿佛不存在成功的任何障碍。[②] 另一方面,这种成功真正地是女性主义的成功,还是向男性标准的部分靠拢呢? 尼古拉·莱西(Nicola Lacey)断言:

> 自由主义的女性主义者的核心理想,相当于一种将女性同化为男性设定的标准的策略。作为法律主体,分配给男性的权利必须分配给女

---

① 许多论战都关系到美国最高法院宣布法律违宪的权力。突出的案例有:*Reed v. Reed*, 404 US 71;77(1971),在本案件中,最高法院废止了一个在财产管理方面偏向于男性的法律;*Frontiero v. Richardson*, 411 US 677(1973),在本案件中,最高法院认为有女性军官成员的家庭与有男性军官成员的家庭,在同样条件下,应享受同样的住房和利益;*Weinberger v. Wiesenfeld*, 420 US 636(1975),这是此类案件中的一个全球性的进展——因为在本案件中,男性是弱势的一方,最高法院废止了社会保障法中只给予母亲对孩子的看护权,而不允许已失去社会保障的父亲享受这项权利的规定。

② 科特(Cott)(1987:281)认为,许多早些年——特别是在1920—1950这段时间——便有所成就的女性,并不能为其他女性提供榜样,因为她们必须表现得好似她们的成功对所有遵守游戏规则的人开放:"向个人主义的求助,采纳了女性主义的立场,即女性的自由与机会不应该少于男性。然而,个人主义没有提供实现这个目标的途径,除非你假装目标已经达到。尽管它产生了个人成就的杰出模式,但它不可能产生一种改变女性群体地位的计划。"

性，只要比较两者的对待之间存在差异：平等几乎总是必然朝向一个方向——男性标准方向发展。"平等对待"思想中固有的东西根本没有实现，因为自由主义的女性主义者引起的政治争论，有很多局限性。由于远没有对世界的组织方式产生实质性的再思考，适当的公共标准已经被推定为仍然有效，偏见、歧视和平等价值等女性主义概念工具是用这些标准来衡量的。（1995:7）

鉴于法律自由主义的关键概念是中立、公正和普遍性，因此，就必须以不与这些理想相抵触的方式构建论点和立法规定：例如，1975 年英国的《性别歧视法令》，禁止基于性别的歧视，而不禁止对女性的歧视。假定司法和立法文化中的进步趋势已经被法律自由主义所主导，那么，女性权利所取得的绝大多数胜利都是由法律自由主义的倡导者做出的，这并不令人诧异。不过，法律自由主义对于理解女性受压迫的性质和原因，几乎没有任何好处，它可能不太重视日常发生的实际政治斗争。这并不意味着法律自由主义对权利和个人主义的强调，没有为批判工作提供任何资源——例如，罗尔斯的正义论最近已经被适用于家庭正义中①。情况可能是这样，即对这样一种原则方法的关注只是一种技术，只能部分补救。

激进女性主义

激进女性主义者把男性与女性之间在文化、社会、经济和法律等方面的差异，视为男性统治的产物。她们认为，自由主义的女性主义的胜利有时弱化了女性主义的根本潜能，认为女性只有"成为男性"才能取得职业上成功。她们批评说，法律自由主义在构建性别平等的自由主义议题时，所提出的貌似中立的原则，忽略了男性权力和男性统治的现实。

---

① 理查德（《怀疑论女性主义》1982）认为自由主义原则（如罗尔斯的著作中包含的原则）反映了一种正义关怀，正义被认为是个人追求他/她自己的目标的自由。因此，这一原则可能会表明，制度性地否定女性的这些机会就是不公正。理查德提出，罗尔斯的"原初地位"和"无知之幕"应该特别包括人们对性别的无知（在罗尔斯的原始状态理论中，各方假定，他们是男性，是户主）。这种家庭结构应当受到质问。如果我们赞同了来自罗尔斯式的"无知之幕"背后的家庭正义原则，那么，家庭安排将会像什么样子？同样，奥金（1990）提出了一种分析。这个分析开始时就提出了这样一个思想实验，并赞成子女抚养和家务劳动由双方分担的社会结构。这样一个社会包括享受政府补贴的托儿所、更大的就业模式弹性，这样，有报酬的工作同哺育就能更好地结合起来。她还指出，那些选择传统家庭模式的人也不应当受到歧视，双方都应该对全部家庭收入享有同等权利，在离婚的情况下平等分享。

从这个观点来看,麦金农是一位多产作家。两个问题可以简要地说明她的风格。在她看来,自由主义关于堕胎的思想在 *Roe v. Wade* 案①中占了上风,提出了隐私、个人自由和个人自主框架中的生育控制问题。自由主义思想淡化了社会压力、学识、经济劣势、性暴力、不充分避孕、性骚扰的软法等多种事实,导致女性不能控制她们受孕的环境。这种结构性强迫生育是经济、家庭和性别不平等的延续,所以需要堕胎来纠正妇女对生育过程缺乏控制的基本情况。同样,法律自由主义也把色情文学放在言论自由和个人自主的语境中进行讨论,而麦金农认为色情文学是对妇女的非人性交易,它为虐待妇女、强奸、儿童性虐待、殴打、强迫卖淫和性谋杀设定了标准。正是色情文学的本质助长并界定了女性在社会和法律上的不平等。然而,美国法律体系中有关言论问题的法律自由主义主流力量,使激进女性主义者在限制色情文学方面的努力遭遇了挫折。自由主义的女性主义者已经与男性利益联合起来,压制激进女性主义者的主张。② 对于激进女性主义者来说,色情文学并非言论,而是女性被迫的沉默。

麦金农作品的主题

麦金农采取了一种新马克思主义的视角,其主题是权力、统治、异化以及对未来社会关系的解放状态的追求。同样,她也犯了早期马克思主义分析的许多类似错误:她认为其学说的真理性超越了其他观点,并对调和持敌视态度。她主张,存在女性真正本质的可能性,在自由的条件下这种可能性将展现出来。她坚持认为,整个社会秩序是由男性统治的。

在麦金农早期的论文中,他(1982:515)用性代替了传统马克思主义图式中的劳动范畴:"性之于女性主义就如劳动之于马克思主义:最属于自己的东西,却最容易被拿走"。存在支配的第一个情形就是男性把女性前社会的自

———————————

① 在 *Roe v. Wade*, 410 US 113(1973)中,美国最高法院确认了女性终止怀孕的合法权利。激进女性主义者认为,必须在社会结构语境下看待怀孕。文化女性主义者则认为,怀孕是一种独特的女性经历。结果是,自由主义的女性主义不能理解其中所涉及的存在问题和政治问题。*Roe* 案是在自由女性主义的语境下判决的,它的判决基础是传统自由主义的隐私权。

② 斯特罗森(Strossen)(1994:151)提出了针对麦金农和德沃金的观点的反面意见:"第一,它们违反了言论自由原则。第二,它们削弱了女性的平等权。在这里,它们给予政府官员以强有力的工具来压制女性主义者和女同性恋者利用与她们有关的工作机会,使女性在社会中扮演的受害者角色永久化;分散我们的注意力,让我们不关心减少针对女性的歧视和暴力的有效方法;削弱女性的言论自由,以此剥夺女性主义者推动女性平等的有力武器。"

然性能力的据为已有,把女性构建成男性欲望的对象。因此,在社会中女人的性感就成了男性目光的对象,而不是自然或者真正形式的结果。性别构成就是在这一基础上形成的。最终,构成性别关系的结构和男性对女性支配的力量,就是想象并界定女性的性感和性别的权力。

对马克思来讲,我们不能把被压迫者的行为、饥饿者的行为当成自然人的行为。同样,对麦金农来说,我们不能把现代条件下女性的行为当作她们性别的真实情况。女性性别上的从属功能模式并非任何超越社会之外的自然分工的反映,它的"真理"只是社会过程产生的结果。

> 性别就是性的含义。它的基础除了由它的霸权建构起来的社会现实之外,别无它物。因而,赋予性以男性至上意义的过程就是性别不平等借以变成社会现实的过程。(1987:149)。

普遍的男性支配的后果什么?

女性不相信国家

即使是所谓的中立的自由主义法治国家,它也是一个男性眼光的体现。

> 国家是女性主义意义上的男性国家:法律看待女性的方式就是男性看待和对待女性的方式。自由主义国家强制地和专横地按照作为性别的男性的利益,通过其正当化规范、形式、与社会的关系以及实体政策构建社会秩序。国家的正式规范在设计层面体现了男性的观点。(麦金农,1989:161—2)

这种支配的秘密,它成功的关键是霸权的信仰,即自由主义法治国家的结构实际上防止了支配。对麦金农而言,自由主义法理学提供了一个法治的意象,其中,法律与道德分离,司法与政府分离:

> 在英美法理学中,道德(价值判断)被认为与政治学(权力竞争)是可分的、分立的,而两者都是与司法(解释)分立的。中立性,包括无感情色彩的、公正的、先例性的司法判决过程,被认为可欲的、描述性的。法院,这些不带诉讼各方倾向也不追求自己利益的讲坛,体现了对其解决办法的社会支持。法治政府,而不是人治政府,用成文的拘束来限制偏见,用合理性的规则来调节暴力。(同上引:62)

法治创造了公正的意象,却无视这样一个事实:它强化了结构性不平等,而这种不平等在诉诸法律之前已经存在,也是这种关于法律的法理学的

题中应有之义。因为如果法律的主体走向法律,成为公民,成为现代社会的
权利享有者,那么,作为权利享有者的女性主体也是由男性确定和建构的。
要求法律的保护,实际上就是要求按照男性观点建立起来的某种东西的保
护——推行抽象的法律就是在推行以男性的观点构建起来的法律。自由主
义法治国家是披着法治外衣的男性的统治——它的权力通过这一托词的霸
权而得到强化。

平等概念本身值得怀疑

不仅国家不被信任,而且平等观念本身也令人怀疑——反过来,人们
一定会问:"作为什么的平等?"如果女性要想主张平等权利,她们难道不是
在主张在男性国家的眼光下被看作男性的权利吗?

> 国家在法理上是男性国家,意思是说,它在法律与社会的关系上采
> 用了男性权力的立场。这一立场在宪法裁决中尤其明显,尽管它在立法
> 政策上的中立性使它具有正当性。它的中立性基础是这样一种普遍假
> 定,即以性别为基础适用于男性的条件也适用于女性。也就是说,性别
> 不平等的假设并没有真正存在于社会之中。宪法——作为创立国家的
> 规范性文件,及其解释都假定:没有政府,社会是自由和平等的;一般
> 地,它的法律反映了这一点,政府需要并应该纠正政府以前做错的事情。
> 这种姿态对一部克制性宪法来讲具有根本性,例如"国会不得制定剥夺
> 言论……自由的法律"。那些在社会上享有平等、政治自由、隐私和言论
> 自由等权利的人们,都合法地保有这些自由,不受政府的干预。任何在
> 社会上不享有这些自由权利的人都没有在法律上被赋予这些权利。(同
> 上引:163)

我们在上文已经看到过这种批评。在自由主义法治下,据说所有人都被禁
止在都市主要干道的桥梁下过夜,法律平等地适用于穷人和富人。事实是,只
有穷人才会有在桥下过夜的需要,因此,在法理上平等适用的法律,实际上仅适
用于穷人。麦金农的观点是:在霸权认知的层面上,传统的父权社会秩序中存
在的社会不平等,还没有被自由主义提供的法律权利消除掉。这样的不平等更
难看清、更难抵制,这是因为国家的消极作用是不干预社会秩序的重构。假如
两性在法律面前真正是平等的,假如社会的自由得到了公平的分配,那么,这种
妥协——密尔的自由原则——就是正当的。但是,事实并非如此。麦金农解读
了那句名言:现代性经历了从"从身份到契约"(以从出身、性别、家庭为基础的
前现代的身份,到平等的抽象个人的契约)的进步过程:

一旦性别被理解成社会分层的手段，那么，人们就会揭露出中世纪的基本身份范畴(尽管在人们所向往的非等级的抽象人格结构中这已被自由主义体制所代替)在深层次上并没有发生变化。性别作为一种身份范畴，只是被简单地设想在法律上不存在，通过设计一种不实行身份分类的宪政秩序，被制止在前宪政的社会秩序之中。从描述而不是从功能或者动机意义上说，这个策略就是：首先在法律之前不平等地构建社会；然后，设计宪法，包括平等的法律，这样就使它的保证仅适用于被法律剥夺了的那些价值；再然后，建构正当的规范，以便国家借助于对现状的不干预使自己正当化。这样，只要男性的支配在社会上还如此有效，以致没有必要通过法律推行性别上的不平等，以致绝大多数显而易见的性别不平等都具有法理上的依据，那么，甚至没有一条关于性别不平等的法律保障会产生社会的平等。(同上引:163-4)

492　对女性的各种攻击的真正伤害是次等化和客体化的描述

女性主义在法律领域的大量"成功"，体现在其突出了对女性的这样一种伤害，这些伤害一直隐藏在拒不干预(如拒不相信乱伦和强奸的普遍性)的背后，也发生在私生活领域(家庭暴力)。美国法律女性主义者把对女性性别的特殊侵害——如性骚扰——理论化为群体性的社会侵害，借此促进了政策以及刑事法律规范对这一实践领域的干预。麦金农因为成功的界定了性骚扰从而使其成为一种公认的伤害种类，且适用法律赔偿，她本人也得到了法律机构的认可。她还与安德里亚·德沃金(Andrea Dworkin)联合起来，发起了反对色情文学的运动。她在色情文学问题上的态度与这样的性活动没有什么关系，实际上，她否定色情文学具有自然的或者中立的性活动。相反，色情文学的真相在于，它把女性描述为客体，被支配和滥用并且可以在其上施加强制力的客体——色情文学只是通过支配来展现性行为。

> 我们把色情文学定义为有关女性在性方面生动而明确的服从之描述，所使用的图画或者文字包括：女性被非人化为性行为的客体、物或商品；欣赏痛苦、羞辱或者强奸；被捆绑、伤害，造成残肢、瘀伤或其他身体伤害；性屈服、性奴役或性展示的姿态；归结到身体器官，被物体刺入或动物侵入，或者在堕落、伤害、折磨的情节中出现；女性被表现为污秽或者下贱；在渲染的环境中让流血、瘀伤或伤害这些情景色情化。(同上引:176)

安德里亚·德沃金和麦金农暗指，中立的展现性感是可能的："色情作品，与(色情文学)描写不同，可能是在平等前提下的明显的性素材。"在花费

了这么多精力从事宣传活动,让法律确认针对女性的错误行为之后,麦金农又含糊其词起来了:

> 事实上,我宁可没有花费所有这些精力来让法律确认这些针对女性的错误行为是错误行为。但是,通过立法使我们所遭受的伤害成为合法的伤害,似乎很有必要,因为不这样就很难以更加积极的方式前进。(1987:104)

在这里,女性主义与极端的犯罪学家联合在一起,寻求重新界定"损害"。在被害人学领域,近年来的努力集中在界定得到普遍确认的"伤害"类型之外的某些"伤害"类型上。同样,女性主义学者关注法律程序中的男性,尤其是在诸如强奸这样的性犯罪案件中。简单地说,在强奸案的审判中,诉讼程序把女性置于严格的质疑之下,隐晦地将这种控告性感化,以此来终止女性原告的叙述。女性受害人成为男性眼光的客体,被迫重新体验自己遭受的痛苦经历。正如英国犯罪学家卡罗·斯马特(Carol Smart)所言:

> 讲述自己被强奸过程的女性,即使用她自己的语言而不是被告人辩护律师的语言来讲述,都有引起色情的危险。
>
> 强奸案件的审判过程可以被描述为使女性身体性征化的过程,而女性身体在男性生殖器主义文化范围内已经被性征化了。女性的身体在字面意义上充满了性的味道。一些女性(如老人)在某种程度上可能可以抵制这种性征化,但是多数女性都不能……
>
> 强奸案的审判是一个失去资格和赞美的过程。它使女性没有资格体验性虐待。这不只是说法律把女性的"不"当作"是",或法律是色情的。而是两者兼而有之;但是,问题的关键是,正是她必须说明的场景把强奸案的审判引向了不确定性和怀疑境地。法律夸大了有关女性性能力方面的常识理解。它允许自由驾驭,以性征化形式描述强奸的故事。被性征化的女性会失去资格。但是,与此同时,它赞美所谓自然的异性之爱。因为它关注同意与不同意,如果对女性的性追求被女性接受了,那么,它就被认为进入了法外之地。对男性来讲做一个性掠夺者是正常的,甚至是可欲的。将所有女性都性征化被认为是自然的;拥抱一个女性直到她顺从,也被认为是自然的、愉快的性器官消遣。强奸案的审判不允许对这种"自然的"行动进行任何批评。
>
> 因而,女性的体验在这一过程中没有地位……(斯马特,《法律的真理/女性的体验》,载《不同的观点:法律与社会中的女性主义探索》,1990:18)

493

受害人之体验的复杂性被裁定为不适宜在审判程序中讲述——她被迫只能讲规定的法律概念，任何不能纳入狭义的法律话语中的关怀都被迫保持沉默。[1]（参见埃斯特里希，1987）

根据斯马特的分析，女性可以用自己的语言理解她们自己的体验，并把这当作与法律话语相对的真理。与此不同，麦金农认为男性的支配严重阻碍了女性对自己生活之"真理"的理解，女性主义理论是解放的一种原动力。

女性如何相信自己的体验和自我观念？

如果麦金农关于权力意识形态与霸权的观点是正确的，那么，女性就没有什么可靠的方法来思考她们的立场和策略。麦金农解决这一问题的方法是承认男性具有某些特权这一"现实"。"女性主义者的观点很简单。男性是女性的物质条件。如果这发生在女性身上，也是偶然的。"另外，这不仅否认男性也必须是由社会建构的，而且这注定了女性只能通过反抗来了解，只能了解她们应当主张非男性，而不是（女性化的）男性。

女性主义和解放技术的补说：以生育控制和堕胎为例

现代性的一个中心神话是"技术困境"（technological fix）。女性主义者曾经指望技术进步来转变就业机会，并摆脱生育的危险。当然，生产结构的变迁可能在改善受过教育的中等阶层女性的实际经济机会方面贡献更大，尽管性技术（优生控制机制、口服避孕药）已经使性行为与死亡的距离拉大了。（吉登斯，1992）在20世纪60年代后期，激进女性主义者，如费尔斯通，认为女性解放的最大障碍是她们生物学的生育功能，甚至宣称生育这一自然过程事实上压制着女性：

　　与男性对女性的不尊重无关，受孕自身具有伤害性、危险性和压制

---

① 在1987年的《真实的强奸》一书中，苏姗·埃斯特里希（Susan Estrich）从描述发生在她自己身上的强奸开始，进一步分析了强奸案的告发、调查、控诉以及证词记录。她提出了一些法律规则特定修改之处，但她主要关注以下一点，即美国刑法是以同意为核心来认定性强迫的。她借鉴了许多案例分析和立法讨论，发展了一种叙事，认为受害者的观点通常被排除了；同意和强迫是以男性视角来定义的，其理论预期是：女性要使用武力来回应男性的攻击，法律正当程序的关怀体现了以下关注，即女性会高喊强奸来反对无辜的男性。还有其他研究应用了麦金农关于"同意"被结构性强迫的方式的论点，包括奥尔森（Olsen）关于法定强奸的分析。（《法定强奸：权利分析的女性主义批判》，1984）奥尔森分析了最高法院的法官、法学家，特别是女性主义法学家及其他人的论点，这一分析揭示了每一种论点是怎样忽略特殊利益，并且由于缺乏洞见可能使辩护人看不到在实际案件中在每个真实的妇女身上到底发生了什么事情。

性,这也是对女性身体的整体性和隐私的一种侵害。(费尔斯通,《性的辩证法》,1970)

生物学上的陷阱造成了一个"性的社会等级体系",女性不可能知道真正的爱,因为爱应当是源于平等的一种情感,而两性关系的现实是女性在经济和社会上的依附。因而,"甚至较之生育,爱更是现在女性所受压迫的中心"。(1970:121)女性必须掌握生育的手段,并运用技术创造生育与女性身体的技术分离,这是女性解放的前提条件。但是,女性必须谨慎从事,因为男性的利益仍然是至上的,因而女性必须改变在生育、哺育孩子以及控制生育孩子的决定方面的社会技术。

费尔斯通的分析近乎神话。它被当作女性现实主义的一个例证,同样,其夸夸其谈也常被学者引证。想象新的生殖技术的可能性,这很常见。不止一代人曾把波伏娃的《第二性》(1953)这本早期著作,视为女性主义的主要教科书。在该书中,我们既看到了男性摆脱自然的存在主义的赞歌,也看到了女性想要控制其生育能力的痛苦诉求。

波伏娃赞扬男性超越了自然。男性通过征服、重塑对待人类制度(法律)的本能态度而赋予自己的存在以价值。男性制造了各种工具,这些工具创了新的可能性,并塑造未来;相反,女性却被身体束缚住了。男性寻求控制环境,战胜自然力;女性则与自然联系在一起,结果是,男性"征服了自然和女性"。(1953:91)

女性则处在被受孕、生育和哺乳孩子这些生物事实奴役的状态中,这些事实不能使她们的存在具有什么意义,因为"其中不涉及任何计划",一位女性不能在这些事实中找到"其存在的高尚证明"。(同上引:88)生育是一个核心问题;在这一领域中——她们对生育没有任何选择——女性表现出了她们的无能为力、她们的被动性、她们无力控制和指引她们的存在条件。因此,如果说工具技术赋予男性超越自然依附能力的话,那么,通过堕胎和避孕来控制生育,则为女性超越自然提供了潜在的可能性。[1]

堕胎一定是女性主义者斗争的一个至关重要的议题,尽管没有一个关于

495

---

[1] 要点很可能是"贡献"一词。女性主义者指出,技术是由主要掌握在男人手中的商业公司开发出来的,而这些技术的使用的结果就是,男性可以用更低的社会成本在性方面更容易地获取女性。摩根(1970:xxv)的说明具有更大的说服力:"我们知道,所谓的性革命对女性而言只不过是一种新的压迫形式。避孕药的发明为药品公司带来了上百万的收入,让我们成了玩物,使我们所有人作为性对象更'易于获得';现在假如一个女人不愿意跟一个男人上床,她一定会没人理睬。"

堕胎的女性主义立场,但它依然是一个充满争议的所在,其中包括女性对其身体的权力、她们的自决权等。另一方面,有人承认"胎儿的权利",如果胎儿被打掉的话,这就否认了胎儿(未来的)"人格"。堕胎问题上的观点受到了宗教的影响(许多女性主义者在罗马天主教否定避孕的做法中看到了让女性陷入被动的愿望),种族主义者灭绝和屠杀的历史经验,以及黑人女性被绝育的经历,也使这一问题更加复杂化了。

波伏娃是在女性加强生育控制的语境中讨论堕胎问题的,因而对女性来说,允许堕胎的立法代表了一种巨大的进步,因为堕胎是自由和力量的行使。不过,波伏娃处于矛盾的折磨中。一方面,拒不允许堕胎是抵制女性的自由和权力的标志;另一方面,堕胎是女性必须忍受的一种最残酷的经历。另外,在许多情况下,或许在绝大多数情况下,决定堕胎的情形涉及男性玩世不恭的双重行为。

> 一般说来,男性反对堕胎,但是,具体地说,个别男性承认堕胎是解决问题的一种便利方法;他们自己因漫不经心的玩世不恭而自相矛盾。但是,女性在肉体上承受着这些矛盾,女性总是因为太胆小而不敢公开反叛男性中心主义这种不健康的信念,把自己视为不正义的受害者。正是这种不正义使其成为违背自己意志的罪犯,同时,女性也感到自己被玷污、被侮辱了。她以具体而直接的形式,在其身体里具体表达了男性的过错;但是男性通过把过错推给女性,摆脱了其具有的过错。他只是用哀求的、威胁的、明智的或愤怒的语气说一些话;然后这些话他转身就忘记了,而女性得用痛苦和血泪来解释这些话。有时,男性什么都不说,只是用时间消磨一切……(女性后来也就)不再相信男性说些什么了……她们唯一能确定的事情,就是曾经被刮过的出过血的子宫、深红色生命的碎片、已经不在的孩子……对许多女性来说,其永远无法恢复原貌。(1953:474)

波伏娃对存在主义者关于人的存在之确定性和控制论非常感兴趣。她采用了定义现代性的一个关键假设,即支配自然是现代人的特点,并把这当作她的关键价值原则。不过,尽管个人的力量没有必要用对事物的控制来界定,但是,避孕和堕胎技术的吸引力在于其赋予言论自由以实质内容。如果自由主义者仍旧停留在权力正义的讨论中,那么,他/她可能就是在逃避女性潜在自由的现实,也是在逃避女性主义本身。关于堕胎所涉权利问题的哲学讨论,与女性主义对女性权利的关怀之间的距离,说小也小,说大也大。

496

自由法条主义与女性主义：罗纳德·德沃金论生命控制

自由主义法学的代表人物罗纳德·德沃金认为，关于堕胎的争论已经被错误地描述为一些冲突的观点，涉及从受孕那一刻起，胎儿是不是就享有权利和利益，包括不被杀害的权利。他提出，根本问题实际上在于：人的生命是否以及如何或怎样具有"固有的价值"。也就是说，"其价值独立于人们碰巧欣赏什么、想要什么、需要什么或什么对他们有利"。（1993:71）以及堕胎是否因为"否定并侵犯了人的生命的神圣性或不可侵犯性"，因而是错误的。（同上引:24）

德沃金分步骤地建立了自己的论点，其论点始终如一，即堕胎问题的基础是"超然"的道德论点的核心："关于人的生命如何、为什么具有固有价值，以及这对于堕胎的个人和政治决定来说，到底意味着什么"。（同上引:24）如在其他地方一样，德沃金的研究是为了建立一种能够产生整体的、原则性判决的宪法理论。他总结认为，女性具有"生育自主"这样一种抽象的、以隐私为基础的宪法权利；在保护胎儿所代表的超然而神圣的价值上，当这将严重地减少母亲的自由利益时，在共同体还没有需要尊重这些价值时，国家没有一种强制性的利益。德沃金提出了一种妥协方案：只要各州不强制女性做出具体的决定，那么，各州不一定要禁止堕胎，但可以要求怀孕的妇女负责任地考虑堕胎的决定。

德沃金的讨论因其解释姿态而备受关注。他寻求用自由主义解释方法论来揭示现行的（混乱的）争论和适当的法律判例背后的理性结构（*Roe v Wade*, 410 US 113, 1973; *Planned Parenthood v. Casey*, 112 S Ct 2791, 1993）；但是，针对他的解释共同体理论的批评，此处也同样适用。反对德沃金的观点很简单：德沃金在构建他的观点时，要么"完全误读了女性主义隐私话语的批判"[麦卡弗里（McCaffrey）和诺夫科夫（Novkov），1994:203]，要么对女性主义事业的政治表现出天真。在这一点上，德沃金从争论到原则氛围的转换，并不能确信诸如麦金农等学者的观点在何种程度上适合于女性生活的现存特征。正如麦克弗里和诺维克夫所总结的那样：

> 麦金农提出的观点所涉及的并不是胎儿的固有价值问题，而是妇女与她所怀胎儿之间的实质关系问题。这种关系是语境性的，有其形成的历史。它的产生方式，就可能让其备受质疑：如果一个女性是由于强迫的性行为而怀孕的，那么，她与自己所怀胎儿的关系将不同于她与自愿受孕的胎儿之间的关系……麦金农力图关注胎儿原初的语境以及这些

497

原初语境对孕妇的影响。（同上引：205—6）

麦金农解决堕胎难题的方法是把它放在社会结构的变迁模式之中,期待性平等的实现。如果性关系变得不那么不平等、不那么强制(个人强制和结构强制),那么,不仅可以少一些(因为,由于更自由的选择,胎儿可能也会少一些),而且在每一个具体案例中,与胎儿的关系可能都不相同。德沃金对吉利根的解读也运用了责任观念,但是低估了与之相关的关系概念。总之,在德沃金对生命的神圣性(以及对应的模糊理论)与堕胎在女性生活中的作用的观点之间存在着一条鸿沟。从女性主义的立场来看："国家调整堕胎的企图实际上就是在女性在社会中的适当作用问题上采纳的某些特定的观点"。（同上引：224）

在美国和英国的新权利运动中,堕胎是一个政治议题,它以宗教议题的外表呈现出来。对许多女性而言,这是意识形态的神秘化,真正的问题是女性经济利益和政治利益之边缘化。对女性主义者来说,堕胎不只是一个权利问题,它还是一个至关重要的场域,承载着关于家庭、母性、性、自足等的历史斗争,只有保证女性完整的、平等的社会成员地位,才能在存在主义的深层思考中认识堕胎问题。

文化女性主义与差别理论

> 哲学,无论是理想的还是物质的,还没有找到女性的生育活动有什么令人感兴趣的地方;相反,它一直喋喋不休地讨论着死亡,一种有限性的关注。没有出生的死亡不仅是抽象的、不真实的,而且奇怪地不愿意赋予作为世俗世界的物质基础的种的延续以意义。我想说,如此一种遗忘只有在男性主义思想盛行的地方才有可能出现。（奥布莱恩：1989,84）

对文化女性主义来说,男性统治的根基是把现代思想(理性)的结构放在男性经验和暴力的基础上,但是,由于贬低女性的经验和观点,许多有价值的东西都不为人性所知。即使在不可简化的自由主义法学的核心——法律是抵挡死亡(个人的或者集体的死亡)的屏障——之中,女性与孕育生命、提供滋养间实质联系的根本性没有受到重视。① 文化女性主义致力于修复这种缺陷,致力于提出"另一种"女性主义思维。

---

① 要维护男性至高无上的地位,就必须把生育和两性关系的问题从舞台中心排挤出去:男人是女人生的,但是,男性必须在女性之外的其他地方发现他们生命的本质。笛卡尔问道:"我从何处取得我的存在?"他给出的最终答案是上帝。"上帝"这个词又要由男性加以界定和翻译。

卡洛尔·吉利根

吉利根是美国哈佛大学的教育心理学家,她提出了一种"女性的声音"和关爱伦理的理论,这种理论已经引发了很多争议。

在其《不同的声音:心理学理论与女性发展》(1982)中,吉利根对劳伦斯·科尔伯格(1973,1976,1981,1987)的著作进行了回应。科尔伯格创立了一种认识的道德发展尺度,按照这种衡量标准,男性一直比女性强。吉利根的著作主张,女性的道德思维并不差,它只是有所不同罢了,它强调的价值与男性不同。根据科尔伯格提出的人类发展的六阶段模式(以对 84 个男孩 20 年间的经验研究为基础),女性的判断似乎例证了人类发展的第三阶段,即善等同于使他人快乐、乐于助人。科尔伯格解释说,这是女性"被允许参与"的生活经历的结果,并且这意味着如果女性在公共领域具有更重要的角色,那么,她们将进入标志着男性判断特征的高级阶段。通过比较,吉利根声称,她的经验研究揭示了她所称的"女性的声音",那是一种不同的声音,一种并不必然劣于心理学家传统上描述的人(男性的)的声音。

科尔伯格开展了一些测试(例如,在如下"道德困惑"中,学生必须作出回答),以此提出了在从事道德行为时所具有的结构分类动机概念①。

> 在过去的欧洲,一个女性将死于癌症。一种含镭的药可以救她的命,这种药是同村的一个药剂师发现的。药剂师要价 2000 英镑,这是他制造该药所花成本的 10 倍。病人的丈夫亨兹找他的熟人借钱,但是,他只能借到大概一半的药费。他告诉药剂师,他的妻子就要死了,恳请他便宜点把药卖给他,或者让他以后再付款。但是,药剂师拒绝了。她的丈夫绝望了。他走进了药剂师的药铺,为他妻子偷了这种药。这个丈夫应该这样做吗?为什么?

对此,没有一个绝对正确或者错误的答案,但是有一个答案序列。在每一个阶段,都可能有不同的意见。尽管如此,各个阶段都是通过推理原则,也就是通过形式界定的,而不是由内容界定的。

首先,存在着两个前习惯道德阶段:

第一阶段:行为的动机是避免惩罚,"良心"是对惩罚的非理性恐惧。

498

---

① 以下关于科尔伯格的困境的探讨,大部分来自威廉·M. 沙利文(William M. Sullivan):《重建公共哲学》,1982:128—31。

赞成者——如果你让你的妻子死去,你就会陷入麻烦。人们就会谴责你没有花钱救她的命,就会因为妻子的死亡,而对你和药剂师进行调查。反对者——你不应当偷药,这是因为如果你盗窃,你就会被捕并被送进监狱;即使你的确逃脱了,你也总是会担心警察会随时逮捕你,你的良心将永无宁日。

第二阶段:行为的动机是得到奖赏或利益。人们忽略了可能的罪过反应,用实用主义的立场(把恐惧、快乐、痛苦与惩罚后果区分开来)看待惩罚。

499　赞成者——如果你碰巧被抓住了,那么,你可以把药还回去,你也不会因此受到什么处罚。如果你从监狱出来时,你妻子还在,那么,你在监狱里服刑一段时间,也不会给你带来太多的困扰。

反对者——你偷了药之后也许不会在监狱里服刑太久,但是,他的妻子在你从监狱出来之前,可能已经死了,所以,偷药对他没有什么好处。如果你的妻子死了,你也不应当责怪自己:你妻子得癌症并不是他的过错。

接下来是习惯的道德阶段,它是群体成员资格的体现。"习惯的个人将单个个人的需求服从于群体或共同关系的观点和需要。"(科尔伯格)

第三阶段:行为的动机是预测到他人的反对,无论实际的反对或者想象的即假定的反对(如罪过)(这把反对与惩罚、恐惧和痛苦区分开来)。

赞成者——如果你偷了药,没有人认为你是坏人;但是,如果你不这样做,你的家庭可能认为你这个丈夫没有人性。如果你让妻子死去,你将无颜面对他人。

反对者——不是只有药剂师会认为你是罪犯,其他人也会这样认为。你偷了药之后,你会感到不舒服,觉得丢了家庭和自己的脸,你将无颜面对他人。

第四阶段:行为的动机是预测到耻辱(即对未履行义务的制度化谴责),给他人造成的具体伤害的罪过(这把正式的耻辱与非正式反对区分开来;把对有害后果的罪过与反对区分开来)。

赞成者——如果你有荣誉感,你就不会因为害怕而不去做唯一能拯救她的事情,让你的妻子死去。如果你不履行自己对她的义务,那么,你就会因为造成了她的死亡而总是感到有罪。

反对者——你感到失望,在你偷药时你可能不知道你在做错事。但是,在你受到审判并被送进监狱时,你就会知道你做了错事。你将总是为自己的不诚实和违法而感到有罪。

在后习惯道德阶段中,道德判断的标准是抽象的原则而不是群体的关系。道德上自主的个体按照理性的原则批评社会规则。

第五阶段:关注的是维持平等以及共同体的尊重(假定他们的尊重是以

理性而不是以感情为基础的)。其关注的是自我尊重,即避免把自我评价为非理性的、不一致的、非目的性的(这区分了制度化的惩戒和共同体的不尊重或不自尊)。

赞成者——如果你不去偷药,那么,你将失去而不是得到他人的尊重。如果让你妻子死去的原因是你的恐惧而不是理性思考,那么,你将会失去自我尊重,可能也会失去他人的尊重。

反对者——你会失去在共同体中的身份和尊重,并违反法律。如果你在感情的驱使下忘记了长远的观点,那么,你将会失去自尊。

第六阶段:关注的是违反个人自己的原则的自我谴责(它区分了共同体 500 的尊重和自我尊重,也区分了一般达成理性的自我尊重与维持道德原则的自我尊重)。

赞成者——如果你不偷药而让你的妻子死去,你在以后将会一直谴责自己。你可能不受谴责、你遵守了外部的法治,但是,你没有遵守自己的良心准则。

反对者——如果你偷了药,你可能受到他人的谴责,但是,你也会自己谴责自己,因为你没有遵守自己的良心和诚实标准。

阶段理论评判的是思维的形式,而不是其内容。高级阶段之所以被评价为更高级的阶段,是因为它们形式上更为恰当;之所以在形式上更为恰当,则是因为调整高阶段的标准包含了低级等级,每一阶段都更接近于理想的行为互动,更接近于普遍的道德原则和个人权利发展。① 如果这种不变的阶段次序能够得到经验证明的话,那么,它将对真正的道德原则的恣意进行严格的限定。与此同时,这些有效原则将是普遍的,不依赖于任何人类目的的基本概念,也超越自然的、遗产学的潜能。因此,正义的道德原则成为理性合作的程序规范。②

---

① 科尔伯格定义说,一条道德原则就是一种普遍的选择模式,是一条所有人在一切情形下都会感到采纳它是可欲的选择规则。

② 部分地讲,科尔伯格的心理学理论是为了经验性地补充由康德和罗尔斯精致化了的社会契约的道德主张而设计的。根据这观点,正义是一种契约义务,它要求人们在应用法律以及人们受平等对待的权利时要毫不偏袒。这一理论是自由主义论点在当代的精致重述,它支持社会契约道德图式的不证自明性。进而,科尔伯格认为,道德教育应当向前发展,要重视道德信念和道德行为的形式而不是它的内容。从社会契约(即第五阶段的道德)的角度来看,一切道德内容或道德目的都是专断的。义务是在合同的条款中设定的,这是相互尊重的权利,尤其是每个人本人被作为目的、永远不被作为另一个人实现目的的手段来对待的权利。道德推理的认识基础是一种不断发展的能力,即在他们经历过的语境的抽象之中发现该具体思维、人的特殊行为的要素,以便集中于形式上的相互性。

与此不同,吉利根赞成一种独特的女性话语,它是以相似的困境以及与男性和女性的访谈为基础的。① 尤其是,她举办了与大学生的会谈,开展了其他研究,讨论她们成年早期在身份和道德方面的发展;进行了堕胎决定的经验研究,探讨经历、思想、冲突在发展中的作用,以及权利与责任之间的关系;并研究了自我道德观念、道德冲突与选择的经历②,以及假想的道德难题的判断。她的结论是:

(1)女性看待关系的方式不同于男性。男性把关系看作是等级,女性则把它们视为一张网。对男性来说,等级是不稳定的,其愿望是到达顶峰,同时又担心其他人也到达顶峰。对女性来说,网络是稳定的,其愿望是处在网络的中心,担心远离中心而被边缘化。吉利根认为这些担心和愿望"产生了成就和关系的不同描述,导致了不同的行为模式以及评价选择结果的不同方式"。(1982:62)

(2)堕胎研究已经揭示了女性关于"自私和责任的独特语言,它把道德问题界定为给予关爱并避免伤害的义务问题。伤害他人是不关心他人的表现,是自私的、不道德的行为,而关爱则被认为是道德责任的履行"。(1982:73)女性用真实来重构假定的难题,这通常要求更多的信息。她们在理解抽象的概念时,倾向于进行假设性的讨论,例如,因不知道判决的社会后果而可能带来伤害他人的危险。吉利根宣称,女性把构建假定论点的过程视为对实际社会生活的抽象过程,也是破坏实际社会生活的过程。因而,由于我们忽视了真实的社会处境,以及人们所处的社会网络,我们可能会造成社会危害。抽象对"客观正义原则的精华和提炼,以及平等和互惠的形式逻辑的衡量来说",可能是有帮助的,但是,对于"原因与结果的理解"是没有什么帮助的,"而这种理解占用了反复用于识别女性的道德评判的感情和宽容"。(同

---

① 吉利根(1982:26-39)对比了杰克与埃米的回答:杰克代表了年轻男性,埃米则代表了年轻女性。杰克把道德困境描述为生命权和财产权的冲突。他认为生命权比后者更重要,因而得出结论:偷盗药品在道德上是正当的。埃米在偷药和面对海因茨妻子的死亡两者之间显得更加为难。她寻找一条中间路线(如借钱买药),她把主要道德问题说成是药剂师拒绝妥协,并设法找到一个方法让海因茨得到药品。因而,吉利根声称,埃米的回答要被放在比杰克低一些的道德发展层次上(因为埃米没有从权利冲突的角度看待这个问题),但她把埃米的回答解释成珍视包容持续的关系,理解所有被卷入此情节之中的人的相互关系。

② 例如,对玩游戏的男孩和女孩的研究。开展这些研究,目的在于在作弊的情况下表明这一点:男孩往往向违规者提出抗议并把他赶出去,与此同时,如果女孩明白了并非所有人都会遵守游戏规则,就会倾向于换一个游戏,维持群体的团结。吉利根(1982:10-1)从严格执行规则和维护群体团结这两种相反的要求来解释这种现象。

上引:100)

（3）女性对道德问题提出了独到的解释,她们用冲突的责任来看待道德困境。关爱是解决冲突过程中最重要的指引,而男性则把权利和正义视为解决问题的关键。因而,女性的伦理是关爱或责任,男性的伦理则是权利或正义。吉利根认为,她的研究表明"责任和关爱这两个概念,在女性的道德建构中处于核心地位,自我与道德这两个概念在女性的思维中有着紧密的联系"。（同上引:105）

（4）因而,自我与世界的概念是关联（而不是统治）与分离的概念。自我描述揭示了女性的身份,是在关系语境中界定的,是按照责任和关爱的标准予以评判的:"男性是通过分离来加以界定的,而女性则是通过依附来界定的。"（同上引:7—8）女性的众多主题之一认为,离群或者不与他人往来,就如同"孤掌难鸣一样……总是缺少点什么"。（同上引:160）相反,男性的自我描述,虽然也提到了依附,但是,这种描述是以分离为特征的。

502

> 与他人发生关联,与一个人的身份资格相关,而与身份的实现无关。个人的成就（而不是依附）吸引了男性的想象力,伟大的思想或与众不同的行动界定了自我评价或者成功的标准。（同上引:163）

这些截然相反的观点完整吗？人的成长是什么？成熟是什么？在吉利根看来,真正的成熟的两性是远离他们得以联合的绝对性。也就是说,男性必须摆脱权利、真理和公正的绝对性,认识到他者与自我之间的差异,并重新认识存在真理的多重性。同样,女性必须摆脱绝对的关爱,重新认识平等和权利的主张,从而改变她们对关系的理解,以及她们对关爱的界定。

对斯马特来说:

> 吉利根的著作构成了批判下述观点的基础:把男性道德判断话语当成普遍正义形式的正义制度（刑事的和民事的）来赞扬。这可能会以多种方式发展起来。例如,在重新审查刑事"正义"制度时,就可能从以下角度进行:男性主义的判断模式在对待女性时所使用的语言,是否就是内在、必然"不公正的"。它提出了这样的问题:以男性主义模式为基础的刑事制裁（例如,制度化的监禁或经济处罚）,由于其是从男性视角为男性犯罪所设计的,在其适用于女性时,难道通常不显得很苛刻吗？同样地,也有可能提出这种观点,将制度都适用于男性和女性的方式,来评价这种制度。吉利根期待出现一种"更具创造力的人生观"。对她而言,正义伦理（每个人都应当受到同等的对待）应当用于补充关爱伦理

（任何人都不应该受到伤害），以便产生更优的结果。因而,她的结论既不是为女性创制一种独立的正义体系,也不是用关爱伦理代替正义伦理。(1989:74)

斯马特说,在某种意义上这是一个令人失望的结论,因为人们可能会说,有些制度已经宣称这样做了(例如,女地方官员的任命、青少年法庭的运作)。因而,吉利根的工作只是复活了一些原有的概念。有人曾经认为,吉利根的著作是一种本质主义的理论①,或者是复制了男性主导话语赋予女性的还原主义观点。不过,吉利根自己从来没有说过,女性的话语是由其生物特质决定的;她也没有说过,只有在女性中才能找到女性的话语。正像她在导言中所说:

> ……我所描述的不同话语不是以性别为特征,而是以主题为特征的。它与女性的联系是经验观察,我追溯其发展,主要是通过女性的话语进行的。但是,这种联系不是绝对的。在此提出男性的话语与女性的话语之间的对比,是为了强调两种思想模式之间的区别,也是为了关注解释问题,而不是为了提出每一性别的一般性。

麦金农的回应非常尖锐,她宣称,吉利根实际上是在强调压抑女性,吉利根的著作只是在褒扬允许女性发展的观点:

> 那种确认我们曾经是什么、我们必然被允许做什么,仿佛这就是女性,就是我们女性,就是我们所拥有的一切的主张,我对此持批判态度。
>
> ……从道德上说,女性思维不是以"不同的话语"来表达的道德性。我认为,在更高级记录的道德性中、在女性的话语中,它是合乎德性的。女性珍视关爱,因为男性是按照女性给予他们的关爱来评价女性的……女性从关系角度思考问题,因为女性的存在是以女性与男性的关系来界定的。另外,当你没有能力时,你不会发出不同的声音。你说的也不会太多。你的言论没有被正当地、与他人不同地表达出来,它受到了压制,它消失了,不见了。你不只是被剥夺了用来表达你的独特性的语言,尽管你的确是独特的;而且,你也被剥夺了生命,而表达源于生命……我所说的这一切,就是性别主义的侵害是真实的、具体的,把这种侵害具体化为差别,就成了对我们可能的侮辱。(1987:39)

这是与存在主义相对立的一种批评。对麦金农来说,吉利根所描述的并

---

① 换言之,她的研究中的女性发展模式与科尔伯格发展模式一样都是普遍主义。

不是女性实际上是什么,而是女性被社会化成了什么。因而,吉利根描述了性别压迫,进而将其具体化。就这一点而言,吉利根所做的工作是一种倒退。① 不过,在美国,把吉利根的工作用于转变法律观点——至少在学术上——已经取得了丰富的理论成果。② 从部分意义上说,这是对现行法律的批判:因为现行法律获得正当性的整个政治哲学与法律哲学是自由主义,宪政主义的法律理论是个人主义(斯特马纳·谢丽,1986);对累进税或税收减免的争论是由分离观念支配的,其没有什么社会责任的观念(考姆豪塞,1987);破产法被揭示为一种男性支配的行为领域,它不考虑其运作可能引起贫穷;(格洛斯,1990)侵权行为法接受一种不同的责任和侵害观念(本德尔,1990)③,把"联系网络"概念适用于宪法之中,这样会带来更大的保护。(卡尔斯特,1984)

罗宾·威斯特——法律与女性主义的分离与联系

504

在一篇经典论文中,威斯特(1988)比较了不同的视角。威斯特声称,男性法学理论家们所展示的是一种特殊的推理模式,因为首先从根本上讲,他们是作为分离而自主的个体来体验世界的;传统法理学和"批判的"男性法理学的基础都是"分离"理论。相反,女性:

> 不是根本地、必然地、不可避免地、一直且永远地与世界分离的……
> 而是至少在四个反复出现的、批判性的重要经验阶段,在某种意义上,她

---

① 琼·威廉姆斯在《解构性别》[(1989)87 *Michigan Law Review* 797]这篇文章中阐明了吉利根的论点是怎样在伤害女性的诉讼中被采用的。在 *EEOC v. Sears*, Roebuck & Co., 628 F. Supp. 1264(ND Ⅲ 1986)案中,塞尔斯(Sears)成功地辩论道,女性之所以在高薪酬的销售雇员中代表人数不足,是因为女性对销售"缺乏"兴趣而不是因为塞尔斯歧视她们。在专家证言中吉利根被引证来支持塞尔斯的论点,女性具有与男性不同的职业向往,这使她们对高能力的工作不那么感兴趣。法院接受了这种非常"吉利根式的"女性意象:哺育者和看护者,对竞争之类的资本主义美德很反感。琼·威廉姆斯认为,吉利根和其他文化女性主义者、关系女性主义者只是在重演维多利亚式的家庭意识形态,把女性说成是比男性更具关爱之心、较少竞争性和更有道德感。她指出,即使是在维多利亚时代,这种女性概念也是在肯定的眼光下塑造出来的,但是,它最终导致她们的服从日渐加深。

② 这一工作的评论见凯瑟琳·巴特莉特的著作《性别与法律》(1993),和莱斯利·本德(Leslie Bender)的著作《从性别差异到女性团结:利用吉利根和法律中的关爱伦理》(1990)。

③ 本德把吉利根的成果用作对现行侵权行为法的批判的来源,也用作转型思想的来源。她辩称,"权利"伦理和分离思想统治着这一领域。侵权责任大多是从财政责任的角度来理解的,而不是照顾他人的责任。

们与生活和其他人相"联系":怀孕的经历;异性的侵入与"关联"的经历,可能导致怀孕;月经的经历,表明怀孕的潜在可能性;怀孕后哺乳的经历。(1988:2—3)

女性从男性不可能经历的"联系"中进行推理。女性的这种相反的经历为可供选择的法律理论奠定了基础。通过分离理论的假定,现在的法律理论"基本上已经被无可挽回地男性化了"。(同上引:2)经由法律自由主义、批判法学理论、文化女性主义和激进的女性主义的经典表述,威斯特提出了一整套相反的愿景和担心。

法律自由主义

法律自由主义以自主的个人主义为前提,并把分离和自由的概念当作其核心价值,自由被定义为与"他人"的距离以及追求自己目标的社会空间。① 自由和自主是自由主义的"正式"价值,是它的期望;恐惧在于人类条件的脆弱性以及具体的、分离的、"他者"可能会消除你的危险。② 为保护自己免受"他人"的侵害,人类创造了国家,尊重国家。③ 自由主义法治的基本假定是:人作为分离的个体体验着世界,与他人没有关系,除非他们这样选择:从结果上看,置于其他价值之上的价值就是追求相对独立于外在控制的生活的权利。

批判法律理论的观点

对批判法学理论家来说,分离"不是对自主的永久褒扬;相反,它是对共同体、依附、统一或联系的永恒渴望"。正如自由主义所说,人并不真正害怕毁灭,而是害怕孤独和异化。④ 批判法学理论是男性主义法学理论的"非官

505

---

① 在威廉姆斯看来,罗纳德·德沃金典型地表达了这一观点:"政府平等地对待它的每一个公民的意思是什么?这个问题与下列问题是同一回事:政府把所有公民当成自由的公民、独立的公民或者有同等尊严的公民。"(罗纳德·德沃金,1985:191;转引自威斯特,1988:6)

② 这时候,威斯特回到霍布斯所表达的那种担心之中。"当两个人觊觎他们不能同时享有的同一个物品的时候,他们就成为了敌人,他们会在达到他们目的的过程中……设法消灭或是征服另一方。"(托马斯·霍布斯,《利维坦》,1988:8)

③ "最弱意义国家把我们当成不可侵犯的人……它允许我们个别地,或者与我们愿意与之联合的人一起选择我们的生活,实现我们的目标……(诺齐克,1974:333-4;转引自威斯特,1988:9)

④ 正如昂格尔所说(1975:201;转引自威斯特,1988:10):"意识是自我与世界的距离的标志。如果一个人能够以它的纯粹形式想象这种与自然的分立,那么,在它被人类活动的结果抵消之前,它的标志就会是对世界的陌生感面前的恐慌的体验。正因为这种恐慌是自我与意识本身赖以存在的自然之间的分离的标志,所以,它从来就没有被完全赶出意识生活。"

方的叙事";与自由主义对自主的关注相反,批判法学理论认为,个人的真正愿望与主流文化是背道而驰的。在美国,主流的文化(自由主义)则说:自主是通向幸福的关键;而个人在其内心也知道:联系和共同体是获得幸福的关键。男性主义法学理论的"非官方价值"是联系和共同体,"非官方的侵害"是疏远和孤独。① 威斯特声称,尽管女性担心亲昵行为(她们独特的身体构造,使她们会受到男性的侵入)会毁掉她们的人格,但是,她们担心的方式与男性不同。因此,在批判自由主义时,批判法学研究运动陷入了同样的分离理论的陷阱之中;相反:

> 女性实际上或者潜在地与其他人类的生活有实质性的联系。而男性不是这样。这一事实具有生存的因果关系。虽然对男性来说,个人"在认识论和道德上先于集体"这种说法是对的,但是,对女性来说则不然。与他人存在实质联系的可能性定义了女性的主体状态、现象状态和存在状态,正如与其他人的实质分离的必然性界定了男性的存在状态一样。女性可能的实质联系所造成的快乐和痛苦、价值和危险、吸引力和恐惧,与男性的必然分离所带来的那些感受完全不同。(1988:14)

文化女性主义与激进女性主义的论战

文化女性主义试图在女性所经历的体验中,寻找一种积极的思想和道德模式。② 在这一过程中,文化女性主义提出了关系理论,但其并没有分析这种发展之所以发生的物质条件。它的基本真理在于联系,联系是一种"应当"具有普遍性的真理:

---

① 威斯特对于邓肯·肯尼迪认为构成社会生活基础的"基本矛盾"的评论,着重强调它是一种男性主义结构:"根据肯尼迪的说法,我们既珍视自主也珍视联系,既害怕被另外一人消灭也害怕疏离于他,这些都是有理由的。他人对我们的生存既是一种必需,也是一种威胁。虽然关于自主和消灭的主流自由主义叙事服务于当前的社会状况的永久存续,但是我们并不能从这一事实就推断说,使自由和安全这些自由主义价值具体化的主观欲求就完全是假的。肯尼迪争辩说,集体性是我们同一性的必需,同时也是我们的同一性的障碍。我们具有相矛盾的欲求和价值,这是因为我们人类的实质条件——在身体上与对我们的同一性而言必不可少的集体性相分离,本身就是矛盾的。

② 威斯特是在与下列作家的关系之中界定文化女性主义的:吉利根(《不同的声音》)、南希·乔多罗(Nancy Chodorow)(《母性的复制》,1978)、苏珊娜·谢莉(Suzanne Sherry)(《宪法宣判中的市民道德和女性的呼声》,1986,72 Va LR 543)、安德里亚·德沃金(Adrenne Dworkin)(《性交》,1987)、艾德里安娜·里奇(Adrenne Rich)(《论谎言、秘密和沉默》1979),还有凯莎莉·麦金农(《未改动的女性主义》)。

亲昵并不是只有女性才做的行为，它是人类应当做的行为。

　　亲昵行为是价值的源泉，而不是私人的嗜好。它是道德，而不是习惯。（同上引：8）

自由主义谈到了对灭绝的恐惧，而女性所恐惧的是孤独和分离。当必须主张孤立的自我时，女性的苦恼往往会最多。[1]

相反，激进的女性主义者把联系理论视为女性经验的起点，也认为它是贬低女性无能力、服从和痛苦的根源。女性在寻求亲昵时，实际上就经历了侵犯和侵扰，文化女性主义者错误地把联系和关爱刻画成对女性身心有害侵犯。[2] 威斯特认为，每一个范畴都提出了针对人性和女性的不同描述。其意义是双重的：（1）自由法条主义的观点讲的不是人类，而是男性[3]；（2）作为亲

---

[1]　请注意与自由主义理论的对比。霍布斯把"他人"视为具有潜在危险性的、平等的人，女性最经常碰到的"他人"——胎儿或孩子——谈不上危险和平等。一个女人与她的孩子之间存在天然的不平等——孩子在身体上、情感上和智力上都比她差——但这并没有促使这个女人攻击孩子（霍布斯假设男人们将这样做），相反，孩子增强了她的责任感，增进了关爱和哺育。结果："男性对平等的自然状态的反应是自主和权利的伦理；女性对不平等的自然状态的反应是责任和关爱的伦理。"（威斯特，1988：28）

[2]　因此，当昂格尔声称"爱帮助男性克服了自我与自然的差异"（昂格尔，《知识与政治》：205），文化的女性主义者并不承认在自我与自然之间存在任何差异。对威斯特来讲，女性珍视爱和亲密，因为她们通过我们自己表达了自我与自然的统一。"亲密并不是女性艰苦努力才能具备的某种东西。我们做到这一点不难，简单得难以置信。我怀疑这不是男性的努力能达到的。这一差别可以形象地加以表达：女性珍视的亲密是主体间领域的共享，这种共享在作出确认它的努力之前就已经存在了。"（威斯特：1988：40）

[3]　当霍布斯、阿克曼（Ackerman）、德沃金、罗尔斯以及自由主义传统的其他人描述说，人类的自然处境是自然的不平等和相互对抗，人类不可避免地是孤立的、相互间是自利的。这样，从定义上就把怀孕的妇女和哺乳的母亲从人类中排除出去了，她们……以特殊方式、由于特殊的原因而犯了错。加贝尔把他作为一个男人的分离与疏离的经历同"人类"的经历混为一谈，自由主义者把他们作为男人的自然平等、相互隔离、对消灭的恐惧以及普遍的彻头彻尾的自私这些体验混淆为"人类"的经历。他们之所以这么认为，是因为女性没有让他们明白，我们日常生活体验——亲密、约束、隔离、性侵犯、哺育和攻击——是不能与男人的体验相比较的。我们应该把我们的故事铺满市场，直到让他们都明白一个要点：男性的故事和他们对法律的现象描述不是女性的故事和女性对法律的现象描述。法学家们自信地说他们是在为女性发声，我们要清除他们的这个自信。我们需要填上我们在成功地做到这一点之后可能会产生的鸿沟。（威斯特，1988：65）

昵与侵犯冲突的经验结果,女性生活中确实存在着真正的矛盾。[①]

女性主义的恐惧和乌托邦

威斯特所作的划分可能过于尖锐了;恐惧和希望的对比可能反映了人类对恐惧、希望和愿望关注视角的各个方面。每一种视角都选择了人类条件的某一个方面,同时牺牲了其他方面。例如,安德里亚·德沃金把文化女性主义的正式价值(亲昵)认定为是对伤害的掩饰。大多数女性主义者都承认,强迫性交(强奸)是一种伤害,对一些不想怀孕的女性来说,不自愿的怀孕也是一种伤害。但是,激进女性主义者的观点比这个观点走得更远。她们提出,怀孕和母亲身份本身就构成了本质上的伤害,因为胎儿和孩子都是突然闯进来的不速之客。激进女性主义者认为,性行为,包括自愿的性行为,也是一种伤害,因为它"从内部割裂了女性"——它占用、挑战、否定并使身体完整性的维持以及统一自我的形成变得不可能。(威斯特,1988:35)

激进的女性主义者处在两个极端的夹缝中备受折磨:一方面,否定个人主义是不人道的,是一种异化;另一方面,又主张亲昵构成了伤害,因为女性渴望个性化。相反,她们希望通过父权制的霸权把女性解放出来,让她们摆脱思想的奴役。主流的文化告诉女性她们珍视亲昵和依附,这样就可以使她们更容易受男性的支配。分离和独立是他们实际需要的,但是这又要冒回归自由主义的风险。

男女身体相交的比较

对身体的认识又一次变得重要起来。在 20 世纪 80 年代,各种激进女性主义者的批判话语,用对身体完整性的侵害来描述身体。安德里亚·德沃金

---

① "……女性之所以不顾相反的主观愿望而'正式地'珍视亲密(和害怕分离),这不(仅仅)是因为来自父权意识形态的合法化权力,也不(仅仅)是因为否定的权力,而是因为女性的存在与物质环境本身就是矛盾的。女性与其他人身体联系的可能性构成了女性生活的特征,而这种可能性本身就包括了亲密和侵入的种子。因此,女性正当地珍视前者,同时我们也畏惧后者。这正如身体分离的必要性对男性而言,也包括了亲密和疏离的种子,男性正确地珍视前者,畏惧后者。如果这一观点正确,那么,人类体验的四种阐述——自由法条主义、批判法条主义、文化女性主义和激进女性主义——都说出了人类体验的部分真理。自由法条主义和批判法条主义描述男性体验的部分真理,而文化女性主义和激进女性主义则描述了女性体验的部分真理。"(1988:53)

的著作《性交》就是这种论点的主要支持者。

> ……那就是一个胴体的轮廓,清晰而分明。但其整体却是幻影,是悲剧性骗局……一旦被占有:身体的真正隐私从来不可能与性交共存……她的隐私,身体的隐私、内心的隐私……肯定地讲,她被期待着拥有更好的隐私、身体的完整性,以及自我意识……她的定义就是她的身体构造,就是洞穴,这是入口的同义语;性交,存在的根本行为,对她本可以是本能的而不是社会强加的存在,产生了重要影响。(1987:122-3)

那么,爱是怎样的呢?露西·伊利格瑞的作品更是不可思议,她主张一种经验的交融,要求通过"爱的母体"来揭示人性的神圣。在爱的母体里,人的肉体毋庸置疑;在那里,"抚慰的消失"与触摸伦理中对生命的赞扬相互交流。

> 他人的肌体,是我生命的摇篮。他必不可少,最为微妙。他用双手,接近我,与我交流。他用最好的养料,带给我生命。他伸出双手,接近我,赋予我身体的轮廓,唤起的记忆,那是最美妙的亲昵。他抚慰我,叮嘱我:不要消失,不要忘记,记住当下。对我来说,最亲密的生活留在心底。对他来说,寻找未曾有过的感觉,并邀请体验未曾有过的体验。生孩子,则是未来的事儿。将来再回到我的子宫,让我受孕,唤起我,再生一个,爱的结晶。(伊利格瑞,1986:232—3)

女性身体的同一性已经不在了:既要扮演母亲的角色,又渴望男欢女爱。按照爱里加丽的女性身体解放观,女性的身体既不属于给予她身体的人(母亲),也不属于与她的身体发生关系的人(情人);两者的结合意在追求"高潮",回归"最深层的自然之流,在这里,生育并没有被阻止在同一性中"。(同上引:234)

生与死相伴,但是,人们阻止死亡不是通过对他人的(合法)统治,也不是通过把他人封闭起来(划定界限),而是不断地再生。爱抚代表"未来的成就,它不是以超越死亡来衡量的,而是以自我和他人的诞生来衡量的。在生育之前,恋人们都会以生死相许。爱滋养着他们……他们因为爱而获得新生"。(同上引:232,235)

超越差别:女性主义是人道主义?

德鲁希娜·康乃尔的乌托邦似的方法论是"伦理女性主义"的方法

论,其中,为女性工作也是在构想一种超越支配的新的人性结构:

> 伦理女性主义不仅"预想"一个世界,其中,女性的观点值得欣赏;伦理女性主义也"看到了"一个由不同"性别"的"人"组成的世界,一个不能阉割的世界。通过我们的"想象",确定了做人的不同方式的"应然"的规定性。伦理女性主义的"目标",不只是为了女性的权力,而是为了重新定义包括权力在内的一切基本概念。换句话说,不应该把女性的权力与女性所寻求的有关"人的"不同伦理观分割开来,也不应该把它理解成一种补偿过程。(1991:131)

多元主体:黑人女性主义或批判种族女性主义的影响①

> 那边的那个男性说,女性需要帮助才能走进马车,遇到沟渠就需要别人抬着才能过去,每到一处都要占最好的位置。可从来没有人帮我上马车、过泥坑,或给我让出最好的位置。难道我不是女的? 看看我! 看看我的胳膊! 我耕田、种地、收庄稼,没有一个男性教我! 难道我不是一个女的? 我与男的干得一样多,吃得一样多——如果我能有那么多吃的——却还要遭受鞭打! 难道我不是一个女的? 我生了13个孩子,亲眼看着他们大多被卖身为奴。作为母亲,当我为此哀泣时,除了上帝,谁能听到! 难道我不是一个女的吗? (索尤纳·特鲁什的致辞,1851,转引自巴列特和肯尼迪,1991:256)②

509

---

① 谈论黑人女性主义甚至也是有争议的。虽然马莉亚·斯图尔特(Maria Stewart)、索尤纳·特鲁斯(Sojourner Truth)和安纳·J.库伯(Anna J. Cooper)(她在她1892年的著作《南方黑人女性发出的来自南方的声音》中论述了黑人女性的观点)等女性提供了一种黑人女性的视角,但是她们通常把她们的论点展示为在维护整个种族的利益(因为"一条小溪不可能流得高过它的源头");自觉的黑人女性主义是相对晚近才发展起来的。弗朗西斯·比莉(Frances Beale)(1970)创造了"双重困境"这个词来描述当一个女性和黑人的处境。爱丽丝·沃克尔(Alice Walker)更喜欢"womanism"这个词,它被定义为"致力于全体人民,男性和女性的生存和完全性……"

② 索尤纳·特鲁斯出席在1851年举行的有关女性选举权的阿科恩大会(Akron Convention)时,受到了组织者弗朗西斯·盖奇(Frances Gage)的同僚的反对。正如盖奇所说,这一建议很简单:"别让她,盖奇女士发言,这会破坏我们的会议。国内所有的报纸都会把我们的事业与堕胎和黑人混为一谈,我们会受到彻底的公开指责。"[转引自琳达·阿蒙斯(Linda Ammons),1995:1041]

> 黑人女性主义者的意识形态……宣告了黑人女性的洞察力……其次,黑人女性主义者宣称,自决是极为重要的。黑人女性被赋予了解释我们的现实、界定我们的目的的权利。再次,黑人女性主义的意识形态从根本上挑战了种族主义、性别主义和阶层主义压迫的内在结构。最后,黑人女性主义者的意识形态假设了女性的潜能和独立主体意象。(黛博拉·K.金,引自杰维尔,1993)

黑人女性(尤其是美国黑人女性)的话语,最初是一种口语的传统,后来成为文学、诗歌和(布鲁斯、爵士)歌曲形式表达的传统。现在,黑人女性主义有意识地吸收叙事传统,把她们自己与"一般的女性主义"①区分开来。黑人意识的一种趋势可能是向纯粹性回归——试图找到一种没有受到殖民化、支配和劣势话语,以及后现代等的遗产影响的稳定本体,与此同时,黑人学术上否定普世主义(如哈里斯,安吉拉,1990),谈论特殊性和独特性,同时强调人性差别中的利益共同性。②

黑人女性主义的主题很多,但是,重申摆脱奴役和多重压迫结构的回归自我运动就是其中的一个主题。正如贝尔·胡克斯(Bell Hooks)(1990,1991)所言:"……如果不消除思想的殖民化,任何黑人女性都不可能成为知识分子"。消除殖民化如何才能奏效呢? 以朱迪·斯卡尔司—特伦特为例:

> 另一个授权行为就是负责界定我们的群体、为我自己命名。为自己命名,界定自己,并进而从那些对你行使权力的人手中取得定义自己的权力,是一种重要的授权行为……因而,定义自我的行为廓清了我们的价值和权利,并宣布关于我们自己的观点我们是必须加以考虑的。(杰维尔,1993:103)

或者,用美国黑人诗人安德利·罗德的名言说,非洲裔美国人,是她们祖

---

① 注意:女性主义学术模式是,它的分析历来都是只倾向于反映美国和一些西欧国家的白人、中产阶级女性的经历。尽管他们也声称传统学说是对有限视角的普遍化,但他们自己的学说也同样是有限的。然而,女性主义已经注意到,在现代性的主流话语中被忽视的声音不仅有女性的声音,而且还有许多对主流来讲显得"另类"的社会团体的声音。但是,女性主义仍主要是中产阶级白人女性的追求。

② 正如安德丽·罗德所说,白人女性主义者和黑人女性主义者的区别可能是与她们生活地位上的差别相关的:"有些问题我们作为女性共享着,但某些问题则不然。你们担心的是,你们的孩子长大以后站在父权制一边指责你们;而我们担心的是,我们的孩子会被拖出汽车、被击毙在街头,而你们却对他们的死亡原因不加理会。"(1984:119)

先的奴隶传统的继承者,她们不仅必须提出积极的理论和模式来说明黑人女
性的处境,而且必须创立具有一定程度的自足性和独立性的支持形式:这是
因为主人的工具永远不会去拆主人的房子。① 黑人女性作家的传统语言和
意象,很多都关注痛苦和苦难——这是可以理解的,因为她们的历史事实(即
使白人男性叙述时也是这样②)通常是人间地狱,这是不是注定了她们的传
统就是苦难经历的重述?③ 是被压迫者的诗歌? 罗德(1984)把精英们对富
于联想而悦耳的诗歌语言的恐惧与他们对黑色皮肤、女性、黑暗以及黑暗的
"他者"的恐惧进行了比较。罗德主张,黑人学术要想成为有意义的分析,必
须在黑人女性的经历中看到智慧的源泉,而不只是成为受苦受难的例证。④

　　帕特莉莎·J. 威廉姆斯的《种族和权利的魔力:一个法学教授的日记》
这部著作中,一些严谨的短文颇具影响力,这些文章夹杂着她的个人经历、法
律学术观点以及寓言与隐喻。威廉姆斯用叙事性的回忆来确定她的思想范
畴。由于把(她的)主体性定位在多元力量和文化思想的范围,她的自我几
乎消失了;关于同一性的斗争不只是为了学术研究,为承认而进行的斗争是
社会的斗争、种族的斗争和个人的斗争。⑤ 尽管威廉姆斯要求读者对所有具

---

　　① "主人的工具永远不会捣毁主人的房子。男性也许会暂时地允许我们在他们的游戏里
打败他们,但他们永远不会让我们能够引发真正的变革。这一事实对那些仍然把主人的房子看
成她们唯一的依靠之源的女性来讲,是一个警示。"(安德丽·罗德,1981:99)

　　② 作为贩奴者,约翰·牛顿(John Newton)(1962)在其《贩奴者杂记》(1750—1754)中回忆
道:"当妇女和女孩被装上船时,她们身体赤裸、颤抖、惊恐,也许因寒冷、疲劳、饥饿而精疲力
竭,她们经常遭到白人野蛮粗鲁、惨无人道的折磨。这些可怜人听不懂她们听到的语言,但说话
者的表情和态度是足可以感知的。在想象中,猎物被当场分割成块,只有在有机会时才会被保
存起来。在这里,反抗或拒绝是完全徒劳的,甚至连乞求都很少敢想。"

　　③ "买卖开始,年轻女子在那,她们都惊恐可怜无所防护;从发自绝望的啜泣与呜咽中,可
以听到她们的悲伤与痛苦。母亲们站在一旁泪如涌泉般眼看至爱被强盗强行卖出,她们辛酸的
哭声渐成一片,暴君们讨价还价换得金钱。"(爱伦·沃特金斯·哈普尔,摘自《拍卖奴隶》,1857)

　　④ 关于黑人女性的意象和社会地位的详尽评论,以及这对现存法律的特殊领域的影响,见
琳达·安莫斯:《缪斯、圣母玛利亚、婴孩、洗澡水、种族意象和原型:非洲裔美国女性和受虐待女
性综合征》,载《威斯康星法律评论》(Wisconsin Law Review)1995,5。

　　⑤ 女性主义写作的常用策略就是在作为一种学术工作形式的叙事之中吸收新的生活。在
威廉姆斯笔下,叙述被用于提供一种自我意识。这种自我意识构成了从事法学写作的"人物"的
基础。她的主题是,在纷乱复杂的后现代社会中寻找一种融贯的自我意识的艰难性,黑人们尤
其如此。因为他们是用白人话语的遗产来构建他们的同一性的。"在我一生中有某些时刻,我
感到仿佛自己的某个部分遗失了。有些日子,我变得麻木,记不起是星期几,我感到自己被操纵
着以致记不起自己的名字,我感到如此迷茫和愤怒以致对最爱我的人却说不出一句温和的话
来。在那些日子里,我在百货商店的玻璃窗里看见自己的身影,惊奇地发现玻璃窗里(转下页)

体法律的抽象概念持怀疑立场，但是，她的著作也充满了对法律的希望，因而，使人感到高兴。她以编年体的方式列举了黑人要求获得权利的愿景。

> 在法律上，权利是授权的支点。解除权利就是收回授权，权利和无权利之间的界限通常是支配和被支配之间的界限。权利包含权力意象，无论在视觉上，还是在语言上，操纵权力对于权利的产生和维持都具有核心地位。

黑人关于权利的认识，显示了一种近乎宗教的信仰，相信并期望实现实际权利，以利于改善他们的地位：

> 必须牢记：从黑人的经验看，根本不存在什么作为奴隶法的东西。法律制度并没有为黑人，哪怕是自由黑人提供任何类型的制度化的期待、承诺和合理信任根据。如果人们认为权利来源于奴隶"合法化"的历史，或者起源于现代资本主义的结构，那么，权利当然没有什么意义。因为在每一种情况下，黑人实质上都一无所有……当人们不只是有不合法的体验，而且还有对不合法、被强奸，以及被谋杀的恐惧时，黑人对积极的权利和消极的权利的坚持——对自我、对个人神圣不可侵犯的坚持，才是有道理的。(1991：154)

解读威廉姆斯有什么收获呢？或许是对痛苦、差别的敏感能力——对更加开放的世界的期待———一种不可思议的感情；对社会关系中意义复杂性的体悟；对霸权和具体化现实的欣赏。与卢尔德·特奥多罗（Lourdes Teodoro）（《恐惧的产生》，1978）一起，黑人作家们说：

> 无论世事多么艰辛，
> 轻视生命总是困难。

后现代女性主义

从部分意义上说，后现代主义很难承认对现有的观点、对本质和同一性

（接上页）有一个人正在向后看。在那些日子里，我的皮肤变得和黏土一样黏糊糊的，我的鼻子在脸上四处滑动，眼睛掉到了下巴上。在这些时候，我不得不闭上双眼，回忆我自己，勾勒出一副完整的内在画像；当这一切都失败的时候，我找一面镜子，盯着自己的影像上下打量，直到所有的器官都变得和原来一样，像一只迷失的羔羊。"

的论述是唯一正确的答案。女性不是一个同质的群体,正如激进女性主义和文化女性主义的所提出的对立观点所说明的那样。女性主义是一系列松散的话语和实践领域——没有什么女性主义的元理论。在每一种不同的女性主义的论点中,我们可以发现有关人类条件的不同阐释。

女性主义运动还没有产生一种主流的观点,存在许多不同的解释。它批评说,传统理论有很多缺点,但它也难以避免这些缺点。部分意义上说,女性主义者已经重蹈了她们所反感的、传统的、普适性的老路。而且,在对待传统理论方面也过于急躁——一些特殊的假设和夸大的立场已经成为主流,而其中有些假设和立场是男性提出来的。对女性主义者来说,只有一部分值得批判。女性主义者逐渐认识到她们自己的内涵、她们的语境。在责难传统观点不曾面对其具体历史语境的同时,女性主义者通常也忽略了而作茧自缚。后现代主义对反思的关注引发了持续不断的自我评价,并把所有界定实体一致性的尝试都复杂化了——女性主义不是理性的、透明的存在,不能组织并赋予其事业以同质意义。许多女性主义者都相信,如果不把女性看成一个融贯的实体,那么,一个具有融贯性的女性主义运动是不可能的。但是,后现代鼓励人们以不同的社会关系、社会领域的多样性思考来考虑问题,在这些社会领域中,推动自由、平等地对待自己与他人,存在着许多障碍,也有很多机会。后现代条件要求,女性在回答"女性问题"、分析和干预从属关系的多样性时,在把压迫转化为生活的可能性和机会时,应当抛弃任何假设的团结与同质性。

如果说近些年来,女性主义法学似乎已经迷失了方向——一般的女性主义就是如此,那么,这也是如下进程的反映:一旦承认了主体的多样性,想要建立一种占主导地位的叙事就非常难了。未来的进程会带来什么?这一难题部分涉及到底是反对还是承认现代性的进程?那些希望反对现代性进程的人声称,现代性欺骗了我们,它容许了对真正自由的控制,它是对自由的摧毁,而不是建构自由、公正和福利。那些希望复兴现代性的人说,以下论断是部分正确的——只存在一个不完善的现代性。但是,他们要求我们把握时机,以我们所特有的方式,参与构建一个真正的人类文明。在过去的文明中,女性以非理性的名义被传统地排斥在外,少数族裔以不文明的名义被排斥在外。女性主义以其最佳的形式,责备"他人的"政治学,或者说,法律长期以来往往被用于约束,用于压制另类声音。为人性而斗争是问题的关键。在这个意义上,不管人们如何看待女性主义作家,女性主义都可以作为一种要求,让人们思考:我们是谁?一个真正社会的"我们"是谁?它要求我们反复思考:用什么统一我们的差异?什么为我们真正的差别提供了基础?

第十八章 结论:后现代法理学的诱惑的反思

> 我站在电车的末节车厢,茫然不知我在这个世界上、这个城镇中、我的家庭里的步履。我甚至不能提出我的要求:我愿意走向何方。甚至我也道不出为什么要站在这节车厢中,抓住这条皮带,任我被电车载着前行;对那些闪避电车或安宁地散步或者驻足盯着商店橱窗的人们,我也是如此。的确,没有人要我说一个所以然,但这又有何干。(弗朗兹·卡夫卡,《在电车上》,载《弗朗兹·卡夫卡短篇小说集》,1988:388)

> 就法律而言,它呈现出极端的不确定性,缺乏牢靠的外在标准。然而,它也是这些环境下的特殊生活方式,是一种内在地、从我们的经历中产生标准的方式,就如同我们在自己的对话中构成我们自己一样。事实上,法律是一种文化批判和文化转型的方式,也是文化保存的方式……法律在结构上的意义模棱两可,总是会产生新的、对立的阐释与表达。
> [詹姆斯·博伊德·怀特(James Boyd White),1986:1386]

尾声:后现代的模糊性?

本书开始于反思,对追问有关法律性质问题的复杂性的反思。随后,通过从古希腊到当下的法理学家的文献,从存在的起源中建立了一种叙事。要下结论并非易事;这一历程的成就只是我们时代的语境——许多评论家已经逐渐称为后现代时期。描述或定义后现代这一概念也非易事;或许,我们因过于关注当下情形的复杂性与混乱而不能确切地界定它的主要过程与结构。① 然而,有一点很清楚:我们对法律的思考体现了后现代语境的模糊性、

---

① 什么是后现代? 大多数评论家都很清楚,在过去的 30 年里,社会秩序发生了急剧的变化。为了描述这些变化,社会理论家们已经造了各种标签,包括媒体社会、视角社会、(转下页)

愿景、混乱和恐惧。例如，包含于批判法学研究运动之中的对法律的异化后
果的恐惧，与德沃金所论证的法律的自负，两者之间的辩证关系每天都在两
类人之间产生着：一类人认为全球化的后果是把欠发达国家束缚在西方（法
律）统治的网络中；另一类人则在全球化中看到了一种法律文化的传播，它珍
视人权、机会平等以及新主体的生活计划的展开。然而，有人指出，"亚洲经
济之虎"的崛起把资本主义与父权制和相对的权威主义这一社会传统结合起
来了。他们担心，在新的世界经济秩序中，西方法律自由主义的利益将会日
益受到攻击，新的法西斯主义将会出现。这种世界秩序是好还是坏，评论家
们难以达成一致：是糟糕透顶，抑或说，当下是世界历史上最好的时期？就社
会秩序的前景而言，他们也不能达成一致意见：民族国家现在成了累赘，我们
是否需要一种新的国际世界秩序和法律？一方面，现实主义评论家谈到绝对
贫困人口的记录①；另一方面，其他人（例如，罗蒂，1989）则说以前从来没有
这么多人关心他人的生活或者了解他人生活的技术。当然，法理学不会——
至少在神智清醒的情况下不会——再度成为一种哲学模式的抽象研究。它
的目标是关于法律存在和法律效果的智慧。不过，人们应该记得黑格尔的希
望和他的话：只有当人类活动停止时，智慧才能到来。必定是这样吗？这种
说法似乎在当下比以前任何时候都正确。接近法律的模式，也被用于构建它
们的研究领域，所展现出来的多样性，使我们不能得到一个确定的法律定义。
例如，法律已经成为一种至关重要的文化表达，法律语言整合了它所支持的
社会结构形式，而且，它的工具性不能被单纯地归结为促成各种政治或经济

514

（接上页）消费者社会、控制消费的官僚社会、后工业社会、全球化社会、发达的全球资本主
义社会、后资本主义信息秩序，以及最近也最时髦的后现代主义这一描述。某些学者对这一术
语的产生起了关键作用，其中，利奥塔（1984）在其名著《后现代的条件》中创造了"后现代"这
一术语来反映科学和技术层面的变化，特别是计算机、大众传播的发展，以及对语言在社会与文
化研究中日渐突出的地位的强调。对其他作者而言，后现代的特征是：对过去200年的希望与社
会结构的极端矛盾的感情，怀旧情绪，文化相对主义，道德因袭主义，怀疑主义与实用主义，全球
主义中的地方主义的矛盾对立，对有组织的、有原则的政治活动的矛盾心情，以及对一切形式的
伦理的和人类学的基础的不信任。总之，一些评论家提出［例如，伊格尔顿（Eagleton）：1996］，后
现代是对于"下一步往哪走"的失落感和深层迷茫，这既关系到个人，也关系到努力创造一个公
正社会的社会计划。

① 如雅克·德里达（1994：85）在论证批判理性（critical rationality）的持续需要时所说的那
样："我们不是要以历史终结时的幸福感来为自由主义民主和自由资本主义的降临唱赞歌，也不
是在因'意识形态的终结'和宏大的解放话语的终结而拍手相庆，让我们永远不要忽略一个显而
易见的事实，到处都存在无数的苦难；任何程度的进步都不能让人们忽略一点，即，可以绝对肯
定地讲，以前在地球上从来没有这么多男人、女人和孩子被征服、饿死或灭绝。"

利益或使愿望得以实现,因为它的表现主义功能不是纯粹的意识形态。法律使各种生活形式成为可能;从密尔的古典自由主义规定的私人自治区域,到原教旨主义的伊斯兰社会的结构化世界的区域,都因法律而成为可能。斯坦莉·菲什(1991)曾说过:"法律希望具有正式的存在"。他的意思是说,法律希望是独特的,不希望是别的什么东西,法律希望它的自治性存在是自明的,以免它的自治(或许可以称为"完整")遭到损害。法律实证主义的事业力求保护法律对道德的形式上的自足。但是,它这样做的时候,会导致经验意义上的法律受到各种社会力量不道德的差使。在后现代语境中,法律的独特性更多地来自其功能的多样性以及它所构成的社会形式的开放性,而不是来自其纯粹性。正如詹姆斯·博伊德·怀特(正在兴起的"法律和人文运动"的倡导者)所说(见本章开头引文第二段),法律不得不分担(后现代)生活的极端不确定性,其多义结构使它包括在许多对立的阐释和语言之中。法律的灵活性使它自己陷入反对无趋向的多重趋向这种后现代辩证法中。作家卡夫卡可能恰当地亲历了用以作为结论的后现代要素。

弗朗兹·卡夫卡:后现代叙事者

> ……没有人,根本没有人能够照亮一条通向印度的路。即使在王的时代,通向印度的门也超出所及的范围,尽管王的剑指明了通向大门的路。现在,这些门已经隐退到更远、更高的地方;没有人指路。虽然许多人都佩着剑,但是只能挥舞一通,他们的眼睛努力顺着它们向前看,然而眼前却茫然一片。[卡夫卡,《新倡导者》(The New Advocate),1988:415]

在现代性的基本文本——霍布斯的《利维坦》中,法律是主权者的剑:主权者监视着我们;在他的管辖范围内,我们可以追求我们的合法愿望。那时,社会进步的观念是与法律联系在一起的,所以,法律被认为是引领我们到达幸福领地和幸福时代的工具。法律将成为现代性的保证,它非常清楚自己的目的:作为理性力量的工具。卡夫卡这位"中欧犹太人"作家所生活的时代本来应该充满了有组织的现代性的希望,然而,他却传达了一种极端矛盾的存在条件。① 许多人都佩着剑,但"只是挥舞一通",法律似乎已经失去了

---

① 我使用"欧洲犹太中心"这个术语,得益于卡夫卡创造的一个角色所处的环境:他被要求在哪里都要像在自己家里一样,但他在哪里都感到不安全。卡夫卡的作品反映了他自己的存在,尤其是一种超历史的无家可归条件下的存在,这种处境不受传统的时空——即特(转下页)

合理性,怎么让人们相信存在一种融贯的模式或者共同的社会目标呢? 主流的话语叙述说:历史斗争和法律权利的赋予,创造了一种现代主体,它被一种同化过程纳入有组织的、结构化的现代性的实践之中。然而,卡夫卡叙说的不是人们的满足和理性的满意,而是个人犹豫不决和模糊不清的感觉。① 在卡夫卡的小说中,主体被迫生活在一种偶然性与选择的语境中。主体渴望一种生活,一种相对和平的生活,一种满足于社会公正的与可接受的社会秩序的生活。然而,主体只发现了一个急速向前发展的领域,在那里没有什么意义可言,没有休息之处,也没有足够的时间获得确定性。当卡夫卡小说中的人物试图确定他们社会语境的真理以及包围着他们、决定他们的地位的制度的本质时,他们越来越模糊不清、迷茫不解。在这个不确定的世界里,法律和文化遗产都不能提供确定性。② 对这一点,我们这些见闻了这个世纪的各种恐惧的人知道得再清楚不过了。在大屠杀的准备阶段,德国犹太人的法律主体性——他们的公民权利——被法律剥夺了。法律赋予他们的也能被法律拿走。那么,由于现代性的滥用,还有什么正当基础和真理能让我们接受现代性的创造吗?③ 如果没有,我们应当做什么? 也许,不同的答案,或者,也许更恰当地说,更多的诱惑产生了。

516

(接上页)殊的社会文化身份——的限制,正如齐默尔曼(Zimmermann)所界定的:"他不是捷克人,他不是德国人。这一事实,通过布拉格政治学的抽象和残忍的三段论,使他变成了一个犹太人。"(引自鲍曼,1991:180,从鲍曼那里我得出了我对卡夫卡个人境况的理解)

① 部分地讲,卡夫卡叙说了作为犹太人的某些方面(许多人都曾宣称,当犹太人就意味着永远是陌路人,或者说在哪里都受排挤),但是,有关对犹太人在有组织的中欧现代社会中身份的叙事越来越像后现代条件下的主体身份的先兆。

② 拿语言意识来说,卡夫卡写的是德文,说的是德语。他在这种语言共同体中的参与并没有给他以确定的身份感,还不如说德文只是一种技术。

③ 德国犹太人的经历(以及德国纳粹控制下的其他欧洲犹太人)指出了现代性创造的"自由"面临着崩溃的更大可能性。在《我寻求真理的漫漫长路》(Long I Have Looked For The Truth)[收入贝尔托·布莱希特(Bertolt Brecht),1980]一文中,德国犹太诗人布莱希特叙述说,他曾久久地寻找有关人的社会生活的真理,人的生活交叉难分、混乱不清、难以理解。但是他还是努力说出他的发现。然而,纳粹到来了,开枪射杀穷人和那些试图说出复杂真理的人。正如布莱希特叙述的那样,纳粹带走了"真理",也带走了物质上的舒适。从我这,他们拿走了我的小房子和小汽车,为了赚钱买它们我花了多少心血。(我本可抢回我的家具)当我跨过国界,我想:虽然我需要真理甚于房子,但我也需要房子住。从那里开始真理对我一直就像房子和汽车一样,它们全被拿走了。

诱惑一：接受激进的相对主义，拒绝对本质问题作出任何有意义的回答

让卡夫卡关注的主题之一，是对法律真理的寻求。在《有关我们的法律的问题》中，卡夫卡（1979）描述了一个由相当隐秘的、具有传统正当性的贵族统治着的共同体，贵族阶级确保主张自己有独占的权利获得有关法律及其义务的知识。贵族阶级也采取措施保证其他一切社会群体继续对法律的真理一无所知。贵族以下面的理由实现了对"普通人"的控制：传统已经确定了贵族知道法律的秘密，他们公平地、毫不偏私地运用这种秘密："贵族高居于法律之上，这似乎是为什么法律被排他性地赋予给他们的真正原因。"（1979：128）贵族以及它的完整性要求明显站在具有自己的特殊追求计划的一切其他社会群体的对立面。只有贵族的卓越品质才能确保他们不会滥用"真理"。然而，荒谬的是这种主张是一种循环论证：贵族之所以被认为具有不证自明的公正性，恰恰是因为他们控制着法律。

卡夫卡把这一叙事的主题置于微妙的约束之中：法治是理所应当的，但在实际的词汇中，这意味着贵族的统治是毋庸置疑的。因为只有贵族才知道法律的奥秘，所以，只有他们才能宣称知道将要做什么、不得不做什么。正像哈特（1961）承认的那样，公众最终只需要相信官员们在以恰当的完整性从事他们的职务。（有一点颇有诱惑力：用"专家"代替卡夫卡的贵族；在以最深刻的不合理性为基础的假定合理的现代社会中，我们具有一种统治的构517 想。）但是，一种出人意料的怀疑潜入这种密闭的环境中来了。如果只有贵族知道法律，如果任何其他人必然对法律的基本形式一无所知，那么，实际的情况或许是这样的：法律并不具有什么核心意义。法律的本质、对"什么是法律"和"法律受什么指引"这些问题的回答也许并不存在。也许唯一的秘密就是根本就不存在答案这一秘密。换句话说，现代性的统治实际上是以意义的深不可测和微妙的法西斯主义为基础的。不存在评价法律的品质好坏的牢靠依据，使统治者的规则得以合法化的就唯有他们统治的成功。但是，我们对有关这一后果的知识态度暧昧，这是因为尽管它可以剥夺统治者的主要统治原则，但它也使人们失去了原来想用来控制统治者的工具。因为，为了让统治者是可以理喻的，我们需要强烈的伦理论据和政治论据。①

---

① 现代性是一种尝试，力图创造一种具有有组织的、透明的结构的正义社会。这是一个具有以规则为中心组织起来的融贯实践的社会。在那里，规则本身又是从对潜在结构或它们的内在功能的信仰中取得合法性的，或者，是以它们的纯粹性取得合法性的。后现代条件（转下页）

在卡夫卡的小说中,复杂的官僚制度和具体化的结构遮蔽了对自然造化的解构所造成的深渊。对法律秘密存在的正式信念阻止了意义的深渊进入社会意识之中:"有一种传统认为法律的意义是存在的,它被当作秘密而被托付给贵族,但这只不过是贵族因岁月的延伸而获得其权威的一种古老传统。"(卡夫卡,1979:128)不存在什么伟大使命,在这一认识面前现代性还能幸存吗? 卡夫卡认为,有关人类条件的天命的叙事与有关法律构想的研究是完全一样的。两者共享一种"信念:总有那么一天,传统和我们的研究将会……得出最终结论。一切都会明白无误……法律最终属于人民,贵族终将消亡"。(卡夫卡,1979:129)终究会知晓存在真理这种信念一直起着无情地追求知识这一目标的作用;相对于晦暗不明以及当下的完全具体化的关系,这一信念变成了一个先验的象征。我们追随柏拉图超越了洞穴中囚徒的状态,但并不是实际地做到了这一点,而是由于我们坚信将来一定会实现它。但是,卡夫卡宣布:这是自欺欺人。所有的人都了解法律的秘密、贵族消失殆尽,这一时代、这样的国度永远也不会到来的。只有无尽的空虚——因而我们必须永远面对一种需要:维护没有超人保障的权力。我们不能逃避贵族的必要性:"强加于我们身上的可见的、确定的法律就是贵族,我们的希望果真是想摆脱这唯一的法律吗?"(卡夫卡,1979:130)那么,我们应当把我们变成新贵族吗?

　　卡夫卡的小说也指向了进步与现代性的概念所涉及的辩证法。我们相信进步是延绵不断的,这一信仰依赖于一种完全现代的社会——完全正义的社会——实际上,这样的社会永远也不可能实现,但是我们不能告诉自己这一事实以免知道这点将导致我们放弃我们的进取心:"我们毋宁更应该恨我们自己,因为无法配得上法律。"(卡夫卡,1979:129)现代人不得不假定,或者不得不被告知,完美——真理——是一种实际的可能性,虽然是未来主义的可能性。为正义而斗争、对正义的政治忠诚、迈向未来告别过去,具有了

518

(接上页)是随着人们日益明白深层结构的缺乏而产生的。在后现代条件下的主流政治学看到了逃避理念的绝望的努力,并且力图让政治话语回归常识。在对阵的两方中,一方是那些主张激进多元主义和多样化的人;与此同时,另一方面,我们见证了最奇异的伦理净化、对可靠身份的追求——新部落主义的兴起。但是后现代不是要回到前现代,与前现代的古代世界不同,除那些本身就是法律的创造物(如人权、国家法)之外,它不尊重任何限制,如尼采所承认的那样。这意味着法律是社会结构的保证,因为在这个世界上没有什么自然的东西是不可逾越的。因而,如果离开了它是有意义的这一简单假设和传统,这个世界可能实际上毫无意义。另外,如福柯提醒我们的那样,法律之剑的力量切合了以下过程:使社会实践"常规化"、鼓励我们同意把社会化纳入"规范"之中。

某种意义和目的。相反，后现代就是日益认识到这种联系是荒谬的。换一种说法，后现代主义就是明白：正义社会的乌托邦是不可能存在的——这一航程注定失败——言外之意是我们就站在目的地上，问题是目的地并不是终结。航程永远也不会结束。

诱惑二：放弃对法律智慧的追求，转向追求表现力

法理学作为对宏大画面——法律的智慧——的追求能够幸存下来吗？或者说，法理学注定要降格为充斥着没有共同线索、丝毫不相关的竞争话语间胡言乱语吗？我们如何解释法理学话语大量繁殖，如何解释与之相伴的无力的感觉？它部分地是一个与权力话语的兼容性的问题。对利奥塔（1984）来说，知识的社会意义已经发生了变化，信息机器的小型化和商业化已经改变了知识获取、知识分类、知识利用和知识开发的方式。新的技术按照知识与技术、技术应用的相容性对知识进行了分类。各种知识形式，如果不能用适合于转变成计算机语言的数量形式来加以表达，就会被轻视，就很难幸存。知识的获得与智力训练或者甚至与个人的训练联系在一起，这样一种原则已经过时了；知识成了商品，生产就是为了销售。

知识问题与统治问题密切相关。利奥塔提出，调整因而再生产的职能一步一步地被从人类管理者手中分离出来，交给了机器——政治变成了出风头与争夺公众舆论选票的战场。知识不仅能使一个人构思优美的演说，而且也能使他进行适当的规范性的和评价性的表达。但是，如何对之进行判断呢？在利奥塔看来，它们被判断为适当的根据，是它们在何种程度上符合正义、美、真理、效率等相关标准，但在知识分子、话语执掌者以及相关团体的社会圈子中除外。对利奥塔来说，每一个领域都建立了自己的语言游戏，每一个发言都像游戏中的一步棋；在利奥塔的语言游戏意象中，冲突是最重要的。利奥塔的有说服力的比喻是战争，有些立场站不住脚，有些人攻击、推翻、击败和破坏别人的论据："在两个朋友之间的讨论中，对话者使用一切可用的攻击手段；质问、要求、断言和叙述都一一使出，乏味的对话成了战斗。战争不是没有规则，规则允许并鼓励发言尽可能地灵活"。（1984：17）

那么，毫不奇怪，深受批判法学影响的话语使法律和经济学运动丑态百出。批判法学运动的中心主题是使社会组织回归人类关怀、回归到较少受到异化的社会生活和人类交往的形式。相反，法律和经济学的倡导者倾向于要

519

求法理学只能用经济力量(金钱)所理解的语言来论述问题。① 经济学是一种对计算机最友好的语言,其主张最不具有人性关怀。法律和经济学运动的话语讲的是后现代语言。

不过,科学知识并不是自足的。它存在于与其他知识形式的竞争和冲突之中,它们被利奥塔贴上了叙事的标签,在传统社会中起着支配地位。② 尽管现代性攻击叙事,但是,叙事幸存下来,赋予社会制度以正当性,并且把积极的和否定的整合形式纳入已经得到确立的制度之中。③ 因而,我们见证了不断增长的法律与人性运动和女性主义的叙事风格——但是它们的权力基础是模糊不清的。

诱惑三:抛弃现代性,追求部落制与失控主体性之间的辩证法

520

在整个发达的西方世界,社会的和文化的现代性已经遭受了来自诸多方面的攻击。右派保守主义者认为,现代性暗中破坏了日常生活和常识的价

---

① 正如波斯纳这位法律和经济学的首要倡导者所主张的那样:"关于价值的概念,要牢记的最重要的事是:它是以人们愿意为某件东西付出的对价,而不是占有它所带来的幸福为基础的。同样,社会财富是那些喜好(在财富最大化系统中具有重要性的偏好)的总体满足,这些偏好有金钱作保障,即它们是被市场认可了的。"

② 在利奥塔看来,有两个伟大的神话或叙事一直被用来作为制度性科学研究的正当理由:人性的解放,一切知识的思辨统一。前者是一个政治上激进的实践主义叙事,后者是以系统理念下的整体性概念为基础的。第一种叙事(即人性)是社会进步的英雄。每当国家以民族之名直接控制人民的训练,以指引人民进步的方向时,它都在使用自由的叙事。但是这些主要的叙事在当代社会中不再发挥同等程度的作用了。对利奥塔来讲,宏大叙事已经失去了可信性,不管是思辨的叙事还是解放的叙事,后现代主义填补了这个空间。进步叙事的控制力正在下降。它从强调行为的目的转向强调行为手段,尽管我们看到各种技巧和技术正在急剧扩张。正当化的标准发生了变化。利奥塔认为,科学的目的不再是真理,而是预设性。现代科学家、技师的以及工具设计的目的不是以发现真理为行为指向,而是预先决定权力的论争。教育政策发生了变化,更具功能性,强调的是技术而不是理想。知识最终不再是传播给所有的年轻人的,而同样适用于成年人,是他们继续教育中职业培训的组成部分。知识与怀疑的能力一起成了某种可翻译成计算机语言的东西,传统的老师已经被记忆库所代替,教学被托付给机器,机器把记忆库、图书馆等和计算机数据库与供学生使用的计算机终端连起来了,从业者被开除了。变化背后的推动力量不再是"它是真的吗",而是"它有何用处?"或者"它容易卖出去吗?"看起来,用户至上成了后现代作家的主要动机。

③ 科学应该依赖于客观标准。然而,利奥塔认为,科学知识不可能知道这一点、也不可能让人们知道这一点:真正的知识是不求助于那些在它看来实际上完全不成其为知识的叙事;简单地讲,科学真理依赖于已知真理的叙事。科学一定使自己成为其可信性基于那种宏大叙事的现实世界中的叙事。

值。作为主要价值的无限的自我实现、对于真切的亲自体验的要求、主观主义对客观主义的取代,已经给自我强加了巨大的负担。自我意味着把世界看成一个各种计划的实现场所,并把客观世界当作达成自我目的的手段。对保守的右派而言,这释放了各种快乐主义的欲望。这些欲望与有序的现代生活要求是不相容的。[迈克尔·戈特弗里德森(Michael R. Gottfredson)和特拉维斯·赫希(Travis Hirschi),《犯罪的一般理论》,1990;对照摩门(Mormon),1995]快乐主义缺乏对社会的了解,缺乏服从观念与自爱,不尊重权威,因此不被视为成功的现代主义特征,而是被视为已经迷失了方向的社会和文化的现代性特征。相反,在那些左派看来,后现代的问题,是世界的不完全现代化的问题(如哈贝马斯)。利奥塔说,在后现代的境况中,宏大叙事已经丧失了它们的可信性,而我们还在玩着那些原来由宏大叙事使之合法化的游戏。他重复了尼采的警告。尼采说,虚无主义就是这样一种情景:我们杀死了上帝,但是,还像他在活着的时候一样行动。有关自然的神秘及其克服的叙事留给我们的是对控制和统治技术的强调,不过,这种强调是失去目的的。根据这种解读,一个个人化的、分离的社会似乎是我们的命运。在这种社会中,法律和权利是冲突的个体的工具。在这些条件中,对前现代传统社会的怀旧之情(乡愁)产生了,小的叙事的多元化发展起来。后现代主义反对宏大叙事或者宏大寓言,这种反对产生于地方化的叙事中。由于叙事把讲者和听者联系在一起,所以利奥塔说,后现代性保留了叙事形式的灵活性,同时避免给听众强加整个信仰体系。我们通过把不同的故事分开以躲避被支配的命运。人们认为,在一种非结构化的、多元化的宏大事件下,社会将运转得更好;一个多中心的社会比一个自觉的有计划的社会更好。同时,宏大故事是恶的,而小的故事则是良的。我们对法律的所有期待是它参与到多元的小的战役中,形成一个由多元竞争的语言游戏构成的社会秩序。

这种想象力的下降趋势导致社会生活可能成为一个文明的、霍布斯式的、以法律为武器的战争——全体对全体的战争。不是使正义成为可能,而是通过法律鼓励人们提起诉讼。没有对宏大叙事的信仰,生活变成了小的游戏的混合。不过,利奥塔对这种后现代游戏的无中心似乎健忘。在他的分析中,宏大叙事承担着把共产党宏大的政治计划或统治(冷战)计划合法化的责难,同时,小的叙事与地方化的创新性相联系。但是,从另一种观点——例如美国评论家詹姆森的观点来看,后现代性的游戏只是模仿,注定使我们患

上精神分裂症。① 詹姆森把后现代主义界定为对过去的一种乡愁,同时,我521
们似乎失去了在历史上为自己定位的能力。我们变得无力为自己留下有意
义的时空。因为从事一种社会计划,就意味着我们承认一种信仰和希望的某
种延续,那么,我们如何能够从事一种社会计划呢?

用类似的词来讲,整体性和碎片化、全球主义和地方主义的辩证法,贯穿
在后现代主义者的话语中。在某种意义上,后现代性表示一种失落感,因为
我们不再把握社会上发生的事情,或者实际上作为一个整体的地球。不
过,我们同时需要了解在整体层面将发生什么,以便我们能够说,声称正在发
生什么不再可能。因此,尽管声称不存在简单的将给我们提供社会关系所有
形式的解释并使政治事件的合法模式和法律干预成为可能的理论话语是非
常流行的,但是,反过来说,这种观点自身也是对整体的一种理论理解。②

诱惑四:误读解构的本质

伴随着偶然性和动态灵活性梦想,后现代文化意识深受解构进程困扰
(受雅克·德里达的理论严重影响)。解构首先是通过法律文本的性质,其
次是通过后现代主义者的把法律与社会结构功能性地联系起来,引入法理学
的。通过一系列连续的质疑,解构寻求逐渐侵蚀一个社会结构的力量,社会
结构的本质在于禁止质疑。解构有两种形式:

(1)文本解构。法律的研究和法律的传播涉及文本。追求法律的真理
就是对文本进行解释。法律的文本包含法律的意义吗?③ 解构是揭示任何
文本上的法律都趋于变动的一种技术。任何一种解释如果试图用最终的、权
威性的解释取代基本文本的开放性,都会过早地吞噬了文本的生命。解构不
是给予定论,而是把每一种解释都看作丰富或降低原始文本的内涵、增加或
者减少原始文本的意义的过程。但是解构要求任何解释都是进一步解释的522

---

① 詹姆森使用精神分裂症这一术语表示对当下经验更强烈的感触,它呈现为一个碎片,或
一套暂时的、不融贯的经验的永久压力。除了各种撞击我们生活的问题事件之外,事件是脱位
的侵入,它要唤起对我们反应有分化。

② 利奥塔反对完整性自身是一个宏大叙事,尽管利奥塔强调语言游戏、时间、人的主题和
社会自身的碎片。但是我们将发现什么呢? 我们用于处理这种整体的分解的态度是什么呢?
什么事物能够赋予个人的活动以融贯和自主呢?

③ 注意通过"上帝"这个词的文本研究探索存在的意义。在犹太教、基督教和穆斯林传统
中,上帝的礼物是他给人类提供的文本;一个可能变化、发展并揭示意义多元性的文本。只有使
传统解释通过建立教派稳定下来,教义的解释才能成为可能,作为结果发生的意义才能稳定。

对象。解构认为，将文本丰富的意义简化一个单一的事物，不仅是智力的不足而且是智力的灾难。

（2）社会秩序解构。为了重复反对哈特的法律实证主义的一个观点，主流法理学大多把现代晚期的偶然性当作正常事物，并降低权力在法律背后的作用。德里达（1992）在他对法律的解构性解读中，认为现代英美法理学的基础是霍布斯的现实主义建构。他把法律还原成强力的概念①，这样颠覆了哈特的叙事——也就是说，避免了奥斯丁对于权力居于法律的核心地位的观点，认为哈特只是给我们讲述了法律表象背后的神秘基础。合法性的所有形式都是可以解构的——正如凯尔森的基础规范的最终"假设"，或哈特的承认规则一样。在某种意义上，根本不存在法律的基础。正义只是对正义的追求——它不可能被确切地获得（除非我们根据某些承认程序达成偶然的契约——这种承认程序总是契约之外的事物）。结果是：

> 从定义上看，由于权威的渊源、基础或根基，法律的地位除了建立在它们自己之上，不可能建立在其他任何基础之上，它们自己是一种没有根据的暴力。也就是说，在"不合法"的意义上，它们自身是不正义的。在创立时期，它们既不合法也不非法。它们超越了有根据和无根据，或者基础主义和反基础主义之间的对立。即使奠定法律或权利之基础的实践行为……也都预设了更早的条件和协定……这种预设的条件、规则或协定，或者它们意义的渊源，仍是一种"神秘的"事物。（1992:14）

对德里达来说，解构是人道主义的一种形式②，从真理的存在无限倒退的解构性解释不是对教化任务的否认，而是呼唤人们牢记哲学的任务不是捕捉真理，而是使我们能够生活在真理的精神中。生活在解构进程中是现代人的命运，他们既要对权力保持一种批判性的距离③，又要努力揭示日常戒律

---

① 德里达的文本是浓厚的，但是他重演了结果分析。他以"法律的实施"的英文表达为起点："'可实施性'这个词使我们想起根本不存在法这个东西，在其概念的分析结构中，它自身并不意味着一种现在，一种实施的可能性、强制力的运用。请相信，实际存在这并没有得到实施的法律，但是离开可实施性，也就没有法律；离开强制力也就没有可适用性或可实施性了，无论这种强制力是直接的还是间接的、物质的还是符号的、外在的还是内在的、残忍的还是不得要旨的、强制的还是调整的，等等。"（1992:5）

② 塞米纳（Seminar），Queen Mary and Westfield College, London, 1995。

③ 一个人可能说，在这方面，所谓解构就是把哈特具有批判精神的市民形象推到极端，这与那些断言守法是一件善事的人形成了鲜明的对照。

被常规化的过程。[1]

诱惑五:拒绝解构的负担,搞些小动作

法理学探索中的神秘是超越解构的。在一个任何事物都是可以怀疑的世界,在这样一个正义是权威而不是确信的世界上,存在的使命不可避免地落在我们的肩上。

在日常的理论和职业实践中,法律家在玩着理性重构的游戏——学说得到了发展,有时新种类的法律,如赔偿法,从法律语言游戏的战斗中胜出了。法律的作用在我们的关怀中或被提升或被忘却。在进行文本游戏和创制游戏文本的过程中,马克思的话"法律是人民自由的圣经",成为一种希望和幻想。相反,维特根斯坦的断言——即自此以后,哲学问题能够得到处理和解决的唯一的地方可能是火车站——显得更加合适。后现代生活是一种不断的操练。

游戏有稳定性吗?这种稳定性不是游戏者暂时的满意或失败所要求的吗?在哈特的非道德性的规则和游戏理论中我们看到后现代性的预兆,这是颇具讽刺意味的。规则的解构给游戏发出了命令,游戏发展了它的命令。命令可能悬挂在游戏者的头顶上,仿佛它们是自然法,但是它们的结构生来就是由"权威者"发展游戏的意愿和游戏者遵循规则的意愿形成的。如果没有依照规则进行游戏的愿望,那么,游戏的结构和基础也就消失了。在这里存在着哈特自由主义的吸引力:所有社会秩序必定像一个游戏(尽管当然现实中并不存在真正的命令)。在游戏的语境中,不管来自规则的命令如何被小心翼翼地遵守了,纪律从来不能被视为或者体验为压迫;相反,它是价值判断和实施判断的背景,适用的处罚可能是错误的判断或带有倾向性,但是,从来不能被看作束缚。理想的自由主义秩序是授予权利、能力,并带来如何继续和发展游戏者的计划的知识的秩序。玩游戏所形成的命令显得如此富有吸引力,以致任何现代晚期秩序都不可避免地利用它的诱人权力,或者不把它的义务看作规范性的,而看作所命令的规则,或者暴露强制力如果法律仅仅是游戏规则的结果的话。

---

[1]　与解构相关的另一个考察方式在于福柯所称的批判分析。这一分析体现在《性史》第一卷"死的权利和生的权力"一章的结论部分,对身体的训诫以及各种调整"正常生活"的超法律的形式中。(身体健康、美、性、精神健康的戒律,总之,"正常"与反常相对,反常只有将之与"正常的"面相对照才能理解)

当然，人们不能为玩游戏而破坏规则，这是法律游戏的自相矛盾之处。玩游戏就是按照规则玩，没有规则也就没有游戏，没有规则就意味着欺骗。人们不能怀疑对游戏规则的关注，人们可能只是建构性地解释它们（德沃金）。人们不能违背游戏规则而使自己不受任何（正当的）惩罚，只能不玩游戏，拒绝玩游戏，或者发展另一种游戏。

生活的游戏、法律的游戏回应承认的需求。法理学，作为对法律真理的追求，是对智慧的渴望。人性遵循愿望，而不是遵循本能。这是我们的权力和我们现存问题的渊源。通过语言、所表达的愿望以及理性的传统，我们努力破译那些最矛盾的人类创造物，以及尊严和神圣的观念。当代法理学的语言游戏表明了这些愿望的多元本质和源泉。愿望成为易变的、短时的、没有焦点的，或更准确地说，处在持续的（再）关注的状态。

但是，我们应当牢记，后现代的游戏，像前现代的游戏一样，不是自足的或非历史的。在后现代性的游戏中，就如同本书封面所勾画的古战车比赛［它是西班牙艺术家乌尔皮亚诺·切卡（Ulpiano Checa）1891 年的作品的拓本］所表明的那样，关键的问题在于一个人是奴隶还是自由人，是一个成功者还是失败者；在于谁从行动中受益，以及统治者的利害关系是什么；在于游戏在社会秩序中居于什么地位。对于善良的、有良心的人来说，后现代游戏又一次成为异教的游戏。［利奥塔和特堡（Thebaud），1985］他们希望重新发现上帝，但是，他们已经看到了现代主义核心中的深渊。没有必要逃避解构的挑战，"存在"的神圣已经无可挽回地失去了它的神秘性。为了使理性的主张人性化——后现代性改变和弱化了这种主张——我们可以在日常生活中利用休谟的移情和同情的观点，但是我们也需要先验的启示者。或许在后现代环境中，我们必须承认我们是不可能补足我们存在的缺陷的，我们必须承认高度神秘的存在物，对此，除了认为它存在于神圣的领域中外，我们几乎无能为力。我们总是不能了解这种神秘的存在物。但是我们的失败并不是不按照其精神安排我们的生活的理由。因此，后现代的挑战是不间断地追问人之为人的意义。我们完全意识到，任何答案以及因此而构建的社会秩序，都只是间歇，只是我们愿望的某种化身，只是对我们恐惧的安慰。

参考书目

Acton, HB (1970) *Kant's Moral Philosophy*, New Studies in Ethics, London: Macmillan Education Ltd

Adorno, Theodor W and Horkheimer, Max (1972) *Dialectic of Enlightenment*, trans John Cumming, New York

Anschutz, RP (1953) *The Philosophy of JS Mill*, Oxford

Ammos, Linda (1995) 'Mules, Madonnas, Babies, Bathwater, Racial Imagery and Stereotypes: The African-American Woman and the Battered Woman Syndrome', *Wisconsin Law Review*

Aquinas, St Thomas (1945) *Introduction to St Thomas Aquinas (The Summa Theologica, The Summa Contra Gentiles)*, Anton C Pegis, ed, New York: The Modern Library

Arendt, H (1964) *Eichmann in Jerusalem: A report on the banality of evil*, New York: Viking Press

Arblaster, A (1984) *The Rise and Decline of Western Liberalism*, Blackwell: Oxford

Aristotle (1956–64) *Opera*, Oxford: Clarendon Press

(1962) *The Politics*, Trans TA Sinclair, Harmondsworth: Penguin Books

Auden, WH (1976) *Collected Poems*, London: Faber & Faber

Augustine (1972) *City of God*, David Knowles, ed, Harmondsworth: Penguin Books

(1907) *The Confessions of St Augustine*, Trans EB Pusey Everyman's Library, London: Dent and Sons Also (1969) *St Augustine's Confessions: The Odyssey of Soul*, Cambridge Mass

Austin, John (1954 [1832]), *The Province of Jurisprudence Determined*, Weidenfeld & Nicolson, London

(1873) *Lectures on Jurisprudence or The Philosophy of Positive Law*, 4th edn, revised by Robert Campbell, London: John Murray

(1859) 'A Plea for the Constitution', Fraser's Magazine (April)

Bailyn, Bernard (1967) *The Ideological Origins of the American Revolution*, Cambridge, Mass Harvard University Press

(1969) *The Origins of American Politics*, New York

Balkin, JM, (1987) 'Deconstructive Practice and Legal Theory', *96 Yale Law Journal* 743

Barnett, H (1995) *Constitutional Law*, London: Cavendish Publishing Ltd

Bartlett, Katherine (1990) 'Feminist Legal Methods', *103 Harvard Law Review*

(1993) *Gender and Law*,

and Kennedy, Rosanne (1991) *Feminist legal Theory: Readings in Law and Gender*, Bolder: Westview Press

Baudrillard, Jean (1983) *In the Shadow of the Silent Majorities*, Trans P Foss, P Patton and J Johnston, New York: Semiotext(e)

Bauman, Zygmunt (1987) *Legislators and Interpreters: On modernity, post-modernity and intellectuals*, Oxford: Basil Blackwell

(1989) *Modernity and the Holocaust*, Cambridge: Polity Press

(1991) *Modernity and Ambivalence*, Cambridge: Polity Press

(1993) *Postmodern Ethics*, Oxford: Blackwell

Baxter, James K (1980) *Collected Poems*, Wellington/Oxford: Oxford University Press

Beauvoir, Simone de (1953) *The Second Sex*, trans HM Parchley, London: Jonathan Cape

Beck, Lewis White Beck, (1960) *A Commentary on Kant's Critique of Practical Reason*, Chicago: University of Chicago Press

Bender, Leslie (1990) 'Changing the Values in Tort Law', *25 Tulsa LJ*

(1990) 'Feminist (Re)torts: Thoughts on the Liability Crisis, Mass Torts, Power and Responsibilities, *Duke LJ*

(1990) 'From Gender Difference to Feminist Solidarity: Using Carol Gilligan and an Ethic of Care in Law', *15 Vermont L Rev*

Benditt, TM (1974), 'Legal Theory and Rules of Law', *University of Western Ontario Law Review*, 13

Benjamin, Jessica (1980) 'The bounds of love: rational violence and erotic domination', *Feminist Studies, vol 6, no 1*

Bentham, Jeremy (1787) 'Panopticon', in *The Works of Jeremy Bentham*, New York: Russell & Russell, 1971

(1970), *Of Laws in General*, HLA Hart, ed, London: Athlone

(1987 [1789]) *An Introduction to the Principles of Morals and Legislation*, Harmondsworth: Penguin Classics

Berger, Peter (1967) *The Sacred Canopy*, Garden City

Berlin, Isaiah (1969) 'Two Concepts of Liberty', in *Four Essays on Liberty*, Oxford

Beyleveld, D and R Brownsword (1982), 'Critical Legal Studies', *Modern Law Review*, 47
(1986) *Law as a Moral Judgement*, London: Sweet & Maxwell

Blackstone, William ([1765–9] 1973) *Commentaries on the Laws of England*, G Jones, ed, London

Bloch, Ernst (1985) *Natural Law and Human Dignity*, trans Dennis J Schmidt, Cambridge, Mass: The MIT Press

Bloor, D (1983) *Wittgenstein: A Social Theory of Knowledge*, London: Macmillan

Bodin, J (1962) *The Six Books of a Commonwealth*, Cambridge, Mass: Harvard University Press

Bottomely, A (1995) *Feminist Perspectives on the Foundational Subjects of Law*, London: Cavendish Publishing Ltd

Boyle, James (1985) 'The Politics of Reason: Critical Legal Theory and local Social Thought', *University of Pennsylvania Law Review*, 133

Brecht, Bertolt, (1980) *Bertolt Brecht Poems 1913–56*, John Willett and Ralph Manheim, eds, London: Eyre Methuen

Brown, P *et al* (1981), 'A daughter: a thing to be given away', in *Women in Society*, Cambridge Women's Studies Group, ed, London: Virago

Bruno, Giuliana (1987) 'Ramble City: Postmodernism and Blade Runner', *October*, 41 Summer

Bryson, Valerie (1992) *Feminist Political Theory: an introduction*, Basingstoke: MacMillan

Buchheim, Hans (1968) 'Command and Compliance', in Krausnick, Helmut Buchheim, Hans Broszat, Martin and Hans-Adolf Jacobsen (1968) *Anatomy of the SS State*, London: Collins

Cain, M and A Hunt (eds) (1979), *Marx and Engels on Law*, Academic Press, London

Calhoun, George C (1944) *Introduction to Greek Legal Science*, Oxford: Clarendon Press

Callinicos, Alex (1989) *Against Postmodernism: a Marxist Critique*, Polity Press

Cardozo, Benjamin (1921) *The Nature of the Judicial Process*, New Haven, Conn

Cavafy (1984) *Collected Poems*, Edmund Keeley & Philip Sherrard Trans, George Savidis, ed, London: The Hogarth Press

Chambliss, WJ and H Siedman (1971), *Law, Order and Power*, Reading, Mass: Addison-Wesley

(1983), *Law, Order and Power* (2nd edn), Reading, Mass: Addison-Wesley,

Codrington, RH (1891) *The Melanesians: Studies in Their Anthropology and Folk-Lore*, Oxford

Cohen, GA (1982) *Karl Marx's Theory of History: A Defense*, Oxford: Oxford University Press

Collins, H (1982) *Marxism and Law*, Oxford University Press, Oxford

Comte, Auguste (1973) *System of Positive Polity*, Trans R Congreve and H Hutton 4 Vols New York: Burt Franklin

(1974) *The Positive Philosophy*, New York: AMS Press Inc

Coole, D (1988) *Women in Political Theory*, Brighton: Wheatsheaf

Cornell, Drucilla (1988) 'Institutionalisation of naming, Recollective Imagination and the potential for transformative legal interpretation', *University of Pennsylvania Law Review 136*

(1991) *Beyond Accommodation: ethical feminism, deconstruction, and the law*, London: Routledge

Cott, N (1987) *The Grounding of Modern Feminism*, New Haven and London: Yale University Press

Cotterrell, R (1984) *The Sociology of Law: An Introduction*, London: Butterworths, (2nd edn 1992)

(1989) *The Politics of Jurisprudence: A Critical Introduction to Legal Philosophy*, London: Butterworths

(1995) *Law's Community: Legal Theory in Sociological Perspective*, Oxford: Clarendon Press

Crozier, M (1964) *The Bureaucratic Phenomenon*, London: Tavistock

Davies, Howard and Holdcroft, David (1991) *Jurisprudence: Texts and Commentary*, London: Butterworths

Davies, Margaret (1994) *Asking the Law Question*, Sydney: The Law Book Company

Derrida, Jacques (1992) 'Force of Law: The "Mystical Foundation of Authority"', in Cornell, Rosenfeld and Carlson, eds, *Deconstruction and the Possibility of Justice*, New York: Routledge

(1994) *Specters of Marx*, London: Routledge

Descartes R (1984) *The Philosophical Works of Descartes*, trans J Cottingham, R Stoothoff and D Murdoch, Cambridge: Cambridge University Press

De Souza Santos, B (1991) 'The postmodern tradition: Law and Politics', in *The Fate of Law*, Austin Sarat and Thomas Kearns, eds, Ann Arbour: The University of Michigan Press

Devlin, Lord (1965) *The Enforcement of Morals*, Oxford: Oxford University Press

Douzinas, Costas, McVeigh and Warrington, Ronnie (1992) 'Is Hermes Hercules' Twin? Hermeneutics and Legal Theory', in A Hunt, ed, *Reading Dworkin Critically*, Oxford: Berg Publishers

Douzinas, Costas and Warrington, Ronnie (1994) *Justice Miscarried: Ethics, Aesthetics and the Law*, London: Harvester Wheatsheaf

Drucker, Peter F (1993) *Post-Capitalist Society*, Oxford: Butterworth-Heinemann

Dworkin, A (1981) *Pornography: Men Possessing Women*, London: Women's Press

(1987) *Intercourse*, New York: Free Press

Dworkin, Ronald (1967) 'The Model of Rules', *University of Chicago Law Review*, 35

(1975) 'Hard Cases', *Harvard Law Review*, 88

(1977) *Taking Rights Seriously*, New Impression with Reply to Critics, Duckworth, London

(1978) 'No Right Answer', *New York University Law Review*, 53

(1978) 'Liberalism' in Stuart Hampshire, ed, *Public and Private Morality*, Cambridge

(1980) 'Law as Interpretation', *Texas Law Review*, 60

(1983) 'A Reply by Ronald Dworkin', in M Cohen ed (1983) *Ronald Dworkin and Contemporary Jurisprudence*, London: Duckworth

(1986) *Law's Empire*, Cambridge, Mass: Harvard University Press

(1993) *Life's Dominion: An Argument About Abortion, Euthanasia, and Individual Freedom*, New York: Alfred A Knopf

(1996) *Freedom's Law: The Moral Reading of the American Constitution*, Cambridge, Mass: Harvard University Press

Elias, Norbert ([1939] 1978) *The Civilizing Process: The history of Manners*, New York: Urizen Books

(1982) *Power and Civility*, trans Edmund Jephcott, New York: Pantheon

Engels, Frederick ([1884] 1973) *The Origin of the Family, Private Property, and the State: In the Light of the researches of Lewis H Morgan*, New York: International Publishers

Estrich, Susan (1987) *Real Rape*, Cambridge, Mass: Harvard University Press

Fienburg, Joel (1984) *Harm to Others*, Princton: Princton University Press

Finley, MI (1954) *The World of Odysseus*, New York: Viking Press

Finnis, JM (1980) *Natural Law and Natural Rights*, Oxford University Press, Oxford

Firestone, Shulamith (1970) *The Dialectic of Sex*, New York: Bantam Books

Fish, S (1980) *Is There a Text in This Class? The Authority of Interpretative Communities*, Cambridge Mass: Harvard University Press

(1982) 'Working on the Chain Gang: Interpretation in Law and Literature', *Texas Law Review*, 60

(1991) 'The Law Wishes to Have a Formal Existence', in Austin Sarat and Thomas R Kearns eds *The Fate of Law*, Ann Arbor: The University of Michigan Press

Fitzpatrick, Peter (1992) *The Mythology of Modern Law*, London: Routledge

Flew, A (1971) 'Theology and Falsification', in Mitchell, B, ed, *The Philosophy of Religion*, Oxford: Oxford University Press

Forbes, Duncan (1975) *Hume's Philosophical Politics*, CambridgeYork: Cambridge University Press

(1979) 'Hume and The Scottish Enlightenment' in *Philosophers of the Enlightenment*, SC Brown ed Sussex: Harvester Press

Foucault, M (1977) *Discipline and Punish: The Birth of the Prison*, trans A Sheridan, Harmondsworth: Penguin

(1980) *The History of Sexuality*, vol 1, An Introduction, trans New York: Robert Hurley

Franklin, JH (1963) *Jean Bodin and the Sixteenth-Century Revolution in The Methodology of Law and History*

(1973) *Jean Bodin and the Rise of Absolute Theory*, Cambridge: Cambridge University Press

Freud, S (1961) *Civilization and its Discontents*, J Strachey, trans, New York: Norton,

Fukayama, Francis (1989) 'The End of History', *The National Interest*, Summer

Fuller Lon (1940) *The Law in Quest of Itself*, Chicago: Foundation Press

(1954) 'American Legal Philosophy at Mid-Century', 6 *Journal of Legal Education*

(1958) 'Positivism and Fidelity to Law - A Reply to Professor Hart', 71 *Harvard Law Review* 630

(1969) *The Morality of Law*, rev ed, New Haven, Conn: Yale University Press

Gabel, Peter (1980) 'Reification in Legal reasoning', in 'Research in Law and Sociology', Vol 3 25–46 *Critical Legal Studies*

(1984) 'The Phenomenology of Rights-Consciousness and the Pact of the Withdrawn Selves', 62 *Texas Law Review*

and Kennedy, D (1984) 'Roll Over Beethoven', 36 *Stanford Law Review*

Gadamer, Hans-Georg (1982) *Truth and Method*, G Barden and J Cumming Trans, New York: Crossroad

Galbraith, John Kenneth (1992) *The Culture of Contentment*, London: Penguin

Gandhi, Mohandas K (1957) *An Autobiography: The Story of My Experiences With Truth*, trans, Mahadev Dessai, Boston

Garner, Richard (1987) *Law and Society in Classical Athens*, Beckenham, Kent: Croom Helm

Geertz, Clifford (1973) *The Interpretation of Cultures*, New York

Gellner, Ernest (1987) *Culture, Identity, and Politics*, Cambridge: Cambridge University Press

(1994) *Conditions of Liberty: Civil Society and Its Rivals*, London: Hamish Hamilton

Gewirth, Alan (1985) 'Rights and Virtues', *Review of Metaphysics, 38*

Giddens, A (1990) *The Consequences of Modernity*, Cambridge: Polity Press

(1992) *The Transformation of Intimacy: Sexuality, Love and Eroticism in Modern Societies*, Cambridge: Polity Press

Gilligan, Carol (1982) *In A Different Voice: Psychological Theory and Women's Development*, Cambridge Mass: Harvard University Press

Gilmore, Grant (1977) *The Ages of American Law*, New Haven: Yale University Press

Goodrich, Peter (1992) 'Critical Legal Studies in England: Prospective Histories' 12 *Oxford Journal of Legal Studies*

Gordon, R (1982) 'New developments in Legal Theory', in David Kairys, ed, *The Politics of Law: A Progressive Critique*

(1987) 'Unfreezing Legal Reality: Critical Approaches to law', *Florida State University Law Review* 15

Gottfredson, Micheal and Hirschi, Travis (1990) *A General Theory of Crime*, Stanford, CA: Stanford University Press

Gluek, Sheldon (1946) 'The Nuremberg trials and Aggressive War', 59 *Harv LR*

Gramsci, A (1971) *Selections from the Prison Notebooks*, London: Lawrence and Wishant

Grigg-Spall, I and Ireland, P (1992) *The Critical Lawyers' Handbook*, London: Pluto Press

Gross, Karen (1990) 'Re-Vision of the Bankruptcy System: New Images of Individual Debtors', *88 Mich L Rev*

Guest, Stephen (1992) *Ronald Dworkin*, Edinburgh: Edinburgh University Press

Habermas, J (1981) 'Modernity versus Postmodernity', 22 *New German Critique*

Hall, Jerome (1960) *General Principles of Criminal Law*, 2nd edn, New York: Bobbs-Merrill

Hamburger, Lotte and Joseph (1985) *Troubled Lives: John and Sarah Austin*, Toronto: University of Toronto Press

Harris, Angela P (1990) 'Race and Essentialism in Feminist Legal Theory', *42 Stan L Rev*

Harris, J (1980) *Legal Philosophies*, London: Butterworth

Harris, W (1988) 'Justice Jackson at Nuremberg' IL V 20 No 3

Hart, Henry (1958) 'The Aims of the Criminal Law', *Law and Contemporary Problems*, 23

Hart, HLA (1954) 'Definition and Theory of Jurisprudence', 70 *Law Quarterly Review*

(1958) 'Positivism and the Separation of law and Morals', *Harvard Law Review*, 71

(1961) *The Concept of Law*, Oxford: Clarendon

(1963) *Law, Liberty and Morality*, Oxford: Oxford University Press

(1965) 'Book Review' 78 *Harvard law Review*

(1977) 'American Jurisprudence Through English Eyes: The Nightmare and the Noble Dream', *Georgia Law Review*, 11

Harvey, David (1992) *The Condition of Postmodernity*, New York: Blackwell

Hay D (1975) 'Property, Authority and the Criminal Law', in D Hay et al, *Albion's Fatal Tree*, Harmondsworth

Hegel, F ([1895] 1963) *Lectures on the Philosophy of Religion*, EB Speirs and J Burden, eds, London: Routledge and Kegan Paul

(1896) *Lectures on the Philosophy of History*, Elizabeth S Haldane and Frances H Simson, trans, London: Kehan Paul, Trench, Trübner

Hegel, GWF (1952) *Philosophy of Right*, trans TM Knox, London: Encyclopaedia Britannica, Inc

(1969) *Science of Logic*, AV Miller, trans, London: George Allen & Unwin

(1971) *Faith and Knowledge*, Walter Cerf, trans, Albany: State University of New York Press

(1977) *Phenomenology of Spirit*, AV Miller, trans, New York: Oxford University Press

Heller, Agnes (1987) *Beyond Justice*, Oxford: Basil Blackwell

Heller, Agnes and Feher, Ferenc (1988) *The Postmodern Political Condition*, Cambridge: Polity

Heidegger, M (1962) *Being and Time*, J Macquarrie and E Robson, trans, New York: Harper & Row

Hobbes, Thomas ([c1642] 1991) *Man and Citizen: De Homine and De Cive*, ed Bernard Gert, Indianapoilis: Hackett Publishing [reprint of 1972, Garden City: Doubleday and Co (A collection of both The Man and The Citizen)]

([1651] 1991) *Leviathan*, Richard Tuck, ed, Cambridge: Cambridge University Press

Hobsbawm, EJ (1969) *Industry and Empire*, Pelican, Harmondsworth

Holmes, OW (1897) 'The Path of Law', 10 *Harvard Law Review*

Holland, RF (1980) *Against Empiricism: On Education, Epistemology and Value*, Oxford: Basil Blackwell

Hooks, B (1981) *Ain't I a Woman: black women and feminism*, Boston: South End Press

(1984) *Feminist Theory: from margin to centre*, Boston, Mass: South End Press

Horwitz, Morton J (1992) *The Transformation of American Law 1870–1960: the crisis of legal orthodoxy*, Oxford: Oxford University Press

Hitler, Adolf, (1943) *Mein Kampf*, trans Ralph Manheim, Boston

Hume, David (1957) *Dialogues Concerning Natural Religion*, ed Henery D Aiken, New York: Hafner Publishing

(1978 [1739-40]) *A Treatise of Human Nature* LA Selby Bigge, ed, 2nd edn, text revised by PH Nidditch, Oxford: The Clarendon Press

(1975 [1777]) *Enquiries concerning Human Understanding and concerning the Principles of Morals*, Introduction and Index by LASelby-Bigge, 3rd edn, text revised and notes by PH Nidditch, Oxford: The Clarendon Press

(1966) 'On Refinement in The Arts', in *Essays, Moral, Political, and Literary*, Oxford: Clarendon Press

Hunt, A (1985) 'The Ideology of Law', *Law and Society Review*, 19

(1987) 'The Critique of Law: What is "critical" about Critical Legal Theory?', in Fitzpatrick and Hunt (1987), ed, (1992) *Reading Dworkin Critically*, Oxford: Berg

Irigaray, Luce (1984) *Ethique de la difference sexuelle* [The Ethics of sexual Difference] Paris: Les Editions de Minuit

(1985) *This Sex Which Is Not One*, Ithaca, New York: Cornell University Press

(1986) 'The Fedundity of the Caress: A Reading of Levinas, "Totality and Infinity, Section IV, B, 'The Phenomenology of Eros'"', in Richard A Cohen, ed, *Face to Face with Levinas*, New York: State University of New York Press

Jewell, Terri, ed (1993) *The Black Woman's Gumbo Ya-Ya: Quotations by Black Women*, Freedom, CA: The Crossing Press

Kafka, Franz (1979) *Description of a Struggle and Other Stories*, Harmondsworth: Penguin

Kairys, D (1982 [revised edn 1990]) *The Politics of Law*, Pantheon, New York

(1984) 'Law and Politics', *George Washington Law Review*, 52

Kamm, J (1977) *John Stuart Mill in Love*, London: Gordon and Cremonesi

Kantorowicz, Ernst H (1957) *The King's Two Bodies: A study in medieval political theology*, Princeton: Princeton University Press

Kant, Immanuel (1902) *Prolegomena: to any metaphysics that can qualify as a science*, Paul Carus, trans, Illinois: Open Court

(1930) *Lectures on Ethics*, Louis Infield, trans, rpt (1979), Indianapolis: Hackett

(1949) *Critique Of Practical Reason and Other Writings in Moral Philosophy*, Lewis White Beck Trans, Chicago: University of Chicago Press

(1959 [1785]) *Foundations of The Metaphysics of Morals*, Lewis W Beck, trans, Library of Liberal Arts, Indianapolis: Bobbs-Merrill

(1960) *Religion Within The Limits of Reason Alone*, Theodore Green and Hoyt Hudson Trans and notes, London: Harper Torchbooks, Harper & Row

(1965) *Critique of Pure Reason*, Norman Kemp-Smith Translator, New York: St Martins

([1797] 1965) *The Metaphysical Elements of Justice*, John Ladd, trans, (Being part 1 of *The Metaphysics of Morals*), The Library of Liberal Arts, Indianapolis: Bobbs-Merrill

(1974) *Anthropology From A Pragmatic Point of View*, MJ Gregor, trans, The Hague: Martinus Nijhoff

(1983) 'Idea for a Universal History from a Cosmopolitan Point of View', in *Kant on History*, Lewis White Beck, ed, Indianapolis: Merrill Publishing Co

(1991) 'On the Common Saying: "This may be true in Theory, but it does not apply in Practice"', in Hans Reiss, ed, *Kant, Political Writings*, Cambridge: Cambridge University Press

Kaufmann, Walter (1974) *Nietzsche: Philosopher, Psychologist, Antichrist*, Princeton, NJ: Princeton University Press

Kelly, JM (1992) *A Short History of Western Legal Theory*, Oxford: Clarendon Press

Kelman, M (1984) 'Trashing' 36 *Stanf L Rev* 293

(1987) *A Guide to Critical Legal Studies*, Cambridge, Mass: Harvard University Press

Kelsen, Hans (1934) 'The Pure Theory of Law: Its Method and Fundamental Concepts: Part 1', *Law Quarterly Review*

(1935) 'The Pure Theory of Law: Its Method and Fundamental Concepts: Part II', *Law Quarterly Review*

(1941) 'Law as a Specific Social Technique', *University of Chicago Law Review*, Vol 75

(1945) *General Theory of Law and State*, New York: Russell & Russell

(1965) 'Professor Stone and the Pure Theory of Law', 17 Stanford Law Review

(1970) *Pure Theory of Law*, trans of 2nd edn by Max Knight, Berkeley: University of California Press

(1973 [1922]) 'God and the State', trans, P Heath, in O Weinberger, ed, *Hans Kelsen – Essays in Legal and Moral Philosophy*, Dordrecht, Holland: D Reidel

(1957, rev edn 1971) *What is Justice?: Justice, Law, and Politics in the Mirror of Science*, Berkeley: University of California Press

(1973) *Hans Kelsen – essays in Legal and Moral Philosophy*, O Weinberger, ed, Dordrecht, Holland: D Reidel

Kennedy, D (1976) 'Form and Substance in Private Law Adjudication', *Harvard Law Review 89*

(1979) 'The Structure of Blackstone's Commentaries', *Buffalo Law Review 28*

(1982) 'Legal Education as Training for Hierarchy', in Kairys (1982)

and P Gabel (1984) 'Rollover Beethoven', *Stanford Law Review*, 36

Keynes, JM (1919) *The Economic Consequences of the Peace*, London: Macmillan

(1949) *Two Memoirs*, London: Rupert-Davis

Kinsley, David (1975) *The Sword and the Flute: Kali and Krisha, Dark Visions of the Terrible and the Sublime in Hindu Mythology*, Berkely

Koedt, A (1970) 'The Myth of the Vaginal Orgasm', in L Tanner, ed,

Kohlberg, Lawrence (1971) 'Stage and Sequence: The Cognitive-Development Approach to Socialisation', in David A Goslin, ed, *Handbook of Socialisation Theory and Research*

(1976) 'Moral Stages and moralisation: The Cognitive-Development an Approach', in Thomas Lickona, ed, *Moral Development and Behaviour: Theory Research and Social Issues*

(1981) *The Philosophy of Moral Development*, San Francisco: Harper & Row

Kolb, David (1986) *The Critique of Pure Modernity: Hegel, Heidegger, and After*, Chicago, Chicago University Press

Kornhauser, Marjorie (1987) 'The Rhetoric of the Anti-Progressive Tax Movement: A Typical Male Reaction', *86 Mich L Rev*

Kramer, Mathew (1991) *Legal Theory, Political Theory, and Deconstruction: Against Rhadamanthus*, Bloomington: Indiana University Press

Krausnick, Helmut Buchheim, Hans Broszat, Martin and Hans-Adolf Jacobsen (1968) *Anatomy of the SS State*, London: Collins

Kronman, A (1983) *Max Weber*, London: Edward Arnold

Kymlicka, Will (1990) *Contemporary Political Philosophy: an Introduction*, Oxford: Clarendon

Lacey, Nicola (1995) 'Feminist Legal Theory: Beyond Neutrality', *Current Legal Problems*, London

Latour, Bruno (1993) *We Have never Been Modern*, London: Harvester Wheatsheaf

Lee, Desmond (1974) 'Translator's Introduction' in Plato *The Republic*, 2nd rev edn, trans, Desmond Lee, Harmondsworth: Penguin Classics

Lee, Keekok (1990) *The Legal-Rational State*, Aldershot: Avebury

Lee, Simon (1988) *Judging Judges*, London: Faber and Faber

Lenin, VI (1966) *Imperialism: The Highest Stage of Capitalism*, Moscow: Progress Publishers

(1970) *On the Foreign Policy of the Soviet State*, Moscow: Progress Publishers

Levinas, Emmanuel (1988) *The Provocation of Levinas Rethinking the Other*, ed, R Bernasconi and D Wood, London: Routledge

Levy, Peter (1975) *The Downfall of the Antisemitic Political Parties in Imperial Germany*, New Haven

Llewelyn, K (1961) *The Common Law Tradition*, Little Brown, Boston

(1962) *Jurisprudence*, University of Chicago Press

and EA Hoebel (1941) *The Cheyenne Way*, University of Oklohoma Press

Locke, Lock (1960) *Second Treatise on Government*, Peter Laslett, ed, Cambridge: Cambridge University Press

Lorde, Audre (1981) 'The Master's Tools Will Never Dismantle the Master's House', in C Morgan and G Anzaldua, eds, *This Bridge called My Back: Writings by Radical Women of Colour*, New York: Kitchen Table Press

(1984) *Sister Outsider: Essays and Speeches by Audre Lorde*, Trumansburg, NY: The Crossing Press

(1984a) 'Uses of the erotic', in *Sister Outsider*, Crossing Press: Trumansburg, NY

(1984b) 'An open letter to Mary Daly', in *Sister Outsider*, Crossing Press: Trumansburg, NY

Lloyd, G (1984) *The Man of Reason 'Male' and 'Female' in Western Philosophy*, London: Methuen

Luxemburg, Rosa ([1913] 1951) *The Accumulation of Capital*, trans Agnes Schwarzschild, London: Routledge

Lyotard, Jean-Francois (1984) *The Postmodern Condition: A Report on Knowledge*, Manchester: Manchester University Press

 and Thebaud, Jean-Loup (1985) *Just Gaming*, Minneapolis: University of Minnesota Press

Machiavelli, Niccolo (1977 [1513]) *The Prince*, New York: WW Norton

MacCormick, N (1977) 'Challenging Sociological Definitions', *British Journal of Law and Sociology*, 4

 (1978) 'Dworkin as PreBenthamite', *Philosophical Review* 87

 (1981) *HLA Hart*, Edward Arnold, London

MacIntyre, A (1966) *A Short History of Ethics*, New York: Macmillan

 (1981) *After Virtue A Study in Moral Theory* (2nd edn, 1985) London: Duckworth

 (1988) *Whose Justice? Which Rationality?*, London: Duckworth

MacKinnon, C (1982) 'Feminism, Marxism, Method and the State: an agenda for theory', in *Feminist Theory*, Keohane, NO *et al*, eds, Harvester: Brighton

 (1987) *Feminism Unmodified: Discourses on Life and Law*, Harvard University Press: Cambridge, MA

 (1989) *Toward a Feminist Theory of the State*, Harvard University Press: Cambridge, MA

MacPherson, CB (1962) *The Political Theory of Possessive Individualism: From Hobbes to Locke*, Oxford: Oxford University Press

Maine, Henery Summer (1893) *Lectures on The Early History of Institutions*, London: John Murray

Marcel, Gabriel (1964) *Creative Fidelity*, Robert Rostel, trans, New York

Marrus, Michael R (1989) *The Holocaust in History*, London: Penguin

Marx, Karl (1971) 'Preface to the Contribution to the Critique of Political Economy', in *A Contribution to the Critique of Political Economy* (ed and Intro Maurice Dobb) London: Lawrence & Wishart

 (1856) 'Speech at the Anniversary of the Peoples Paper', in *Collected Works*, The Free Press

 ([1867] 1967) *Capital, vol 1*, London: Lawrence and Wishard

 (1964) *The economic and political manuscripts of 1844*, trans, M Milligan, ed, DJ Struik, New York: International Publishers

 (1975) 'Preface to A Contribution to a Critique of Political Economy', in *Earl Writings*, Q Hoare, R Livingstone, ed, and G Brown, trans, New York: Random House

Marx, Karl and Engles, F (1978) *The Marx-Engels Reader*, Robert C Tucker, ed, 2nd edn New York: Norton

Marx, Karl and Engels, Friedrich (1980) *Collected Works*, New York: International Publishers

Matsuda Mari (1986) 'Liberal Jurisprudence and Abstracted Visions of Human Nature: A Feminist Critique of Rawl's Theory of Justice', *16 New Mex LJ*

McCaffrey, John C and Novkov, Julie (1993–94) 'The Emperor Wears No Clothes: Life's Dominion and Dworkin's Integrity (Book Review)', *Review of Law & Social Change XXI*

Menkel-Meadow, Carrie (1987) 'Excluded Voices: New Voices in the Legal Profession Making New Voices in the Law', *42 U Miami L Rev*

Milgram, S (1963) 'Behavioral Study of Obedience', 67 *Journal of Abnormal and Social Psychology*

(1974) *Obedience to Authority*, New York: Harper & Row

Mill, John Stuart (1869) *The Subjection of Women*, rept 1974, Oxford University Press: Oxford

(1868) *Dissertations and Discussions*, Boston

(1965) *On the Logic of the Moral Sciences*, ed Henery M Magid, Indianapolis

(1966) 'Autobiography', in *John Stuart Mill, A Selection of His Works*, ed, John Robson, New York

(1974 [1859]) *On Liberty*, Harmondsworth: Penguin Classics

Mill, John Stuart and Bentham, Jeremy (1987) *Utilitarianism and Other Essays*, Alan Ryan, ed, Harmondsworth: Penguin Books

Mill, JS and Mill, HT (1970) *Essays on Sex Equality*, Rossi, AS, ed, University of Chicago Press: Chicago

Millet, K (1985) *Sexual Politics*, London: Virago

Mitchell, J and Oakley, A, eds, (1976) *The Rights and Wrongs of Women*, Penguin: Harmondsworth

Mixon, Don (1989) *Obedience and Civilization*, London: Pluto Press

Moles, R (1987) *Definition and Rule in Legal Theory – A Reassessment of HLA Hart and the Positivist Tradition*, Oxford: Basil Blackwell

(1992) 'The Decline and Fall of Law's Empire', in A Hunt, ed (1992) *Reading Dworkin Critically*, Oxford: Berg Publishers

Monod, Jacques (1972) *Chance and Necessity: an essay on the natural philosophy of modern biology*, A Wainhouse, trans, London: Collins

Morgan, Robin, ed, (1970) *Sisterhood is Powerful*, New York: Random House

(1989) *The Demon Lover: On the Sexuality of Terrorism*, New York: WW Norton

Morison, WL (1982) *John Austin*, London: Edward Arnold

Morrison, Wayne (1995) *Theoretical Criminology: from modernity to post-modernism*, London: Cavendish

(1996) 'Modernity, imprisonment and social solidarity: notes on a bad relationship', in Roger Mathews, ed, *Prisons 2000*, London: Routledge

Mulhall, S and Swift, A (1992) *Liberals and Communitarians*, 2nd edn 1995, Oxford: Blackwell

Nehamas, Alexander (1985) *Nietzsche: Life as Literature*, Cambridge, Mass: Harvard University Press

Newman, Stephen (1984) *Liberalism at Wits' End: the Libertarian Revolt against the Modern State*, Ithaca: Cornell University Press

Newton, John (1962) *The Journal of a Slave Trader 1750–1754*, eds, Bernard Martin and Mark Spurrell, London: Epworth

Nietzsche, Friedrich (1888) *The AntiChrist*, in (1968) *The Portable Nietsche*, Walter Kaufmann, trans and ed, New York: Viking Press

　(1966) *Basic Writings of Nietzsche*, Walter Kaufmann, trans, New York: Random House

　(1886) *Beyond Good and Evil*, in Basic Writings of Nietzsche

　([1888] 1969) *Ecce Homo*, Walther Kaufman, trans and ed, New York: Vintage

　(1882) *The Gay Science*, Walter Kaufmann, trans, New York: Random House

　([1887] 1969) *The Genealogy of Morals*, Walther Kaufmann and RJ Hollingdale, trans, New York: Vintage Books

　(1878) *Human All Too Human*, in Basic Writings of Nietzsche

　([1886–88] 1968) *The Will to Power*, Walter Kaufmann and RJ Hollingdale (trans and eds), New York: Random House

Norton, David Faith (1982) *David Hume: a common-sense moralist, sceptical metaphysician*, Princeton: Princeton University Press

Nozick, R (1974) *Anarchy, State and Utopia*, Blackwell: Oxford

Nye, A (1990) *Feminist Theory and the Philosophies of Man*, London: Routledge

Oakeshott, Michael (1975) *On Human Conduct*, Oxford: Clarendon Press

O'Brien, Mary (1981) *The Politics of Reproduction*, Boston: Routledge & Kegan Paul

　(1989) Reproducing the World, *Essays in Feminist Theory*, Boulder, CO: Westview Press

O'Donovan, K (1981) 'Before and after: the impact of feminism on the academic discipline of law', in *Men's Studies Modified*, Spender, D, ed, Pergamon: Oxford

Offe, Claus (1987) 'The Utopia of the Zero-Option: Modernity and Modernization as Normative Political Criteria', *Praxis International* 7

Okin, SM (1980) *Women in Western Political Thought*, London: Virgo

　(1989) 'Reason and Feeling about Justice', *Ethics*, vol 99, no 2

　(1990) *Justice, Gender and the Family*, New York: Basic Books

Olsen, Frances (1984) 'Statutory Rape: A Feminist Critique of Rights Analysis', *Texas Law Review 63*

Pagels, E (1979) *The Gnostic Gospels*, New York: Random House

Pappe, HO (1960) 'On the Validity of Judicial Decisions in the Nazi Era', 23 MLR

Parekh, B (1973) *Bentham's Political Thought*, London: Croom Helm

Parsons, Talcott (1951) *The Social System*, New York: The Free Press

(1970) 'On building social system theory: a personal history', In T Parsons, *Social Systems and the Evolution of Action Theory*, New York: Free Press (1977)

Pashukanis, EB (1978) *Law and Marxism*, London: Ink Links

Pateman, C (1988) *The Sexual Contract*, Cambridge: Polity Press

(1989) *The Disorder of Women*, Cambridge: Polity

Paul, J (1981) *Reading Nozick: essays on Anarchy, State and Utopia*, Oxford: Basil Blackwell

Pearce and Tombs (1989) 'Realism and Corporate Crime', in *Issues in Realist Criminology*, London: Sage

Peller, Gary (1985) '*The Metaphysics of American Law*', *California Law Review* 73

Plato (1900–15) *Opera*, J Burnet, ed, Oxford: Clarendon Press

(1961) The Collected Dialogues of Plato, eds, E Hamilton and H Cairns, Princeton: Princeton University Press

(1970) *The Laws*, Trevor J Saunders, trans, Harmondsworth: Penguin Books

(1974) *The Republic*, 2nd rev edn, trans Desmond Lee, Harmondsworth: Penguin Books

Pock, Max A (1962) 'Gustav Radbruch's Legal Philosophy' 7 *St Louis University Law Journal*

Pocock, JGA (1973) *Politics, Language and Time*, New York

(1975) *The Machiavellian Moment: Florentine Political Thought and the Alantic Republican Tradition*, Princeton

(1985) *Virtue, Commerce and History*, Cambridge

Popper, Karl (1945) *The Open Society and Its Enemies* (in two volumes, Vol I *Plato*; Vol II *Hegel & Marx*), London: Routledge

(1959) *The Logic of Scientific Discovery*, London: Hutchinson

(1969) *Conjectures and Refutations*, London: Routledge and Kegan Paul

(1976) 'The Logic of the Social Sciences', Adorno, TW et al, eds, The Positivist Dispute in German Sociology, London: Heinemann

Posner, Richard (1981) *The Economics of Justice*, Cambridge, Mass: Harvard University Press

Pound, Rosco (1907) 'Spurious Interpretation', *Columbia Law Review* 7

(1921) 'A Theory of Social Interests', 15 *Papers and Proceedings of the American Sociological Society*

(1943) 'A Survey of Social Interests', 57 *Harvard Law Review*

(1954) *Introduction to the Philosophy of Law*, rev edn, New Haven: Yale University Press

Radbruch, Gustav (1947) *Vorschule der Rechtsphilosophie*, Heidelberg

(1950) 'Legal Philosophy', *The Legal Philosopies of Lask, Radbruch and Dabin*, Wilk, K, trans, Cambridge, Mass: Harvard University Press

(1950) *Rechtsphilosophie*, Wolf, E, ed, 4th edn, Stuttgart, extracts Fuller, Lon, trans, 69 *Leg Ed* 484

Ramakrishna Sri (1974) *The Gospel of Sri Ramakrishna*, Swami Nikhilananda, trans, Abridged ed, New York

Rawls, J (1971) *A Theory of Justice*, Cambridge: Mass: Harvard University Press

(1985) 'Justice as Fairness: Political not Metaphysical', *Philosophy and Public Affairs*, 14, 3

(1985) 'Kantian Constructivism in Moral Theory', *Journal of Philosophy*, 77

(1993) Political Liberalism, New York: Columbia University Press

Raz, J (1970) *Concept of a Legal System*, Oxford: Oxford University Press

(1975) *Practical Reason and Norms*, London: Hutchinson

(1979) *The Authority of Law*, Oxford: Clarendon Press

Redner, Harry (1982) *In the Beginning was the Deed: Reflections on the Passage of Faust*, Berkeley: University of California Press

Redpath, T (1990) *Ludwig Wittgenstein: A Student's Memoir*, London: Duckworth

Rees, John (1977) 'The Thesis of the Two Mills', 25 *Political Studies*

Richards, JR (1982) *The Sceptical Feminist*, Harmondsworth: Penguin

Rifkin, Jeremy (1995) *The End of Work: the decline of the Global Labour Force and the Dawn of the Post-Market Era*, New York: Putnam Book

Robinson, Daniel N (1989) 'Moral and Social Science and Justice', in *Issues in Criminal Justice*, Fred Bauman and Kenneth Jensen, eds, Charlottesville: University Press of Virginia

Rorty, Richard (1979) *Philosophy and the Mirror of Nature*, Princeton: Princeton University Press

(1983) 'Method and Morality, in N Haan et al, eds, *Social Science as a Moral Enquiry*

(1989) *Contingency, Irony, and Solidarity*, Cambridge: Cambridge University Press

Rose, Nikolas (1990) *Governing the Soul: the shaping of the private self*, London: Routledge

Rosen, Stanley (1969) *Nihilism: a philosophical essay*, New Haven: Yale University Press

(1985) *The Limits of Analysis*, New Haven: Yale University Press

Rothbard, Murray (1982) *The Ethics of Liberty*, New Jersey: Humanities Press

Rousseau, J-J (1973) *The Social Contract and Discourses*, trans, GDH Cole, revised JH Brumfitt and John C Hall) London: Dent and Sons, Everyman's Library

Rumble, Wilfrid E (1985) *The Thought of John Austin: Jurisprudence, Colonial Reform, and the British Constitution*, London: The Athlone Press

Rundell, John A (1987) *Origins of Modernity; The Origins of Modern Social Theory from Kant to Hegel to Marx*, Cambridge: Polity Press

Russell, B (1929) *Mysticism and Logic*, London: Allen and Unwin

Sabine, George H and Thorson, Thomas (1973) *A History of Political Theory*, 4th edn Hinsdale, Illinois: Dryden Press

Saint-Simon, Henri Comte (1952) *Selected Writings*, FMH Markham, ed, Oxford: Basil Blackwell

Sampford, Charles (1989) *The Disorder of Law: A Critique of Legal Theory*, Oxford: Basil Blackwell

Sandel, M (1982) *Liberalism and the Limits of Justice*, Cambridge: Cambridge University Press

Savigny, FCV (1975) *On the Vocation of our Age for Legislation and Jurisprudence* (1831), trans, A Hayward, Arno Press, New York

Seidman, Steven (1983) *Liberalism and the Origins of European Social Theory*, Oxford: Basil Blackwell

Schauer, Frederick (1991) *Playing By the Rules: A Philosophical Examination of Rule-Based Decision-Making in Law and in Life*, Oxford: Clarendon Press

Scheppele, Kim Lane (1991) 'Facing Facts in Legal Interpretation', in Robert Post, ed, *Law and the Order of Culture*, Berkeley: University of California Press

Schmitt, Carl ([1922] 1985) *Political Theology*, George Schwab, trans, Cambridge, Mass: MIT Press

(1976) *The Concept of the Political*, George Schwab, trans, New Brunswick: Rutgers

(1985) *The Crisis of Parliamentary Democracy*, E Kennedy, trans, Cambridge, Mass: MIT Press

Semple, Janet (1993) *Bentham's Prison: a study of the Panopticon Penitentiary*, Oxford: Clarendon Press

Shange, N (1987) 'Interview', *Spare Rib*, May, pp 14–18

Sherry, Suzanna (1986) 'Civic Virtue and the Feminine Voice in Constitutional Adjudication', 72 Va L Rev

Shklar, Judith (1964) *Legalism*, Cambridge, Mass: Harvard University Press

Simmonds, Neil (1986) *Central Issues in Jurisprudence: Justice, Laws and Rights*, London: Sweet and Maxwell

Skinner, Q (1978) *The Foundations of Modern Political Thought*, 2 vols, Cambridge: Cambridge University Press

Smart, Carol (1989) *Feminism and the Power of Law*, London: Routledge

(1990) 'Law's Truth/Women's Experience' in Regina Graycar ed *Dissenting Opinions: Feminist Explorations in Law and Society*, Sydney: Allen & Unwin

Smith, Adam (1976 [1759]) *The Theory of Moral Sentiments*, D Raphael and A Macfie, eds, Oxford: The Clarendon Press

(1970 [1776]) *The Wealth of Nations*, Harmondsworth: Penguin Books

Smith, B and Smith, B (1981) 'Across the kitchen table' in *This Bridge Called My Back*, C Moraga and G Anzaldua, eds, New York: Kitchen Table

(1984) 'Between a rock and a hard place', in *Yours in Struggle*, Bulkin, E, MB Pratt and B Smith, eds, New York: Long Haul

Smith, Norman Kemp (1941) *The Philosophy of David Hume: a critical study of its origins and central doctrines*, London/New York: MacMillan

Soltan, Karol (1987) *The Causal Theory of Justice*, Berkeley/London: University of California Press

Sophocles (1947) *The Theban Plays* [includes 'Antigone'], Harmondsworth: Penguin

Stephen, James Fitzjames (1861) *Liberty, Equality, Fraternity,*

Stewart, Iain (1980) 'The Basic Norm as Fiction', *Juridical Review*

(1986) 'Kelsen and the Exegetical Tradition' *Essays on Kelsen*, Tur, Richard and Twining, William, eds, Oxford: Clarendon Press

Strauss, Leo (1953) *Natural Right and History*, Chicago: University of Chicago Press

(1958) *Thoughts on Machiavelli*, Chicago: University of Chicago Press

Strawson, PF (1966) *The Bounds of Sense*, London: Methuen

Stroud, Barry (1978) *Hume*, London: Routledge & Kegan Paul

Summers, Robert (1971) 'The Technique Element in Law', *California Law Review*, Vol 59

Tanner, L, ed, (1970) *Voices from Women's Liberation*, New York: Mentor

Taylor, Charles (1975) *Hegel*, Cambridge: Cambridge University Press

(1979) *Hegel and Modern Society*, Cambridge: Cambridge University Press

(1985) *Philosophical Papers* Vol 1 and Vol 2, Cambridge: Cambridge University Press

(1990) *Sources of the Self*, Cambridge: Cambridge University Press

Taylor, H (1983) *The Enfranchisement of Women*, London: Virago

Teubner, G (1987) 'Juridification – Concepts, Aspects, Limits, Solutions' in G Teubner, ed, *Juridification of Social Spheres*, Berlin: Walter de Gruyter

Thompson, EP (1975) *Whigs and Hunters: The Origin of the Black Act*, London: Allen Lane

Thompson, W (1983) *Appeal of one half of the Human Race, Women, against the pretensions of the Other Half, Men, to retain them in Political, and Thence in Civil and Domestic Slavery*, London: Virago

Trotsky, Leon (1994 [1939]) *Their Morals and Ours: The Moralists and Sycophants against Marxism*, Union Books

Trubek, DH (1977) 'Complexity and Contradiction in the Legal Order', *Law and Society Review*, 11

Tuck, Richard (1991) 'Introduction' in Hobbes, *Leviathan*, Cambridge Texts: the History of Political Thought, Cambridge: Cambridge University Press

Tur, Richard (1986) 'The Kelsenian Enterprise' *Essays on Kelsen*, Tur, Richard and Twining, William, eds, Oxford: Clarendon Press

Tushnet, M (1984) 'Perspectives on Critical Legal Studies', *George Washington Law Review* 52

(1986) 'Critical Legal Studies: An Introduction to its Origins and Underpinnings', *Journal of Legal Education*, 36

Unger, RM (1975, 2nd rev edn 1984) *Knowledge and Politics*, New York

(1976) *Law in Modern Society*, Free Press, New York

(1982) 'Critical Legal Studies', *Harvard Law Review* 96

(1984) *Passion: An Essay on Personality*, New York: Free Press

(1986) *The Critical Legal Studies Movement*, Cambridge, Mass: Harvard University Press

(1987) *Social Theory: Its Situation and its task A Critical introduction to Politics, a Work in Constructive Social Theory*, Cambridge: Cambridge University Press

(1987b) *Politics, a Work in Constructive Social Theory, vol 2, False Necessity Anti-Necessitarian Social Theory in the Service of Radical Democracy*, Cambridge: Cambridge University Press

Vaihinger, Hans (1965) *The Philosophy of 'As-If': A System of the Theoretical, Practical and Religious Fictions of Mankind*, London: Routledge Kegan Paul

Vattimo, Gianni (1992) *The Transparent Society*, Cambridge: Polity Press

Vernant, Jean-Pierre (1982) *The Origins of Greek Thought*, London: Methuen

Vico, G (1968) *The New Science*, trans, TG Bergin and MH Fisch, New York

Voegelin, Eric (1975) *From Enlightenment to Revolution*, John Hallowell edn, Durham: Duke University Press

Wagner, Peter (1994) *A Sociology of Modernity: Liberty and Discipline* , London: Routledge

Waltzer, M (1983) *Spheres of Justice A Defense of Pluralism and Equality*, New York: Basic Books

Wardle, M (1951) *Mary Wollstonecraft: a Critical Study*, London: Richards Press

Weber, Max (1947) *The Theory of Social and Economic Organisations*, trans, by Talcot Parsons and A Henderson, New York: Free Press

([1917] 1949) 'The meaning of Value Freedom in Sociology and Economics', reprinted in *The Methodology of Social Sciences*, AE Shils and HA Finch, trans, AE Shils, Glencoe, Ill: Free Press

(1966) *General Economic History,* [compiled by S Hellman and M Palyi from his students' notes of the 1919–20 lectures 'Outlines of Universal Social and Economic History'] New York: Collier

(1970) *From Max Weber*, H Gerth and C Wright Mills, eds, London: Routledge

(1974) *The Protestant ethic and the spirit of capitalism*, London: Allen and Unwin

(1978) *Economy and Society*, 2 vols Berkeley: University of California Press

(1984) 'Legitimacy, Politics and the State', in W Connolly ed *Legitimacy and The State*, Oxford: Basil Blackwell

Wellershoff, Dieter (1985) 'Germany - a state of flux', in *Observations on 'The Spiritual Situation of the Age'*, Jurgen Habermas, ed, Cambridge, Mass: MIT Press

West, Robin (1988) 'Jurisprudence and Gender' 55 *University of Chicago Law Review*

Whelon, Frederick G (1985) *Order and Artifice in Hume's Political Philosophy*, Princeton: Princeton University Press

White, James Boyd (1986) 'Is Cultural Criticism Possible?', *Michigan Law Review* 84

    (1987) 'Thinking about Our Language', *Yale Law Journal* 96

Williams, Bernard (1978) 'A Critique of Utilitarianism', in *Utilitarianism: For and Against*, JJ Smart and B Williams, Cambridge: Cambridge University Press

Williams Joan (1989) '*Deconstructing Gender*', 87 *Michigan Law Review*

Williams, Patricia J (1991) *The Alchemy of Race and Rights: diary of a law professor*, Cambridge Mass: Harvard University Press

Wittgenstein, L ([1921] 1961) *Tractatus Logico-Philosophicus*, London: Routledge & Kegan Paul

    (1958) *Philosophical Investigations*, Oxford: Blackwell

    (1969) *On Certainty*, Oxford: Blackwell

Wolfenden Report (1957) *Report of the Committee on Homosexual Offences and Prostitution*, Cmnd 247, London: HMSO

Wollstonecraft, M (1787) *Thoughts on the Education of Daughters: With Reflections on Female Duties, in the more Important Duties of Life*, Joseph Johnson: London

    (1789) *A Vindication of the Rights of Woman*, repr 1967, Norton: New York

Wood, Gordon S (1969) *The Creation of the American Republic 1776–1787*, Chapel Hill

Lord Wright, (1946) 'War Crimes Under international Law', 62 LQR

索　引